Hemingway

Ausgewählte Briefe 1917–1961

Herausgegeben von Carlos Baker

Zuerst bedenke, was du sein willst,
dann tu, was du tun mußt.

Epiktet

Ernest Hemingway

Ausgewählte Briefe
1917–1961

Deutsch
von Werner Schmitz

Aufbau-Verlag

Titel der amerikanischen Originalausgabe
Selected Letters 1917–1961
Edited by Carlos Baker

1. Auflage 1987
Aufbau-Verlag Berlin und Weimar
Ausgabe für die Deutsche Demokratische Republik
mit Genehmigung der Rowohlt Verlag GmbH, Reinbek bei Hamburg
© Rowohlt Verlag GmbH, Reinbek bei Hamburg 1984
Die deutsche Ausgabe ist im Einvernehmen
mit der Ernest Hemingway Foundation und Carlos Baker gekürzt
»Ernest Hemingway, Selected Letters 1917–1961. Edited by Carlos Baker«
© The Ernest Hemingway Foundation, Inc. 1981
© Carlos Baker 1981
Der Vertrieb ist nur in den sozialistischen Ländern gestattet
Einbandgestaltung Erich Rohde
Typographie Katharina Hertel
Karl-Marx-Werk, Graphischer Großbetrieb, Pößneck V 15/30
Printed in the German Democratic Republic
Lizenznummer 301. 120/161/87
Bestellnummer 613 315 9
01480

ISBN 3-351-00517-2

Dieses Buch
ist Charles Scribner jr., meinem Verleger,
Lektor und Freund, gewidmet.

»Sag Charlie,
wie froh und stolz ich war . . .
über ihn und darüber,
wie er die Dinge betrachtete.«

Ernest Hemingway, 1959

Einführung

Ernest Hemingway bedankte sich bei einem Freund, der ihm die Memoiren des Barons de Marbot, eines der Generäle Napoleons, geschenkt hatte, mit folgenden Worten: »Diese Marbot-Übersetzung hatte ich noch nie gesehen, sie ist wunderbar. Es ist herrlich, was für gute Briefe die Leute damals geschrieben haben, und erbärmlich, wie dürftig unsere eigenen sind.« Sein Leben lang hat er sich bei seinen Freunden für seine »langweiligen und dummen« Briefe entschuldigt. Jedoch trafen diese Bezeichnungen, von seltenen Ausnahmen abgesehen, nicht zu. Denn seine umfangreiche Korrespondenz war außerordentlich variationsreich: Immer wieder stößt man auf Klatsch, auf Anekdoten, ernste und auch schlüpfrige, auf pikante und banale Scherze, Prahlereien und Selbstbeschuldigungen, Klagen und Bekenntnisse, Belehrungen und Nachdenkliches, man findet ausgelassene Passagen, die von witziger Erfindungsgabe zeugen, Charakterskizzen von Freunden und Feinden, und auch eindrucksvolle Beleidigungen, sowie Erinnerungen und Voraussagen und spontan geäußerte literarische, politische und soziologische Meinungen, Informationen darüber, was er zu welcher Stunde welchen Tages unter welchen klimatischen Bedingungen tat und dachte, und tausend andere Themen mehr, die gelegentlich seinen überschäumenden, lebhaften Geist beschäftigten.

Außer bei Anlässen, die präzise und sorgsam geschliffene Formulierungen verlangten, wollte er kein förmlicher Briefschreiber sein, und er gab auch nicht vor, einer zu sein. Er wußte das, beklagte es halbherzig und machte sich in Wahrheit nichts daraus. »Oft schreiben die besten Schriftsteller die schlechtesten Briefe«, sagte er 1929. »Das ist beinah eine Regel.« Und 1957: »Dieser Brief ist schlampig und voller Fehler, aber er ist in Eile geschrieben – und es ist ein Brief, kein Prosaversuch.« Trotz der Häufigkeit solcher Bemerkungen hat er sicher gewußt, was der Leser jetzt für sich selbst entdecken kann: daß fast jeder Brief, der seinen Tisch oder Schreibtisch, seine Schreibmaschine oder Schreibunterlage verließ, das unverwechselbare Gepräge einer der imponierendsten Persönlichkeiten der Epoche trug.

Als erwachsener Mensch war Hemingway sein Leben lang ein eingefleischter, regelmäßiger, ja geradezu süchtiger Briefschreiber, für den Kommunikation ein ständiges Bedürfnis war. Einschließlich der Briefe, die verbrannt oder in irgendwelchen Fluten versunken sind, von Nagetieren oder Tropeninsekten zu Krümeln zerbissen, mit oder ohne Absicht weggeworfen (ob von ihm selbst oder von anderen) oder in Kisten und verschließbaren Kästen gehortet oder auf andere Weise dem Licht des Tages vorenthalten wurden, hat er in den fünfzig Jahren, die seinem Tod im Jahre 1961 vorausgingen, vermutlich sechs- bis siebentausend Briefe geschrieben – ganz zu schweigen von der Flut von Kabeln und Telegrammen, die er bisweilen an Stelle längerer Sendschreiben verschickte.

Hätte er weniger Briefe geschrieben, wäre seine Produktivität als seriöser Schriftsteller vielleicht größer gewesen. Dieser Gedanke kam ihm oft. »Immer wenn ich einen guten Brief schreiben kann, ist das ein Zeichen dafür, daß ich nicht arbeite«, sagte er einmal. Das Briefschreiben war »eine so tolle Methode, sich vor der Arbeit zu drücken und doch das Gefühl zu haben, daß man etwas geleistet hat«. Er liebte es zu schreiben, so sehr, daß er bereit war, viele Worte und viele Stunden zu »verschwenden«, um die verbalen Sturmfluten oder Rinnsale hervorzubringen, die von da, wo immer er war, nach dort flossen, wo immer seine Freunde waren. »Es ist nur so: wenn man gewohnt ist zu schreiben, ist es schwierig aufzuhören, und ich spreche gern mit Dir, selbst wenn es nur brieflich geschieht und das Gespräch erbärmlich dumm und einseitig ist.« So schrieb er 1951 an Charles Scribner, mitten in einer Blütezeit seiner Briefe, die um 1949 begann und bis Ende 1952 dauerte. Es hatte andere solche Perioden gegeben: 1924 bis 1928 zum Beispiel, als er schnell und manchmal rücksichtslos die Ruhmesleiter hinaufkletterte; und 1939 bis 1941, während und nach der Niederschrift von *For Whom the Bell Tolls* (Wem die Stunde schlägt).

Selbst wenn er als Prosaautor gut vorankam, schien er die Entspannung des Briefschreibens zu brauchen – als Ausgleich zu der Konzentration bei schöpferischer Arbeit. In Briefen konnte er sich wiederholen und so nachlässig und unbekümmert und sorglos weitschweifig sein, wie er wollte, während er selten mehr als fünfhundert Wörter in einem Arbeitsgang schaffte, wenn er diszipliniert arbeitete, um die besten Wörter in der besten Reihenfolge zu Papier zu bringen. Er schrieb daher Briefe, um sein Gehirn aufzuwärmen – frühmorgens, bevor sein Tagewerk, das »ernsthafte« Schreiben begann; oder um sich »abzukühlen« – nachmittags oder abends, nachdem er die Erzählung oder das Kapitel, an dem er gerade arbeitete, beiseite gelegt hatte, ähnlich wie ein Athlet, der nach dem Rennen noch eine Runde dreht.

Hinter alldem stand die für ihn charakteristische Unterscheidung zwischen Arbeit und Spiel. Spiel war das Anodynum, das ihm ernsthaftes Schreiben ermöglichte, indem es zwischen Arbeitsgängen äußerst intensiver Anspannung Perioden der Entspannung gewährleistete. Das Schreiben von Briefen war für ihn eine Art des Spielens, wodurch sie einen Elan und eine Spontaneität bekamen, die sie vielleicht nicht gehabt hätten, wenn er sich mit ihrem Inhalt und ihrer Form mehr Mühe gegeben hätte. Das Schreiben von Prosa hingegen war eine höchst schwierige Art der Arbeit. Die Erzählungen sollten überdauern, vielleicht sogar Jahrhunderte. Trotz all der Zeit, die er seiner Korrespondenz widmete, war sie nur ein Nebenprodukt – ein spielerisches Produkt – seines immer gegenwärtigen Drangs nach Kreativität. Briefe sollten nicht mit den Gedanken an die ferne Zukunft geschrieben werden. Ford Madox Ford sagte einmal zu ihm, daß man »beim Schreiben eines Briefes immer an die Nachwelt denken sollte«. Dies, so Hemingway 1950, »versetzte mir einen solchen Schlag, daß ich sämtliche Briefe in der Wohnung, einschließlich der von Ford, verbrannte. Soll man etwa die Hülsen aufbewahren, die eine 50er ausspuckt? Man hat sie, OK. Aber sie sollten nicht für die

9

Nachwelt geschrieben oder abgefeuert werden, sondern für den Tag und die Stunde – die Nachwelt kümmert sich schon selbst um sich.«

Obwohl Hemingway zu Recht damit prahlte, daß er die Rechtschreibung besser beherrsche als Scott Fitzgerald, verfiel er doch sein Leben lang immer wieder in so offensichtliche Fehler wie apoligize, responsability, optomistic, its-self, volumne und manoever – letzteres immer ein Problem für einen, der die Militärsprache liebte. Es war ein besonderes Kennzeichen seines persönlichen Stils, nach einer vorausgegangenen Verneinung nor an Stelle von or zu gebrauchen. Mit lockerer Verachtung der Grammatik behielt er regelmäßig das End-e vor den Endungen -ing oder -able bei, wie in loveing oder comeing, oder in dem in *A Moveable Feast* (Paris – ein Fest fürs Leben) unsterblich gewordenen Ausdruck. Der Unterschied zwischen who und whom, lying und laying interessierte ihn überhaupt nicht. »Das letzte, woran ich mich vom Englischunterricht in der High-School erinnere«, schrieb er einmal, »war ein großer Streit darüber, ob es already oder all ready heißen müsse. Wie ist das bloß ausgegangen?« Wenn er hastig – und oft unleserlich – etwas hinkritzelte, wie er es bei handschriftlichen Briefen fast immer tat, ließ er die meisten Apostrophe bei Zusammenziehungen und Genitiven weg, machte sich selten die Mühe, einen t-Strich zu ziehen oder einen i-Punkt zu setzen, glaubte, daß der normale Plural eines Eigennamens wie Murphy Murphy's wäre, und seiner Schreibweise von Ortsnamen war selten zu trauen, wenn er es auch gewöhnlich besser wußte und er sich damit entschuldigte, die Lexika seien einige Zimmer weit entfernt. »Die Rechtschreibung und der Aufbau meiner Briefe ist eher sorglos als unwissend«, sagte er 1952. Da er Französisch, Italienisch und Spanisch durch Zuhören gelernt hatte und größtenteils ohne in Wörterbüchern nachzuschlagen, verstümmelte er oft die Grammatik der fremdsprachigen Phrasen, mit denen er seine Briefe würzte. Er vertrat den Standpunkt, man könne ja immer Leute anstellen, die solche kleineren Ausrutscher korrigieren. Auch wurde er den Verdacht nicht los, daß eine ungezügelte Sprache jenseits der anerkannten Regeln durchaus ihr eigenes Leben entwickeln könnte. Sicher hätte Hemingway der Ansicht Artemus Wards zugestimmt: »Wozu sich um Grammatik kümmern, solange wir gut sind?«

Manchmal gab er sich, entgegen seiner Neigung, die denkbar größte Mühe, die Anschuldigung zu widerlegen, daß seine Sprache prätentiös sei. Diese Sprachgewohnheit hatte zu dem geführt, was man »Hemingways Choktaw« nannte. Lillian Ross brachte in ihrem Porträt des großen Mannes, der auf Urlaub in der großen Stadt war, im »New Yorker« ein paar Beispiele hierfür. Als er in ein Hotelzimmer geführt wurde, sagte er: »Laden sieht gut aus.« Nach einem Besuch des Metropolitan Museum of Art murmelte er: »Hat ʼnem Jungen vom Lande wie mir Spaß gemacht.« Beim Essen erklärte er, energisch kauend: »Essen und Verdauung gut.« Diese Neigung war wohl anfangs der Versuch, das unbescheidene Wiederholen der ersten Person Singular zu umgehen, führte dann aber zum Weglassen anderer Pronomen, bestimmter Verben sowie bestimmter und unbestimmter Artikel. Wahrscheinlich hing das damit zusammen, daß er die Sprache der Depeschen liebte, die ihn seit seinen Zeitungstagen angezogen hatte. Er scheint diese Ausdrucksweise – sowohl beim Sprechen als in Briefen – aber auch angenommen zu haben, weil er sie für realistisch, lakonisch und männlich hielt. »Was uns unterscheidet«, schrieb er einmal an William Faulkner, »ist, daß ich immer außer Landes gelebt habe . . . von Jugend an.« Oft wiederholte er eine Phrase über den allmählichen Niedergang der Menschheit in unserer Zeit, die er angeblich von einem echten alten Indianer aufgeschnappt hatte: »Früher mal gut, heut nicht gut.«

Immer wieder in seinen Briefen unterhielt er seine fernen Freunde mit dem, was er »dirt« nannte. Die verstorbene Elizabeth Drew, die über die brieflichen Ergüsse des 18. Jahrhunderts schrieb, bezeichnete das als *Die Literatur des Klatschs*. Diesen Titel haben viele Passagen in Hemingways Briefen wohl verdient. »Mir kann man jeden Klatsch erzählen – da bin ich sehr zuverlässig«, schrieb er an Dos Passos, »er geht mir in ein Ohr rein und aus dem Mund wieder raus.« Diese Whitmansche Art des Plauderns, die sich gewöhnlich bei seinen vertraulichen Gesprächen mit engen Freunden entwickelte, verstärkte er wahrscheinlich, sobald er zu Stift oder Feder griff, um mit ihnen, wenn sie außer Hörweite waren, zu kommunizieren. Der Klatsch strömte aus seinem Gedächtnis wie spanischer Wein aus einer umgekippten bota. »Darüber könnte ich Dir eine lustige Geschichte erzählen«, schrieb er etwa, und dann folgte oft die Geschichte – manchmal lustig oder streitlustig, oder boshaft, oder vulgär, aber sehr selten langweilig. »Ich schreibe Briefe, weil es Spaß macht, Antwortbriefe zu bekommen«, sagte er 1950. Er freute sich mit dämonischem Behagen auf den Klatsch, den sie enthalten könnten. »Erzähl mir davon«, flehte er ständig, »ich bin einsam ... Es ist langweilig hier ... Was gibt's Neues?« Die Briefe, nach denen er sich sehnte, kamen, wie auch Hunderte, die er nicht haben wollte, im Überfluß auf seinen Schreibtisch. Er beantwortete sie, wann und wenn er dazu Lust hatte, ohne daß sein Vergnügen an gegebenem oder empfangenem Klatsch jemals nachließ.

Da Hemingway von seinem Wesen, seiner Neigung und seinem Beruf her gern Seemannsgarn spann, kann man nicht darauf vertrauen, daß alle der in seinen Briefen berichteten Geschichten wahr sind. Er glaubte, und sagte das auch oft, daß Schriftsteller Lügner seien, und es machte ihm offensichtlich Freude, seinem Diktum in Gesprächen und Briefen gerecht zu werden. Die Grenzen der Königreiche Wahrheit und Lüge waren für ihn ganz persönlich nicht mit wehenden Fahnen markiert. So mancher Empfänger seiner Briefe, mancher Zuhörer seiner Monologe ließ sich durch seine vorgetäuschte Aura der Wahrhaftigkeit dazu verleiten, einen gegebenen Bericht für wahr zu halten, und entdeckte gerade noch rechtzeitig, daß er weitgehend erfunden war. Da er ein Leben lang Erzähler war und stets Erfindung mit Reportage vermischt hatte, zeigte er wenig Neigung, diese Gewohnheit im Eifer des Briefschreibens aufzugeben.

Schließlich besteht einiger Grund zu der Annahme, daß er das Briefschreiben als eine Art Beschäftigungstherapie nutzte, als so etwas wie ein Äquivalent zur Couch des Psychiaters, als Methode, seinem Geist etwas von der Last zu nehmen, die ihm die Tagesereignisse auferlegten. »Ich könnte es mir genausogut jetzt von der Seele schreiben und es so vielleicht loswerden«, schrieb er 1926 an Pauline Pfeiffer. Und fünfundzwanzig Jahre später an seine Frau Mary: »Dieser Brief jammert wie eine Luftalarmsirene. Spiel ihn auf Deinem Pianola und erschreck die Mitbewohner ... Ich will nur sagen, daß ich mich heute ein bißchen niedergeschlagen fühle, und ich habe es Dir vor die Füße geworfen, um es loszuwerden.« Seine Frauen waren nicht seine einzigen Zuhörer, obwohl sie, alle vier, zweifellos am meisten zu hören bekamen. In seiner frühen Kindheit hatte er in der seltsamen Sprache, die zwischen ihnen herrschte, an Bill Smith geschrieben: »Havta carp along wit cheerful facial all diurnal and seek relief in a screed.« Zu deutsch: »Den ganzen Tag mußt du mit einem fröhlichen Gesicht herumlaufen und findest dann beim Briefschreiben Erholung.«

Solche Erklärungen lassen an die Psychologie des Beichtens denken. Allerdings weniger mit der Bitte um Absolution – »Segne mich, Vater, denn ich habe gesündigt« – als vielmehr um Verständnis, Verlangen nach Rechtfertigung und sogar Bewunderung von seiten der anderen. Indem er aussprach, was ihn innerlich quälte, linderte er seine schwarzroten Wutanfälle, reinigte er sein kochendes Hirn von verbleibendem Unrat und kam seinem Bedürfnis nach, sich kameradschaftlich mit Leuten auszutauschen, die, wie er hoffte, ihn verstanden und erkannten, worum es ihm in seinem Leben hauptsächlich ging. »Ich werde einsam«, sagte er einmal, »und ich schreibe gern an jemanden, der gebildet ist und über dieselben Dinge Bescheid weiß wie ich und Verstand zu haben scheint.« Zweifellos hat er sich oft nur mit sich selbst auseinandergesetzt, in der angenommenen Gegenwart eines mitfühlenden, aber schweigenden Zuhörers. Und doch äußert er in all seinen Briefen immer wieder den brennenden Wunsch, daß andere ihn so sahen, wie er war, begriffen, wie es um ihn stand, in W i r k l i c h k e i t, und nicht, wie man es in weiten Kreisen annahm.

Drei »Briefe«, die Hemingway im Alter von neun Jahren schrieb, sind heute noch erhalten. Einer ging an seinen Vater, der in New Orleans in Urlaub war, die beiden anderen an seine Mutter und seine Schwester auf der Insel Nantucket. Sie liefern ein ungefähres Selbstporträt des Künstlers in sehr jungen Jahren:

Lieber Papa: Letzten Freitag war das Wasser in unserem Aquarium in der Schule ganz trüb. Ich habe eine Muschel reingetan, die ich vom Fluß [Desplaines]* in die Schule mitgebracht hatte. Sie hing bei einem unserer großen japanischen Schleierschwanzgoldfische am Schwanz. Am Samstag sind Mama und ich über die Furt im Fluß gegangen. Er stand viel viel höher. Ich habe im Fluß sechs Muscheln gefunden und riesengroßen Tang. Dein Dich liebender Sohn, Ernest M. Hemingway.

Liebe Marc[elline]: Unsere Klasse hat beim Sportfest gegen die Klasse von Miss Koontz gewonnen. Al Bersham hat bei einer Schlägerei Chandler zwei Zähne ausgeschlagen, und Deine liebe freundliche Miss Hood ließ ihn von Mr. Smith festhalten und prügelte ihn dafür mit einem Lederriemen. In Liebe, Ernest.

Liebe Mom und Marse: Ich bin in die 6. Klasse gekommen und Marse auch. Papa und ich haben wilde Rosen und wilde Erdbeeren gefunden. Ursula ist auch versetzt worden. Morgen ist das Sonntagsschulpicknick. St. Nicholas [eine Zeitschrift] ist gekommen, aber die Sache von Marce über den Vogel war nicht drin. Emily Harding hat Dir eine Messingschale zum Geburtstag geschickt. Wir waren in Forest Park und sind in den Grand Canon runtergefahren, das ist wie eine riesige Achterbahn. Sunny und Ted hatten große Angst. In Liebe, Ernest. PS. Pa hat mir für die Versetzung 5 Silver Dollars gegeben.

Diese kurzen Briefe weisen bereits auf einige seiner späteren Neigungen hin: Liebe zur Natur, Interesse an körperlicher Gewalt, Freude am Wettkampf, Stolz auf persönliche Furchtlosigkeit. Aber sie künden wohl kaum von einem Wunderkind. Erst Jahre später beginnt der Hemingway, den wir so gut zu kennen meinen, die schützende Hülle der Kindheit zu verlassen und in eine weit rauhere und größere Welt als die seiner Jugend einzutreten. Wir fangen daher mit einem Brief aus dem Jahre 1917 an, als der kräftige Achtzehnjährige sich nach Abschluß der High-School auf den Feldern am Ufer eines Sees im nördli-

---

* Ergänzungen in eckigen Klammern vom Herausgeber.

chen Michigan an der Heu- und Kartoffelernte beteiligt und mit Stolz an die vier großen Forellen denkt, die er gerade in der nahe gelegenen Horton Bay gefangen hat. Nimmt man vierundvierzig Jahre später von ihm Abschied – von einem Mann von Weltruhm, krank und alternd, von Paranoia und Hypertonie gequält, am Rande des Selbstmordes –, dann denkt man mit Rührung an die große junge Gestalt in dieser abgelegenen ländlichen Gegend, an den geliebten Sproß einer christlichen Familie der Mittelklasse, der hart und mit Verantwortungsgefühl arbeitete und sehnsüchtig auf den Beifall seiner Eltern hoffte. Im Jahre 1961 hat er sich verändert, aber doch nicht so ganz. Zwei der Briefe, die er in den letzten Wochen seines Lebens schrieb, künden von seiner fortbestehenden Freude an der amerikanischen Landschaft und an zwei ihrer großen Flüsse: dem Mississippi und dem Yellowstone, in denen noch der Barsch springt und die Forelle schwimmt, wie sie es während all der flüchtigen sechzig Jahre seines Lebens getan haben.

Im Frühherbst 1917 schickt Hemingway sich an, sein erstes Abenteuer außerhalb des Familienkreises zu bestehen: Sechs Monate ist er Jungreporter für den »Kansas City Star«. Im Mai 1918 begab er sich auf eine wesentlich folgenreichere Reise in die entgegengesetzte Richtung. Diesmal bringt ihn der Zug nach New York. Begeistert erforscht er die Metropole, paradiert in seiner brandneuen Uniform die Fifth Avenue hinunter und läßt sich fröhlich auf einem Truppentransporter einschiffen, um in Norditalien Ambulanzen zu fahren. Kaum zwei Monate später zählt er zu den ersten amerikanischen Verwundeten an der Piave-Front und ist einer der ersten Patienten im neuen Rotkreuzkrankenhaus von Mailand.

Die Briefe, die er aus Mailand nach Hause schickt, spiegeln seinen Stolz auf seine militärische Führung wider, auf sein tapferes Verhalten während des Beschusses, seine innere Ruhe während der Genesung, aber auch seine offensichtliche Freude darüber, daß er zu diesem Krieg, der das Ende aller Kriege sein sollte, einen Beitrag geleistet hatte. Der Junge, der im Januar 1919 nach Oak Park zurückkehrt, hat sich beträchtlich verändert. Die Teilnahme am Kampf, die Schwere seiner Verwundung, ein Liebesabenteuer mit einer Rotkreuzschwester und der Umgang mit neuen Kameraden in einem fremden Land hatten seinen Horizont erweitert, ihn dem Erwachsensein nähergebracht und sein Verlangen gesteigert, etwas anderes zu schreiben als das, worüber er zwei Jahre zuvor für den »Star« geschwitzt hatte. Er hatte jetzt Trinken und Rauchen gelernt, und sein Interesse an der Gesellschaft von Frauen war offensichtlich gestiegen, wenn auch noch nicht bis zu dem Maß, mit dem er später prahlen sollte.

Der Ruf der Wildnis war immer noch mächtig in ihm, und er verbrachte den Sommer und Herbst hauptsächlich an den Seen und Flüssen Nord-Michigans, nicht gewillt, sich den Notwendigkeiten der Arbeitssuche zu unterwerfen, bis er genug fette Forellen gefangen und gegessen hatte. Die Erlebnisse von Krebs in *Soldaten zu Haus* und von Nick Adams in *Großer doppelherziger Strom* sind die besten fiktiven Berichte über Hemingways erstes Nachkriegsjahr. Aber der Hintergrund zu beiden Erzählungen, wie für vieles mehr, wird lebhaft vor Augen geführt in den Briefen, die er zu dieser Zeit schrieb; in ihnen spürt er seiner Entwicklung mit eigenen Worten nach, sie summieren sich zum längsten »Buch«, das er schrieb, und stellen die größte Annäherung an eine Autobiographie dar, die er je versuchte.

Außer an seine Familie schrieb er in diesen Jahren an Bill Smith, seinen treuen Freund aus den Kindheitssommern in Michigan; an Bill Horne, Howell Jenkins und Larry Barnett, mit dem er in Italien Ambulanzen gefahren hatte; an Grace Quinlan, seine fünfzehnjährige »Schwester Luke« aus Petoskey; an Isabel Simmons, die spätere Godolphin, seine Nachbarin in Oak Park; und an Elizabeth Hadley Richardson aus St. Louis, die seine erste Frau werden sollte.

Wie die Schauplätze, so wechselten auch die Namen seiner Briefpartner. Schon bald schrieb er an einige der berühmtesten Literaten seiner Zeit: Owen Wister, Ezra Pound, Sherwood Anderson, Gertrude Stein; James Joyce, Dos Passos, Fitzgerald, Archibald Mac Leish. Bald darauf hatte er mit den »Verlegern« Robert McAlmon, Ernest Walsh, Harold Loeb und Horace Liveright zu tun, von denen er keinen so richtig mochte; mit

Edward O'Brien, der ihm den Weg bereitete; mit Maxwell Perkins, dem durch nichts zu ersetzenden Editor, und in der Folge mit Charles Scribner senior und junior – mit ihnen allen kam er großartig zurecht. In den zwanziger und dreißier Jahren schrieb er geradezu Bände an Waldo Peirce und Henry (Mike) Strater, seine wichtigsten Freunde unter den amerikanischen Malern, und tauschte mit Guy Hickok vom Pariser Büro des »Brooklyn Daily Eagle« scherzhafte Beleidigungen aus. Andere Journalisten, mit denen er in frühen Zeiten, aber auch später korrespondierte, waren Janet Flanner und Lillian Ross vom »New Yorker« und J. Donald Adams, Harvey Breit und Charles Poore von der »New York Times«. Seine sechsjährige Tätigkeit für die Zeitschrift »Esquire« führte zu einer Freundschaft mit Arnold Gingrich, die den ganzen spanischen Bürgerkrieg hindurch anhielt. Im Laufe ihrer erfolgreichen Bemühungen, Ezra Pound zu befreien, entstand eine flüchtige Bekanntschaft zwischen Hemingway, Robert Frost und T. S. Eliot. Die wichtigsten Literaturkritiker, an die er schrieb, waren Edmund Wilson und Malcolm Cowley sowie der Sowjetrusse Iwan Kaschkin. In seinen letzten Jahren kam es zu einer amüsanten Brief-Beziehung zu dem achtzigjährigen Kunsthistoriker Bernard Berenson. Einige seiner offenherzigsten Äußerungen über Fitzgerald schickte er an dessen Biographen Arthur Mizener. Seine Lieblinge unter den Berufssoldaten waren E. E. Dorman-Smith (der später O'Gowan hieß), ein lebenslanger Freund aus dem Ersten Weltkrieg, und Charles T. Lanham, sein größter militärischer Held während und nach dem Zweiten Weltkrieg. In der letzten Dekade seines Lebens schrieb er häufig an Adriana und Gianfranco Ivancich, die beiden Geschwister, die den Kern dessen bildeten, was er den »venezianischen Zweig« seiner Familie nannte. Außerordentlich schwankend war er in der Beurteilung von William Faulkner, seinem anerkannten Hauptrivalen unter den amerikanischen Romanschriftstellern, an den er sich gewöhnlich über Mittelsmänner wandte; allerdings ist mindestens ein merkwürdiger Brief vom einen an den anderen erhalten geblieben.

Es ist ebenso lehrreich wie fesselnd, diesem »Jungen vom Lande« dabei zuzusehen, wie er dem Provinzialismus seiner

Jugend entwächst und anfängt, mit Berühmtheiten umzugehen, zunächst auf der Ebene des unbekannten Bittstellers, dann auf der sozio-literarischer Gleichgestelltheit und schließlich als anerkannter Meister auf seinem erwählten Gebiet. Die Briefe aus den zwanziger Jahren spiegeln in bewegender Weise Hemingways Kampf um Anerkennung wider. Wie viele epochemachende Schriftsteller – Faulkner ist ein weiteres Beispiel –, die den Publikumsgeschmack erst erschaffen müssen, nach dem ihre Werke beurteilt und akzeptiert werden, erreichte er keinen sofortigen Durchbruch. Erst im Herbst 1925, vier Jahre nachdem er nach Paris gegangen war, wuchs ihm durch die erste bedeutende Sammlung seiner Kurzgeschichten, *In Our Time* (In unserer Zeit), eine bescheidene Anhängerschaft in der amerikanischen Leserschaft zu. Doch mußte noch ein weiteres Jahr vergehen, bis die Veröffentlichung von *The Sun Also Rises* (Fiesta) ihn unzweifelhaft zu einem Schriftsteller machte, mit dem man zu rechnen hatte.

In eben diesem Jahr 1926 – einem besonders schwierigen in seinem persönlichen Kalender – konstatierte er, er sei »kein Heiliger, und auch nicht wie einer gebaut«. Seine unheilige Seite war bereits in einigen früheren Briefen zum Ausdruck gekommen, und sie sollte in den folgenden Jahren stets sichtbar bleiben. Obwohl in der Kunst der Verleumdung von Anfang an selbst kein unbeschriebenes Blatt, wurde auch er während seines ganzen Lebens von vielen Leuten verleumdet, und es war charakteristisch für ihn, daß er ihnen dies mit Zins und Zinseszins heimzahlte. Seine berüchtigte Reizbarkeit kam bei jedweder Art von Kritik, die ihm nicht paßte, zum Ausbruch. Verstimmungen, die keine literarischen Ursachen hatten, steigerten sich manchmal bis zur Ablehnung von Leuten, die er einmal geliebt hatte: seiner Mutter wegen ihrer angeblichen Treulosigkeit, weil sie beleidigende Bemerkungen über *Fiesta* gemacht hatte; seiner älteren Schwester, weil sie ihn wegen seiner Trennung von seiner ersten Frau gescholten hatte; seiner jüngsten Schwester, weil sie gegen seinen Wunsch geheiratet hatte. Lob seiner Schriften erfreute ihn immer; herabsetzende Urteile weckten seinen Zorn. Seine häufigen Drohungen, seine Widersacher zu verprügeln, enthalten, wenn sie auch selten in die Tat umgesetzt wurden, Hinweise auf den sich entwickelnden Grobian. Eine Zeile aus Kiplings *If* änderte er prahlerisch in den Satz um, er könne »mit Arschlöchern Umgang haben, ohne die Verbindung zu den einfachen Leuten zu verlieren«. Diese Verbundenheit mit den einfachen Leuten trieb ihn nicht selten dazu, über die unglücklichen Köpfe seiner Opfer Essig und Galle zu gießen, wie etwa bei seiner Kritik an Robert McAlmon, Max Eastman, Edmund Wilson, Gertrude Stein und Wyndham Lewis. Sein fast bis ins Unglaubliche übertriebener Angriff auf James Jones, einen seiner Kollegen bei Scribner's, war in seinem Glauben begründet, daß Jones seine Pflichten als Soldat nicht erfüllt habe. Hemingway entledigte sich seiner aufgestauten Emotionen gelegentlich durch Schmähreden von einer Schärfe, die derjenigen Jonathan Swifts mindestens gleichkommt. In der langen Reihe derer, die er als S c h u r k e n bezeichnete, befanden sich so verschiedene Leute wie Franklin D. Roosevelt, Marschall Bernard Montgomery, General Leclerc, André Malraux, Kardinal Spellman und Senator Joseph McCarthy sowie Dutzende von weniger berühmten Leuten.

Hemingway verteidigte die Beibehaltung einer beanstandeten, aber eindringlichen Passage in *Wem die Stunde schlägt* damit, daß eine Streichung dem Weglassen »entweder des Kontrabasses oder der Oboe« seines Orchesters gleichkäme, »denn wenn sie allein gespielt werden, klingen beide häßlich«. Das Geblöke häßlicher Töne fehlt auch in seinen Briefen nicht. Sein gelegentlicher Gebrauch von Ausdrücken wie frog, wop, jig und kike (verächtliche Namen für Franzosen, Italiener, Neger und Juden) ist bedauerlich, obwohl man bedenken sollte, daß er – wie Frost, Pound und Eliot, um nur wenige zu nennen – in eine Zeit hineingeboren wurde, in der solche Ausdrücke in bedauerlich hohem Maße in fast allen Schichten der amerikanischen Gesellschaft verbreitet waren. Hemingways Antisemitismus war keinesfalls mehr als oberflächlich, eher eine verbale Gewohnheit als ein durchgängiges Thema wie etwa bei Pound. Die Beschuldigung, er habe in *Fiesta* Harold Loeb als Robert Cohn verspottet, erwiderte er damit, daß kein Gesetz es verbieten würde, einen Proleten und Flegel als solchen zu porträtieren, nur weil er zufällig jüdischer Abstammung sei. Seine blutrünstige Vorliebe für das Grand Guignol, wie etwa in der obenerwähnten Passage in *Wem die Stunde schlägt*, führte zu mehreren, vermutlich apokryphen, Anekdoten über seine gräßlichen, mörderischen Erlebnisse im Zweiten Weltkrieg. Mit solchen Fällen von Grobheit braucht man sich nicht lange aufzuhalten. Sie gehören zu den Makeln einer komplexen Persönlichkeit, die unter normalen Umständen stark und groß genug war. Wenn seine Briefe bisweilen den Eindruck angeberhaften Stolzes machen, der an Größenwahn grenzt, war dies wahrscheinlich kaum mehr als ein verbales Gegengewicht zu den Selbstzweifeln, die ihn oft befielen, selbst wenn er fest an die Arbeit, die er leistete, glaubte. Seine Hypochondrie, die sich wie ein langgezogenes Stöhnen durch sein Leben zog, kann erklärt, wenn nicht gar widerlegt werden durch seine immer wiederkehrende Erkenntnis, daß Krankheit einer der großen Feinde der literarischen Produktivität ist.

Wahrscheinlich wurden seine Unzulänglichkeiten, die unbestreitbar vorhanden waren und tatsächlich auch von ihm selbst nicht bestritten wurden, von Qualitäten aufgewogen, die die Waagschale zu seinen Gunsten mehr als nur antippten. Zu seinen Tugenden zählen seine lebenslange Ausdauer und Entschlossenheit, seine Talente zu nutzen und zu entwickeln, seine Integrität als Künstler, seine nicht nachlassende Ehrfurcht vor dem Handwerk, das er ausübte, und seine unbeirrbare Liebe zum Vortrefflichen, sei es in seinem eigenen Werk oder in dem anderer. Seine literarischen Beziehungen zu Anderson, Pound, Stein, Ford, Fitzgerald, Wilson, Mac Leish und Faulkner sind von unwiderstehlichem Reiz, denn sie zeigen uns seinen wetteifernden Geist, seinen Haß auf Heuchelei, seinen Abscheu vor schlampiger Arbeit, den Stolz, mit dem er jede Nachahmung vermied, und den hohen Wert, den er Fleiß, Unabhängigkeit und Unbestechlichkeit beimißt.

Als Mann liebte er Eigenschaften wie Mut, Tapferkeit, Würde sowie absolute Rechtschaffenheit bei der Führung seiner Geschäfte, einschließlich der finanziellen – und für gewöhnlich lebte er auch danach. Seine Großzügigkeit war enorm; es mangelte ihm nicht an spontanem Mitgefühl mit den Leidenden, Verwaisten und Unterdrückten. Format, Leistung und Ausdauer respektierte er, wo immer er sie fand: bei Jägern, Schützen, Fischern, Führern, Spürhunden, Pelzhändlern, Jockeys und Rennpferden, Boxern und Jai Alai-Champions, militärischen Taktikern und Historikern, Baseballgrößen, Schlägern, Fängern und Feldspielern. Der Begriff der Vaterschaft nahm in seiner Skala der Tugenden einen hohen Rang ein. Seinen eigenen Vater hatte er »sehr und lange« geliebt, und diese Liebe gab er an seine drei Söhne weiter, mit denen er die praktische Weisheit und das empirische Wissen zu teilen suchte, die er sich auf seinem überaus abwechslungsreichen Lebensweg erworben hatte. Nasse und heulende Kinder behagten ihm in der Regel nicht; jedoch steigerte sich seine Zuneigung, wenn sie groß genug waren, an Unterhaltungen teilzunehmen; und die Briefe an seine Jungen sind voll von Hinweisen und Ratschlägen, in bester väterlicher Tradition.

Ein besonders bemerkenswerter Zug an diesem äußerst geselligen Mann war seine Fähigkeit zur Freundschaft. Die Briefe spiegeln sein Verlangen wider, seine engsten Freunde um sich zu scharen – zum Jagen, Fischen, Trinken und zu tiefschürfenden Gesprächen. Die Form, mit der er diesem Verlangen Ausdruck gab, änderte sich von seinem neunzehnten bis zum neunundfünfzigsten Lebensjahr kaum: »Komm schon her«, bedrängte er Howell Jenkins und Jack Pentecost, als er eine Angeltour in die Pine Barrens bei Vanderbilt, Michigan, vorhatte. Er wollte die Gerätschaften und Gewehre stellen; sie sollten reichlich Grog und Zigaretten mitbringen sowie genug Munition, damit sie auf jedes Wild und jeden Bären losballern könnten, der ihren Pfad durch die Wildnis kreuzen mochte. »Komm doch hin«, schrieb er an Bill Smith, Dos Passos, Don Stewart und Harold Loeb, als er plante, für eine Woche zu der jährlichen Fiesta nach Pamplona zu fahren. »Komm doch endlich«, hörte man ihn wiederholt aus Key West flehen, wenn er wollte, daß Mike Strater, Waldo Peirce, Archie Mac Leish oder Max Perkins sich an seinem nächsten Angriff auf den Golfstrom beteiligten. Das gemeinsame Tun war das Entscheidende: Es verdoppelte oder verdreifachte sein Vergnügen an so männlichen Bravourleistungen wie Geschicklichkeit und Ausdauer. »Na, komm schon«, schrieb er von der Nordquist Ranch in Wyoming, und zwar mit solch warmem Enthusiasmus, daß er verschiedene Male von Charles Thompson, Dos Passos, Tom Shevlin, Bill Horne und anderen dort besucht wurde. Nichts übertraf seine deutlich sichtbare Freude, wenn sie kamen, und nichts seine Enttäuschung, wenn sie nicht kamen. »Sie wissen, wie er war«, schrieb Agnes von Kurowsky, seine Rotkreuzkrankenschwester aus Mailand. »Die Menschen liebten ihn. Sie wissen, was ich meine.« Was sie meinte, war, daß seine gesellige Natur ständig der Gegenwart wohlwollender Gleichgesinnter bedurfte, in deren Gesellschaft er ausspannen konnte, angeben, prahlen, schwätzen und dem Geschwätz anderer zuhören, flunkern, grobe Witze reißen, schießen, fischen, trinken – oft in einem regelrechten Wettkampf –, und das, was er besaß und was er wußte, mit denen teilen konnte, die ihm an Größe, Kraft und verwegener Veranlagung ähnlich waren.

Vor allen seinen Freunden und Bekannten brüstete er sich als Lehrer, als der erfahrene Insider, der viele, wenn nicht alle Antworten wußte und begierig war, sie weiterzugeben: wie man beim Roulette oder Pferderennen oder Poker gewinnt; wie man von Paris nach Montreux, von Chicago nach Horton Bay, von New York nach Nairobi kommt; wie man eine Bloody Mary mixt, einen Gegner aus dem Rennen wirft, einen Zollbeamten austrickst. Semper paratus hätte sein Wahlspruch heißen können. Stets war er versehen mit dem, was er »the gen« (genaue Information) nannte, worunter er die neuesten und glaubwürdigsten Nachrichten verstand: welche Haken und Fliegen man zum Angeln von Stahlkopf und Regenbogenforelle zu verwenden hatte; welche Köder für den riesigen Marlin, welche Gewehre für gefährliche Wildtiere, welche Vitamine für die Gesundheit. Neben diesem Wie und Was besaß er aber auch die sehr weltliche Kenntnis über das Wer und Wann und Wo, alles zum sofortigen Abruf verfügbar.

In einer anderen Ecke seines Wesens war er ein emsiger Statistiker: Ständig notierte er Maße und Gewichte, Dimensionen und Distanzen. Er führte sorgfältige Listen über die Zahl der täglich geschriebenen Wörter, dazu Logbücher, die Nachweis über sein Können als Fischer gaben – Länge und Gewicht jeden Fanges, den er machte, die Anzahl der Minuten, die er brauchte, um ihn an den Haken zu bekommen. Auf den Wänden verschiedener Badezimmer konnte man den täglichen Stand seines Gewichts ablesen, und später auch den seines schwankenden Blutdrucks. Seinen Kontostand kannte er auf den Penny genau, er war stets auf dem laufenden, was die Verkaufszahlen seiner Bücher betraf, die Tantiemen, die sie einbrachten, die horrenden Beträge, die er an Einkommensteuer zu zahlen hatte.

Wir haben nun bestimmte ausgeprägte Wesensmerkmale Hemingways untersucht, die in den Briefen in Erscheinung treten – doch jede solche Übersicht muß verblassen im Vergleich mit dem lebendigen Gewebe der Briefe selbst. War er guter Stimmung, konnte er sehr lustig sein; bei feuchtem Wetter brach er in die wüstesten Klagen aus; er konnte mal zärtlich, mal schroff sein, mal sehr wählerisch, aber auch unverschämt, mal bescheiden, mal aufgeblasen. Er war ein besessener Leser, der häufig des Nachts ganze Bände verschlang, und er war stets offen und manchmal überaus scharfsinnig in seinen literarischen Urteilen. Und doch übersah er häufig Qualitäten – wie die von Henry James, Edith Wharton, E. M. Forster oder Virginia Woolf zum Beispiel –, die außerhalb seiner Kriterien für Geschmack und Leistung lagen. In einem seiner »Gedichte« – 1928 geschrieben – sagt er, »die nach Ordnung suchen, werden finden, daß man Erfahrungen nur mit einer gewissen Disziplin sammelt«. Hier spricht der praktische Empiriker. Manche seiner Standpunkte verdichteten sich nach und nach zu dem Verhaltenskodex, nach dem er sein Leben zu gestalten wünschte. Andere veränderten sich unter den wiederholten Hammerschlägen seiner Erfahrungen. Es ist faszinierend, den Wandel seiner religiösen Ansichten zu beobachten – von dem heiteren protestantischen Christentum des Jahres 1918 über den nominellen Katholizismus der Zeit von 1927 bis 1937 bis hin zu dem sentimentalen Humanismus nach dem Zweiten Weltkrieg. Seine Einstellung zum Patriotismus reichte von dem überschwenglichen Idealismus seiner Jugend über den zunehmenden Zynismus der Depressionsjahre bis schließlich zum entschiedenen Wiederaufleben seiner Vaterlandsliebe, die während seines Dienstes als Beobachter und Teilnehmer am europäischen Kriegsgeschehen Gestalt gewann. Wenn seine Ansichten über Ehe und Moral mit zunehmendem Alter auch irdischer wurden, behielt er doch ein bißchen Achtung für das Ideal der Familie und die Begriffe von sittlicher Zurückhaltung, die ihm durch seine Erziehung nahegebracht und eingeprägt wurden. Er hat einmal gesagt, seine Erfahrungen mit der ausländischen und einheimischen Politik hätten ihm das Gefühl vermittelt, als ob er aus Spucknäpfen getrunken hätte. Die sogenannten Staaatsmänner, die von den Sitzen ihrer Macht aus die Welt auf so grobe Weise falsch verwalteten, zählten für ihn zu den Hauptschurken. Andererseits sollten Schriftsteller wie Zigeuner sein – »Außenseiter«, wie er sie nannte: Sie sollten abseits leben, an der Peripherie, den anerkannten Meinungen widersprechen und die Erlasse der Gesetzgeber, die über Gebühr in Leben und Schicksale der Regierten eingreifen, verächtlich machen – ob in Washington, Paris, Berlin, Rom oder wo immer auch sonst eine Regierung war. Abstrakte Ideen oder metaphysische Spekulationen behagten ihm nie, das Vokabular der Intellektuellen und den Standpunkt des Philosophen lehnte er ab – aber er macht uns manchmal staunen, wenn er Ideen und ästhetische Gedanken formuliert, die er nur bei seinem Ringen um die Beherrschung seines literarischen Mediums gewonnen haben kann.

Jede Briefauswahl setzt sich wahrscheinlich dem Verdacht aus, daß nur solche Briefe ausgewählt wurden, die die Zuneigung des Lesers zu dem, der sie geschrieben hat, bewahren oder steigern könnten. Das wurde hier nicht angestrebt. Natürlich mußte eine große Anzahl Briefe weggelassen werden, um den ungeheuren Umfang der Korrespondenz in einer annehmbaren einbändigen Ausgabe vor Augen führen zu können. Die Hauptkriterien für die Aufnahme eines Briefs waren Bedeutung und Wert seines Inhalts. Fast jeder Brief wirft – zumindest ein wenig – neues Licht auf die Aspekte seiner beruflichen Laufbahn, von seiner frühen journalistischen Tätigkeit für den »Star« in Kansas City und den »Star« in Toronto bis hin zu seiner Arbeit an *A Moveable Feast* (Paris – ein Fest fürs Leben) in seinen letzten Lebensjahren. Die Briefe enthüllen ferner wichtige (und willkommene) Einzelheiten über die Beziehungen zu seiner Familie, zu seinen Frauen, Söhnen, Freunden, Feinden, Schriftstellerkollegen und etlichen Größen der Welt. Sie beschreiben seine Abenteuer in vielen Ländern und bringen uns seinem Leben und Denken in allen von ihm gewählten Bereichen und Lebensbedingungen nahe.

Der Verfasser dieser Briefe war in erster Linie ein ernsthafter Schriftsteller, dessen Ruf und Einfluß, wie er sehr wohl wußte, letzten Endes von seinen Romanen und Kurzgeschichten abhing. Ebenso wie seine Prosa enthalten seine Briefe, wenn auch in weit weniger formaler Art und Weise, das Wesen des Mannes, der er war – sicher unvollkommen, widersprüchlich und fehlerhaft wie jedes andere menschliche Wesen, aber doch voller Leben: eine unvergeßliche Kraft.

»Er war«, sagte sein Freund Archibald Mac Leish einmal, »eines der menschlichsten und geistig regsten Geschöpfe, das ich je kennengelernt habe. Der einzige andere Mann, der mir so sehr in einem Zimmer p r ä s e n t zu sein schien wie Ernest, war FDR [Franklin D. Roosevelt] – Churchill nicht ausgenommen.« Vieles von dieser Präsenz ist in seiner Prosa sichtbar, hörbar und fühlbar. Man spürt sie auch in seinen Briefen, diesen leichten und lockeren Reportagen über sein Leben, so wie er es lebte – mit all seinen Sorgen und Freuden, seinen Triumphen und Desastern. Seine Liebe zum Briefschreiben war so stark, daß sie bis zu seinem Tode anhielt. »Verzeihen Sie mir bitte diese langen, blöden Briefe«, hat er Bernard Berenson einmal gebeten. »Ich schreibe sie an Stelle von Erzählungen, und sie sind ein Luxus, der mir Vergnügen bereitet, und ich hoffe, Ihnen auch ein bißchen.« Das und noch mehr traf für Berenson zu und für viele andere glückliche Empfänger seiner Briefe ebenfalls. Nun, da er seit über zwanzig Jahren tot ist, haben sie Anspruch auf das größere Publikum, das seine Bücher immer gefunden haben.

Zu dieser Ausgabe

Die Entscheidung, diese Auswahl der Briefe Hemingways zu veröffentlichen, wurde im Mai 1979 von Mary Hemingway und ihrem Anwalt Alfred Rice nach Beratung mit Charles Scribner jr. getroffen. Die Erträge sollen der Ernest-Hemingway-Stiftung zufließen, die am 13. Dezember 1965 gegründet wurde und seither unter der Ägide des PEN-Clubs einen jährlichen Preis für amerikanische Prosa verleiht.

An der Klugheit und Richtigkeit dieser Entscheidung kann nicht gezweifelt werden: sie macht jetzt zum ersten Male eine große Anzahl von Briefen Hemingways zugänglich, und zwar in genau der Form, wie er sie in vierundvierzig Jahren seines Lebens geschrieben hat. Die Briefe werden nicht nur instruktiv und unterhaltend für den ganz normalen Leser sein, sondern auch Studenten der Literaturwissenschaft mit den Dokumenten versehen, die für die kontinuierliche Erforschung von Leben und Leistungen eines der Giganten der amerikanischen Literatur des 20. Jahrhunderts erforderlich sind.

Der Grund für den langen Aufschub liegt in einem Brief, den Hemingway im Jahre 1958 an seine Testamentsvollstrecker schrieb. »Es ist mein Wunsch«, schrieb er, »daß keiner der Briefe, die ich in meinem Leben geschrieben habe, veröffentlicht wird. Ich ersuche und beauftrage Sie also hiermit, keinen solchen Brief zu veröffentlichen oder einer Veröffentlichung durch andere zuzustimmen.« Sein Hauptgrund für diese Bitte war zweifellos die Tatsache, wie er 1952 an Wallace Meyer schrieb, daß die Briefe »oft verleumderisch, immer indiskret und oft obszön« wären. Die Obszönitäten spielten zwar keine große Rolle, aber die Möglichkeit von Verleumdungsklagen und die verständliche Furcht, einige seiner indiskreteren Äußerungen könnten noch lebende Personen verletzen, erklärten hinreichend seinen Widerstand gegen eine Veröffentlichung seiner Korrespondenz.

Sein Letzter Wille, datiert vom 15. September 1955, bestimmte Mary Hemingway zur Vollstreckerin seines gesamten Nachlasses, »welcher Art und Natur auch immer ... Grundbesitz, bewegliche Habe, Literarisches oder Kombinationen davon, vollständig«. Nach seinem Tod, 1961, wurde sie daher alleinige Eigentümerin des Inhalts aller seiner Briefe, auch wenn viele Privatsammler und Institutionen die Originale, entweder als Investitionsobjekte oder als historisches Material zur Auswertung für Literaturwissenschaftler, erworben hatten. Als seine Erbin hielt Mary Hemingway es für ihre Pflicht, seine Anweisungen zu befolgen. Während der nächsten fünfzehn Jahre suchte sie daher die Veröffentlichung der Briefe zu verhindern, wann immer ihr solche Pläne oder Hoffnungen zu Ohren kamen.

Sie veröffentlichte Auszüge in ihrer Autobiographie *How It Was* (1976; deutsch: Wie es war, 1977), die zwar wertvolle Einsichten in und Informationen über die letzten siebzehn Jahre im Leben ihres Mannes lieferten, jedoch keineswegs ein vollständiges Bild ergaben. Dasselbe galt für die über 230 veröffentlichten Zitate aus seinen Briefen – einige davon recht umfangreich –, die bereits von Audre Hanneman in ihrem Buch *Ernest Hemingway: A Comprehensive Bibliography* (1967) und in dem Ergänzungsband aus dem Jahre 1975 angeführt worden waren. Viele dieser Auszüge waren in den Katalogen verschiedener Antiquare und Auktionatoren als Verkaufsanreiz zitiert worden. Andere waren, zum Teil als Faksimiles, in Begleitkatalogen zu Büchereiausstellungen veröffentlicht worden. Der »Mercure de France« hatte 1963 eine Reihe seiner Briefe an Sylvia Beach herausgegeben und »American Dialog« 1964 seine Korrespondenz mit Milton Wolff veröffentlicht.

Selbst zu Hemingways Lebzeiten war eine beträchtliche Zahl von Briefen mit seiner Erlaubnis gedruckt erschienen. Nach kurzen Streichungen, die auf seinen Wunsch hin erfolgten, nahm Edmund Wilson drei Briefe in *The Shores of Light* auf, und Donald Gallup verwendete vier in *The Flowers of Friendship: Letters Written to Gertrude Stein*. Ernst Rowohlt und Arnoldo

Mondadori, seine Verleger in Deutschland und Italien, hatten bestimmte Briefe von ihm an sie im Original oder in Übersetzung veröffentlicht. Mehr als ein Dutzend seiner Briefe an seinen amerikanischen Verleger waren unter seinem Namen in Zeitschriften veröffentlicht worden, z. B. in »Hound and Horn«, »The New Republic«, »The Saturday Review«, »Transition«, »Life«, »Outdoor Life«, »The New Yorker«, »New York Times Book Review«, »The New York Herald Tribune Books« und anderen. Häufig hat er den Bitten von Wissenschaftlern, Bibliographen, Journalisten und Kolumnisten um die Rechte zum Abdruck ganzer Abschnitte oder kürzerer Auszüge aus den Briefen, die er an sie geschrieben hatte, nachgegeben, vermutlich in der Hoffnung, daß damit wenigstens etwas von dem, was sie über ihn schrieben, sein persönliches Imprimatur trüge. Mit einem Wort, er selbst hatte sich bei vielen Gelegenheiten von Geist und Buchstaben seiner Direktive aus dem Jahr 1958 entfernt.

Zeit seines Lebens hatte Hemingway darüber hinaus immer wieder mit dem Gedanken gespielt, zumindestens einige seiner Briefe an verschiedene Partner zu veröffentlichen. 1930 schrieb er an Maxwell Perkins, er werde seine Briefe an Ernest Walsh »irgendwann, wenn wir alle mal pleite sind« herausbringen. In einem Brief an General Charles T. Lanham, 1948, hieß es: »Mary . . . kann die Briefe herausgeben. (Ich denke darüber nach, wie die Truppen zu ernähren sind.)« Acht Monate später äußerte er Charles Scribner gegenüber, »wir sollten Abschriften unserer Briefe aufbewahren, wie Mr. Lord Byron und [John] Murray [sein Verleger]. Ich könnte Dir ein paar lustige Sachen schreiben, wenn ich es mir nicht verbieten würde. Jetzt, wo ich weiß, daß das Copywrite [sic] bei mir bleibt, hätte ich Lust, Dir so ziemlich alles zu schreiben. Und ich brauche noch nicht mal die Wörter zu zählen.« Aber er konnte nicht die Zeit und die Energie für solche Projekte aufbringen.

Jeder der Briefe in dieser Ausgabe wurde vollständig und ungekürzt übertragen, wobei besonderer Wert darauf gelegt wurde, den im positiven wie im negativen Sinne reizenden Idiosynkrasien Hemingways in Stil, Orthographie und Interpunktion zu folgen. Einige wenige Ausnahmen von dieser allgemeinen Regel sollten jedoch erwähnt werden. Gelegentlich sind geringfügige Kürzungen vorgenommen woren, um die Gefühle noch lebender Personen nicht zu verletzen. Diese sind durch Auslassungspunkte gekennzeichnet. Offensichtliche Tipp- und Schreibfehler wurden stillschweigend korrigiert; die Interpunktion wurde im allgemeinen nur dann verändert oder hinzugefügt, wenn der Sinn eines Satzes einer Aufhellung zu bedürfen schien; aus Gründen der Platzersparnis und um Wiederholungen zu vermeiden, wurden die in den Briefen angegebenen Adressen weggelassen. Über jedem Brief steht der Name des Empfängers sowie Entstehungsort und Datum. Der Text der Briefe wurde mit verschiedenen Hinweisen, Daten, Orten und Übersetzungen fremdsprachiger Ausdrücke usw. [in eckigen Klammern] versehen. Zusätzliche Informationen erscheinen in den Fußnoten, die den einzelnen Briefen nachgestellt sind.

An welchem Ort sich das Original eines jeden Briefs gegenwärtig befindet, wird jeweils links unter dem Brief durch eine Abkürzung angezeigt. Wo dies nicht festgestellt werden konnte, gewöhnlich, weil sich das Original in Privatbesitz befand, wurden zwei weitere Abkürzungen benutzt (PH. für Photokopie, T.C. für maschinenschriftliche Kopie), auf die dann die Chiffre für den Ort folgt, an dem eine verläßliche Kopie gefunden werden kann. Zum Beispiel bedeutet PH. PUL, daß sich eine Photokopie des Originals in der Princeton University Library befindet, während T.C. JFK besagt, daß eine maschinenschriftliche Kopie in der Hemingway Collection der John. F. Kennedy Library zu finden ist.

Folgende Abkürzungen wurden verwendet:
CHICAGO: University of Chicago Library, Chicago, Illinois
CUL: Cornell University Library, Ithaca, New York
HUL: Houghton Library, Harvard University, Cambridge, Massachusetts
I TATTI: Berenson Archive, Settignano, Italien
JFK: John F. Kennedy Library, Boston, Massachusetts
LC: Library of Congress, Washington, D.C.

LHC: Louis Henry Cohn Collection, New York, New York
LILLY: Lilly Library, Indiana University, Bloomington
NEWBERRY: Newberry Library, Chicago, Illinois
OREGON: University of Oregon Library, Eugene
PUL: Princeton University Library, Princeton, New Jersey
RV: Rowohlt Verlag, Reinbek bei Hamburg
SUNY-B: State University of New York, Buffalo
UMD: McKeldin Library, University of Maryland, College Park
UVA: Clifton Waller Barrett Library, University of Virginia,
Charlottesville
YUL: Beinecke Rare Book and Manuscript Library, Yale University, New Haven, Connecticut

Initialen von privaten Eigentümern, die freundlicherweise
einen Abdruck erlaubt haben: HMD (Honoria Murphy Donnelly); WDH (William Dodge Horne); WJ (Waring Jones);
HS (Harry Sylvester); WS (William W. Seward jr.)

Der Herausgeber möchte folgenden Bibliothekaren und Konservatorenfür ihre freundliche Mitarbeit herzlich danken:
Dr. Cecil Anrep, I Tatti; Jo August, Kennedy Library; Robert
L. Beare, McKeldin Library; Edmund Berkeley jr., Alderman
Library, Virginia; W. H. Bond, Houghton Library; Daniel
J. Boorstin, Library of Congress; William R. Cagle, Lilly Library; J. F. Cocks III, Colby College Library; Kenneth W. Duckett, Oregon; Ellen S. Dunlap, Texas; Donald F. Gallup, Yale;
Howard B. Gotlieb, Boston University; Gustave A. Harrer, University of Florida; Diana Haskell, Newberry; Paul T. Heffron,
Library of Congress; Donald W. Koepp, Princeton; Frank K.
Lorenz, Hamilton; Richard M. Ludwig, Princeton; Charles B.
Mc Namara, Cornell; Jean Preston, Princeton; Michael T.
Ryan, Chicago; Saundra Taylor, Lilly Library; und Douglas L.
Wilson, Seymour Library, Knox College.

Für Unterstützung jedweder Art, die stets mit großer Hilfsbereitschaft gewährt wurde, ist der Herausgeber folgenden Personen zu Dank verpflichtet: Clifton Waller Barrett; Jacques
Barzun; den Professoren Nina Berberova, James D. Brasch und
Victor Brombert; Helen Brooks, Edward Clohossey, Morrill

Cody, Professor David Coffin und seiner Frau, Mrs. L. H. Cohn, Earle E. Coleman, Rachel Currivan, Ethel Davis, Elizabeth Dos Passos, Luis Fernandez, Greta Fitzell, Eva Galan, Jonathan Goodwin, Sam Gowan, E. R. und Meyly Hagemann, David R. Hall, Mary Hemingway, Patrick Hemingway, Mary und Andrée Hickok, David Hirst, Dan Hodges, Faith Hostetter, Jeffrie Husband, Professor Samuel Hynes, Marian Johnson; den Professoren A. W. Litz, John Logan und Townsend Ludington; Archibald und Ada Mac Leish, Robert Manning, Madelaine Hemingway Miller, Maurice F. Neville, Mardel Pacheco, Joseph M. Quinn, Alfred Rice, John Robben, Charles Scribner III, Ralph Shadovitz, Marian Smith, Red Smith, Jane Snedeker, Professor Albert Sonnenfeld, Clara Spiegel, Mrs. Walter Stokes, Henry Strater, Professor J. R. Strayer, Professor Edward Sullivan und seiner Frau, Mrs. Robert W. Tilney jr., Ann F. Van Arsdale, Professor Ira O. Wade, Diane Wagner, Alexander Wainwright und Dr. Roy Winnick.

Schließlich muß ein recht herzlicher Dank ergehen an Dorothy S. Baker für ihre Hilfe bei den Fahnen und dem Register; an Professor Raymond S. Willis jr., den unbezahlbaren Spanienkenner und Linguisten; an Colonel Lawrence Spellman, dessen genaue Kenntnis von Landkarten und Waffen viele umstrittene Fragen klären half; an Helen S. Wright, die heiter, schnell und tüchtig das gesamte Manuskript getippt hat; und an Charles Scribner jr., dessen unermüdliche Arbeit und ständige Ermunterung in unschätzbarer Weise zur Vorbereitung dieses Bandes beigetragen haben.

Der Herausgeber

1917

An Anson T. Hemingway

Walloon Lake, Michigan,
6. August 1917

Lieber Großvater:

Ich habe Dir immer schreiben wollen, um Dir für das Geburtstagsgeschenk und die Zeitungen zu danken, aber wir haben ungefähr 12 Stunden pro Tag mit Heuen und Arbeit auf der Farm[1] verbracht. Wir haben dringend Regen nötig, da alles am Vertrocknen ist, und wir werden noch unsere Kartoffelernte einbüßen, wenn es nicht bald regnet. Onkel Geo. und Familie und Tante G[race] und Onkel T[yler] kommen morgen für einen Tag rüber. Unser ganzes Heu ist jetzt eingefahren, und wir können es uns etwas leichter machen. Dads Ford läuft jetzt gut, nachdem die Zylinder in Ordnung sind, und er denkt nicht daran, ihn zu verkaufen.

Neulich abend habe ich drei Regenbogenforellen gefangen, sie wogen jeweils 6 Pfd. 5$^{1}/_{2}$ Pfd. und 3$^{1}/_{2}$ Pfd. Außerdem eine zweipfündige Bachforelle in Hortons Bay. Das ist der größte Forellenfang, der dort je gemacht worden ist.

Ich finde es wirklich sehr nett von Dir, daß Du mir die Zeitungen schickst, denn wir haben hier oben nichts zu lesen außer der Tageszeitung, die zwei Tage zu spät kommt.

Ich bleibe vielleicht den ganzen Oktober durch hier oben und arbeite für [Jim] Dilworth, und ich gehe nicht auf die U. von Illinois in diesem Herbst. Wenn ich nach Hause komme, gehe ich entweder zu Onkel Leicester [nach Kalifornien] oder versuche, einen Job bei der »Chicago Tribune« zu bekommen.

Nächstes Jahr sollte alles so weit mit mir in Ordnung sein, daß ich aufs College gehen kann.

Alles Liebe für Grandma und Dich.

JFK Ernest

1 Longfield Farm, der Sommersitz der Familie, am Windemere gegenüberliegenden Ufer des Wallon Lake.

1918

Nächstes Jahr sch... ...in mir in Ordnung sein, daß
ich aufs College ...
...Grenzen und Dich

AN GRACE HALL HEMINGWAY

Kansas City, 16. Januar 1918

Liebe Mutter:

Ich habe Deinen Brief erst heute erhalten. Ich habe mich allmählich schon gewundert, warum ich von der Familie nichts
hörte, aber die Züge sind alle steckengeblieben, im schlimmen
Zustand. Hier waren 20° minus, allerdings nicht soviel Schnee.
In Kansas hatten sie fast überall zwei bis drei Fuß. Kein Zug
kam durch, weder aus dem Westen noch aus dem Osten. Die
Kohlenknappheit ist immer noch ziemlich schlimm hier. Jedoch sollten wir bedenken, es wird bald Frühling sein. Jetzt
trockne die Tränen, Mutter, und sei wieder guter Dinge. Du
wirst Besseres finden müssen als das, worüber Du Dir Sorgen
machen kannst. Sorge oder weine oder gräme Dich nicht, daß
ich kein guter Christ sei. Ich bin es wie eh und je und bete jeden Abend und glaube auch genauso fest, also sei wieder fröhlich! Bloß weil ich ein f r ö h l i c h e r Christ bin, solltest Du
Dich nicht sorgen.

Der Grund, warum ich sonntags nicht zur Kirche gehe, ist,
daß ich immer bis 1 Uhr nachts arbeiten muß, bis der »Sunday
Star« heraus ist, und manchmal auch bis 3 oder 4. Und außerdem öffne ich die Augen am Sonntagmorgen nie vor 12 Uhr 30.
Du siehst also, es liegt nicht etwa daran, daß ich nicht will. Du
weißt, ich schwärme nicht gerade für Religion, aber ich bin ein
so aufrichtiger Christ, wie ich kann. Sonntag ist der einzige
Tag in der Woche, an dem ich ausschlafen kann. Außerdem hat
Tante Arabells Kirche eine sehr vornehme Gemeinde, mit
einem keineswegs liebenswerten Prediger; ich fühle mich da
fehl am Platze.

Also, Mutter, ich bin schrecklich wütend geworden, als ich las, was Du über Carl [Edgar] und Bill [Smith] geschrieben hast.[1] Ich wollte auf der Stelle schreiben und alles sagen, was ich dachte. Aber ich wartete, bis ich ganz abgekühlt war. Aber da Du Carl noch nie gesehen hast und Bill nur oberflächlich kennst, w a r s t Du reichlich ungerecht. Carl ist ein P r i n z und so ziemlich der aufrichtigste und echteste Christ, den ich je kennengelernt habe, und er hat auf mich einen besseren Einfluß gehabt als jeder andere, den ich kennengelernt habe. Ihm trieft die Religion nicht aus dem Mund wie Peaslee, aber er ist ein grundaufrichtiger Christ und ein Gentleman.

Ich habe Bill nie gefragt, in welche Kirche er geht, weil das nicht wichtig ist. Wir glauben beide an Gott und Jesus Christus und hoffen auf ein Leben nach dem Tod, und Glaubensbekenntnisse sind nicht wichtig.

Bitte, kritisiere nicht wieder meine besten Freunde zu Unrecht. Und jetzt sei wieder fröhlich, denn Du siehst, ich lasse mich nicht treiben, wie du dachtest.

In Liebe,
Ernie

Lies dies niemandem vor, und bitte finde Deinen Frohsinn wieder!
JFK

1 William B. Smith jr. (1895–1972) und EH waren in ihrer Kindheit eng befreundet und verbrachten die Sommer zusammen in Michigan. Die Freundschaft begann etwa 1916 in Horton Bay, Michigan, wo Bill und seine Schwester, Katharine Foster Smith (Kate oder Katy, die spätere Ehefrau von John Dos Passos), die Sommer bei ihrer Tante, Mrs. Joseph Charles, in einem Cottage bei Pine Lake verbrachten, später in Charlevoix umgetauft. Carl Edgar, den EH »Odgar« nannte, war ein weiterer Ferienfreund aus Michigan. Damals lebte und arbeitete er in Kansas City und war in Kate verliebt. Als Odgar taucht er in EHs Kurzgeschichte *Menschen im Sommer* auf, in: *Die Nick Adams Stories.*

Mailand, 18. August 1918

Liebe Leute:

Das schließt Großmama und Großpapa und Tante Grace mit ein. Herzlichen Dank für die 40 Lire! Ich habe mich sehr darüber gefreut. Hui, Leute, das hat vielleicht einen netten Wirbel gegeben, daß ich angeschossen wurde! Heute wurde ich mit Eichenlaub dekoriert, und da regte sich in mir der Gedanke, Leute, daß Ihr mich vielleicht nicht richtig geschätzt habt, als ich noch in Eurem Schoße weilte. Es ist fast so gut wie getötet werden und den eigenen Nachruf zu lesen.

Ihr wißt ja, man sagt, bei diesem Krieg gäb's gar nichts zu lachen. Und das stimmt. Ich würde nicht sagen, er wäre die Hölle, weil das seit Gen. Shermans Zeiten ein bißchen überstrapaziert worden ist, aber ungefähr 8mal hätte ich die Hölle vorgezogen. Ziemlich sicher, daß sie keiner Phase des Kriegs, die ich durchgemacht habe, gleichkommen würde. Zum Beispiel: In den Gräben, während eines Angriffs, wenn eine Granate mitten in eine Gruppe, bei der man steht, einschlägt. Granaten sind nicht schlimm, außer bei Volltreffern. Mit Granatsplittern muß man rechnen. Aber bei einen Volltreffer fliegen einem die Kameraden in Fetzen um die Ohren. Buchstäblich. Während der sechs Tage, die ich vorn in den Frontgräben verbracht habe, nur 50 yds. von den Österreichern entfernt, stand ich in dem Ruf, unverwundbar zu sein. So ein Ruf allein bedeutet nicht viel, aber es zu sein schon! Ich hoffe, ich bin es. Das Geräusch, das Ihr hört, machen meine Knöchel, die dabei gegen das Holz des Bettkastens klopfen.

Es ist zu mühsam, das Papier auf beiden Seiten zu beschreiben, also nehm ich das nächste Blatt.

Nun, jetzt kann ich die Hand heben und sagen, ich lag unter Beschuß von schwerer Artillerie, Schrapnell und Gas. Granatwerfer, Scharfschützen und Maschinengewehre haben auf mich geschossen, und als zusätzliche Attraktion ein Flugzeug, das die Linien mit Maschinengewehrfeuer belegte. Eine Handgranate wurde nie nach mir geworfen, nur eine Gewehrgranate schlug einmal ziemlich nah ein. Vielleicht krieg ich später noch eine Handgranate ab. Jetzt bin ich raus aus dem ganzen Schlamassel;

nur von einem Granatwerfer und einer Maschinengewehr-
kugel getroffen zu werden, während man nach hinten vorrückt,
wie die Iren sagen, war ziemliches Glück. Was, Familie?

Die 227 Wunden von dem Granatwerfer taten zuerst kein
bißchen weh, nur hatte ich das Gefühl, meine Füße steckten in
Gummistiefeln voll Wasser. Heißem Wasser. Und meine Knie-
scheibe spielte verrückt. Der Maschinengewehrtreffer fühlte
sich auf meinem Bein bloß an wie ein harter Klatsch von einem
eiskalten Schneeball. Trotzdem, er hat mich umgehauen. Aber
ich kam wieder hoch und brachte noch einen Verwundeten
zum Unterstand. Da bin ich dann irgendwie zusammengebrochen. Der Italiener, den ich hergeschleppt hatte, hatte meine
Uniformjacke von oben bis unten vollgeblutet, und meine
Hose sah aus, als ob einer Johannisbeergelee darin zubereitet
und dann Löcher reingestochen hätte, um es herauszupressen.
Also der Hauptmann, der ein guter Kumpel von mir war, es
war sein Unterstand, sagte: »Der arme Hem, der ist bald
R. I. P.« Ruhe in Frieden, heißt das. Versteht Ihr, die dachten,
ich hätte einen Schuß durch die Brust abbekommen, wegen
meiner blutigen Uniformjacke. Aber ich sagte ihnen, sie sollten
mir Jacke und Hemd ausziehen. Ich hatte kein Unterhemd an,
der olle Torso war unversehrt. Dann sagten sie, ich würd's vermutlich überleben. Das hat mich ungeheuer aufgemuntert. Ich
sagte ihm auf italienisch, daß ich meine Beine sehen wollte,
obwohl ich Angst hatte, sie anzusehen. Also zogen wir meine
Hose aus, und die alten Glieder waren auch noch da, aber Jesses, die sahen vielleicht aus. Die konnten sich gar nicht vorstellen,
wie ich so beladen und mit zwei durchschossenen Knien und
meinem rechten Schuh, der auf zwei großen Stellen durch-
bohrt war, 200 Meter wit hatte gehen können. Außerdem
über 200 Fleischwunden. »Oh«, sag ich, »mein Hauptmann,
das bedeutet nichts. In Amerika machen sie das alle! Der Feind
sollte nie erkennen dürfen, daß man unsere Ziegen erbeutet hat!«

Die Ziegenrede erforderte einige linguistische Anstrengungen, aber sie kam über, und ich schlief dann ein paar Minuten.
Nachdem ich wieder zu mir gekommen war, trugen sie mich
auf einer Bahre drei Kilometer weit zu einem Verbandplatz.
Die Träger mußten übers Gelände gehen, weil der Straße die

»Eingeweide« herausgebombt wurden. Immer wenn ein dickes Ding runterkam, huii – wuusch – bum, stellten sie mich ab und warfen sich hin. Meine Wunden taten jetzt so weh, als ob 227 kleine Teufel mir Nägel ins Fleisch schlagen würden. Der Verbandplatz war während des Angriffs evakuiert worden, und so lag ich zwei Stunden lang in einem Stall, dem man das Dach weggeschossen hatte, und wartete auf einen Sanitätswagen. Als er kam, ließ ich ihn erst die Straße rauffahren, um die Soldaten, die vor mir verwundet worden waren, einzusammeln. Er kam mit einer Ladung zurück, und danach hoben sie mich hinein. Der Beschuß war immer noch ziemlich heftig, hinter uns gingen die ganze Zeit unsere Batterien los, und die großen 250er und 350er flogen rüber Richtung Österreich mit einem Getöse wie eine Eisenbahn. Dann hörten wir die Einschläge hinter den Linien. Dann wieder kam eine große österreichische Granate und dann der Donner des Einschlags. Aber wir haben denen besser und stärker eingeheizt als sie uns. Dann ging, gleich hinter dem Schuppen, eine Batterie Feldkanonen los, bum, bum, bum, bum, und die Fünfundsiebziger oder 149er sausten rüber zu den österreichischen Linien, die ganze Zeit stiegen Leuchtkugeln hoch, und die Maschinengewehre arbeiteten wie Niethämmer, tatta-tatt, tatta-tatt.

Nach einer Fahrt von einigen Kilometern in einem italienischen Sanitätswagen luden sie mich an dem Verbandplatz ab, an dem ich eine Menge Kameraden unter den Sanitätsoffizieren hatte. Sie gaben mir eine Morphiumspritze und eine Anti-Tetanus-Injektion, rasierten meine Beine und holten ungefähr 28 Granatsplitter verschiedener Größe, von so [Zeichnung eines Splitters] bis etwas so [Zeichnung eines Splitters] aus meinen Beinen. Sie bandagierten mich prächtig und schüttelten mir alle die Hand, und sie hätten mich noch abgeküßt, wenn ich sie nicht zur Vernunft gebracht hätte. Dann blieb ich 5 Tage in einem Feldlazarett, danach wurde ich in das Kriegslazarett hier verlegt.

Ich habe Euch das Kabel geschickt, damit Ihr Euch keine Sorgen macht. In dem Lazarett bin ich jetzt einen Monat und 12 Tage und hoffe, in einem Monat herauszusein. Der Italienische Chirurg hat mein rechtes Kniegelenk und meinen rechten

Fuß prima versorgt. Brauchte 28 Stiche und versicherte mir, ich würde wieder so gut wie früher gehen können. Die Wunden sind alle sauber verheilt, und es gab keine Infektion. Er hat jetzt mein rechtes Bein eingegipst, so daß das Gelenk wieder in Ordnung kommen wird. Ich besitze einige schicke Souvenirs, die er bei der letzten Operation herausgeholt hat.

Wenn ich keine Schmerzen hätte, würde ich mich jetzt nicht wohl fühlen. Der Arzt wird in einer Woche den Gips abnehmen, und in 10 Tagen darf ich auf Krücken gehen.

Ich werde wieder gehen lernen müssen.

Ihr fragt nach Art Newburn. Er war in unserer Abteilung, ist aber nach II versetzt worden. Brummy ist jetzt in unserer Abteilung. Weint nicht, wenn ich Euch sage, daß ich in meiner frühen Jugend Poker spielen gelernt habe. Art Newburn hat sich einiges darauf eingebildet, ein guter Pokerspieler zu sein. Ich möchte nicht auf die traurigen Einzelheiten eingehen, aber ich habe ihn vom Gegenteil überzeugt. Obwohl ich nichts auf der Hand hatte, nahm ich keine neuen Karten auf. Verdoppelte seine Eröffnung und bluffte ihm einen 50-Lire-Einsatz ab. Er hielt drei Asse und fürchtete sich vor meinem Blatt. Erzähl das mal einem, Paps, der das Spiel kennt. Ich glaube, Art hat in einem Brief nach Hause an die Oak Parkers gesagt, er würde auf mich aufpassen. Also, Paps, unter Männern, nennt man das aufpassen? Ja wohl kaum. Du siehst also, obwohl der Krieg nicht lustig ist, passieren doch eine Menge lustige Dinge im Krieg. Art hat aber die italienische Meisterschaft im Hufeisenwerfen gewonnen.

Dies ist der längste Brief, den ich jemals wem geschrieben habe, und er sagt am wenigsten. Grüßt jeden, der nach mir fragt, und, wie Mutter Pettingill sagt: »Laßt uns die heimischen Herdfeuer weiter in Gang halten!«

Gute Nacht, liebe Grüße an alle.   Ernie

PS Ich bekam heute einen Brief von den Helmles, adressiert an Gemeiner Ernest H–, ich bin aber S. Ten. oder Soto Tenenente Ernest Hemingway. Das ist mein Rang in der italienischen Armee, und es bedeutet Leutnant. Ich hoffe, bald Tenenente bzw. Oberleutnant zu sein.

LILLY

40

1921

Paris, ca. 23. Dezember 1921

Lieber Sherwood, liebe Tennessee:

Da sind wir also. Und wir sitzen vor dem »Café Dôme« gegenüber der »Rotunde«, die gerade neu angestrichen wird, gewärmt von einer dieser Holzkohlepfannen, und es ist verdammt kalt draußen, aber die Holzkohlepfanne macht es schön warm, und wir trinken Rumpunsch, heiß, und der Rum dringt in uns ein wie der Heilige Geist.

Und wenn es eine kalte Nacht ist in den Straßen von Paris und wir die Rue Bonaparte hinunter nach Hause gehen, denken wir daran, wie die Wölfe sich in die Stadt zu stehlen pflegten, und denken an François Villon und an den Galgen von Montfaucon. Was für eine Stadt.

Bones [Hadley][2] ist jetzt unterwegs in der Stadt, und ich bin wie immer dabei, unser täglich Brot auf dieser Schreibmaschine zu verdienen. In ein paar Tagen werden wir uns eingelebt haben, und dann werde ich die Empfehlungsschreiben losschicken, wie wenn ich ein Geschwader Schiffe vom Stapel ließe. Wir haben sie bis jetzt noch nicht abgeschickt, weil wir ständig durch die Straßen spaziert sind, Tag und Nacht, Arm in Arm, in Höfe gespäht und vor kleinen Schaufenstern haltgemacht haben. Die Torten werden Bones noch einmal umbringen, fürchte ich. Sie ist süchtig danach. Muß immer schon ein unterdrücktes Verlangen bei ihr gewesen sein, nehme ich an.

Heute morgen bekamen wir eine Nachricht von Louis Galantière; wir wollen ihn morgen besuchen.[3] Sherwoods Brief war schon hier im Hotel, als wir ankamen. Es war ungeheuer

41

nett von Euch, ihn zu schicken. Wir fühlten uns ein bißchen mies, und das möbelte uns ganz schön auf.

Das »Jacob«[4] ist sauber und billig. Wir essen regelmäßig in dem Restaurant am Pré-aux-Clercs an der Ecke Rue Bonaparte und Rue Jacob. Für zwei kann man da ein erstklassiges Essen bekommen, mit Wein à la carte für 12 Francs. Wir frühstücken mal hier, mal da. Geben normalerweise fürs Frühstück im Durchschnitt 2,50 F aus. Denke, hier ist's sogar noch billiger als zu der Zeit, als Ihr alle hier wart.

Wir sind über Spanien gekommen und haben den großen Sturm, bis auf einen Tag, verpaßt. Ihr solltet mal die spanische Küste sehen. Riesige braune Berge, die wie müde, ins Meer gefallene Dinosaurier aussehen. Möwen, die dem Schiff folgen und so bewegungslos gegen den Wind halten, daß sie aussehen wie Vögel aus dem Theaterfundus, die an Drähten auf und nieder gezogen werden. Ein Leuchtturm, der aussieht wie eine kleine Kerze, die man auf die Schulter des Dinosauriers gesteckt hat. Die Küste von Spanien ist lang und braun und sieht sehr alt aus.

Dann mit dem Zug herauf durch die Normandie, Dörfer mit dampfenden Dunghaufen und weiten Feldern, Wälder, wo die Blätter am Boden liegen und den Bäumen bis hoch am Stamm die Äste abgeschnitten sind, eine hinwellende Landschaft mit Turmspitzen oben am Rand. Dunkle Bahnhöfe und Tunnel und Dritter-Klasse-Abteile voller junger Soldaten, und schließlich schlafen alle in deinem Abteil, aneinandergelehnt und mit dem Schwanken des Zuges hin und her wackelnd. Es herrscht ein tödliches, müdes Schweigen dort, das man nirgendwo sonst erleben kann als am Ende einer langen Fahrt in einem Eisenbahnabteil.

Jedenfalls sind wir schrecklich froh, daß wir hier sind, und wir hoffen, Ihr habt ein schönes Weihnachten und Neujahr, und wir wünschten, wir könnten heute abend alle zusammen zum Essen ausgehen.

NEWBERRY   Ernest

1 EH hatte Sherwood Anderson (1867–1941) und seine Frau Tennessee im Frühjahr 1921 in Y. K. Smiths Wohnung in Chicago kennengelernt.

2 Bones und Hash sind Spitznamen von Elizabeth Hadley Richardson, EHs erster Frau. (Anm. d. Ü.)

3 Anderson hatte Empfehlungsschreiben an Lewis Galantière, Sylvia Beach, Gertrude Stein und Ezra Pound geschrieben. Galantière (1895 bis 1977) aus Chicago war von 1921 bis 1928 der Pariser Sekretär der Internationalen Handelskammer.

4 Hôtel Jacob et D'Angleterre, 44 Rue Jacob.

Dieser sowie alle folgenden Briefe an Anderson werden mit freundlicher Genehmigung der Anderson Collection, Newberry Library, abgedruckt.

1922

Paris, 9. März 1922

Lieber Sherwood:

Du redest wie ein Mann, den Jesus sehr liebt. Hier passiert eine ganze Menge. Gertrude Stein und ich sind wie Brüder, und wir sehen sie sehr oft.[1] Habe Dein Vorwort zu ihrem neuen Buch gelesen, und es gefällt mir sehr gut. Ist auch bei Gertrude sehr gut angekommen. Hash sagt, ich soll Dir ausrichten, Zitat, daß sich die Lage zwischen ihr und Lewy [Galantière] ziemlich zugespitzt habe, Zitatende. Meine Geheimagenten beobachten die beiden sehr genau.

Joyce hat ein äußerst gottverdammt wunderbares Buch[2]. Es wird Dich wahrscheinlich irgendwann erreichen. Inzwischen geht die Kunde, daß er und seine ganze Familie am Verhungern sind, aber man kann den ganzen keltischen Verein jeden Abend bei »Michaud's« antreffen, was Binney [Hadley] und ich uns nur einmal in der Woche leisten können.

Gertrude Stein sagt, Joyce erinnere sie an eine alte Frau drüben in San Francisco. Der Sohn dieser Frau wurde im Klondike reich wie der Teufel, und die alte Frau lief händeringend durch die Gegend und sagte: »O mein armer Joey! Mein armer Joey! Er hat so viel Geld verdient!« Diese verfluchten Iren, über irgendwas müssen sie immer stöhnen, aber man hat noch nie gehört, daß ein Ire verhungert wäre.

Pound hat sechs meiner Gedichte angenommen und sie mit einem Brief an Thayer, Scofield[3] geschickt. Das heißt, Du hast vielleicht von ihm gehört. Pound meint, ich sei ein toller Dichter. Er hat auch eine Geschichte für die »Little Review« angenommen.[4]

Ich habe Pound Boxen beigebracht, ohne großen Erfolg. Er greift gewöhnlich mit vorgeschobenem Kinn an und besitzt etwa die Grazie eines Panzerkrebses. Er ist willig, aber kurzatmig. Heute nachmittag gehe ich wieder rüber zum Training, aber es bringt nicht viel, weil ich zwischen den Runden noch schattenboxen muß, um überhaupt ins Schwitzen zu kommen. Pound schwitzt allerdings gut, muß ich zu seinen Gunsten sagen. Außerdem ist es recht sportlich von ihm, daß er seine Würde und seinen Ruf als Kritiker für etwas aufs Spiel setzt, von dem er nicht das geringste versteht. Er ist wirklich ein guter Bursche, dieser Pound, mit einer schön spitzen Zunge. Er hat eine gute Rezension über den *Ulysses* für die Aprilausgabe des »Dial« geschrieben.[5]

Ich weiß nicht, ob er bei Thayer viel Einfluß hat, und so weiß ich auch nicht, ob Thayer die Gedichte annehmen wird oder nicht – aber, beim Teufel, ich wünschte, er tut's.

Bones [Hadley] heißt jetzt Binney. Wir beide nennen uns gegenseitig Binney. Ich bin das männliche Binney, und sie ist das weibliche Binney. Wir haben eine Redensart: Das männliche Binney beschützt das weibliche – aber das weibliche trägt die Jungen aus.

Wir haben Le Verrier kennen- und schätzengelernt – er hat für eine französische Zeitschrift hier eine Besprechung des *Egg*[6] geschrieben. Ich werde sie besorgen und Dir schicken, falls er das nicht schon getan haben sollte.

Dein Buch[7] klingt prima. Hat Deine Fahrt nach New Orleans bezahlt – wie? Ich wünschte, ich könnte so arbeiten. Dieses gottverdammte Zeitungszeug macht mich langsam kaputt – aber ich werde das alles bald sausen lassen und dann ungefähr drei Monate lang arbeiten.

Wenn Du Benny Leonard gesehen hast, hast Du alle gesehen. Hoffe, er hatte einen guten Abend, als Du ihn besichtigt hast. Ich habe diesen Pete Herman gesehen. Er ist auf einem Auge blind, mußt Du wissen, und manchmal läuft ihm Blut oder Schweiß in das andere, und dann prügeln sie ihn quer durch den Ring – aber an dem Abend, als Du ihn Dir angesehen hast, muß er selbst gut gesehen haben. Er ist ein feiner kleiner Kerl und kann zuschlagen wie der Teufel.

Also das wird jetzt doch zu verdammt umfangreich. Schreib uns wieder, ja? Das bringt einen enormen Schwung in den Tag, an dem wir einen Brief von Dir kriegen.

O ja. Griffin Barry ist noch in Wien und lebt, wie es heißt, mit Edna St. Vincent [Millay] usw.[8] Das [Café] »Rotonde« ist vollgestopft mit den verschiedensten jungen Dingern, weiblichen, die sie auf die schiefe Bahn gebracht hat. Wie Lady Lil stapelt sie ihre Opfer haufenweise.

Also bye-bye und jede Menge Grüße an Tennessee[9] und Dich von uns –

Ernest

Kürzlich habe ich ein paar ziemlich gute Gedichte geschrieben, in Reimen. Wir lieben Gertrude Stein.

NEWBERRY

1 EH hatte Gertrude Stein (1874–1946) kurz zuvor kennengelernt.

2 *Ulysses*, der gerade von Sylvia Beach veröffentlicht worden war.

3 Mitherausgeber des »Dial«.

4 EHs Beiträge für die »Little Review« erschienen erst ab Band 9 (Frühjahr 1923).

5 EH und Ezra Pound (1885–1972) hatten sich Anfang 1922 kennengelernt. Pounds exzentrische Rezension des »Ulysses« erschien im »Dial« 72 (Juni 1922), S. 623–629.

6 *The Triumph of the Egg* (Das Ei triumphiert) von Anderson gewann den ersten Preis des »Dial«.

7 Wahrscheinlich *Many Marriages* (1923).

8 Miss Edna St. Vincent Millay (1892–1950) bereiste Europa von 1921 bis 1923.

9 Mrs. Sherwood Anderson, von der er sich 1924 scheiden ließ.

AN GERTRUDE STEIN UND ALICE B. TOKLAS

Mailand, 11. Juni 1922

Liebe Miss Stein, liebe Miss Toklas:
Wir sind jetzt seit etwa einer Woche hier und haben mit enormem Erfolg bei den Rennen gewettet. Ich stehe im Morgen-

grauen auf, studiere die Rennberichte, und dann, wenn mein Gehirn unter der Anstrengung zusammengebrochen ist, pickt Mrs. Hemingway mit Hilfe von ungefähr drei Cocktails und einem Tintenstift die Gewinner heraus, mit einer Leichtigkeit, als ob sie Erdnußschalen knackt. Mit Hilfe ihrer alkoholischen Hellsichtigkeit und eines alten Freundes von mir, der, glaube ich, bei den Pferden schläft, haben wir es bei 21 Starts auf 17 Sieger gebracht.

Wir sind von der Schweiz aus über den Großen St. Bernhard hierher gewandert. Schafften mit Chink [Dorman-Smith], dem Captain, der für uns den Simon Legree machte, in zwei Tagen 57 Kilometer. Wir sind nicht den ganzen Weg bis Mailand zu Fuß gegangen, weil bei Aosta Mrs. Hemingways Füße anfingen anzuschwellen. Es war eine tolle Tour, denn der Paß war noch nicht geöffnet, und in diesem Jahr war noch keiner von der Schweizer Seite aus hinaufgegangen. Es bedurfte der vereinten Anstrengungen des Captains und Mrs. Hs, sowie alle zweihundert Yard eines Schusses Cognac, damit man mich die letzten paar Kilometer durch den Schnee bergan kriegte.

Wir gehen von hier aus nach Recoaro hinauf und nach Schio im Trentino und dann runter an die Piave und nach Venedig und dann zurück nach Paris. Wir wollen um den 18. zurück sein. Heute regnet es kräftig, und das bedeutet vermutlich eine Katastrophe auf der Rennbahn; ich glaube nicht, daß Mrs. Hs alkoholischer Genius auf einer matschigen Bahn funktionieren wird, und ich weiß, daß, wenn die Strecke erst einmal schwierig wird, ich überhaupt keine Treffer mehr landen werde. Aber es macht trotzdem Spaß, sie mit ihren bis oben geflochtenen Schwänzen rennen und den Matsch umherwirbeln zu sehen.

In der Schweiz haben wir eine schöne Zeit verbracht. Bestiegen mit Chink ein paar Berge, und dann bestieg er einen allein, und fast wäre er am Himmelfahrtstag umgekommen, als er auf einen Gebirgsstrom stieß, der zu tief und zu reißend für ihn war; wir trafen uns bei den Bains des Alliaz wieder und tranken pro Mann elf Flaschen Bier, während Mrs. H im Gras schlief; dann gingen wir in der Kühle des Abends nach Hause, unsere Füße fühlten sich sehr weit weg an und beziehungslos, und doch bewegten sie sich mit einer ungeheuerlichen Geschwindigkeit.

Hoffe, Sie beide bald zu sehen.

Ihr Freund
Ernest M. Hemingway

YUL

An seine Familie

Triberg, Deutschland, 25. August 1922

Liebe Leute:

Hash und ich und Bill Bird von der Consolidated Press und seine Frau [Sally] sind durch den Schwarzwald gewandert, und wir hatten eine wunderbare Zeit. Da die Mark immer weiter fällt, haben wir jetzt mehr Geld als vor zwei Wochen, als wir losgegangen sind, und wenn wir noch lange genug bleiben würden, könnten wir hier zweifellos umsonst leben. Wirtschaftswissenschaft ist doch eine großartige Sache.

Recht vielen Dank, Vater und Mutter, für die Geburtstagsgrüße und für die hübschen Taschentücher. Ich habe mich sehr darüber gefreut.

Wir haben hier einige Male nach Forellen gefischt, und Hash hat gleich beim erstenmal, als sie angelte, drei hübsche große Exemplare gefangen. An einem Tag hatten wir zehn, an einem anderen sechs, und ich habe fünf Stück mit der Fliege aus der Elz geholt. Ich benutze immer noch meine alten Mc Gintys, und sie scheinen einen guten internationalen Geschmack zu haben.

Wie ist das Sommerlager gelaufen? Und wie war der Sommer für Euch alle? Wir haben schon lange Zeit keine Nachrichten von Euch. Für Dad lege ich etwas deutsches Geld bei. Hoffe, alles ist in Ordnung. Ich werde Euch einen ausführlichen Brief hinjagen, sobald ich einen größeren Teil dieser Arbeit hinter mich gebracht habe. Wir gehen für zwei oder drei Tage auf eine Wanderung durch die Berge und die Wälder und kehren dann zu unseren Schreibmaschinen zurück und müssen unseren Lebensunterhalt verdienen.

Grüße an alle, verspätete Geburtstagsgrüße an Mutter für Juni [15.], an Carol für Juli [19.] und Pop für September [4.]. Ganz zu schweigen von Nunbones' [Madelaine], der in die Zeit des Dankfestes [28. Nov.] fällt. Was mich daran erinnert, daß wir, als wir letztens unten in Italien waren, einen wunderbaren jungen Truthahn in einem Restaurant in Mestre gegessen haben, für 20 Cent pro Person. Aber es gab keine Preiselbeersauce dazu.

Immer
Ernie

Für die zweiundsechzig Mark bekommt man 6 Maßkrüge Bier. 10 Zeitungen. Fünf Pfund Speiseäpfel, oder einen Platz im Theater. Ich werde versuchen, Dir nächstes Mal etwas von dem gutaussehenden Geld zu schicken. Sie haben ein paar Scheine, die sehr schön sind. Hab lange Zeit welche für Dich zurückgelegt, aber dann mußte ich sie ausgeben.

Ernie

Hash läßt ebenfalls grüßen. Wir fahren nach Frankfurt und machen von da aus eine Bootsfahrt den Rhein hinunter nach Köln, wo Chink [Dorman-Smith] sich mit seinem Regiment befindet.

JFK

AN HARRIET MONROE

Paris, 16. November 1922

Liebe Miss Monroe:

Ich habe mich gefragt, wann Sie meine Gedichte drucken würden, da die Three Mountains Press hier, die Ezra Pound herausgibt, in Kürze ein Buch mit meinen Sachen herausbringt und ich die Gedichte, die Sie haben, gern aufnehmen möchte, wenn Sie mir erlauben, sie erneut zu veröffentlichen.[1]

Paris scheint jetzt ziemlich ruhig. Dave O'Neil aus St. Louis, den Sie wohl kennen, ist mit seiner Familie in der Stadt und wird wahrscheinlich ein paar Jahre hierbleiben.[2] Er sagt: unbegrenzt, und das heißt gewöhnlich zwei Jahre.

Mr. [Ernest] Walsh war in Deutschland, als ich das letzte Mal von ihm hörte. Ich komme gerade aus Konstantinopel zurück und weiß daher nicht das Allerneueste über Mr. Walsh. Padraic Colum habe ich an einem Abend gesehen, habe aber ihm gegenüber nichts von der Sache erwähnt.

Gertrude Stein ist unten in St. Rémy in der Provence; sie sagt, sie würde erst nach Weihnachten nach Paris zurückkehren. Gestern bekamen wir von ihr mit der Post eine riesige Wintermelone. Sie war fast so groß wie ein Kürbis. Sie schreibt an einem neuen Buch.

Ich weiß nicht, ob Sie, als Sie in Chicago gelebt haben, jemals Lewis Galantière kennengelernt haben. Er hat gerade ein sehr mühsames Liebesabenteuer mit einem Mädchen aus Evanston, Ill., durchgemacht, das hier ist, um sich kultivieren zu lassen. Sie hat soeben die Stadt verlassen, und wir alle sind wieder guter Dinge. Hueffer [Ford Madox Ford] kommt morgen in die Stadt, er will einen Monat bleiben. Er hat auf seiner Farm in England gelebt. Joyce ist krank in Nizza. Er macht eine schrecklich schlimme Zeit durch, mit seinen Augen. Frank Harris hat versucht, Sylvia Beach, die den *Ulysses* herausgebracht hat, dafür zu gewinnen, seine Autobiographie zu veröffentlichen. Sie will aber nicht, obwohl ich ihr gesagt habe, es wäre der beste Roman, der je geschrieben wurde.

T. S. Eliots neue Vierteljahreszeitschrift »The Criterion« scheint den »Dial« inspiriert zu haben; die letzte Ausgabe war ziemlich gut. Aber das ist Klatsch aus Amerika, nicht aus Paris.

Es heißt, »Gargoyle«[3] werde sein Erscheinen einstellen. Ich kenne den Verein nicht und weiß daher nichts darüber.

Die Saison des heißen Rumpunschs und des Damespiels ist angebrochen. Sieht nach einem guten Winter aus. Die Cafés sind jetzt tagsüber viel voller, mit Leuten, die in ihren Hotelzimmern keine Heizung haben.

Das liest sich wie die Gesellschaftsspalte des »Petoskey Evening Resorter«. Vielleicht langweilt Sie dieser Klatsch sowieso.

CHICAGO   Hochachtungsvoll Ernest M. Hemingway

1 *In our time* (Paris 1924) enthielt keine Gedichte. Die Pariser Ausgabe von *In unserer Zeit* bestand nur aus den in der späteren Fassung als Zwischenkapitel verwendeten Absätzen. (Anm. d. Ü.)

2 Siehe den nächsten Brief, Anm. 5.

3 Kleine Zeitschrift, hg. von Arthur Moss, von August 1921 bis Oktober 1922.

AN HADLEY HEMINGWAY

Lausanne, Schweiz, 28. November 1922

Liebste Wicky – arme liebe kleine Wicky Poo, es tut mir so leid, daß Du Dich so schrecklich kaputt und krank gefühlt hast. Ich hatte dasselbe, huste grünes Zeug mit schwarzen Flecken drin von ganz unten aus meiner Brust hoch, mit fürchterlichem Gehuste und Schmerzen und verstopftem Kopf, brauchte Millionen von Taschentüchern, und dabei hab ich nur vier. Uns kleine Winzlinge hat's ganz ordentlich erwischt. Ich bin froh, daß Leticia sich um Dich gekümmert hat, aber ich habe das Gefühl, daß ich es eigentlich hätte tun sollen, und, Himmel, ich wünschte, ich wäre bei Dir. Arme liebe Poo.

Dies ist das erste Mal seit Tagen, daß ich einen Brief schreibe. Ich esse immer erst weit nach zwei, ernähre mich nur von Speiseresten, und die drei Orte, zwischen denen ich mich hin und her bewegen muß, liegen ungefähr drei Kilometer bergauf und bergab auseinander, und immer hat man Angst, man würde an dem einen oder anderen Ort was verpassen, und alle sprechen sie Französisch, und die Russen sind meilenweit weg, und ich bin bloß ein kleines Wachspüppchen. Mason[1] hat mich mit dem Geld so beschissen, daß ich mir Taxis nicht leisten kann und die Straßenbahn nehmen oder zu Fuß gehen muß. Und die erwarten von mir, daß ich jeden Tag von neun Uhr morgens bis Mitternacht für sie auf dem Damm bin.

Sonntag habe ich eine Pause eingelegt und eine Autotour (gratis) nach Chateau D'oeux, oder wie man das schreibt, unternommen, von da nach Aigle und an den Diablerets und dem alten Dent vorbei, und dann nach Montreux, und dann bin ich aus dem Wagen gestiegen und mit der Drahtseilbahn den Berg hochgefahren und habe bei den Gangwischs[2] zu Abend gegessen. Sie haben erfahren, daß Mab und Janet[3] am 23. kommen, und Chink [Dorman-Smith] am Sechzehnten, und Izzy[4] am 2., und die Zimmer für alle sind reserviert, und sie haben so nett von meiner Poo gesprochen, und es war dunkel und kein Schnee außer am Rocher du Laye und am Dent, aber es lag Schnee in der Luft, und Sonntag nacht hat es dann geschneit. Sogar in Lausanne liegt jetzt Schnee, ganz matschig und voller Kies und Schlamm, aber auf all den Hügeln und Bergen sieht er weich und schön aus. Die Gangwischs meinen, die O'Neils[5] sollten in Les Avants ins »Grand Hotel« gehen, weil dort das Essen, die Leute, die Musik usw. gut wären; im »Narcissus« sei das Essen mies und die Stimmung feierlich wie bei einem Begräbnis und sonst nichts. Wir könnten jeden Tag nach Les Avants fahren, und sie könnten zu uns runterkommen. So sieht es aus. Sag Barbara und Dave [O'Neil] Bescheid. Für mich hört sich das jedenfalls gut an.

Ich habe es so satt – – – es ist so mühsam. Jeder andere hat zwei Leute oder einen Assistenten, und von mir verlangen sie, daß ich über alles selber berichte – – – und das alles bei Masons mickrigen schäbigen Judenlöhnen. Aber das geht eigentlich gar nicht, weil die Dinge immer zur gleichen Zeit passieren und weit voneinander entfernt und überhaupt.

Ich war ganz verrückt darauf, daß Du kommst, und bin es immer noch, aber wenn Du sagst, Du fühlst Dich zu schlecht für die Reise, wirst Du schon recht haben. Aber bitte, Wickey, bedenke, daß ich Dich hier haben möchte und nicht versucht habe, mich abseits zu halten. Eben jetzt, während ich diesen Brief schreibe, sollte ich bei den Russen sein. Aber so etwas Ähnliches passiert immer, wenn ich einen Brief anfange, und deshalb zum Teufel mit denen. Falls mir Mason nicht einen Haufen Geld gibt, werde ich den Job irgendwann diese Woche kündigen; und wenn er mir das Geld gibt, mußt Du hierherkommen, krank, gesund oder wie auch immer. Du kannst ja auch fliegen. Hast Du daran schon gedacht? Warum tust Du's nicht? Dann gibt's kein Vallorbe oder ähnliches. Erkundige

Dich nach den Flugzeugen. Du kannst auch über Basel kommen. Das soll ganz einfach sein.

Hier ist ein Colonel Foster, aus St. Louis, glaube ich, ein ältlicher Mann, kennt [kannte] Deinen Vater und alle, weißer Schnauzer, Freund von J. Ham Lewis.

Admiral Bristol ist jetzt auch da, alle wollen Mummy sehen und lassen Dich grüßen. Steffens[6] hat Dir einen Brief geschrieben. Ich liebe Dich, liebste Wicky – Du schreibst die allerschönsten Briefe. Immerhin haben wir, weil wir beide von Erkältungen lahmgelegt sind, nicht soviel Zeit in diesem Monat verloren, denn Du warst wahrscheinlich zu krank. Es tut mir so leid für Dich, daß du diese angenehmste und fröhlichste Zeit für Mummies verpassen mußt. Wollen wir nicht trotzdem miteinander schlafen? Wenn ich den Job diese Woche aufgebe, kannst Du mich ein paar Tage später in Dijon treffen. Ich werde Dir telegrafieren, damit Du mir per Einschreiben den Pißport schickst. Liebes süßes kleines Federkätzchen mit Rizinusöl und Kotzerei, ich finde es so erbärmlich, daß ich heulen könnte.

> Ich bin nur Dein kleines Wachspüppchen.
>
> Liebe von Paps   an Maps –

[am linken Rand:] Liebe süße Mummy!
[auf dem Kopf am Ende der Seite:]
Hast Du an die Steins   geschrieben?
„   „   „   „   Ford Madox Fords   „
             50 Rue Varen[ne]
JFK

---

1 Frank Mason von Hearst's International New Service.

2 Pension in Chamby-sur-Montreux, wo EH und Hadley im Januar 1922 Ferien gemacht hatten.

3 Mrs. Percival Phelan und ihre Tochter aus St. Louis.

4 Isabel Simmons, EHs Nachbarin in Oak Park.

5 David O'Neil, im Ruhestand lebender Holzhändler und Freizeitdichter aus St. Louis. Der O'Neil-Sohn George erscheint in EHs Erzählung *Schnee überm Land*.

6 Lincoln Steffens (1866–1936), ehemaliger Führer der Muckraking-Bewegung im US-Zeitungswesen.

1923

AN EZRA POUND

Chamby-sur-Montreux, 23. Januar 1923

Lieber Ezra:
Wir haben vor, uns Dir anzuschließen. Wie ist es? Was zahlst
Du? Wie ist das Hotel? Kann ich, wie Northcliffe[1] auf dem
Rhein, unter Deinen faschistischen Kumpels mein Inkognito
bewahren? Oder ist zu befürchten, daß sie Hadley Rizinusöl
geben? Weißt Du, Mussolini sagte mir in Lausanne, ich könnte
nie wieder in Italien leben. Wie zum Teufel geht's Dir überhaupt? e sua moglia [moglie = Ehefrau]? Wie lange wirst Du
bleiben? Beantworte alles davon, was Dir wichtig erscheint.

Ich vermute, Du hast von dem Verlust meiner Jugendwerke
gehört? Letzte Woche fuhr ich rauf nach Paris, um nachzusehen, was übrig war, und entdeckte, daß Hadley ganze Arbeit
geleistet hatte, denn alle Durchschläge, Duplikate usw. waren
auch dabei. Alles, was von meinen gesammelten Werken noch
übrig ist, sind drei Bleistiftentwürfe eines miesen Gedichts,
das später ausrangiert wurde, ein bißchen Korrespondenz zwischen John McClure [Herausgeber, »Double Dealer«] und mir,
und ein paar Durchschläge von Zeitungsartikeln.

Du würdest natürlich sagen: Gut usw. Aber sag das nicht zu
mir. Soweit bin ich noch nicht. 3 Jahre an dem verfluchten
Zeugs. Einige mögen dieses Paris 1922, habe ich mir gedacht.[2]

Arbeite jetzt an was Neuem. Wir haben noch für 6 bis 8 Monate zu essen. Dem Friseur habe ich Valet gesagt, damit ich gar
nicht erst in der Lage bin, einen Zeitungsjob anzunehmen,
egal wie sehr ich abgebrannt bin. Die Follikel funktionieren
mit ungeheurem Tempo, und ich bin drauf und dran, von allen
rausgeschmissen zu werden, außer von der Gesellschaft der

Außenseiter, wie Du einer bist. Seit mehreren Wochen schon wage ich nicht, mich im »Anglo-American« [Presse-Club in Paris] zu zeigen.

Die Lira scheint zu fallen. Douglas[3] ist offensichtlich ein größerer Mann als Mussolini. Dave O'Neil, der keltische Jud, hat soeben zwei linke Stiefel gekauft, für 18 Francs (ein Versehen der Fabrik) – der Verkäufer sagte ihm, nach ein paar Wochen würde er den Unterschied gar nicht mehr merken. Dave ist aus dem Häuschen. Die Stiefel drücken natürlich sehr.

Hadley läßt Dich und Dorothy Pound grüßen – ich auch – schreib mir –

Immer (wie man in der Rheinischen Republik zu sagen pflegte)

LILLY   Hem

1 A. C. W. Harmsworth, Viscount Northcliffe (1865–1922).

2 EHs Manuskripte wurden Hadley im Gare de Lyon gestohlen, als sie auf dem Weg nach Lausanne war. In einer undatierten Antwort auf diesen Brief nannte Pound den Verlust ein »Werk Gottes« und drängte EH, die Stoffe nach dem Gedächtnis, das er den »besten Kritiker« nannte, neu zu schreiben. Siehe auch *Paris – ein Fest fürs Leben*. Die Skizzen zu *Paris 1922* hatten den Diebstahl überlebt.

3 In *Paris – ein Fest fürs Leben* spielt EH auf »Major Douglas« an, »ein Ökonom, über dessen Ideen sich Ezra sehr enthusiastisch äußerte«. Major Clifford Hugh Douglas (1879–1952) war der Autor von *Economic Democracy* und der Begründer des Sozialkredits. Siehe Hugh Kenner, *The Pound Era* (Berkeley, Kalif., 1971), das Kapitel über Douglas.

Dieser und alle folgenden Briefe an Pound sind mit freundlicher Genehmigung der Lilly Library, Indiana University, abgedruckt.

AN EZRA POUND

Chamby-sur-Montreux, 29. Januar 1923

Carino:

Der linksfüßige Dave [O'Neil] nimmt jetzt täglich zwei Französisch-Stunden. Er hat seine Concierge gefragt, ob diese Frau, die er da hat, eine gute Französischlehrerin sei, und die Concierge sagt: »O ja. Aber sie kann nicht sehr gut Französisch. Sie ist eine Deutsche.«

Dave mag sie trotzdem. Außerdem schreibt er ein paar neue Gedichte. Seine Methode ist, ein paar Worte über etwas zu schreiben, das er nicht versteht. Irgend etwas, das er nicht versteht. Je weniger er es versteht, desto »magischer«, desto besser das Gedicht. Er hat genug von Deinem Aroma wieder abgegeben – ich glaube, Du warst für ihn ein Aroma, ein »magisches« Aroma –, um mir zu sagen, daß Worte in einem Gedicht, d. h. Klischees, Byronsche Phrasen, Mathew Arnoldiana, keine Rolle spielen. Nur das »Magische« zählt. Er behauptet auch, Rose O'Neil, die cupidos zeichnet, hätte viel bessere Gedichte geschrieben als Yeats. Das ist das O'Neilsche Blut. Ich deutete an, er meinte wohl, sie zeichne bessere cupidos als Yeats. Das kam nicht gut bei ihm an.

Was zum Teufel meinst Du damit: Du wirst noch vierzehn Tage länger bleiben? Ja, ich weiß. Vierzehn Tage – zwei Wochen. Lift – Aufzug. Tram – Straßenbahn. Ein Shilling in London – ein Vierteldollar hier. Aber warum diese verdammten vierzehn Tage? Wir hatten geplant, dort [Rapallo] Ende Februar anzukommen. Demnach wirst Du dann schon weg sein. Ich dachte, Du bliebest den ganzen Winter über dort.

Und Kalabrien. Ich würde viel lieber nach Kalabrien gehen. Von dort aus kommt man so leicht nach Sizilien. Aber Du wirst, wie es scheint, mit Nancy [Cunard] nach Kalabrien gehen. Feingefühl ist hier fehl am Platze. Ich verstehe, daß Du von Rapallo die Schnauze voll hast, aber willst Du nicht irgendwo anders hin, wo wir unsere Ruhe haben? Oder bist Du einfach dabei, Dich aus dem Staub zu machen? Der klassische Springinsfeld, der sich aus dem Staub macht? Ich will keinen Mann daran hindern, sich aus dem Staub zu machen, aber mir ist gleichzeitig die Vorstellung zuwider, was Rapallo betrifft, auf die Gnade der Straters angewiesen zu sein. [Henry (Mike)] Strater ist in Ordnung. Ich mag Strater.

Wenn Ihr alle irgendwo hingeht, wo wir uns nicht ins Gehege kämen, würden wir bis ungefähr Ende oder Mitte Feb. hierbleiben und dann in Eure Richtung schwenken. Wir hatten vor, bis etwa Mai in Italien herumzulungern. Nach Norden durch die

Abruzzen oder so was, auf weiten Umwegen um Rom und andere kulturelle Zentren herum, und quer durch die Berge mit Veneto als letztem Reiseziel. Hadley hat Venezia bis jetzt nur mit ihrer Familie gesehen, und als wir das letzte Mal in Mestre waren, hatten wir nicht das Fahrgeld für den Viadukt.

Wenn Du losziehst und Dorothy bleibt eine Weile in Rapallo, könnten wir dort unten haltmachen, ein bißchen Tennis spielen und vielleicht irgendwann später auf Dich treffen.

In dieser großen Höhe bin ich praktisch geschlechtslos geworden. Ich meine nicht, daß sie die sexuelle Überlegenheit des Männchens aufgehoben, sondern daß sie die Aktivität der Drüsen gehemmt hat. Ich würde diese Sache gern mit Burman diskutieren. Das könnte ein guter Beitrag für eine Monographie über die zunehmende Seltenheit von Prostituierten oberhalb 2000 Meter sein, mit der merkwürdigen Ausnahme des Engadin, wo in St. Moritz in 2001 Meter ü. d. M. jedes Jahr im Winter ein Massenzuzug von Prostituierten stattfindet. Ich möchte meinen, das alles ließe sich unter Beifügung von Graphiken und Temperaturdichtetabellen ausarbeiten.

Schreib mir, was los ist. Wir sehnen uns danach, Euch alle zu sehen. Wir können hier nicht vor dem vierzehnten Februar abreisen. Wie kann das koordiniert werden?

Grüße an Dich und Dorothy –
HEM

Ich danke Dir für Deinen Rat an einen jungen Mann aus Anlaß des Verlusts seiner gesammelten Werke durch Diebstahl. Er ist sehr vernünftig. Ich danke Dir noch einmal. Ich wiederhole, ich danke Dir. Ich werde Deinen Rat befolgen.
LILLY

An Gertrude Stein

Rapallo, Italien, 18. Februar 1923

Liebe Miss Stein:
Beiliegend die Besprechung für die »Tribune«. Sie können etwas oder alles davon streichen, und wenn sie Ihnen nicht ge-

fällt, schreibe ich eine neue. Ein großzügigeres Angebot kann ich mir nicht vorstellen.

Pounds reisten, drei Tage nachdem wir ankamen, hier ab. Nach sieben schwülen Tagen ist das Wetter heute gut. Ende des Monats gehen wir nach Cortina, um noch etwas Ski zu fahren. Hadley fühlt sich wohl. Hier ist ein netter Bursche namens [Henry] Mike Strater, mit dem ich boxen wollte, aber er hat sich den Fußknöchel verstaucht. Das Meer hier ist schlapp und träge und sieht nicht so aus, als ob viel Salz im Wasser wäre. Ebbe und Flut fallen und steigen hier um etwa einen Zoll. Wenn die Brandung sich bricht, hört es sich an, als wenn jemand einen Eimer Asche von Bord einer Schute kippt. Der Ort taugt nicht viel.

Ich habe hart gearbeitet und zwei Sachen fertiggemacht. Ich habe viel über das nachgedacht, was Sie über das Arbeiten gesagt haben, und fange so noch einmal von vorn an. Wenn Ihnen sonst noch etwas einfällt, möchte ich, daß Sie es mir schreiben. Das Thema Kreativität beschäftigt mich sehr, denke die ganze Zeit darüber nach. Verstand scheint besser zu arbeiten.

Was gibt's in Paris? Wir kommen im April oder so zurück. Mike malt ein gutes Porträt von Hadley. Mit Ihrem Buch habe ich mich wunderbar unterhalten.

Werden Sie die Besprechung Doktor Johnson geben?

Grüße an alle von uns beiden,

Ernest Hemingway

Schicken Sie mir ein Exemplar der Besprechung, wenn sie herauskommt?

YUL

AN WILLIAM D. HORNE[1]

Paris, 17.–18. Juli 1923

Lieber alter Bill:
Wenn das nicht ungeheuer nett von Dir war, mir so einen verdammt schönen wunderbaren Brief zu schreiben, nachdem ich ein ganzes Jahr lang einen von Dir nicht beantwortet habe. Ich hatte Dir etwa sieben Seiten geschrieben, über unsere Reise

nach Schio und über die Dolomiten nach Trento und zurück um den Garda und über den See in einem Boot bis nach Sermione und zu Fuß nach Verona[2] – weißt Du noch, wie wir die Serbo-Slowaken gesehen haben, auf dem kleinen Bahnhof am Fuß des Garda, an dem Tag, als wir von Mailand aus an die Front fuhren? Ein heißer Tag im Juni. Weißt Du noch, wie wir zu unserem Abschnitt gefahren sind und nicht wußten, wie es dort sein würde, nur daß es dort einen Platz zum Schwimmen gab und daß alle Fiats fuhren? Und wie Doc Johnson und ein paar andere Burschen uns in Vicenza trafen, und was für ein Scheißkerl Capt. Bates war und so weiter, und wie das Wasser unter dieser Brücke vor der Fabrik durchfloß, und der Baseballplatz auf der anderen Seite der Straße.

Also über all das hatte ich geschrieben und darüber, wie es ist, das alles noch einmal zu besuchen – um Himmels willen, geh nie wieder dahin zurück, Horney – unter gar keinen Umständen –, denn es ist alles vorbei. Mit ganz Italien ist es vorbei, und ich habe den Brief zerrissen, weil das zu traurig war und Du das, nur weil ich es erlebt habe, nicht auch noch erleben solltest.

Horney, wir müssen nach vorn sehen. Wir können nicht ewig von den alten Sachen reden oder versuchen, von irgendwoher den »alten Schwung« zu kriegen oder die Dinge so wiederzufinden, wie wir sie in Erinnerung haben. Wir besitzen sie so, wie wir uns an sie erinnern, und sie sind schön und wunderbar, und wir müssen weitergehen und andere Dinge erleben, weil die alten jetzt nirgendwo mehr sind als in unseren Köpfen. Ich nehme an, das klingt wie ein Haufen Merde aus dem guten alten Jauchespritzer. Ich will aber nicht Moral predigen.

Jedenfalls sind Hadley und ich über den St.-Bernhard-Paß gewandert, zusammen mit Chink Dorman-Smith, der von Seiner Majestät Fünften Füsilieren von Köln Urlaub genommen hatte, mein Kamerad in Mailand nach dem Waffenstillstand – wir schafften am ersten Tag von der Schweiz aus 38 Kilometer und 44 am 2. und kamen bis nach Aosta – die Nacht schliefen wir in dem Kloster auf dem Gipfel in über 2000 Meter Höhe. Dann von Aosta runter nach Mailand – von Mailand aus gingen Hash und ich nach Vicenza und mit dem Bus nach Schio –

Sebio auf der anderen Seite des Bergs – Dolomite Post (?) ist jetzt ein Itaker-Touristenhotel –, nach, wie heißt sie noch, diese hübsche kleine Stadt, die die Itaker nicht bombardieren wollten, wenn die Österreicher Sebio nicht bombardieren würden? Und dann rauf nach Trento und weiter mit dem Auto quer durch die Adamellogruppe nach Riva und den Gardasee hinunter nach Sermione – ein schöner Fleck, der in den See hinausläuft, den man von Dezenjano aus sehen kann – der Bahnhof, wo wir die Tschechen gesehen haben, weißt Du noch? Dann weiter nach Verona und mit dem Zug nach Mestre und dann durch das Piavetal – sahen das Seidenraupenzucht-Haus in Monastir, wo ich dieses großartige Hornige Ding gefunden hatte, das im Schlafanzug auf einer Bahre lag und dem Gekaue der Seidenraupen lauschte[3] – weißt Du noch, Felice Buongiorno? Fossalta – eine völlig neue, häßliche Stadt, in der einen nichts mehr an den Krieg erinnert, nur noch die Narben an den Bäumen, die aber zuwachsen und verheilen. Kein Hinweis auf die alten Schützengräben. All die zertrümmerten Häuser wiederaufgebaut und von Leuten bewohnt, die den Krieg als Flüchtlinge in Sizilien oder Neapel verbracht haben. Ich fand die Stelle, an der ich verwundet worden war; es war ein sanfter grüner Abhang am Flußufer – erinnerte mich an zeitgenössische Bilder von der Schlacht von Gettysburg. Der Piave war sauber und <u>blau</u>; es hatte nicht geregnet, und man war gerade dabei, mit Pferden ein großes Lastschiff voll Zement hochzutreideln, vorbei an der Stelle, wo sich früher das Parapett befunden hatte.[4]

Nun ja – jedenfalls kamen wir nach Paris zurück – in Mailand traf ich Mussolini und hatte ein langes Gespräch mit ihm und schrieb 3 Artikel, in denen ich voraussagte, daß die Faschisten die Reg. übernehmen würden.[5] Und wir sind nach Straßburg geflogen und durch den ganzen Schwarzwald gewandert, haben Forellen gefischt und eine Menge gefangen, haben in kleinen Herbergen gewohnt und uns geliebt[6] ------------, sind von Frankfurt aus den Rhein runter nach Köln und haben Chink besucht und sind nach Paris zurückgekehrt – und sahen, wie Siki beinahe Carpentier umgebracht hätte, und ich bekam ein Kabel vom »Toronto Star«, ich solle nach Konstantinopel gehen, und ich ging und war während des großen Rückzugs bei der griechischen Armee – und drei Wochen in Konstant selbst – 3 sehr schöne Wochen, wo wir alle, immer wenn es morgens hell wurde, in ein Auto stiegen und zum Bosporus rausfuhren, um den Sonnenaufgang zu betrachten und nüchtern zu werden und uns zu fragen, ob da wieder ein Krieg im Kommen war, der die ganze Welt in Brand setzen würde – und es stand verdammt knapp davor. Kam dann nach Hause, nachdem ich mit dem Auto durch Thrakien gefahren, geritten, gewandert war, und dann durch Bulgarien und Serbien und schließlich in Triest eintraf; habe dort wunderbar gegessen, war verdammt froh, wieder italienisch zu sprechen, und stieg in den Zug direkt nach Paris und zu Hadley.[7] Sie war schöner als je, und wir ▬▬▬▬ liebten uns beide sehr und gingen überall zusammen hin, die Rennen in Auteuil, wo sich alle um die große Holzkohlenpfanne scharten, und ein hellblauer Novemberhimmel und die Rennstrecke schwer und die Felder gut, und wir beobachteten jedes Rennen von den Tribünen aus, und alles – und dann mußte ich zu der Konferenz von Lausanne – war dort bis Weihnachten – und wir zogen rauf in die Berge zu einem alten braunen Chalet und fuhren Ski und hatten einen Bobschlitten und tranken abends heißen Punsch und die Tage waren kalt und klar, und es gab eine Menge Schnee. Dann fuhren wir nach Rapallo und spielten Tennis – mit Pound und Mike Strater – ein Bursche aus Princeton[8] – und dann hoch in die Dolomiten – Cortina d'Ampezzo – und fuhren Ski bis April, bis ich ein Kabel erhielt, ich solle an die Ruhr und nach Deutschland im allgemeinen gehen, und ich ging – und kam dann nach sechs Wochen nach Cortina zurück und nahm Hadley, und wir fuhren rauf nach Paris.[9]

Vermutlich hängt Dir diese Erzählung allmählich zum Hals heraus. Aber ich versuche bloß, Dir ein bißchen Tratsch zu erzählen und unseren Status als klassische Mythen zu zerstören.

Zweiter Tag – – – – – –

Liebes Horniges Ding –
Du bist also wieder verliebt. Nun, das ist das einzige, wozu es sich überhaupt zu leben lohnt. Egal, was dabei herauskommt,

wenn man verliebt ist, das ist es allemal wert, solange die Sache läuft. Bei Gott, ich wünschte, es wird gut ausgehen, Horney. Wenn es überhaupt einer verdient hat, bist Du es. Ich wünschte, ich könnte Deine Liebsten mal eine halbe Stunde sprechen – Du würdest sie von Dir wegprügeln müssen, wenn ich ihnen reinen Wein eingeschenkt hätte.

Übrigens habe ich Dir von überall her Karten geschrieben, aber immer an die 45 E. Division. Ist nie was angekommen?

Pinard Baum besuchte uns in unserer Wohnung hier, voll wie 'ne Eule – in seiner alten Art, wie in der Abteilung, Du weißt schon –, ziemlich verschwommen und rotäugig und darauf bedacht, seine Füße richtig hinzustellen; ich drängte ihn, zum Essen zu bleiben, und er sagte, er bliebe; wir nahmen jeder einen Drink zu uns und waren höllisch froh, uns wiederzusehen; Hash zog los, um noch etwas Zeug für ihn zum Essen zu holen, und dann stellte Pinard plötzlich sein Glas hin, schüttelte mir sehr ernst die Hand und begann die Treppe herunterzugehen. »Aber Pinard«, sag ich, »du bleibst doch zum Essen!« Er sah mich rotäugig und ernst an und schwankte vor und zurück auf der Treppe. »Nein, Hemmy«, sagte er, »das wär nicht anständig deiner Frau gegenüber!«

Gerade da kam Hash die Treppe hoch mit dem zusätzlichen Salatkopf und der Extra-Artischocke in ihrem Einkaufskorb, und Pinard packte ihre Hand mit beiden Händen und sagte: »Ich muß gehen, Mrs. Hemingway. Es wäre nicht anständig Ihnen gegenüber, wenn ich bliebe.«

Also wir hielten ihn fest, aber er ging runter, und wir folgten ihm auf die Straße, aber er war in dieser Stimmung von entsagungsvoller Begeisterung und sagte andauernd: »Es wäre nicht anständig IHR gegenüber, Hemmy. Es geht einfach nicht. Nicht in meinem Zustand.«

Und so setzte ich ihn, nachdem ich noch ein, zwei Blocks weit protestiert hatte, in eine Droschke und schickte ihn zu seiner Mutter oder seinen Schwestern oder wer immer das war. Der Herzog von Feder und seine lebhafte, attraktive, blaustrümpfige junge jüdische Frau waren bei uns zum Essen, und danach gingen wir mit ihnen aus und tanzten. Ich hatte den

Herzog auf der Rue Royal vorbeigehen sehen, als ich mit ein paar Zeitungsfritzen vor einigen Bockbieren saß.

Keine Spur von Simmie oder seiner beschnapsten Braut.

Spanien ist bei heißem Wetter verdammt gut. War vor ungefähr zwei Monaten unten, um den Stierkampf zu studieren, und wohnte in einer Pension für Stierkämpfer in der Calle San Jeronimo in Madrid; bin dann mit einer Gruppe Toreros durch ganz Spanien gereist – Sevilla, Ronda, Granada, Toledo, Aranjuez, und hab mir die Chose angeschaut.[10] Kam zurück, nahm Hadley, und wir gingen nach Pamplona, der Hauptstadt von Navarra; sind eben erst zurück von der besten Woche, die ich seit der Abteilung verbracht habe – das große Fest von Pamplona – 5 Tage Stierkampf, alle Tage und Nächte Tanz – wunderbare Musik – Trommeln, Rohrflöten, Querpfeifen – Gesichter wie Velasquez' Trinker (?), Goya- und Greco-Gesichter, die Männer alle in blauen Hemden, und rote Taschentücher kreisen, schwingen, fliegen, tanzen. Wir als einzige Ausländer auf diesem tollen Jahrmarkt. Jeden Morgen werden die Stiere, die am Nachmittag kämpfen sollen, aus dem Gehege am anderen Ende der Stadt herausgelassen und rennen durch die Hauptstraße der Stadt zur Stierkampfarena, und alle jungen Burschen von Pamplona rennen ihnen voraus! Ein Rennen von anderthalb Meilen – alle Seitenstraßen sind mit großen Holzgattern verbarrikadiert, und die ganze Bande rennt wie der Teufel, und die Stiere hinterher, um sie einzuholen.[11]

Bei Gott, die haben vielleicht Stierkämpfe in dieser Stadt. 8 der besten Toreros von Spanien waren dabei, und 5 von ihnen wurden aufgespießt! Die Stiere haben glatt jeden Tag einen zur Strecke gebracht.

Du wärst begeistert von einem wirklich guten Stierkampf, Bill. Es ist nicht nur brutal, wie man uns immer erzählt hat. Es ist eine große Tragödie – und das Schönste, was ich je gesehen habe; und verlangt mehr Mumm und Geschicklichkeit und noch mal Mumm als sonst etwas. Es ist, als hätte man beim Krieg einen Platz in der Arena, auf dem einem nichts passieren kann. Ich habe 20 gesehen. Hash hat in Pamplona 5 gesehen und war ganz begeistert.

He, Moment mal. Dieser Brief ufert allmählich aus.

Am 17. August fahren wir mit Cunards »Andania« nach Montreal, dürften um den 27. rum ankommen – dann geht's nach Toronto und an die alte 6-Tage-Arbeitswoche. In Toronto gehn, wie Du weißt, 85 % der Einwohner sonntags in eine protestantische Kirche. Offizielle Zahlen. Keine Ahnung, was die restlichen 15 % machen. Vermutlich gehen sie in eine katholische Kirche.

Irgendwann im Oktober werden wir ein Baby bekommen. Wir hoffen, daß es ein Junge wird und daß Du sein Pate wirst.[12] Er hat die ersten Monate seines Lebens auf Skiern verbracht, sah einmal Battling Siki und zweimal Carpentier kämpfen und 5 Stierkämpfe, wenn also pränataler Einfluß irgend etwas bewirken kann, dann ist vorgesorgt. Wir sind beide ganz verrückt darauf, den kleinen Kerl zu kriegen. Hadley hat sich die ganze Zeit über kein einziges Mal übergeben oder gar übel gefühlt. Es ist ihr noch nie besser gegangen, und sie sieht wunderbar aus, Bill – der Arzt sagt, es sei alles in Ordnung und absolut bewundernswert.

Mensch, hatten wir einen Spaß, Bill. Es kommt mir fast unmöglich vor, daß wir das jetzt alles hinter uns haben sollen. Und wenn es nur um uns beide ginge, wäre es auch ganz gleich, wie nahe wir der Pleite wären – weil ich immer die Aufträge vom »Star« hätte, die gutes Geld einbringen –, aber manchmal warten wir, von dem Zeitpunkt an, an dem ich meine Spesenrechnung abgeschickt habe, einen ganzen Monat, bis sie wieder zurückkommt mit dem Scheck – und wir leben von 10 Francs am Tag, und dann sind wir auf einmal reich wie der Teufel, wenn die 5- oder sechshundert Eier anrollen. Aber ich denke, ich sollte während des ersten Jahres unseres Babys und für die Aufwendungen usw. einen festen Job haben – wie auch immer. Sobald es alt genug ist, kann er oder sie das Risiko mit der übrigen Familie teilen.

In diesem Monat wird ein Buch von mir veröffentlicht (kommt im Herbst raus, aber ich werde versuchen, Dir im August ein Vorausexemplar zu schicken), von dem ich jetzt Korrektur lese, ein weiteres im Herbst.[13] Ich werde Dir beide schicken. Derselbe Verein, der den *Ulysses* veröffentlicht hat, bringt das 1. und die Three Mountains Press das 2. heraus. Ich glaube, einige der Geschichten werden Dir gefallen. Ich habe daran gearbeitet wie der Teufel.

Grüße von Hash und mir. Mann, ich hoffe, Dir geht es besser, als Dein Brief vermuten läßt – und ich wette auch, so ist es. Das Bankwesen ist zweifellos die Hölle, aber andererseits ist jedes Geschäft die Hölle. [Unleserliche oder nur zum Teil lesbare Zeile in einer Falte des Originalbriefes, etwa: »Du siehst, Horney, ich bin eher für Romantik als für Geschäfte geschaffen.«] Das einzig Dumme ist, daß man von Romantik nicht leben kann. Und solange es so prächtige Burschen gibt wie Dich und Bobby [Rouse?], ist die Erde es wert, daß man auf ihr lebt, egal, was ein Mann zu tun hat.

Los, Horney – schreib mir einen Brief aufs Schiff, damit ich ihn bekomme, wenn es in Montreal einläuft. Nichts möbelt mich mehr auf als ein Brief von Dir, und soweit ich es absehen kann, werde ich mich bei der Ankunft in Kanada ziemlich niedergeschlagen fühlen.

Grüße an Dich und _____ an den alten Meckerer [Jenkins], und, wenn Du ihn siehst, an Jack [Pentecost].

PH. PUL   Oin

1 William D. Horne jr., geb. 1892, in Princeton graduiert 1913, Ambulanzfahrer beim Amerikanischen Roten Kreuz in Schio, Italien, 1918; 1920 bis 1921 EHs Zimmergenosse in Chicago. Andere Veteranen der ARK-Station, die in diesem Brief erwähnt werden, sind Herbert S. Johnson, Captain Robert W. Bates, Richard T. (Pinard) Baum und Zalmon G. (Simmie) Simmons jr.

2 EH berichtet hier von einer Reise mit Hadley im Juni 1922 und erinnert sich an die ARK-Einheit in Schio im August 1918.

3 Ein Vorfall, der fiktiv in EHs Erzählung *Müde bin ich, geh zur Ruh*, in *49 stories*, verwendet wurde.

4 Der Besuch in Fossalta di Piava mit Hadley im Juni 1922.

5 Zwei Artikel von EH über den italienischen Faschismus erschienen im »Toronto Daily Star« vom 24. Juni 1922, ein dritter am 27. Januar 1923.

6 August 1922.

7 EHs Reise in den Nahen Osten vom 25. September bis zum 21. Oktober 1922.

8 Ezra Pound und Henry (Mike) Strater, Princeton, Klasse von 1919, hielten sich mit ihren Frauen im Februar 1923 in Rapallo auf.

9 EH verkürzt hier die Zeit. Er war Ende März in Paris, als er an die Ruhr beordert wurde, und kehrte Mitte April nach Cortina zurück, wo er *Schonzeit* schrieb.

10 EHs erste Reise nach Spanien mit William Bird und Robert McAlmon.

11 Siehe *Fiesta,* Buch II, Kap. 8.

12 Tatsächlich wurde Dorman-Smith Pate, Gertrude Stein Patin.

13 *Three Stories and Ten Poems* und *In unserer Zeit*; letzteres erschien allerdings erst im März 1924.

AN ROBERT MCALMON

Paris, 5. August 1923

Lieber Mac:

Heute morgen kamen die Fahnen. Dein Brief ist von Freitag.

Die leere Seite ist ein Irrtum des Druckers. Sie war nicht im ersten Abzug. Warum zum Teufel hat Darantière [Drucker in Dijon] den ersten Abzug nicht zusammen mit dem zweiten zum Vergleichen usw. mitgeschickt?

Dieser Abzug sieht sehr gut und sauber aus. Ich bin ihn zweimal durchgegangen. Hadley einmal.

Beiliegend ein Entwurf für den Umschlag. Die Idee, die Titel der Erzählungen und Gedichte reinzunehmen, stammt von Bill [Bird]. Er sagte, es wären gute Titel, und sie würden ein gutes Layout für den Umschlag abgeben und gleichzeitig den Käufer anregen. Mir gefällt's so, wie es aussieht.

Dir vielleicht nicht.

Du bist der Verleger.

Wenn Du die Titel nicht willst, streich sie und setze

THREE STORIES & TEN POEMS

so gesperrt, daß es, wie auf beiliegendem Umschlag, mit dem Namen unten, in einer einen Punkt kleineren Type genau abschließt. Wie? Ich glaube, die Type auf dem Umschlag sollte etwas größer und magerer sein, aber genauso schwarz. Die Type, in der es gesetzt wurde, war zu gedrungen. Das &-Zeichen für UND läßt es viel solider und ausgewogener aussehen und er-

66

laubt eine ordentliche Raumaufteilung wie auf beiliegendem Umschlag. Immerhin lautet der Titel ja Three Stories AND Ten Poems.

Zu den zusätzlichen leeren Seiten. Fast alle Bücher haben vorn gleich hinter der Umschlagseite vier bis acht, wobei jede Seite gezählt wird. Ich meine, dort würden sie sich besser machen, und dann am Ende nach der letzten Erzählung nur noch so viele, wie übrig sind. Wir werden bestimmt feststellen, daß wir mit einem erweiterten Umfang mehr verdienen werden, als wir sparen würden, wenn wir es auf 48 kürzen, indem wir die Titelseiten usw. fortlassen. Niemand wird ein Buch kaufen wollen, wenn es so verdammt dünn ist.

Ich habe die Sache mit den leeren Seiten in den Büchern hier einmal nachgeprüft. In *Three Soldiers* von Dos Passos fand ich 8 leere Seiten ohne irgend etwas darauf, gleich hinter dem Umschlag.

In *Seven Men* von Max Beerbohm fand ich vier leere Seiten, aber zwei wurden vom Besitzer offensichtlich als Klopapier herausgerissen.

In einer Billigausgabe der *Madame Bovary* von Gus Flaubert ebenfalls vier leere Seiten usw. usw.

Anscheinend haben alle nur jeweils eine leere Seite am Ende der Erzählung und vor dem Umschlag.

Also, das sollte reichen. Wann kommst Du zurück? Sie müßten es pünktlich herausbringen können. Heute ist der Fünfte. An den Korrekturen gibt es etwa eine halbe Stunde zu arbeiten. Sie können schon mal anfangen, den Umschlag zu setzen.

Wie läuft's denn so? Ich höre, Du hast zu tun. Ich auch.

Wenn Du dies eingeschrieben nach Dijon schickst, geht es schneller, und es besteht nicht die Gefahr, daß es verlorengeht.

Werde das jetzt an Dich abschicken. Hoffe, Du kommst mal zum Schwimmen. Hier ist es heiß wie in der Hölle. Am Siebzehnten legen wir von Cherbourg ab [nach Kanada]. Das ist Donnerstag in einer Woche [acht Tagen]. Mike [Strater] ist in die Staaten gegangen. Sie haben sich für ein Jahr abgesetzt. Seine Großmutter liegt im Sterben.

Sag mir gleich Bescheid, wenn Du dies bekommen hast, und auch wegen des Umschlags, ja? Ich schicke [das Paket] nicht eingeschrieben, da heute Sonntag ist. Krebs [Friend] hat sein ganzes Geld verloren, ist mit anderen in der Bretagne. Überlegt jetzt, ob er Smith in [Ortsname unleserlich: Touravil?] besuchen soll.

Bis später,

Hem

PS Ich brachte den Umschlag und die Fahnen eben zu Gertrude Stein, und sie sagte, mit allen Titeln auf dem Umschlag sähe es wesentlich kräftiger und besser aus. Sie malte es auf alle möglichen Arten hin und fand unsere Überschriften, die mit No. 1 bezeichnet sind, unschlagbar. Sie sagte, man solle eine gute Type für die Titel nehmen – gut und schwarz, aber nicht so gedrungen wie die jetzige.

YUL   Hem

1 Ein alter Bekannter von EH aus Chicago, Krebs Friend, war 1922 nach Frankreich gekommen. Smith' Identität ist nicht sicher, vielleicht handelt es sich um Chard Powers Smith.

AN EZRA POUND

Paris, ca. 5. August 1923

Lieber Ezra:

Das mit dem Hängen mache ich. Hab den Tod Maëras völlig neu geschrieben und die anderen festgelegt.[1] Der neue Tod ist gut. Von Gobar weiß ich nichts.

Die Kapitel sollten jeweils mit Kapitel 1, Kapitel 2 usw. überschrieben sein. Wenn man sie nacheinander liest, hängen sie alle zusammen. Klingt komisch, ist aber so. Die Stiere machen den Anfang, erscheinen dann wieder und bilden dann den Schluß. Der Krieg fängt rein und edel an, genau wie es war, Mons usw., kommt dann zur Sache, verschwimmt und endet dann schließlich mit dem Burschen, der nach Hause kommt und Tripper kriegt. Die Flüchtlinge verlassen Thrakien wegen der griechischen Minister, die erschossen werden. Das Ganze endet mit dem Gespräch zwischen dem griechischen König und seiner Königin in deren Garten (soeben geschrieben), das zeigt, daß der König in Ordnung ist. Der letzte Satz lautet ----- Wie alle Griechen wollte er gern nach Amerika. ----- Mein Kamerad Shorty [Wornall], der mit mir in Thrakien Filme machte, bringt gerade das Neueste vom König. Wissenswert.

In der Geschichte von dem jungen Ungarn fangen die Radikalen edel an und werden zur Sau gemacht. Amerika ist repräsentiert durch die Polypen, die die Kerle erschießen, die den Zigarrenladen ausgeraubt haben. Die Form ist in Ordnung.

Der König beendet das Ganze in prima Verfassung. O dieser König.

Ich werde jetzt mit dem Hängen anfangen. Dann wird sie wohl abfahren. Werde versuchen, morgen vormittag bei Dir vorbeizukommen.

Immer

LILLY   Hem.

1 EH versucht hier zu zeigen, daß die 18 Miniaturen, die er für das Pariser *In unserer Zeit* geschrieben hatte, ein grobes formales Muster besitzen. Offensichtlich hat er Pound wegen des Inhalts und der Anordnung um Rat gefragt.

AN EZRA POUND

Toronto, ca. 6. September 1923

Lieber Ezra:

Schlimmer kann es nicht sein. Du kannst es Dir nicht vorstellen. Ich werde es nicht beschreiben. Aber um Himmels willen, falls irgendwer noch irgendwas von diesem Zeug über Amerika verzapft, Tom Mix, Heimat, und Abenteuer auf der Suche nach Schönheit, schick sie nur zu mir.

Hadley geht es gut. Wir sind im richtigen Ort gelandet, um ein Baby zu bekommen, denn das ist die specialite de ville. Etwas anderes tun sie hier nicht. Jimmy Frises[1] einziges Vergnügen war es, auf Rotwildjagd zu gehen; und in jeder Rotwildjagd-Saison der letzten drei Jahre hat er einen Nachkömmling bekommen. Er wird nie wieder auf Rotwildjagd gehen. Die Rotwildjagd war sein einziges Vergnügen. Ich höre Dich schon: »Aber mein lieber Hem, wie wär's mit der alten Abtreib-spritze?« Aber mein lieber Ezra, keine Ahnung. Die sind nun mal so.

Wir haben zehn Tage gebraucht. Während der ganzen Über-fahrt blies ein steifer Wind. Der Fluß war schön. Wenn ich bloß dem Drang nachgegeben hätte, in Quebec auszusteigen und einfach dort zu leben, bis uns das Geld ausgegangen wäre – das wäre viel besser gewesen. Montag fange ich mit der Ar-beit an. Am Dienstag kommt der Prinz hierher. Prinz Char-ming, der Botschafter des Empire, der blonde Schweinehund.

An Straters Stelle würde ich heulen. Was anderes gäbe es nicht. Tatsächlich kann ich vor Grausen über diese gottver-dammte Sache nicht schlafen. Ich habe seit fünf Tagen nichts getrunken. So was läßt einen [Sherwood] Anderson verstehen. Wäre ich noch ein zweites Jahr hier, würde ich mich aus dem Staube machen. Das ist das einzige, was einem Mann zu tun bleibt. Gott sei Dank haben wir Dorothys Bilder. Die ganze vo-rige Nacht habe ich wach gelegen und *Ulysses* gelesen, um mich aufzumuntern. Ein feines Buch. Du mußt es irgendwann mal lesen.

Habe eben mit dem Ehrenw. Raney, dem Kronanwalt der Provinz, gesprochen. Er ist der Doppelgänger von Barthou. Er ist über die Zustände in Europa entsetzt. Malt sich aus, wie die Franzosen verhungern, die Deutschen sich an ihrem Sieg wei-den, die grausamen Spanier die armen unschuldigen Stiere ab-schlachten und die Italiener die armenischen Waisenkinder auf Korfu niedermetzeln, was sie, glaube ich, wirklich getan ha-ben; armer Mann . . .

Greg Clark hat was Nettes erzählt. Algy, ja der arme Kerl, sein Regiment ist nach Indien verlegt worden. Armer Kerl. Ja ja armer Algy. Ja. Ja. Du kennst ja sicher Algys Schwäche. Ja ja. Armer Kerl. Armer Algy. Fahren ab. Ja. Nächste Woche legen sie ab. Armer Algy. Ja. Da gibt's natürlich keine Frauen. Nein, keine Frauen. Armer Algy. Ja, wahrscheinlich wird's so sein wie letztes Mal. Ja, die Schwäche vom armen Algy. Du weißt ja, da gab's keine Frauen, und da fing er an zu wichsen. Ja. Und wichste immer weiter, wichste immer öfter – bis er sein Gedächtnis verloren hatte.

Und dann, als er sein Gedächtnis verloren hatte, vergaß er zu wichsen; jetzt geht's ihm wieder ganz gut.

Also schreib mir. Du könntest ein Menschenleben retten. Irgendwelche Nachrichten von Kumae, über seinen vermutlichen Tod bei dem Erdbeben? Armer Kerl. Hoffe, das Eiskraut ist noch aufrecht. Ja ja armer Kumae.

Also bis dann, Amigo, und schreib mir. Grüße an Dorothy.

LILLY   Hem.

1 Frise war der Chef-Karikaturist des »Toronto Star«. EH hatte ihn 1920 kennengelernt.

An Gertrude Stein und Alice B. Toklas

Toronto, 11. Oktober 1923

Liebe Freundinnen:

Die freie Zeit, die ich mir vor einer Schreibmaschine in einem Zeitungsbüro ausgemalt hatte, gab es nicht. Es gab überhaupt keine freie Zeit oder sonst was für irgend etwas. Gestern morgen um zwei Uhr wurde der kleine Gallito geboren. Keine Komplikationen. Dauerte nur drei Stunden, der Arzt hat Lachgas angewendet, und Hadley sagt, die ganze Sache mit dem Kinderkriegen wäre überbewertet worden. Gewicht sieben Pfund und fünf Unzen. Was eine Menge dazu beigetragen hat, daß es so einfach ging, wette ich. Ist besser, mit Novillos anzufangen. Man sagt mir zwar, er sehe recht gut aus, aber ich selber entdecke eine außergewöhnliche Ähnlichkeit mit dem König von Spanien. Er nimmt schon die Brust. Hatte einen guten Arzt. Das ist hier die specialite de ville. Hadley fühlt sich sehr wohl und läßt Sie beide grüßen.

War sehr beschäftigt. War fast bis zur Hudson Bay und überall, und letzte Woche war ich in New York, um L.[loyd]

George zu treffen. Fuhr mit ihm im Sonderzug durch New York und Kanada. War im Zug Richtung Toronto, als das Baby geboren wurde. Es kam zwei Wochen früher als geplant. L. George ist ein mürrischer, gemeiner, aufbrausender und boshafter Mensch, was er aber in der Öffentlichkeit nicht zeigt. Er hat nicht umsonst so langes Haar. Jeden Abend läßt er alle Verabredungen für den nächsten Tag absagen, und jeden Morgen wacht er auf und fühlt sich munter und verflucht seine Sekretärin, daß sie sie abgesagt hat. Ich habe ihn in seiner Höchstform erlebt. Er will [seine Tochter] Megan gut verheiraten und hofft, sich von dieser Seite des Atlantiks aus wieder gut ins Spiel bringen zu können. In den Staaten kommt er sehr gut an, aber gewissermaßen die Hefe unter den Kanadiern, alle, die die britische Presse lesen, haben seine Aufnahme hier lau gemacht. Ich bin froh, daß ich ihn hinter mir habe.

Habe mich schrecklich gefühlt, weil ich Hadley die Sache allein ausstehen lassen mußte. Das Ganze hier ist eine Art Alptraum. Ich arbeite 12 bis 19 Stunden am Tag und bin nachts so müde, daß ich nicht schlafen kann. Es war ein schlechter Entschluß, nach hier zurückzukehren. Immerhin haben wir eine Wandfläche für Masson, eine fabelhafte neue Wohnung an einer Senke, wo die Stadt in sonnige Landschaft ausläuft, ein schöner Streifen Landschaft, ein Berg, auf dem man, oder besser ich, Ski fahren kann, wenn der Schnee kommt und ich vom Büro nach Hause komme. Aber wirklich gut für Hadley und den Novillero, gesund, freundlich usw., und es erlaubt uns, alles auflaufende Geld für die Rückkehr nach Paris auf die Bank zu bringen, während wir von meinem Gehalt leben, und auch davon sollten wir noch etwa sieben- oder achthundert sparen können.

In New York trieb ich eine »Little Review« auf, mit Ihrem Valentinsgruß an Sherwood [Anderson]. Es klingt sehr gut und sehr nach mir, ich mußte das einfach schreiben, meine natürlich: sehr gut und sehr nach Sherwood.

Wie geht es Ihnen beiden? Wo sind Sie? Entgegen meiner Erinnerung ist die cuisine hier gut. Wie sie hier junge oder ziemlich junge Hühnchen zubereiten, ist hervorragend. Ich habe auch ein paar gute chinesische Lokale entdeckt. Wir hat-

ten beide starkes Heimweh nach Paris. Ich habe zum erstenmal
Verständnis dafür bekommen, daß Menschen Selbstmord begehen können, weil sich im Beruf zu viele Dinge vor ihnen aufstapeln, die sie nicht erledigen können. Diese Entdeckung ist
von nur zweifelhaftem Wert. In New York konnte ich vier
Tage lang weder Sherwood noch sonst jemanden, den ich besuchen wollte, ausfindig machen, weil ich so beschäftigt war.
Versuchte zu telefonieren usw. New York sah sehr schön aus
im neueren Teil um Broad und Wallstreet, da kommt außer
einzelnen Strahlen nie Licht rein, und die Leute sehen
fürchterlich aus. Die ganze Zeit, die ich da war, habe ich nie jemanden auch nur grinsen sehen. Vor der Börse war ein Mann,
der mit gelber und roter Kreide auf der Straße herummalte und
ständig schrie: »Er sandte seinen eingeborenen Sohn, um das
zu tun. Er sandte seinen eingeborenen Sohn, um am Holze zu
sterben. Er sandte seinen eingeborenen Sohn, auf daß er da
hänge und sterbe.« Drum herum stand eine dichte Menge und
hörte zu. Geschäftsleute. Buchhalter. Botenjungen. »Ziemlich
ausdauernder Bursche«, sagte völlig ernst ein Botenjunge zu
einem anderen. Sehr hübsch. Es gibt da wirklich einige schöne
Gebäude. Neue. Keins davon mit einem Namen, den wir je gehört haben. Komische Formen. In dreihundert Jahren werden
die Leute von Europa rüberkommen und in Waggons voller
Schaulustiger dazwischen herumfahren. Tot und verwüstet wie
Ägypten. Das wird Cooks beliebteste Tour werden.

Um nichts in der Welt möchte ich da leben. Ich gehe jetzt
ins Krankenhaus und schließe deshalb. Grüße von Hadley und
von mir.

YUL   Hemingway

AN EDMUND WILSON

                                  Toronto, 11. November 1923[1]
Sehr geehrter Mr. Wilson:
In Burton Rascoes *Social and Literary Notes* sah ich, daß Sie seine
Aufmerksamkeit auf einen Text von mir in der »Little Review«
gelenkt haben.

Ich schicke Ihnen *Three Stories and Ten Poems.* Soweit ich weiß, ist es in den Staaten noch nicht besprochen worden. Gertrude Stein schreibt mir, sie hätte eine Rezension gemacht, aber ich weiß nicht, ob sie sie schon veröffentlichen konnte.

In Kanada erfährt man überhaupt nichts.

Ich würde gern einiges zur Besprechung verschicken, weiß aber nicht, ob mit Widmung, wie es in Frankreich obligatorisch ist, oder wie sonst. Wegen meines unbekannten Namens und da die Bücher nicht gerade beeindruckend sind, dürften sie vermutlich so aufgenommen werden wie von Mr. Rascoe, der nach drei Monaten immer noch nicht die Zeit gefunden hat, das Exemplar, das ihm Galantière geschickt hat, zu lesen. (Er könnte das Ganze in anderthalb Stunden lesen.)

Der Contact Verlag ist McAlmon. Er hat Wm. Carlos Williams, Mina Loy, Marsden Hartley und McAlmon herausgebracht.

Ich hoffe, das Buch gefällt Ihnen. Wenn es Ihr Interesse wecken sollte, könnten Sie mir dann die Namen von vier oder fünf Leuten mitteilen, denen ich es schicken kann, um es besprechen zu lassen? Das wäre außerordentlich freundlich von Ihnen. Diese Adresse hat nur bis Januar Gültigkeit, dann gehen wir zurück nach Paris.

Ich danke Ihnen vielmals, gleichgültig, ob Sie nun die Zeit dafür aufbringen oder nicht.

Hochachtungsvoll,
YUL   Ernest Hemingway

1 Dieser Brief sowie der vom 25. November wurde in Wilsons *The Shores of Light* (New York 1952), S. 115–118, veröffentlicht. EH hat Wilson im Januar 1924 in New York kennengelernt. Als er sein Buch vorbereitete, sah sich Wilson gezwungen, diese Briefe auf Wunsch von EH zu redigieren. Siehe dazu EH an Wilson, 10. September 1951.

Toronto, 25. November 1923

Sehr geehrter Mr. Wilson:

Ich danke Ihnen recht herzlich für Ihren Brief. Das war äußerst freundlich von Ihnen.

Das Buch hat ein seltsames Format. McAlmon wollte eine Reihe kleiner Bücher herausbringen, mit Mina Loy, W.C. Williams usw., und wollte mich dabeihaben. Ich gab ihm die Erzählungen und Gedichte. Ich bin froh, daß es erschienen ist, denn wenn es erst einmal veröffentlicht ist, liegt es hinter einem.

Es freut mich sehr, daß Ihnen einiges davon gefallen hat. Soweit ich im Augenblick sehe, ist Ihres das einzige kritische Urteil in den Staaten, das ich respektiere. Mary Colum ist manchmal ganz vernünftig. Rascoe hat intelligent über Eliot geschrieben. Wahrscheinlich gibt es fähige Leute, die ich nicht kenne.

Nein, ich glaube nicht, daß *Mein Alter* von Anderson beeinflußt ist. Es handelt von einem Jungen und seinem Vater und von Pferderennen. Sherwood hat über Jungen und Pferde geschrieben. Aber ganz anders. Es ist von Jungen und Pferden beeinflußt. Anderson ist zwar auch von Jungen und Pferden beeinflußt. Ich glaube aber, sie ähneln sich nicht im geringsten. Ich weiß, daß ich nicht von ihm inspiriert worden bin.

Ich kenne ihn recht gut, habe ihn aber seit einigen Jahren nicht mehr gesehen. Seine Arbeit ist anscheinend zum Teufel gegangen, vielleicht, weil ihm die Leute in New York zu oft erzählt haben, wie gut er sei. Funktion der Kritik. Ich mag ihn sehr. Er hat gute Erzählungen geschrieben.

Vielleicht wäre es besser, die »Briefer Mentions« [Kurzkritiken] im »Dial« noch etwas zu verschieben, bis *In unserer Zeit* irgendwann im nächsten Monat erschienen ist; ich werde es Ihnen schicken. Dann sehen Sie, worauf ich hinaus will, und die beiden könnten zusammen in einer Rezension behandelt werden.

Ich bin ungeheuer froh, daß Ihnen die Sachen aus *In unserer Zeit* in der »Little Review« gefallen haben, und ich glaube, da ist mir wirklich etwas gelungen.

Es hat keinen Sinn, es ohne das Buch erklären zu wollen.

Es ist sehr kameradschaftlich von Ihnen, daß Sie mir Ihre Hilfe anbieten, ein Buch bei den Verlegern unterzubringen. Ich kenne keinen von ihnen.

Vor kurzem schrieb mir Edward O'Brien und bat um formale Erlaubnis, *Mein Alter* in seinen *Best Short Stories of 1923* wiederabdrucken zu dürfen, und er fragte mich, ob er den Band mir widmen könne. Da das Buch noch nicht erschienen ist, ist dies vertraulich. Er druckt miese und gute Stories ab. Er fragte mich, ob ich genug Erzählungen für ein Buch bei Boni & Liveright hätte. Ich weiß nicht, ob das heißen soll, er könnte sie dazu bringen, es zu verlegen. Ich werde Ihnen schreiben und Sie darüber befragen, wenn die Zeit reif ist, wenn Sie erlauben.

Das beste im vorigen Jahr erschienene Buch, das ich gelesen habe, war E. E. Cummings' *Enormous Room.* Jemand sagte mir, es sei ein Mißerfolg gewesen. Und dann sehen Sie sich [Willa Cathers] *One of Ours* an. Auszeichnung, enormer Verkauf, die Leuten nehmen es ernst. Sie waren doch im Krieg, nicht wahr? War diese letzte Szene an der Front nicht wunderbar? Wissen Sie, woher sie stammt? Aus der Schlacht-Szene in [D. W. Griffiths] *Birth of a Nation.* Ich habe jede einzelne Episode identifiziert, catherisiert. Arme Frau, irgendwoher mußte sie ja ihre Kriegserfahrung nehmen.

Die Sache in der »L. R.« war ein Scherz. Ich habe sie im Speisewagen auf der Rückfahrt nach Lausanne geschrieben; war zu einem sehr schönen Lunch bei Gertrude Stein gewesen, hatte den ganzen Nachmittag geredet und eine Menge von ihren neuen Sachen gelesen und dann im Speisewagen ganz allein eine große Flasche Beaune getrunken. Da ich am Morgen wieder telegrafieren mußte, habe ich versucht, die Konferenz zu analysieren.[1]

Ihre Methode, etwas zu analysieren oder Bemerkungen zu einer Person oder einem Ort zu machen, ist unbezahlbar. Sie hat einen wunderbaren Kopf. Eines Tages möchte ich gern einmal eines ihrer alten Bücher besprechen. Sie ist da, wo Mencken und Mary Colum hinfallen und sich die Nasen aufschlagen.

Bitte, verzeihen Sie mir diesen langen Brief; nochmals recht herzlichen Dank für Ihren Brief und die guten Ratschläge. Ich würde Sie sehr gerne sehen, wenn wir durch N. Y. kommen.

Hochachtungsvoll
Ernest Hemingway

YUL

1 EHs Gedicht *They All Want Peace – What Is Peace?* erschien in der »Little Review« 9 (Frühjahr 1923). Es war eine Satire auf die internationalen Teilnehmer der Lausanner Friedenskonferenz.

1924

AN EZRA POUND

Paris, 10. Februar 1924

Lieber Prometheus:

Wir haben in der Rue Notre-Dame-des-Champs 113 eine Wohnung trouved [gefunden], teilmöbliert, über einem Sägewerk, auf der Basis von 3 Mon zu 3 Mon zu 3 Mon usw.

Ich bin zweimal an 70 vorbeigegangen, bis wir hineinkamen und die Concierge mich als Deinen beau frère erkannte; aber wegen absoluten Mangels des Schlüssels konnte der Eintritt nicht erfolgen. Und daher glaubte ich [Ford Madox] Fords Bericht nicht ganz, daß Du uns bis zu Deiner Rückkehr bei Dir wohnen lassen wolltest.

Es macht keinen Spaß, während Deiner Abwesenheit in Deiner Straße zu wohnen, komm also mal nach Hause. Heute mischt sich Schnee in den Regen. Würde nach Rapallo runterkommen, um Euch Männer zu sehen, habe aber einfach keine Lust mehr zu reisen.

Zehn Tage waren wir auf dem Ozean.[1]

Scheint sehr vernünftig, was Du in »Transatlantic« über Musik schreibst. Bedaure, daß wir das Konzert verpaßt haben. Wenn Du noch eins veranstaltest, werde ich sämtliche Grünschnäbel Anastaisies ins Publikum einschleusen und sie sich im richtigen Augenblick gegenseitig hinauszuwerfen versuchen lassen.

Der Goldene Wal von Kalifornien wartet noch auf Dich.

Saumäßig, dieser Brief, aber bin gerade gekommen und beim Auspacken – noch nicht fertig.

Henry [Strater] arbeitet fleißig an den *Cantos*.[2]

78

Hadley war und ist krank. Sie kann nicht schlafen, und ihre Innereien spielen verrückt.

(hab auch krank im Bett gelegen)

Werde versuchen, was für die Trans usw. zu schreiben.

In Amerika gibt's zur Zeit eine enorme Bewegung gegen [Sherwood] Anderson, die Leute von »Broom« usw.[3] Du bist wieder im Kommen.

Es freut mich, daß Du Dir nicht den Bauch hast aufschneiden lassen müssen. Während der ganzen Überfahrt auf dem Schiff hab ich an den armen alten Ezra gedacht, wie er da draußen in diesem gottverdammten am. Krankenhaus liegt [in Neuilly] und ihm sein Bauch von diesen einfältigen verfluchten Viehdoktoren aufgeschnitten wird, die mir damals bald aus Versehen meinen Adamsapfel rausgeschnitten hätten, statt einer Zyste.

Bin froh, daß Du's nicht hast machen lassen. Ich werde mir ein gutes medizinisches Buch besorgen, es gründlich studieren und Dir Deinen Blinddarm rausschneiden, wenn er wieder mal verrückt spielt.

Bitte, grüße Dorothy von Hadley und mir.

Diese Stadt taugt nichts ohne Euch alle.

Immer
Hem.

Ich habe etwa 7 Erzählungen zu schreiben. Weiß nicht, wann und wo ich schreiben soll. Die Stadt scheint, wenn man die einzelnen Gesichter durch Regen und Schnee hindurch erkennen kann, von einer riesigen Zahl von Arschlöchern voll zu sein. Ich bin aber ganz glücklich, esse Austern und trinke Landwein.

Der »Dial« hat seine 2000 Scheinchen an Wickham Brooks oder Van Wyck Steed oder so einen verliehen.[4] [Gilbert] Seldes hat – offenbar hat sein Schließmuskel seine attraktive Gespanntheit eingebüßt – den »Dial« verlassen. Eine ältliche Jungfer [Marianne Moore] hat seinen Platz eingenommen. Da besteht ohne Zweifel eine Ähnlichkeit, wie Montegezza bemerkt.[5]

Schreib. Der Goldene Wal hat in der »N. Y. Herald« eine

Anzeige erscheinen lassen, er wolle Buddhisten kennenlernen, Alter und Geschlecht egal. Nur Buddhisten. Sonst nichts.

LILLY.

1 Die Reise an Bord der »Antonia« dauerte vom 19. bis 29. Januar 1924.

2 Henry Strater bereitete Schmuckinitialen und Motive für *A Draft of XVI Cantos* (1925) vor.

3 Offenbar Harold Loeb, Alfred Kreymborg, Matthew Josephson, Malcolm Cowley und andere, Herausgeber und Mitherausgeber von »Broom«, das von Nov. 1921 bis Jan. 1924 erschien.

4 Der »Dial«-Preis von 2000 Dollar ging an Van Wyck Brooks.

5 EHs lange bestehendes Vorurteil gegen Gilbert Seldes (1893–1970) entstammte offenbar seinem Glauben, daß Seldes eine seiner Kurzgeschichten, die er dem »Dial« angeboten hatte, abgelehnt hätte. Es soll sich um »eine sehr kurze Geschichte«, Nummer X der Pariser Edition von *In unserer Zeit*, gehandelt haben. Laut Seldes geht die Ablehnung, wenn überhaupt, auf das Konto von Scofield Thayer (Seldes in einem Brief an Carlos Baker).

An Gertrude Stein

Paris, 17. Februar 1924

Liebe Miss Stein:

Ford versichert, die Sachen gefielen ihm, und er werde sich an Sie wenden.[1] Ich habe ihm erzählt, Sie hätten $4^{1}/_{2}$ Jahre gebraucht, das zu schreiben, und es gäbe 6 Bände.

Er wird den 1. Teil in der April-Nr. bringen, die Anfang März in Druck gehen wird. Er fragte sich, ob Sie 30 Francs pro Seite (seiner Zeitschrift) akzeptieren würden, und ich sagte, ich dächte, ich könnte Sie dazu bewegen. (Seien Sie kühl, aber nicht zu kühl.) Ich habe klargestellt, daß das ein ziemlicher Knüller für seine Zeitung ist, an den er nur durch meinen vermittelnden Genius gelangt sei. Er glaubt, daß Sie dicke Honorare bekämen, wenn Sie einer Veröffentlichung zustimmen. Ich habe ihm diesen Glauben nicht eingeredet, aber auch nicht ausgeredet. Schließlich ist es ja Quinns[2] Geld, und die Sachen sind all ihre 35000 Francs wert.

Behandeln Sie ihn von oben herab, lässig und elegant. Ich habe ihm gesagt, sie könnten soviel aus den sechs Bänden veröffentlichen, wie sie wollten, und daß es immer besser würde, je weiter es fortschreite.

Es ist tatsächlich ein Knüller für sie, wissen Sie. In derselben Nummer werden sie auch Joyce bringen. Wer weiß, die »Review« könnte ein Erfolg werden. Freilich werden sie nie in der Lage sein, 9000mal 30 Francs zu zahlen.

Ihr Freund

YUL   Hemingway

1 EH hatte geholfen, eine teilweise Veröffentlichung in Fortsetzungen von Gertrude Steins *The Making of Americans* in Fords »Transatlantic Review« zu arrangieren.

2 John Quinn (1870–1924), Rechtsanwalt, Kunstsammler und Mäzen, hatte Fords Zeitschrift finanziert. Er starb 1924 in New York.

Dieser und alle folgenden Briefe an Gertrude Stein werden mit freundlicher Genehmigung der Beinecke Library, Yale University, abgedruckt.

An Ezra Pound

Paris, 17. März 1924

Lieber Duce:

Du stimmst zweifellos mit mir überein, daß ich ein Mistkerl bin, weil ich nicht früher geschrieben habe. Wir haben das Leben mit einem Baby geprobt usw. Hadley ziemlich lange krank im Bett, ich ein paar Tage, das Baby schreit usw. Habe versucht zu schreiben, es aber nicht geschafft. Habe ein paar Erzählungen in Cafés geschrieben und hier und da. Du hattest recht mit Deinem Kinderhort-Lesezimmer. Es braucht mehr Platz, als wir uns je leisten können. Ich habe versucht, es mir so auszumalen, wir könnten im Atelier wohnen, wenn Ihr alle weg seid. Fürchte aber, wenn Hem der Jüngere erst einmal das Alter mobiler Unbesonnenheit erreicht hat, dürfte es ein schwieriges Leben werden. Verzichte eben jetzt mit diesen Worten auf

81

das, was wir lieber als alles andere tun wollten. Es war so verflucht freundlich von Dir, uns das hier zu überlassen, und es
war wirklich ganz genau das, was wir immer gesucht haben, so
daß ich jetzt das Gefühl habe, es sei ein Verbrechen, es aufzugeben. Aber ich weiß, der Bengel dürfte uns das Leben zur
Hölle machen, wenn er erst einmal gehen kann, und das wird
nächstes Jahr um diese Zeit oder früher der Fall sein.

Hadley hat hier jetzt die Lage im Griff, und es läuft ganz
gut. Habe nicht übel geschrieben. Ford bringt in der »Transatlantic Review« für April eine Erzählung. Mehrere andere kann
er nicht veröffentlichen.

Es heißt, Bunting[1] säße in Genua im Gefängnis. Ich werde
jedem in Italien, den Du mir nennst, schreiben, wenn das
irgendwas nützen kann.

Wir hatten eine Woche lang gutes Wetter. Die O'Neils sind
vorige Nacht zurückgekommen. Habe sie nicht gesehen und
schere mich auch einen Dreck um sie.

Henry [Strater] ist nach Amerika abgereist. Vater, vergib
ihnen, denn sie wissen nicht, was sie tun.

Seine Initialen und Kopf- und Fußleisten zu Deinem Buch
sind verdammt gut.

Chink [Dorman-Smith] war eine Woche hier. Wir haben mit
seiner Hilfe am Sonntag das Baby getauft.[2] Über den brauche
ich mir weiter keine Sorgen mehr zu machen.

McAlmon ist in Toulon. Hat 8 oder zehn Romane usw. geschrieben. Dankt mir für Deine Nachricht. Hadley schläft
nicht, oder sie sagt, sie schläft nicht. Der Effekt ist derselbe.

Ford sucht immer noch wie mit der Lupe nach einer Wohnung. Der kleine Georgio [Joyce] lehnt alle Wohnungen ab,
die für [James] Joyce gefunden werden, da ihm, Georgio, das
Leben im Hotel gefällt.

Er singt im Episkopalchor der St.-Lukas-Kapelle.

Ich werde für sämtliche Mieten, Kosten oder sonstige Folgen
unserer Asquithschen Politik in Deinem Atelier aufkommen.

[J.P.] Morgan hat den Spekulanten das Handwerk gelegt.
Dollar auf 20,15.

Ich habe unserer femme de ménage [Marie Rohrbach] erzählt, M. Morgan, ein amerikanischer Bankier, hätte Frank-

reich hundert Millionen Dollar geschenkt, um den Franc zu stützen. Sie schien nicht sonderlich überrascht, sondern sagte nur: »C'est très gentil cette M. Morgan.«

[George] Antheil[3] geht angeblich mit Barbara und George O'Neil[4] nach Tunis. Da diese Meldung jeden Montag verkündet wird, brauchst Du sie nicht ernst zu nehmen.

Joyce erscheint in der »Transatlantic« vom April. Sein Manuskript hatte anfangs 7 (Druck-)Seiten, kam aber durch Zusätze in den Fahnen in mikroskopischer Handschrift am Ende auf etwa 9 Seiten.

Bill [Bird] bringt mein Buch *[In unserer Zeit]* heraus; es wurde vor 3 Wochen von der Binderei zugesagt – seitdem sind verschiedene Termine festgelegt worden. Nachdem ich diversen festen Terminen des Buchbinders entgegengesehen habe, ist mir der feine Schauer, den Benj. Franklin genossen hat, als er mit einer Rolle unter jedem Arm Philadelphia betrat, verlorengegangen. Scheiß auf Literatur.

Ich schreibe an ein paar ziemlich guten Erzählungen. Ich wollte, Du wärst hier, um mir das zu bestätigen, dann würde ich es glauben, bzw. was sonst mit ihnen los ist. Du bist der einzige Bursche, der vom Schreiben überhaupt eine Ahnung hat. Ford kann Sachen erklären, wie: So soll man sich überarbeiten oder So soll man es überarbeiten, aber im Privatleben ist er so ungeheuer damit beschäftigt, der Abschaum eines englischen Landedelmanns zu sein, daß man nichts Gutes aus ihm herausbekommt.

Er hat sich nie auf literarische Art von dem mirricale, oder wie man das schreibt, vielleicht mirricle, erholt, daß er ein Soldat gewesen ist. Nieder mit den Gentlemännern. Machen sich in der Literatur zum Affen.

De Maupassant, Balzac, der *Chartreuse-de-Parme*-Kerl [Stendhal], die waren doch alle mal im Krieg, nicht wahr? Auf jeden Fall haben sie daraus gelernt und haben nicht unter seinem gesellschaftlichen Druck einfach weitergemacht.

Allmählich werde ich verleugnen, daß ich im Krieg war, aus Angst, ich würde am Ende noch so damit umgehen wie Ford.

Oh, zum Teufel, ich wollte, Du wärest hier. U n d D o r o - t h y .

Hadley läßt grüßen, ich auch.

D'Annunzio[5] Principe di Monte Nervosa [Nevoso]. Na ja, er hat's verdient. Kommt verflucht spät. Vermutlich zu spät für ihn, um sich noch richtig drüber freuen zu können.

Chink hat es bedauert, daß er Dich verpaßt hat.

Immer,
Hem.

Nachdem ich auf Italien und alles dort verzichtet habe, habe ich ziemliches Heimweh danach bekommen. Ich wette, es ist jetzt prima da.

LILLY

1 Basil Bunting, Dichter; hatte für Fords »Transatlantic Review« gearbeitet.

2 Bumby wurde am 10. März in der St.-Lukas-Episkopalkapelle getauft, mit Dorman-Smith und Gertrude Stein als Paten.

3 George Antheil (1900–1959), unter anderem Komponist des *Ballet mécanique*. Pounds *Antheil and the Treatise on Harmony* wurde von der Three Mountain Press herausgebracht (Paris 1924).

4 Frau und Sohn von David O'Neil.

5 Gabriele D'Annunzio (1863–1938), dessen Roman *Il Fuoco* EH während seines Aufenthalts bei den Connables in Toronto 1920 gelesen hatte, hatte am Monte Nevoso (heute Mali Snežnik) in den Dinarischen Alpen 1917–1918 gekämpft.

AN EZRA POUND

Paris, ca. 2. Mai 1924

Lieber Ezrah:
Deinen erhalten.
Betr. Lob: danke!

Freut mich, daß Du am Unglück von Zeitgenossen Anteil nehmen kannst. Da gibt's 'ne Menge.

E. E. Cummings hat Scofield Schurkbold Thayers erste Frau [Elaine] geheiratet. Das erklärt vielleicht die Verleihung des »Dial«-Preises an Van Wyck Brooks. Abe Linc Steffens ist nach

Italien gefahren, mit einer unangenehmen 22jährigen Blooms-
bury-Jüdin, die ihn behandelt wie Gauguin van Gogh.

George Washington Seldes, der Mann, der herausgefunden
hat, daß Burlesk-Revuen lustig sind, will heiraten und ist auf
dem Weg nach Yarrup [Europa]. Wollen wir hoffen, daß die
Ehe vollzogen wird.

Ford war kürzlich in England. Mrs. Ford, d. h. Stella, vertraute Hadley an einem Abend zweimal an: »Wissen Sie, ich
habe Ford zu spät erwischt, um ihn zu erziehen.« Keine Ahnung, ob das bedeuten soll, ihn stubenrein zu machen oder
was. Als wir auswärts aßen, fing sie fast ohne jeden Anlaß an,
die Geschichte von ihrer 50stündigen Niederkunft zu erzählen, bei der Julie herausgekommen ist. Eines Tages werde ich
sie mit der Geschichte von damals unterbrechen, als ich in
Kansas City bei Ed Mayer wohnte und das Klo nach 5stündiger
Bemühung – nach 9 Tagen ohne jede peristaltische Tätigkeit –
mit einem Haufen dermaßen verstopfte, daß man den Klemp-
ner holen mußte. Wenn wir uns dann einer genaueren Beschreibung dieser homerischen physischen Heldentat zuwen-
den wollen – mir soll's recht sein.

Sally [Bird] rekonvalesziert in St-Germain-en-Lait [Laye].

Ich war in der Provence und fand, daß sie kein Ort für
Schriftsteller sei. Aber, zum Teufel, ich wünschte, ich könnte
malen. Herr im Himmel, was für Zypressen. Da unten machen
sie mit den Zypressen das, was man in Italien nur manchmal tut.
Habe eine Wallfahrt zu van Goghs Freudenhaus in Arles und
anderen Heiligtümern unternommen. Sechs-Tage-Reise für 250
Francs einschließlich Fahrgeld für den Zug und einen Platz bei
der Corrida in Nimes, was nicht schlecht ist in diesen modernen
Zeiten. Nimes, Arles, Avignon, Le Baux, St. Rémy und zurück.

Galantière hat einen langen Achtickel im »American Mercury«.

John McClure, der Doppelzüngige, will mit einigen ziemlich
guten Zitaten aus Deinen Werken beweisen, was Dichtung ist.

Galantière will in der Sonntagsbeilage der »Chi Tribune«
nachweisen, daß der Mantel von Abe Lincoln, Wm. Dean Howells, Hamlin Garland, Sherwood Anderson und Dir auf meine
Schultern fällt. Der Artikel nimmt einigen Platz in Anspruch.

Ohne zu wissen, daß er an dieser Schmonzette arbeitete, weise ich in derselben Woche in einem Spottgedicht für Ford nach, daß Galantière ein kleiner Judenjunge ist und ein Narr.

Alle paar Tage kommt Madam F＿＿＿ [Ford] in ihrer australischen Höchstform rüber und niest und hustet auf unser Baby, während sie mit hoher Stimme über ihre Sorgen, all ihre Sorgen jammert. Er erholt sich aber von diesen Attacken, und es geht ihm gut. Unsere alte femme de ménage [Marie Rohrbach] lernt gerade, mit ihm umzugehen; und so wird sie sich um ihn kümmern können, wenn wir nach Spanien gehen. Fahren 26. Juni, zurück am 16. Juli.

Ich glaube, ich schreibe besser. Habe 10 Erzählungen fertig.

Hadley und ich haben eine gute Zeit. David Sohn Joshuas Sohn Isaaks Sohn Abrahams O'Neil ist in der Stadt und bejüdelt jeden mit großen Versprechungen.

Margaret Anderson ist mit Georgette Mangeuse le Blanc in der Stadt.

Die Dukaten, um die Russen tanzen zu sehen, sind zu spät eingetroffen. Kam gerade aus Nimes zurück.

W. C. Williams vergleicht McAlmon auf den Seiten der »Transatlantic Review« mit W. H. Hudson.

Nun habe ich wohl genug Klatsch berichtet. Es gibt noch mehr, an den ich mich aber nicht erinnere. Ich habe Dir aus Nimes einen Brief geschrieben. Hast Du ihn erhalten?

Ich habe Ford in Verdacht, daß er unter verschiedenen Pseudonymen in der »Transatlantic Review« ein Loblied auf seine eigene Arbeit singt.

Hoffe, Dein Bauch bleibt in Ordnung.

Ford sollte man etwas aufmuntern, aber, Herrgott, es ist, als ob einer, auf der Suche nach einem, der gutes Geld bringt, Jim Jeffries heute als möglichen Schwergewichtsboxer ausgraben würde.

Ford kann man nur noch umbringen. In der Tat, Mrs. Ford kann man nur noch kreuzigen.

Ich mag Ford. Das ist nicht persönlich gemeint. Sondern literarisch.

Weißt Du, Ford betreibt diesen ganzen Scheiß als Kompromiß. Mit anderen Worten, was auch immer Ford annimmt und veröffentlicht, kann von »Century Harpers« usw. genommen und veröffentlicht werden, außer [Tristan] Tzara und so'n Scheiß auf französisch. Das ist der Mist dabei. Also wirklich, er hat keine Anzeigenkunden, die er vergrätzen könnte, oder irgendwelche Abonnenten, die ihm kündigen können – warum setzt er sich nicht für das Abseitigste ein?

Zitiere mich nicht so. Ich habe ihm innerhalb 1 Stunde einen ganz lustigen N. Y.-Paris-Brief geschrieben. Er schreibt ihn um, revidiert ihn, kürzt ihn, nimmt ihm jeden Sinn usw. Was zum Teufel.

Von den einzigen Erzählungen, von denen ich weiß, daß das Christkind-Magazin sie nicht veröffentlichen wird, weiß ich auch verdammt genau, daß Ford sie auch nicht will. Also wo zum Teufel werden wir das los.

Als ich ihn fragte, ob die Aktien gedruckt wären, damit ich Mrs. Mussolini Cox McCormack aufsuchen könnte, sagte er, du liebe Zeit, ich werd mir doch nicht von irgendwem meinen Kredit ruinieren lassen. (Anscheinend ist O'Neil, David, dieser Mistkerl, dabei, ein Syndikat von dicken Geschäftsmännern zusammenzutrommeln, um das Magazin in Gang zu halten.) Das wird er, beim Teufel. Laß nichts davon bei Ford anklingen, weil ich sonst bloß mit ihm Krach bekommen würde und nichts Gutes mehr ausrichten könnte. Wir stehen jetzt auf freundschaftlichstem Fuß, und ich werde weiterhin für ihn tun, was ich kann. Krach will ich nicht.

Grüße Dorothy von mir. Wann kommt Ihr alle wieder?

Immer

LILLY

Hem

An Gertrude Stein

Paris, ca. 15. Mai 1924

Liebe Miss Stein:

Wahrscheinlich haben Sie Stearns mit den schlechten Nachrichten schon getroffen. Ich sah ihn, und er sagte, Liveright hätte gekabelt, er würde das Buch ablehnen.[1]

Das tut mir schrecklich leid. Es ist eine wahre Schande, wo man sich doch Hoffnungen machte. Ich habe das zutiefst bedauert. Aber es gibt noch andere Verleger, und früher oder später wird es schon klappen. Das Dumme dabei ist, daß man alles durch die Post oder mit Telegrammen erledigen muß. Für so etwas geben Amerikaner ihr Geld nicht aus. Wenn Liveright hier gewesen wäre, hätte er einen Scheck ausgestellt; aber wenn sie erst darüber nachdenken, geben sie nie etwas aus. Es ist zu einfach, es nicht zu tun.

Mich widert das an, aber Sie brauchen sich nicht schlecht zu fühlen, denn Sie haben es geschrieben, und das ist alles, was zählt. Es ist unsere Sache, d.h. Alice Toklas', meine, Hadleys, John Hadley Nicanors und anderer guter Menschen, dafür zu sorgen, daß es veröffentlicht wird. Früher oder später wird alles so laufen, wie Sie es wollen. Das ist keine Christian Science.

Beste Grüße,

Hemingway

YUL

1 Harold Stearns war der Pariser Agent von Horace Liveright. Eine gekürzte Ausgabe von *The Making of Americans* wurde 1934 von Harcourt Brace verlegt.

AN EZRA POUND

Burguete, Spanien, 19. Juli 1924

Lieber Ezra:

Hier, 900 Meter über dem nivel del mar [Meeresspiegel], auf der spanischen Seite der Pyrenäen, ist ein günstiger Ort, den Verfall meiner Finanzen und meiner literarischen Karriere zu beobachten. Scheiße. Bin an 5 verschiedenen Vormittagen in die Stierkampfarena gestiegen – war 3 mal cogida – schaffte 4 vorschriftsmäßige veronicas und beim letztenmal eine normale mit der muleta, bekam Quetschungen und Abschürfungen auf der pecho [Brust] und anderswo, war zweimal betrunken, sah Bill [Bird] zweimal betrunken, bekam von Algabeno einen Job als Picador angeboten, nachdem ich 6 Minuten lang einen Stier bei den Hörnern gepackt und ihm schließlich die Nase in den

88

Sand gedrückt hatte, sah Don[ald Odgen] Stewart zweimal cogida, sah am letzten Tag, wie ein Mann getötet wurde; sah
Chink [Dorman-Smith], Mac [McAlmon], den jungen Geo.
O'Neil und Dos Passos über die spanische Seite der Pyrenäen
nach Andorra aufbrechen – 400 Kilometer, mit nichts als einer
Straßenkarte, aber ohne Straßen, ohne Kompaß und mit verdammt wenig Geld (das meiste davon von mir). Gott weiß, was
aus ihnen wird. Jetzt haben wir nicht genügend Pesetas, um
unsere Hotelrechnung zu bezahlen, und wissen nicht, wie wir
von hier wegkommen sollen. Wahrscheinlich hast Du Bill inzwischen gesehen. Er ist vor dem letzten und besten Stierkampf abgereist. Sally haben sie nicht gefallen. Ich glaube aber,
sie haben sich gut amüsiert. Ich habe Ford aus Pamplona zwei
Briefe geschrieben und keine Antwort bekommen. Ich nehme
an, er ist sauer auf mich, meine Güte, obwohl ich versucht
habe, seine Zeitschrift so zu führen, wie er es auch getan haben würde, außer daß ich J. J. Adams und solche Poeten nicht
gedruckt habe und ganz schön betrogen worden bin.[1] Ich habe
es immer wieder versucht und kam mit der Sache, die schon zu
²/₃ fertig und glatt gelaufen war, nicht weiter, als er mir sagte,
ich sollte die Zeitschrift herausgeben. Nachdem ich finanziell
und literarisch von meinen Freunden übers Ohr gehauen worden bin, genieße ich das starke und unintellektuelle Vergnügen sofortiger Triumphe in der Stierkampfarena, den Lohn
durch Ovationen, Alkoholismus, daß man auf der Straße auf
mich zeigt, die allgemeine Achtung und andere Dinge, auf die
Literaturkäuze warten müssen, bis sie 89 Jahre alt sind.

Die Plaza ist der einzige noch verbliebene Ort, an dem sich
Mut und Können zu Erfolg verbinden. In allen anderen Kün-
sten ist es so: je schäbiger und dreckiger der Bursche, d. h.
Joyce, desto mehr Erfolg hat er in seiner Kunst. Es gibt absolut
keinen Vergleich zwischen der Kunst eines Joyce und eines
Maëra – ein meilenweiter Unterschied –, sieh Dir die Typen
doch an. Der eine züchtet Georgios, der andere wird getötet oder
züchtet Stiere. Und wenn mal ein Kerl ordentliche menschliche Instinkte besitzt, wie Du, was machen sie mit dem? Beim
Teufel, ich wollte, ich wäre 16 und besäße Mut und Können.

Burton Rascoe sagte, *In unserer Zeit* zeige die Einflüsse von –

wem, zum Teufel, denkst Du? – Ring Lardner und Sherwood Anderson!

Da haben wir's. Nun ja. Wie ist das Konzert gelaufen? Ich habe für Dich zu St. Fermin gebetet. Nicht, daß Du das brauchtest, aber ich war in der Messe und hatte nichts zu tun, da habe ich eben für mein Kind, für Hadley, für mich und für Dein Konzert gebetet.

Ich werde das Schreiben aufgeben müssen, denn wir haben kein Geld mehr. Die »Transatlantic« hat meine Chancen zunichte gemacht, in diesem Herbst ein Buch zu veröffentlichen, und im nächsten Frühjahr wird irgendein Mistkerl alles, was ich geschrieben habe, kopiert haben, und mich werden sie schlicht einen weiteren seiner Nachahmer nennen. Jetzt, wo wir kein bißchen Geld mehr haben, werde ich das Schreiben aufgeben müssen, und nie wird ein Buch von mir veröffentlicht werden. Ich freue mich wie der Teufel. Diese verdammten Schweinehunde.

Wir sehen uns um den 27. dieses Monats.

Grüße an Dorothy.

Hem

Von Steffens Vermählung mit einer 19jährigen jüdischen Bloomsbury-Intellektuellen hast Du sicher gehört. Das letzte Kapitel im Buch der Revolution.

LILLY

1 Kurz vor seiner Abreise nach Spanien hatte EH die Juli- und August-Nummern der »Transatlantic Review« herausgegeben, während Ford in den USA zu tun hatte.

AN GERTRUDE STEIN UND ALICE B. TOKLAS

Paris, 9. August 1924

Liebe Freundinnen:

Was es Neues gibt: die »Transatlantic« macht weiter. Ich habe einen Freund[1] in der Stadt, der (bzw. den) ich rumgekriegt habe, Ford für sechs Monate 200 Dollar im Monat zu gewähren; der erste Scheck ist bereits ausgestellt, die anderen folgen jeweils am Ersten eines Monats, mit der Möglichkeit, Ford nach Ablauf von 6 Mon. auszukaufen, aber als Herausgeber zu behalten, oder die 200 monatlich für weitere sechs Monate zu zahlen.

Das war natürlich nicht gut genug für Ford, der bisher die Nächte lang Rohrpostbriefe schrieb und Hunderte von Francs für Taxis ausgab, um 500 Francs aus Natalie Barney[2] herauszulocken und solche Sachen. Als der Größenwahn erst einmal entflammt war, bestand Ford auf zusätzlichen 25 000 Francs in bar, und dann, als der Größenwahn noch zunahm, tat er kund, er wolle bis Oktober überhaupt kein Geld, falls Krebs [Friend], dieser Bursche, ihm dann 15 000 Francs garantieren könne! Das sind Gedankengänge, denen ich wenig Sympathie entgegenbringe und nicht mehr zu folgen vermag.

Ich habe Krebs nur deshalb dafür gewonnen, die Zeitschrift zu stützen, weil man eine gute Zeitschrift, die einen druckt und vom alten Ford, einem Veteranen des Weltkriegs, herausgegeben wird usw., nicht einfach kaputtgehen lassen darf. Nun meint Ford, er verkaufe Krebs ein exzellentes Geschäftsobjekt, und infolgedessen sei Krebs ein Geschäftsmann und der Feind aller Künstler, deren einziges lebendes Exemplar er – Ford – sei, und als Repräsentant der aussterbenden Rasse habe er ihn – Krebs, den natürlichen Feind – pflichtschuldigst am Boden zu zermalmen. Er wird sich bestimmt zwischen jetzt und Oktober auf dieser Basis mit Krebs herumschlagen, und dabei stand Krebs schon mit gezückter Feder und Scheckheft bereit. Ich hoffe, daß Bumbie später nicht größenwahnsinnig wird. Wie auch immer, die nächste Nummer ist in der Mache.

Als Ford mir am Tag Eurer Abreise mitteilte, daß die nächste Nummer zweifelhaft sei und er jedenfalls kein MS an den Drucker schicken würde, entschloß ich mich, an Ihrem MS festzuhalten, zumal er damit drohte, eine Vierteljahreszeitschrift herauszubringen, was reichlich phantastisch klang, da er eben noch beschlossen hatte, den Tod [John] Quinns als Rechtfertigung für die Einstellung der Zeitschrift zu nutzen.

Jane Heap versuchte gerade, die Sache mit »Criterion« festzumachen, der Zeitschrift von Major Elliott[3] [T. S. Eliot] und

Lady Rothermere, und ich wollte das MS nicht von Ford abziehen und dann wieder zurückgeben müssen und alles in den Sand setzen, falls er doch noch eine Vierteljahreszeitschrift zustande brächte und »Criterion« keinen Erfolg hätte. Jane wäre womöglich in der Lage gewesen, es so zu deichseln, aber der Major zählt nicht zu Ihren Bewunderern, und ich glaube nicht, daß Rothermere ihn dazu bewegen könnte, es zu drucken, wenn er nicht wollte. Ich halte Janes Einfluß für nicht groß genug, als daß sie Rothermere dazu veranlassen könnte, wegen dieser Frage einen Streit vom Zaun zu brechen.

Jedenfalls wird es jetzt ein regelmäßiges und kontinuierliches Erscheinen geben, und das ist immerhin besser, als in den schweren, unbeschnittenen Seiten von Eliots Vierteljahreszeitschrift einbalsamiert zu sein.

Hier ist alles ruhig. Man Ray sagt, unser Film über Pamplona sei einer der besten Filme, den er je gesehen habe. Es ist wunderbares Material. Ich kann es kaum abwarten, daß Sie alle es sehen. Wir haben voll hingelangt. Jetzt habe ich jeden Abend einen Stierkampf.

Chink [Dorman-Smith] und Co haben die 460 Kilometer nach Andorra in genau 14 Tagen geschafft. Sie kamen hier mit Eidelweiss und Bettwanzen beladen an.

Ich habe gut gearbeitet. Bumbie bekommt immer mehr Zähne. Um genau zu sein, ungefähr 30. Gezeigt hat sich noch keiner. Hadley befindet sich wohl und glücklich und läßt Sie beide, wie auch ich, grüßen.

Immer

Ernest Hemingway

Das ist eine schöne Geschichte mit Krebs und seinem Geld: er hat buchstäblich Millionen geheiratet. Er hat mir die 15 Dollar, die ich ihm 1920 [in Chicago] geliehen hatte, zurückgezahlt – der Zaster für Ford sind wohl die Zinsen dafür. Ford behauptet, er habe Juan Gris einen Scheck geschickt. Ich will da raus.

Dernière heure.

[Lincoln] Steffens ist mit seinem alten Mädchen in der Stadt. Seine Frau ist schwanger in Deutschland. Er hat die alte rübergebracht, um ihr die neue zu zeigen. Es ist genau wie im Af-

fenhaus im Zoo. Falls es ein Junge ist, möchte er ein Mädchen
haben. All seine Freunde scharen sich um ihn. Ich nicht.

[auf dem rechten Rand der Seite 4:] Herzlichen Dank für die
100 Francs.

YUL

1 Krebs Friend, ein Bekannter von EH aus den Chicagoer Tagen,
hatte eine Erbin geheiratet, die das Geld aufbrachte, das die »Transatlantic Review« zeitweise vor dem Bankrott bewahrte.
2 Miss Barney war eine reiche amerikanische Mäzenatin und gehörte
zu den Teilhabern der »Transatlantic«.
3 Jane Heap, Mitherausgeberin der »Little Review«; T. S. Eliot, dessen Name von EH durchweg falsch geschrieben wird, hatte im Oktober 1922 mit »Criterion« begonnen.

An Gertrude Stein und Alice B. Toklas

Paris, 14. September 1924

Liebe Freundinnen:

Hadley wird Ihnen über die Äpfel schreiben. Sie kamen gestern abend an und sind wunderbar. Die besten Äpfel, die ich
je gegessen habe – in den Staaten oder sonstwo. Sie trafen ein,
als wir beim Abendessen waren und mit Jane Heap von Ihnen
sprachen. Sie verpacken sie ausgezeichnet.

Ich habe sowohl mit [Ford Madox] Ford als auch mit Krebs
[Friend] wegen Ihrer Schecks gesprochen und erhielt nichts als
Versprechungen. Falls sie innerhalb von fünf Tagen nicht eintreffen, schreiben Sie bitte in entschiedenem und überrasch-
tem Ton an Ford. Es ist wichtig, sie zu haben, bevor sie sich zu
soviel Geld aufstapeln, daß solche gerissenen knickrigen Kerle
sie nicht aus der Hand geben wollen.

Ford weigerte sich natürlich, von Krebs eine bestimmte
Summe anzunehmen, und wollte nichts akzeptieren, außer daß
Krebs die Schulden übernimmt und es als ein Geschäft be-
treibt, das heißt als ein einträgliches Geschäft; er überschüttete

93

ihn mit falschen Zahlen, um sein Ego zu trösten, und sich selbst machte er vor, es wäre ein einträgliches Geschäft.

Jetzt entdeckt Krebs alle möglichen Verbindlichkeiten, die Ford versäumt hat zu erwähnen, und diverse andere Unregelmäßigkeiten. Ford hätte mehr Geld haben können, als er von ihm bekommt, und hatte das alles nicht nötig, jetzt hat er eine Menge Probleme und jede Menge Neuengland-Geiz seitens Mrs. Krebs, die unbedingt die Geschäftsfrau spielen will, wo er doch die Chance hatte, als Mäzen die Kunst zu fördern.

Vor über drei Wochen haben die beiden versprochen, Ihnen Ihre Schecks für Juli und August zu schicken, und gerade gestern, das heißt vorgestern, habe ich erfahren, daß das nicht geschehen ist. Krebs sagte, sie zahlten nur etwas an die Mitarbeiter, »die es nötig haben«. Ich habe ihn deswegen angeschnauzt und ihm gesagt, was das beträfe, so hätten Sie es genauso nötig wie ich, und er versprach, den Scheck gestern abzuschicken. Aber sehen Sie ihnen auf die Finger, denn hier handelt es sich offenbar um das alte amerikanische Spiel, eine Schuld so lange anwachsen zu lassen, bis man jeden Versuch, sie einzutreiben, mit gerechter Entrüstung betrachten darf.

Der einzige Grund, die Zeitschrift am Leben zu erhalten, war, Ihre Sachen zu veröffentlichen, aber es ist viel Geld da, und sie müßten damit rüberkommen. Falls sie versuchen sollten, die Veröffentlichung einzustellen, werde ich einen derartigen Radau machen und sie so erpressen, daß die ganze Chose hochgeht. Schreiben Sie also in entschiedenem Ton.

Ich bringe jetzt den jungen Bus [Barklie M.] Henry, der Barbara Whitney geheiratet hat, in Form, so daß wir, falls Krebs etwas zustoßen sollte, Ford und die ganze Bande rausschmeißen und eine richtige Zeitschrift daraus machen können. Bus weiß noch nichts davon, sagen Sie also nichts.

Dos Passos ist weg. Keine Neuigkeiten. Wir haben endlich gutes Wetter. Ich habe die Nase voll von Ford und der größenwahnsinnigen Pfuscherei, wie er die Chance, die er mit der »Review« hatte, versaut hat, so daß es mir sehr schwer fällt, nicht auf den Tisch zu hauen, aber ich werde es nicht tun.

Wann kommen Sie alle wieder? Das Wetter ist hier jetzt

wirklich gut. Die ersten anständigen Tage, seit wir aus Spanien zurück sind.

O ja, die Fahnen für die Oktober-Nummer habe ich korrigiert. Hat wieder den normalen, doppelten Zeilenabstand und sieht sehr gut aus. Ich bin sie mit dem Manuskript daneben sehr sorgfältig durchgegangen. Hoffe, es ist in Ordnung.

Die September-Nummer war eine Schande, voller Druckfehler. Ford war total schlampig geworden.

Es ist eine gute Sache, daß Sie Teilhaberin sind, denn nach den französischen Gesetzen können Sie sie jederzeit auf fünfzig verschiedene Weisen ins Gefängnis bringen. Eine gute Sache, so was für einen Coup d'État in der Hand zu haben.

Hier war ein Bursche aus den Staaten, mit Bargeld, um ein paar [André] Massons zu kaufen; die Galerie Simones war geschlossen, und ich hatte Massons Adresse nicht. Er möchte, daß ich ihm ein paar raussuche, und er wird mir dann das Geld schicken. Sagt er jedenfalls.

Goddy [Bumby] geht es gut, er hat sechs sichtbare Zähne. Ich war nicht in der Lage, zu Juan Gris rauszufahren, weil wir pleite sind.

Haben Sie sich zum Defence Day gemeldet? Wir auch nicht.

Ich esse gerade einen der Äpfel und fühle mich viel besser. Goddy, Hadley und ich grüßen Sie beide.

Wenn die Fische so groß sind wie die Äpfel, werde ich an dem Tag, an dem die Frühlingssaison beginnt, dort unten sein.

Immer Ihr

YUL   Hemingway

AN GERTRUDE STEIN UND ALICE B. TOKLAS

Paris, 10. Oktober 1924

Liebe Freundinnen:

Wir werden bestimmt froh sein, Sie wieder hier zu haben. Ja, vermutlich wird Goddy[1] bald Interviews darüber geben, wie aufrichtig er doch ist, genau wie Vater. War das nicht herrlich? Klang es nicht, als ob ich Marcus O Realius geschrieben hätte? Ich nehme an, alle Proteste von mir, daß ich nichts dergleichen gesagt hätte, außer ganz beiläufig einmal, betrunken und dann verleumderischerweise, würden nicht akzeptiert werden.

Der nächste Schub von *Making of Americans* ist angekommen, und ich werde heute Korrektur lesen. Werde zum Büro gehen, da sie das Original-MS nicht mitgeschickt haben.

Da wir gerade von Aufrichtigkeit sprechen, haben Sie jemals einen Brief von Ford bekommen, der als persönlich und vertraulich gekennzeichnet war und infolgedessen mir nicht zur Kenntnis gelangen sollte, in dem er sagte, ich hätte ihm ursprünglich erzählt, daß *The Making of Americans* eine Kurzgeschichte sei und er es kontinuierlich als solche veröffentlicht hätte, um dann nach sechs Monaten von mir erfahren zu müssen, daß es keine Kurzgeschichte wäre, sondern ein Roman, ja in der Tat mehrere Romane?[2] Er schrieb noch etliche andere Lügen in diesem Brief, von dem er hoffte, ich würde ihn nicht zu Gesicht bekommen, und der Kern des Ganzen war, daß er Sie dazu bewegen wollte, ihm für das erste Buch des Romans einen Pauschalpreis zu machen, da für Fortsetzungsromane weniger bezahlt wird als für regelmäßige Beiträge wie sechs Monate lange Kurzgeschichten usw.

Ich weiß nicht, ob er ihn je abgeschickt hat – falls ja, könnten Sie ihm erzählen, Sie würden das alles nach Ihrer Rückkehr besprechen.

Ich habe ständig dafür gekämpft, daß es weiter veröffentlicht wird, seit Mrs. Friend auf die glänzende Idee kam, die Kosten der Zeitschrift durch den Versuch zu senken, alles, wofür bezahlt werden müßte, rauszuschmeißen. Sie ist wahrhaftig einmalig, aber wenn man sie erst einmal kennt, kann man mit ihr umgehen. Krebs' neueste Idee ist, daß ganz junge Schriftsteller ihre Sachen umsonst beitragen und ihre Loyalität der Zeitschrift gegenüber dadurch erweisen sollen, daß sie tagsüber Annoncen beschaffen. Dadurch, daß Ford die Zeitschrift an die Friends verkauft hat, anstatt Geld von ihnen zu nehmen und sie, wie ursprünglich vereinbart, draußenzuhalten, hat er alles kaputtgemacht, außer sich selbst natürlich. Und jetzt glauben die beiden Friends, Krebs müsse seinen Mumm beweisen, indem er aus der Zeitschrift einen finanziellen Erfolg macht, und Krebs' geschäftliche und finanzielle Fähigkeiten sowie alle Instinkte von Mrs. Krebs Friend und ihre Erziehung lassen darauf schließen, daß die einzige Möglichkeit, erfolgreich zu sein, für sie darin besteht, jegliche Ausgaben einzustellen. Ich glaube daher, daß die Zeitschrift am oder um den ersten Jan[3] zum Teufel geht, und für diesen Fall möchte ich, daß Sie Ihr Geld ordentlich und fristgemäß bekommen, und daß *The Making*, solange die »Review« lebt, regelmäßig erscheint.

Wenn Sie bedenken, daß die »Review« bereits tot war, daß keine weitere Nummer mehr erscheinen sollte und daß Ford im August Subskriptionen zurückgezahlt hat (dies hat Ford vergessen, und Krebs hat es nie gewußt), dann ist es doch schon etwas, daß sie jetzt noch bis zum Jahresende fortlebt. Es gibt da noch eine ganze Menge anderer Gesichtspunkte, über die wir sprechen können, wenn Sie alle wieder hier sind. Ford ist ein absoluter Lügner und Gauner, immer motiviert von der feinsten synthetischen englischen Vornehmheit.

Morgen ist Goddys [erster] Geburtstag.[4] Ich war in der Stadt und habe ihm einen Bären gekauft. Jane Heap fährt mit ihren zwei Kindern am Samstag ab in die Staaten. McAlmon ist hier, H. D. [Hilda Doolittle] und Macs Frau [Bryher] waren da und wollten Sie sehen. Ezra geht am Sonntag für immer nach Italien. Er hat sich einen kleinen Nervenzusammenbruch genehmigt, der ihn auf dem Höhepunkt der Packerei dazu nötigte, zwei Tage im am. Krankenhaus zu verbringen. Einige gute Nachwuchsschreiber sind in der Stadt aufgetaucht. Dos Passos ist in die Staaten gegangen. Don Stewart hat jetzt, oder sollte es inzwischen haben, mein Buch *[in our time]* in N. Y. Wir haben die üblichen finanziellen Sorgen durchgemacht; hatten seit Mai nicht die geringsten Einkünfte. Da ich ein Kapitalist bin, bete ich für die Wahl des Ehrenwerten Cal, nieder mit den Radikalen. Wir besitzen eine Manila-Eisenbahn-Obligation, und das Programm von [Calvin] Coolidge ist das einzige, das sich für ein Festhalten an den Philippinen ausspricht.

Also, ich höre lieber auf. Das Wetter ist hier jetzt schön. Ich habe schwer gearbeitet. Hadley und Goddy lassen Sie ebenfalls grüßen.

Immer Ihr
Hemingway

YUL

1 Bumbys Spitzname Goddy stammt von seiner Patin Gertrude Stein.

2 EH beschreibt den Inhalt des Briefes von Ford an Gertrude Stein vom 18. September 1924 so genau, daß er ihn mit Sicherheit gesehen haben muß, vermutlich im Büro der »Transatlantic Review«.

3 EH hat die Umstände und den Zeitpunkt des Ablebens der »Transatlantic« richtig vorausgesagt.

4 EHs Brief ist eindeutig auf den 10. Oktober datiert, der Bumbys Geburtstag war. Das Entstehungsdatum dieses Briefes dürfte daher der 9. Oktober sein.

An Edmund Wilson

Paris, 18. Oktober 1924

Lieber Wilson:

Ich danke Ihnen herzlich für die Rezension in der Oktober-Nummer des »Dial«[1]. Sie hat mir sehr gut gefallen. Sie haben völlig recht mit dem, was Sie über das Fehlen der Großbuchstaben sagen – mir ist es sehr albern und affektiert vorgekommen –, aber Bird hatte das aufgebracht, und er hat *in our time* selbst gedruckt, und das war der einzige Spaß, den er sich dabei machen konnte. Ich dachte, laß ihn machen und auf seine Weise ein verdammter Narr sein, wenn's ihm gefällt. Solange er nicht am Text herumpfuscht.

Es freut mich riesig, daß es Ihnen gefallen hat.

Wie geht's Ihnen denn so? und haben Sie eigentlich Chaplin für Ihr Ballett bekommen?

Wir haben sehr ruhig gelebt, schwer gearbeitet, abgesehen von einer Reise nach Spanien, Pamplona, wo wir eine schöne Zeit verbracht haben und ich eine Menge über den Stierkampf, über die Vorgänge in der Arena, gelernt habe. Wir hatten eine Menge kleinerer Abenteuer.

Ich habe die meiste Zeit geschuftet wie der Teufel und glaube, die Sachen werden besser. Habe das Buch mit 14 Erzählungen beendet, mit jeweils einem Kapitel von *in our time* zwischen den einzelnen Erzählungen – so war es ursprünglich auch gedacht –, um zwischen der Darstellung der Einzelheiten ein Bild des Ganzen zu vermitteln. Als ob man, sagen wir, mit bloßem Auge auf eine vorbeiziehende Küstenlinie blickt und sie dann durch ein 15X-Fernrohr betrachtet. Oder eher vielleicht, sie erst betrachtet – dann in ihr lebt und dann wieder betrachtet.

Ich habe vor etwa drei Wochen das Buch an Don Stewart in den Yale Club geschickt. Als er hier war, bot er mir an, er wolle versuchen, das Buch für mich zu verkaufen. Ich glaube, es würde Ihnen gefallen, es ist in sich ziemlich geschlossen. In einigen der Erzählungen, die ich seit *in our time* geschrieben habe, habe ich sowohl die Personen als auch die Handlung verständlicher dargestellt. Es gibt einem ein gutes Gefühl, wenn man das fertigbringt. Es sieht jetzt so aus, als ob ich es geschafft hätte.

Glauben Sie, daß Sie diesen Winter rüberkommen werden? Wir werden wahrscheinlich den ganzen Winter in Paris sein. Nicht genug Geld, um wegzufahren. Das Baby hält sich gut und tapfer. Hadley arbeitet am Klavier.

Sie läßt Sie und Mrs. Wilson herzlich grüßen.

Hoffe, bei Ihnen läuft alles gut, und Sie haben einen angenehmen Winter. Ich würde gern von Ihnen hören; ich war für die Besprechung sehr dankbar. Sie war kühl, von klarem Verstand, anständig, unparteiisch und einfühlsam. Gott, wie ich dieses schreckliche parteiische Zeug hasse. Erinnern Sie sich noch an mein Schreiben aus Toronto, in dem ich um Besprechungen und Reklame bat? und das bekam ich dann auch, und es machte mich krank.

Ich glaube, es gibt nichts Entmutigenderes als geistlose Anerkennung. Nicht richtig entmutigend, aber es wirft einen innerlich zurück. Irgendein helles Bürschchen hat gesagt, *in our time* [Pariser Ausgabe] wäre eine Reihe rasch hingeworfener Skizzen, die eine ganze Menge Talent zeigten, aber offensichtlich unter dem Einfluß Ring Lardners stünden. Jah! So ein

Zeug ist fein. Es stört nicht. Aber diese wortreichen sentimentalen Schweine. Sie sind der einzige Kritiker, der oder den ich lesen kann, wenn ich das rezensierte Buch gelesen habe oder etwas darüber weiß. Die anderen kann ich fast alle lesen, wenn sie über Sachen schreiben, von denen ich keine Ahnung habe. Intelligenz ist so verdammt selten, und die Leute, die sie besitzen, machen damit häufig so schlechte Zeiten durch, daß sie verbittert werden oder propagandistisch, und dann nützt sie nicht viel.

Mit den besten Wünschen für Sie und Ihre Frau,

Hochachtungsvoll,
Ernest Hemingway

Ist dieses *What Price Glory?*[2] wirklich ein gutes Stück? Ich meine nicht ein gutes S t ü c k – es hört sich gut an hier drüben.
YUL

1 Wilsons Rezension von *Three Stories and Ten Poems* und *in our time* war im »Dial« 77 (Oktober 1924) erschienen.
2 *What Price Glory?*, ein Kriegsdrama von Maxwell Anderson und Lawrence Stallings (1924).

1925

Schruns, 20. Januar 1925

Liebe Freundinnen:

Goddy hat gestern anscheinend ein Paar Weisheitszähne bekommen, oder eher, sie haben Goddy bekommen. Weisheitszähne ist vielleicht übertrieben. Nennen wir sie große Backen-
zähne.

Uns geht es allen gut, und Goddy kann gehen, beim Gehen
wenden, montafonerisch sprechen, sitzt prächtig auf dem Topf,
macht nicht mehr ins Bett, ist ganz heiter, hat ein schönes Kindermädchen namens Mathilda, fährt auf einem Schlitten aus,
ißt Kohl, schreit nach Bier und wird sehr mitteleuropäisch.

Haben Sie den »Querschnitt« von Jan. gesehen, mit der ausgezeichneten Abhandlung von Juan Gris und von vielen Gris-
Reproduktionen? Ich habe ihn mir heute schicken lassen. Er
sieht solider aus, aber immer noch lebendig. Wunderbar ausgestattet. Was haben Sie von [Hans von] Wedderkop gehört?

Ernest Walsh hat mir geschrieben und den beiliegenden
Prospekt geschickt – er teilt mit, er U n d Miss Moorhead hätten beschlossen, eine Vierteljahreszeitschrift zu gründen usw.,
und ich habe ihm geschrieben, er solle Ihnen schreiben. Walsh
in der Rolle eines Beistands für Künstler zeigt, wie wenig man
damit rechnen darf, daß die Dinge statisch bleiben.

Wie ist es in Paris, gibt's irgendwelche Neuigkeiten? Don
Stewart hat mir Dorans Brief geschickt, er sagt, sie hätten das
Buch *[In unserer Zeit]* so lange behalten, weil jeder im Büro es
4mal gelesen habe usw. Und Mr. Doran wollte die Öffentlichkeit nicht (gleich am Anfang) mit einer Reihe Kurzgeschichten
erschüttern, obwohl er das mit einem Roman gern tun würde,

und wenn ich einen Roman schriebe, könnten sie dieses Buch als zweites veröffentlichen usw. Was alles zeigt, daß die Verlegerei ein Geschäft ist und Bücher mit Kurzgeschichten als unverkäuflich angesehen werden. Don hat es danach bei Knopf und dann bei Liveright versucht. Er schien guter Dinge und kommt im März oder April rüber.

Wir haben einen 3tägigen Skiausflug über die Berge am Arlberg gemacht und sind gestern zurückgekommen. Bumby hat, während wir weg waren, noch mehr Zähne produziert. Mathilda ist ein ausgezeichnetes Kindermädchen, sie steht gern um 5 Uhr morgens auf. Sie und Goddy haben in vielem den gleichen Geschmack.

Auf Skiern holt Dossie Johnston[1] an Ausdauer auf, was ihr an Koordination fehlt. Aber sie fällt mehr hin, als wenn es umgekehrt wäre.

Wie üblich auf dem Land, mache ich, was das Schreiben angeht, eine schreckliche Zeit durch. Wenn Sie auf irgend etwas Gutes zum Lesen stoßen und es mir schicken wollen, wäre das sehr willkommen. Das »Vorarlberger Tageblatt« beflügelt mich nicht gerade.

Belmonte macht wieder Stierkämpfe in Peru. Gallo ist angeblich in Caracas, Venezuela, wegen Schulden im Gefängnis. Das kommt direkt aus Spanien. Harold Stearns soll sich in Houston, Texas, in ziemlich derselben Lage befinden.

Ich habe mir einen schmucken Jo Davidson[2]-Bart wachsen lassen, um damit meine Stürze abzufangen. Goddy ist in seinem wollenen Anzug der König von Schruns. Wir verbringen eine schöne Zeit und sparen Geld. Hadley läßt, wie auch Goddy und ich, grüßen.

Immer Ihr

Hemingway

YUL

1 Miss Johnston war mit zwei Freundinnen seit Dezember 1924 in Schruns. Sie war die Tochter des Direktors der Amerikanischen Bibliothek in Paris.

2 Amerikanischer Bildhauer.

An Dr. C. E. Hemingway

Paris, 20. März 1925

Lieber Dad:

Danke für den schönen Brief mit der Besprechung im »K. C. Star«. Es freut mich so, daß Dir die Doktor-Geschichte[1] gefallen hat. Dick Boulton und Billy Tabeshaw habe ich als wirkliche Personen mit ihren wirklichen Namen eingesetzt, weil es ziemlich sicher war, daß sie die »Transatlantic Review« nie lesen würden. Ich habe eine ganze Reihe Geschichten über Michigan geschrieben – die Landschaft ist immer echt –, was in den Erzählungen geschieht, ist Fiktion.

»This Quarter«, eine neue Vierteljahreszeitschrift, veröffentlicht eine lange Erzählung von mir übers Angeln, sie besteht aus 2 Teilen und heißt *Großer doppelherziger Strom*[2]. Sie dürfte am 1. April erscheinen. Ich werde versuchen, sie für Dich zu bekommen. Der Fluß darin ist wirklich der Fox oberhalb von Seney [Michigan]. Ich glaube, das ist eine Geschichte, die Dir gefallen wird.

Der Grund, warum ich Euch nichts von meinen Arbeiten geschickt habe, ist, daß Du oder Mutter die [Pariser] *in our time*-Bücher zurückgeschickt habt. Das sah so aus, als ob Ihr überhaupt nichts davon sehen wolltet.

Sieh mal, ich versuche in allen meinen Erzählungen ein Gefühl vom wirklichen Leben zu vermitteln, nicht bloß das Leben zu beschreiben – oder es zu kritisieren –, sondern es wirklich lebendig zu machen. So daß man, wenn man etwas von mir gelesen hat, die Sache tatsächlich durch mich erlebt. Das kann man nicht erreichen, ohne das Schlechte und Häßliche genauso zu zeigen wie das Schöne. Denn wenn alles schön ist, kannst du nicht daran glauben. Die Dinge sind nicht so. Nur wenn man beide Seiten darstellt – 3 und wenn möglich 4 Dimensionen –, kann man so schreiben, wie ich es will.

Wenn Du also irgendwas von mir siehst, das Dir nicht gefällt, denk daran, daß ich es aufrichtig damit meine und daß ich auf etwas Bestimmtes hinarbeite. Wenn ich eine häßliche Geschichte schreibe, die Dir oder Mutter vielleicht widerlich vorkommt, kann schon die nächste eine sein, die Euch außerordentlich gefällt.

Ich danke Euch ganz herzlich für die Übersendung der Sportzeitschriften und der Buchbesprechungsbeilagen, und obwohl ich sie alle an andere von der Außenwelt abgeschnittene Sportsleute verleihe, sehe ich zu, daß sie alle wieder auf den Zeitschriftenstapel zurückkommen.

Wir hoffen, im Sommer in Spanien ordentlich zum Angeln zu kommen. Eine Weile sah es so aus, als würden wir es uns nicht leisten können, aber der Vorschuß von 200 Dollar auf die Tantiemen, den ich von Boni & Liveright bekomme, wird es uns ermöglichen. Ich hoffe, das Buch wird sich verkaufen! Meine anderen sind alle vergriffen. Jemand hatte mir mein Exemplar [der Pariser Ausgabe] von *in our time* gestohlen, und als ich zum Verlag ging, um mir ein neues zu holen, erfuhr ich, daß sämtliche Exemplare schon seit Monaten ausverkauft waren.

Zur Zeit finden Verhandlungen darüber statt, mein Buch in Deutschland und gleichzeitig in den USA zu veröffentlichen. Dort wurde bereits eine Menge von mir veröffentlicht.[3]

Habt Ihr das große Foto von John [Bumby] nie erhalten, das Hadley Euch kurz vor Weihnachten per Einschreiben geschickt hat?

Es freut mich sehr, daß Mutter malt. Ich würde ungeheuer gern was davon sehen. Falls sie irgendwas davon fotografiert haben sollte, möchte ich, daß sie mir ein paar Abzüge schickt.

Hoffe, Ihr habt einen angenehmen Winter. Hier ist regelrechtes Aprilwetter.

In Liebe, und viel Glück,
Ernie

JFK

1 *Der Doktor und seine Frau*, in »Transatlantic Review« 2 (Dezember 1924).

2 In »This Quarter« 1 (Mai 1925).

3 Siehe die Liste in: C. Baker, *Hemingway, Der Schriftsteller und sein Werk* (Reinbek 1967), S. 360–61: Veröffentlichungen in der Zeitschrift »Querschnitt«.

Paris, 31. März 1925

Sehr geehrter Mr. Liveright:
Beiliegend der unterzeichnete Vertrag sowie eine neue Erzählung als Ersatz für die, die Sie als zensurgefährdet gestrichen haben.

Da der Vertrag lediglich von Kürzungen spricht, versteht es sich natürlich von selbst, daß Worte nur mit meiner Zustimmung geändert werden dürfen. Das schützt Sie ebenso wie mich, da die Erzählungen so knapp und so konzentriert geschrieben sind, daß die Änderung eines einzigen Wortes eine ganze Erzählung aus dem Lot bringen kann. Ich bin sicher, daß Sie und Mr. T. R. Smith [Liveright-Lektor] dafür Verständnis haben.

Alles in diesem Buch hat seinen ganz bestimmten Platz in seinem Aufbau, und wenn ich mich irgendwo zu wiederholen scheine, habe ich gute Gründe dafür.

Was Obszönitäten angeht, da wissen Sie und Mr. Smith als Insider viel besser als ich, was unveröffentlichbar obszön ist und was nicht. Ich höre, daß es nicht mehr notwendig ist, das schöne alte Wort Hurensohn zu streichen. Das ist wahrhaftig eine gute Nachricht.

Was den Verkauf oder Nichtverkauf des Buches angeht, so betrachte ich das als müßige Frage. Ganz leidenschaftslos betrachtet, glaube ich, daß es eine gute, aussichtsreiche Chance hat, sich zu verkaufen.

Das klassische Beispiel eines wirklich guten Buches, das sich nicht verkauft hat, ist E. E. Cummings' *Enormous Room*. Aber Cummings' Buch war in einem Stil geschrieben, den niemand, der nicht eine Menge »moderne« Literatur gelesen hatte, lesen konnte. Das war erschwerend für den Verkauf. Mein Buch wird von Schöngeistern gepriesen werden und kann von Kleingeistern gelesen werden. Es steht nichts darin, was nicht von jedem, der Mittelschulbildung besitzt, gelesen werden kann.

Aus diesem Grund behaupte ich, daß es eine gute 3:1-Chance hat. Und ich setze nie auf Jeffries in Reno oder auf Carpentier oder auf andere sentimentale Sachen.

Falls außer möglichen notwendigen Streichungen von Obszönitäten, falls es solche überhaupt gibt, Stellen gestrichen werden, bedeutet das die Zerstörung des Buchs als Organismus, und niemand wird es loben, und niemand wird es lesen wollen. Der Grund, warum ich das erwähne, ist, daß hier ein Gerücht umging, daß gewisse Stellen gestrichen werden sollten, weil sie scheinbar nichts mit der Erzählung zu tun haben. Vielleicht war das aber nur ein Gerücht.

Die neue Erzählung verbessert das Buch erheblich. Es ist so ziemlich die beste, die ich je geschrieben habe, und sie trägt zu einer noch stärkeren Geschlossenheit des Buches als Ganzes bei.

Sie lassen die zweite Erzählung – *Oben in Michigan* – weg. Dafür rücken die nächsten drei jeweils um eine Stelle vor, und diese neue Erzählung – *Der Kämpfer* – kommt an die Stelle, wo jetzt *Drei Tage Sturm* steht.

Ich brauche Ihnen nicht zu sagen, wie sehr es mich freut, von Boni & Liveright verlegt zu werden, und ich hoffe, ich w e r d e zu einem Aktivposten. Das hängt von uns beiden ab.

Die Fahnen hätte ich gern so schnell wie möglich.

Mit besten Wünschen,
Hochachtungsvoll
Ernest Hemingway

Anlagen Unterzeichneter Vertrag
Neues Inhaltsverzeichnis mit Standort der neuen
Erzählung
Erzählung:
Der Kämpfer
~~Die große kleine Kampfmaschine~~

LHC

1 Dies ist der erste der erhaltenen Briefe EHs an den amerikanischen Verleger Horace Liveright.

Paris, 15. April 1925[1]

Sehr geehrter Mr. Perkins:

Nach meiner Rückkehr aus Österreich erhielt ich Ihren Brief vom 26. Februar, dem auch eine Kopie eines früheren beilag, der mich leider nicht erreicht hatte. Etwa zehn Tage vor dem Eintreffen Ihres Briefes hatten mir Boni & Liveright per Kabel angeboten, im Herbst ein Buch mit meinen Kurzgeschichten herauszubringen. Sie baten mich, per Kabel zu antworten, und ich habe akzeptiert.

Ich habe mich über Ihren Brief sehr gefreut, wußte aber nicht, was ich tun konnte, bis ich den Vertrag von Boni & Liveright gesehen hatte. Laut Vertragsbedingung haben sie eine Option auf meine nächsten drei Bücher, sie sind jedoch einverstanden, daß ihre Option verfällt, falls sie diese Option, das zweite Buch innerhalb von 60 Tagen nach Erhalt des Manuskripts zu veröffentlichen, nicht nutzen, und wenn sie das zweite Buch überhaupt nicht veröffentlichen, erlischt ihre Option auf das dritte Buch.

So also stehen die Dinge. Ich kann gar nicht sagen, wie sehr mich Ihr Brief gefreut hat; Sie müssen wissen, wie gern ich das Manuskript des Buches, das in diesem Herbst erscheinen soll, an Charles Scribner's Sons geschickt hätte. Sieht fast so aus, als würde es sich lohnen, ins *Who's Who* zu kommen, um eine bekannte Adresse zu haben.

Sie sollen jedenfalls wissen, wie dankbar ich für Ihren Brief bin, und wenn ich je in der Lage sein sollte, Ihnen etwas zur Prüfung zu schicken, werde ich es ganz bestimmt tun.

Ich hoffe, eines Tages eine Art Doughtys *Arabia Deserta* des Stierkampfs fertig zu haben, ein sehr dickes Buch mit einigen herrlichen Bildern.[2] Aber man muß den ganzen Winter über sparen, um im Sommer in Spanien herumstromern zu können, und Klassiker zu schreiben dauert seine Zeit, wie ich immer höre. Irgendwie mache ich mir nichts daraus, einen Roman zu schreiben, ich schreibe lieber Kurzgeschichten, und ich möchte am liebsten an dem Stierkampf-Buch arbeiten; ich bin also, glaube ich, ein ziemlich schlechter Kandidat für einen

Verleger. Irgendwie halte ich den Roman für eine schrecklich gekünstelte und abgenutzte Form, aber da einige der Kurzgeschichten sich inzwischen auf 8000 bis 12000 Wörter gedehnt haben, komme ich vielleicht doch noch dahin.

[Die Pariser Ausgabe von] *in our time* ist vergriffen; ich habe versucht, ein Exemplar für mich selbst zu kaufen, und höre jetzt, daß sie wertvoll seien; das erklärt wahrscheinlich Ihre Schwierigkeiten, eines zu bekommen. Ich bin überaus froh, daß es Ihnen gefallen hat, und ich danke Ihnen nochmals, daß Sie mir etwas über das Buch geschrieben haben.

Hochachtungsvoll
Ernest Hemingway

PUL

1 Dies ist EHs erster Brief an Maxwell Perkins (1884–1947), der von 1926 an bei Charles Scribner's Sons sein Lektor werden sollte.

2 Eine frühe Version der Idee, aus der später *Tod am Nachmittag* (1932) entstand.

An John Dos Passos[1]

Paris, 22. April 1925

Lieber Dos:

Bekam einen Brief von Don [Stewart] mit Deiner Adresse. Ich hatte sie verloren, konnte also nicht schreiben. Himmel, ich wünschte, Du wärst hier, dann könnten wir uns betrinken, wie ich es jetzt gerade tue und in letzter Zeit so oft getan habe. Ich wußte nicht, daß Du es warst, der versucht hat, das Buch *[In unserer Zeit]* durchzukriegen, und es geschafft hat. Du bist ein guter Kerl, Dos, und beim Teufel, ich wollte, Du wärst hier. Weiß Gott, ich danke Dir und Sherwood [Anderson], daß Ihr es durchgeboxt habt. Ich habe den Vertrag um den 1. April herum unterschrieben an Liveright zurückgeschickt, und sie hätten mir eigentlich schon die 200 Dollar schicken müssen, sind aber noch nicht eingetroffen. Auch sonst kein Wort von ihnen.

Hier ist eine Mrs. George Kauffman, und die behauptet, sie wollen die *Indianerlager*-Geschichte kürzen. Die Kapitel von *In unserer Zeit* kürzen. Mensch, das regt mich vielleicht auf. Natürlich können sie das nicht tun, denn das Zeug ist so knapp und konzentriert, und alles hängt mit allem anderen zusammen, das gäbe die allerletzte Scheiße.

Es gibt nichts, was irgend jemand stören könnte. Absolut nichts.

Sie haben mich die *Oben-in-Michigan*-Geschichte herausnehmen lassen, weil das Mädchen da zum erstenmal einen verpaßt kriegt, und ich habe ihnen eine prima neue Nick-Geschichte geschickt über einen kaputten Boxer und einen Nigger, sie heißt *Der Kämpfer* – die nächsten drei Geschichten nach *Oben in Michigan* rücken alle eins vor, und dies ist dann Geschichte Nr. 5. Sieht dann so aus: Kap (I) *Indianerlager*, Kap II *Der Doktor und seine Frau*, Kap III *Das Ende von Etwas*, Kap IV *Drei Tage Sturm*, Kap V *Der Kämpfer*, Kap VI *Eine sehr kurze Geschichte*, Kap VII *Soldaten zu Haus* usw.

Diese *Kämpfer*-Geschichte ist verteufelt gut und besser als *Oben in Mich*, obwohl mir *Oben in Mich* immer gefallen hat, wenn auch anderen nicht. Ich glaube, [H. L.] Mencken hätte sie durchgehen lassen, wenn sie *Draußen in Iowa* geheißen hätte und die Fickerei in ein Dorf-Maisrösten umgeschrieben worden wäre.

Na ja. Jedenfalls habe ich jeden Morgen um 7 mit Gewissensbissen in der Magengegend wie der Teufel gearbeitet und jeden Abend gesoffen, und ich habe eine 8–12000-Wörter-Stierkampfgeschichte fertig, die alles, was ich bisher gemacht habe, zu Plunder macht und komme gerade gut mit einer anderen voran und werde sie bestimmt fertigschreiben, falls ich genug trinken kann, um genug Gewissensbisse zu kriegen.

Wir haben jetzt schönes Sommerwetter, und ich arbeite frühmorgens, damit ich den Tag über draußen sein kann.

Der »Querschnitt« hat die Stierkampfgeschichte ins Deutsche übersetzt, und Picasso illustriert sie für sie.[2] Der »Schnitt« bringt auch ein Buch mit meinen schmutzigen Gedichten heraus, die von Pascin illustriert werden sollen. Hast Du irgendwelche schmutzigen Gedichte, unter die ich meinen Namen setzen soll? Mann, wärst Du doch hier, dann könnten wir zusammen ein paar geile Gedichte schreiben, denn das ist zur Zeit meine einzige Einnahmequelle. Hadley zeigt Talent. Ich glaube, das Buch sollte von Mr. und Mrs. C.U. und A.M. Hemingway sein. Bekam 650 f für 2 Gedichte. Und 80 f pro Stück für 2 4zeiler. Wozu am nationalen Dichterwettbewerb teilnehmen.

Bekam vom »'Schnitt« den Auftrag, jeden Monat was zu liefern; sie machen jetzt viel Geld; außerdem soll ich mit Flechtheim ein Buch über den Stierkampf schreiben – Flechtheim[3] ist ein toller spanischer Jude, seit 25 Jahren ein aficionado – kennt Dombeta, Vicente Pastor usw. –, für eine Serie, die sie starten wollen. Illustrationen von Picasso, Gris und anderen, dazu Fotos. Boxen und Pferde haben sie schon gemacht.

Das wird also alles weiterhelfen. Dank sei Gott für die Junker. Überlege, ob ich nicht für Hindenburg als Wahlredner durch die Lande reisen soll. Wenn sie die Monarchie wiedereinführen, habe ich vielleicht eine gute Chance, Poeta laureatus zu werden. Schon kapiert, das ist es, wofür Eliot in England arbeitet. Mr. Bridges, Mr. Eliot, darf ich Ihnen Mr. Dos Passos und Mr. Hemingway vorstellen. Meine Herren, Mr. Stewart. Freut mich, Sie kennenzulernen, Mr. Stewart. Wir Laureatusse müssen zusammenhalten. Don schrieb, er hätte Dich untern Tisch gesoffen. Irgendwer muß diesen schäbigen Schwätzer in seine Schranken weisen. Er behauptet, er wäre jetzt ein Trinker. Weißt Du noch, wie er ganz Pamplona vollgekotzt hat? Trinker? Scheiße.

Wollte, Du wärst hier zum Trinken. Hier ist ein Mädchen namens Hadley, das vielversprechende Ansätze zur Trinkerin zeigt, und es will Dich kennenlernen.

Kommst Du rüber? Wie geht's dem Buch. Mann, ich hoffe, Don[4] macht mit den Filmen und mit *The Crazy Fool* ordentlich Geld. Er schien wegen Mitleid und Ironie reichlich verbittert. Was ist das eigentlich mit Mitleid und Ironie. Nie davon gehört.

Schreib. Grüße von Hadley.   Dein
                                                            Hem

Laß sie es nicht kürzen. Sag Liveright, er soll kein verdammter Narr sein.

UVA

1 EH und Dos Passos (1896–1970) hatten sich 1918 in Italien kennengelernt und 1922 in Paris ihre Freundschaft erneuert.

2 *Stierkampf* erschien in »Der Querschnitt« 5 (Sommer 1925 und Juli 1925).

3 Alfred Flechtheim, Begründer des »Querschnitt«, Berlin 1920.

4 Donald Odgen Stewart, *The Crazy Fool* (1925); vgl. die Ironie-und-Mitleid-Passage in *Fiesta*, Buch II, Kap. 5.

AN HORACE LIVERIGHT

Paris, 22. Mai 1925

Sehr geehrter Mr. Liveright:

Ich schicke heute die Fahnenabzüge zurück; sie sollen mit der »Mauretania« verschifft werden, die morgen abfährt, Sie werden sie also in wenigen Tagen zusammen mit diesem Brief erhalten.

Die Type, in der die Geschichten gesetzt sind, ist hervorragend, ich bin ganz begeistert von dem Anblick und von den paar Fahnenabzügen. Ich habe Mr. [Manuel] Komroff bereits wegen der zu schwarzen Großbuchstaben in der Kursivschrift der Kapitel geschrieben. Jedesmal, wenn ein Großbuchstabe benutzt wird, vermittelt er einen völlig falschen Nachdruck und Schwung, der nicht beabsichtigt ist.

Wie Sie feststellen werden, habe ich die Geschichte von Mr. und Mrs. Elliot revidiert und den obszönen Anstrich ganz getilgt. Da die ganze Erzählung immer wieder von der Wiederholung der Worte »sie mühten sich sehr fleißig, ein Baby zu bekommen« abhing, habe ich einiges über das Boot und über Paris eingefügt, um den alten Rhythmus wiederherzustellen und um das Ganze in lustigem Ton zu halten. Die Wiederholungen müssen sein, sie halten die Geschichte zusammen.

Es ist schade, daß das geändert werden mußte, aber wie Sie sagen, wäre es sehr albern, wenn die Publikation eines ersten

Buches wegen einiger lustiger Bemerkungen in einer einzigen Geschichte ganz und gar verhindert würde. Werden Sie sich jetzt, nachdem Sie es gekürzt haben und ich noch einmal glättend darübergegangen bin, von verschiedenen Seiten bestätigen lassen, daß man es so nicht zu verbieten braucht? Denn es wäre doch schlimm, wegen einer Erzählung verboten zu werden, nachdem der Sprengstoff aus ihr herausgeschnitten ist.

Jane Heap hat sie in ihrer ursprünglichen Form vertrieben und keinerlei Ärger damit gehabt. Sie ist jetzt für jeden, der das Original nicht gelesen hat, noch genauso komisch, und nicht gefährlich. Aber denken Sie daran, daß es jetzt, nachdem ich Ihren Kürzungen zugestimmt und selbst diese noch entschärft habe, Ihre Sache ist. Für mich ist das keine ernste Geschichte, und ich habe sie gern für Sie geändert.

Wer auch immer das ganze Buch redigiert hat, er war sehr intelligent, und ich bin mit den meisten Änderungen in der Interpunktion einverstanden. Die, bei denen ich es nicht bin, habe ich wieder rückgängig gemacht. Meine Einstellung zur Interpunktion ist, daß sie so konventionell wie m ö g l i c h sein sollte. Das Golfspiel würde um einiges ärmer, wenn auf dem Grün Krocketschläger und Billardstöcke erlaubt wären. Man sollte erst einmal fähig sein zu zeigen, daß man mit normalem Handwerkszeug wesentlich besser umgehen kann als jeder andere, bevor man berechtigt ist, eigene Verbesserungen einzubringen. Das soll jedoch denjenigen, der die Interpunktion durchgesehen hat, nicht zu weiteren Aktionen anregen, denn so ist sie jetzt in Ordnung. Es sieht sehr gut aus.

Beim nochmaligen Lesen finde ich, daß das Buch sogar noch besser ist, als ich es in Erinnerung hatte. Das ist keine Selbstgefälligkeit; denn jedesmal, wenn ich nach langer Zeit eine Geschichte mal wieder lese, wundere ich mich, wie zum Teufel ich je eine so tolle Geschichte habe schreiben können.

Mir liegt viel daran, den Umbruch so schnell wie möglich zu bekommen.

Mit den besten Wünschen,
hochachtungsvoll,
Ernest Hemingway

LHC

Paris, 23. Mai 1925

Lieber Sherwood:

Es tut mir leid, daß ich so lange nicht geschrieben habe, und ich bin Dir wirklich dankbar, daß Du mein Buch bei Liveright untergebracht hast. Dos Passos schrieb, daß Du es warst, bevor ich von Gertrude Stein Deinen Brief bekam.

Sicher, vielleicht hatte ich unrecht mit *Many Marriages*[1]. Ich werde es irgendwann noch einmal lesen, wenn ich ihm eine bessere Chance geben kann. Etwas in Fortsetzungen zu lesen, setzt einem furchtbar zu. Alles kritisieren ist sowieso Scheiße. Keiner hat davon eine Ahnung, außer einem selbst. Weiß Gott, Leute, die dafür bezahlt werden, zu allem eine Meinung zu haben, professionelle Kritiker, machen mich krank; kastrierte Marketender der Literatur. Die sich noch nicht einmal prostituieren. Völlig keusch und steril. Und wie wohlmeinend und hochgesinnt. Dabei sind sie alle Marketender.

Seit wir Dich das letzte Mal gesehen haben, habe ich die ganze Zeit wie der Teufel geschrieben und eine herrliche Zeit verbracht. Warte, bis Du mit Elizabeth[2] rüberkommst, dann fahren wir nach Spanien und sehen uns Stierkämpfe an. Stiere und die Männer, die mit ihnen kämpfen, geben mir etwas, aber ich weiß nicht, was. Jedenfalls habe ich das alles, oder einen großen Teil davon, in das nächste Buch gesteckt. Ich hätte gern genug Geld, um Stiere züchten zu können. Aber das werde ich nie haben. Muß schon tierisch arbeiten, um genug Geld zu haben, dort hinfahren und ihnen im Sommer überallhin folgen zu können.

Es freut mich ungeheuer, daß Du zu Liveright gegangen bist, und ich kann keine Briefe schreiben, und deshalb kann ich Dir nicht sagen, wie dankbar ich bin, daß Du die Veröffentlichung meiner Sachen vorangetrieben hast. Es bedeutet so höllisch viel, wenn man es erst einmal veröffentlicht hat, dann kann man es hinter sich lassen, und es bedeutet auch sonst eine Menge.

Hadley geht es gut, wir lieben uns wie eh und je und kommen gut zurecht und haben ein feines Kind, das jetzt anfängt zu sprechen und mit mir ins Café geht.

Dieses Buch *Making of Americans* von Gertrude Stein ist wunderbar. Hast Du den Teil gesehen, der in der »Transatlantic Review« gestanden hat? McAlmon bringt es heraus.

Euch stets das Beste, wir beide wollen Elizabeth kennenlernen.

Dein

NEWBERRY
Ernest Hemingway

1 Andersons Roman aus dem Jahr 1923.
2 Elizabeth Prall, Andersons dritte Frau, die er 1924 geheiratet hatte.

An F. Scott Fitzgerald[1]

Burguete, Spanien, 1. Juli 1925

Lieber Scott:
Wir fahren morgen nach Pamplona. Haben hier Forellen geangelt. Wie geht's Dir? Und Zelda?

Ich fühle mich besser als je – habe nichts als Wein getrunken, seit wir Paris verlassen haben. Gott, das Land war wunderbar. Aber Du haßt das Land. Schon gut, übergehe Beschreibung des Landes. Ich frage mich, wie wohl Deine Vorstellung vom Himmel aussieht – Ein schönes Vakuum, angefüllt mit reichen Monogamisten, alle mächtig und Angehörige der besten Familien, die sich allesamt zu Tode trinken. Und die Hölle dürfte ein häßliches Vakuum sein, voller armer Polygamisten, die sich keinen Schnaps leisten können, oder die chronische Magenkrankheiten haben, die sie heimliche Leiden nennen.

Für mich wäre der Himmel eine große Stierkampfarena, wo ich zwei barrera-Plätze hätte und draußen einen Forellenbach, in dem kein anderer angeln dürfte, und zwei entzückende Häuser in der Stadt; eines, wo ich meine Frau und Kinder hätte und monogam lebte und sie sehr aufrichtig lieben würde, und ein anderes, wo ich auf 9 verschiedenen Etagen meine neun schönen Mätressen halten würde; das eine Haus wäre mit Luxusausgaben des »Dial« ausgestattet, auf weichem Seidenpapier gedruckt und in den Toiletten auf jeder Etage vorrätig, und in dem anderen Haus würden wir den »American Mercury« und die »New Republic« benutzen. Dann gäb's da auch eine hübsche Kirche wie in Pamplona, in die ich auf dem Weg von dem einen Haus zum andern beichten gehen könnte, und ich würde auf mein Pferd steigen und mit meinem Sohn zu meiner Stierfarm namens Hacienda Hadley hinausreiten und allen meinen unehelichen Kindern, die an der Straße wohnen, Münzen zuwerfen. Schreiben würde ich draußen auf der Hacienda, und ich würde meinen Sohn losschicken, daß er meinen Mätressen die Keuschheitsgürtel verschließt, weil gerade jemand mit der Nachricht angaloppiert ist, ein notorischer Monogamist namens Fitzgerald sei soeben dabei beobachtet worden, wie er an der Spitze eines Zuges umherstreunender Säufer auf die Stadt zureite.

Nun, jedenfalls werden wir morgen früh in die Stadt ziehen. Schreib mir an das / Hotel Quintana
      Pamplona
      Spanien
oder magst Du keine Briefe schreiben. Ich schon, weil das so eine prima Methode ist, sich von der Arbeit abzuhalten ,und doch das Gefühl zu haben, etwas getan zu haben.

Bis dann; Grüße von uns beiden an Zelda,

Dein

Ernest

---

1 Fitzgerald (1896–1940) und EH hatten sich im Mai 1925 in der »Dingo Bar« in Paris kennengelernt. Vgl. *Paris – ein Fest fürs Leben.*

Dieser sowie alle folgenden Briefe an Fitzgerald werden mit freundlicher Genehmigung der Princeton University Library abgedruckt.

AN HAROLD LOEB

Pamplona, Spanien, 12. Juli 1925[1]

Lieber Harold:
Ich war schrecklich voll gestern abend und habe mich ekelhaft zu Dir benommen, und ich möchte nicht, daß Du mit dieser

ekelhaften beleidigenden Schweinerei als letzten Eindruck von der Fiesta wegfährst. Ich wollte, ich könnte die ganze Gemeinheit ungeschehen machen, doch ich glaube, das kann ich nicht. Aber hiermit möchte ich Dir zu verstehen geben, daß ich zutiefst beschämt bin, über die Art, wie ich mich aufgeführt habe, und über die widerlichen, ungerechten unangebrachten Dinge, die ich von mir gegeben habe.

Bis später; ich wünsche Dir viel Glück und hoffe, wir werden Dich bald und wohlerhalten wiedersehen

Dein

PUL Ernest

1 Mit diesem Brief entschuldigte sich EH am Morgen nach dem Streit mit Loeb in Pamplona. Vgl. *Fiesta*, Buch II, Kap. 10.

AN HORACE LIVERIGHT

Paris, 7. Dezember 1925

Sehr geehrter Mr. Liveright:

Morgen schicke ich Ihnen, zusammen mit diesem Brief, mit der »Mauretania« das MS meines neuen Buches, *The Torrents of Spring* [Die Sturmfluten des Frühlings]. Scott Fitzgerald hat das Manuskript gelesen und war sehr angetan davon, er sagte, er würde Ihnen Näheres darüber schreiben. Ich weiß nicht, ob er das getan hat oder nicht.

Dies ist nicht der lange Roman, den ich vorläufig *The Sun Also Rises* [Fiesta] nenne und den ich zur Zeit neu schreibe, womit ich den ganzen Winter zu tun haben werde.

Wie Sie wissen, hat Fielding im goldenen Zeitalter des englischen Romans seine satirischen Romane als Antwort auf die Romane Richardsons geschrieben. So entstand *Joseph Andrews* als Parodie auf Richardsons *Pamela*. Heute sind sie beide Klassiker. Seit langem höre ich, daß verschiedene Kritiker das Fehlen eines amerikanischen Satirikers beklagen. Vielleicht werden Sie, wenn Sie dieses Buch gelesen haben, meinen, jetzt brauchten sie es nicht mehr so sehr zu beklagen.

Louis Bromfield hat das MS ebenfalls gelesen und gesagt, für ihn wäre es eins der lustigsten Bücher, die er je gelesen habe und eine perfekte amerikanische Satire.

Praktisch gesehen, glaube ich, das Buch hat für ein lustiges Buch genau die richtige Länge. Es sollte nicht zu lang sein. Wie es jetzt ist, können Sie daraus ein großformatiges Buch machen, indem Sie es so handhaben, wie Doran es mit Don Stewarts Büchern gemacht hat. Es ist um rund 5000 Wörter länger als [Stewarts] *The Parody Outline of History* [1921]. Großformatige Seiten mit viel Rand und freiem Raum am unteren Ende, die Aufteilung in Kapitel und die separaten Kapitelüberschriften sowie die Anmerkungen des Autors in einem anderen Schriftgrad und Zeilenabstand werden Ihnen genügend Umfang verschaffen für ein großformatiges Buch. Bromfield hat gesagt, seiner Meinung nach wäre es lang genug. Ich wollte, Sie könnten Ralph Barton dafür gewinnen, es zu illustrieren.

Wie Sie sehen werden, hat es, obwohl Satire, eine packende Handlung, ist immer in Bewegung, driftet nie ins rein Phantastische und Geistige ab und ist sehr materialreich. Der Humor ist nicht der von Lardner, Stewart oder Benchley. Das Buch steht für sich selbst.

Falls Sie es nehmen, müssen Sie Reklame dafür machen. Bei *In unserer Zeit* habe ich mich nicht beschwert über das Fehlen der Anzeigen, über die Massierung all der Anpreisungen auf dem Umschlag, von denen jede einzelne, allein eingesetzt, ein wertvolles Stück Reklame gewesen wäre, die aber, so gruppiert, wie sie waren, den Leser einfach in die Defensive gedrängt haben; weil, wie ich weiß, Sie der Meinung waren, Sie könnten einen Erzählungsband nicht verkaufen und hätten einfach für die Zukunft vorgebaut. Aber dieses Buch können Sie verkaufen, es muß nur ordentlich Reklame dafür gemacht werden. Es sollte im Frühling herauskommen.

Ich kann mir nur einen einzigen Grund vorstellen, warum Sie es vielleicht nicht veröffentlichen wollen, und das wäre die Befürchtung, Sherwood zu beleidigen. Ich glaube nicht, daß irgend jemand irgendwie durch eine Satire verletzt werden kann. Auf alle Fälle sollte es in Ihrem Interesse liegen, zwischen Sherwood und mir in den Augen der Öffentlichkeit zu unterscheiden, und Sie könnten uns beide gleichwohl unter einem Dach haben und den Dingen ihren Lauf lassen.

Wenn Sie das Buch nehmen, möchte ich einen Vorschuß von 500 Dollar haben, denn das ist für mich die mindeste Garantie, daß für das Buch dann auch geworben wird. Ich sollte eigentlich um 1000 Dollar Vorschuß bitten, denn Sie haben da ein Buch, von dem Sie, wenn Sie jemand wie Ralph Barton für die Illustrationen bekommen und es nach besten Kräften propagieren, 20000 Stück verkaufen können. Ich sollte aber lieber die Tantiemen abwarten und nicht bei Ihnen den Eindruck erwecken, daß ich Sie ausrauben wollte. Lustige Bücher bekommt man nicht allzu leicht zu fassen. Dieses hier hat den Vorteil, daß es zunächst von all jenen, die *Black [Dark] Laughter* [von Anderson, 1925] gelesen haben, gekauft werden wird, und wenn es erst einmal läuft, wird es nur sehr schwer aufzuhalten sein. Sein Reiz hängt nicht von Anderson ab, aber für den Start ist das ein Anreiz. Es dürfte auch einigen Wirbel verursachen. Und jeder, der je ein Wort von Anderson gelesen hat, wird es auf diese oder jene Weise schätzen. Meine Adresse für die nächsten drei Monate lautet

HOTEL TAUBE,
SCHRUNS, VORARLBERG, ÖSTERREICH.

Kabeln Sie mir, bitte, Ihre Entscheidung über *Die Sturmfluten des Frühlings* unverzüglich dorthin, da ich für den Fall, daß Sie es nicht veröffentlichen wollen, eine Reihe von Angeboten überdenken muß. Allerdings möchte ich, daß Sie es verlegen, denn es ist ein verteufelt gutes Buch, und es kann uns beiden eine Menge Geld einbringen.

Mit besten Wünschen,
Immer Ihr
LHC   Ernest Hemingway

AN F. SCOTT FITZGERALD

Schruns, 15. Dezember 1925

Lieber Scott:
Ich hoffe, Dir und Zelda geht es wieder gut. Hat Pauline [Pfeiffer] die Bücher gebracht? Ich habe ihr den Ludendorff, Brig.

Young und Mr. Farrars *Spot Light*[1] gegeben. Ich war ziemlich krank, mit meinem blöden Hals, und besonders, nachdem ich den Murphys das ganze *Sturmfluten-des-Frühlings*-Buch laut vorgelesen hatte – ein waghalsiger Akt, nachdem ich den ganzen Tag nicht hatte sprechen können. Herrgott, irgendwann würde ich ganz gern mal erwachsen werden. Hatte jetzt eine Woche Brassel damit. Vermute, in ein paar Tagen ist es wieder in Ordnung.

Wir hatten eine gute Fahrt hierher. Sonst keine Ausländer in der Stadt. Ich war im Bett, habe mit den Einheimischen Billard gespielt und bin zweimal Ski gefahren, aber ich habe keine Kraft, folglich weiche Knie, folglich keinen Mumm. Hadley und Bumby geht es prima. Früher habe ich Hadley beim Billard immer 200 Punkte vorgegeben. Jetzt schlägt sie mich bei gleichem Ausgangsstand.

Es hat zwei Tage geschneit. Ungefähr $2\frac{1}{2}$ Fuß Schnee. Kalt, die Luft schön dicht. Es ist verdammt schön, die Berge wiederzusehen.

Habe *Väter und Söhne* von Turgenjew gelesen und den 1. Band der *Buddenbrooks* von Thomas Mann. *Väter und Söhne* ist bei weitem nicht sein Bestes. Einige tolle Sachen drin, aber es kann nie mehr so aufregend sein wie zu der Zeit, als es geschrieben wurde, und das ist eine vernichtende Kritik für ein Buch. Du hast recht mit den Murphys. Sind großartige Leute. Nette Leute sind so ungeheuer nett.

Buddenbrooks ist ein ganz verdammt gutes Buch. Wäre er ein großer Schriftsteller, wäre es prima. Wenn man bedenkt, daß ein solches Buch 1902 erschienen ist und bis letztes Jahr in Englisch unbekannt war, läßt einen das noch weniger Respekt vor Leuten haben, falls man ihn je hatte, die über *Main Street, Babbit* [beide von Sinclair Lewis] und all die Bücher in Verzückung geraten sind, von denen Dein Freund Menken [H. L. Mencken] so begeistert war, nur weil sie zufällig von der so viel strapazierten amerikanischen Szene handeln.

Hast Du mal [Knut Hamsuns] *Segen der Erde* gelesen? Und danach lies bloß mal Thom Boyd[2].

Ich meine, man sollte das Schreiben bei jedem lernen, der je etwas geschrieben hat, was einem etwas beibringen kann. Aber was all diese Idioten tun, ist, bestimmte konkrete Begriffe zu lernen, die nur als Entdeckungen von Bedeutung sind. So als ob ich jetzt plötzlich das Gesetz der Schwerkraft entdecken würde.

Soll ich Dir eine kleine Abhandlung über die Bedeutung des Sujets schreiben? Also, der Grund, warum Du so sauer darauf bist, den Krieg versäumt zu haben, ist der, daß der Krieg das beste Sujet von allem ist. Er bietet ein Maximum an Material, beschleunigt die Handlung und bringt alles mögliche hervor, auf das man normalerweise ein Leben lang wartet, um es zu bekommen. Was *3 Soldaten* zu einem tollen Buch gemacht hat, war der Krieg. Was *Streets of Night* zu einem lausigen Buch gemacht hat, war Boston.[3] Das eine war genauso gut geschrieben wie das andere, ich höre förmlich, wie Du sagst, daß ich unrecht hätte. Mag sein. Liebe ist auch ein guter Gegenstand, von dem man sagen könnte, Du hättest ihn entdeckt. Ein anderer bedeutender Gegenstand ist das Geld, das uns die Reichen und die Armen beschert. Ferner Habgier. Meine Herren, der junge Dozent ist erschöpft. Impotenz wäre, würde ich sagen, ein fader Gegenstand. Mord ist ein guter, also bau in Dein nächstes Buch einen ordentlichen Mord ein, und dann ruh Dich aus.

Und ärgere Dich um Himmels willen nicht darüber, daß Du den Krieg verpaßt hast, denn ich habe nichts Vernünftiges gesehen, noch ist irgend etwas Vernünftiges für mich dabei herausgekommen, weder als Gesamtspektakel noch als etwas, was mir unter die Haut gegangen wäre, wie es die billige, romantische Einschätzung will, weil ich zu jung war. Dos zog glücklicherweise zweimal in den Krieg und wurde dazwischen erwachsen. Sein erstes Buch war lausig.

Sei also jetzt kein lausiger Affe und antworte, denn Briefe sind hier unten Millionen Dollars wert.

Beste Grüße an Zelda.
Immer Dein
Ernest

Wie ist Dein Plan, Harold Stearns innerhalb von zwei Wochen zur Zahlung zu veranlassen – nach all den Jahren –, ausgegangen?

1 John Farrar, Hg. von *Literary Spotlight* (1924).

2 Thomas Boyd (1898–1935) schrieb *Through the Wheat* (1923) und andere Romane.

3 *Drei Soldaten* (1921) und *Streets of Night*, Romane von John Dos Passos.

AN ARCHIBALD MAC LEISH[1]

Schruns, 20. Dezember 1925

Lieber Archie:

Es hat mir äußerst leid getan, daß ich Dich im Haus verpaßt habe. Hadley war sehr glücklich, den fehlenden Ohrring wiederzuhaben, und freute sich riesig über die Karniole (falsch geschrieben). Der schwerere ist von besonderem Wert, weil er nämlich, wenn er am linken Ohr hängt, eine unglückselige Neigung Hadleys korrigieren wird, den Kopf zur rechten Seite zu neigen.

Wollte, Du und Ada wärt hier. 2½ Fuß Schnee. Trocken wie Sand und leicht wie Sägemehl. Prächtig zum Skifahren. Wir haben auch viel Billard mit den Einheimischen gespielt. Hadley gewann 4 Partien hintereinander, in der hiesigen Form des Kelly-Billards, gegen den Hotelbesitzer, mich, den Leiter der Skischule und den Besitzer der Eisenwarenhandlung. Früher pflegte ich ihr beim Billard 200 Punkte vorzugeben – stieß 400. Jetzt schlägt sie mich bei gleicher Ausgangsposition. Ich bin wie Manna über die hiesigen Billardspieler gekommen.

Meine Mutter hat mir Deine Besprechung von [Andersons] *Dark Laughter* aus »Atlantic Monthly« geschickt. »Monthly« ist einwandfrei. Es ist eine äußerst gute Besprechung. Meine Mutter schickt mir immer alles, was Sherwood entlarvt, oder wenn er sich scheiden läßt oder so was, weil sie gelesen hat, daß ich ihm ziemlich ähnlich sei, nur nicht so gut, und sie will mich natürlich darüber auf dem laufenden halten, wie der Meister zurechtkommt. Du hast eine gute Besprechung geschrieben, intelligent, Du hast Dich weder zu Begeisterung hinreißen lassen durch Ausrufezeichen noch durch Erwähnung des quatz arts bal, noch durch das Weglassen von Verben oder andere

Dinge, die Mr. Lawrence Stallings sofort ein Meisterwerk wittern lassen. Dos [Passos] schreibt sehr hübsch über Stallings. Anscheinend ist Stallings ein großer Kritiker, weil er im Krieg ein Bein verloren hat. Dos' These ist nämlich, daß jemand ein um so schlechterer Kritiker ist, je mehr er im Krieg verloren hat. Klingt nicht sehr komisch. Vielleicht hab ich das nicht richtig verstanden.

Heute ist Sonntag, also keine Post. Und übrigens, falls Du überhaupt Briefe schreibst, schreib uns um Gottes willen hierher. Wir haben eine tolle Zeit, aber Briefe sind in Schruns eine ungeheuer aufregende Sache. Ich habe zwei oder drei Tage im Bett gelegen, um mich von meinem dämlichen Hals zu erholen. Heute ist es besser.

Im Tanzsaal läuft die große Probe für das Weihnachtsspiel der Kinder. Das einzige Geräusch, das die Treppe hochkommt, stammt von den Schlußtakten.

Donnerstag waren wir in der Stadt, in Bludenz, und hörten einen Vortrag von Kapitänleutnant Mumm über die Schlacht am Skaggerack, in der er und ein paar andere Deutsche [die Admirale] Jellicoe und Beatty zur Sau gemacht und die »Warrior«, die »Indefatigable«, »Queen Mary«, die »Warspite« usw. usw. versenkt haben, wobei sie selbst bloß die »Wiesbaden« usw. usw. verloren haben. Filme, großenteils getürkt, aber ausgezeichnete eindrucksvolle Diagramme. Kapitänleutnant Mumm muß man gesehen haben. So einer mit vollkommen rasiertem Kopf, bei dem die Stirn und die Knochenstruktur über den Augen kräftig vorspringen. Fischaugen. Keine Lippen. Die österreichischen Kinder wurden sehr unruhig. Sie hörten genausowenig zu wie wir. Der Kapt. Leu. mußte sie mehrmals anschnauzen. Er hat sich über die Schlacht sehr erregt, aber er bekam keinen Applaus und konnte ihre Aufmerksamkeit nicht fesseln, und am Ende wurde auch von seiner Seite aus alles ganz mechanisch.

Wenn Scott schon so einen enormen gout für den letzten Krieg hat, warum sieht er ihn sich dann nicht im Kino an? Es gibt eine Reihe von ausgezeichneten Filmen, die immer irgendwo gezeigt werden. Den britischen über Zeebrugge, den deutschen U-Boot-Film, den 2. britischen über Ypres, 3 sehr

gute französische, den offiziellen italienischen in 3 Teilen –
Gebirge, Ebene und Piave, und Luft und See. Wenn er sich die
Mühe gäbe, die Kinos abzuklappern, könnte er höllisch viel
mehr vom Krieg sehen, als jeder seiner Zeitgenossen gesehen
hat. Der Film über Zeebrugge lief gleich um die Ecke seines
Hauses in der Ave. Wagram.

Dieser Brief ist blöd. Hast Du die *Sturmfluten [des Frühlings]*
ausgelesen? Wie ging's?

Ich bin hier unten die ganze Zeit am Lesen. Turgenjew ist
für mich der größte Schriftsteller, den es je gegeben hat. Hat
nicht die größten Bücher geschrieben, aber war der größte
Schriftsteller. Das gilt natürlich nur für mich. Hast Du mal eine
Erzählung mit dem Titel *Es rattert* von ihm gelesen? Sie steht
im 2. Band der *Aufzeichnungen eines Jägers*. Das beste Buch, das
ich kenne, ist *Krieg und Frieden*, aber stell Dir vor, was das für
ein Buch geworden wäre, wenn Turgenjew es geschrieben
hätte. Tschechow hat ungefähr 6 gute Erzählungen geschrieben. Aber er war ein Amateur-Schriftsteller. Tolstoi war ein
Prophet. Maupassant war ein professioneller Schriftsteller, Balzac war ein professioneller Schriftsteller, Turgenjew war ein
Künstler. Ich glaube, das Schreckliche an einem Erfolg wäre,
daß man, wenn man durch ein Buch reich würde oder auf
irgendeine Weise dahin käme, jeden Herbst oder Frühling
oder wann auch immer ein Buch fertig haben zu müssen, ein
professioneller Schriftsteller wäre. Vielleicht wirkte es genausogut. Vielleicht merkte niemand den Unterschied. Aber es
wäre ein verdammt großer Unterschied. Aus diesem Grund
sollte man sechs Jahre Arbeit hinter sich haben, bevor man
veröffentlicht wird. Denn es könnte ja schon das erste gefallen.

Das ist alles großer Quatsch. Es sind die Pariser Unterhaltungen, die ich immer so vermisse. Das, den Jardin du Luxem-
bourg, den Wein und die Zeitungen. Denk an Chicago mit seinen nur 2 Morgenzeitungen, wo Du in Paris mindestens 9 liest
und glatt bis zum Mittagessen lesen kannst, dann mit den
Nachmittagszeitungen anfängst und glatt bis zum Abendessen
weiterliest. Wenn Du Dich dem Pferdesport widmest, hast Du
gar nicht genug Stunden am Tag, um morgens »Auteuil-Long-
champs«, »Le Jockey«, »L'Avenir« und abends »Paris-Sport«

durchzulesen. Vergangene Leistungen sind ein ungeheurer konzentrierter Lesestoff.

Habe gerade die *Buddenbrooks* von Thomas Mann ausgelesen, zur Hälfte ein ziemlich guter Roman. Der *Moonstone* von Wilkie Collins ist wesentlich erfreulicher. Hab noch was anderes Gutes von Wilkie Collins zum Lesen: *Jezebel's Daughter*. Und 9 Bde. von Trollope. Und 2 von Capt. Marryat. Capt. Marryat, Turgenjew und der ehemalige Richter [Henry] Fielding sind meine Lieblingsschriftsteller. Schruns ist d e r Ort zum Lesen. Letztes Jahr sind mir Literatur und Kriminalromanzen ausgegangen, da habe ich 21 Bde. von Nat Gould gelesen. Er hat zumindest wesentlich besser über Pferderennen geschrieben als Sherwood Anderson.

Wir hatten eine gute Fahrt hierher. Hadley und Bumby sind in bester Form. Hadley läßt Ada grüßen.

Schreib mir. Ich werde nicht noch einmal so ein blödes Durcheinander produzieren wie das hier. Schreib mir den letzten Klatsch. Wir vermissen hier sehr die Skandale. Der einzige Klatsch hier dreht sich um diesen Herrn Sten, dem man auf dem Mount Grappa in die Eier geschossen hat und dem man damals eine seiner interstitiellen Drüsen entfernte, und die andere wurde nach mehreren Operationen voriges Jahr auch noch entfernt. Inzwischen hat er geheiratet, aber keine Kinder, und ist dieses Jahr viel dicker geworden. Aber seine Stimme hat sich nicht verändert. Sie ist so tief wie immer. Was soll man davon halten?

Immer Dein
LC   Ernest Hemingway

1 »Ich habe EH in der ›[Closerie des] Lilas‹ im Sommer 1924 kennengelernt.« (Mac Leish an Carlos Baker, 9. August 1963.)

Dieser sowie alle folgenden Briefe an Mac Leish werden mit freundlicher Genehmigung der Library of Congress und Mr. Mac Leishs abgedruckt.

An F. Scott Fitzgerald

Schruns, ca. 24. Dezember 1925

Lieber Scott:

Habe die 400 [Dollar] an Deine Concierge geschickt. Du kannst sie für Dich behalten oder Harold Stearns geben. Dein Brief ist toll. Bin froh, daß jemand noch unorthographischer schreibt als ich.

Klar kenn ich Hank Wales. Der war mal Mixer in Goldfields, wurde dann irgendwie Journalist und kam 1918 rüber, als noch jeder Journalist überall arbeiten konnte; wurde, ich glaube bei einem Motorradunfall, fürchterlich zugerichtet, brachte sich dann selbst französisch lesen, schreiben und sprechen bei; er ist ein verdammt guter Journalist. Als ich ihn damals kennenlernte, konnte ich ihn nicht ausstehen, und jetzt bewundere ich ihn mehr als jeden anderen Journalisten, außer Bill Bird und Guy Hickok. Hank pflegte während der Friedenskonferenz erstaunliche und wunderschöne Berichte zu schicken, und eines Tages sagte Col. House zu ihm: »Wales, w o h e r beziehen Sie Ihre Fakten?« Hank hatte gerade die jugoslawischen Ölfelder an die Japaner verteilt oder so was. »Col. House«, sagt Hank. »Die ›Chicago Tribune‹ will keine Fakten. Sondern Neuigkeiten.«

Warum fragst Du nach Hank? Er hat keine angenehme Art, und wie er aussieht und was er tut, ist ungeheuerlich. Ich nehme an, ich mag ihn deshalb so sehr, weil er mich mag. Der ganze Tratsch über ihn von wegen Exmixer usw. ist vertraulich. Außerdem managte er Boxer.

Deine Bewertung der *I.-u.-Z.*-Geschichten ist sehr interessant. Wie es mir jetzt scheint, ohne sie wiederzulesen, finde ich sie erstklassig (*Großer 2-herziger. Indianerlager. 1. π und letzter π von Schonzeit. Soldaten zu Haus*). Mist, ich kann sie nicht einordnen. Warum hast Du *Mein Alter* ausgelassen? Das ist eine gute Erzählung, schien mir immer, wenn auch nicht das, worauf ich aus bin. Sie gehört in eine andere Kategorie, zusammen mit der Stierkampf-Geschichte und *Um eine Viertelmillion*. Die Sorte, die mir leichtfällt zu schreiben.

Katze im Regen handelt nicht von Hadley. Ich weiß, daß Du

125

und Zelda das immer gedacht habt. Als ich das schrieb, waren wir in Rapallo, aber Hadley war im 4. Monat mit Bumby schwanger. Der Hotelbesitzer war der aus Cortina d'Ampezzo, und der Mann und das Mädchen ein Harvard-Typ und seine Frau, die ich in Genua kennengelernt hatte. Hadley hat nie in ihrem Leben davon gesprochen, daß sie ein Kind haben wollte, weil ihr vom Arzt verschiedene Dinge erzählt worden waren, und ich – zwecklos, das alles zu erörtern.

Die einzige Erzählung, in der Hadley auftritt, ist *Schonzeit*, die eine fast wortgetreue Schilderung einer wirklichen Begebenheit ist. Dein Ohr ist schärfer, wenn Dich irgendein Krach aus der Fassung gebracht hat, ich meine meins, und als ich von dieser unergiebigen Angeltour zurückkam, habe ich diese Geschichte direkt und ohne Interpunktion in die Schreibmaschine geschrieben. Es sollte eine Tragödie über den Suff eines Bergführers sein, ich hatte ihn nämlich beim Hotelbesitzer – dem, der in *Katze im Regen* auftaucht – verpetzt, und der warf ihn raus, und da das die letzte Arbeit war, die er in der Stadt hatte, und da er ziemlich betrunken und sehr verzweifelt war, hat er sich im Stall erhängt. Zu dieser Zeit schrieb ich die Kapitel von *In unserer Zeit*, und ich wollte eine tragische Erzählung o h n e Gewalt schreiben. Deshalb habe ich die Hängerei rausgelassen. Das klingt vielleicht albern. Aber ich glaubte, die Erzählung brauchte das nicht.

H[arold] S[tearns] tut mir furchtbar leid, aber keiner kann etwas für ihn tun, außer ihm Geld geben und nett zu ihm sein. Da ist nichts zu machen. Keine Lösung. Und doch hab ich ihn gern. Vermutlich wie bei Hank, weil er mich mag.

Du kannst nichts für ihn tun, außer ihm Geld geben, und das hast Du getan; natürlich kannst Du das nicht als fortdauernde Verpflichtung auf Dich nehmen. Er lebt ganz und gar in seiner Phantasie. Der arme alte Bastard. Solche Leute tun mir immer schrecklich leid, besonders Lügner, Säufer, häßliche Huren usw. Typen, die es wert wären, tun mir nie sehr leid. Jedenfalls ist Schnorren nicht besonders spaßig. Ein Kerl, der sich zu Tode säuft, sollte sich nicht dauernd das Geld, mit dem er das tut, beschaffen müssen. Ich glaube wirklich, Harold hatte einen verdammt guten Kopf. Glaube aber auch, daß er ihn sich zerstört oder durch die Trinkerei völlig mit Fusel vernebelt hat. Du hast Deinen Teil für ihn getan. Gib ihm bloß nicht noch mehr Kohle. Aber laß ihn um Gottes willen nicht auf den Gedanken kommen, daß ich nicht mehr fest an ihn glaube. Denn man kann nichts mehr für ihn tun, und das ist ziemlich traurig, und ich könnte nicht mehr schlafen, wenn ich seine Gefühle verletzt hätte. Ich habe weiß Gott schon genug Scheiße gebaut, auf die ich zurückblicken muß, wenn ich nicht einschlafen kann; da brauche ich keine zusätzlichen Verzierungen mehr.

Das Ohr, auf das man geschlagen wird, ist (wie es im *Kämpfer* heißt) ein Stummel.

McAlmon ist ein Schweinehund, mit dem Verstand eines eingewachsenen Zehennagels. Ich habe es satt, den zu verteidigen. Er tut mir nur noch leid, aber verdammt wenig. Nachdem ich bei Dir mit ihm gesprochen hatte, lief er zwei Nächte lang herum und sprach davon, was für ein Schwein ich wäre, daß e r alles für mich getan hätte, mir zum Start verholfen usw. (d. h. er verkaufte eine ganze Auflage dieses lausigen kleinen Buchs und von *in our time* zu 15 Francs und 40 Francs das Stück. Ich bekam keinen Sou. Die einzigen Bücher, die er je verkauft hat von all den Büchern, die er herausbrachte), und ich täte nichts anderes, als die Leute gefühlsmäßig auszubeuten.

Ich habe den lausigen kleinen Zehennagelschnipsel 3 Jahre lang gegenüber jedem verteidigt, weil ich von seiner entsetzlich unseligen englischen Abmachung wußte usw. Aber jetzt hab ich's satt. Werde ein *Mr. und Mrs. Elliot*[1] über ihn schreiben. Vielleicht gibt das ja seiner Geschichte von der gefühlsmäßigen Ausbeutung eine Basis.

Scheine heute morgen in einer Stimmung zu sein wie Christi Leiden. Haben ein tolles Klavier für Hadley in ihrem Zimmer, und sie übt gerade. Gestern nacht habe ich Poker gespielt und zuviel Bier getrunken. 7 Flaschen. 158000 Kronen gewonnen. Macht etwa 2,35 Dollar.

Jedenfalls keine Schwulen in Vorarlberg.

Werde ausführlich über Dostojewski berichten.

Ich finde Mac Leishs und Murphys toll. Fitzgeralds auch.

Gott, ich hoffe, Zelda kommt in diesem Badeort[2] wieder in Ordnung. Schmerzen sind was Scheußliches. Es ist schrecklich, daß sie krank ist. Ich glaube, sie wird sich da unten im Süden bestimmt erholen, und Euch beiden wird es an der Riviera tausendmal besser gehen als in Paris. Ihr habt beide so verdammt gut ausgesehen, als Ihr letzten Herbst hochgekommen seid, und Paris ist Gift für Euch. Wir werden Euch auch dort sehen.

Gott, hätte ich bloß nicht soviel Bier getrunken. Werde aber doch Bumby für 80 000 Kronen ein Schaukelpferd kaufen. Die Geschenke werden prima dazu passen. Bitte, danke Scotty für Bumby.

Gestern und vorgestern hatten wir Föhn, dann regnete es, und jetzt ist es klar und kalt und der Schnee im Eimer.

Ich kaufe Dir 2 illustrierte deutsche Kriegsbücher. Die toll bebilderten kommen erst jetzt allmählich heraus. Eins über den Kampf in den Bergen an der italienischen Front, das andere über die Geschichte der württembergischen Artillerie. Schicke sie nach Frankfurt. Das Gebirgsbuch habe ich gesehen, ist einmalig. Wenn Du sie bekommst und die Bilder den deutschen Text überwiegen, besorg ich Dir noch mehr. Es soll noch eins über die Sturmtruppen herauskommen. Die Bilder vom Gebirge sind prächtig.

Wir sind nach Bludenz gefahren und haben uns einen Vortrag mit Filmen von Herrn Kapitänleutnant Mumm über die Schlacht am Skaggerrak angehört. Hätte Dir gefallen. Hadley konnte den Kapt. Leu. nicht ausstehen und war also ganz erschüttert. Er war ein furchtbarer Mann.

Eine Besprechung von *In unserer Zeit* in der »Chicago Tribune« sagt, das alles sei offensichtlich nicht fiktiv, sondern beschreibe einfach Passagen aus dem Leben eines jungen Chicagoer Autors. Gott, was für ein Leben muß ich geführt haben.

Lese grade *Peter Simple* von Capt. Marryat. Hab's seit meiner Kindheit nicht mehr gelesen. Großartiges Buch. Er hat 4 großartige Bücher geschrieben. *Mildmay or the Naval Officer. Midshipman Easy. Peter Simple* und *Snarleyyow or the Dog Fiend.* Als er älter war, hat er eine Menge Kinderbücher geschrieben, und die Leute haben das durcheinandergebracht. Du solltest *Peter Simple* mal lesen.

Wenn Du was über den Krieg lesen willst, lies eins von diesen ersten 3.

Morgen kommt Pauline Pfeiffer hierher. Sie bleibt über Weihnachten und Neujahr.

Ich weiß, es wird Dich freuen, im »N.Y. Herald« zu lesen, daß in Chalon-sur-Saône 2 Leute erfroren sind, da, wo Dir fast dasselbe passiert wäre. Gut, daß wir rechtzeitig dort weggekommen sind. Übrigens, wo zum Teufel ist Dein Auto?

Hadley, Bumby und ich senden Grüße und frohe Weihnachten an Zelda, Scotty und Dich.

Das hätte ein guter Brief sein können, wenn das Bier nicht gewesen wäre.

Wahres Ende der Geschichte, hatte Tripper (ich rede von *Eine sehr kurze Geschichte*) und nicht Gonorrhö, aber ich wußte nicht, ob man Tripper mit zwei p oder mit einem schreibt, und machte deshalb Gonokokken daraus. Den Teufel auch. Versuch es zu kriegen. (Dies ist ein Stück Slang, das ich hier unten erfunden habe.) Hoffe, Ihr habt tolle Weihnachten.

Immer Dein

Yogi Liveright

Schreibe bitte, auch bei 400 Dollar pro Brief. Werde auf 435 Dollar erhöhen, aber nicht besoffen werden beim Feiern. [auf dem linken Rand:] Weißt Du, was Österreich heißt? Das östliche Reich. Ist das nicht herrlich? Sag's Zelda.

PUL

1 Ursprünglicher Titel: *Mr. und Mrs. Smith*; die Erzählung war ein Angriff auf Mr. und Mrs. Chard Powers.

2 Salies-de-Béarn, französischer Kurort in den Pyrenäen, an dem sich Zelda im Januar 1926 aus Gesundheitsgründen aufhielt.

AN F. SCOTT FITZGERALD

Schruns, 31. Dezember 1925/1. Januar 1926

Lieber Scott:

Habe soeben folgendes Kabel von Liveright erhalten – Ablehnen *Sturmfluten des Frühlings* Erwarten geduldig Manuskript *Fiesta* Schreiben ausführlich –

Ich hatte sie in dem Brief, den ich ihnen mit dem MS geschickt hatte, darum gebeten, mir ihre Entscheidung zu kabeln. Ich habe es die ganze Zeit gewußt, daß sie es nicht veröffentlichen konnten und auch nicht wollten, weil es ihren gegenwärtigen Star und Bestseller Anderson verarscht. Jetzt in der 10. Auflage. Ich hatte das aber gar nicht im Sinn, als ich es schrieb.

Und doch gehe ich nur äußerst ungern durch diese Hölle, den Verleger zu wechseln usw. Außerdem sollte das Buch spätestens im Spätfrühling herauskommen. Das wäre am besten. Später wär's auch nicht schlecht, aber Frühling wäre ideal.

Mein Vertrag mit Liveright – nur ein Brief – besagt, daß sie als Gegenleistung dafür, daß sie mein erstes Buch auf ihre Kosten herausbringen usw., eine Option auf meine ersten drei Bücher beanspruchen. Falls sie von dieser Option, innerhalb von 60 Tagen nach Erhalt des MS zu veröffentlichen, keinen Gebrauch machen, verfällt sie; und falls sie von ihrer Option auf das 2. Buch keinen Gebrauch machen, verfällt sie für das 3. Buch. Also bin ich frei. Ganz gleich, was Horace sich in seinem Brief auch ausdenken mag.

Wie Du weißt, habe ich Maxwell Perkins versprochen, daß ich ihm, falls ich durch irgendeinen Zufall von Liveright loskommen sollte, die erste Chance geben werde.

Das wär's also.

Inzwischen ist Bradley (Wm Aspenwell) für Knopf an mich herangetreten.

Inzwischen habe ich folgenden Brief von Louis Bromfield. Lieber Ernest – Betreffend *Sturmfluten des Frühlings* erhielt ich heute einen Brief von Alfred Harcourt, der damit umgehend auf ein Schreiben von mir antwortete / ich hatte mir die Freiheit dazu genommen, nachdem ich mit Ihnen gesprochen hatte / hinsichtlich Ihres möglichen Verleger-Wechsels. Er ist sehr begierig, das Stück über Anderson zu lesen, und ist mit Ihren Sachen völlig vertraut – sowohl denen in den Zeitschriften als auch *In unserer Zeit*. In diesem Zusammenhang schreibt er: »Hemingway steht auf eigenen Füßen, und was er sagt, ist eigenständig. Ich sollte sagen, Jawoll Bruder, wir werden versuchen, dem jungen Mann so viel Ehre zu erweisen, wie er uns machen wird, und das ist beträchtlich viel. Sein Stück über Anderson würde ich gerne sehen. Das könnte ein ordentlicher Spaß sein, wenn es auch nicht allzu viel Geld für jeden von uns einbrächte. Hemingways erster Roman könnte die Welt erschüttern. [«]

Er ist außerdem bereit, Ihnen sobald Sie wollen einen Vorschuß zu zahlen, falls Sie das brauchen sollten, vorausgesetzt, daß Sie von Liveright frei sind und zu Harcourt wechseln wollen. Ich habe mich gefreut, eine so prompte und interessierte Antwort zu bekommen, obwohl das natürlich zu erwarten war. Usw.

Das wär's also.

Jedenfalls werde ich Dich und Max Perkins, dem ich ein Versprechen gegeben habe, nicht hintergehen.

Ich werde morgen vormittag Liveright drahten, er soll das Manuskript an Don Stewart im Yale Club, New York, schicken (einzige Adresse, die mir heute nacht einfällt) und per Kabel alle Vorschläge zusammenfassen, die er in seinem Brief machen könnte.

Entscheide Du, wie ich weiter vorgehen soll. Don kann ich drahten, er soll das MS an Max Perkins schicken. Du kannst Max schreiben und ihm erzählen, wie und warum Liveright es ablehnte und was Du davon hältst. *Fiesta* schreibe ich gerade um, und es ist verdammt gut. Es wird in 2–3 Monaten fertig sein, im Spätherbst oder noch später, wenn sie wollen.

Wie Du siehst, setze ich meine Chancen bei Harcourt aufs Spiel, indem ich das MS erst an Scribner schicke, und falls Scribner es ablehnen sollte, wäre das sehr schlimm, da Harcourt praktisch angeboten hat, mich unbesehen zu nehmen. Ich lehne eine sichere Sache ab und wähle Verzögerung und Risiko, bedaure das aber nicht wegen des Eindrucks, den ich von Maxwell Perkins gewonnen habe, auf Grund seiner Briefe und dessen, was Du mir über ihn erzählt hast. Außerdem habe ich Vertrauen zu Scribner's und würde gern mit Dir in einer Liste stehen.

Du bist jedoch ein wichtiges Rädchen im Getriebe, und ich bitte Dich daher nur ungern, einen Brief zu schreiben, da ich weiß, wie beschäftigt Du damit bist, weiter wegzureisen und alles.

Aber so ist die Lage.

Ich weiß nicht, was genau ich Bromfield schreiben soll. Vielleicht gibst Du eine Anregung. Sag Bromfield, der sich verdammt anständig benommen hat, auf alle Fälle nichts, und auch sonst niemandem in Paris, bis Du von mir hörst.

Ich werde Liveright morgen früh drahten (MS an Don Stewart im Yale Club zu schicken). Danach, wenn ich von Dir höre, kann ich Don drahten, das MS an Maxwell Perkins zu schicken. Schreib mir Scribners Adresse.

Heute ist Donnerstag. Dieser Brief wird (vielleicht) am Samstag bei Dir ankommen. Die auslaufenden Postschiffe sind am Dienstag die »President Roosevelt« und am Mittwoch die »Majestic« und die »Paris«. Schick Deinen Brief mit einer der beiden letzteren, dann kommt er am schnellsten an.

War den ganzen Tag auf einer langen Tour. Verdammt müde. Seit zehn Tagen Föhn. Der Schnee ist völlig zu Matsch geworden. Vermute, ich werde dieses Jahr wieder meine ganzen Tantiemenvorschüsse für Telegramme ausgeben. O ja. Dabei fällt mir ein, ich will 500 Dollar Vorschuß. Für die Kurzgeschichten habe ich 200 Dollar Vorschuß bekommen.

Gott, das ist ein gutes Gefühl, von Liveright los zu sein, nach den beunruhigenden Gerüchten, die mir von Fleischmann usw. mitgeteilt worden waren. Liveright soll bei seinem letzten Theaterunternehmen 50 000 Dollar eingebüßt haben. Hat die Hälfte vom Geschäft verkauft, die Modern Library verkauft usw. Sie sollten jemanden wie Ralph Barton oder [John] Held oder [Miguel] Covarrubias dafür gewinnen, die *Sturmfluten* zu illustrieren. Hat ungefähr 5000 Wörter mehr als Dons erste Parodie *Outline of History* [1921].

Also bis dann. Sicher verlasse ich mich wieder mal auf miese brutale Weise auf Deine Gutmütigkeit. Wie auch immer, nochmals bis dann und beste Grüße an Zelda und Dich von Hadley und

Ernest

Neujahrsmorgen PS: Wurde letzte Nacht unruhig und konnte nicht schlafen. Meinst Du, ich sollte nach N. Y. gehen? Dann wäre ich an Ort und Stelle und könnte die Dinge regeln, ohne daß zwischen jedem Vorschlag sechs Wochen vergehen. Stünde außerdem zur Verfügung, um irgendwelche Kürzungen an den *Sturmfluten* vorzunehmen oder zu besprechen. Falls Liveright an mir festhalten will, wie sein Kabel andeutet, könnte ich auch das klären. Außerdem könnte ich die Druckplatten von *In unserer Zeit* besorgen, für den Fall, daß ich den Verleger wechsle. Usw. Inzwischen muß ich noch mindestens 2 Wochen auf meinen neuen Reisepaß warten. Der alte ist am 20. Dezember abgelaufen. Den neuen habe ich am 8. oder 9. Dez. beantragt – dauert 5 Wochen, bis er kommt.

Also bis dann. Bumby ist ganz aus dem Häuschen, daß er eine neue Jockeymütze, Reitpeitsche usw. bekommt. Ich gehe heute los, um sie durch den Zoll zu holen.

Euch stets das Beste

PUL   Ernest

1926

Schruns, 2. Januar 1926

Lieber Ernest:

Ich schreibe nicht Lieber Ernest und Liebe Miss Moorhead,
weil Du von mir verlangt hast, ich solle nichts als die Wahrheit
schreiben, und sobald ich anfange, die Wahrheit in großen
Brocken von mir zu geben, werde ich immer sehr profan, um
nicht zu sagen obszön, denn ich habe eine Erziehung in der
unteren Mittelklasse genossen, und die macht mich verlegen,
wenn ich Ausdrücke wie Pferdescheiße an eine Dame
schreibe.

»This Quarter« kam heute morgen an. ES IST HERVORRA-
GEND. Sieht gut aus, liegt angenehm in der Hand, richtige
Sorte Papier, ordentlich gebunden, prächtiger Umschlag, Anhang separat gedruckt – wie es sein sollte –, und handwerks-
mäßig ein verdammt gutes Stück Arbeit. Und was seinen Inhalt
betrifft, so ist es die erste aufregende Zeitschrift, die ich seit
meinem 13. Lebensjahr, als ich auf das Erscheinen der Baseball-
Zeitschrift zu harren pflegte, gelesen habe. Das ist die reine
Wahrheit. Und Du weißt, ich lüge nicht, wenn ich Dir sage,
daß ich keineswegs über etwas in Begeisterung gerate, nur weil
da Sachen von mir oder über mich abgedruckt sind.

Die Gedichte sind das beste Bündel Gedichte, das ich je in
einer Zeitschrift gesehen habe. Ich wollte, Du hättest was von
Isador Schneider, Deinem neuesten irischen Dichter, und vom
seligen Mr. Eliot; Du könntest es einfach so lassen und es eine
Anthologie nennen. Dazu vielleicht noch eins von [William
Carlos] Bill Williams, eins von H. D., falls sie so was noch
schreiben kann, und etwa zwei Zeilen von Marianne Moore,

134

soviel ungefähr ist Marianne wert. Und bitte sie, daß die Verse auch von ihr sind.

Boyles, Knisters und Ethel Moorheads Prosa habe ich noch nicht gelesen. Werde später darüber berichten.

Joyce ist toll. Ich wollte schon immer gern wissen, worum es da eigentlich geht, aber ich mag Joyce pur, mit Orangensaft, mit Liffey-Wasser oder sonstwas.

McAlmon habe ich vor etwa einem Jahr gelesen, leider. Auch wenn er Mark Twain, Dickens usw. verarscht, habe ich es nie fertiggebracht, etwas von McAlmon zum zweitenmal zu lesen. Andererseits erinnere ich mich an alles, was ich je von McAlmon gelesen habe. Das ist die Wahrheit, nach der Du verlangt hast.

Rose et Noir schien mir unbedeutend, ob aufrichtig oder nicht aufrichtig, was soll's. Ich hoffe, es gefällt ihm in Amerika.

Blue Beard's Last Wife erinnerte mich unangenehm an all die italienischen Intellektuellen, die ich kannte, als ich ein kleiner Junge war. Aber wenn ich Linati sehen sollte, würde ich ihm sagen, es wäre eine merkwürdige und erstaunlich gut erzählte Geschichte, die, ich bin sicher, in der Übersetzung viel verliert. Wir Itaker lügen uns alle gegenseitig an.

Djunas [Djuna Barnes'] Erzählung hervorragend. Viel besser als die Perlmutter-Mädchen, von denen sie handelt. Warum hat sie Radiguet in der Geschichte nicht zu einem Schriftsteller gemacht? Ich glaube, wenn man schon Geschichten über wirkliche Leute schreibt – was nicht grade das Beste ist –, sollte man auch alles wahrheitsgetreu darstellen, außer der Telefonnummer. Ich denke, nur so ist man berechtigt, Erzählungen über wirkliche Menschen zu schreiben. McAlmon macht das ständig, und dann verschleiert er sie, um sie unkenntlich zu machen, und da er kein Künstler ist, verschleiert er sie meistens auch für den Leser. Aber trotzdem ist Djunas Erzählung ungeheuer gut.

Meine eigene Erzählung *(Der Unbesiegte)* habe ich zweimal gelesen. Als ich die Fahnen las, gefiel sie mir nicht. Ich fand, es sei eine gute Geschichte, als ich sie schrieb. Ich glaube nicht, daß ich jetzt über meine Sachen ins Schwanken und Zweifeln gerate, sondern glaube immer noch, daß es eine unheimlich viel bessere Geschichte ist, als meine berühmten Zeitgenossen sie schreiben können. Aber der Mist dabei ist, daß ich nicht mit meinen Zeitgenossen in Konkurrenz stehe, sondern mit der Uhr – die immer weiter tickt –, und wenn wir es irgendwie hinkriegen, unsere eigene besondere Uhr anzuhalten, ticken alle anderen Uhren immer noch weiter. Zum Beispiel hätte ich von den beiden viel lieber die Geschichte von Morley Callaghan geschrieben. Obwohl für ihn die Stierkampfgeschichte bei weitem die bessere sein wird. O Himmel, ich will so gut schreiben, und es macht mich sauer, zu denken, daß ich zu einer bestimmten Zeit glaubte, ich schriebe t a t s ä c h l i c h so gut, während ich offensichtlich in einer Krise steckte. Callaghans Geschichte ist ebenso gut wie die *Dubliners*.

Bill Williams habe ich noch nicht gelesen.

Ich finde, Du könntest Harriet Monroe sagen, sie solle mit weniger Wörtern zur Hölle fahren. Nach allem ist Harriet Monroe bloß ein unterbelichtetes vertrocknetes altes Weib, das eine tote Zeitschrift betreibt. Sie hat noch nicht eine Zeile Dichtung geschrieben und könnte es auch nie. Wenn sie zur Eröffnung der Weltausstellung die Kolumbus-Ode geschrieben hat und von sich denkt, sie sei eine schöne weißgestärkte junge Dichterin gewesen – na und. Na und? Ich habe sie einmal in meinem Leben gesehen, das war in Paris, und wenn ich nicht ein bißchen betrunken gewesen wäre, hätte sie mir so leid getan, daß ich mein Essen nicht runterbekommen hätte.

Was Yeats betrifft, so sind er, Ezra und Anonymus meine Lieblingsdichter. Wenn Yeats nicht tolle Gedichte geschrieben hat, dann hat es nie jemand getan und wird es nie jemand tun. Natürlich halte ich das Ding, das Du von ihm zitiert hast, für lausig, aber das ist, als ob man Walter Johnson [Baseballspieler] nach einem einzigen seiner Schläge beurteilen würde. Das mystische Zeug von Yeats konnte ich nie lesen, auch nicht seine Stücke oder Stückchen, noch sonst was von dieser Sorte. Ich finde, seine *Memories* – die im »Dial« gelaufen sind – sind großartig.

Wenn man sagt, man sei der größte lebende Kenner von Gedichten usw., dann ist das pure Pferdescheiße. So und nicht anders sollte man es nennen, wenn wir so was behaupten, denn wir neigen alle dazu, so zu werden, und Außenstehende wissen nicht, daß wir nur ein bißchen Lärm machen und Sachen herunterputzen, von denen wir eigentlich wollen, daß sie an sie glauben. Vielleicht ist man der größte lebende Kenner von Gedichten. Aber wenn man das ist – – – soll man es um Himmels willen nicht sagen. Als Amerikaner hätte ihm was Besseres als diese Dummheit einfallen können.

Diesen Grundsatz beherzigend, darf ich mich nur maßvoll zu Deiner Besprechung von *In unserer Zeit* äußern, aber, Himmel, ich finde, es ist eine tolle Besprechung, und ich hoffe nur, ich werde einmal so schreiben können, wie Du sagst, daß ich schreibe. Du wirst mit Sicherheit noch ein verdammt guter Prosaschriftsteller. Hadley möchte wissen, wo Du das über mich und das jüdische Mädchen herausgefunden hast? Das war der Familie lange Zeit ein Dorn im Auge. Sehr interessant, was Du über [Emanuel] Carnevali geschrieben hast. Zuviel Geboxe am Anfang der Rezension von McAlmons *Distinguished Air*. Bin der Meinung, drei der Geschichten in diesem Buch und *Village* sind das, was Mac als Beglaubigungsschreiben vorzeigen kann, vielleicht auch noch zwei Erzählungen aus *A Hasty Bunch*, falls je einer seine Sachen unparteiisch rezensiert. Das Dumme bei Mac ist, daß er so falsch beurteilt wird und verleumdet worden ist und sich so viele Feinde geschaffen hat, meist in Sauf- und Kotzstimmung, daß er nie eine unparteiische Kritik erhält. Jeder, der seine Sachen mag, weiß, daß er von den Rezensenten viel zu oft hochgepriesen worden ist, und die anderen treiben es in entgegengesetzter Richtung noch schlimmer. Was ihm nicht das geringste nützt.

Wenn Du sagst, Mac sei besser als Mark Twain, hast Du insofern recht, als Mark Twain riesige Mengen wertlosen Zeugs geschrieben hat. Er hat aber auch eine, und nur eine einzige, wunderbare Sache geschrieben – *Huck Finn*. Und wenn Du jetzt Lust dazu hast, lies *Huckleberry Finn*, bei Gott, lies es, so wie ich es vor nur rund drei Monaten wiedergelesen habe, nicht irgendwas anderes von Mark Twain, sondern *Huckleberry Finn*; die letzten paar Kapitel sind bloß angehängt worden, um es fertigzumachen, von Howells oder sonstwem. Die Geschichte ist da zu Ende, wo Jim, der Nigger, gefangen wird und Huck sich allein wiederfindet und sein Nigger weg ist. Das ist der Schluß.[1] Also lies *Huckleberry Finn*, und wenn Du dann, ganz ehrlich Dir selbst gegenüber, wirklich findest, daß irgend etwas, oder alles, was McAlmon geschrieben hat, es verdient, im selben Zimmer, Haus, Ort, Kontinent oder Magazin im Zusammenhang mit *Huckleberry Finn* erwähnt zu werden, werde ich mit dem Schreiben aufhören, denn wenn so was möglich wäre, hätte das Schreiben nicht mehr den geringsten Sinn. Ich meine das ernst. Ich habe nichts dagegen, daß Du prächtige und kolossale Behauptungen aufstellst, um Deinen Freunden zu helfen, aber unter uns, vertraulich, würde ich gern wissen, wie Du dazu stehst. Ich lege nämlich ziemlich großen Wert auf *Huck Finn*, und das bedeutet nicht, daß ich Mac nicht für einen überaus achtbaren Virtuosen halte und, falls er kein Geld hätte, jeder Art finanzieller Unterstützung würdig.

Deine Liste der nicht empfehlenswerten Kneipen und Ärzte ist großartig. Ich werde Dir alle Deine Post nachschicken, wenn Du Dich vor den Verleumdungsklagen aus dem Staube machen solltest. Diesen Brief habe ich postwendend an Clarke weitergeleitet. Hoffe, der bringt die Sache ins Rollen.

Den Kommentar unter Aldingtons Brief finde ich geschmacklos, denn er hat sein Bestes getan, das Beste, was ein brit. Rezensent tun kann, er hat einen tollen Brief über Ezra geschrieben, völlig unparteiisch, nur um Gutes zu bewirken. Ich habe seinen Brief bewundert.

Der [George] Antheil-Anhang eine tolle Idee. Das Beste, was man für einen Künstler tun kann. Für einen Künstler kann man nur zweierlei tun. Ihm Geld geben und seine Sachen zeigen. Das sind die beiden einzigen unpersönlichen Bedürfnisse. Die Musik ist hervorragend wiedergegeben.

Bumby ist sehr stolz auf sein Bild in der Zeitschrift. Sagt: »Vla Petit Jean dans le neige et papa.« Avec hat er noch nicht gelernt.

Also ich könnte tagelang so weiterschreiben und weiß nicht, welches größere Kompliment ich »This Quarter« machen könnte. Es ist eine feine Zeitschrift. Eine verdammt feine Zeitschrift.

Obwohl ich katholisch bin, habe ich Märtyrer oder Heilige nie besonders verehrt. Mac wird zum Märtyrer gemacht, weitgehend durch seine eigene Schuld, aber nicht weniger durch den Druck der Welt, der stark ist, und Du bist zur Zeit damit beschäftigt, Mac zu einem Heiligen zu machen. Eine der guten Seiten der Kirche ist es, korrigiere mich, wenn ich unrecht habe, daß sie eine bestimmte Frist festlegt, bevor wir Heilige werden können. Für einen richtigen Heiligen macht das keinen Unterschied, ebensowenig wie es für einen Mann, wenn er wirklich eine Heldentat vollbracht hat, einen Unterschied macht, ob er einen Orden bekommt oder nicht. Aber das schließt viele [Theodore] Roosevelts und [Woodrow] Wilsons aus. Andererseits natürlich läßt es Leute wie Jeanne d'Arc zu, die der letzte Dreck waren, es aber nach ihrem Tode zu einer phantastischen, großangelegten Publizität brachten. Trotzdem ist es eine gute Regel. Und es scheint mir tausendmal wichtiger, die Leute einer ordentlichen unparteiischen, ehrlichen Kritik zu unterziehen, als zu versuchen, sie bereits hier auf Erden heiligzusprechen.

Und schließlich glaube ich nicht, daß gute Schriften oder gute Dichtung irgend etwas mit unserem Zeitalter zu tun haben – das ist scheißegal.

Und so stelle ich mir Dichtung vor –

> O western wind, when wilt thou blow
> That the small rain down can rain?
> Christ, that my love were in my arms
> And I in my bed again!

irgendwo aus dem 16. Jahrhundert
und Andy [Andrew] Marvells *To His Coy Mistress* irgendwo im 17. Jahrhundert
und dieses anonyme, gottweißwann geschriebene

> As I was walking all alane
> I heard twa corbies making a mane:
> The tane unto the tither did say,
> 'Whar shall we gang and dine the day?

– – – In behint yon fane dyke
I wot there lies a new-slain knight;
and naebody kens that he lies there
But his hawk, his hound, and his lady fair.

His hount is to the hunting gane,
His hawk to fetch the wild-fowl hame,
His lady's ta-en anither mate,
Se we may mak our dinner sweet.[2]

Ach was, Du kennst den Rest vermutlich genausogut wie ich.
Für mich stellt sich die Frage nicht, ob Keats und Shelley be-
deutend gewesen sind und wir uns seither verändert haben
und eine andere Art von Größe brauchen. Swinburne, Keats
oder Shelley habe ich nie lesen können. Als Kind habe ich es
versucht und ihre kunstvolle Falschheit schlicht als peinlich
empfunden. Aber wirkliche Dichtung, wahre Dichtung, hat es,
gereimt und ungereimt, zu allen Zeiten und in allen Ländern
immer nur sehr wenig gegeben – Das ist wieder mal eine kühne
Behauptung. Von allen Ländern usw. habe ich ja gar keine
Ahnung. Ich kann nur sagen, daß ich glaube, es hat schon
immer gute Dichtung gegeben, und mit etwas Glück wird es
immer ein wenig davon geben. Wenn auch nicht gerade sehr
viel. Und ich denke, Du machst als Dichter Fortschritte wie
der Teufel. Und ich halte Ethel Moorheads Porträt von Carnevali für gelungen. Jetzt weiß ich, wie Carnevali aussieht.
    Das ist viel zuviel für jetzt. Du hast verdammt gute Arbeit
geleistet – Ihr alle beide. Hadley läßt grüßen, sie sagt, sie sei
von Deinen neuen Gedichten begeistert.

                          Viel Glück. Immer Dein Ernest.

[auf der Rückseite:] War schon wieder krank. 5 Tage im Bett.
Hals zugeschwollen. Die alte Sache. Stehe morgen auf. Macht
mein Herz fix und fertig. Werde mir wohl den Hals noch mal
in N. Y. operieren lassen. Ist einfach verflucht lästig. Du bist
krank, schreibst aber nie so. Wenn ich 2 Tage im Bett bin,
werde ich trübsinnig wie Hiob.

UVA   Ernest

140

1 Vgl. eine ähnliche Stelle in *Die grünen Hügel Afrikas*.
2 *The Twa Corbies* war EHs Lieblingsballade aus dem Mittelalter. Er hatte mehrfach mit dem Gedanken gespielt, *A New-Slain Knight* (Ein eben erschlagener Ritter) als Titel zu benutzen, es aber nie getan.

AN F. SCOTT FITZGERALD

Paris, ca. 20. April 1926

Lieber Scott:

Bekam einen Brief von Curtis Browne, daß Jonathan Cape *In unserer Zeit* herausbringen und 25 Pfund Vorschuß und (10% und 3 D pro Exemplar) für die Rechte für das Britische Weltreich ausschließlich Kanada zahlen wird. Liveright wollte ihnen die Bogen nicht verkaufen – sie setzen es jetzt selber ab.

Curtis Browne wird mein kontinentaler und britischer Agent sein; sie sagen, sie feilschen gerade mit einem deutschen Verleger, der *I. u. Z.* haben will.

Die Fahnen der *Sturmfluten* habe ich vor etwa einer Woche an Scribner's zurückgeschickt. Sehen sehr gut aus.

Fiesta ist fertig und vom Abschreiben zurück, 1085 Francs Kosten. Also werde ich's wohl abschicken. Ich hab es auf ungefähr 90000 Wörter gekürzt. Möchte folgende Widmung drin haben

FÜR MEINEN SOHN
John Hadley Nicanor
diese Sammlung lehrreicher Anekdoten

Ich hoffe sehr, daß es Dir gefällt. Du wirst es im August sehen. Ich glaube, es ist wohl ziemlich interessant. Später – es wird Dir nicht gefallen.

Chink [E. E. Dorman-Smith] ist für 2 Wochen in der Stadt. Er und ich werden Ende Juli von Saragossa aus durch die Pyrenäen Richtung Andorra wandern.

Ich hatte eine scheußliche Erkältung. Bin sehr gesellig gewesen und hab's verdammt satt. Weißt Du irgendwas über das Mädchen [Beatrice Ames], das Don heiratet? Wir gehen am 12. Mai nach Spanien. Hadley spielt sehr gut Klavier. Wie weit bist Du mit Deinem Buch. Schreib mir. Rousseau fragt auf der

Bank nach Dir. Er hat uns zum Essen eingeladen. Sind hingegangen. Waren an 5 von den 6 Tagen beim Radrennen. War toll [ein Wort unleserlich], gingen mit Chink und vielen Generälen usw., um Sandhurst Saint Cyr spielen zu sehen. Ich habe gerade Deinen Brief vor mir, und [Ernest] Walshs Gedicht oder sein Orgasmus in der Hose oder wie man das nennen soll brachte mich wieder zum Kotzen, als ich es auf dem Umschlag sah. Aber anders als der Hund, der zu seiner Kotze zurückkehrt, habe ich den Umschlag zerrissen – ebenso wie ich das Originalgedicht herausgerissen und »This Quarter« weggeworfen habe, nachdem ich meine Erzählung herausgerissen hatte, um sie zu behalten.

Archie Mac Leish habe ich, weil er in Persien ist, nicht gesehen. Bromfield einmal. Freut mich zu erfahren, daß Du verbittert bist, da ich der Meinung bin, daß das die literarische Produktion stimuliert.

Freut mich zu hören, daß Du weiter blickst als [Booth] Tarkington. Schade zu hören, daß Du nicht so weit blickst wie Hemingway. Wie weit blicken die französischen Frauen?

Freue mich sehr, wenn Du Kritik als Pferdescheiße betrachtest, aber ohne den angenehmen Geruch von Pferdescheiße oder ihre Nützlichkeit als Dünger. »Bookman«[1] habe ich nicht gesehen. Trotzdem danke ich Dir für die geleisteten Dienste. Keine neuen Romane gesehen außer *Gents Prefer*[2], das mir wie ein zweitklassiger Lardner und sehr dämlich vorgekommen ist. Perkins hat [John W.] Thomasons Buch geschickt, das mir sehr unreif schien. Ich hatte gedacht, es wäre viel besser. In den 100 Jahren der Kreuzzüge hat es nicht so viel Kampf Mann gegen Mann gegeben. *Sherwood Andersons Notebook*[3] habe ich nicht gesehen, obwohl ich glaube, das sollte ich, damit ich wieder eine Menge neuer Ideen bekomme.

Um eine Viertelmillion ist, soweit ich weiß, in den Händen eines Agenten. Die 250, die ich hätte haben können, wenn ich es für »Scribner's« [Zeitschrift] gekürzt hätte, könnte ich gut gebrauchen. Das Schreiben ekelt mich an, aber da ich mir aus nichts anderem so viel mache, werde ich weiterschreiben.

Aus Paul Nelson könntest Du eine gute Geschichte machen, wenn Du irgend etwas darüber wüßtest.

Ich bin ungeheuer froh, daß Du das Geld für die Filmrechte von *Gatsby* bekommen hast. Damit und mit Gatsby in Person im »Ambassador« solltest Du in der Lage sein, einen guten Roman zu schreiben, wo jetzt der Franc auf rund 30 steht. Vielleicht kriegst Du eines Tages den Nobelpreis. Glaube, er ist noch nie an einen Amerikaner verliehen worden. Ich empfehle Mr. Walsh, daß er Dir die 2000 Eier von »This Quarter« geben soll, und ich habe mich gerade mit meinem Anwalt beraten, um Dich als meinen Erben einzusetzen.

Also sorg Dich nicht ums Geld.

Chink sagt, er würde Dir auch Bellamont Forest[4] überlassen, wenn Du wolltest. Pauline Pfeiffer sagt, Du könntest ihren Job bei [der Zeitschrift] »Vogue« übernehmen. Ich habe Scribner geschrieben, er soll meine ganzen Tantiemenschecks an Dich schicken.

Es macht nichts, wenn Du G[erald] Murphy von der Stierkampf-Sache erzählst, ich würde nur vorsichtig sein mit solchen Angaben. Habe mich nicht auf den Mumm bezogen, sondern auf was anderes, den Anstand unter Druck. Mumm hat noch nie jemanden reich gemacht, außer Champagnerherstellern.

Dein Freund Ring [Lardner] ist durch Mangel an Intelligenz, Mangel an jeglichem ästhetischen Verständnis, eine schreckliche Bedrücktheit und Bitterkeit behindert. Schon eins allein davon wäre für jeden Schriftsteller eine furchtbare Last, ganz gleich, wie talentiert er ist. Natürlich ist er 100mal intelligenter als die meisten amerikanischen Schriftsteller.

Bumby hat Keuchhusten. Hadley hatte über 6 Wochen lang einen scheußlichen Husten. Ich vermute, sie schieben das immer zwischen sich hin und her.

Wir gehen am 12. Mai nach Spanien. Wenn Bumby dann noch nicht gesund ist, fahre ich vor, und Hadley kommt später. Ende Sept. gehen wir in die USA. Im August nach Antibes. Dort werde ich eine Abschrift von *Fiesta* haben und würde Deinen Rat oder so was darüber willkommen heißen. Niemand hat bis jetzt sehr viel davon gelesen. Falls Du beunruhigt bist, es ist kein Buch mit Anekdoten – noch ist es ähnlich geschrieben wie [Dos Passos'] *Manhattan Transfer* oder [Andersons] *Dark Laughter*. Ich habe versucht, dem Plan und dem Geist des Großen Gatsby zu folgen, finde aber, daß mir das ziemlich danebengegangen ist, denn ich bin noch nie auf Long Island gewesen. Der Held ist, wie Gatsby, ein Lachsfischer vom Oberen See. (Im Oberen See gibt es keine Lachse.) Die ganze Handlung spielt in Newport, R. I., und die Heldin ist ein Mädchen namens Sophie Irene Loeb, das seine Mutter umbringt. Die Szene, in der Sophie im Todeshaus von Sing Sing Zwillinge zur Welt bringt, wo sie wegen des Mordes an Vater und Schwester ihrer damals noch ungeborenen Kinder auf ihre Hinrichtung auf dem elektrischen Stuhl wartet, habe ich von Dreiser, aber praktisch alles andere in diesem Buch ist entweder von mir oder von Dir. Ich weiß, Du wirst Dich freuen, es zu sehen. *The Sun Also Rises*[5] stammt von Sophies Bemerkung, als sie im Stuhl angeschnallt ist und der Strom eingeschaltet wird.

Also warum nicht schreiben?

Grüße an Deine ganze Familie
Herbert J. Messkit.

PUL

1 In *How to Waste Material*, in »Bookman« 63 (Mai 1926), lobt Fitzgerald EH in ganz ungewöhnlichem Ton.

2 *Gentlemen Prefer Blondes* von Anita Loos.

3 *Sherwood Anderson's Notebook*, Essays und Skizzen (1926).

4 Dorman-Smith' Stammsitz in Cootehill, County Cavan, Irland.

5 Der englische Titel von *Fiesta*, nach einer Stelle im Alten Testament, Prediger Salomo I, 5.

AN MAXWELL PERKINS

Paris, 24. April 1926

Sehr geehrter Mr. Perkins:
Ich schicke heute *Fiesta* an Sie ab. Es wird wahrscheinlich viel günstiger für Sie sein, wenn Sie es haben, dann können Sie damit weitermachen, und ich kann es in den Fahnen noch überarbeiten. Derjenige, der das MS liest, wird noch eine Menge

kleinerer Fehler herausholen müssen, bevor es zum Drucker geht – falsch geschriebene Wörter, falsche Interpunktion usw. Ich möchte das MS mit den Fahnen zurückhaben.

Die drei Zitate am Anfang würde ich gerne gesetzt sehen. Das letzte streiche ich vielleicht.

Jonathan Cape bringt *In unserer Zeit* heraus. Sie setzen und drucken es selbst. Curtis Brown schreibt mir, Mr. Liveright habe sich vor einigen Monaten geweigert, ihnen die Druckbogen zu verkaufen. Heute kam der Vertrag. Sie bekommen die Rechte für das Britische Weltreich ausschließlich Kanada und zahlen mir 10% Tantiemen. Vorschuß 25 Pfund.

Curtis Brown hat ihnen das Vorkaufsrecht für die *Sturmfluten* und für *Fiesta* eingeräumt. Vorschüsse und Bedingungen dafür sollen ausgehandelt werden, wenn und falls sie veröffentlicht werden. Das schien mir gerecht, da sie ja *In unserer Zeit* neu setzen. *Sturmfluten* wäre in England vermutlich sinnlos, und es würde nicht fair erscheinen, wenn sie mit dem Roman eine Chance verpaßten. Ich glaube, Sie sagten, ich hätte die britischen und die Auslandsrechte. Ich halte Jonathan Cape nicht für das beste Verlagshaus in England, aber das schlechteste ist es auch nicht.

Vor ein paar Tagen erhielt ich einen langen Brief von Scott, er schreibt, er habe sein Buch angefangen, sehe niemanden, trinke nicht und arbeite hart. Er schrieb, er hätte 15 000 Dollar für irgendwelche Filmrechte bekommen, und das würde sie, zusammen mit anderen Dingen, wahrscheinlich bis Weihnachten am Leben erhalten. Seine prekäre Finanzlage hat mich sehr berührt, und ich habe ihm gesagt, daß ich, wenn er Geldsorgen hätte, Ihnen schreiben würde, daß Sie meine ganzen Tantiemen direkt an ihn in der Villa Paquita, Juan-les-Pins, A. M., schicken sollten.

Arbeite an ein paar Erzählungen. La Navire D'Argent hat vor einigen Monaten eine Übersetzung einer 15 000-Wörter-Erzählung von mir veröffentlicht, und verschiedene Franzosen sind sehr begeistert gewesen und haben übertriebene Erklärungen dazu abgegeben, so daß sie sie jetzt alle haben wollen und ich einen schönen französischen Markt habe (in Francs). Werde für die Reinkarnation Prosper Mérimées gehalten, den ich nie gelesen, aber immer für ziemlich schlecht gehalten habe. Das Gute daran ist, ein beliebter französischer Schriftsteller zu sein wie Mérimée und ich, und nicht ein importierter großer amerikanischer Name. Ich glaube, die großen Namen müssen den Übersetzer bezahlen, was mir, wenn das Gesetz von Angebot und Nachfrage noch gilt, geschäftlich nicht vorteilhaft vorkommt.

Es hat mir sehr leid getan, daß Capt. Thomasons Buch mich enttäuscht hat. Da waren irgendwie zu viele Bajonette drin. Wenn man ein Buch schreibt, das nicht romantisch ist, und wenn das einer seiner größten Vorzüge ist, dann ist es eine Schande, beim Thema Bajonette so schrecklich romantisch zu werden. Das Bajonett ist ein feines, romantisches Ding, aber die Tatsache, daß es an einem Gewehr befestigt wird, was ein ebenso feines und praktisches Ding ist, beschränkt seinen Gebrauch in den Händen eines jeden praktischen Mannes, der außerdem vermutlich noch mit Granaten bewaffnet ist, auf ein rein dekoratives Morden – womit ich nicht sympathisiere. Das meiste darin ist vortrefflich, und der Stil ist oft hervorragend. Nur dieses kleine journalistische Etwas war enttäuschend. Wenn man so viel von der Wahrheit spricht, kann man es sich nicht leisten, etwas Unwahres zu sagen, weil das den Geschmack verdirbt. Ein wenig Arthur Guy Empey [Autor von *Over the Top*] wirkt ungeheuer vergiftend. Es läßt einen allerdings erkennen, was für ein ungeheuer gutes Buch [Thomas Boyds] *Through the Wheat* war. Ich habe gehört, es gibt ein gutes neues Buch über den Krieg, mit dem Titel *Toward the Flame* [von Hervey Allen]. Haben Sie es gelesen? Nachdem ich *Krieg und Frieden* gelesen hatte, kam ich zu dem Schluß, daß man kein Buch mehr über den Krieg zu schreiben brauchte, und das meine ich immer noch.

Dies ist ein langer geschwätziger Brief, aber wenn er gleichzeitig mit *Fiesta* (der Katze, die Sie im Sack gekauft haben) eintrifft, werden Sie wahrscheinlich so beschäftigt damit sein, die Katze zu lesen, daß es nicht besonders wichtig sein wird, was dieser Brief sagt – ist es auch nicht.

Mit besten Grüßen
Ernest Hemingway

PUL

146

An F. Scott Fitzgerald

Lieber Scott:

Schreibst Du nicht mehr? Wie geht's Dir? Ich habe eine Erzählung beendet – eine kurze – und werde sie morgen an Scribner's schicken. Donnerstag in einer Woche gehen wir nach Spanien. Maxwell Perkins schreibt, daß die *Sturmfluten* spätestens am 21. Mai herauskommen werden. *Fiesta* habe ich ihm vor etwa 10–12 Tagen geschickt. Hier hat es seit 3 Wochen jeden Tag geregnet. Fühle mich verdammt niedergeschlagen. Habe seit langem weder Bromfields noch Edith Wharton, Comrade Bercovinci [Konrad Bercovici] noch sonst einen von der kleinen literarischen Kolonie gesehen. Vielleicht gibt es in Madrid eine literarische Kolonie.

Dotty Parker, Les [Mr. und Mrs. Gilbert] Seldes und Seward Collins – Du erinnerst Dich an den Mann, der Lincoln erschossen hat – waren alle in Spanien und konnten es natürlich nicht ausstehen.

Murphy kam gest. an, und es ist nicht Dos, der heiratet. Es ist Don. Wenn ich Dos gesagt habe, war das ein Fehltritt der Tinte. Ich werde diese Tinte wegschütten. O Himmel, das Wetter ist so mies, und ich fühle mich zu niedergeschlagen zum Schreiben. Wärst Du doch bloß mit den Murphys mitgekommen – seit Monaten habe ich keinen Menschen mehr zum Reden oder Scheißelabern gehabt. In Spanien kann ich natürlich überhaupt nicht reden – mich erwarten 3 Mon. Zuhören und Zeitunglesen.

Schreib mir. Nie bekomm ich Briefe. Wie fühlst Du Dich? Arbeitest Du wirklich an Deinem Roman? Stimmt es, daß Du meine große Todeshaus-Szene klaust? Stimmt es, daß Du durch Alkoholvergiftung blind geworden bist und Dir Deine Bauchspeicheldrüse hast herausholen lassen müssen? Ich habe soeben 200 000 Francs gespendet, um den Franc zu retten. Harold Stearns spendet denselben Betrag.

In ein paar Minuten werde ich ausgehen und mich tierisch besaufen.

Grüße an Deine ganze Familie. Dein Ernest

PUL (Gott, was für ein Name)

Madrid, ca. 20. Mai 1926

Lieber Scott:

Hat mich gefreut, von Dir zu hören und zu bemerken, daß Du Dich trockengelegt hast. Bedaure, daß mein Brief großmäulig war – so hab ich das nicht gemeint. Du hattest mal gesagt, wie wenig Du von kritischen Artikeln hieltest, wenn sie nicht einem praktischen Zweck dienten, und ich habe bloß zugestimmt. Das war alles, was das mit den geleisteten Diensten bedeuten sollte. Du wirst Hadley heute sehen. Könnte ich das doch auch. Madrid ist schön, kalt und trocken, mit ganz hohem Himmel und Massen von Staub, die einem um die Nase wehen – oder mir in die Nase. Corrida heute von den Tierärzten abgesagt, sie wollten die Stiere nicht freigeben (sic), weil sie zu klein und krank seien. Ich war dabei, als sie sie ablehnten und es war eine Ansammlung von Tieren, die Harold Stearns besoffen mit einem Klappmesser hätte umlegen können. Hat Ford nicht gesagt, ich schriebe ein großartiges Englisch? Morgen haben sie hier einen Kerl aus Sevilla, der Tripper hat – einen hiesigen Jungen (den Gilbert Seldes bewundert hat, wenn Dir das was sagt), einer der miserabelsten Stierkämpfer der Welt – heißt Fortuna –, und ich könnte genausogut – nein, tausendmal lieber Dich in Juan-les-Pins besuchen. Den großen Kampf am 13. habe ich – natürlich – verpaßt – heute ist abgesagt – morgen ein Haufen Krüppel, und Montag könnt's einen guten geben.

[H. L.] Mencken ist nobel, in Ordnung. Hätte ich bloß Deinen Brief zum Beantworten hier. Herschel Brickell ist in Paris. Er hat die *Sturmfluten* gelesen und war begeistert davon. Falls das was zu sagen hat. Privat ist er jedenfalls ein netter Bursche. Seldes ist's bestimmt – nichts über Seldes. Wir haben [Seldes] und eine Menge anderer 2.-Klasse-Passagiere bei Noel Murphy getroffen, zu dem wir durch 2 Rohrpostbriefe, 2 Telegramme und einen persönlichen Anruf eingeladen worden waren. So viele 2.-Klasse-Passagiere habe ich nicht mehr gesehen, seit ich auf der »Mauretania« rübergekommen bin [Februar 1926].

Meine spanischen Freunde will ich nicht besuchen, weil ich

dann Spanisch sprechen müßte, falls ich es überhaupt könnte; möchte herumreisen und würde gerne arbeiten. Ja, was Du über diese allgemeinen Bemerkungen zu Ring gesagt hast, stimmt. So was ist alles Humbug. Bei Paul Nelson hast Du Dich geirrt – sehr sehr geirrt. Ich habe auf eine ganz spezielle, aufregende und dramatische Geschichte angespielt, von der Du nichts weißt. Kein Skandal. War aber auch nicht so, daß dem einfältigen ungebildeten jungen Schriftsteller von dem aalglatten irischen Chamäleon das Fell über die Ohren gezogen worden ist, wie Du annahmst. Das ist nicht arrogant. Warum zum Teufel sollten wir beim Schreiben mit der Wahrheit hinterm Berg halten?

Es freut mich ungeheuer, daß Dein Buch gut geht und daß es so prima ist. Ich meine es aufrichtig. Freue mich darauf, von Max Perkins zu erfahren, was sie von *Fiesta* halten. Das ist so offensichtlich k e i n e Sammlung lehrreicher Anekdoten und eine dermaßen traurige Geschichte – und auf keinen Fall sollte ein Kind sie lesen –, und das einzige, was man daraus lernen kann, ist, wie Leute zur Hölle fahren (klingt das nicht schrecklich, höre ich Dich sagen), daß ich es für ziemlich spaßig gehalten habe, es Bumby zu widmen – wenn Du recht hast, werde ich das mit den Anekdoten weglassen –, aber ich werde es ihm aus Gründen widmen, die einleuchten werden, wenn Du das Buch liest; und auch aus einem anderen Grund. Ich habe einen Durchschlag bei mir, und Du kannst ihn in Juan-les-Sapins[1] lesen, falls die Fahnen bis dahin noch nicht gekommen sind.

Die 2 Flaschenbrüder haben Portwein getrunken, und am besten waren 3 [Flaschenbrüder], aber ich meine, daß es kleine Flaschen waren. Hast Du mal den Artikel in der Encyclopaedia Brit. über Rasentennis in Amerika gelesen? In der Encyclopaedia Brit. gibt es viel mehr Lachse als im Oberen See. Außerdem ist das egal, denn sieh Dir Shakespeare an mit seiner Küste der Tschechoslowakei usw. »Nouvelle Revue Française« wird im Juli oder August *Um eine Viertelmillion* unter dem Titel *Cinquante Grosse Billettes* veröffentlichen.

Keine Neuigkeiten hier. Schreib mir, und ich schwöre bei Gott, daß ich nächstes Mal einen guten Brief schreiben werde. Ich weiß, dieser ist miserabel, aber ich bin schrecklich einsam.

Beste Grüße an Zelda. Hadley wird Euch alle ausführlich grüßen.

Immer Dein Mitarbeiter für die Clean Books Bill[2].

Ernest M. Shit.

1 Vermutlich ein Scherz. Sapins = Tannen.

2 Die sogenannte Clean Book Bill (Gesetz, das für »saubere« Bücher sorgen sollte) wurde im Winter 1925/26 von Dr. W. L. Love in die New Yorker Gesetzgebung eingeführt und vom Ausschuß am 19. März 1926 für nichtig erklärt.

An Sherwood Anderson

Madrid, 21. Mai 1926

Lieber Sherwood:

Letzten Herbst haben Dos Passos, Hadley und ich eines Mittags zusammen gegessen, und ich hatte gerade *Dark Laughter* an Dos ausgeliehen. Er hatte es gelesen, und wir sprachen darüber. Nach dem Essen ging ich zurück ins Haus und fing mit diesen *Sturmfluten des Frühlings* an; habe sieben Tage hintereinander daran geschrieben.

Du hast gesagt, in bezug auf *Many Marriages* sei ich völlig im Unrecht, und ich habe Dir gesagt, was ich von der *Story-Teller's Story* halte. Meine Meinung über *Dark Laughter* steht in diesem *Sturmfluten*-Buch. Es soll nichts von dem bewirken, was, wie ich höre, die Reklameschreiber darüber sagen, und die große Rasse, an die ich im Untertitel gedacht habe, ist die weiße Rasse. Es ist ein Scherz und soll nicht gemein klingen, sondern es ist vollkommen aufrichtig.

Siehst Du, ich bin der Meinung, daß wir uns unter uns die Wahrheit sagen müssen, wenn ein Mann wie Du, der sehr, sehr gute Sachen schreiben kann, etwas schreibt, das mir (der ich noch nie was Großartiges geschrieben habe, aber immerhin bin ich ein Handwerksgenosse) saumäßig vorkommt, daß ich Dir das dann sagen sollte. Denn wenn wir mit der Wahrheit hinterm Berg halten, und wenn einer anfängt zu schwärmen,

schwärmen sie von da an alle, allein durch die Ermunterung ihrer Zeitgenossen – weshalb wir nie etwas anderes als Große Amerikanische Schriftsteller produzieren, d. h. es wird Nachsicht für Anfänger gefordert.

Ich schätze, dies ist ein mieser arroganter Brief, und das Buch wird wie ein mieses arrogantes Buch wirken. So wollte ich weder diesen Brief noch das Buch schreiben. Obwohl ich mir um das Buch nicht so viele Sorgen gemacht habe, denn das Buch ist nicht persönlich gemeint, und je barscher es ist, um so besser.

Es sieht natürlich so aus, als stellte ich mich auf die Seite dieser smarten Juden wie Ben Hecht und der anderen Schlingpflanzen, und als verspürte ich, weil Du immer großartig zu mir gewesen bist und mir wie der Teufel mit *In unserer Zeit* weitergeholfen hast, einen unwiderstehlichen Drang, Dir mit wahrhafter Schriftsteller-Dankbarkeit ins Gesicht zu schlagen. Aber ich möchte gern, daß Du weißt, und das klingt natürlich nach Aufschneiderei, daß – zum Teufel, ich kann es nicht sagen.

Die Sache ist ungefähr so: 1. Da Du mein Freund bist, wollte ich Dich nicht verletzen. 2. Daß Du mein Freund bist, hat mit dem Schreiben nichts zu tun. 3. Da Du mein Freund bist, verletze ich Dich viel stärker. 4. Abgesehen von persönlichen Gefühlen gibt es nichts Gutes, das von Satire verletzt werden kann.

Nur, es kann Dich natürlich sehr wohl verletzen, D. H. Dir ein ungutes Gefühl geben. Denn niemand läßt sich gern wegen irgend etwas tadeln – aber Du hast nichts dagegen, getadelt zu werden, es ist bloß lästig, es macht Dir nicht das geringste aus, wenn Du weißt, daß die Person keine Ahnung davon hat, wovon die Rede ist. So etwa wird es sich wohl herausstellen. Jedenfalls denke ich, Du wirst das Buch lustig finden – und genau das sollte es auch sein . . .

Hier ist es kalt und regnerisch. Ich schreibe an ein paar Erzählungen und warte auf Hadley, die nächste Woche hierherkommen wird. Wo lebst Du jetzt? Wir kommen im Herbst in die Staaten rüber und werden in Piggott, Ark.[1], wohnen. Ist ein hübsches Land. Gertrude Stein habe ich seit letztem Herbst nicht mehr gesehen. Ihr *Making of Americans* ist eins der großartigsten Bücher, die ich je gelesen habe. Wir waren den ganzen Winter in Österreich, und ich bin für eine Woche nach New York gefahren. Ich arbeite die ganze Zeit ziemlich fleißig und versuche, besser zu schreiben, und manchmal klappt es, manchmal nicht.

Bitte, laß mich wissen, ob Du sauer bist oder nicht. Meine reguläre Adresse ist bei

> The Guaranty Trust Co. of N. Y.
> I, Rue des Italiens,
> Paris, Frankreich.

Die schicken mir alles nach. Wir werden den ganzen Sommer unten in Spanien sein. Wie immer die besten Grüße für Dich und Deine Frau von Hadley und mir,

Immer Dein
Ernest Hemingway

NEWBERRY

1 Familiensitz Pauline Pfeiffers im Nordosten von Arkansas.

An Maxwell Perkins

Juan-les-Pins, Frankreich, 5. Juni 1926

Sehr geehrter Mr. Perkins:

Ich habe mich über Ihren Brief sehr gefreut, und auch darüber, daß Ihnen *Fiesta* gefallen hat. Scott gefällt es auch. Wir sind hier vorübergehend wegen Keuchhusten in Quarantäne. Ich ging nach Madrid, und meine Frau fuhr mit dem Kind und dem Kindermädchen hierher, in der Erwartung, mich eine Woche später in Madrid zu treffen. Der Junge bekam aber nach der Ankunft hier den Keuchhusten, und so bin ich nach 3 Wochen in Madrid hierhergefahren, und wir werden noch weitere 3 Wochen hierbleiben und dann zu unserer Spanienreise aufbrechen.

Betrifft Adresse: c/o Guaranty Trust Co. of New York, 1, Rue des Italiens, Paris, ist die beste ständige Adresse. Ich werde sie dort telegrafisch über meine Adressen auf dem laufenden halten, und sie haben einen ausgezeichneten Post-Nachsende-dienst.

Zwischen dem 6. und 13. Juli – einschließlich – werde ich im Hotel Quintana, Pamplona (Navarra), SPANIEN, wohnen – falls Sie mich per Kabel erreichen wollen.

Aber ich würde lieber gar nicht erst versuchen, diese Adresse mit der normalen Post zu erreichen.

Es ist die einzige Adresse, die ich bisher sicher weiß, aber ich werde den Guaranty Trust genauestens auf dem laufenden halten. Sie werden alle Kabel weiterdrahten und alle Briefe un-verzüglich nachsenden.

Ich glaube, ich werde das Buch an der Stelle in den Fahnen anfangen lassen, die jetzt im MS auf S. 16 ist. In diesen ersten sechzehn Seiten steht nichts, was nicht später im Buch auf-taucht oder erklärt wird oder noch einmal erwähnt wird – oder nur unnötige Dinge. Ich denke, auf diese Weise wird es von Anfang an schneller in Gang kommen. Scott stimmt mir zu. Er schlug vor, verschiedene Dinge darin zu streichen – in diesen ersten Kapiteln –, die mir nie gefallen haben – aber ich meine, es ist besser, sie einfach ganz wegzumeißeln, und er stimmt dem zu. Er wird Ihnen wahrscheinlich schreiben, was er davon hält – von dem Buch allgemein. Er sagte, er wäre sehr angetan davon.

Zu der Sache mit Henry James – ich habe den zweiten Teil des MS nicht hier – es ist drüben bei Scott –, daher bekomme ich den genauen Wortlaut nicht zusammen. Aber ich glaube, daß dies eine Anspielung auf einen Unfall ist, den Henry James, wie allgemein bekannt, in seiner Jugend gehabt haben soll. Henry James ist für mich ein ebenso historischer Name wie Byron, Keats oder irgendein anderer großer Schriftsteller, über dessen persönliches und literarisches Leben Bücher ge-schrieben worden sind. Ich glaube nicht, daß die Anspielung höhnisch ist, oder wenn sie es ist, so ist es nicht der Autor, der höhnisch ist, da der Autor in diesem Buch gar nicht auftritt. Henry James ist tot, er hat keine Nachkommen hinterlassen, die verletzt werden könnten, und auch keine Frau; und daher meine ich, er ist so tot, wie man nur tot sein kann. Ich wollte, ich hätte das MS hier, um genau sehen zu können, wie es lautet. Wenn Henry James nie einen solchen Unfall gehabt hat, würde ich meinen, es ist eine Verleumdung zu sagen, er hätte einen gehabt, egal, wie lange er tot ist. Aber wenn er ihn hatte, kann ich nicht sehen, wie es ihn berühren könnte – jetzt, wo er tot ist. Wenn ich mich recht erinnere, sprechen Gorton und Barnes spaßhaft über Barnes' Verstümmelung, und für sie ist Henry James kein Mann, der beleidigt oder vor Beleidigung geschützt werden soll, sondern einfach ein historisches Beispiel. Ich erinnere mich, daß da etwas mit einem Flugzeug und einem Fahrrad war – aber das hatte nichts mit James zu tun und war einfach ein non-sequitor. Scott hat gesagt, er sähe nichts Gewagtes daran.[1]

Bis die Fahnen kommen, möchte ich nicht an das Buch denken, da ich gerade versuche, ein paar Erzählungen zu schreiben, und ich will die Fahnen, wenn sie kommen, von einem so neuen und entfernten Blickpunkt aus wie möglich betrachten.

Bis jetzt habe ich noch nichts von der Erzählung – *Ein Gebirgsidyll* – gehört, die ich Ihnen in der ersten Maiwoche geschickt habe. Ist sie je bei Ihnen angekommen? Falls nicht, ich besitze noch eine Abschrift, die ich Ihnen sonst schicken könnte. In Madrid habe ich drei Erzählungen von 1400 bis 3000 Wörtern Länge geschrieben. Ich habe sie noch nicht abgetippt und weggeschickt, da ich auf eine Nachricht wegen des *Gebirgsidylls* wartete.[2]

Was gibt's Neues über die *Sturmfluten* ? Sind schon irgendwelche Exemplare an mich abgeschickt worden?

Könnten Sie mir einen Scheck über 200 Dollar per Einschreiben an die Adresse der Guaranty Trust Co. schicken? Es war sehr erfreulich, Ihren Brief zu bekommen und zu erfahren, daß Ihnen das Buch gefallen hat.

Hochachtungsvoll

Ernest Hemingway

PUL

1 Henry James taucht als Henry in *Fiesta*, Buch II, Kapitel 5 auf.

2 Von »Scribner's Magazine« abgelehnt, erschien *Ein Gebirgsidyll* erstmals in »American Caravan«, Hg. Van Wyck Brooks (New York 1927). Die an einem Tag in Madrid verfaßten drei Geschichten waren *Die Killer, Zehn Indianer* und *Heute ist Freitag*. EH hatte sie allerdings schon vor seiner Spanienreise vorbereitet.

AN SHERWOOD ANDERSON

Pamplona (?), Spanien, 1. Juli 1926

Lieber Sherwood Anderson:

Dein Brief war schön (hier spricht nicht der Meister zu seinem Schüler), und was für ein Knallkopp muß ich eigentlich werden, sobald ich vor einer Schreibmaschine sitze, wenn ich Dir so arrogante Briefe geschrieben habe. Aber wie dem auch sei, wenn ich tatsächlich so geschrieben habe, werde ich nicht mehr so schreiben. Ich werde nicht einmal versuchen, diesen durchgehen zu lassen – sondern korrigiere ihn, indem ich das Wenn durch ein Weil ersetze. Aber jedenfalls meine ich, Du hast ganz recht, wenn Du sagst, daß das Buch Dir nützen wird (Reklame), und ich bin sicher, daß es mir bei vielen Leuten schaden wird. Was soll's also. Denn ich habe mich, als ich es schrieb, sechs Tage lang prächtig amüsiert, habe es für komisch gehalten und 500 Dollar dafür bekommen (zuvor hatte ich mit dem Schreiben 200 Dollar verdient und keine einzige Erzählung in die Staaten verkauft), und da Du der Mittelgewichtschampion bist und kein Glaskinn hast und ich auch nicht – dafür aber 500 Dollar habe bzw. gehabt habe, freue ich mich darüber.

Aber ich kontere Deinen Hinweis auf den noblen Reporter in Cleveland, indem ich erkläre, daß ich dieses MS nicht zerrissen oder verbrannt habe, um Dich zu »schützen«, und alles, was ich mit dem Brief aus Madrid habe sagen wollen, war: »Mr. Anderson, ich lese und bewundere Sie nun schon eine lange Zeit, und ich versuche gerade, Ihnen eins aufs Kinn zu knallen; hier sind meine Gründe und meine Verteidigungsrede, die auf meiner Beerdigung laut vorgelesen werden kann.«

Ich freue mich sehr darauf, [Ralph] Church zu sehen. Wir werden im August wieder in Paris sein und dort bleiben, bis wir uns Mitte September einschiffen. Es wäre toll, wenn wir durch Troutdale [Virginia] kämen; und vielleicht tun wir das auch. Allerdings nehme ich an, daß wir in Texas oder New Orleans landen werden und von dort geradewegs nach Piggott [Arkansas] hochfahren. Wir haben kein Geld und werden das Fahrgeld für die Eisenbahn von New York aus einsparen und

uns ein billigeres Schiff besorgen. Später im Winter hätte ich
Lust, falls Du nicht nach Paris gegangen bist, mich durchzu-
schnorren und Dich zu besuchen. Es wäre toll, Dich mal wieder zu sehen, und wir würden sehr gerne nach Troutdale kommen. Hört sich an, als ob es ein reizender Landstrich wäre.

Also bis dann und viel Glück, und falls Du nicht nach Paris
zurückfährst, besuche ich Dich irgendwann vor Weihnachten
– und dann werde ich versuchen, nicht mit dem Kinn anzugreifen und mich nicht zu drücken – wie in meinem letzten
Brief. Hadley läßt Dich und Deine Frau herzlich grüßen.

Dir immer das Beste,

NEWBERRY   Ernest Hemingway

An Maxwell Perkins

Valencia, Spanien, 24. Juli 1926

Sehr geehrter Mr. Perkins:
Vielen Dank für die Übersendung der *Adventures of a Younger
Son* [von E. J. Trelawny]. Bis jetzt ist es noch nicht bei mir ein-
getroffen, aber ich freue mich schon sehr darauf.

Ich nehme an, wir sind uns über den Gebrauch gewisser
W ö r t e r einig, und ich gebrauche niemals ein Wort, ohne
vorher zu überlegen, ob es ersetzbar ist. Ich werde das Ganze
aber in den Fahnen sehr sorgfältig durchgehen. Mir ist eine
Stelle eingefallen, wo Mike, als er betrunken ist und den Stierkämpfer beleidigen will, ständig sagt – sag ihm, Stiere haben
keine Eier. Das kann geändert werden – und ich glaube, ohne
sonderlichen Verlust – in: Stiere haben keine Hörner. Was
aber den Gebrauch des Wortes N u t t e durch Brett angeht –
so habe ich dieses Wort nie als bloßen Zierat benutzt, sondern
immer nur, wenn es absolut notwendig war, und ich glaube,
die wenigen Stellen, an denen es benutzt wird, müssen stehen-
bleiben. Das ganze Problem besteht, scheint's, darin, daß man
nie Wörter gebrauchen sollte, die aus ihrer Bedeutung oder
Nebenbedeutung heraus schockieren – ein Wort etwa wie

f u r z e n würde auf einer Seite derart hervorstechen, wenn nicht die ganze Sache rabelais'sch wäre, daß es übertrieben und falsch und viel zu stark betont wirkte. Selbst wenn es sich um ein sehr altes und klassisches Wort für einen Wind fahren lassen handelt, aber man kann es nicht gebrauchen. Obwohl ich mir einen Fall vorstellen kann, wo es, unter genügend tragischen Umständen, durchaus annehmbar sein kann. In einer bestimmten Situation im Kriege, wenn marschierende Truppen sich im Granatenhagel unterhalten.

Ich meine, daß Wörter – und ich werde alles streichen, was ich kann –, die in den Gesprächen in *Fiesta* vorkommen, durch das Tragische der Handlung gerechtfertigt sind. Aber natürlich habe ich es schon seit einiger Zeit nicht mehr gesehen, und gedruckt noch überhaupt nicht.

Der Grund, warum ich keine Erzählungen mehr an das »[Scribner's] Magazine« geschickt habe, ist, daß Scott so sicher war, daß es alles kaufen würde, was zu veröffentlichen ist, so daß meine Hoffnungen sehr hoch geschraubt wurden; und nachdem ich mich sowohl an einer langen als auch an einer kurzen Erzählung versucht hatte – und ich nehme an, die Geschichten sind nicht erfreulich – und beide nicht zur Veröffentlichung geeignet waren, fühlte ich mich sehr entmutigt; denn ich hatte das als sichere Einnahmequelle betrachtet, und ich nehme an, es war sehr dumm von mir, nicht mehr Erzählungen abzuschreiben und sie einzuschicken. Ich werde das aber tun, wenn wir am 10. August nach Paris zurückkommen. Bis jetzt sind noch keine Fahnen eingetroffen.

Ich habe vor, *Fiesta* in Paris sehr sorgfältig zu überarbeiten. Wann möchten Sie die Fahnen zurückhaben?

Was unsere Rückkehr im Herbst betrifft – die finanzielle Lage ist hundsmiserabel – sehr beengt und ziemlich angeschlagen durch den Keuchhusten und den notwendigen Aufenthalt an der Riviera und manches andere –, so daß kaum noch eine Aussicht besteht, obwohl ich es gehofft und felsenfest damit gerechnet hatte. In mancher Hinsicht bin ich lange genug in Europa gewesen.

Wie sind die *Sturmfluten* gelaufen?

Guaranty Trust ist immer noch die ständige Adresse.

Ich hoffe, Sie hatten einen schönen Sommer. Spanien ist sehr staubig und heiß, aber bei weitem das beste Land, das es noch in Europa gibt.

Mit besten Grüßen

PUL
Ernest Hemingway

AN F. SCOTT FITZGERALD

Paris, ca. 7. September 1926

Lieber alter Fitz:

Freut mich, mal wieder was vom Meister zu hören. Wie läuft die Arbeit, Fitz? Freut mich zu hören. Freut mich zu hören. Bleib dran, alter Junge. Als ich zu schreiben anfing, habe ich genau dieselbe Erfahrung gemacht. Und dann habe ich eines Tages Georges Horace Lorimer in der »Petit Chaumiere« getroffen, und von da an lief es wie geschmiert.

Wie geht's Dir denn überhaupt? Ich hatte beschlossen, wenn ich herkäme, alle meine Erzählungen wegzugeben, um das ganze Zeug, das ich verkaufen wollte, loszuwerden, was mich dazu zwingen würde, was Neues zu schreiben. Also habe ich *Heute ist Freitag* einem Pamphletenverein gegeben, der mich schriftlich um einen Aufsatz gebeten hatte, der mit einer Zeichnung von Cocteau veröffentlicht werden soll, und das *Gebirgsidyll* an »New Masses« geschickt, die kindischste und beschissenste Betriebszeitschrift, die ich je gesehen habe – auch sie hatten um einen Beitrag gebeten –, und, nur um zu sehen, wie sie sich rausreden würden, *Die Killer* – die ich gerade beendet hatte – an Scribner's. Kaum bin ich zurück, kriege ich folgendes Kabel von Perkins: Killer großartig Bridges schreibt Angebot Fahnen Fiesta erhalten Perkins.[1]

Also erleben sogar zynische kleine Jungen wie Ernest angenehme Überraschungen. Jetzt warte ich nur noch darauf, zu hören, daß Bridges plötzlich gestorben ist oder Perkins seinen Job verloren hat oder daß »Scribner's Magazine« eingestellt worden ist. Sonst könnte ich vielleicht veröffentlicht werden.

Seitdem habe ich eine neue Erzählung fertig, gest., und fange mit einer weiteren an. Vielen Dank für den Brief von

[Paul] Reynolds und für Deine unnachgiebige Haltung in der Zensurfrage. Ganz Frankreich ist stolz auf Dich. Hör nicht auf das subversive Element in Juan-les-Pins, wie die Polizei oder andere bürokratische Klassen, die versuchen könnten, das für null und nichtig zu erklären.

Der Autor von *Gatsby le Magnifique* wird von mindestens so vielen Leuten unterstützt werden, wie Dreyfus zu Hilfe gekommen sind. Laß Dich nicht von denen ins Gefängnis stecken. Laß sie einfach nicht. Das wahre Frankreich steht hinter Dir.

Hadley und ich leben immer noch getrennt.[2] Ich habe vor, im Oktober mit dem Fahrrad nach Marseille runterzuradeln und dort einen Monat oder so zu leben und zu arbeiten. Werde kommen und Dich besuchen, wenn Du das Buch fertig hast. Unser Leben ist völlig im Eimer, und mehr kann man wohl von einem guten Leben auch nicht erwarten. Unnötig zu sagen, daß Hadley sich prächtig verhalten hat und alles in jeder Hinsicht vollkommen meine Schuld gewesen ist. Das ist die Wahrheit, und keine höfliche Geste. Trotz alledem fühlte und fühle ich mich seit Weihnachten wie in der Hölle, und die vielen schlaflosen Nächte, die mir wenigstens den Weg erhellen, um das Terrain zu sondieren, an das ich mich schon irgendwie gewöhne und sogar anfange, es zu mögen, wahrscheinlich würde es mir Spaß machen, es den Leuten zu zeigen. Da wir uns unsere Hölle selber schaffen, sollte sie uns wenigstens gefallen.

Fiesta habe ich so gekürzt, daß es mit Cohn anfängt – den ganzen ersten Teil gestrichen. Habe eine Reihe kleinerer Kürzungen vorgenommen und ziemlich viel neu geschrieben und gestrafft. Gekürzt las es sich in den Fahnen wie ein gutes Buch. Weiß Gott, ich möchte das alles noch verdammt viel besser schreiben, aber es schien flüssig und ziemlich wirklichkeitsnah und fundiert zu sein. Ich hoffe sehr, daß es Dir gefallen wird, und ich denke mir, das dürfte es auch.

Hab eine tolle Idee zu einem neuen Roman. Ich nenne ihn *The World's Fair.* Der Titel wird Dir gefallen.

Grüß Zelda von mir und sag ihr, wie leid es uns getan hat, Euch nicht anzutreffen, als wir vorbeigekommen sind, um auf Wiedersehn zu sagen. Ich habe nicht getrunken, war in keiner

Bar, weder im »Dingo« noch im »Dôme«, noch im »Sélect«. Habe niemand gesehen. Werde auch niemand sehen. Versuche ein ungewöhnliches Experiment: schreibender Schriftsteller. Auch das wird sich wahrscheinlich als eitel herausstellen. Werde, sobald meine gegenwärtigen Hemmorrhoiden wegschrumpfen, zu einer langen, halbwegs permanenten Fahrradtour aufbrechen, die so lange dauern soll, wie das gute Wetter anhält. Dann werde ich eine Menge Arbeit hinter mich bringen, all die Geschichten, die ich schreiben will, wahrscheinlich arbeite ich in Marseille. Dann werden wir weitersehen.

»Die Welt ist so voll von so vielen Dingen, daß ich sicher bin, wir sollten alle glücklich wie die Könige sein. Wie glücklich sind Könige?« Stevenson.

Immer Dein
Ernest

Walsh, der Autor des Gedichts *Soldier drugfiend bullbaiter*, attakkiert mich im nächsten »This Quarter« gleich mehrspaltig, indem er behauptet, Hemingway habe die berechtigten Interessen verraten. Ich hatte ihm auf einer Postkarte geschrieben, ich hätte bei seinem Gedicht kotzen müssen, als »This Q.« erschienen sei. Jetzt sieht es so aus, als ob ich von einem makellosen Ritter der LITERATUR zu einem Tagelöhner in Diensten Scribners geworden bin und riesige Beträge verdiene. Ich habe eine Abschrift davon gesehen, die er vor der Veröffentlichung überall in Durchschlägen herumreicht. Meine Herren, ein Wohl auf die Iren.

[auf dem Kopf am Ende des Briefs:] Schreib, wenn Du Lust hast. Ich werde einsam.
PUL

1 *Heute ist Freitag* erschien bei As Stable Pamphlets (Englewood, N. J., 1926), *Ein Gebirgsidyll* in »American Caravan«. *Die Killer* war die erste Erzählung EHs, die in »Scribner's Magazine« erschienen ist, Nr. 81 (März 1927).

2 EH und Hadley hatten sich nach ihrer Rückkehr von der Riviera im August getrennt. Der Vorfall wird in *Für eine einen Kanarienvogel* fiktiv behandelt.

Paris, ca. 7. September 1926

Lieber Sherwood:

Danke für den tollen Brief. Troutdale klingt sehr gut, und ich beneide Dich um den Herbst. Er muß ungeheuer prächtig sein. Ich habe jeden Herbst ein solches Heimweh nach Amerika, daß ich immer in einen furchtbaren Zustand gerate. Aus Piggott und einigem anderen wird nun auch nichts. Dabei war das eins von den zwei Dingen, die ich unbedingt machen wollte.

Habe die »New Masses« gesehen – Gene Jolas hat sie mir gezeigt, seine Gedichte sind darin –, und es scheint eine Art Hauszeitschrift zu sein. Ich habe die Fahnen meines ersten Romans – er heißt *Fiesta* – an Scribner's abgeschickt. Ich hoffe sehr, daß er Dir gefallen wird. Er ist überhaupt nicht pfiffig und meilenweit von der Art Roman entfernt, die ich schreiben will und hoffentlich lerne zu schreiben. Aber dafür scheint es mir nur einen Weg zu geben: zu schreiben und so am Ende vielleicht den Durchschnitt zu erreichen.

Man kann ein Pferd so beladen, daß es keine Chance hat zu siegen, und in Amerika (und Amerikaner sind immer in Amerika – ganz gleich, ob sie es Paris oder Panama nennen) haben wir alle genug Gewicht, um ein Pferd umzubringen – ganz zu schweigen davon, daß wir es unter dieser Last rennen lassen. Ich lebe nun seit ungefähr acht Monaten auf dieser Seite der Klapsmühle, mit der üblichen Schlaflosigkeit. Die nimmt man mit in jedes Land; aber ich bin froh, daß ich aus grobem Holz geschnitzt bin, vielleicht geht es ja gut aus.

Es tut mir immer noch leid, daß ich Dir so ex cathedra oder ex Katheter – hier drüben gibt es sowohl Katheter als auch Kathedralen – geschrieben habe, aber ich glaube, das liegt nur daran, daß die Jungen sich immer sehr sicher sein müssen, denn die Sache ist wirklich äußerst hart, immer geht es nur ums Gewinnen, und wenn man nicht mit fünfundzwanzig alles weiß, hat man keine Chance mehr, überhaupt noch etwas zu lernen, wenn es sich mit der Zeit erst einmal gesetzt hat und man fünfunddreißig ist. Und wir alle müssen doch irgendwas wissen. Vielleicht.

Dies ist ein miserabler Brief, aber verflucht, ich wünschte, ich wäre in Troutdale. Immerhin werden wir hier sein, wenn Du im November kommst, und es wird großartig sein, Dich wiederzusehen.

Wie immer
NEWBERRY   Ernest

AN PAULINE PFEIFFER

Paris, 12. November 1926[1]

Liebste Pfife:

Ich habe nichts mehr von Dir gehört seit Deinem Brief vom 26. Oktober, als Du so niedergeschlagen warst, außer dem einen Kabel – die Kommunikation war unterbrochen. Als ich den letzten Brief schrieb – den Du etwa Mitte nächster Woche erhalten wirst –, wußte ich nicht, daß Du in einem so schrecklichen Zustand warst, und erst recht nicht, daß Du angefangen hattest, Bedauern zu empfinden und Dir Sorgen zu machen. Daher wird Dir mein Brief wahrscheinlich nicht sehr verständnisvoll und ziemlich herzlos vorkommen. Hätte ich bloß Deinen Brief, in dem Du über Deine schrecklichen Gefühle schreibst, [früher] erhalten, dann hätte ich Dir dazu etwas schreiben können – aber er kam erst nach dem Kabel und nachdem ich meinen letzten Brief abgeschickt hatte.

Es hat mich total erledigt und fertiggemacht, Pfife, und ich könnte es genausogut auch jetzt noch aus mir herausschreiben und es so vielleicht loswerden. Es war doch klar, daß Deine Mutter es bedauern würde, wenn Du einen Geschiedenen heiratest, ein Heim zerstörst und in Schwierigkeiten gerätst – und es ist auch klar, daß stillschweigender Tadel der tödlichste ist, etwas, wogegen man nichts tun kann. Ich war sicher, daß dieser Teil schlecht ausgehen würde. Deine Mutter konnte natürlich nicht anders empfinden. Jin[2] hat mir einen Brief gezeigt, den Deine Mutter ihr am ersten November geschrieben hat; darin sagt sie, daß Du unmittelbar nach Deiner Rückkehr gut und recht glücklich ausgesehen hättest, daß Du aber die ganze letzte Woche – die Woche, in der ich nichts von Dir hörte –

mit den Nerven völlig am Ende und in sehr schlechter Verfassung seist, vollkommen allein mit Deinen Gedanken in Piggott, und daß Deine Gedanken n a t ü r l i c h nicht erfreulich seien. Es sieht also so aus, als ob Du eine ziemlich perfekte Hölle durchmachtest – die Dich, da Du nicht stark bist und völlig erschöpft, vernichten könnte. Und wenn wir dann vernichtet sind, was hätte das für einen Sinn? Und so muß ich Tag und Nacht daran denken, ich kann an nichts anderes denken – und die Sorgen spannen sich wie eine Art Reifen um das Innere meines Schädels. Ich muß immer denken, daß Du, die Du alles bist, was ich habe, und die ich mehr als alles andere liebe und für die ich alles aufgeben will und alles verraten und alles abgetötet habe, kaputtgehst und Deine Nerven und Dein Geist Tag und Nacht zugrunde gehen, und daß ich nichts daran ändern kann, weil Du mich nichts tun läßt.

Ich weiß, als mein Brief kam, mußtest Du Dich für das eine oder das andere entscheiden, und ich weiß, Du hast das Schwierigere gewählt, das, was Du für richtig hieltest, und ich bewundere Deinen Mut – aber ich weiß nicht, ob es das gleiche war, was wir getan hätten, wenn wir zusammen darüber hätten reden können, und die ganze Zeit habe ich Tag und Nacht nur gedacht, daß das verhängnisvoll ist und wir vor die Hunde gehen.

Weißt Du, als Du nach Piggott fuhrst, sagtest Du, Du würdest es Deiner Mutter erzählen, und wenn es ihr nicht gefiele, würdest Du wieder gehen – oder sie würde sicher einlenken –, denn schließlich stünden wir gegen den Rest der Welt und müßten unseren eigenen Weg gehen, und Du wolltest Dich ausruhen und Dir keine Sorgen machen und gesund und stark werden und Dir vor allem keine Sorgen machen – Nun, und was ist aus alldem geworden?

Jetzt blicke ich auf die Tage zurück, in denen ich nur ganz einfach einsam gewesen bin und auf Dich gewartet habe – aber da wußte ich, daß alles in Ordnung war und daß ich nur auf Dich zu warten brauchte –, und sie kommen mir unglaublich glücklich vor. Denn jetzt hast Du Dich und auch Dein Herz Deiner Mutter als Geisel ausgeliefert, und die ganze Sache scheint vollkommen hoffnungslos. Du wolltest mir immer ein Kabel schicken, wenn Du länger als drei Tage nicht geschrieben hast – aber es kam kein Kabel –, und Dein letzter Brief war vom Sechsundzwanzigsten, und Jinny bekam gestern einen Brief von Deiner Mutter vom ersten November. Und ich habe überhaupt nichts bekommen. Ich weiß also nicht, ob Du mich aufgegeben hast – oder ob Du sogar nicht schon damals – bevor Du den Brief mit der neuen Frist erhieltest – versucht hast, mich aufzugeben, und, Pfife, die Zeit verrinnt so langsam und so entsetzlich öde, daß ich mich fühle, als ob ich schreien müßte, und in den Nächten ist es einfach unglaublich schrecklich.

Und in der ganzen Zeit, wo Du weder Briefe noch mich haben willst, statt daß wir glücklich sind, und wo die ganze Welt sich zum Zeichen der Sünde formt, kriege ich das kalte Grausen und höre Dich sagen: »Ich mache nicht mehr weiter. Nein. Ich kann es nicht. Ich kann einfach nicht mehr.«

So denke ich darüber. Denn wenn all die anderen Versprechen nicht gehalten werden, wie kann ich mich dann auf dieses eine verlassen?

Den ganzen Tag denke ich an Dinge, die ich Dir sagen und erzählen will, und ich fange an, Sachen aus der Zeitung auszuschneiden, und ich denke daran, wie einfach es sein könnte und daß es nie etwas gab; irgendeine Schwierigkeit, die wir selbst verursacht haben, die wir nicht zusammen haben lösen können – nur, ich bin vollständig gebunden.

Ich weiß, daß Du die zusätzlichen drei Monate abgesessen hast, weil Du dachtest, das sei es, was Hadley wollte – und auch, weil Du damals in einem solchen Zustand warst, daß Dir ein Opfer als das einzig Richtige erschien. Und natürlich wollte Hadley bloß die Scheidung hinauszögern – alles nur, um die Scheidung zu verzögern –, sie wollte uns beide nicht fertigmachen – sie wird es nicht zugeben, aber sie weiß, daß wir eine Person sind – ein paarmal hat sie es zugegeben –, aber statt daß wir ihr den Aufschub gewähren, der praktisch das einzige auf der Welt ist, was sie noch will, hetzen wir sie zur Scheidung und machen uns gleichzeitig dabei fertig.

Das bringt einen auch auf feine Gedanken.

So kann ich jetzt, ganz gleich, wie schlimm es wird, das Telegramm B e e i l e D i c h nicht schicken, denn das ist durch Deine Entscheidung automatisch ausgeschlossen – zweifellos war es besser, einen Zusammenbruch in Kauf zu nehmen – oder zusammenzubrechen –, als sich zu treffen und damit die Scheidung zu verzögern – ich darf also nichts unternehmen, wodurch sie sich womöglich verzögert. Und ich bin nicht sicher, daß ich nicht zusammenbreche, Pfife.

Nur, ich werd's natürlich nicht. Wenn Du mich siehst, denk vielleicht daran oder frage Dich, wofür ich all das durchgemacht habe, denn genau das werde ich tun.

Jeder kann fertiggemacht werden, und wir lassen uns offensichtlich von unserer – unserer eigenen freien – Entscheidung in einer schlimmen Angelegenheit fertigmachen, freiwillig und mit unserer vollen Zustimmung.

Ja, ich weiß, das hier ist ein lausiger, schrecklich billiger, selbstmitleidiger Brief, von lächerlichem Pathos usw. usw. usw., und so ist es. O Gott, ich fühle mich schrecklich. Einfach schrecklich, Pfife.

Aber schließlich – wo kommen wir hin, wenn Hadley sich nicht scheiden lassen will und sich wieder auf den Rat von Freunden hin stur stellt?

Solange ich Dich hatte, konnte ich alles ertragen und alles durchstehen – aber jetzt habe ich Dich nicht, Du hast Dich aus freiem Willen entfernt, und ich weiß, Du bist krank und elend im Kopf, und es geht Dir nicht gut, Pfife, und das kann ich nicht ertragen.

Letzten Herbst habe ich ganz ruhig und ohne zu bluffen während einer der schönen Zeiten gesagt, daß ich mich umbringen würde, falls nicht alles bis Weihnachten geklärt wäre – weil das hieße, daß es sich überhaupt nicht klären würde – und ich habe von Dir gelernt, Pfife, was Scheitern heißt, und kann es nicht ertragen –, ich kann offenbar nichts anderes tun, als die Sünde aus Deinem Leben wegzuwischen und Hadley die Notwendigkeit der Scheidung zu ersparen – und Hadley ein Geschenk zu machen –, indem ich mich umbringe. Später habe ich dann versprochen, daß ich es unter keinen Umständen täte oder auch nur daran dächte, bevor Du zurückgekommen wärest. Aber jetzt gerät alles wieder außer Kontrolle, und

Du hast Deine Versprechen gebrochen, und ich sollte meinen, daß mich das freigibt. Nur – nichts gibt Dich frei. Aber ich bin weder ein Heiliger, noch sehe ich so aus, und ich möchte lieber jetzt, wo noch etwas von der Welt übrig ist, sterben als weiterleben und sie mir Stück für Stück kaputtschlagen und zerstören und aushöhlen zu lassen, ehe ich sterbe.[3]

Doch ich werde es nicht tun und nicht daran denken, vielleicht kommst Du ja zurück, und vielleicht wird noch etwas von Dir übrig sein, und vielleicht haben wir ein bißchen Mut und versuchen, uns nicht mitten in der Operation selbst aufzugeben, und vielleicht schaffen wir es und vielleicht und vielleicht und vielleicht und vielleicht.

Und alles, was ich will, bist Du, o lieber Gott, ich brauche Dich. Und ich schäme mich dieses Briefes, und ich hasse ihn. Aber ich mußte dieses Gift einfach ablassen, ich bin fast darin verschmort und habe nichts gehört, und all die Postschiffe, die einlaufen und nichts bei sich haben, und dann gestern dieser schreckliche scheußliche Brief von Deiner Mutter, in dem Du Deine gerechte Strafe erhältst. Ich bin absolut bereit, nach meinem Tod in die Hölle zu gehen, lieber als jetzt. Aber nicht beides. Obwohl es jetzt nach beidem aussieht. Aber das wird nicht geschehen. Und bitte verzeih mir diesen Brief, Pfife. Es ist alles abscheulich. Aber so werde ich eben, wenn ich zu lange von Dir weg bin. Es sind jetzt nur noch 84 Tage. Und zwischen heute und nächstem Freitag bekomme ich bestimmt einen Brief, und Jin hat gedrahtet, um zu hören, wie es Dir geht – und ich bete für Dich, Stunden jede Nacht und jeden Morgen, wenn ich aufwache. Ich bete so sehr für Dich, daß Du schlafen kannst und durchhältst und Dir keine Sorgen machst, und, o Pfife, ich liebe Dich liebe Dich liebe Dich so – und ich bin Dein völlig zum Teufel gegangener

JFK   Ernest

---

1 Obwohl das Original eindeutig auf den 12. Oktober datiert ist, ergibt der innere Zusammenhang, daß dies irrtümlich für den 12. November steht.

2 Paulines Schwester Virginia.

3 In einem Brief an Isidor Schneider von Anfang Oktober 1926

schreibt EH: »Die Welt ist so rauh und kann uns so viel antun und uns auf so viele Arten zerbrechen, daß es scheint, als ob sie Spott mit uns treibt, wenn sie Unfälle oder Krankheiten dazu benutzt ... Aber man kann mit der Hölle nichts anderes machen, als sie durchzustehen. Wenn man sie durchstehen kann. Und das muß man. Oder zumindest werde ich es immer tun, nehme ich an.« EH fügt hinzu, er sei »sehr gegen Selbstmord eingenommen«, und »der wahre Grund, keinen Selbstmord zu begehen, ist, daß man weiß, wie herrlich das Leben wieder wird, wenn die Hölle vorbei ist«.

An Maxwell Perkins

Paris, 16. November 1926

Sehr geehrter Mr. Perkins:

Herzlichen Dank für die Übersendung der Besprechungen und Anzeigen. Das Porträt, Bloomshields Zeichnung, sieht so aus, wie ich mir Jake Barnes vorgestellt hatte; es sieht aus wie ein Schriftsteller, der durch den Verlust oder die Schrumpfung gewisser nicht ersetzbarer Teile grämlich geworden ist. Jammerschade, daß es nicht Barnes sein konnte, sondern Hemingway. Und doch ist es ein schöner Erfolg, endlich wie ein Schriftsteller auszusehen. Die Anzeigen und der Waschzettel scheinen mir hervorragend.

Ich wollte, ich könnte Ihrem Vorschlag folgen und etwas von der Sache mit Brett einfügen. Das wäre zweifellos für jemanden, der es zum erstenmal liest, von Wert, und es ist ein sehr gutes Gerücht über Brett. Andererseits scheint mir jede Art von Vorrede oder Einleitung die Geschlossenheit des Buches zu zerstören, und obwohl er sich nicht zeigt, ist in dem ganzen Buch ein bestimmter Rhythmus, den man, wenn er unterbrochen würde, sehr vermissen würde. Mit dem Anfang einschließlich der Belloc-Episode war es eine geschlossene Einheit – da, wo ich es gekürzt habe, konnte ich es tun, ohne die Einheit zu verletzen –, aber das Pech, das wir mit *Um eine Viertelmillion* hatten, zeigt die Schwierigkeit, solche Sachen zu kürzen, und weiteres Herumpfuschen dürfte nichts nützen, fürchte ich.

Tut mir furchtbar leid, denn ich würde es sehr gern für Sie tun, aber ich denke, es wird sich am Ende vielleicht herausstellen, daß sich das, was ich jetzt durch meine Unnachgiebigkeit einbüße, später alles auszahlen wird. Ich weiß, Sie würden mich nicht bitten, es wieder einzufügen, wenn es Ihnen nicht wirklich gefiele, und ich weiß auch, daß es in mancherlei Hinsicht nicht übel wäre – aber ich meine, am Ende würden wir vielleicht beide etwas dadurch verlieren. Sehen Sie, wenn Sie es wollten, würde ich gern viele Jahre lang Bücher für Scribner's schreiben, und ich möchte, daß es gute Bücher sind – immer bessere – ab und zu wird wohl auch einmal ein nicht so gutes dabeisein – aber ich könnte nicht nur schreiben, sondern auch vielleicht mit etwas Glück lernen, immer besser zu schreiben – und lernen, wie die Dinge laufen und wie die ganze Sache eigentlich funktioniert – und nicht verbittert werden. Wenn sich also dieses eine nicht verkauft, dann vielleicht irgendwann einmal ein anderes. Eines bestimmt, wenn sie wirklich gut sind, da bin ich mir ganz sicher – und wenn ich lerne, sie noch viel besser zu schreiben – aber dazu werde ich nie in der Lage sein und mich bloß in der Maschinerie verfangen, wenn ich anfange, mir darüber Gedanken zu machen – oder das Schreiben vom Standpunkt des Verkaufs aus zu betrachten. Obwohl ich dieses Geld im Augenblick wahrhaftig brauche und ich es so gern sähe, daß das Buch gut ginge, denn Sie sind sehr anständig zu mir gewesen.

Der andere Punkt ist, daß Brett Ashley eine wirklich existierende Person ist, und solange es bei der Behandlung der anderen realen Figuren James, Belloc, Hergesheimer usw. keine Änderungen gab, war es mir egal, was mit m e i n e r Figur geschah – aber da sie (die anderen) geschützt wurden, möchte ich auch diese Sache herauslassen, solange sie nicht tatsächlich notwendig ist. Das war die einzige nichtfiktive Stelle in diesem Buch – Bretts Biographie.

Wie ich sehe, hat Mr. Bill Benet zu seiner großen Enttäuschung herausgefunden, daß ich einen Charakter von Michael Arland [Arlen] übernommen habe; das finde ich lustig, da ich zwar nie ein Wort von Arland gelesen habe, aber nach dem Krieg mit Lady Duff Twisden, Nancy Cunard und Mary Beerbohm herumgezogen bin, die Arland oder Arlen als einen lobenswerten armenischen Jüngling aufgenommen und in mancherlei Dinge eingeweiht hatten und dann fallenließen, als er lästig armenisch und weniger lobenswert wurde – aber erst, als er schon einen kleinen Blick hinter die Kulissen in das Leben verschiedener Leute geworfen hatte.

Und so finde ich es amüsant, ein Mädchen gekannt und so lebendig nachgezeichnet zu haben, daß es mir jetzt leid tut – nur kann ich mir nicht vorstellen, daß sie je etwas lesen würde –, und zu beobachten, wie sie endgültig zur Hölle fährt – und ihr bei der Abreise noch zu helfen – und dann mit großem Bedauern erfahren zu müssen, daß man den ungelesenen Schriften eines kleinen armenischen Schmarotzers über Londoner Berühmtheiten mit jugendlichem Enthusiasmus eine Figur entnommen hat. Was, meinen Sie, ist es – bildet Benet sich ein, daß niemand je wirklich einen Titel besessen hat? War es der Titel, der ihn so aufgebracht hat? Oder haben Leute nur Titel in Büchern, die für Dienstmädchen geschrieben sind? Da ich Arland nicht gelesen habe, weiß ich das nicht – und jetzt fürchte ich mich davor – denn vielleicht ist es wie Arland. Das wäre schrecklich komisch.

Wenn Arland ein paar Kapitel schreiben würde, verkaufte es sich vielleicht in Millionenhöhe. Vielleicht könnte Benet ihn für uns an Land ziehen.

Komroff hat schließlich nur zweihundert Worte in *Um eine Viertelmillion* gestrichen. Vielleicht könnten Sie das irgendwann einmal zwischen Ihren Fortsetzungsgeschichten bringen, oder wenn Mr. [William Lyon] Phelps mal krank ist und eine Ausgabe zu wenig Text hat. Bieten Sie Mr. Phelps doch von mir an, wenn er sich kürzer faßt und mir den Raum überläßt, werde ich ihm jede abgetretene Seite, koste sie, was sie wolle, bezahlen. Oder ich teile das Honorar der Geschichte mit ihm. Ich hätte die Geschichte gern veröffentlicht, bevor das Boxen abgeschafft wird. Oder Zeitschriften abgeschafft werden.

Alles, was ich hier veröffentliche, wird von Samuel Roth gestohlen. Er hat nie meine Erlaubnis erhalten, auch nur ein Wort von mir zu veröffentlichen, und druckt alles nach, sobald es erscheint, und hat mir noch nicht einen Cent gezahlt. Ich habe die Anzeigen für sein »Two Worlds Monthly« in »Nation« und »New Republic« gesehen.

Joyce ist deswegen völlig aufgelöst. Roth hat ohne Erlaubnis seinen *Ulysses* gestohlen und Joyce nie einen Cent dafür bezahlt; er bringt *Ulysses* in monatlichen, gesäuberten Folgen heraus. Ich habe Joyce heute gesehen, er hatte gerade ein Exemplar eines Interviews erhalten, das Roth einer N. Y. Zeitung gegeben hatte, worin er erklärt, daß er *Ulysses* mit Joyces Zustimmung herausbringe, daß er mit Joyce eine für Joyce äußerst vorteilhafte finanzielle Vereinbarung getroffen habe, von der er zur Zeit nichts verraten könne, und daß Joyce durch den heimlichen Verkauf des Buchs in Amerika riesige Beträge verdient habe. Joyce ist vollkommen verzweifelt. Ihm wird die Arbeit von dreizehn Jahren seines Lebens von einem Mann gestohlen, der, damit nicht zufrieden, versucht, Joyces Charakter anzuschwärzen, und, auch damit nicht zufrieden, einem Mann sein Lebenswerk stiehlt und Lügen darüber verbreitet, und es dann auch noch verstümmelt.

Kenneth Simpson, der im Büro des Bezirksstaatsanwalts arbeitet, hat versprochen, Roth, sobald er nach N. Y. zurückkommt, zur Strecke zu bringen. Joyce versucht in der Zwischenzeit, eine gerichtliche Verfügung gegen Roth zu erwirken.[1]

Das ist eine scheußliche und entmutigende Angelegenheit und läßt einen die Juden nicht gerade lieben. Ich bedaure, daß er meine Erzählungen stiehlt – aber das ist eine unbedeutende Sache im Vergleich zu dem Diebstahl an Joyces ganzem Buch – man sollte nur meinen, angesehene Zeitschriften wie »Nation« sollten sich weigern, seine, Roths, Annoncen anzunehmen. Gibt es denn keine nationale Organisation, die die Anzeigen von Gangstern auf die schwarze Liste setzen kann? Das Leben scheint heute reichlich kompliziert zu sein.

Ich habe vor, nächste Woche mit einem Freund, der ein Auto runterbringen muß, an die Riviera zu fahren, und ich werde Scott besuchen. Ich glaube, er fährt am 12. Dezember los.

Ich habe immer noch einen Scheck über 200 Dollar, den ich nicht eingelöst habe, weil der Franc zu hoch stand – aber es sieht so aus, als ob er so bleiben würde. Ich hoffe, *Fiesta* wird sich verkaufen, so daß ich noch etwas mehr von Ihnen bekommen kann, wenn ich es brauche – und es sieht ganz danach aus –, es ist ziemlich interessant, und es scheint verschiedene Meinungen zu geben – ich habe immer gehört, das wäre günstig. Die Besprechung in der »Times« mußte ich bis zum Ende lesen, bevor ich herausfand, ob es ihnen nun wirklich gefallen hat oder nicht. [Conrad] Aiken hat es anscheinend gefallen. Archie Mac Leish sagt mir, er sei ein guter Kritiker – ich meine Aiken. Vielleicht ermuntert das einige von den anderen Jungens, es zu mögen. Es ist komisch, ein Buch zu schreiben, das so tragisch ist wie dieses, und es von anderen für eine oberflächliche Jazz-Geschichte halten lassen zu müssen. Wenn sie sich näher damit beschäftigten, könnten sie es nicht lesen, weil sie die ganze Zeit heulen müßten. Das Leben heutzutage ist schon ganz schön seltsam – und diese Schreibmaschine scheint mit sich selbst durchgegangen zu sein.

Ihr

PUL   Ernest Hemingway

---

1 Roth druckte Joyces *Ulysses* bis zum 27. Dezember 1928 nach, dann wurde ihm vom New York State Supreme Court untersagt, den Namen von Joyce in irgendeiner Form zu nutzen. Vgl. Richard Ellmann: *James Joyce* (Frankfurt 1979), S. 876, 883 f.

An Hadley Hemingway

Paris, 18. November 1926

Meine liebste Hadley:

Es tut mir schrecklich leid, daß Dein Brief erst bei mir angekommen ist, nachdem ich Dich gesehen hatte – und da ich nicht wußte, welche Entscheidungen Du getroffen hattest oder was Du beabsichtigtest, habe ich Dir immer wieder weh getan, indem ich über etwas sprach, von dem Du so klug beschlossen hattest, daß wir darüber nicht diskutieren, sondern nur schreiben sollten.

Ich finde Deinen Brief, wie alles was Du je getan hast, sehr tapfer und ganz und gar selbstlos und großmütig.

Während der letzten Woche fiel mir auf, und der Schrecken darüber war sehr groß, wie Pauline und ich, ohne es zu wollen, ständig Druck auf Dich ausgeübt hatten, Dich von mir scheiden zu lassen – einen Druck, der von der hektischen panischen Angst kam, wir würden einander verlieren – worauf Du natürlich mißtrauisch warst und Dich dagegen wehrtest, es als Basis für zwei Menschen zum Heiraten zu betrachten. Deine Reaktionen sind immer richtig gewesen, und ich habe ihnen stets vertraut und viel von ihnen gehalten, genau wie von Deinem Verstand.

Ich glaube, daß vielleicht, als Pauline und ich erkannten, wie grausam wir auf diese Weise zu Dir gewesen waren und daß wir nicht erwarten konnten, auf eine solche fortgesetzte Grausamkeit irgendein Glück gründen zu können – und als uns klar wurde, daß wir eher jede Dir angemessen erscheinende Zeit ohne einander sein könnten, als Dich dazu zu bringen, in eine Scheidung einzuwilligen, die Deinem Gefühl nach nicht wirklich unvermeidlich oder wünschenswert war –, ich glaube, als Du das gespürt hast, und ich hoffe, Du glaubst, es war aufrichtig, daß es vielleicht geholfen haben könnte, Deine natürliche und richtige Reaktion dagegen aufzuheben, zwei Menschen, die weder einander noch irgend etwas anderes zu verdienen schienen, zum Heiraten freizugeben.

Also, wenn Du Dich von mir scheiden lassen willst, mache ich mich sofort daran, die Einzelheiten zu klären und Anwälte zu besorgen. Ich werde auf jeden Fall damit anfangen – wie Du mich in Deinem Brief bittest – und werde Dir schreiben, was ich in Erfahrung bringe.

Wenn Du es jetzt noch nicht willst, oder erst, wenn Pauline zurückkommt – oder später, bitte, tu, was Du möchtest.

Wenn es denn wirklich ein unvermeidlicher Schritt ist, werden wir uns, denke ich, alle besser fühlen, und alles wird sich nach und nach klären, wenn es erst einmal angefangen ist. Das bedeutet nicht, bitte, liebe Hadley, daß ich Dich beeinflussen will – oder meine eigenen Angelegenheiten beschleunigen möchte. Nur, es ist nun einmal so, daß wir zwei Boxern ähneln, die groggy sind und taumeln und schwanken und doch den K.o.-Schlag nicht anbringen wollen: was den Kampf beenden und den Prozeß der Heilung und Erholung beginnen lassen würde.

Etwas anderes – ich kenne Deine Pläne wegen Amerika nicht, aber ich meine, Du solltest Dich nicht durch ein Scheidungsverfahren hetzen lassen, um nach Amerika zu kommen, vielleicht ist es nicht das, was Du suchst, wenn Du dort ankommst.

Was Du tun könntest – du könntest die Scheidung einleiten und nach Amerika gehen und Dich umsehen und feststellen, wie es Dir gefällt und wie die Situation im einzelnen ist, und zwar in dem Zeitraum, der verstreichen muß zwischen der Einleitung der Scheidung und den drei oder vier Monaten, die verstreichen müssen, ehe es nötig wäre, daß Du zur Scheidung wieder erscheinst. Ich glaube, das Verfahren geht so vor sich, daß ein huissier [Vollstreckungsbeamter] mir eine Aufforderung zustellen würde, zu Dir zurückzukehren – der, wenn ich mich weigerte, ein paar Monate später eine zweite Aufforderung folgen würde –, dann müßten wir beide – für zehn oder fünf Minuten – vor einem juge d'instruction [Untersuchungsrichter] oder so was ähnlichem erscheinen und uns formell weigern, uns auszusöhnen, und dann bekämst Du ein Scheidungsurteil.

Wenn Du nach Amerika gehen willst, bin ich sicher, daß Du es ohne große Kosten tun könntest, und es wäre ein sehr guter Weg, zu sehen, wie die Verhältnisse drüben sind – sowohl an der Westküste als auch in N. Y. Du könntest eines der sehr bequemen Dollar-Linienschiffe nehmen, die Dich von Marseille nach Kalifornien bringen – durch den [Panama-]Kanal. Und über N. Y. nach Paris zurückkehren, was eine gute Gelegenheit für Dich wäre, beide Gegenden kennenzulernen. Würde les idées verändern und Dir eine Vorstellung davon vermitteln.

Auf alle Fälle, egal was Du tust, schreibe ich an Scribner's, daß sämtliche Tantiemen für *Fiesta* an Dich ausgezahlt werden sollen. Damit wird man jedoch erst beginnen, wenn 3000 Exemplare verkauft sein werden – den Vorschuß auf diesen Verkauf haben wir zusammen ausgegeben –, aber von da an wird es sich schnell auf 30 Cents pro Buch steigern. Und so, wie Max Perkins über künftige Auflagen usw. schreibt und wie sie annoncieren, könnte daraus, falls es Erfolg haben sollte, eine ganz beträchtliche Summe werden.

Auf jeden Fall kannst Du Dich vollkommen auf die Tantiemen von Cape verlassen – ich weise meinen Agenten an, daß auch diese an Dich gezahlt werden sollen. Cape hat angeboten, das Buch zwischen Januar und März herauszubringen – sie zahlen bei Veröffentlichung die Tantiemen für alle Vorverkäufe und für die ersten 3000 Exemplare eine Tantieme von 10 %, die bis 5000 Exemplare auf 15 % und danach auf 20 % steigt. Das sind sehr großzügige Tantiemen für ein Buch, das in England ein Verkaufsschlager werden könnte.

Bitte erhebe keinerlei Einwendungen dagegen – das ist das einzige, was ich, der ich Dir so viel Leid zugefügt habe, tun kann, um Dir zu helfen – und Du mußt es mich tun lassen.

Ich werde sicher nicht an Geldmangel leiden, da ich weiß, daß ich mir von Scott, Archie [Mac Leish] und den Murphys Geld leihen könnte – sie alle sind reiche Leute –, oder daß ich Geld von Pauline annehmen könnte, deren Onkel Gus ihr anscheinend ständig etwas geben will. Vorläufig brauche ich den finanziellen Druck des Ganz-von-vorn-Anfangens – und Du hast jedes Recht auf den Erlös dieser Bücher – Du hast mich unterstützt, während sie geschrieben wurden, und mir geholfen, sie zu schreiben. Nie hätte ich *In unserer Zeit, Sturmfluten* oder *Fiesta* geschrieben, wenn ich Dich nicht geheiratet und Deine treue und aufopferungsvolle und immer anregende und liebevolle – und tatsächliche finanzielle Unterstützung nicht im Rücken gehabt hätte.

Ich würde auch *In unserer Zeit* und *Sturmfluten* dazutun, aber ich glaube, das eine steht immer noch auf der Verlustseite, und das andere dürfte kaum Geld einbringen.

Aber ich mache ein Testament und schreibe an meine Agenten und Verleger, daß im Falle meines Todes der Erlös aller meiner Bücher, vergangener und zukünftiger, an Bumby gehen soll, und Du kannst es dann für ihn verwalten.

Ich muß dafür sorgen, daß Du die *Fiesta*-Tantiemen bekommst, Hadley, und bitte, nimm sie ohne Proteste und Verbitterung, einfach als ein Geschenk an. Denn wirklich, es ist Dein Recht und es steht Dir einfach zu, und es würde mich ungeheuer glücklich machen, wenn Du so großzügig wärest und es als ein Geschenk annehmen würdest.

Damit im Rücken – es kann nicht weniger als einige hundert Dollar sein – kannst Du Deine Amerikareise machen und brauchst Dich nicht ums Geld zu sorgen. Während Deiner Abwesenheit würde ich Bumby jede Unterstützung geben, die ein Papa sein kann. Ich würde mich auch dazu verpflichten, daß Pauline Bumby nicht zu Gesicht bekommt, falls sie während dieser Zeit hier wäre – darüber brauchtest Du Dir also keine Sorgen zu machen. Falls das etwas ist, was Dir Sorgen machen sollte.

Unser Gespräch hat bestimmte Stellen in Deinem Brief unklar werden lassen. Du schreibst, die Sache mit der dreimonatigen Abwesenheit sei offiziell beendet. Wenn es Dir irgend etwas bedeuten sollte, würden Pauline und ich, da bin ich ganz sicher, gern die drei vollen Monate getrennt voneinander zubringen. Wenn es Dir nichts bedeuten sollte, könnte sie, denke ich, im Januar oder wann sie es wünscht zurückkommen. Sag mir deshalb bitte noch Bescheid, und auch, ob Du willst, daß ich Pauline die Fakten unserer Briefe mitteile.

Es tut mir leid, daß das so lang geworden ist, und ich habe zweifellos noch vieles ausgelassen. Ich werde Bumby oft sehen – und ich glaube, daß Bumby Dich zur Mutter hat, ist vielleicht das größte Glück, das er je haben wird. Und ich brauche Dir nicht zu erzählen, wie sehr ich Dein klares Denken, Deinen Verstand, Dein Herz und Deine so lieben Hände bewundere, und ich bete ständig zu Gott, daß er Dich für den großen Schmerz, den ich Dir zugefügt habe, entschädigen möge – Du bist der gütigste und treueste, der liebenswerteste Mensch, den ich kenne.

JFK   Ernest

AN MAXWELL PERKINS

Paris, 19. November 1926

Sehr geehrter Mr. Perkins:

Ich weiß nicht, ob die Zeitschrift sich aus humoristischem Zeug etwas macht. Jedenfalls ist hier ein Stück[1], und falls Sie es nicht haben wollen, würden Sie es bitte nach eigenem Ermessen an Edmund Wilson von »The New Republic« weitergeben – er hat mir geschrieben, sie würden mir 50 Dollar pro Seite à 1200 Wörter zahlen, für so ziemlich alles –, oder vielleicht an [Paul] Reynolds, der Scott geschrieben hat, sie hätten gern noch mehr von mir – und der in der Lage sein könnte, mir etwas Geld zu verschaffen.

Danke für die Besprechung aus »Transcript«. Sie haben uns alle sehr anständig behandelt. Es war erfrischend zu sehen, daß jemand Zweifel daran hatte, daß ich die Sache mit Gertrude Stein ernst gemeint habe – ich wollte diesem prächtigen Schwulst eins auswischen (Gertrudes Anmaßung prophetischer Rollen). Niemand weiß etwas über die nächste Generation, und bestimmt hat niemand ein Recht zu urteilen. Das Zitat aus Eccles. – »Ein Geschlecht vergeht, das andere kommt; die Erde bleibt aber ewig gleich – Die Sonne geht auf« [Fiesta]². Ich möchte, daß Sie in etwaigen weiteren Auflagen streichen: »Nichtigkeit, nur Nichtigkeit, spricht Kohelet; Nichtigkeit, nur Nichtigkeit. [Es ist alles ganz eitel, sprach der Prediger, es ist alles ganz eitel.] Alles ist Nichtigkeit – Was bleibt dem Menschen von all seiner Mühe, die er auf sich nimmt unter der Sonne?« – streichen Sie das alles. Und fangen Sie das Zitat mit dem 4. Vers an, dann den 5., 6. und 7. Vers von Ecclesiastes [Prediger Salomo]. Das heißt, es fängt an mit: »Ein Geschlecht vergeht, das andere kommt« – und hört auf mit: »An den Ort, da sie herfließen, fließen sie wieder hin.«

Dadurch wird es viel klarer. Für mich war die Pointe des Buchs, daß die Erde ewig bestehen bleibt – denn ich liebe und bewundere die Erde überaus, aber meine Generation nicht einen Deut, und um Nichtigkeiten kümmere ich mich wenig. Ich habe anfangs nur gezögert, den Text eines besseren Schriftstellers zu kürzen – aber es scheint mir notwendig. Das Buch sollte keine dumpfe oder bittere Satire sein, sondern eine entsetzliche Tragödie, mit der ewig bestehenden Erde als Helden.

Habe außerdem herausgefunden, daß die meisten Leute nicht in Worten denken – wie sie es jetzt in allen Büchern tun –, und deshalb vermissen die Kritiker in Fiesta ihre inneren Monologe und sind unglücklich oder enttäuscht, weil ich

aus dem ersten MS 40 000 Wörter von dem Zeug, das sie glücklich gemacht haben würde, herausgestrichen habe – es hätte
sie glücklich gemacht, aber in 10 Jahren hätte es so falsch ge-
klungen wie Bromfield.

Fiesta hätte ein besseres Buch sein können und sollen – aber
erstens war Don Stewart, während ich statt dessen die erste
Fassung von *F.* schrieb, wegen seiner Leber zur Kur in Vichy –
und zweitens finde ich es besser, über etwas zu schreiben,
worüber man schreiben kann, und zu versuchen, es gut zu machen, als epochemachende Fresken zu entwerfen – und Sie
sollten sich vor Augen halten, in welchem Alter die Roman-
ciers waren, die die wirklich großen Romane geschrieben haben.

Glanzleistungen von Jungen mag es geben, wie [Stephen
Cranes] *The Red Badge of Courage* – aber im allgemeinen hatten
sie schon einige Erfahrungen und kannten sich halbwegs aus –
und in der Zeit, wo sie lernten und litten, haben sie das Schreiben beim Schreiben gelernt.

Nun, ich höre besser auf, bevor ich anfange, selber zum Kritiker zu werden, was ziemlich schlimm wäre. Jedenfalls hoffe
ich, daß Ihnen dieses lustige Stück gefällt.

Mit besten Grüßen
Ernest Hemingway

PUL

---

1 Vermutlich *My Own Life*, erschienen im »New Yorker« 2 (12. Februar 1927), S. 23–24.

2 Vgl. Anm. 5 zu dem Brief an F. Scott Fitzgerald vom ca. 20. April
1926.

AN F. SCOTT FITZGERALD

Paris, ca. 24. November 1926

Lieber Scott:

Die ganze Woche habe ich versucht, zu Dir zu kommen und
Dich zu besuchen, bevor Du abreist – Mike Ward sollte ein
Auto für die Fahrt bekommen, aber erst wurde er krank – und
dann waren die Autos dauernd besetzt; und dann wurde der

Bursche, der ihn auf der Bank vertreten sollte, krank, und das führt uns zum heutigen Mittwoch, dem letzten Termin, an dem wir abfahren sollten.

Wie geht's Dir, und wie ist es Dir ergangen? Hast Du gearbeitet? Wie ist der Roman? Ich wette, es wird ein verdammt guter Roman, wenn Du Dich erst einmal hinsetzt und ihn schreibst – und Du mußt doch in Juan-les-Pins eine Menge Zeit zum Schreiben gehabt haben.

Ich hatte eine tolle Arbeitsperiode; eine weitere Erzählung an Scribner's verkauft – zwei geschrieben – und ihnen noch eine geschickt, die sie sicher auch kaufen werden – eine ungeheuer gute Geschichte über Mailand während des Krieges – und soeben eine noch bessere beendet, die ich jetzt abtippen sollte. Habe noch zwei Erzählungen, von denen ich weiß, daß ich sie nicht verkaufen kann, und die ich also nicht verschicke – aber in einem Buch werden sie sich gut machen.

Dies ist eine blöde geliehene Schreibmaschine – meine eigene ist kaputt. Ich sehe in einer Anzeige der »World«, daß *Fiesta* in die 2. Auflage geht, und Heywood Broun schreibt in derselben Ausgabe vom 19. Nov. eine ganze Spalte darüber usw. Besprechungen waren günstig, obwohl die Jungs sich nicht einig darüber zu sein schienen, ob ich nun das meiste von Dir oder von Michael Arlen abgeschrieben habe, und so danke ich euch beiden sehr – und besonders Dir, Scott, weil Du mir gefällst und ich Arland nicht kenne und außerdem gehört habe, er sei ein Armenier, und es erschiene mir ein wenig voreilig, einem Armenier dankbar zu sein. Aber Dir bin ich bestimmt dankbar, und ich werde Scribner's bitten, in alle Auflagen ab der achten als Untertitel einzufügen

DIE SONNE GEHT AUF (WIE IHR SCHWANZ,

FALLS SIE EINEN HABEN)

Ein größerer Gatsby

(Geschrieben mit der Freundschaft von F. Scott Fitzgerald, dem Propheten des JAZZ-ZEITALTERS)

Gott, ich wünschte, ich könnte Dich sehen. Du bist der einzige Kerl in und außerhalb Europas, von dem (oder gegen den) ich das sagen kann, aber ich würde Dich wahrhaftig gern sehen. Ich habe nicht genug Geld, um mit dem Zug zu kommen, und war also diesen nicht fahrenden Gratis-Autos ausgeliefert. Durch das schlechte Wetter war Fahrradfahren unmöglich. Ich hab's einmal angefangen, bin aber furchtbar auf die Schnauze gefallen und hab mir die épaule geluxet. Wie geht's Dir denn überhaupt.

Was bedeutet 2. Auflage in Zahlen? Das Buch erschien am 22. Okt.; das stand in der Anzeige vom 19. Nov. Max Perkins schrieb am 1. Nov., daß es nicht viele Vorbestellungen gegeben hätte, daß jetzt aber Nachbestellungen einliefen. Zahlen hat er nicht genannt. Hat er Dir geschrieben?

»College Humor« hat mit der Bitte geschrieben, ich solle Aufsätze für sie schreiben, Stücke, Scheiße oder einen langen Roman; ich habe den Brief an Max weitergeschickt, der ihn Reynolds geben soll. Manchmal habe ich was Lustiges, und ich denke, Reynolds könnte so was verkaufen wollen, zumal mir jemand erzählt hat, »Cowedge Humour« zahle enorme Preise. Sie haben mir mitgeteilt, sie würden *Fiesta* in der Januar-Ausgabe besprechen. Hoffe, es läuft in Princeton besser als der Lampoon.

Nun zum Privatleben des bekannten, wo bekannten, Autors: Hadley läßt sich von mir scheiden. Habe ihr sämtliche vorhandenen Finanzen übertragen sowie alle erhaltenen und künftigen Tantiemen für *Fiesta*. Cape und Heinemann haben beide ein Angebot für die britischen Rechte gemacht. Meinst Du, daß Reynolds es an den Film oder so was verkaufen könnte? Kriege davon einen Anteil, wenn es so was gibt. Habe täglich nur einmal gegessen, und wenn ich müde genug bin, schlafe ich – in letzter Zeit geschuftet wie der Teufel – finde den Neubeginn des Lebens jämmerlicher als zu irgendeiner Zeit, seit ich 14 war, und das mit der Einkommensmöglichkeit, sämtliche Erzählungen an Scribner's zu verkaufen, sehr interessant. Ich glaube, das Leben aller geht zum Teufel, war aber trotzdem sehr gesund und in letzter Zeit auch fähig, wieder den Kopf zu gebrauchen. Falls jemand in N. Y. nach mir fragt, erzähle bloß nichts. Ich würde Dir alles genau erzählen, fühle mich aber nicht in der Lage, darüber zu schreiben, und sprechen kann ich auch nicht sehr gut darüber. Jedenfalls scheinen so viele Leute so gut über anderer Leute Angelegenheiten reden zu können, daß anscheinend kaum je die Notwendigkeit besteht, selbst darüber zu sprechen.

Jedenfalls habe ich die allgemeine Abmurks-Phase überwunden und werde mich nur noch unter gewissen besonderen Umständen abmurksen, von denen ich nicht glaube, daß sie eintreten werden. Habe mich ganz und gar der halbherzigen Gashahnaufdrehereien oder Pulsaderaufschlitzereien mit sterilisierten Sicherheitsrasierklingen enthalten. Setze mein Leben in der mir eigenen Rolle des Schweinehundes sans peur et sans rapproche fort. Das einzige im Leben, wo ich glücklicherweise anständig war, ist Geld; dabei bin ich also ganz hervorragend und pedantisch. Außerdem werde ich jetzt von meinem Ehrgeiz verschlungen, mal eine richtig gute Arbeit zu machen, egal, wie sich alles entwickelt. Ich finde einige von den jetzigen Sachen gut. Habe viel gelernt.

Ich sollte hier jetzt abbrechen und es losschicken.

Schreib mir und erzähl mir den ganzen Klatsch. Was hörst Du aus N. Y.? Wo wirst Du wohnen? Wie geht's Zelda? Und Scotty? Bumby und Hadley geht es prächtig. Als Hadley verreist war, hatte ich Bumby für 10 Tage bei mir; eines Morgens nahm ich ihn in ein Café mit, kaufte ihm ein glace und eine neue Mundharmonika; und die Harmonika in der Hand und das glace essend sagte er: »La vie est beau avec papa.«[1] Er mag mich sehr, und wenn ich ihn frage, was Papa denn eigentlich tut, in der Hoffnung, von ihm zu hören, Papa ist ein großer Schriftsteller, den Zeitungsausschnitten nach zu urteilen. Dann sagt er, Papa tut gar nichts. Also habe ich ihm beigebracht zu sagen: »Bumby wird für Papa sorgen.« Und das sagt er jetzt dauernd. Was wird Bumby machen? Bumby wird für Papa sorgen, en Espagne avec les taureaux.

Grüße an Euch alle

PUL   Ernest

---

1 »Wir stimmen Bumby zu«, schrieb Fitzgerald in seiner Antwort vom 23. Dezember 1926. Er fügte hinzu: »Ich kann Dir gar nicht sagen, wieviel mir Deine Freundschaft während dieser anderthalb Jahre bedeutet hat – sie ist das Erfreulichste an unserer Europareise.«

Paris, 3. Dezember 1926

Liebste Pfife:

Dein Brief an mich über Jinny und Luftpost kam gestern abend – Donnerstag, 2. Dezember –, und entweder heute abend oder morgen werde ich dieses Kabel schicken – vielleicht warte ich bis morgen wegen der Wochenendtarife – – – vielleicht schick ich's heute abend von der Börse aus. Jinny kommt um sieben hierher. Ich wollte gestern beim Anwalt sein, aber er hat es auf heute nachmittag verschoben.

Ich habe mich jetzt eine Zeitlang ziemlich schrecklich gefühlt, und ich hätte Eile gedrahtet, wüßte ich nicht, daß Du Dein Weihnachten plantest und die Familie und die Mac Leishes meinetwegen Zimmer und Schlafwagen genommen hätten usw. Leute, die im Leben stehen.

Abgesehen von nächtlicher Schwermut und finsterer Niedergeschlagenheit, nimmt es keine besondere Form an. Weißt Du, Pfife, ich meine, wenn zwei Menschen sich ungeheuer lieben und sich in jeder Hinsicht brauchen und dann auseinandergehen, wirkt sich das fast so schlimm aus wie eine Abtreibung. Es ist ja nicht so, als ob das hier ein Krieg wäre oder eine Walfangfahrt oder sonst ein Fall von force majeur, Dinge, die von etwas gelenkt werden, gegen das man nichts ausrichten kann – – – sondern etwas, gegen das man sich auflehnen könnte; die tägliche Routine eines Krieges oder die Arbeit auf einer langen Fahrt, dagegen kann man nichts tun. Aber eine freiwillige Trennung ist, wenn man nur noch einander hat, etwas Furchtbares, und in der letzten Zeit hat mich das innerlich fix und fertig gemacht. Ich weiß, oder jedenfalls meine ich es zu wissen, daß ich Dir treu sein könnte, mit meinem Körper und meinem Verstand und meiner Seele, solange ich noch etwas davon besäße – – – und ich weiß jetzt auch, da ich noch derselbe bin und noch vollständig, daß etwas mit meinem Körper angefangen hat, der ein wesentlicher Bestandteil von allem geworden war, und daß das Alleinsein und nur Einsamsein alle möglichen Dinge ruiniert und das ganze Gleichgewicht über den Haufen geworfen wird, es greift die Seele an und ist auch nicht gut für den Verstand. Man liegt ganze Nächte herum, halb verrückt im Kopf, und betet und betet und betet, daß man nicht wahnsinnig wird. Und ich kann nicht glauben, daß es zu irgend etwas nütze ist, und ich glaube, daß es einem höllisches Leid zufügt.

Und gelitten hast Du auch – ich habe mich schrecklich deswegen gefühlt –, und jetzt geht es Dir prima und gut, und Dein Kopf ist geordnet (wie wir beide es zu sein pflegten), und ich werde es auch wieder sein, weil ich von Natur aus kein depressiver Kerl bin. Und ich habe Verstand genug, zu wissen, wenn ich die ganze Zeit denke, ich will sterben, bin ich bloß ein Narr, denn wenn ich sterben will, denke ich nur daran, alles vergessen zu können, bis Pfeiffer endlich bei mir ist. Aber ich weiß, es wird wunderbar werden, und damit Du weißt, daß ich mich prima fühle und daß die Welt herrlich ist und daß ich mich im Innern gut fühle und nicht bloß trocken wie ein Stück Kalkschulp, womit man die Kanarienvögel füttert, sondern wirklich gut, schreibe ich HERVORRAGEND – und das soll heißen, daß Du diesen Brief lesen sollst, als wäre er von irgendeinem anderen, und wissen sollst, daß ich mich im Kopf und im Innern wohl fühle.

Pfife, ich liebe Dich so, und ich will einen Brief von Dir – nur über unsere Liebe, und keine Tatsachenberichte oder sonstwas Aktuelles – – – denn es ist schon furchtbar lange her, seit ich einen solchen Brief bekommen habe, oder einen, der nicht geschrieben war, um in zehn Minuten zur Post gebracht zu werden; und was ich noch schmerzlicher vermisse, ist, daß ich keinen vertrauten Umgang mit Dir habe – und auch nicht das Gefühl, wir zwei stünden gegen alle andern. Ich habe gewußt, daß es gut und praktisch war, und ich habe die Mechanismen und Arbeitsweise der Luftpost in jeder Hinsicht bewundert, aber als ich Deinen ersten Brief nach dem Kabel erhielt – das war das erste Mal, daß ich von Dir hörte und wieder Kontakt aufnehmen sollte –, offen einem Brief von Jinny beigelegt, habe ich mich entsetzlich gefühlt. Würdest Du mir also bitte mal einen solchen Brief schreiben, wenn es nichts Besonderes zu sagen gibt und Du normalerweise keinen Brief geschrieben hättest – falls Du Dich je so fühlen solltest –, in dem unsere Liebe sich wie etwas Schönes anhört, und vielleicht fügst Du noch ein paar Hinweise auf eine wunderschöne Zukunft hinzu. Deine Briefe vor Deiner schlimmen Phase klangen alle so, als ob Du mich über alles in der Welt liebtest, und wenn einer kam, war ich immer ganz aus dem Häuschen vor Glück. Seitdem gab es nur noch den großartigen letzten Brief, aber es schien, als ob da keine Freude mehr herrschte – nur noch Loyalität, und ich hatte Angst, daß Du mich vielleicht wirklich aufgegeben hättest, wie Du ja einmal sagtest, daß Du es müßtest, und daß Du das gerade hinter Dir hättest – – – und oh alles andere Wahnsinn. Und ich hätte gern einen Brief, wie Du sie immer geschrieben hast, bevor Du Dich so elend fühltest.

JFK   [Der Brief endet hier.]

1927

An Grace Hall Hemingway

Gstaad, 5. Februar 1927

Liebe Mutter:

Ich danke Dir sehr für die Übersendung des Katalogs der Marshal-Fields-Ausstellung mit der Abbildung Deines Gemäldes von der Schmiede. Es sieht sehr hübsch aus, und ich würde gern einmal das Original sehen.

Ich habe auf Deinen Brief über *Fiesta* nicht geantwortet, weil ich ärgerlich darüber war und es töricht ist, wütende Briefe zu schreiben; und mehr als töricht, es seiner Mutter gegenüber zu tun. Es ist ganz natürlich, daß Dir das Buch nicht gefällt, und ich bedaure es, wenn Du irgendein Buch liest, das Dir Schmerz oder Ekel bereitet.

Andererseits schäme ich mich in keiner Hinsicht für das Buch, höchstens dafür, daß es mir nicht gelungen sein könnte, die Menschen, über die ich geschrieben habe, genau zu porträtieren oder sie für den Leser wirklich lebendig zu machen. Aber es ist nicht g a n z unerfreulich, und ich bin sicher, es ist nicht unerfreulicher als das wahre Innenleben mancher unserer besten Familien in Oak Park. Du mußt bedenken, daß in einem solchen Buch all das Schlechteste aus dem Leben der Menschen dargestellt wird, während man zu Hause für die Öffentlichkeit eine sehr liebenswerte Seite zeigt und so etwas, wie ich durch Beobachtung in Erfahrung gebracht habe, hinter verschlossenen Türen stattfindet. Im übrigen weißt Du als Künstlerin, daß ein Schriftsteller nicht gezwungen werden sollte, die Wahl seines Gegenstandes zu verteidigen, sondern nur in seiner Behandlung dieses Gegenstandes kritisiert werden sollte. Die Leute, über die ich geschrieben habe, waren ganz bestimmt ausgebrannt, hohl und kaputt – und ich habe versucht, sie so zu zeigen. Ich schäme mich des Buches nur an den Stellen, wo es von den Leuten nicht wirklich das zeigt, was ich darzustellen vorhatte. Ich lebe noch lange genug, um andere Bücher zu schreiben, und die Gegenstände werden nicht immer dieselben sein – allerdings werden sie alle, wie ich hoffe, Menschen sein.

Und wenn die guten Damen vom Lesezirkel unter der Leitung von Miss [Fanny] Butcher, die k e i n e intelligente Rezensentin ist – ich wäre mir ziemlich blöd vorgekommen, wenn sie das Buch gelobt hätte –, einmütig darin übereinstimmen, daß ich ein großes Talent an die niedrigsten Zwecke prostituiere – also die guten Damen reden über etwas, wovon sie keine Ahnung haben, und sie sagen sehr dumme Sachen.

Was Hadley, Bumby und mich betrifft – obwohl Hadley und ich seit einiger Zeit nicht mehr im selben Haus wohnen (wir leben seit letztem Sept. getrennt, und inzwischen ist Hadley wohl schon von mir geschieden), sind wir die besten Freunde. Ihr und Bumby geht es gut, sie sind gesund und glücklich, und sämtliche Gewinne und Tantiemen aus *Fiesta* werden auf meine Anordnung direkt an Hadley gezahlt, sowohl aus Amerika als auch aus England. Nach der letzten Anzeige, die ich im Januar gesehen habe, ist das Buch in die 5. Auflage (15000) gegangen, und es läuft immer noch sehr gut. In England wird es im Frühjahr unter dem Titel *Fiesta* veröffentlicht. Hadley kommt im Frühjahr nach Amerika, und so kannst Du auf Grund der Gewinne aus *Fiesta* Bumby sehen. Ich nehme keinen Cent von den Tantiemen, die sich inzwischen auf mehrere tausend Dollar belaufen, habe nichts getrunken außer meinem üblichen Wein oder Bier zu den Mahlzeiten, habe ein sehr klösterliches Leben geführt und versucht, so gut zu schreiben, wie ich es vermag. Wir haben verschiedene Auffassungen davon, was gutes Schreiben ausmacht – das ist schlicht eine grundsätzliche Meinungsverschiedenheit –, aber Du betrügst Dich wirklich selbst, wenn Du Dir von irgendeiner Fanny Butcher einreden läßt, ich leistete der Sensationsgier Vorschub usw. usw. Ich erhalte Briefe von »Vanity Fair«, »Cosmopolitan« usw. mit der Bitte um Erzählungen, Artikel und Serien; aber ich werde sechs Monate oder ein Jahr lang gar nichts veröffentlichen (ein paar Erzählungen habe ich Ende letzten Jahres an Scribner's verkauft, und ein lustiger Artikel ist heraus), weil ich weiß, daß das jetzt eine sehr kritische Zeit ist und daß es für mich wesentlich wichtiger ist, in Ruhe zu schreiben und zu versuchen, so gut zu schreiben, wie ich nur kann, ohne auf den Markt zu schielen oder daran zu denken, was die Sachen einbringen werden, oder gar, ob sie sich überhaupt veröffentlichen lassen – als mich von der Falle des Geldverdienens einfangen zu lassen, die die amerikanischen Schriftsteller so behandelt wie die Maisschälmaschine den Daumen meines berühmten Verwandten[1] [Willoughby Hemingway].

Ich schicke diesen Brief an Euch beide[2], weil ich weiß, daß Ihr Euch Sorgen um mich gemacht habt, und es mir leid tut, wenn Ihr Euch um mich sorgt. Das dürft Ihr nicht – denn, auch wenn mein Leben in verschiedener Hinsicht kaputtgehen mag, werde ich immer alles für die Menschen tun, die ich liebe (ich schreibe nicht oft nach Hause, weil ich keine Zeit habe, und da ich es, weil ich schreibe, sehr anstrengend finde, Briefe zu schreiben, und die Korrespondenz auf die Briefe beschränken muß, die ich unbedingt schreiben muß – und meine wahren Freunde wissen, daß es in meiner Zuneigung zu ihnen keinen Unterschied macht, ob ich schreibe oder nicht), und ich bin niemals ein Säufer oder regelmäßiger Trinker gewesen (Ihr werdet Märchen hören, daß ich es sei – die werden jedem angehängt, der je über Leute geschrieben hat, die trinken), und ich will nur Ruhe haben und die Möglichkeit zu schreiben. Mag sein, daß Euch nichts von dem, was ich schreibe, gefällt – und dann auf einmal gefällt Euch vielleicht etwas ganz außerordentlich. Aber Ihr müßt mir glauben, daß ich aufrichtig bin in dem, was ich schreibe. Dad war immer sehr loyal, und während Du, Mutter, kein bißchen loyal gewesen bist, verstehe ich vollkommen, daß Du geglaubt hast, du seiest es Dir selbst schuldig, mich von einem Weg abzubringen, der Dir verhängnisvoll erschien.

Vielleicht können wir also all das beiseite lassen. Ich bin sicher, daß Du im Verlauf meines Lebens manchen Grund dafür finden wirst, zu meinen, daß ich Dir Schande gemacht hätte, wenn Du alles glaubst, was Du hörst. Andererseits, mit einem kleinen Schuß Loyalität als Narkotikum, wärst Du vielleicht in der Lage, über meinen ganz offensichtlich schlechten Ruf hinwegzukommen und am Ende herauszufinden, daß ich Dir gar keine Schande gemacht habe.

Wie auch immer, beste Grüße an Euch beide.

JFK   Ernie

1 EHs Onkel, Dr. Willoughby Hemingway, war jahrelang ein bekannter Missionsarzt in der Provinz Schanhsi in China – trotz des in seiner Kindheit erlittenen Unfalls an der rechten Hand.

2 Die ersten fünf Absätze des Briefs waren an EHs Mutter gerichtet; der Rest richtet sich an beide Eltern.

AN F. SCOTT FITZGERALD

Paris, 31. März 1927

Lieber Scott:

Und Du bist auch mein ergebener Freund. Du tust mehr und arbeitest fleißiger und, o Scheiße, ich könnte ganz rührselig werden darüber, wie ungeheuer toll Du bist. Mein Gott, ich würde Dich gerne sehen. Die zwei Briefe vom »Roosevelt Hotel« und das Kabel wegen »Vanity Fair« habe ich diese Woche erhalten. Prinzipiell hatte ich beschlossen, keine Artikel, Erzählungen, Serien usw. auf Bestellung zu schreiben, weil ich nicht sehr entspannt arbeite und nichts aus dem Ärmel schütteln, sondern es nur herausquetschen kann, und dann ist es verbraucht und vertan. Aber Du hast Dir einen tollen Stoff ausgedacht, bei dem ich mir nicht unbedingt einen runterholen müßte, um darüber zu schreiben. Du bist ein unheimlich netter Bursche. Habe etwas für sie geschrieben, gest. morgen im Bett. Werd's mir morgen noch mal ansehen und es dann in Ordnung bringen und abschicken. Bißchen Quatsch über Stierkämpfe. Ich denke, es könnte interessant sein.

Wie ist es Dir überhaupt gegangen? Wie fast fertig ist Dein Buch wirklich? Wie fühlst Du Dich?

Hadley und Bumby fahren am 16. April nach N. Y. Bumby war eine Zeitlang mit mir in der Schweiz, war prima. Nach den französischen Gesetzen darf ich ihn während der Ferien haben, und nach Hadley, wann immer ich will. Sie ist in prächtiger Verfassung, sehr glücklich und sehr verliebt. Erzähl niemandem davon. Ich habe Scribner's gesagt, sie sollen alle Tantiemen für *Fiesta* direkt an sie überweisen. Dasselbe habe ich Cape gesagt. Kommt diesen Monat in England heraus. Bin die Fahnen durchgegangen, damit sie es nicht wie *In unserer Zeit* umschreiben und verstümmeln. Ich habe ein paar Erzählungen, die Du in der April-Nummer von »Scribner's« sehen wirst. Seitdem noch weitere vier geschrieben. Max Perkins wird Dir erzählt haben, daß »Atlantic« die Geschichte *Um eine Viertelmillion* angenommen hat. Weiß nicht, ob sie vorhaben, es auf besonders leicht brennbarem Papier zu drucken, mit einer Perforation am Rand, damit die Abonnenten es herausreißen und ins Feuer werfen können, um ihre »Atlantic«-Stapel nicht zu versauen.

[am unteren Rand, auf dem Kopf stehend:] Sie waren zu vornehm, von Geld zu sprechen. Bis jetzt habe ich noch nichts über die Bezahlung gehört. Zahlt »Atlantic« überhaupt?

Ist das nicht fein mit Mencken? Na na na stemma vor. Letzteres ist der Einfluß von Sinclair Lewis. In der Art reden seine Personen. Du kannst das Buch, an dem Du gerade arbeitest, blindlings drauflos schreiben, ohne die Spur zu halten oder Dir zu merken, welche Person welche ist, und gerätst trotzdem nicht in Gefahr, von den anderen Jungs Konkurrenz zu bekommen. Don [Stewart] hat sich aufs automatische Schreiben verlegt, und seine Frau versichert ihm, es wäre besser und schöner denn je. Bloomfields [Bromfields] nächstes Buch handelt von einem Prediger. (Anders als Somerset Maugham oder S. Lewis) wird Bloomfield vermutlich einen heruntergekommenen alten Neuengland-Prediger aus ihm machen, namens Cabot Cabot Cabot, und natürlich spricht er nur mit Gott – damit es sich auf Cod [Kabeljau] reimt. Aber ich sehe voraus, daß früher oder später die heruntergekommene französische Aristokratie in das Buch hineingeraten wird, und die werden dann alle Marquis Deidre de Chanel heißen und Leute sein, die

Louis Bromfield, der glänzendste und vollkommenste Meister seiner Zunft in der gesamten jüngeren Generation der Romanschreiber über die heruntergekommene französische Aristokratie, höchstselbst hautnah im »Ritz« und bei »Ciros« studiert haben wird – zweifellos auf enorme Kosten seiner Freunde. Ich war mal abends dort zum Essen, es gab eine Menge vin ordinaire, und dauernd sprangen Katzen auf den Tisch und rannten mit allem davon, was an bißchen Fischen da war, und dann schissen sie auf den Boden. Bloomfield, der sich Mühe gab, daß ich mich wie zu Hause fühlte, tat alles, nur legte er nicht gerade die Füße auf den Tisch. Ich dachte, um zu zeigen, daß ich mich wie zu Hause fühlte, hätte ich vielleicht in die Fingerschalen pinkeln sollen. Wir sprachen darüber, was für feine Bücher wir beide schrieben, und wie wir das machten. Ich persönlich mach's auf einer Corona Nummer 4. Und wenn ich sie reinige, mein Lieber, kann ich einfach nichts mit ihr anfangen.

Bin jetzt seit einigen Monaten pleite. Zum Glück fällt das mit der Fastenzeit zusammen. Ich werde bald im Himmel so viel Kredit erworben haben, daß ich Euch, Zelda und Scotty, aus dem Fegefeuer werde retten können, ohne mir mehr als eine schlimme Erkältung dabei zu holen. Pat [Guthrie] hat Duff [Twysden] verlassen und lebt jetzt mit Lorna Lindsay oder Linslay zusammen. Ein Bursche namens [Harold] Loeb war in der Stadt und wollte mich erschießen; also ließ ich die Nachricht verbreiten, daß man mich Samstag und Sonntag nachmittags von zwei bis vier unbewaffnet vor »Lipps Brasserie« sitzend finden könne, und jeder, der mich zu erschießen wünsche, solle kommen und es tun, oder er solle um Gottes willen aufhören, davon zu reden. Keine Kugeln pfiffen. Es ging das Gerücht um, ich sei in die Schweiz gegangen, um nicht von wahnsinnigen Figuren aus meinen Büchern erschossen zu werden.

Pauline geht es gut, sie ist aus Amerika zurück. Ich bin jetzt schon so ungeheuer lange in sie verliebt, daß es wahrhaftig schön ist, ein klein wenig von ihr zu sehen.

War nicht im Quartier [Latin], habe auch niemanden gesehen – Murphys und die Mac Leishs sind auf dem Weg nach

Mitteleuropa hier durchgekommen. Bekam eine Karte von Gerald aus Berlin, der mir sein Atelier, wo ich schon mal gewohnt habe, für den 1. Mai absagt. Irgendein anderer wird es für irgendwas anderes benutzen. Es war prima von ihnen, daß sie es mich benutzen ließen, und verdammt viel besser als etwa unter den Brücken. Sie waren prima. Mac Leishes auch.

Doch wenn Du nichts dagegen hast, Du bist mein allerbester Freund. Und nicht nur – Teufel auch – das kann ich nicht schreiben, aber ich lege sehr großen Wert auf die Sache.

Grüß Zelda von mir, und empfiehl Mr. Hemingway Deiner Scotty.

Immer Dein
PUL   Ernest

An Dr. C. E. Hemingway

Hendaye, Frankreich, 14. September 1927
Lieber Dad:
Vielen Dank für Deinen Brief und dafür, daß Du den Brief an Onkel Tyley [Hancock] weitergeschickt hast. Ich bekam gestern einen netten Brief von ihm. Du kannst Dir nicht vorstellen, wie sehr ich es bedauere, daß ich Dir und Mutter so viel Schmach und Leid verursacht habe – aber ich konnte Euch nichts über all meine und Hadleys Sorgen schreiben, auch wenn ich das eigentlich hätte tun sollen. Ein Brief braucht zwei Wochen über den Atlantik, und ich habe mich bemüht, die Hölle, die ich durchgemacht habe, auf niemanden per Brief zu übertragen. Ich liebe Hadley, und ich liebe Bumby – Hadley und ich gehen auseinander – ich habe sie nicht im Stich gelassen, und ich habe auch mit niemandem Ehebruch begangen. Ich habe mit Bumby in der Wohnung gelebt – ihn versorgt, während Hadley auf einer Reise war, und als sie von der Reise zurückkam, entschloß sie sich zur endgültigen Scheidung. Wir bereiteten alles vor, es gab keinen Skandal und keine Schande. Wir hatten schon lange Zeit Schwierigkeiten. Es war vollkommen meine Schuld, und es geht keinen etwas an. Ich empfinde

nichts als Liebe, Bewunderung und Respekt für Hadley, und obwohl wir auseinandergegangen sind, habe ich Bumby keineswegs verloren. Er war nach der Scheidung mit mir in der Schweiz, und im November kommt er wieder und wird diesen Winter mit mir in die Berge gehen.

Du kannst von Glück sagen, daß Du Dich in Deinem Leben nur in eine einzige Frau verliebt hast. Ich war über ein Jahr lang in zwei Menschen verliebt und bin Hadley absolut treu gewesen. Als Hadley beschloß, daß wir uns besser scheiden ließen, war das Mädchen, in das ich verliebt war, in Amerika. Ich hatte fast zwei Monate nichts von ihr gehört. In ihrem letzten Brief schrieb sie, wir müßten nicht an uns denken, sondern an Hadley. Du sprichst von »Liebespiraten«, »Leuten, die einem das Zuhause kaputtmachen usw.«, und Du weißt, daß ich heißblütig bin, aber ich weiß, daß es einfach ist, Leute zum Teufel zu wünschen, wenn man nichts von ihnen weiß. Ich habe genug gesehen, gelitten und durchgemacht, um niemanden mehr zum Teufel zu wünschen. Ich schreibe das alles, weil ich nicht will, daß Du an diesen Vorstellungen von Schimpf und Schande leidest. Wir haben uns eine lange Zeit nicht mehr gesehen, und in der Zwischenzeit ist unser Leben weitergegangen, in meinem hat sich ein Jahr lang eine Tragödie abgespielt, und ich weiß, Du kannst nachempfinden, wie schwierig und fast unmöglich es für mich ist, darüber zu schreiben.

Wenn Hadley es gewünscht hätte, wäre ich nach unserer Scheidung wieder zu ihr zurückgegangen. Sie sagte, die Dinge seien jetzt besser als sie waren, und es ginge uns beiden besser. Ich werde nie aufhören, Hadley und Bumby zu lieben, und ich werde mich immer um sie kümmern. Ich werde nie aufhören, Pauline Pfeiffer, mit der ich verheiratet bin, zu lieben. Ich trage jetzt Verantwortung für drei Menschen statt für einen. Bitte, versteh das und wisse, daß es die Dinge nicht leichter macht, wenn man darüber schreibt. Ich v e r s t e h e , wie schwer es für Dich sein muß, Erklärungen abzugeben und Fragen zu beantworten und nichts von mir zu hören. Ich bin ein ganz miserabler Briefpartner, und es ist mir fast unmöglich, über meine Privatangelegenheiten zu schreiben. Ich habe mich nicht danach gedrängt – aber durch den Erfolg meiner

Bücher – deren s ä m t l i c h e Gewinne ich Hadley übertragen habe – sowohl in Amerika, England, Deutschland und den skandinavischen Ländern – gibt es eine Menge Gerede. Ich schenke dem keine Beachtung, und das solltest Du auch nicht tun. Mir sind alle möglichen phantastischen und skandalösen Geschichten zu Ohren gekommen, die Leute über mich erzählt haben – alle entbehren jeder Grundlage. Solche Geschichten entstehen um alle Schriftsteller – Baseballspieler – populäre Wanderprediger oder andere Leute, die in der Öffentlichkeit auftreten. Und es ist durch meinen Wunsch, mein Privatleben für mich zu behalten – niemandem Erklärungen abzugeben – und nicht persönlich in der Öffentlichkeit aufzutreten, geschehen, daß ich Dir unwissentlich große Sorgen bereitet habe. Die einzige Möglichkeit, mein Privatleben für mich zu behalten, war eben, es für mich zu behalten – und ich schuldete Dir und Mutter eine Erklärung darüber. Aber ich kann nicht ständig darüber schreiben.

Ich weiß, daß Du die Sachen, die ich schreibe, nicht magst, aber das liegt am Unterschied der Geschmäcker, und nicht alle Kritiker heißen Fanny Butcher. Ich w e i ß , daß ich Dir mit meiner Schriftstellerei keine Schande mache, sondern eher etwas tue, auf das Du eines Tages stolz sein wirst. Ich kann nicht alles sofort machen. Ich fühle, daß am Ende auch mein Leben für Dich keine Schmach sein wird. Aber es dauert eine lange Zeit, sich zu entfalten.

Du wärest so viel glücklicher dran, und ich wäre es auch, wenn Du Vertrauen zu mir hättest. Wenn Leute nach mir fragen, dann sag ihnen, Ernie erzählt uns nie etwas über sein Privatleben und nicht einmal, wo er ist, er schreibt nur, daß er fleißig arbeitet. Fühl Dich nicht verantwortlich für das, was ich schreibe oder was ich tue. Ich trage die Verantwortung, ich mache die Fehler, und ich ertrage die Strafe.

Wenn Du wolltest, könntest Du manchmal stolz auf mich sein – nicht wegen der Dinge, die ich tue, denn ich hatte nicht viel Erfolg damit, Gutes zu tun – sondern wegen meiner Arbeit. Meine Arbeit ist für mich wesentlich wichtiger als alles andere auf der Welt, mit Ausnahme des Glücks dreier Menschen; und Du kannst Dir nicht vorstellen, was ich empfinde, wenn Mutter sich für etwas schämt, von dem ich so sicher weiß, wie Du weißt, daß ein Gott im Himmel ist, daß man sich nicht darüber schämen muß.

Das scheint immer so weiterzugehen, also höre ich besser auf. Natürlich habe ich es bedauert, daß Sunny nicht kommt. Ich wäre ganz allein für sie dagewesen und hätte mit ihr eine schöne, lehrreiche und angenehme Reise unternommen, und sie hätte viele Dinge zu Gesicht bekommen, die sie mit einer Reisegruppe nicht sehen wird.

Ich bin sehr glücklich darüber, daß Bumby Dir gefallen hat. Er ist mein Allerliebstes, und ich hoffe, ihm meiner eigenen Fehler und Irrtümer wegen immer ein besserer und klügerer Vater sein und ihm helfen zu können, gewisse Dinge zu vermeiden. Aber ich bezweifle, daß irgendwer irgendwen sonderlich viel lehren kann. Jedenfalls ist er ein feiner Junge, und ich hoffe, wir können in weniger als acht Jahren alle drei zusammen angeln gehen, und Du wirst sehen, daß wir gar nicht so tragische Figuren sind. Leicester scheint ein prächtiges Kind zu sein. Ich habe die Fahnen meines neuen Buches *[Männer ohne Frauen]* abgeschickt. Es besteht aus 14 Erzählungen und wird diesen Herbst erscheinen. Nächste Woche gehen wir nach Paris, und dann fange ich mit einem neuen Roman an und werde bis zu den Weihnachtsferien fleißig arbeiten.

Ich liebe Dich sehr, und Mutter liebe ich auch, und es tut mir leid, daß das ein so langer Brief ist – er erklärt vermutlich überhaupt nichts, aber Du bist der einzige, dem ich je sechs Seiten geschrieben habe, seit ich gelernt habe, Feder und Tinte zu gebrauchen. Ich weiß noch, wie Mutter einmal sagte, sie würde mich lieber im Grab sehen, als – ich hab's vergessen – mich Zigaretten rauchen zu sehen vielleicht. Falls das von Interesse ist: ich rauche nicht. Seit 3 Jahren nicht mehr, obwohl Du wahrscheinlich Geschichten hören wirst, daß ich wie ein Schlot qualme. Letzten Winter wäre ich oft sehr zufrieden gewesen, einfach im Grab zu liegen, aber es hat immer genug Leute gegeben, die mich lieber nicht im Grab sähen, denen ich eine gewisse Verantwortung schuldete, die mich veranlaßte, weiterzumachen. Ich erwähne das nur, damit niemand mehr sagt, er möchte mich im Grab sehen. Zu anderen Gefälligkeiten bin ich gern bereit.

Ich möchte, daß Du Mutter diesen Brief lesen läßt. Sie hat mir letztes Frühjahr einen schönen Brief geschrieben, und ich fürchte, ich habe ihn nie beantwortet. Der Grund, warum ich keinen von Euch ins Vertrauen gezogen habe, war, daß ich über Mutters Anschuldigungen, ich leistete mit meiner Schreiberei den niedrigsten Neigungen Vorschub usw., so aufgebracht war, daß ich wie ein Einsiedlerkrebs die Klappe zugemacht habe. Ich habe gewußt, wenn wir uns schon wegen meiner Schreiberei, von der ich weiß, daß sie keine Prostitution ist, nicht in die Augen sehen können, dann hat es kaum einen Sinn, auf mein Leben einzugehen, das für Außenstehende noch viel schlimmer ausgesehen hat.

Aber ich hoffe immerhin, Ihr habt mit diesem Brief die Informationen, die Ihr beide wollt – und ich werde oft schreiben, wenn wir Literaturkritik und persönliche Angelegenheiten beiseite lassen.

Euer Euch liebender

JFK

Ernie.

An F. Scott Fitzgerald

Hendaye, ca. 15. September 1927

Lieber Scott:

Habe Deinen Scheck bekommen und wie ein Schweinehund eingelöst, ohne zu schreiben und geschrieben zu haben. Was ich Dir, wenn Du Dein Bankkonto studierst, nicht zu erzählen brauche. Aber denk bloß nicht, ich wäre jetzt zu einem [Ben] Hecht oder [Maxwell] Bodenheim oder sonst einem dieser literarischen Pinkel geworden, die glauben, daß einen das Bücherschreiben zu Diebereien usw. berechtigt, denn jetzt schreibe ich, und ich werde Dir die hundert Eier zurückzahlen, sobald das neue Monumentalwerk *Männer ohne Frauen* herauskommt. Nicht später als Oktober, wollen wir beide hoffen.

Wie geht's Dir denn? Wie findest Du den Titel *Männer ohne Frauen*? Ich konnte keinen Titel finden, Fitz, obwohl ich den ganzen Ecclesiastes durchwühlt habe. Perkins, den Du vielleicht getroffen hast, wollte einen Titel für das Buch. Perkins ist mir vielleicht einer, hab ich gedacht, was für eine drollige Vorstellung! Er will einen Titel für das Buch. Äußerst merkwürdig. Ich war damals gerade in Gstaad, und so ging ich in alle Buchhandlungen und versuchte, eine Bibel zu kaufen, um einen Titel zu finden. Aber alles, was die Mistkerle zu verkaufen hatten, waren kleine geschnitzte braune Holzbären. So dachte ich eine Zeitlang daran, das Buch »Kleiner Geschnitzter Holzbär« zu nennen und dann den Deutungen der Kritiker zu lauschen. Zum Glück war zufällig ein anglikanischer Geistlicher im Städtchen, der am nächsten Tag abreiste und Pauline seine Bibel lieh, nachdem sie versprochen hatte, sie ihm am selben Abend zurückzugeben, denn es war die Bibel, mit der er ordiniert worden war. Also, Fitz, ich suchte in dieser ganzen Bibel herum, die sehr schön gedruckt war, und stieß auf dieses große Buch Ecclesiastes und las es laut allen vor, die es hören wollten. Ich war bald allein und begann auf diese dämliche Bibel zu fluchen, weil keine Titel drin waren – obwohl ich den Ursprung praktisch aller guten Titel, von denen man je gehört hat, dort gefunden habe. Aber die Jungs, besonders Kipling, sind vor mir dagewesen und haben sämtliche brauchbaren geklaut, und daher nannte ich das Buch *Männer ohne Frauen*, in der Hoffnung, es würde sich damit an Schwule und alte Vassar-Girls enorm gut verkaufen lassen.

Wenn Du diesen Absatz für langweilig hältst, sieh Dir noch einmal den ersten Absatz an, wo ich versprochen habe, Dir die hundert Dollar zurückzuzahlen. Fitz, in diesem Absatz liegt Gold.

Was ist mit Deinem Roman? Hast Du ihn beendet? Wann erscheint er? Ich weiß, es wird Dich freuen zu hören, daß ich meinen neuen Roman *The World's Fair* nennen werde. Brommy, wie ich den lieben Louis [Bromfield] nenne, freut sich auch. Hast Du gelesen, wie Fanny Butcher, die Frau mit dem Kalbshirn, Brommy den amerikanischen Fielding genannt hat. Du lieber Gott. Das war es, was mich wieder zum Schreiben bewegt hat. Auf Grund des Klimas, der Temperatur, der Erziehung, des Mangels an Erfahrung, an Bildung und an tripas [Mut] gibt es und wird es keinen amerikanischen Fielding geben, aber ich habe mich dennoch entschlossen, dieser Mistkerl – Teufel auch. Es ist allerdings komisch, wenn ein Bursche sich aufmacht, um der amerikanische Galsworthy zu werden und dann der amerikanische Fielding genannt wird.

Ich selbst, Fitz, habe die herrliche Erfahrung gemacht, als der knickrigste Mensch der Welt betrachtet zu werden, weil ich nichts von meinen Einnahmen aus *Fiesta* lockergemacht und ausgegeben habe, wohingegen ich fünf Monate lang von Deinen 100 und den 750 Dollar, die ich von Maxwell Perkins bekommen habe, gelebt habe und in der Zwischenzeit beträchtliche Mengen Kies von Hearst zurückgewiesen habe, einschließlich der Rücksendung eines Schecks über 1000 Eier, der mir als Vorschuß auf einen Vertrag über 10 Geschichten geschickt worden war, 1000 für die ersten fünf, 1250 für die zweiten fünf – außerdem 15000 für die Abdrucksrechte usw. Zweifellos wäre es einem unparteiischen Beobachter zweckmäßiger erschienen, wenn ich die tausend von Hearst und nicht die hundert von Fitzgerald genommen hätte, und das wäre es auch gewesen. Das einzig Dumme daran ist, daß ich unter Vertrag kein einziges Wort schreiben k a n n , ich k a n n es nicht.

Jedenfalls werde ich jetzt einen tollen Roman schreiben – aber ich will nicht darüber reden; denn es ist viel bequemer, darüber zu reden, als ihn zu schreiben; folglich droht also ersteres.

Bekam von Who's Who einen Fragebogen zum Ausfüllen; mein Leben war so scheißkompliziert, daß ich nur zwei von den Fragen beantworten konnte, und ich wußte nicht, ob die nicht gegen mich verwendet werden könnten.

Hadley und Bumby geht es gut; sie waren an der Westküste, wo Du auch schon gewesen bist und also weißt, wie's da zugeht. Hadley hat vor, mit der »Lancastria« am 22. Okt. von N. Y. abzufahren, und wird vorher drei oder vier Tage in N. Y. bleiben – ihre Adresse ist c/o Guaranty Trust N. Y. Wenn Du in der Stadt wärst und sie besuchen könntest, würde sie sich unheimlich darüber freuen, das weiß ich, und ich wäre auch sehr dankbar dafür.

Pauline geht es gut. Wir wollten eigentlich diesen Herbst in die Staaten kommen, aber da ich anfange, ordentlich zu schreiben, mache ich besser weiter und bringe die Sache zu Ende und komme dann im Frühjahr rüber. Wo wirst Du sein. Bitte verzeih mir, Scott, daß ich so ein Saftsack gewesen bin, weil ich nicht geschrieben und mich nicht für den Scheck bedankt habe. Ich bekam eine Nachricht von Northrup in Santiago, mit einer Karte von Dir – sie kam gerade, als er abfuhr. Schreibe ihm daher nach Chicago.

Grüße an Zelda und Scotty – schreib mir den ganzen Klatsch. Ich glaube, die Murphys waren den ganzen Sommer in Antibes. Von Don Stewart habe ich, seit er letzten Herbst abgereist ist, nichts mehr gehört. Nichts von [Bob] Benchley. Ziemlich oft Briefe von Dos. Mac Leishs sind in Amerika. Nachdem Duff [Twysden] geschieden war, wollte Pat [Guthrie] sie nicht mehr heiraten, weil sie nicht mehr so gut aussah; jetzt lebt er mit Lorna Lindsley zusammen, die ihn mit einem faulen Scheck vor dem Gefängnis bewahrt hat und ihn jederzeit ins Gefängnis bringen kann. Duff ist in der Stadt. Sie hat ihr Kind aus England entführt und hat kein Geld, es zu ernähren – ihr bißchen Einkommen geht ganz dafür drauf, Kind und Kindermädchen in Südfrankreich im reduzierten Stil aristokratischer Jugend leben zu lassen. Ich habe sie zufällig eines Abends getroffen – sie war wegen *Fiesta* nicht sauer – sagte nur, sie hätte nie mit diesem blöden Stierkämpfer geschlafen. Das war der einzige Abend innerhalb eines Jahres, an dem ich im Quartier gewesen bin. War ab ersten Juli in Spanien – bloß so herumgezogen, fuhr durch ganz Galicia.

Was soll's. Schreib bitte. Würde gern alles über die literarische Szene hören – möchte Dich sehen und mit Dir reden.

Dein
Ernest

PUL

AN ARCHIBALD MAC LEISH

Paris, 8. Oktober 1927

Lieber Archie:

Wenn ich Deine dämlichen Gedichte noch weiter lobe, wirst Du mich noch für einen Schwulen oder einen Rezensenten halten, aber ich finde Dein Gedicht im »[American] Caravan« (der im übrigen gestunken hat wie eine Karawane, die gezwungenermaßen in einem geschlossenen Raum scheißen mußte) ganz wunderbar. Es war ein großartiges, wunderschönes Gedicht, und wenn Du Papa glücklich machen willst, schreib weiter so und dann widme es mir.[1] Ich möchte meinen, Mac, Du kannst jetzt über Leben und Tod schreiben, ohne es tierisch ernst zu nehmen, falls Dir das etwas sagt. Du wirst mit Sicherheit verdammt gut werden, falls Deine veröffentlichten Werke ein Hinweis auf irgend etwas sein sollten, und ich will nur hoffen, daß Du auch weiterhin entmutigt, unterschätzt usw. bleibst, denn zur Zeit machst Du sämtliche lebenden Dichter, die ich kenne, zur Schnecke, und auch viele tote. Wir wollen dieses Thema verlassen, denn ich fürchte, Du wirst denken, ich mag Dich, weil Du so ein guter Dichter bist. Zum Teufel mit Deinen Gedichten, Mac Leish.

Papa hat geschuftet wie ein Berserker und hat neun – zähl sie, aber lies sie nicht – Kapitel fertig. Läuft gut, ernte die Früchte einer langen Pause.[2]

Bin seit etwa drei Wochen zurück, war nie später als zehn Uhr im Bett – habe niemanden gesehen – die ganze Zeit gearbeitet. Vorgestern sind Pauline und ich nach Versailles und zurück geradelt, ohne von den Rädern abzusteigen. Das mag hart für Pauline sein, aber ich trainiere, um Archie zu überraschen. Du mußt versprechen, auf kein Fahrrad zu steigen, bis Du zurückkommst, und dann werde ich sagen, daß ich das auch nicht getan hätte, und wir werden eine Radtour machen, und ich werde sagen, laß uns die Côte du Picardie hochfahren, Archie, und Du wirst sagen, nein, Hem, das ist zu anstrengend. Quatsch, werde ich sagen, das ist nicht anstrengend. Und dann werden wir losfahren, und ich hoffe, ich kann Dich nach einem Drittel des Wegs abhängen. Wir sind diesen Sommer vier Kilometer die Côte du Béhobie hinaufgefahren und gottweißwieviel Meter bergauf, ohne von den Rädern zu steigen. Als ich das zum erstenmal versuchte, mußte ich 5mal absteigen und war völlig erledigt. Jetzt siehst Du also, wie weit ich es mit Training gebracht habe, um Archie zu überraschen. Prahlerei verdirbt alles. Genau das tut Prahlerei, und wenn wir losfahren, wirst Du mich natürlich abhängen wie immer. Es gibt kein bißchen Gerechtigkeit. Grüße an Ada Mimi und Kenny von Papa, Pauline und Jinny.

Wir werden bestimmt zum Skifahren gehen. Wir würden gern nach Sweizzimen, oder wie man das schreibt – gegenüber von Saanenmoser³. Da gibt's eine tolle Schlittenstrecke runter – hübsche kleine Stadt, näher an den Pisten, billiger und eher wie ein Dorf. Ist die Endstation der M. O. B.⁴ Wunderbares Essen. Pauline und ich haben's ausprobiert. Es ist nicht ganz eine Stunde von Gstaad entfernt. Komm schnell zurück. Ich muß jetzt anfangen zu arbeiten – Pauline ist in die Stadt gegangen, und wenn sie zurückkommt, fahren wir zum Mittagessen mit dem Rad nach Versailles – in solche Wettbewerbe wirst Du geraten. Oder machst Du Dir nichts aus Sportwettkämpfen, Mac. Oktav, dann verlegen wir sie in die vier Wände.

LC   Papa

1 Mac Leish widmete EH sein Gedicht *Fragment of a Biography*, in »American Caravan« (New York 1927).

2 Offenbar der fehlgeschlagene Roman über Jimmy Breen, der sechs Monate später zugunsten von *In einem andern Land* aufgegeben wurde.

3 Zweisimmen und Saanenmöser, Orte in der Zentralschweiz.

4 M. O. B. = Montreux-Berner Oberland-Eisenbahn.

An Wyndham Lewis¹

Paris, 24. Oktober 1927

Sehr geehrter Mr. Lewis:

Gerade erhielt ich Ihren Brief, den Sie am 30. Juni an Cape geschickt hatten – und der von ihm an [Edward] Titus' Buchhandlung weitergeleitet wurde. Die Guaranty Trust Company ist meine einzige feste Adresse, und der Himmel weiß, was Cape veranlaßt haben mag, mich über Herrn Titus anzuschreiben.

Es tut mir jedenfalls sehr leid, daß ich Ihren Brief nicht erhalten habe. Die Chancen stehen ziemlich schlecht, daß ich nach London fahre, aber wenn Sie einmal nach Paris kommen sollten, wäre ich sehr glücklich, wenn wir uns wiedersehen könnten. Bis Weihnachten werde ich hier sein.

Es hat mich sehr gefreut, daß Ihnen *Die Sturmfluten des Frühlings* gefallen haben, und ich fand, Sie haben den roten und schwarzen Fanatismus in *Paleface*² auf sehr schöne Art erledigt. Dieser gräßliche Scheiß über den Edelmut irgendeines Herrn, der einer anderen Rasse angehört als der unseren (welcher auch immer), war eine Untersuchung wert. [D. H.] Lawrence war, wie Sie wissen, in den alten Tagen [Sherwood] Andersons Gott – und man kann seinen Einfluß durch sämtliche Sachen von A. verfolgen, nachdem er mal angefangen hatte, ihn zu lesen. Aber natürlich erwähnt er ihn in seiner Autobiographie *A Story-Teller's Story* mit keinem Wort. Dagegen entdeckt man darin, daß er durch die Betrachtung der Kathedrale von Chartres geformt wurde! Natürlich in Begleitung jüdischer Herren.

Zu meinen eigenen Sachen – tut mir leid, daß da soviel Blut vergossen wird. Ich denke, das wird sich geben. Der Grund dafür (für das Blutrünstige) war, wie ich glaube, daß ich an einer Präzisierung der Sprache gearbeitet habe, und um die zu erreichen, mußte ich anfangs Dinge behandeln, in denen einfach Taten geschahen – die einfachsten –, und solche, die ich bisher am häufigsten gesehen hatte – und das waren die verschiedenen Arten des Tötens. Ich denke mir allerdings, daß das Aderlassen sich verringern wird.

Immer Ihr
Ernest Hemingway

CUL

1 Lewis (1884–1957), englischer Künstler und Schriftsteller, geboren in Amerika.

2 Lewis' *Paleface* (1929) war EH offensichtlich in einer frühen Fassung zugänglich. Sein Aufsatz *The Dumb Ox* in *Men Without Art* (1934) hatte EH so verärgert, daß er in Sylvia Beachs Buchhandlung eine Blumenvase zerschmetterte und sich rächte, indem er Lewis in *Paris – ein Fest fürs Leben* attackierte.

Dieser Brief ist mit freundlicher Genehmigung der Cornell University Library abgedruckt.

1928

Gstaad, 30. Januar 1928

Lieber Joyce:

Ich war sehr dankbar, daß Sie für mich an Yvan Goll wegen des Rhein-Verlags geschrieben haben. Er hat mir sofort geschrieben, aber ich mußte abwarten und versuchen, die Dinge in Deutschland zu regeln – ein Agent hatte bereits für mindestens ein Buch bei einem Berliner Verlag abgeschlossen. Ich habe Goll geschrieben, er würde mich nächsten Monat in Paris sehen, und ich hoffe, bis dahin hat es sich geklärt.

Ich hoffe, Ihnen und Ihrer Familie geht es gut. Mac Leishs Vater ist gestorben, und er ist nach Amerika gereist und wird erst Ende Februar zurück sein. Mrs. Pierce ist auch hier. Meine Familie fährt morgen nach Paris, und ich werde noch eine Skitour nach Lenk und Adelboden und zurück machen, und dann geht's wieder nach Paris. Abgesehen von zwei Wochen war das Wetter hier weder winterlich noch trocken, und wir hatten nicht mehr als zehn Tage zum Skifahren. Als ich meinen Kleinen einmal nachts in Montreux hochnahm, um ihn auf den Topf zu setzen, piekste er mir mit einem Finger ins Auge, und der Nagel hat die Pupille verletzt. Zehn Tage hatte ich einen kleinen Geschmack davon, wie das bei Ihnen sein muß.[1] Es hat verflucht weh getan, trotz der Kokainspülung, die mir der Arzt gegeben hat, um die Schmerzen zu lindern, aber jetzt ist es in Ordnung.

Ich hoffe, Sie sind gesund, und alles läuft gut für Sie.

Immer Ihr
Ernest Hemingway

[1] Joyce litt jahrelang an schwerer Regenbogenhautentzündung.

AN MAXWELL PERKINS

Sehr geehrter Mr. Perkins:

Guy Hickok zeigte mir heute ein Kabel von Scribner's mit einer Anfrage nach meiner Gesundheit; ich hoffe, Sie haben sich keine Sorgen gemacht. Ich hatte es satt, von meinen Unfällen zu erzählen, und erwähnte deshalb nichts davon. Diesmal war es das Oberlicht in der Toilette – ein Freund hatte, statt an der Toilettenkette, an der Schnur gezogen, die das Fenster hochzieht, und das Glas war zerbrochen, so daß, als ich versuchte, die Schnur festzuhaken (ich ging um 2 Uhr morgens ins Badezimmer und sah sie da baumeln), das ganze Ding herunterfiel. Wir brachten die Blutung mit 30 Lagen Klopapier zum Stillstand (ein großartiges Absorptionsmittel, das ich nun schon zweimal in ziemlich schweren Notfällen verwendet habe) und mit einem Druckverband aus Küchenhandtüchern und einem Holzstöckchen. Die ersten beiden Druckverbände halfen nichts, weil sie zu kurz waren – (Gesichtshandtücher) und ich war ziemlich beunruhigt, da wir ohne Telefon keine Möglichkeit hatten, um 2 Uhr morgens einen Arzt zu holen, und zwei kleine Arterien zerschnitten waren. Aber der dritte stoppte sie sehr gut, und wir fuhren nach Neuilly zum am[erikanischen] Krankenhaus, wo sie es in Ordnung brachten, die Arterien abbanden und drei Stiche innen machten und sechs, um die Wunde zu schließen. Keine Nachwirkungen, außer daß es verdammt lästig war.

Vielleicht war das der letzte. Scribner's hätten dieses Jahr reich werden können, wenn sie mich versichert hätten. Der Zweck dieses Briefes ist jedenfalls, Ihnen zu sagen, daß Helen Breaker endlich ein paar Fotos von mir gemacht hat – sie schickt sie Ihnen. Sie ist eine alte Freundin [von Hadley], die ihr ganzes Geld verloren hat und anfing zu fotografieren, und ich dachte, wenn ihre Fotos veröffentlicht werden, könnte ihr das vielleicht etwas Ansehen verschaffen. Ich finde, die Fotografie ist eine lausige Sache, die sich seit der Daguerreotypie stetig zurückentwickelt hat, aber ich habe ihr versprochen, daß, wann immer ihre Fotos verwendet werden, ihr Name –

HELEN BREAKER – Paris – genannt wird. Jemand muß schon ein alter Freund sein und stocktaub und sein ganzes Geld verloren haben, bevor ich mich von ihm fotografieren lasse. Das hat damit nichts zu tun. Ich glaube, daß sie eine sehr gute Fotografin ist und daß Ihnen die Bilder gefallen werden. Ich habe ihr gesagt, ich wüßte nicht, ob oder wieviel Sie für die Originale zahlen würden – und falls Sie dafür bezahlten, täten Sie es zum üblichen Preis –, aber daß Sie ihren Namen auf jeden Fall nennen würden.

Gott sei Dank bin ich das Thema Fotografie los.

Ich habe eine [Mrs.] Emily Holmes Coleman gebeten, Ihnen ihren Roman über eine Irrenanstalt zu schicken. Sie war eine Zeitlang selbst als Patientin in einer und kann, denke ich, schreiben. Ich habe ihn nie gelesen, aber sie wollte ihn an Boni & Liveright schicken (die ein Buch ihres Mannes über Psychologie veröffentlicht haben), und ich hielt es für besser, falls der Text zufällig gut sein sollte, daß Sie ihn sich ansehen.

Ich hätte den Roman gern schon fertig – aber (1) habe ich reichlich viel im Bett gelegen.

(2) Habe ich 5 Jahre gebraucht, um all die Erzählungen für *In unserer Zeit* zu schreiben.

(3) Hat es mich 5 Jahre gekostet, um diejenigen für *Männer ohne Frauen* zu schreiben.

(4) *Fiesta* habe ich in 6 Wochen geschrieben, es aber dann 3 Monate nicht angesehen – und es dann in noch einmal drei Monaten neu geschrieben. Wieviel Zeit ich mit Saufen verschwendet habe, bevor ich es schrieb, und wie sehr ich mein Leben auf die eine oder andere Art und Weise kaputtgemacht habe, kann ich zeitlich nicht genau angeben.

(5) Ich arbeite die g a n z e Zeit. Aber ich glaube nicht, daß ich, selbst bei einem unregelmäßigen Arbeitsplan, die Qualität beibehalten könnte. Ich weiß sehr gut, ich könnte Bücher fertig haben, wenn sie herauskommen sollen (und Sie waren so verdammt anständig, Sie haben mich nicht einmal darum gebeten und mich auch nicht unter Druck gesetzt), aber wir wollen nur gute Bücher, wir beide. Wissen Sie, mein ganzes Leben und mein Verstand und alles haben eine entsetzliche Zeit durchgemacht, und man erholt sich nur langsam (und darf kei-

nen auch nur wissen lassen, daß man weg war, oder die Meute wissen lassen, daß man verwundet war). Aber ich möchte gern einen wirklich verdammt guten Roman schreiben – und wenn der, von dem ich 22 Kap und 45000 Wörter fertig habe[1], nicht läuft, wenn ich in Amerika bin, werde ich ihn fallenlassen und beiseite legen und mit dem anderen weitermachen, an dem ich seit zwei Wochen schreibe; den hatte ich zuerst nur als Erzählung geplant, aber er läuft ganz p h a n t a s t i s c h weiter.[2]

Der erste war als eine Art moderner Tom Jones geplant. (Das besagt nichts, denn ich lade damit nicht zu einem Vergleich ein, sondern will nur die Gattung des Buchs angeben.) Aber es ist s e h r g u t möglich, daß ich jetzt noch nicht genug weiß, um das zu schreiben, und bis jetzt hatte ich nur dann Erfolg, wenn ich über Dinge geschrieben hatte, von denen ich eine Ahnung hatte.

Ich weiß ganz gut, daß Scott seinen Roman zu seinem eigenen Vorteil vor ein oder zwei Jahren hätte erscheinen lassen sollen. Ich möchte nicht, daß Sie denken, ich versuchte es jetzt auf die gleiche Tour oder wollte mich herausreden. Aber das nächste Buch m u ß gut sein. Ich kann nichts anderes als schreiben. Doch es dürfte besser sein, nichts zu veröffentlichen, bis ich das Richtige habe.

Ich hätte vor zwei Jahren, wie ich es vorhatte, nach Amerika gehen sollen. Ich hatte genug von Europa und hätte unbedingt nach Amerika zurück müssen, um das Buch schreiben zu können, das dort spielt. Aber ich bin nicht gegangen – und jetzt bin ich auf einmal vom Krieg und all den Dingen und Orten völlig begeistert, und es ist sehr gut gelaufen.

Meine Frau sagt, sie wolle dafür sorgen, daß ich immer, wenn ich nicht schreiben kann, zur Ader gelassen werde – sie zieht die Folgerungen aus dem Vorfall der letzten Woche. Hoffe, ich werde auf dem Schiff arbeiten können. Falls ich entdecke, daß ich in Amerika irgendwelche Leser habe, werde ich meinen Namen ändern.

Die Lektüre dieses Briefes dürfte lang genug sein, um eine bittere Prüfung Ihrer Freundschaft darzustellen. Ferner wäre ich dankbar, wenn ein Exemplar von *Männer ohne Frauen* an W. W. Stigler, Hotel Noble, Jonesboro, Arkansas, geschickt und mir auf die Rechnung gesetzt würde. Ich werde die Rechnung jederzeit begleichen, sobald sie $ 5,00 (fünf Dollar) erreicht. Vielen Dank für Ihr Geldangebot. Ich werde drahten, wenn ich es brauche.

Es freut mich, daß Sie Morley [Callaghan] veröffentlichen. Ich habe mich nie von ihm abgesetzt, sondern bin bloß ein schlechter Briefpartner.

Immer Ihr
Ernest Hemingway

Nächstes Mal schreibe ich Ihnen aus Florida.

Wie wär's mit Übersetzungen? Für wenn ich wieder hier bin. Ich bin sicher, daß ich Ihnen Luckners Buch[3] hätte besorgen können, wenn ich gewußt hätte, daß Sie es haben wollten und daß Sie niemanden haben, der hinter solchen Sachen her ist. Oder wollten Sie es gar nicht haben? Ich hielt es für ein großartiges Buch. In der französischen Ausgabe hieß es *Der letzte Freibeuter*. Sein frühes Leben und der Seeadler-Teil waren wunderbar.

Helen Breaker hätte ihre Bilder gern in den Zeitschriften veröffentlicht. Je teurer (stelle ich mir vor), desto besser.

PUL

1 Zwanzig Kapitel eines Romans mit dem Arbeitstitel *Jimmy Breen* (Ersatztitel »Ein eben erschlagener Ritter«, nach der mittelalterlichen Ballade *The Twa Corbies*), der in Chicago und New York spielt. Jimmy und sein Vater, ein Revolutionär, sind unterwegs nach Paris, wo Jimmys Mutter lebt.

2 Damit scheint die Niederschrift von *In einem andern Land* um den 3. März 1928 begonnen worden zu sein.

3 Vermutlich *Count Luckner, the Sea Devil*, von Lowell Thomas (1927), ein Bericht über die Kriegstaten des Grafen Felix von Luckner (1881–1966).

Auf See[1], ca. 28. März 1928

Liebe Miss Pfeiffer, oder darf ich Sie »Mrs. Hemingway« nennen?:
Wir sind jetzt schon fünf oder zehn Tage auf unserer Reise oder Reibe nach Kuba, und sie verspricht sich auf unbestimmte Zeit in die Zukunft zu erstrecken. Ich habe mich oft gefragt, was ich mit dem Rest meines Lebens anfangen soll, und jetzt weiß ich es – ich werde versuchen, Kuba zu erreichen.

Zu schreiben versuchen ist wirklich teuflisch. Du bist so hübsch und begabt, und Dein Hals wird nie rauh, und Du sagst nie: »Vielleicht kann mein Mann, Mr. Hemingway, nicht gut genug spielen, um Ihr Interesse zu erwecken.«

Aber man kann dieses verfluchte Schiff nicht davon abhalten, rauf und runter zu gehen. Das könnte nur Mothersills, und auch die nicht lange.

Ich habe etwas über die Bequemlichkeiten auf den anderen Überseedampfern gelesen – der »Orcoma«, »Orita«, »Oroya« usw., die haben alle Turnhallen und Betten und Doppelbetten und Kinderzimmer für die vorhandenen Säuglinge, aber auf unserem Schiff sind in Wirklichkeit winzige Zellen für 250 Dollar pro Zelle, und man hätte genausogut 250 an einen Mönchsorden zahlen können (falls die einen so kleinen Betrag annehmen).

Ich habe herausgefunden, warum unser indischer Freund so hinterhältig aussieht – sein Hals ist so kurz, daß er seine Schultern drehen muß, wenn er sich umsehen will. Du andererseits hast keine Fehler, aber dieses Schiff ist das Königliche Postdampfschiff, und ich habe kein [unleserlich] außer diesem Ding, daß sich in meiner Feder verfangen hat (vielleicht eine Deiner Wimpern), und jetzt ist es weg, und was soll man da machen.

Jedenfalls liebe ich Dich, und wenn Du mir diesen miesen Brief verzeihst, schreibe ich Dir auch mal einen guten. Jetzt wollen wir uns nur noch beeilen und nach Havanna und Key

West kommen, und uns dann niederlassen und nie mehr Königliche Postdampfschiffe betreten. Das Ende ist schwach, aber das ist Papa auch.

PUL   Alles Liebe, Papa.

1 An Bord der RMS »Orita«, auf der Fahrt von La Rochelle nach Havanna.

An Maxwell Perkins

Key West, 21. April 1928

Sehr geehrter Mr. Perkins:

Es tut mir furchtbar leid, das mit Scott zu hören. Könnten Sie mir den Namen seines Schiffes mitteilen, dann schicke ich ihm ein Kabel. Vielleicht wäre es besser, mir den Namen seines Schiffs oder seinen Aufenthaltsort per Brieftelegramm zu drahten, da dieser Ort hier postalisch anscheinend ziemlich weit von New York entfernt ist. Ich wünschte, er würde seinen Roman beenden oder ihn wegwerfen und einen neuen schreiben. Ich glaube, er ist einfach steckengeblieben und glaubt selbst nicht mehr daran, nachdem er so lange damit herumgespielt und doch Angst hat, ihn aufzugeben. Deshalb schreibt er Erzählungen und benutzt jede Ausrede, um nicht die Zähne zusammenbeißen und ihn beenden zu müssen. Aber ich meine, jeder mußte schon mal einen (Roman) aufgeben und einen anderen anfangen. Könnte ich nur mit ihm sprechen. Er hält diesen Roman für so wichtig, weil da Leute gekommen sind und nach *Gatsby* so schöne Sachen über ihn gesagt haben, und dann hatte er einen saumäßigen Erzählungsband (soll heißen, er enthielt billige Erzählungen), und er meint, daß er einen GROSSEN Roman schreiben müsse, um dem Urteil der Kritiker gerecht zu werden. All das ist so (   ), weil es für Scott gar nichts anderes gibt als Romane zu SCHREIBEN, und das Gute wird mit dem Schlechten herauskommen, und am Ende wird das Ganze hervorragend sein. Aber Kritiker wie [Gilbert] Seldes usw. sind Gift für ihn. Er ist verstört und bastelt sich alle möglichen Verteidigungen zurecht; daß er sich mit Erzählungen Geld verdienen müsse usw., alles, um zu vermeiden, die Sache durchstehen zu müssen. Er hätte in dieser Zeit drei Romane schreiben können – was wäre denn schon, wenn zwei von ihnen schlecht geworden wären, aber einer ein *Gatsby*. Soll er doch die schlechten wegwerfen. Er ist fruchtbar wie ein Mehrschweinchen (falsch geschrieben), statt dessen hat er sich von den Kritikern (die noch jeden Schriftsteller, der sie liest, ruiniert haben) den Kopf damit verdrehen lassen, daß er Eier lege wie ein Strauß oder ein Elefant.

Was ist mit den Büchern – ich habe *Männer ohne Frauen* seit langem nicht mehr annonciert gesehen.

Freut mich, daß Sie Waldo Pierce [Peirce] gesehen haben. Er drahtet, er käme hierher. Ich weiß nur nicht wann, hoffe aber bald. Dos Passos ist auch unterwegs. Weiß nicht, für wie lange.

Bei mir ist es sehr gut gelaufen. Habe täglich gearbeitet und 10 000 bis 15 000 Wörter für das neue Buch fertig [*A Farewell to Arms* – In einem andern Land]. Es wird nicht außerordentlich lang werden und geht glänzend voran. Eigentlich möchte ich es zum Herbst fertig haben, denn das scheint mir die einzig vernünftige Zeit zu sein, ein Buch herauszubringen, ich vermute aber, wegen der Zeit, die ich es ruhen lassen muß, bevor ich es umschreibe, ist das unmöglich. Ich habe vergessen, wann ich Ihnen das MS von *Fiesta* geschickt habe, aber ich meine, es war irgendwann ziemlich früh im Frühjahr. Sagen Sie mir bitte, wenn ich mich irre. Würde es, wenn möglich, gern hier fertigmachen, es für zwei oder drei Monate beiseite legen und dann umschreiben. Das Umschreiben braucht nicht mehr als sechs Wochen oder zwei Monate, wenn es erst einmal fertig ist. Aber es ist ziemlich wichtig für mich, es vor dem Umschreiben erst einmal gut abkühlen zu lassen. Ich würde gern hierbleiben, bis es fertig ist, denn ich habe hier sehr gut gearbeitet, und das Leben hier ist so gesund, und das Angeln nachmittags hält meinen Kopf frei von beunruhigenden Gedanken, wenn ich nicht arbeite. Ich nehme allerdings an, wir werden woandershin gehen müssen, wenn gegen Ende Juni das Baby zur Welt kommt. Wir müssen einen Monat vorher aufbrechen. Trotzdem wird, wenn ich stetig weiterarbeite, bis dahin eine Menge getan sein.

Hier ist es zwar heiß, aber es weht immer eine kühle Brise; und im Schatten ist es nicht heiß, und man kann nachts schlafen.

Wenn ich den Roman fertig habe – falls es für diesen Herbst zu spät ist –, könnte ich eine Reihe Erzählungen schreiben, das würde die Sache bis zum nächsten Herbst am Laufen halten, und dann käme der Roman heraus, und wir hätten genug Erzählungen für ein Buch, das danach erscheinen könnte.

Habe Tarpon, Barracudas, Grashechte, Schnapper usw. gefangen. Fischte den größten Tarpon, den sie bis jetzt hier in dieser Jahreszeit gesehen haben. Dreiundsechzig Pfund. Die richtig großen kommen erst allmählich herein. Außerdem einen Barracuda mit der Angel. Große Menge Haie, Stechrochen und andere Halunken. Die Fische, die wir kriegen, verkaufen wir auf dem Markt (die eßbaren), bekommen genug dafür, um Benzin und Köder davon zu kaufen. Haben auch von Fisch gelebt. Heute ist eine lange Nacht (Samstag), obwohl nicht so fröhlich, weil schon wieder eine Zigarrenfabrik zugemacht hat. Das hier ist ein prächtiger Ort. Früher eine Bevölkerung von 26 000 – jetzt etwa zehntausend. Auf der Bahnhofstoilette stand eine unsere liebliche Stadt verunglimpfende Bleistiftinschrift, und jemand hatte daruntergeschrieben: »Wenn dir diese Stadt nicht gefällt, hau doch ab und bleib weg.« Und darunter hatte ein anderer geschrieben: »Sind wir schon alle.«

Wäre dankbar, wenn Sie veranlassen könnten, daß mir auf meine Rechnung 3 *Fiestas* und 3 *Männer ohne Frauen* geschickt würden (so schnell wie möglich). Niemand glaubt mir, wenn ich sage, daß ich Schriftsteller bin. Sie denken, ich sei Repräsentant der Nordischen Großschmuggler oder der Drogenhändler – besonders mit dieser Narbe[1]. Hier haben sie noch nicht einmal was von Scott gehört. Einige von den Jungs, die ich kenne, sind soeben von der ersten Lektüre Kiplings erregt. Ein Mann, der hier Robert Services Werke einführen würde, könnte sich eine goldene Nase verdienen, falls es hier Gold gäbe – gibt's aber nicht.

Immer Ihr
Hemingway

Hoffe, ich bekomme nichts Belastendes, da hier meine Post geöffnet wird.

PUL

1 Narbe auf der Stirn von dem Unfall mit dem Oberlicht; s. Brief an
Perkins vom 17. März 1928. Die Narbe entwickelte sich zu einem Li-
pom, einem harten Auswuchs, den EH bis an sein Lebensende behielt.

AN F. SCOTT FITZGERALD

Piggott, ca. 9. Oktober 1928

Lieber Mr. Fizzgeral:

Ein Brief, den ich vor einiger Zeit von Maxwell E Perkins erhielt, enthüllte mir, daß Du täglich acht Stunden arbeitest –
Joyce arbeitete, glaub ich, zwölf. Das reizt zu Vergleichen, wie
lange ihr zwei großen Autoren brauchtet, um eure Arbeit zu
beenden.

Also Fitz, Du bist bestimmt ein Arbeiter. Ich bin nie fähig
gewesen, länger als zwei Stunden zu schreiben, ohne nicht völlig außer Atem zu kommen – ein bißchen länger, und das
Zeug fängt an, zu Schund zu werden; aber der alte Fitz, den
ich mal kannte, der arbeitet acht Stunden am Tag. Wie fühlt
man sich dabei, alter Knabe? Was ist das Geheimnis Deiner
Fähigkeit, jeden Tag acht Stunden schreiben zu können. Ich
erwarte mit ziemlicher Spannung, das Ergebnis zu sehen. Wird
es so sein wie das von dem anderen großen Arbeiter und Mit-
Kelten? Hast Du Dich bemüht, unverständlich zu schreiben?
Wenn ich mir doch bloß mal den kleinen Ruck geben könnte,
unverständlich zu schreiben, dann könnte ich zehn und zwölf
Stunden am Tag arbeiten und immer vollkommen [Wort ausge-
löscht] sein wie Gertrude Stein, die, seitdem sie vor über acht-
zehn Jahren anfing, unverständlich zu schreiben, keine Se-
kunde mehr mit ihrer Arbeit unzufrieden gewesen ist.

Du dreckiger schmieriger Lügner, zu sagen, Du arbeitest
(schreibst) acht Stunden am Tag.

Schick an [George Horace] Lorimer eine Erzählung, verdammt. Ich lasse Dich Erzählungen für uns beide an Lorimer schicken.

Habe die erste Fassung meines verfluchten Buches vor einem Monat beendet – gehe jetzt in ein paar Wochen nach Osten. Wollte hier mehrere Erzählungen schreiben, aber da ich das Schreiben für einen Monat eingestellt hatte, habe ich jeglichen Antrieb verloren, und jetzt fühle ich mich zu gesund und gleichzeitig geistig ausgepumpt. Gott, ich habe hart an diesem Buch gearbeitet. Will unbedingt anfangen, es umzuschreiben, aber ich weiß, daß ich noch eine Weile warten muß.

Bin eben aus Montana zurück, war von Wyo. aus dort – war toll. Pat hat sein Gewicht in drei Monaten verdoppelt – wog am Anfang 9 und noch was. Er sieht aus wie H [unleserlich], weint nie und lacht dauernd – schläft die ganze Nacht durch, ist gebaut wie ein massives Scheißhaus. Ich überlege, ob ich nicht eine Anzeige in »The Nation« oder sonst einem geeigneten Medium aufgeben soll: Sind Ihre Kinder verkrüppelt, mißgestaltet, in irgendeiner Weise unbefriedigend? Besuchen Sie E. Hemingway (dann Bilder der Produkte – alle von verschiedenen Müttern). Vielleicht kann er Ihnen helfen. Mr. Hemingway versteht Ihr Problem. Er ist der Autor von *Mr. und Mrs. Elliot.* Er weiß, wo Sie der Schuh drückt. Er selbst hat ein anderes Problem. Mr. Hemingway muß Kinder vermeiden. Seit seinem vierzehnten Lebensjahr wird er von einer Reihe vollkommener Kleinchen in Verlegenheit gebracht. Nun hat er beschlossen, diese große Gabe allen zugänglich zu machen. Trennen Sie beiliegenden Coupon ab und schicken Sie ihn in einem einfachen frankierten Umschlag ab, und schon erhalten Sie sein Büchlein »Vollkommene Kinder für Sie alle«.

Schicken Sie nur den Coupon und ein Foto von sich, und Sie werden eine persönliche Antwort von Mr. Hemingway selbst erhalten.

Verwechseln Sie Mr. Hemingway nicht mit Mr. FitzGerald. Zwar stimmt es, daß Mr. FitzGerald der Vater eines sehr vollkommenen Kindes ist, mit, das müssen wir einräumen, einem entzückenden englischen Akzent (etwas, was Mr. Hemingway seinen Klienten nicht garantieren kann). Aber Mr. FitzGerald ist das, was in der Branche als »Ein-Akter« bekannt ist. Wenn

Sie mögen, nehmen Sie Mr. Fizzgerow, aber am Ende wird es Ihnen leid tun. Von Mr. Dos Passos müssen wir jedoch schärfstens abraten. Nehmen Sie in Ihrem eigenen Interesse nicht Mr. Dos Passos. Mr. Dos Passos ist praktisch »steril«. Sie alle wissen, was das heißt. Mr. D. P. kann keine Kinder bekommen. Der arme Mr. D. P. Es stimmt schon, Mr. Hemingway beneidet Mr. Dos Passos zuweilen, aber dies ist nur ein weiterer Beweis für Mr. Hemingways wahren Wert für Sie.

Kürzlich gab es eine Tendenz, Mr. [gestrichen] zu nehmen. Der Takt verbietet uns, Vornamen (oder Nachnamen) von Mr. [gestrichen] anzugeben. Wir können Ihnen nur davon abraten. Fragen Sie nicht nach unseren Gründen. Auch Mr. Donald Ogden Stewart hatte vor kurzem in diesem Zusammenhang einen gewissen Ruhm, jedoch können wir Mr. Stewart nach reiflicher Überlegung guten Gewissens nicht empfehlen. Mr. Stewart könnte eine »Eintagsfliege« sein. Und in der Sozialpolitik von heute gibt es keine größere Geldverschwendung als die Beschäftigung einer Eintagsfliege. Dann ist da noch der religiöse Aspekt. Mr. Hemingway war, unabhängig von allen Religionen, immer erfolgreich. Selbst bei fehlender Religion konnte ihm kein Versagen nachgewiesen werden. Er ist weder in bezug auf Konfession noch auf Hautfarbe voreingenommen.

Du verstehst, mein lieber Fitz, nichts von dem ist persönlich gemeint. Wenn ich Hemingway sage, meine ich Perkins oder Bridges. Wenn ich FitzGerald sage, meine ich Compton Mackenzie oder Stephen St. Vincent Benet, das Weib der Poetin Eleanor Wylie. Wenn ich [gestrichen] sage, meine ich Pferdescheiße. Nichts davon ist auch nur im geringsten persönlich oder »gemein«. Nur Gerede vom guten alten großherzigen Hem. Heute abend sind wir durch die Freundlichkeit des »Kansas City Star« und der dazugehörigen Zeitungen im Radio zu hören. Mann, das ist wirklich ein Kampf. Ich wünschte, Ihr alle könntet Tommy Heeneys linkes Auge sehen. Jetzt sind sie wieder dran.

Wo wirst Du Ende Okt. sein. Sollen wir uns nicht zusammen einen ansäuseln? Wie wär's mit einer kleinen gemischten Kotzerei, oder soll's ein »Herren«-Abend werden.

Schreib mir nach Piggott (Arkansas)

Ernest

freut mich, daß Du Dich mit den Murphys angefreundet hast. [Teilweise durchgestrichenes Postskriptum:] Ich wäre lieber ständig befreundet mit, sagen wir, Mike Ward als nur hin und wieder mit dem heiligen Paulus oder anderen reichen und edlen Charakteren. Andererseits sind die [gestrichen] nicht der heilige Paulus, und Minneapolis sind sie auch nicht. Sie sind Figuren in einem Ballett. Einem sehr attraktiven Ballett. Bring das mal in der »Post«, Kind.

[Am linken Rand neben dem durchgestrichenen Teil:] Dies ist durchgestrichen – der alte Hem spricht oder schreibt nie kritisch über seine Freunde, und sie sind meine Freunde ...

PUL

AN MAXWELL PERKINS

Piggott, 11. Oktober 1928

Lieber Mr. Perkins:

Vielen Dank für die Übersendung des Schecks. Ich werde ihn festhalten, und wir, oder eher Sie, können später entscheiden, wofür er sein soll. Ich nehme an, wenn ich Ray Long oder einen seiner Unter-Rays sehe, kann ich es mit ihnen regeln, wie Sie es vorschlagen. Wir werden sehen. Ich wüßte nicht, warum sie es nicht sollten.

Habe eine Erzählung etwa $\frac{3}{4}$ fertig. Werde von hier abreisen, sobald sie beendet ist, und auf dem Weg nach N. Y. Chicago und Toronto besuchen. Was ist mit Scott? Ich will es unbedingt wissen.

Ist Morley Callaghan in Toronto? Würde ihn gern sehen.

Nigger to Nigger[1] [Adams] ist sehr gut. Hat mir sehr gefallen. Vielen Dank, daß Sie es mir geschickt haben, und auch für das Buch von [Conrad] Aiken [*Costumes by Eros,* 1928]. Die Geschichte von dem Burschen, der an die Wand klopft, ist sehr komisch, und die alte Hurendame recht traurig. Die andern habe ich noch nicht gelesen.

Jemand, der sagt, Heuschnupfen sei Einbildung, könnte wahrscheinlich auch beweisen, daß eine Geburt ebenfalls eine sei. Mein Vater hatte Heuschnupfen, und ich war stets dankbar dafür, weil er uns ständig weiter nach Norden trieb, als ich noch ein Kind war – aber ich weiß, wie teuflisch das ist. Ich bekomme ihn auch, von Staub. Aber nach ein paar Tagen verzieht er sich wieder.

Statt zu denken, Zelda habe einen einigermaßen guten Einfluß (was für eine Formulierung) auf Scott, denke ich, daß 90% seiner Sorgen auf ihr Konto gehen. Fast jede dämliche Dummheit, die ich ihn habe begehen sehen, oder von der ich erfahren habe, war direkt oder indirekt von Zelda inspiriert. Ich kann mich täuschen. Aber ich frage mich oft, ob er nicht der beste Schriftsteller wäre, den wir je gehabt hätten und wahrscheinlich haben würden, wenn er nicht mit jemandem verheiratet wäre, der ihn aber auch a l l e s vergeuden läßt. Ich kennen keinen, der mehr Talent hat, oder es mehr vergeudet. Ich wünschte bei Gott, daß er ein gutes Buch schreibt und es zu Ende bringt, und sich nicht mit diesen schäbigen Geschichten für die »Post« verausgabt. Lorimer mache ich keinen Vorwurf, sondern Zelda. Ich möchte aber um keinen Preis, daß Scott denkt, ich glaubte das.

Immer Ihr
Ernest Hemingway

Werde von hier in etwa drei Tagen abreisen. Ich werde Ihnen eine Adresse in Toronto mitteilen.

PUL

1 Edward C. L. Adams' Bericht über die Neger in South Carolina; erschien 1928 bei Scribner's, New York.

AN F. Scott und Zelda Fitzgerald

Im »Spirit of St. Louis«, ca. 18. November 1928

Lieber Scott, liebe Zelda:
Der Zug ruckelt und wackelt und zuckelt (kippt aber nicht um).

Es war herrlich bei Euch[1] – Ihr wart beide großartig – tut mir leid, daß ich, wie soll ich sagen, so lästig gefallen bin, um rechtzeitig den Zug zu erreichen – wir waren viel zu früh da – als Ihr in den Fängen des Polypen wart, habe ich vom Bahnsteig aus angerufen und erklärt, Du seist ein großer Schriftsteller – der Polyp war sehr nett – Er sagte, Du hättest auch gesagt, ich sei ein großer Schriftsteller, aber er hätte noch nie was von uns beiden gehört. Ich erzählte ihm schnell die Handlung von einigen Deiner bekannteren Geschichten – Er sagte – wörtlich – »Er kommt mir vor wie ein toller Hecht« – so reden Polypen – und nicht, wie sie in [Morley] Callaghans Werken reden.

Wir hatten jedenfalls eine tolle Zeit, und Ellersley Mansion ist der verrückteste schönste Kasten, den ich je gesehen habe – Pauline läßt grüßen.

Ernest

Ich schreib Euch unsere Adressen in Key West, sobald wir sie wissen – Piggott, Ark., kommt immer bei uns an.

PUL

1 EH und Pauline waren über Nacht bei den Fitzgeralds geblieben, nachdem sie am 17. November das Football-Spiel Princeton – Yale im Palmer Stadium besucht hatten.

AN F. SCOTT FITZGERALD

Oak Park, Illinois, ca. 9. Dezember 1928

Lieber Scott:

Du warst verdammt gut und auch verflucht erfolgreich, daß Du mir das Geld besorgt hast – ich hatte wie ein Idiot nur noch 35 bis 40 Eier bei mir nach den Weihnachtseinkäufen – gerade ausreichend für Essen und Trinkgelder unterwegs nach Key West.[1]

Mein Vater hat sich, wie Du vermutlich in den Zeitungen gelesen hast, erschossen. Werde Dir die hundert Dollar schikken, sobald ich in Key West bin – oder ich bitte Max Perkins, sie Dir zu schicken –

Nochmals tausend Dank für Deine äußerst bewunderns- werte L e i s t u n g , wie wir in der Autobranche sagen.

Ich habe meinen Vater ungeheuer gemocht und fühle mich zu elend – und auch krank usw. –, um einen Brief zu schrei- ben, aber danken wollte ich Dir.

Beste Grüße an Zelda und Scotty –
Immer Dein
Ernest

PUL

---

1 EH und Bumby befanden sich im Zug von New York City nach Florida, als EH in Trenton, New Jersey, ein Telegramm erhielt, das ihm den Tod seines Vaters mitteilte. Er bat Fitzgerald telegrafisch um ein Darlehen, ließ Bumby in der Obhut des Pullman-Schaffners und nahm in Philadelphia einen Zug nach Chicago.

1929

An John Dos Passos

Lieber Dos:

Beiliegendes kam Freitag. Komm um Himmels willen. Die Straße ist nicht fertig – immer noch eine 45-Meilen-Lücke übers Wasser, und der Bezirksschatzmeister ist mit sämtlichen Geldern durchgebrannt; man hat die Schulen geschlossen – vom Bau der Straße ganz zu schweigen.

Die Tarpon sind jetzt da, ich habe zwei gefangen – einen großen habe ich vorige Nacht auf dem Boot verloren – wir sind bis Mitte März hier – total pleite, vielleicht kann ich hier überhaupt nicht weg, gibt aber eine Menge Alkohol von einem gestrandeten Schnapsschiff.

Waldo [Peirce] kommt nächste Woche her. Komm doch auch. Habe letzte Nacht draußen beim Fischkanal mindestens 100 Tarpon gesehen.

Pauline läßt grüßen.

Komm her, dann fahren wir zu den Tortugas – Waldo hat etwas Kohle. Seine Mutter ist gestorben. Mein Alter hat sich erschossen, aber finanziell war das keine Hilfe – im Gegenteil!

Komm, alter Junge –

Du hältst mich bestimmt für ein Schwein, weil ich nicht geschrieben habe.

HEM

[Postskriptum auf dem Kopf:] Bis jetzt noch kein Auge ausgelaufen.

UVA

Key West, 11. März 1929

Liebe Mutter:

Nimm bitte beiliegenden Scheck über 678,93 Dollar – 578,93 Dollar für die Sondersteuerveranlagung und 100 Dollar für den Monat April. Die Sondersteuern waren natürlich ziemliches Pech, aber solange ich kann, zahle ich sie gern. Würdest Du mir bitte die genaue Lage und Beschreibung a l l e r Ländereien mitteilen – Paulines Onkel kennt in dieser Region einen Geschäftsmann, der an Grundstücken in St. Pete[rsburg, Florida] interessiert ist, und wir werden veranlassen, daß er sie sich alle ansieht und darüber berichtet und könnten so vielleicht etwas zum Verkauf beitragen.

Ich helfe gern, so gut ich kann, solange ich Geld habe. Ich weiß, Du tust alles, um die Dinge am Laufen zu halten, denn ich weiß nie, wann ich pleite sein werde. Die 100 Dollar monatlich kann ich für dieses und für das nächste Jahr garantieren (werde sie jetzt beiseite legen), aber wir wollen alles so gut wie möglich arrangieren. Mach Dir keine Sorgen, denn ich werde immer alles in Ordnung bringen – kann mir immer Geld leihen, wenn ich keins habe – Also mach Dir niemals Sorgen, sondern mach vertrauensvoll weiter und veranlasse alles. Ich bin sehr froh über die 4 Untermieter, und daß Du nach Windermere gehst. Denk immer daran, Du bist zwar auf Dich allein gestellt, aber Du hast einen einflußreichen Beistand – zumindest mich. Ich rechne damit, daß auch Marce und Sterling [Sanford] etwas unternehmen. Ich weiß, Marce erwartet ein Kind. Aber wir haben dieses Jahr auch eins bekommen, und sie sind reich und waren der Familie immer eng verbunden, während ich von meiner Feder lebe und mehr oder weniger ein Ausgestoßener gewesen bin.

Aber die Hauptsache ist, daß Du Dir keine Sorgen um Geld machst, sondern vorwärts gehst – mit Zuversicht und Vertrauen. L a ß Onkel George dafür sorgen, daß Du das Haus mit einem guten Stück Gewinn verkaufst, sonst muß er die Hypothek tilgen, wenn er es selbst bezahlen muß. Er hat mehr als jeder andere dazu beigetragen, Dad umzubringen, und er sollte besser etwas zur Wiedergutmachung tun. Ich kenne seine scheinheilige Knickrigkeit, und er wird wegen dieses Hauses tun, was er tun muß, oder ich ziehe ihm das Fell ab – ich habe noch keinen Roman über die H[emingway]-Familie geschrieben, weil ich niemanden verletzen wollte, aber mit dem Tod der Menschen, die ich liebe, fällt das größtenteils weg, und ich könnte mich darauf einlassen–

Heute ist Samstag. Nächsten Donnerstag reisen wir ab. Pauline liegt mit septischer Angina im Bett – Sunny und Pat geht es gut, aber Bumby hat einen schlimmen Hals. Nehme an, sie werden bis Donnerstag alle wieder o.k. sein. Hoffentlich–

Beste Grüße an die Kinder

Immer Dein
Ernie

Du hast alles g u t gemacht. Denk daran: mach Dir keine Sorgen und verbirg nichts vor mir, aber belaste mich nicht mit allgemeinen Dingen – Je mehr man mich in Ruhe läßt und nicht beunruhigt, um so besser kann ich arbeiten. Habe Sunnys Überfahrt usw. bezahlt, nehme also an, sie wird genug für ihre Reise haben.

PH. PUL

An Maxwell Perkins

Paris, 7. Juni 1929

Lieber Max:

Vor zwei Tagen erhielt ich die Fahnen. Sie sind beim Zoll festgehalten worden, weil die Aufschrift »Fahnen zur Korrektur« auf dem Aufkleber so klein geschrieben war – nicht in Versalien –, daß die Zollmenschen sie nicht bemerkt haben. Ich habe sie beim Zoll ausgelöst und war gestern und heute den ganzen Tag mit ihnen beschäftigt.

Es tut mir leid, daß ich Dir so viel Ärger gemacht habe, da ich die Korrekturen in die Originalfahnen übertragen habe.

Ich finde, vieles bietet sich mehr an – einiges davon sehr gut, anderes bescheiden, so daß es kaum einen Unterschied macht. Was die Interpunktion betrifft, so habe ich sie gern konventionell. Zu den Wörtern – zu der Bettschüssel habe ich auf der entsprechenden Seite eine Bemerkung gemacht. Ursprünglich hatte ich ungefähr 2000 Wörter über diesen Aspekt des Krankenhauslebens. Das war wirklich zu d o m i n i e - r e n d . Ich habe das alles mit Ausnahme der einen Anspielung auf die Bettschüssel herausgestrichen.

Für andere Wörter gilt dasselbe.

Du sagst, die wären noch nie zuvor gedruckt worden – eins vielleicht nicht – aber die anderen stehen alle bei Shakespeare.

Aber in jüngerer Zeit findest Du sie in einem Buch mit dem Titel *Im Westen nichts Neues* [von Erich Maria Remarque], das Scott mir gegeben hat, und von dem in Deutschland 100 Tausende und in England etwa 50000 Exemplare verkauft worden sind, worin die Wörter Scheiße, furzen usw. nie zu dekorativen Zwecken herbeigezogen sind, sondern nur ein paarmal gebraucht werden, für die Tausende Male, die sie ausgelassen sind. Lies bitte die Erklärung auf Seite 15 dieses Buches.

Das Dumme ist, daß dieses *Im Westen nichts Neues* vor meinem Buch herauskommen wird und wahrscheinlich zur gleichen Zeit auch der zweite Band von diesem Mann [Arnold Zweig], der den *Sergeanten Grischa* geschrieben hat – der seine Pappenheimer ebenfalls kennt –, und ich will den Wert meines Buches nicht dadurch zerstören, daß ich es verstümmele. Als ich in dem Buch *Im Westen n. N.* herumsuchte, um diese Wörter für Dich zu finden, konnte ich sie kaum ausfindig machen. Sie fallen nicht auf.

Es hat immer erstklassig geschriebene Bücher gegeben, und dann erst amerikanische (wohlerzogene Bücher). Aber man sollte nicht rückwärts gehen. Wenn ein Wort gedruckt werden kann – und im Text benötigt wird, ist es eine S c h w ä - c h u n g , es wegzulassen. Wenn es nicht gedruckt werden k a n n , ohne daß das Buch verboten wird – in Ordnung.

Niemand, der das MS gelesen hat, ist von irgendwelchen W ö r t e r n schockiert gewesen. Die Wörter fallen nicht auf, es sei denn, man kreist sie ein.

Es hat keinen Sinn, den Fall in einem Brief zu verteidigen. Du kennst meinen Standpunkt. Was wäre wohl passiert, wenn sie *Fiesta* gekürzt hätten? Es wäre als Buch durchgefallen, und ich hätte nie mehr etwas für Euch geschrieben.

Du sagst, die erste Stelle, wo Deiner Meinung nach ein Wort wegfallen müßte, ist auf Fahne 13. Das kann ich respektieren, daß Du das wegläßt, aber auf Fahne 51, wo dasselbe Wort von Piani gebraucht wird – wenn es da gestrichen wird, ist es die reinste Katastrophe – dem stimme ich nicht zu, und es ist gegen meinen Willen gestrichen.

Auf Fahne 57 wird ein Wort gebraucht, das auf Fahne 60 oben wieder auftaucht. Wenn Du meinst, daß dieses Wort ein Verbot des Buches nach sich ziehen könnte, mach S——L——R daraus. Du siehst, ich habe alle Wörter weggelassen, die ständig im Vokabular auftauchen – habe aber ihren Sinn wiedergegeben, indem ich ein-, zwei- oder dreimal die eindeutigen Wörter benutzt habe. Und dann nur die klassischen Wörter. Du weißt, was General Cambronne bei der Schlacht bei Waterloo an Stelle von »die alte Garde stirbt, aber sie ergibt sich nie« gesagt hat. Er sagte: Merde, als sie ihn zur Kapitulation aufforderten.

In einer romanischen Sprache sagt ein Mann in einem Streit ganz normal zum andern: »Cogar su madre!«

Du siehst also, es ist alles in Ordnung mit den Wörtern, die ich benutzt habe, außer dem letzten – dem auf Fahne 57 –, das als Ausdruck sehr schwerer Beleidigung und Verachtung benutzt wird. Die andern sind verbreitet genug, und ich wage zu behaupten, sie werden noch vor Ende des Jahres in den USA gedruckt sein.

Es ist unbefriedigend, das zu schreiben, und ich hoffe, Du denkst nicht, ich wäre in diesem Punkt arrogant. Ich wünschte, wir könnten darüber reden, und Du könntest mir sagen, wie weit Du gehen k a n n s t , und wo die Gefahr liegt. Ich will keinen Ärger – aber ich will alles, was ohne Ärger zu haben ist. Ich meine, Du hättest gesagt, wenn ich mit gewissen Streichungen usw. im Vorabdruck einverstanden wäre, würde das Buch so, wie es ist, herauskommen. In der 2. Folge sehe ich Kürzungen, die ohne mein Wissen erfolgt sind, aber ich bin natürlich in ihrer Hand.

Jedenfalls arbeite ich die ganze Zeit an diesen Fahnen und

werde sie Dir so schnell wie möglich zurückschicken – mit einem Schiff Anfang der Woche.

Ich hoffe, Du hast die unterzeichneten Bögen richtig erhalten. Habe sie vor ungefähr einer Woche abgeschickt. Den Vertrag lege ich bei.

Immer Dein
Ernest Hemingway

PS Bei der Stelle auf Fahne 38, wo F. H. mit der Oberschwester des Krankenhauses spricht – weiß ich nicht, was ich tun soll – der Gebrauch einer eindeutigen Sprache soll eine bewußte Beleidigung und Übertölpelung einer Person sein, die auf Grund ihres Geschlechts und ihrer Position nie erwartet hätte, dem ausgesetzt zu sein – es ist der entscheidende zwangsläufige Konflikt zwischen einem von der Front und jemand von der vornehmen Etappe. Ist das Wort so unmöglich zu drucken? Wenn ja, ist die Szene im Eimer. Soweit ich mich erinnere, war es das einzige Wort, das wir aus *Fiesta* gestrichen haben. Wenn wir es damals gedruckt hätten, wüßten wir jetzt vielleicht, ob man es drucken kann.

Solltest Du zu dem Schluß kommen, daß man es nicht drucken kann, wie wär's mit E——r. Ich halte das für die einzige Lösung. Ich nehme an, S——L——R—— auf Fahne 57, und S——zl——r für das andere auf Fahne 60 werden reichen. Diese Buchstaben können mit Sicherheit niemanden verderben, der das Wort noch nie gehört hat oder es nicht kennt. Es könnte genausogut Salzlecker heißen.

PUL

AN JOHN DOS PASSOS

Madrid, 4. September 1929

Lieber Dos:
Freut mich riesig zu hören, daß Ihr zwei geheiratet habt. Beste Grüße von uns an Kate[1]. Freue mich ungeheuer darüber!

Ich habe Dir gerade neulich aus Santiago geschrieben. Pauline ist in der Stadt, und da es in Strömen regnet, wird sie wahrscheinlich naß. Nicht viel Neues – wir kamen von Santiago nach Orense und fuhren dann an der portugiesischen Grenze entlang – Verín und eine tolle Stadt namens Puebla de Sanabria – (wo ich mich betrunken habe) und weiter nach Benavente – rauf nach León – (schäbiges Kaff) weiter nach Palencia – schlimmste Straße Spaniens, 120 Kil Schlaglöcher, Staub, und eine Hitze, daß dir der Kopf zerplatzt. In Palencia zwei t o l l e Stierkämpfe – ich zwischen den Kämpfen mit verdorbenem Magen im Bett – aufgestanden für das Stierfest, dann zurück ins Bett – Dann hierher, über Valladolid und die Guadarramas – verdammt hübsch –

Also es ist schön zu hören, daß Ihr Bürger verheiratet seid. Laß uns wissen, wo wir die Geschenke im Wert von 30- oder 40tausend Eiern hinschicken sollen –

Wir werden im Dezember oder im März in die USA zurückkommen – Europa ist der letzte Dreck. Ich wette, Dein erster Bd.[2] ist verdammt gut – Trilogien sind zweifellos d i e Sache – Denk an den Vater, den Sohn und den Heiligen Geist – Nichts ist toller gelaufen als das –

Ich wünschte beim Teufel, wir könnten einen Trip zu der Seglerfisch-Küste von Mexiko machen – könnten von Wild, Fisch und soviel Tomaten leben, wie Du mitbringst – würde liebend gern irgendwo hingehen und monatelang nur von Zwiebeln leben, wenn wir nur genug Zwiebeln und Salz hätten – Wir könnten uns allerdings genug davon mitnehmen – Laß uns das übernächsten Winter machen?

Daran, daß Don diesen 25tausend-Dollar-Vertrag bekommen und die Whitneys getroffen hat, sind die Stewarts kaputtgegangen.

Verlasse mich darauf, daß Du dem entgehst – unterschreib nichts. Schieß, sobald Du das Weiße eines Whitney-Auges siehst –

Bishop ist an Mrs. Bishops Einkommen zugrunde gegangen. Laß Kate nicht an Geld ran.

Ewige Jugend hat die Fitzes ruiniert – werde alt, Passos – werde alt, Kate –

Der alte Hem ist vernichtet, weil sein Vater sich erschossen hat – laß Katherines Alten nicht an Gewehre ran –

Wird bestimmt schön, wenn wir Euch Leutchen sehen – Ich wollte, wir könnten Euch eine Flasche Absinth rüberschicken – Also dieser Brief ist Mist –

Immer Dein – – –
Hem

Pauline läßt grüßen –
Sie schreibt Euch auch
UVA

1 Dos Passos hatte im August 1929 Katharine Foster Smith, Bill Smith' Schwester Katy, in Ellsworth, Maine, geheiratet. Sie hatten sich Anfang des Jahres in Key West kennengelernt.
2 *Der 42. Breitengrad* (1930).

AN F. SCOTT FITZGERALD

Madrid, 4. September 1929

Lieber Scott:

Was diese »nervöse Verbitterung« betrifft: Du erinnerst Dich, wie ich explodiert bin, als diese Leute, während ich arbeitete, hereingekommen sind, um die Wohnung zu besichtigen. (Ich habe für eine Zusage, daß ich sie ständig haben könnte, 3000 Dollar bezahlt und sie für unser Zuhause gehalten) aber Du hast anscheinend vollkommen vergessen, wie ich am nächsten Tag bei Dir vorbeigekommen bin, um Dir zu sagen, daß ich Ruth Goldbeck Vallambrosa für ein nettes Mädchen halte und sie immer bewundert habe, und wie ich Dich gebeten habe, sie um Himmels willen nie wissen zu lassen, daß ich über die Wohnung geflucht habe. S i e hätte keine Ahnung, daß ich sauer sei, und sie könnte es nur durch Dich herausfinden. Du sagtest, Du hättest vollstes Verständnis, und um mich nicht in Verlegenheit zu bringen, würdest Du es ihr gegenüber nie erwähnen.

Freut mich ungeheuer, daß es gut bei Dir läuft. Es besteht kaum eine Möglichkeit, daß wir an die Riviera kommen. Es war davon die Rede, daß Gerald und Sara [Murphy] hierherkämen und wir mit ihnen zurückführen, aber gestern kam ein Telegramm von Gerald, daß Sara mit Patrick ins Gebirge hätte fahren müssen, ein Brief soll folgen. Habe den Brief bis jetzt noch nicht, glaube aber, ihre Spanienreise fällt ins Wasser. Hätte sie verdammt gern gesehen. Seit ich am 12. Juli aus Pamplona abgefahren bin, habe ich mit niemandem, außer mit Pauline, Englisch gesprochen. Hab's noch nicht mal gehört. Wenn sie nicht kommen, gehen wir wahrscheinlich in den Norden und besuchen Bumby und Pat. Bumby schreibt, das Angeln in der Bretagne sei gut.

Ich kann Dir gar nicht sagen, wie froh ich bin, daß Du das Buch fertig schreibst. Ist jetzt ja große Mode, alle Arbeit von sich zu weisen und es für das Tollste zu halten, elegant und teuer vor die Hunde zu gehen; und die armen Schweine tun das auch noch – geben ihre Schriftstellerei auf usw., um mit Leuten zu wetteifern, die nichts anderes können und nichts anderes tun als vor die Hunde gehen. Ich kann diese Jeremiade nicht beenden, ohne Freunde und Zeitgenossen zu erwähnen – es hört sich jedenfalls ziemlich schlimm an – kann so einen Mist ohne Schreibmaschine nicht schreiben!

Das mag natürlich alles voreilig sein, und vielleicht beendest Du Dein Buch *[Zärtlich ist die Nacht]* ja gar nicht, sondern setzt mich bloß auf die Liste von Freunden, um begeisterte Zeugnisse zu bekommen –

Aber ich hoffe bei Gott, es stimmt. Soweit ich es gelesen habe, war es besser als alles, was ich kenne, außer der besten Stelle im *Gatsby*. Du weißt, welche ich meine.

Die guten Stellen eines Buchs können lediglich etwas sein, was ein Schriftsteller durch Zufall gehört hat, oder sie können auch aus dem Ruin seines ganzen verdammten Lebens zustande kommen – und das eine ist so gut wie das andere.

Du könntest ein so verdammt gutes Buch schreiben. Was Dich aufgehalten hat und Dich mehr als alles andere verstopft hat, war diese Rezension von [Gilbert] Seldes im »Dial«. Danach fühltest Du Dich befangen und wußtest, daß Du ein Meisterwerk schreiben mußtest. Nur Schwule können mit Vorbedacht Kleistermerke oder Meisterwerke schreiben – jeder andere kann nur so gut schreiben, wie er eben kann, nach der Methode: wenn das eine kein Meisterwerk geworden ist, wird vielleicht das nächste eins. Du hättest inzwischen zwei ungeheuer gute Bücher geschrieben, wenn diese Besprechung von Seldes nicht gewesen wäre.

Natürlich gibt es, weiß Gott, auch noch andere Schwierigkeiten, aber die macht man sich selber. Die werden einem nicht zugefügt, wie etwa den Saft dafür zu verbrauchen, für die »Post« zu schreiben, und mit dem Bodensatz zu versuchen, Meisterwerke zu schreiben. Aber wenn Du jetzt den Saft dazu nutzt und wenn Du verzweifelt genug bist, zu wissen, daß Du eins schreiben mußt, Seldes hin, Seldes her, dann wirst Du ein verdammt feines Buch schreiben.

Dies sollte reichen von Jeremiah Hemingstein, dem großen Jüdischen Propheten.

Neuigkeiten gefällig? Dos hat geheiratet. Und wenn Du mir einen guten und nicht arroganten Brief schreibst, in dem nichts über meine nervöse Verbitterung steht, werde ich antworten und Dir sagen, wen er geheiratet hat und alles Weitere.

Beim nochmaligen Lesen Deines Briefes finde ich, er i s t k e i n b i ß c h e n a r r o g a n t. Und der alte Hem lag mal wieder daneben. Eindeutig ein Opfer seiner nervösen Verbitterung! (Nicht sarkastisch gemeint.) Aber wenn ich diesen Brief nicht abschicke, werde ich nie einen abschicken, also streiche die Verbitterung da heraus (ein Schweinehund, wenn ich sie empfinde!) und schreib mir c/o Guaranty, wenn Du mal nicht zu müde vom Schreiben bist. Ich weiß, wie verdammt anstrengend es ist, und es freut mich mehr, als ich Dir je sagen kann, daß es ordentlich läuft –

Mit lieben Grüßen Dein
Ernest

Unsere besten Grüße an Zelda und Scotty. Werdet Ihr in Cannes bleiben? Wie lange? Komme vielleicht später runter, wenn Du Dein Buch fertig hast. Max [Perkins] ist in Ordnung. Er würde nie jemanden im Stich lassen, und ich mache mir seinetwegen keine Sorgen.

PUL

Hendaye, Frankreich, 13. September 1929

Lieber Scott:

Diese schreckliche Stimmung, diese bange Frage, ob es gut ist oder nicht, das ist bekannt, bekannt als der Lohn des Künstlers.

Ich möchte wetten, daß es verdammt gut ist – und wenn Du in dieses heulende Elend gerätst und anfängst, jedem zu erzählen, daß Du keine Freunde hättest, dann korrigiere das, um Himmels willen – es wird traurig genug sein – wenn Du sagst, keine Freunde außer Ernest, dem ekligen Serienkönig. Du bist nicht ausgebrannt, und Du verstehst es, eine Menge zu nutzen – wenn Du meinst, Dir geht der Stoff aus, dann verlaß Dich auf den alten Hem – ich werde Dir alles sagen, was ich weiß – wer mit wem geschlafen hat, und wer vorher oder nachher wen geheiratet hat – Alles, was Du wissen mußt –

Der Sommer ist eine entmutigende Zeit zum Arbeiten – man fühlt den Tod nicht nahen wie im Herbst, wenn die Jungs tatsächlich die Feder aufs Papier setzen.

Jeder verliert seinen Flaum – wir sind schließlich keine Pfirsiche – das heißt nicht, daß man verfault – ein Gewehr ist besser, wenn es abgenutzt und ohne Flaum ist – ebenso ein Sattel – und Menschen auch, bei Gott. Man verliert die Frische und die Leichtigkeit, und es kommt einem immer so vor, als ob man n i e schreiben könnte – Aber man besitzt mehr handwerkliches Können, und man weiß mehr, und wenn einem der alte Saft noch einmal hochsteigt, kann man ihn besser verwerten.

Denk doch dran, wie es am Anfang ist – da steckt der Schriftsteller voller Saft und Kraft und kann dem Leser doch nichts vermitteln – man verbraucht den Saft, und die Kraft schwindet, aber dafür lernt man, wie man es macht, und die Sachen sind, wenn man nicht mehr jung ist, besser als das unerfahrene Zeug –

Man muß einfach w e i t e r g e h e n, wenn es am schlimmsten und ausweglosesten ist – bei einem Roman gibt es nur eins: man muß geradewegs durchstapfen, bis das verdammte Ding zu Ende ist. Ich wollte, Deine wirtschaftliche Existenz hinge mehr von diesem Roman oder von Romanen überhaupt ab und nicht von diesen verfluchten Erzählungen, denn das ist etwas, was einen antreibt und einem ein Ventil und eine Rechtfertigung verschafft – diese verfluchten Erzählungen.

Zum Teufel. Du hast mehr Material als jeder andere, und Du kümmerst Dich auch mehr darum; halt also jetzt um Gottes willen durch und bring es zu Ende, und schreib bitte nichts anderes, bis es fertig ist. Es wird gut sein, verdammt gut –

(Der Preis einer alten Hure wird nie erhöht – Und wenn sie 850 Stellungen kennt – Ihr Preis wird trotzdem gedrückt – Du bist also entweder nicht alt oder keine Hure oder beides) Die Erzählungen sind keine Hurerei, sie zeugen nur von schlechtem Urteilsvermögen – Du könntest mit dem Schreiben von Romanen genug haben und genug zum Leben verdienen. Du verdammter Narr. Also mach schon, schreib den Roman.

Von Madrid bis hierher haben wir einen Tag gebraucht – Hendaye-Plage – Haben unseren bekannten Zeitgenossen L. Bromfield gesehen. Gehen nach Paris – Hast Du von Max [Perkins] gehört, ob das *Andere Land* raus ist? Bekam von Brommy einen Stapel Literaturzeitschriften, alle voll von großen deutschen Kriegsbüchern – Es war komisch, daß ich zuerst nicht in [Remarques] *Im Westen* usw. reinkommen konnte, aber als ich einmal drin war, fand ich es ungeheuer gut – nicht so großartig, wie sie glauben – Aber sehr gut – L. Bromfield schreibt ein Kriegsbuch. Vielleicht ist es Pech, daß meins jetzt herauskommt, nach all diesen, und daß ich keine Gelegenheit hatte, beim Schreiben von ihnen zu profitieren. In circa 2–3 Jahren sollte man in der Lage sein, ein ziemlich gutes Kriegsbuch zu schreiben.

Der alte Dos hat Kate Smith geheiratet – sie ist mit Pauline zur Schule [College] (keine Klosterschule) gegangen – Er hat sie letzten Winter unten in Key West kennengelernt – Sie ist ein äußerst nettes Mädchen.

Wir haben Briefe von Gerald und Sara bekommen. Verdammt bedauerlich, daß ihr Patrick so krank ist – Aber ich denke, er wird schon wieder werden –

Schöner Tag heute – Wasser angenehm zum Schwimmen, und die Sonne die letzte des Sommers –

Wenn das ein dämlicher beschissener Brief ist, dann nur, weil es mir so leid tut, daß Du so niedergeschlagen bist – ich mag Dich so ungeheuer, und immer wenn man versucht, irgendwem irgendwas über die Arbeit oder »das Leben« zu erzählen, kommen bloß dumme Platitüden dabei heraus – Pauline läßt Dich, Zelda und Scotty grüßen –

Immer Dein –

PUL
Ernest

An F. Scott Fitzgerald

Paris, ca. 24. oder 31. Oktober 1929

Lieber Scott:

Eben kam Dein Brief, und ich nutze einen ordentlichen Kater, um ihn zu beantworten.

Ich war über nichts von dem, was Du gesagt hast, verärgert (Du weißt doch inzwischen sehr gut, hab es oft genug geschrieben, wie sehr ich Deine Arbeit bewundere). Geärgert habe ich mich nur über Deine Weigerung, das aufrichtige Kompliment anzunehmen, das G. Stein Dir gemacht hat, und über Deinen Versuch, es in eine abschätzige Bemerkung zu verdrehen. Sie hat Dich mir gegenüber ganz unwahrscheinlich gelobt, und als Du dazukamst, fing sie an, es zu wiederholen, und dann am Ende des Lobgesangs sagte sie, um Dir einen roten Kopf zu ersparen und mich nicht vor denselben zu stoßen, daß unsere Flammen (sic) vielleicht n i c h t dieselben seien – und darüber brütest Du dann nach –

Du brauchst ja Komplimente nicht zu akzeptieren, wenn Du es nicht willst (die meisten Komplimente sind Pferdescheiße), aber ich muß wohl nicht wiederholen, daß das Komplimente, und keine Kränkungen, waren. Ich bekreuzige mich und schwöre bei Gott, daß Gertrude Stein weder gestern abend noch sonstwann mir gegenüber irgend etwas anderes als höchstes Lob über Dich geäußert hat. Das ist die reine Wahrheit. Die Tatsache, daß Du dem keinen Wert beimißt oder es nicht akzeptierst, macht es nicht weniger wahr.

Was den Vergleich unserer Art zu schreiben angeht – so hat sie nichts dergleichen gesagt – sondern nur, Dein Talent sei wie ein unwahrscheinlich brüllender Hochofen, während meines nur ein kleiner sei, was besagen sollte, daß ich hundertmal härter arbeiten muß, um Vergleichbares zu produzieren – und um Dich nicht geradeheraus zu loben und mich fertigzumachen, sagte sie dann, damit sage sie nicht, daß die Flamme von derselben Qualität wäre. Wenn Du sie bedrängt hättest, würde sie Dir auf eine direkte Frage geantwortet haben, daß sie Deine für besser halte als meine.

Natürlich stimme ich dem nicht zu – noch weniger als Du –, weil Vergleiche zwischen nicht existierenden Dingen wie hypothetischen »Flammen« die reinste Pferdescheiße sind – und jeder Vergleich zwischen Dir und mir ebenfalls Mist – wir haben an völlig verschiedenen Fronten angefangen – hätten uns, außer durch Zufall, nie kennengelernt, und als Schriftsteller haben wir nichts gemein außer dem Verlangen, gut zu schreiben. Wozu also Vergleiche anstellen und von Überlegenheit sprechen – wenn Du mir gegenüber unbedingt ein Gefühl der Überlegenheit haben mußt, schön und gut, solange ich mich Dir gegenüber weder über- noch unterlegen fühlen muß – So was kann es unter ernsthaften Schrifstellern gar nicht geben – Sie sitzen alle im selben Boot. Ein Konkurrenzkampf innerhalb dieses Bootes – das auf den Tod zufährt – ist etwas genauso Albernes wie Sport an Deck treiben – Der einzige Wettstreit ist der, das Boot überhaupt zu erreichen, und der findet ganz in einem selber statt. Du bist auf dem Boot, aber Du wirst empfindlich, weil Du Deinen Roman noch nicht beendet hast – das ist alles – ich habe Verständnis dafür, und Du könntest noch viel empfindlicher sein, und es würde mir nichts ausmachen.

Es ist ein verfluchter Mist, so was mit verdorbenem Magen im Bett zu schreiben, wenn es Dir gelingen sollte, irgendwelche Vorwürfe, Kränkungen, Mißbilligungen oder Beleidigungen darin zu finden, war der Vormittag vergeudet (ist er sowieso). Gertrude wollte ein Rennen zwischen Hase und Schildkröte veranstalten und nahm mich als Schildkröte und Dich als Hasen, und Du wolltest natürlich, als bescheidener

Mann und Klassiker, die Schildkröte sein – in Ordnung, Schildkröte, ganz wie Du willst – ist sowieso alles Quatsch –

Ich mag es, wenn Gertrude mich runterputzt, weil das meine Selbsteinschätzung unten hält – weit unten – Sie sagte, ihr gefiele das Buch sehr – Ich wollte aber hören, was ihr daran nicht gefiele und warum – Sie meinte, die mißlungenen Teile seien die, wo ich mich mehr visuell erinnere, als mir etwas auszudenken – Das war nicht besonders neu – Ich erwartete zu hören, es sei alles Mist – das wäre mir lieber, weil es so ein prima Ansporn zum Arbeiten ist.

Jedenfalls haben wir jetzt Seite 4 [dieses Briefes] – Werde den Brief von Max beilegen –

Tut mir sehr leid, daß Bromfield dieses Gerücht in die Welt gesetzt hat, aber es kann Scribner's nichts anhaben, solange ich es Lügen strafe und bei ihnen bleibe – ich werde ihm mit Vergnügen einen Brief schreiben, den er veröffentlichen kann, wenn er will –

Sieh Dir an, was das alles für ein Mist ist – schlicht gesagt, habe ich das Schreiben von Dir gelernt – in »Town and Country« von Joyce – in der »Chic Trib« von Gertrude – wobei ich die Autoritäten Dos Passos, Pound, Homer, McAlmon, Aldous Huxley und E. E. Cummings ganz außer acht lasse – und dann meinst Du, ich sollte mir keine Sorgen machen, wenn jemand sagt, ich besäße keine Vitalität – ich mache mir keine Sorgen – Wer in Paris besitzt Vitalität? Die Leute schreiben nicht mit Vitalität – sie schreiben mit ihren Köpfen – Wenn ich gut in Form bin, habe ich keine Lust zu schreiben – dann fühle ich mich zu gut! G. S. ist nie mit uns nach Schruns oder Key West oder Wyoming oder sonstwohin gefahren, wo man in Form kommt – Wenn sie mich niemals in Form gesehen hat – Wozu mich aufregen? Wenn man Dich runterputzt, laß Dich von den Hieben antreiben –

Na ja, werde nichts mehr davon schreiben – tut mir leid, daß Du beunruhigt warst – Du warst nicht unfreundlich.

Mit lieben Grüßen Dein
Ernest

Paris, 12. Dezember 1929

Lieber Scott:

Dein Brief kam erst gestern abend – er wurde auf der Bank aufgehalten.

Ich weiß, Du bist die Ehre in Person. Das meine ich wirklich. Wie Du Dich erinnern wirst, habe ich wegen Deiner Zeitnehmerei erst Krach geschlagen, als Du mir auf meine Einwendungen hin etwa viermal sagtest, daß Du Dich absichtlich mit mir streitest. Beim erstenmal dachte ich, ich hätte Dich überzeugt. Du kamst darauf zurück, und Pauline und ich glaubten, wir hätten Dich wieder überzeugt. Sauer wurde ich erst beim viertenmal, als ich erfahren hatte, daß McAlmon, dem ich ein Empfehlungsschreiben für Perkins gegeben hatte, Lügen über mich verbreitete, und Callaghan, dem ich stets zu helfen versucht hatte, mit grotesken Geschichten bei Dir aufkreuzte.

Du wirst Dich allerdings erinnern, daß ich Dich nicht, so sauer ich auch im allgemeinen über alles gewesen bin, irgendeiner Zeitmanipuliererei beschuldigt habe; ich habe Dich lediglich gefragt, ob Du die Runde hast weiterlaufen lassen, um zu sehen, was passieren würde. Als Du sagtest, Du strittest Dich absichtlich mit mir, war ich so entsetzt bei dem Gedanken, daß ich nicht mehr wußte, worauf ich mich eigentlich noch verlassen könnte (zumal ich gerade dieses gemeine Zeug von McA und C gehört hatte, was ich eigentlich viel früher hätte erfahren müssen, wenn ich es schon erfahren sollte und es schon so lange im Umlauf war, ohne daß es jemanden verärgerte).

Nebenbei, w e n n D u d i e R u n d e a b s i c h t l i c h h ä t t e s t w e i t e r l a u f e n l a s s e n – aber ich w e i ß, daß Du es nicht getan hast –, wäre ich nicht sauer gewesen. Ich wußte, daß die vereinbarte Zeit überzogen war. Das ist etwas, was normalerweise oft bei Amateurkämpfen gemacht wird. Wenn zwei Jungs sich richtig prügeln, gibt der Zeitnehmer ihnen zehn, fünfzehn oder dreißig Sekunden – manchmal sogar eine Minute zusätzlich, um zu sehen, wie es ausgeht. Du warst so aufgebracht, daß ich dachte, Du hättest es getan und bedauertest es. Aber in dem Moment, als Du sagtest, das hättest Du nicht, habe ich Dir aufs Wort geglaubt.

Du bist, sage ich, ein Mann von höchster Ehre. Ich bin das nicht, beim Boxen wenigstens nicht. Als ich mit Jean Prevost hier in Paris geboxt habe, schlug ich Bill Smith als Zeitnehmer vor. Ich war schlecht in Form und sagte Bill, er solle die Runden abbrechen (wir wollten 2-Minuten-Runden boxen), wenn er mich in Schwierigkeiten sähe. Eine der Runden war kaum 40 Sekunden lang! Prevost hat nur gedacht, die Zeit verginge schrecklich schnell. Wenn ich ihn dranhatte, ließ Bill die Runden 2 Minuten und mehr laufen.

Da ich also solche Dinge selber gemacht habe, kannst Du nicht von mir erwarten, daß ich meine Reflexe auf das, was mir passiert, unter Kontrolle habe. Aber Du kannst mir glauben, wenn ich Dir sage, daß ich diesen Gedanken sofort aufgab und, als wir nach Hause kamen, zu Pauline sagte, Du wärest eben vom Kampf fasziniert gewesen und hättest darüber völlig die Zeit vergessen.

Du erinnerst Dich sicher auch, daß ich dem Vorfall hinterher keine Bedeutung beigemessen habe, sondern eher amüsiert war. Ich weiß noch, wie ich es mit Vergnügen im »Deux Magots« erzählte und Morley lobte und ihm alle Achtung dafür zollte, daß er mich ganz schön herumgestoßen hatte. Ich dachte zu diesem Zeitpunkt, er wäre mein Freund. Erst als ich seine lügenhafte Prahlerei gelesen hatte, bin ich wütend geworden. Als ich dann einmal sauer war, war ich auch sauer auf Deine Unachtsamkeit, die ihm die Gelegenheit zu einer solchen Prahlerei gegeben hatte.

Ich hätte Dich nie so etwas gefragt, wenn Du mich nicht mit Deinem Gerede, daß Du Dich absichtlich mit mir strittest, fast zum Wahnsinn getrieben hättest.

Laß mich noch einmal wiederholen – ich habe Dich nicht im geringsten im Verdacht, unredlich gewesen zu sein – ich glaube Dir und habe Dir auch damals aufs Wort geglaubt.

Ich weiß, wieviel Dir Dein Ehrgefühl wert ist, wie es das für jeden Mann ist, und ich würde Dich um nichts in der Welt darin verletzen wollen.

Sieh bitte auch als mildernden Umstand an, daß wir beide

den Sport sehr verschieden betrachten – Du betrachtest ihn als Gentleman, und so sollte es auch sein. Aber sieh, wie es bei mir gewesen ist –

Bei einem der ersten Male, als ich boxte – gegen einen Burschen namens Morty Hellnick –, ließ ich am Ende der ersten Runde nach dem Gong die Hände sinken. In dem Moment, als ich die Hände runternahm, schlug er mir mit einem rechten Schwinger voll in die Magengrube. Nach dem Kampf war ich ungefähr eine Woche lang krank. Als ich das 2. Mal mit ihm boxte, gewann ich ohne Schwierigkeiten – er hätte den Kampf auf jeden Fall verloren – also foulte er mich absichtlich – ich hatte in meinem Leben noch nie solche Schmerzen – das eine Ei schwoll fast faustgroß an – So geht's nun mal beim Boxen zu – weißt Du – in sogenannten Freundschaftskämpfen – versucht man nie, den anderen k.o. zu schlagen – aber man weiß nie, ob der andere nicht versucht, einen k.o. zu schlagen – man wird durch und durch mißtrauisch – Als ich mit einem Burschen im Gymnasium boxte, ließ er beim Nahkampf seine Daumen von den Handschuhen abstehen – ein Daumen erwischte mich am linken Auge, und ich war davon geblendet – Er hat in seinem Leben noch mindestens 4 andere Männer geblendet. Nie mit Absicht – war bloß ein Nebenprodukt seines miesen Tricks – ich erwähne das nur, um diesen Mißtrauensreflex zu rechtfertigen, den ich nie auch nur für einen Moment zurückhalten kann.

Es war nur so, als Du mir allen meinen Argumenten und Erklärungen, wie sehr ich Dich mochte, zum Trotz sagtest, Du wolltest mit mir brechen usw. und hättest das Bedürfnis, mich als Mensch fertigzumachen usw., daß ich daraufhin in das verfluchte alte tierische Mißtrauen zurückgefallen bin.

Aber ich entschuldige mich noch einmal bei Dir. Ich glaube Dir und habe Dir immer aufs Wort geglaubt, und, bei Gott, ich wünschte nur, Du würdest Dich nicht so mies fühlen, wenn Du trinkst. Ich weiß, das ist nicht besonders lustig, aber ich weiß auch, daß alles in Butter sein wird, wenn Dein Buch fertig ist . . .

Jedenfalls wünsche ich Dir alles erdenkliche Glück. Hast Du diesen Harry Crosby gekannt, der sich gest. erschossen hat?[1] Er

hat mir von dem Mädchen erzählt, bevor er nach N. Y. ging.
Die Mac Leishs haben sie ihm vorgestellt. Er war ein phantasti-
scher Junge, und ich fühle mich seinetwegen heute ziemlich
mies. Vor zwei Wochen ist einer meiner besten Freunde gestorben, und der Teufel soll mich holen, wenn ich Dich wegen
eines so dämlichen Zanks als Freund verlieren sollte. Dir immer das Beste – Dein Dich liebender Freund

PUL   Ernest

1 EH und Crosby waren nie sehr eng befreundet.

An Maxwell Perkins

Paris, 15. Dezember 1929

Lieber Max:

Dein Brief vom 3. Dez. kam gestern, 2 andere vom 30. Nov.
und vom 4. Dez. heute – ferner vorgestern das Telegramm wegen des Briefes, der unterwegs ist, und der Vertragsrevision
und des Verkaufs. Der Verkauf ist allerdings sehr schön. Mit
der Revision hatte es keine Eile, und sie war auch nicht nötig,
wenn sie Dir nicht nötig erschienen wäre.

Ich muß mich sicher dafür entschuldigen – ich glaube, das
habe ich bereits getan –, daß ich Dir damals geschrieben habe,
als Scott mich wegen des stagnierenden Verkaufs beunruhigt
hatte. Aber ich kam guter Laune von Berlin nach Hause und
erfuhr, daß Scott einigermaßen beunruhigt hier gewesen war.
Ich ging zu ihm, und er zeigte mir, was Du über den guten
Verkauf des Buchs geschrieben hattest, und das einzige, worauf man achten müßte, wäre der Zusammenbruch des Marktes.
Ich fand nichts Beunruhigendes an dem, was Du geschrieben
hattest, aber er kennt sich so viel besser mit der finanziellen
Seite des Schreibens aus als ich, daß ich vermutete, er habe mir
nicht den ganzen Brief gezeigt, sondern nur den auf das Buch
bezüglichen Teil, und daß es irgendwelche Ungewißheiten
gebe, von denen ich nichts wüßte. Auch schien er mir so beunruhigt.

235

Ich mag Scott ungeheuer gern und würde alles für ihn tun, aber er war in letzter Zeit ein wenig schwierig. Neulich kam er zu mir, etwas angetrunken, und sagte: »Die Leute sollten Dich in Ruhe lassen. Sie sollten Dich arbeiten lassen und Dich nicht beunruhigen.« Und dann fuhr er fort, mir die beschissenste Geschichte über mich zu erzählen, die ich je gehört habe. Meine Interessen liegen ihm am Herzen, und er will mir nur helfen, aber ich bin doch nun wirklich auch draußen in der Welt herumgekommen und habe mir lange meinen Lebensunterhalt verdient und komme normalerweise mit den Leuten zurecht, ich habe mit Verleumdung, Eifersucht usw. Bekanntschaft gemacht, obwohl ich nicht glaube, daß es so viel davon gibt, wie die Leute meinen, und ich es vorziehe, so etwas zu ignorieren – wenn sie nicht stimmen, verblassen sie von allein. Aber wenn man so auf Dinge aufmerksam gemacht wird, macht einen das verdammt sauer. Scott arbeitet fleißig und gut, und ich weiß, es wird ihm wieder gut gehen, wenn er endlich sein Buch fertig hat.

Ich möchte, daß Du meine Tantiemenabrechnung mit den 25°° für Waldo belastest. Tu das bitte, ohne Waldo etwas davon zu sagen.

Wenn Du darüber beunruhigt bist, wie man Dich in der Literaturgeschichte einschätzen wird, werde ich Dir eine Reihe von Briefen schreiben müssen, in denen ich Dir mitteile, was ich wirklich von Dir halte – kann das zwar nicht besonders gut, werde es aber tun, um solche Vorstellungen aus Deinem Kopf zu vertreiben.

Aber die Sache mit der Xian Science war etwas, worüber man unruhig werden konnte, das sehe ich ein – obwohl ich nicht glaube, daß d i e wegen dem *Andern Land* irgendwelchen Ärger machen werden. So schlau sind sie nicht – sie sind nur hervorragend organisiert. Wenn sie intelligenter wären, wären sie wahrscheinlich keine Christian Scientists. Jedenfalls hoffe ich, Du hast Glück mit dem Buch – die nächsten 2 Male, die Du planst, dem *Andern Land* breiten Raum zu widmen, benutze bitte nur die ½ des Raums, und die andere ½ für das Eddy-Buch[1] – würde mich ungeheuer freuen, wenn Du das tätest.

Als ich Dir wütend über McAlmon und Callaghan schrieb, war das nur private Wut. Ich kann und werde meine Privatangelegenheiten mit ihnen selbst regeln (hoffe nur, daß ich nicht dafür, daß ich es gründlich mache, eine Zeit im Gefängnis absitzen muß), aber ich will nicht, daß Du denkst, ich hätte etwas gegen sie als Schriftsteller. Ich wünsche ihnen Erfolg und würde nichts tun, um ihnen als Schriftstellern zu schaden – obwohl es gefährlich ist, wenn man einen Feind hat und alles mögliche tut, nur nicht ihn töten – und das ist ein zu teurer Luxus.

[Owen] Wister[2] ist sehr nett, liegt aber völlig falsch. Und doch umgibt ihn eine gewisse Größe – er scheint derselben Generation anzugehören wie wir. Damit meine ich Dich, mich, Mike Strater und Waldo zum Beispiel – alles Leute ziemlich verschiedenen Alters. Er hat etwa 3 oder 4 verdammt gute Erzählungen geschrieben – *A Gift Horse, Pilgrim on the Gila,* ein Teil von *The Honorable, The Strawberries.* Wie er diese und dann so etwas wie *Philosophy Four* hat schreiben können, ist mir schleierhaft. Habe es eben zum erstenmal gelesen und schäme mich, es auch nur zu lesen. Wir alle schreiben mal Scheiße, aber irgend etwas sollte einen davor bewahren, sie zu veröffentlichen, oder wenigstens, sie noch einmal zu veröffentlichen. Aber ich mag ihn sehr. Wenn er mich für eine »Widerspiegelung« halten will, ist das nichts Schlimmes, solange er mich nicht zu beeinflussen sucht. Er hätte ein sehr großer Schriftsteller sein können, und die Verkettung von Umständen, die das verhindert, ist immer tragisch.

Es ist jetzt 20 Minuten vor zwölf – Sonntag mittag – muß mich rasieren und zur Messe gehen.

Später – habe mich rasiert, war in der Messe, und habe mit Pauline, Allen Tate und ein paar Städtern zu Mittag gegessen. Tate ist verdammt intelligent und ein sehr guter Bursche. Dos Passos und seine Frau sollen morgen kommen.

Mein Hals ist krank und völlig vereitert, und ich kann nicht besonders gut schreiben oder denken. Ich hoffe, ich habe Dich mit den Briefen nicht beunruhigt oder belästigt. Ich schreibe nur, wenn Scott mich aufscheucht. Ich weiß, er macht das bloß, weil es seiner Vorstellung von den Dingen entspricht, die einen Schriftsteller anregen. Aber es ist nicht anregend – nur lästig, und wenn Du nach Key West kommst, verspreche ich, kein bißchen vom Geschäft zu reden. Die Vorstellung, daß ein Schriftsteller erst ein Buch schreiben, dann ein Geschäftsmann werden und dann wieder ein Schriftsteller sein kann, ist völlige [– – – –], wie wir sagen. Das Buch hat in England einen ungeheuren Wirbel entfacht – V. Sackville West hat im offiziellen British Broadcasting eine Sendung darüber gemacht, und der Direktor der BBC hat einen Riesenkrach geschlagen, und sie und Walpole usw. haben darauf geantwortet – es hat in England wesentlich günstigere Kritiken bekommen als in den USA. Sehr merkwürdig. Ich möchte nach Key West, weg von alldem. Habe noch nie etwas so satt gehabt wie die Erwähnung dieses Buchs. Die Leute schreiben tolle Briefe darüber, und ich habe das so satt, daß mich Fan-Briefe nur noch verlegen und unbehaglich und irgendwie krank machen. Es ist schon anstrengend genug, zu schreiben – und Prosa schreiben ist eine Vollzeitbeschäftigung, und das Beste davon wird in deinem Unterbewußtsein gemacht, und wenn das vollgestopft ist mit Geschäftsangelegenheiten, Rezensionen, Meinungen usw., dann kriegt man kein bißchen mehr fertig.

Wenn ich schon von all diesen Sorgen spreche, die einzige Befürchtung, die ich des Buches wegen je hatte, war, daß die Italiener es beschlagnahmen – vielleicht ist das verrückt. Aber wie wär's, wenn man auf dem Titelblatt eine Erklärung bringt, die im »[Scribner's] Magazine« abgedruckt war, als die erste Folge von *In einem andern Land* erschien? Die scheint alle Aspekte abzudecken – das einzige, was mir daran nicht gefällt, ist, daß die Leute denken könnten, ich versuchte, mich mit Shakespeare zu vergleichen, da, wo ich diesen Witz über *Die beiden Veroneser* mache. Bring das nur, wenn Du es für richtig hältst.

Muß aufhören – ich versuche, einen Artikel über den Stierkampf als Industrie für »Fortune« zu schreiben.[3] Archie Mac Leish hat mich darum gebeten – geschrieben in Journalesisch, voller Statistiken. Eine Zeitschrift über die Romantik des Geschäftslebens – in dem Artikel ist keine Romantik – sie werden ihn wohl nicht nehmen – mache ihn so langweilig wie möglich. Jeder Aspekt, den ich antippe, würde ein langes Kapitel in einem Buch abgeben, wenn ich weitermachen und ausführlich darüber schreiben könnte. Sie wollten etwas zwischen 5000 und 20000 Wörtern, und ich sagte ihnen, das würde sie 2500 Dollar kosten. Also wollen sie jetzt statt dessen etwas von rund 2500 Wörtern für 1000,00 Dollar. Ihre Zeitschrift kam gerade zur Zeit des Börsenkrachs heraus, was natürlich Pech war. Aber wenn sich je eine Zeitschrift nach unnützem Quatsch angehört hat, dann ist es diese. Ich tue es für Archy – weiß der Himmel, wie er an die geraten ist.

Also, falls in diesem Brief irgend etwas unbeantwortet geblieben ist, liegt es nur an Unachtsamkeit. Danke für Deine schönen Briefe – und Dir und Deiner Familie fröhliche Weihnachten.

Wie immer die besten Grüße
Ernest

Bitte, belaste in der Waldo-Angelegenheit mein Konto – sonst müßte ich Dir einen Scheck schicken. Das Belasten ist der einfachere Weg! Ich will es wirklich bezahlen. Aber Waldo soll es nicht erfahren.

PUL

1 EH meint wahrscheinlich E. F. Dakins *Mrs. Eddy: The Biography of a Virginal Mind*, das 1930 von Scribner's (New York) verlegt wurde. Mary Baker-Eddy ist die Begründerin der Christian Science.

2 Owen Wister (1860–1938), amerikanischer Schriftsteller, Autor des Romans *Der Virginier* und zahlreicher Kurzgeschichten, die EH zum Teil sehr bewunderte.

3 *Bullfighting, Sport and Industry*, in »Fortune« 1 (März 1930).

1930

Key West, 18. Februar 1930

Mein lieber Herr Rowohlt:
Vielen Dank für Ihren Brief vom 16. Januar, dem der Vertrag beilag.

Leider kann ich den Vertrag noch nicht unterschreiben, denn ich habe kein Wörterbuch zur Hand und kann deshalb nicht sicher sein, ob ich alles richtig lese. Auf dieser Insel gibt es niemanden, der besser Deutsch kann als ich. Ich habe Ihre Briefe einem alten Mann gegeben, der (aus einem Buch) Unterricht in Deutsch, Französisch und Spanisch gibt, und er sagt, die Art Deutsch kenne er nicht! Bitte schicken Sie mir deshalb auch die englische Übersetzung.

Im Vertrag muß auch berücksichtigt werden, daß Sie nur dann 35% der Beträge, die für einen Vorabdruck eingehen, erhalten sollen, wenn das Honorar, das ich dafür erhalte, wenigstens 5000 Mark ist. Sollte ich weniger als 5000 Mark netto bekommen, soll Ihr Anteil nur 25% sein. Glaube ich. Herr Mowrer[1] wird sich daran erinnern. Sie haben es wohl vergessen, als Sie den Vertrag ausstellten. Sprechen Sie mit Herrn Mowrer darüber, falls Sie sich nicht erinnern sollten.

Ich meine auch, daß die Tantiemen zu niedrig sind. Wenn ich sie für *Fiesta, Männer, In Our Time* [In unserer Zeit], *Torrents of Spring* [Sturmfluten des Frühlings] wirklich akzeptiert habe, dann soll es für diese Bücher auch dabei bleiben. Aber in keinem Land, nicht einmal in Frankreich und Spanien, habe ich einen niedrigeren Tantiemesatz als 10%, und meiner Meinung nach sollte ich keinen niedrigeren Tantiemesatz akzeptieren als für *A Farewell to Arms*. Zumal ich nur einen kleinen Vorschuß genommen habe.

Bis jetzt habe ich k e i n Exemplar von *Men Without Women* [Männer ohne Frauen] erhalten!

Schicken Sie mir bitte auch eine Abrechnung über die Verkäufe von *Fiesta* bis 1. Januar und einen Scheck für die fälligen Tantiemen und auch eine Abrechnung über die eingegangenen Beträge für die Stories, die aus *Men Without Women* und *In Our Time* in Zeitungen und Zeitschriften erschienen sind, und einen Scheck über den mir zustehenden Anteil.

Wegen des deutschen Titels für *A Farewell to Arms. Krieg und Liebe* gefällt mir n i c h t. *Vorbei mit Krieg und Liebe* gefällt mir auch n i c h t. Zu lang und verrät zuviel. *Krieg und Liebe* ist ein guter Titel. Aber wenn ich ein Buch schriebe, das Krieg und Liebe heißt, dann käme darin viel Kämpfen und auch viel Unzucht vor. *Fahr wohl Krieg und Liebe* gefällt mir auch n i c h t. Verrät zuviel und gibt den Geist des Buches nicht wieder.

Besser gefällt mir *Liebe im Krieg*, wenn Sie schon so einen Titel haben wollen. *In Another Country* wäre ein guter Titel gewesen, denn er läßt sich gut ins Deutsche übersetzen. In ein andere Lande (ich schreibe ihn vermutlich falsch).

Grundsätzlich glaube ich, daß ein Titel, für sich genommen, immer ein Gedicht sein sollte. *In Our Time, Men Without Women, The Sun Also Rises, A Farewell to Arms* – im Englischen sind das für sich alles Gedichte. Der Titel ist genauso wichtig wie das Buch. *In Another Country* ist gut, denn es stammt aus *Der Jude von Malta* von Marlowe – das Zitat lautet: »Ich habe Unzucht getrieben, aber das war in einem anderen Land, und außerdem ist das Weibsstück tot.«

Wenn Sie es *In Another Country* nennen, könnten Sie das Zitat aus *Der Jude von Malta* von Marlowe auf eine der vorderen Seiten setzen, so wie Sie das Zitat aus Ecclesiastes in *The Sun Also Rises* [Fiesta] abgedruckt haben.

Wenn Sie meinen, das würde Verwirrung stiften, weil eine der Stories aus *Men Without Women* [Männer ohne Frauen] diesen Titel trug, dann verwenden Sie ihn nicht wieder. Aber ich meine, es ist ein w u n d e r s c h ö n e r Titel und einer, der dem Buch wohl anstünde. *Liebe im Krieg* wäre in Ordnung. Sicher ist er besser als die anderen.

Ich hoffe, von Ihnen bald etwas über den Vertrag und den Vorabdruck zu hören. Das Buch verkauft sich immer noch sehr gut und wird ins Spanische, Schwedische, Norwegische, Polnische, Ungarische usw. übersetzt. Auf französisch werde ich es nicht in der »Nouvelle Revue Française« veröffentlichen, ehe sie mir das Geld gezahlt haben, das sie mir schulden. Ich habe viele französische und italienische Angebote.

Bitte entschuldigen Sie, daß in diesem Brief so viel von Geschäften die Rede ist. Wir haben uns darauf eingerichtet, hier bis Juni zu bleiben, arbeite sehr hart und genieße den Fischfang, der gut ist. Mrs. Hemingway und ich senden Ihnen unsere besten Grüße und guten Wünsche in jeder Hinsicht. Ich freue mich sehr darauf, Sie wiederzusehen.

Mit den allerbesten Wünschen
immer Ihr
Ernest Hemingway

Ich freue mich, daß *Männer* so gut aufgenommen worden ist.
PH. RV

1 Edgar Anselm Mowrer, Journalist und amerikanischer Korrespondent, hatte seinem Verleger Ernst Rowohlt *Fiesta* empfohlen.

An Maxwell Perkins

Nordquist Ranch, Wyoming,[1] 12. August 1930

Lieber Max:

Bin *I. u. Z.* und auch *Oben in Michigan* durchgegangen.[2] Habe es umgeschrieben und versucht, alles, was nach Verleumdung klingen könnte, wegzulassen, aber das nimmt ihm seinen ganzen Charakter. Es bezieht sich eindeutig auf zwei Menschen in einer bestimmten Stadt, beide leben noch, leben noch dort und sind leicht zu identifizieren. Wenn ich die Stadt weglasse, verliert es an Wahrhaftigkeit. Aber aus dem ersten Teil k a n n ich genug weglassen, um Verleumdungsklagen zu vermeiden. Ich w e i ß jedoch, daß Du es nicht mit dem vollständigen letzten Teil veröffentlichen wirst, und wenn davon irgend etwas gestrichen wird, ist es keine Erzählung mehr.

Ich habe keine große Lust, einen Verleumdungsprozeß an den Hals zu kriegen oder jetzt noch wegen einer längst ausgestandenen Sache verboten zu werden. Das *Andere Land* war einen Kampf wert, und ich war willens, ihn durchzustehen und, komme was wolle, auf mich zu nehmen, aber dies ist eine alte Geschichte, eine der ersten, die ich überhaupt geschrieben habe, und ich habe sie damals veröffentlicht, als ich sie schrieb[3], und habe keine Lust, mich jetzt, wo ich arbeite, damit in Schwierigkeiten zu stürzen.

Ich würde vorschlagen, Du solltest Edmund Wilson dafür gewinnen, für *In unserer Zeit* eine Einführung zu schreiben, wenn er will. Er ist von allen Kritikern oder Leuten derjenige, der am besten verstanden hat, was ich mit meiner Arbeit bezwecke, und ich weiß, eine Einführung von ihm wäre von großem Wert für das Buch, wie Du es jetzt herausbringst. Ich verstehe es so, daß Du es als so etwas wie ein neues Buch herausbringst, das heißt, mit neuem Material von mir, und es wäre nicht fair, das ohne Erklärung zu tun, da es eben n i c h t ‹neu ist, sondern mein erstes und frühestes Buch. Eher laß ich mich hängen, als daß ich ein Vorwort schreibe, aber Edmund Wilson könnte, wenn er wollte, schreiben, was zu einer Einführung nötig wäre. Falls er keine Lust dazu haben sollte, wäre es besser, gar keine zu bringen. Allen Tate könnte eine schreiben. Er ist ein guter Kritiker, aber Wilson kennt meine Sachen sehr genau und schreibt so verdammt gut, und es wäre sehr schade, wenn man ihn es nicht machen ließe, vorausgesetzt, er will es tun.

Laß mich bitte wissen, was Du davon hältst.

Ich weiß, ich werde nicht darauf hinarbeiten, Bücher herauszubringen, nur weil etwas von mir auf Scribner's Liste stehen sollte. *In unserer Zeit* ist – das finde ich – wirklich ein verteufelt gutes Buch – die Erzählungen sind, wenn ich sie jetzt lese, so gut wie je – und jedermanns zwei Dollar wert, aber ich denke nicht daran, es mit irgend etwas aus einer anderen Periode aufzudonnern und zu versuchen, es als ein neues Buch verkaufen zu lassen. Wenn Du *Oben in Michigan* ohne Schwierigkeiten veröffentlichen kannst, O. K. Aber zeig es ein paar Leuten und frage sie. Ich hätte es schon gern veröffentlicht, damit die Leute Morleys [Callaghans] Quellenbuch sehen könnten, aber es ist es nicht wert, deswegen Ärger zu bekommen, zumal ich noch schreiben kann und auch noch schreibe. Was es braucht – *In unserer Zeit* –, ist eine gute Einführung. Was Du tust, ist, es wirklich zum erstenmal den Leuten zugänglich zu machen, die die anderen Bücher gelesen haben. Ich bin zu beschäftigt, zuwenig interessiert, zu stolz oder zu dumm, oder wie immer Du das nennen willst, um eine dafür zu schreiben. Wenn Du Wilson dafür gewinnen kannst, wäre das ausgezeichnet. Er ist ein verdammt guter Prosakritiker, und er schreibt gut. Ich glaube, so sollte es veröffentlicht werden – als mein 1. Buch, nun mit einer Einführung von Wilson allgemein zugänglich gemacht.

Jedenfalls werde ich Dir das Buch mit ein paar Korrekturen zurückschicken, mit dem ursprünglichen *Mr. und Mrs. Elliot* und mit, oder auch ohne, ein paar kurzen Stücken aus derselben Zeit, das hängt davon ab, wie sie sich in dem Buch zwischen damals und heute ausmachen – spätestens in der ersten Septemberwoche.

Wir sollten uns aber besser eine Formulierung ausdenken und vorn reinsetzen, daß es sich nicht um lebende Personen handelt, um eine Verleumdungsklage vollkommen auszuschließen, denn es gibt drei Leute, die, falls sie sich in ausreichend hoffnungslosen Schwierigkeiten befinden und das Buch genügend bekannt wird, einen Verleumdungsprozeß riskieren könnten. Der Grund, warum das meiste in dem Buch so wahr zu sein scheint, ist der, daß das meiste darin wahr i s t und ich weder damals noch heute viel Geschick hatte, Namen und Umstände zu ändern. Bedaure das zutiefst.

Das neue Buch *[Tod am Nachmittag]* läuft gut. Habe etwas über 40 000 Wörter fertig. Habe jede Woche 6 Tage gut gearbeitet, seit ich hier bin. Habe noch 6 Kisten Bier, die für 6 weitere Kapitel reichen. Wenn ich für dieses Stierkampf-Buch eine Spesenrechnung einreichen würde, hätte die Rechnungsabteilung ganz schön was zu studieren.

Die Schecks sind angekommen, und Dein Brief mit ihnen. Danke Dir sehr – auch für das Telegramm wegen des Schutzumschlags von G. und D. [Grosset und Dunlap]. Ich habe Dich nur höchst ungern damit belästigt – Du hast genug Sorgen mit Grossett und Dunlop. Tut mir so leid, schlechte Neuigkeiten über Scott zu hören. Laß mich bitte wissen, was Du erfährst, und laß mich a l l e s wissen, was ich Deiner Meinung nach tun könnte. Ich würde auch rüberfahren [nach Frankreich], wenn Du meinst, daß das irgendwas nützen könnte.

Dir stets das Beste. Wenn ich in Briefen mal grob werde, nimm es bitte nie persönlich. Ich arbeite verdammt fleißig, und ein Brief über irgendein dämliches Problem oder so was ist bloß eine blöde Unterbrechung und ein Fluch. Laß nicht zu, daß ich Dir auf die Nerven gehe. Im März auf den Tortugas werden wir uns prächtig amüsieren!

Immer Dein

Ernest

PUL

1 Lawrence und Olive Nordquist waren die Besitzer einer Vergnügungsfarm in Clark's Fork Valley, Wyoming, zwölf Meilen von Cooke City, Montana. EH hielt sich dort seit dem 13. Juli auf.

2 Für den Wiederabdruck bei Scribner's (1930).

3 In *Three Stories and Ten Poems* (Paris 1923).

AN ARCHIBALD MAC LEISH

Billings[1], Montana, 22. November 1930

Lieber Archie:

Das war vielleicht schön, von Dir zu hören, Junge, und wenn dies der schlimmste Brief ist, den Du je bekommen hast, liegt das daran, daß Mussolini Diktator ist, und nicht der alte Pappy. Aber wenn Du in dieser Nobelpreis-Welt eine gute Tat tun willst, setz Dich hin und schreib mir noch mal, denn hier passiert sonst nichts, als daß die Post kommt, und heute ist keine gekommen.

Der Arm macht gute Fortschritte, aber morgen ist es drei Wochen her, daß ich mich nicht mehr bewegt habe, außer dreimal, wo er eingerichtet, und einmal, wo er operiert wurde, was zwei Stunden dauerte und sehr zufriedenstellend verlief; der Arzt hat einen Knochen eingekerbt, auf einer Seite ein Loch reingebohrt und ihn dann mit Känguruhsehnen zusammengebunden – was mir helfen sollte, eines Tages einen knallharten Schlag auf Morley Callaghans Kinn landen zu können.

Es ist schrecklich nett, daß Du mir schreibst, was für ein guter Schriftsteller ich sei, und selbst wenn es Pferdescheiße ist, ist es genau das, womit man die Truppen füttern muß, wenn ihre Schreibarme kaputt sind. Ich kann jetzt und sicher auch noch für einige Zeit bestimmt nichts schreiben, um Dich Lügen zu strafen. Der Arm ist irgendwie taub, was sich entweder von selbst geben wird oder durch eine weitere Operation behoben werden kann, aber in ein paar Monaten werde ich wissen, wie sie ausgegangen ist und ob wir in diesem oder erst im nächsten Sommer in Afrika auf die Jagd gehen können. Ich verzögere Deine Pläne nur sehr ungern, aber irgendwas werden wir auf jeden Fall unternehmen.

Laß Dir von Mike Strater nichts über Gewehre erzählen. Alles, was er mir über Gewehre geschrieben hat, ist kompletter Unsinn. Ehrlich gesagt, laß Dir von niemand außer dem alten Pappy was über Gewehre erzählen. Ich werde jetzt nicht über Gewehre sprechen, denn Pauline nimmt dieses Diktat auf, und wenn ich jetzt auf Gewehre eingehe, wird sie streiken. Mit anderen Worten, Du kannst sehen, daß ich eine Autorität in Sachen Gewehre werde. Wenn ich einmal von Gewehren anfange, geht uns das Papier aus, und die kleinen Frauenfinger ermüden. Ich habe Mike einen langen Brief über Gewehre geschrieben, Du könntest ihn bitten, Dich das lesen zu lassen, falls er ihn nicht vernichtet hat. Ich habe ihn mit den Resten von fünf Tagen Morphium in mir diktiert und in der angenehmen Täuschung, daß ich einen Haufen rechter Arme hätte, wie die Göttin Siva oder wie diese Göttin heißt, Du kennst sie vielleicht, Mac, aber ich weiß, das Grundsätzliche darin war vernünftig. Weißt Du, die Sache ist die: die Engländer sind recht eigenwillig, was Gewehre betrifft, und mit ihrem vornehmen Getue schaffen sie es immer wieder, daß sich die Mehrheit der Großwildjäger von ihnen hinters Licht führen läßt. Weißt Du, jedes Gewehr, an das man sich gewöhnt hat und das eine

ordentliche schwere Kugel abfeuert und nicht auseinander-
platzt, ist in Ordnung. Pauline sagt, sie stelle fest, daß wir
bei Gewehren seien. Aber Tatsache ist, daß modische Hosen
noch keinen Footballspieler machen, und Fanghandschuhe für
8 Dollar keinen Baseballspieler, und daß Schüsse durch Schießen zustande kommen; aber eine Springfield, die für Dich paßt
und schwer genug ist, um keinen Rückstoß zu haben, ist bestimmt ein großartiges Gewehr. Ich hab's so weit gebracht, daß
ich dachte, ich könnte mit meiner gar nicht danebenschießen,
denn immer wenn ich den Abzug drückte, fiel alles um; und
dann habe ich einen großen Elchbullen in 60 Yards Entfernung gesehen, es war ganz einfach, ich habe sie bloß wie eine
Schrotflinte auf ihn abgefeuert. Aber das macht man beim
Schießen mit der Büchse nicht, Mac. Da hat man nur eine Kugel, und die geht dorthin, wo Du mit dem Gewehr hinzielst,
und wenn Du auf die richtige Stelle zielst, brauchst Du auch
nur diese eine. Genug von Gewehren.

Ich habe hier ein Radio und kann jederzeit Tag und Nacht
Rudy Valee [Vallee], diesen nichtssagenden Schnulzenkönig –
denk daran, daß ich diktiere –, mit dünner Stimme von diesem
Big Blue TEAM singen hören. Das ist der Lieblingsschlager
hier im Radio, abgesehen von einer Schallplatte, die ziemlich
oft von der hiesigen Radiostation gespielt wird und Largo
heißt. Das ist, glaube ich, von Händel.

Gegenüber liegt ein Russe, dem sie in die Hüfte geschossen
haben, und zwar zur gleichen Zeit, zu der ein Mexikaner, der
auch gegenüber liegt, einen Schuß in den Magen abbekommen
hat. Der Russe hat am Anfang ziemlich rumgestöhnt, ist jetzt
aber sehr ruhig. Der Mexikaner hingegen ist an drei Schläu-
chen angeschlossen und gibt einen äußerst qualitätvollen Eiter
von sich. Heute besuchten ihn zwei Mexikaner – wenn ich je
einen miesen Gauner gesehen habe, dann war es der eine von
ihnen, und mich haben sie auch besucht. Ich gab ihnen einen
Drink Scotch aus der Flasche, wovon mich vor zwei Abenden
drei Drinks fast umgebracht hätten, und dann noch zwei
Drinks Rye, der nicht schlecht ist, giftig, heißt das, aber ziemlich miserabel und unreif; und sie haben versprochen, mich
morgen wieder zu besuchen und das beste Bier aus der Stadt

mitzubringen – das heißt, falls sie sich von dem Scotch erholen.[2]

Wie geht's Deiner Frau Ada und den Kindern? Bumby ist sicher nach Frankreich zurückgekommen, und Patrick sagt, sein Vater liebe ihn nicht, weil er ihn nie besuche. Sie übernehmen diese französischen Ideen schnell.

Das hier ist das Will James-Land[3]. Jeder, der hierherkommt, um jemanden zu besuchen, mit Ausnahme der beiden Mexikaner, die sprachen darüber, wie viele Röhren wohl im Radio wären, spricht mit dir über Will James. Sie glauben, mit einem Schriftsteller müsse man über einen anderen Schriftsteller sprechen. Ich habe Will James einmal bei Scribner's getroffen, er ist so 'ne Art eselsohrige, mottenzerfressene, hinterfotzige, gefälschte Imitation des alten C. W. Russell, der ein wahrer Cowboy-Künstler war. Da ich aber von einem Burschen hier aus der Gegend nicht schlecht reden will, spreche ich stundenlang über Will James, aber allmählich habe ich es satt. Wenn das nächste Mal einer hereinkommt, werde ich behaupten, ich selber wäre Will James, und werde ihm ein Widmungsexemplar von *Smoky*, diesem Kinderklassiker, überreichen.

Wie geht's Dir selbst, Mac? Natürlich ist Ezra ein Esel, aber er hat verdammt schöne Gedichte geschrieben. Ich glaube nicht, daß er irgendwelche Seitenhiebe auf mich im Sinn hatte, denn er schrieb mir, daß er viel von meinem letzten Buch halte, und erwähnte im selben Atemzug, es sei das einzige Buch eines anderen Autors, das er je gelesen habe. Er macht sich nur in 99 von 100 Fällen zum Narren, wenn er etwas anderes als Gedichte schreibt, und in 40 von 100, wenn er Gedichte schreibt, aber die guten Sachen von ihm verdienen Satz für Satz tausendmal mehr den Nobelpreis als Dr. [Sinclair] Lewis.[4] Das war vielleicht ein Schlag für mich! Denn ich habe den Nobelpreis immer für etwas gehalten, was man bekommt, wenn man einen langen weißen Bart hat und seine Enkel von der Teufelsinsel holen muß. Aber jetzt weiß ich, daß man nichts bekommt, außer vielleicht, daß sie einem vier Gallensteine herausoperieren, und der einzige Unterschied zwischen dem Nobelpreis und den ganzen anderen Preisen ist der, daß es einfach mehr Geld gibt. Also werden wir wohl überhaupt keine

Preise bekommen, Mac, außer dem Grab. Und ich hoffe, das werden sie uns erst verleihen, wenn wir so alt sind, daß wir uns nicht mehr selber den Hintern putzen können – oder nicht einmal uns gegenseitig –, falls sie bis dahin alle Schriftsteller voneinander getrennt haben sollten.

Endlich habe ich das Rätsel gelöst, warum es an dem Abend, als *In einem andern Land* zum erstenmal gespielt wurde, fünfzehn Vorhänge gegeben hat und es doch nur drei Wochen gelaufen ist. Das muß an den Leuten gelegen haben, die entweder mit Mr. Anders oder mit Miss Landi schlafen wollten.

Ich schicke das nach Conway, obwohl Du aus Farmington⁵ schreibst, denn ich weiß die Adresse in Farmington nicht.* Liebe Grüße an Ada, Mimi und Dich

LC   Pappy

1 EH war wegen eines Autounfalls seit 1. November im St. Vincent's Hospital in Billings.

2 Rudy Vallee, der Russe und der Mexikaner erscheinen in *Der Spieler, die Nonne und das Radio* (in *Der Sieger geht leer aus*, 1933).

3 Will James (1892–1942) war ein sehr produktiver Cowboy-Schriftsteller und Illustrator.

4 Sinclair Lewis hatte 1930 den Nobelpreis für Literatur erhalten; am 5. November gab sein Verleger eine Pressekonferenz.

5 Farmington, Connecticut, das Haus der Familie Ada Mac Leishs.

* Als Reaktion auf ein Telegramm Paulines flog Mac Leish nach Billings, »der haarsträubendste Flug meines Lebens – und das nur, um Ernest mit einem prächtigen schwarzen Bart im Bett vorzufinden, und voller Mißtrauen über die Motive [meines Kommens], und überzeugt davon – jedenfalls sagte er das –, daß ich gekommen wäre, um ihn sterben zu sehen« (Mac Leish an Carlos Baker vom 9. August 1963).

AN ERNST ROWOHLT

                                                     Billings, 30. November 1930
Lieber Herr Rowohlt:
Wann immer Sie mir schreiben oder telegrafieren wollen, können Sie mich über Piggott, Arkansas, erreichen. Ich bin hier

seit einem Monat im Krankenhaus, da ich mir den rechten Arm unterhalb der Schulter gebrochen habe, deshalb habe ich Ihre Telegramme oder Briefe auch nicht beantwortet.

Was das Theaterstück angeht, so wurde es von einem Mann namens Laurence Stallings dramatisiert und von A. H. Woods auf die Bühne gebracht. Sie müßten sich bei A. H. Woods in New York die Genehmigung besorgen, es in Berlin aufführen zu lassen. Irgend jemand kann Ihnen sicher seine Adresse geben. Ich habe sie nicht.

Bis ich mir den Arm brach, hatte ich einen großen Bergziegen-Bock, zwei Bären, einen Eichbullen geschossen und 286 Seiten von meinem neuen Buch geschrieben. Dos Passos war bei mir, als sich der Unfall ereignete, aber er blieb unverletzt.

Würden Sie mir bitte Geld und den revidierten Vertrag nach Piggott, Arkansas, schicken, wohin wir hoffentlich in zwei Wochen gehen. Senden Sie mir bitte auch Besprechungen von *Farewell to Arms* [In einem andern Land] und einige Exemplare von *Männer* und *In einem andern Land*. Ich habe bisher noch nicht ein einziges Belegexemplar von *Männer* erhalten. Wenn Sie mich mit Exemplaren nicht besser behandeln und für mich nicht mehr Geld anschaffen, muß ich zu einem anderen Verleger gehen, einem großen, jüdischen. Ich war überrascht, wie wenig Sie für den Vorabdruck von *In einem andern Land* erhalten haben. Fünftausend Mark hätte ich selber dafür bekommen können.

Ich hoffe, Sie sind wohlauf und glücklich, und daß bei Ihnen alles zum besten steht. Die Geschäfte können in Deutschland nicht so schlecht sein wie in Amerika. Bald werden wir wieder Krieg haben, und jedermann wird glücklich und reich werden. Ich wünschte, Sie wären mit uns in den Bergen gewesen. Meine besten Grüße auch an Herrn Meyer und Mme. Horschitz – – so ein wunderschöner Name für eine Übersetzerin.

Bitte schicken Sie mir die Presseausschnitte, die Bücher, einen Vertrag, den ich unterschreiben kann, und einen Haufen Geld, wenn Sie welches haben. Ich freue mich für Sie, daß Sinclair Lewis den Nobelpreis erhalten hat.

Bitte schreiben Sie mir sogleich nach Piggott. Meinem Arm

ging es gar nicht gut. Sie mußten ihn operieren, und ich kann nicht arbeiten und bin die ganze Zeit wütend.

Mrs. Hemingway läßt auch bestens grüßen. Sie sagt, Sie sind ihr Lieblingsverleger, aber Sie schaffen uns nie richtig Geld an. Sehen Sie mal zu, was sich da machen läßt. Jeder erzählt mir, daß die Deutschen ein sehr einfallsreiches Volk sind. Sie sollten einfallsreich genug sein, für uns ein bißchen Geld zu verdienen. Wenn ich so feine Bücher schreibe, warum versuchen Sie dann nicht, ein paar davon zu verkaufen.

Ihnen immer das Allerbeste
Ernest Hemingway
per P. H.

PH. RV

AN GUY HICKOK

Billings, 5. Dezember 1930

Lieber Gros:

Also Gros, das ist vielleicht befriedigend, zu lesen, wie Du die Franzosen mit Erfolg überlistet und gegeneinander ausgespielt hast! Ich habe oft gedacht, wenn Du statt uns in der Rue Ferou 6 gewesen wärest, hätte es de Juvenal über eine Million Francs gekostet, den Besitz zu übernehmen, und er hätte diese Witwe schließlich nie geheiratet, sondern das Hotel einfach, als leichtesten Ausweg aus dem ganzen Schlamassel, Hickok überlassen. Die Franzosen werden in der Außenpolitik dauernd beschissen und ständig von irgendeinem Politiker ausgetrickst, und Du, Gros, hast das Geheimnis entdeckt. Wenn Du in großem Maßstab operieren würdest, statt Dich auf häusliche Transaktionen zu beschränken, hättest Du inzwischen schon sämtliche Franzosen aus dem Land jagen können, und wir hätten vielleicht Ezra Pound wieder hier in Paris. Es ist allerdings eine scheußliche Sache, daß man den Nobelpreis an Mr. [Sinclair] Lewis verliehen hat, wo man ihn Ezra oder dem Autor von *Ulysses* hätte geben können. Oder soll der Nobelpreis etwa in Amerika oder sonstwo die schönsten Aspekte schwedischen

Lebens repräsentieren, und haben sie ihn Lewis deswegen gegeben? Also ich vermute, wir sollten noch dankbar sein, daß sie ihn nicht an Dr. Henry van Dyke oder William Lyon Phelps verliehen haben, die beide, dessen bin ich sicher, geglaubt haben, sie wären an der Reihe. Außerdem ist damit die Dreiser-Drohung vom Tisch gekommen, obwohl von zwei schlechten Schriftstellern er ihn mit Sicherheit tausendmal mehr verdient als Lewis. Mir ist klargeworden, daß der einzige Unterschied zwischen dem Nobelpreis und den ganzen anderen Preisen nur eine Sache der Quantität des Geldes ist, und da alle Preise schäbig sind, wo liegt da der Unterschied, wenn nicht in der Höhe der Summe. Obwohl letztes Jahr, als sie ihn Thomas Mann, und auch als sie ihn Yeats gegeben haben, hat mich das verdammt glücklich gemacht.

Wenn Dir dieses Getippe ungewöhnlich sauber vorkommt oder wenn hier irgendwelche Wörter, von denen Du denkst, daß ich sie kenne, falsch geschrieben sind, oder wenn Du darin einen verständnisvollen weiblichen Touch entdeckst, liegt das daran, daß es von Pauline getippt wird. Wir sind seit fünf Wochen im ST. VINCENT'S HOSPITAL in Billings, Montana, und hoffen, nächste Woche nach Piggott fahren zu können. Als wir mit Dos auf der Fahrt nach Piggott durch Billings kamen, sind wir von lockerem Schotter und Sonntagsfahrern zu Fall gebracht worden, und als der Arzt sechs Tage später meinen Oberarm operierte, um den Knochen zusammenzuflicken, wozu er ihn durchbohrte und dann die Enden mit Känguruhsehnen zusammenband, sah der Arm innen aus wie ein Stück Elchfleisch, das man beim Ausweiden wegschmeißen muß, weil es für den menschlichen Verzehr ungeeignet ist. Jetzt geht es wieder ganz gut, außer daß es ekelhaft ist und die ganze Zeit, seit es passiert ist, weh getan hat wie die Hölle; aber in sechs Monaten wird er in Ordnung sein oder nie wieder. Der Knochen wächst sehr gut zusammen; sie haben ihn geradegekriegt, und nur die Nerven machen noch Ärger.

Wir werden von hier nach Piggott und dann Anfang des Jahres nach Key West fahren, und Dich werden wir irgendwann im Frühjahr, vielleicht Anfang Mai, in Paris sehen. Ich hatte mein Buch über den Stierkampf ungefähr zu $\frac{3}{4}$ fertig, und wir hatten vor, im Mai oder Juni nach Madrid zu gehen, um die Illustrationen zu besorgen; ich hätte die erste Fassung des Buches um Weihnachten herum fertig gehabt. Jetzt wird sie pour Pâques [Ostern] oder le Trinité fertig sein (Ernest hat mir buchstabiert, wie man Pâques schreibt, weil er dachte, ich könnte Pâque, wie der Komponist, hinschreiben. Du siehst also, er hat großes Vertrauen zu mir, was noch dadurch verstärkt wird, daß er im Bett liegt.)[1]

In Arkansas machen täglich im Durchschnitt 63 Banken pleite. Hier in Billings stehen die Dinge wegen des Zuckerrübengeschäfts ziemlich günstig. Sonst ist in Amerika jeder, einschließlich des Verfassers dieses Briefes, arbeitslos. Falls Du wissen willst, was für ein Auto da umgekippt ist – es war dasselbe Auto, das wir in Bordeaux eingeschifft haben und mit dem wir von Pamplona aus losgefahren sind. Falls Du überlegst, ob Du ins Theatergeschäft einsteigen sollst, möchte ich Dich darauf hinweisen, daß ich für *In einem andern Land* 750 Dollar Vorschuß erhalten habe, daß Mr. [Paul] Reynolds, der dieses großzügige Angebot beschafft hat, fünfundsiebzig davon bekam, der Rechtsanwalt, der zur Kontrolle von Mr. Reynolds' Aktivitäten eingesetzt war, 102,50 und die Dramatikergilde 18 und noch etwas, sowie noch etliche Gebühren, die ich mich zu zahlen weigerte; von dem Rest haben wir unsere Villa in Beverly Hills gekauft. Das Stück hat, nach Auskunft der Produzenten, Mr. Reynolds, der die Geldangelegenheiten besorgte, und des zur Kontrolle von Mr. Reynolds eingesetzten Rechtsanwalts nie den Vorschuß eingespielt. Andererseits sind die Filmrechte für 80 000 Dollar verkauft worden, von denen Mr. Reynolds, der mit den Verhandlungen gar nichts zu tun hatte, gemäß seiner Rechnung 8 000 erhielt; der zu Mr. Reynolds' Kontrolle eingesetzte Rechtsanwalt gab sich mit bescheidenen zusätzlichen 200 zufrieden; Mr. Woods, der das Stück gerade lange genug aufgeführt hatte, um es an den Film verkaufen zu können, und Mr. Stallings, der es auch dramatisiert hatte, erhielten jeweils 24 000, und Mr. Hemingway erhielt gleichfalls 24 000, was für alle seine Freunde, Verwandten und Trabanten und das Billings-Hospital eine frohe Kunde sein dürfte.

Falls dieser Brief nicht heiter klingen sollte, liegt das daran, daß er diktiert wird. Mit Feder, Bleistift oder Glas in der Hand bin ich der heiterste aller Sterblichen (Mrs. Hemingway weigert sich vielleicht, das zu tippen). Aber beim Diktieren kommt dieser alte Primo-de-Rivera-Zug hoch. Wenn Du irgendwelche Gerüchte hörst, daß wir linke Zeitschriften unterstützten, erschieß bitte denjenigen, der sie Dir zuträgt – als Warnung. Wir unterstützen überhaupt nichts. Wir waschen im tiefen Westen Gold und finden keins. Vor einigen Wochen haben die Leute aufgehört, uns hierher zu schreiben, weil sie alle sicher waren, daß wir mit so einer schlichten kleinen Sache wie einem gebrochenen Arm inzwischen längst abgedampft wären. Die »Billings Gazette« hat sogar einen Reporter hergeschickt, um herauszufinden, was dieser Bursche Hemingway noch im Krankenhaus zu suchen hätte, mit nicht mehr als einem gebrochenen Arm. In dem Bericht der »Billings Gazette« stand dann, daß er in einem fürchterlichen Zustand gewesen sein müsse, als er eingeliefert wurde, Leberzirrhose vermutlich. Also Gros, da ich Dein Interesse an grausigen Einzelheiten kenne und das Vergnügen, mit dem Du zusiehst, wenn jemandem, ob Du ihn kennst oder nicht, ein Tumor entfernt wird, will ich Dir sagen, daß der Humerus glatt abgebrochen war, so daß der Arm so weit nach hinten umgeknickt war, daß die Fingerknöchel die Schulter berührten, daß er von Mr. Hemingstein persönlich wieder geradegebogen und auf der 30 km langen Fahrt nach Billings von ihm zwischen seinen Knien festgehalten wurde. Die Spitze des Knochens war unter der Haut zu sehen, aber mir ist ein komplizierter Bruch erspart geblieben. Er wurde dreimal eingerichtet, und die Enden wollten nicht zusammenhalten, weil der Muskel sie immer wieder verschob. Die Operation dauerte zwei Stunden, der Schnitt hatte eine Länge von neuneinhalb Zoll, und die verwendeten Känguruhsehnen stammten von zufriedenen Känguruhs. Der kaputte Arm ist der rechte, und ich glaube, wir haben Dir jetzt genug und vielleicht sogar ein bißchen zuviel darüber geschrieben. Aber die Familie wünscht weder Kränze noch couronnes, und ich würde mich freuen, wenn Du meinen gegenwärtigen Zustand vor den Herren McAlmon, Callaghan usw. verschweigen würdest, und jede Menge Briefe, die Du nach Piggott, Arkansas, im Herzen des ehemaligen Bankenzentrums, schicken würdest, wären mir sehr willkommen. Und solange Mrs. Hemingways Hände durchhalten, hätten sie auch eine gute Chance, beantwortet zu werden.

Beste Grüße an Dich und Mary, und viel Glück für die ganze Familie. Ich habe eine Reihe finster aussehender ehemaliger Hotelbesitzer überprüft, die vom Suff und von anderen Exzessen ruiniert worden waren, und mehreren von ihnen sogar Hickok ins Ohr geflüstert, in dem Bestreben, sie zu dem Geständnis zu verleiten, daß sie Dein Vater wären, konnte aber bis jetzt noch niemanden in diesem großen Land im Westen dazu bringen, das zuzugeben. Jedoch betreiben wir unsere Nachforschungen weiter, mit großem Eifer, und werden Anfang des Jahres eine Spesenrechnung schicken. Was soll ich mit Deinem Alten machen, wenn ich ihn ausfindig mache?

Bis später, Gros. Grüße an Euch beide von Pauline und mir.

PH. PUL   Ernest

1 Diese Anmerkung stammt von Pauline.

1931

Key West, 12. April 1931

Lieber Scott:

Es hat uns beiden furchtbar leid getan, daß es Zelda so scheußlich gegangen ist, und ich hätte schon längst geschrieben. Ich
hoffe zu Gott, daß es ihr jetzt wieder besser geht, und Dir
ebenfalls. Ich weiß, Du hast Schreckliches durchgemacht. Du
hast unser tiefstes Mitgefühl.

Ich hatte, abgesehen von diesem Arm, eine verdammt
schöne Zeit und war bis zu dem Unfall am 1. Nov. gut mit dem
Buch vorangekommen – danach habe ich, bis vorige Woche,
keine Zeile mehr geschrieben. Fühle mich jetzt ungeheuer gut in
Form, um ordentlich weiterzumachen – der Nerv im Arm ist
wieder nachgewachsen und die Lähmung völlig verschwunden.

Wir kommen im Mai rüber. Ich werde den ganzen Sommer
in Spanien arbeiten und das Buch [*Death in the Afternoon* (Tod
am Nachmittag)] zu Ende schreiben; freue mich ungeheuer
darauf, Dich zu sehen. Wenn Du noch in der Schweiz bist,
werde ich im Herbst dort hinfahren und Dich besuchen. Wir
könnten mal wieder so eine Autofahrt oben ohne machen. Ich
bin über Arland [Michael Arlen] oder sonstwen von den Jungs
nicht mehr auf dem laufenden, und Du könntest mir eine kul-
tivierte Übersicht geben, was die Typen so getan haben. Meine
Spione in N. Y. berichten, Du wärest ein gesetzter, mutiger
und ernster Bürger geworden. Das kommt mir alles wie Pferdescheiße vor, habe deshalb den Lohn meiner Spione gekürzt.
Grüße John Bishop von mir, wenn Du ihn siehst oder ihm
schreibst. Ich würde ihm selbst schreiben, kann aber nur
400 Wörter oder so schreiben, dann wird mein Arm wieder

lahm; und diese 400 Wörter oder so setze ich dazu ein, unsere nationale Schuld bei Max zu verkleinern – werde ihm trotzdem schreiben – der Arm wird schnell gesund.

Bist Du Kommunist geworden wie Bunny [Edmund] Wilson? 1919–20–21, als wir alle bezahlte Kommunisten waren, haben Bunny und all die Jungs das für völligen Mist gehalten – was es ja auch wirklich war –, aber vermutlich muß jeder früher oder später irgendeine politische oder religiöse Glaubensphase durchmachen. Ich selber ziehe es vor, so was früher durchzumachen und die Enttäuschungen hinter mich zu bringen, statt sie vor mir zu haben.

Ah Fitz, wir sind doch tiefsinnige Burschen – wir Wortfritzen.

Anbei ein ganz aktuelles Paßbild mit den neuen Veränderungen meiner Visage, verursacht durch mangelnde Reitkunst im letzten Sommer.

Wie immer die besten Grüße an Zelda. Sag ihr, sie soll wegen des Tanzens nicht allzu traurig sein. Sie hat irgendwie zu spät damit angefangen. Damit muß man, wie mit dem Stierkampf, mit 6 anfangen, wenn man gut darin werden will. Sie wird doch nicht, wo sie so spät damit angefangen hat, noch der Sidney Franklin des Balletts werden wollen? Du kennst uns Wortkrämer, Fitz – allzeit bereit, anderen tröstenden Rat zu geben, während wir mit der anderen Hand in unseren eigenen Sorgen herumstochern.

Bei Gott, meine einzige Sorge zur Zeit ist, daß ich Feder und Tinte habe (Bleistift O. K.), und Papier und 3 Mon. frei zum Schreiben. Nehme aber an, die Sorgen werden noch nachgeliefert.

Bis dann, Scott; unsere besten Grüße an Euch beide.

Ernest (der Mann, der
Curro Carillo entdeckte)

Wie schreibt unser Ex-Matrose?

Tut mir leid, daß Du in einer so traurigen Angelegenheit in die USA fahren mußtest. Hoffe, Deinen Bericht davon eher zwischen Buchdeckeln als in der »Post« zu lesen. Denk daran, wir Schriftsteller haben nur einen Vater und eine Mutter zum Sterben. Aber laß so ein schönes Material nicht einfach fahren.

PUL

An John Dos Passos

Dos:

Durch den Wahltag übermorgen ist hier ganz schön was los –
über 900 Kandidaten, aber weniger als 100 von der Rechten –
23 verschiedene Parteien – republikanischer Erdrutsch in
diversen Farben, Rote, Weiße und Schwarze Republikaner.

Die Reg. hat mit Recht die Arbeit an der Coruña-Orense-
Eisenbahn eingestellt (Lastwagen und Busse bringen die Eisen-
bahnen um), infolgedessen haben die Gallegos die Sozialisti-
sche Republik Galicia ausgerufen (bis die Arbeit an der Eisenbahn wiederaufgenommen wird) und veranstalten am Wahltag
einen Generalstreik und enthalten sich der Stimme.

In Andalusien beginnt es zu kochen, überkochen wird es
aber wohl nicht, da man bis nach der Cortes abwarten wird,
worauf die Landverteilung hinausläuft. Die Arbeitergewerk-
schaften haben den Gebrauch aller Erntemaschinen verboten.

(Du siehst, es ist kaum so wie in Rußland.) Navarra hat sich
mit Aplomb für el Cristo Rey entschieden – und es ist nichts
Ungewöhnliches, wenn ein Prälat vom Dach eines Autobusses
aus einen guten Republikaner niederschießt oder wenn ein
Karmeliter einen Aufwiegler zu Tode trampelt. Vor 2 Wochen
waren 23000 Navarros in der Stierkampfarena von Pamplona.
Begeistert von Don Jaime, der versprochen hat, mit dem
Schwert in der einen und dem Kreuz in der andern Hand und
dem Heiligen Herzen Jesu auf der Brust die Pirineos [Pyre-
näen] zu überschreiten.[1]

Er ist inkognito nach Spanien gekommen und hat als König
von Navarra und Schützer des Glaubens am heiligen Baum von
Don Carlos usw. einen Eid abgelegt. Jetzt ist er in Bayonne –
von Bayonne aus wird das Ganze dirigiert.

Katalonien wartet darauf, loszuschlagen.

Madrid liebt die Republik – die sie, sobald irgendwer die
Macht ergreift – Lenoux [Lerroux] usw. noch schneller als in
Frankreich von links nach rechts verschieben.

Der König hat für alle Zeiten ausgespielt.

Ramon Franco usw. sind völlig durchgedreht und werden

aus der Partei ausgestoßen. Ihr größter Ehrgeiz ist es, eine richtige Revolution aus der Luft (cuatros ventos-ismus) gegen j e d e n , d e r a n d e r M a c h t i s t , zustande zu bringen.

Sonntag mag sich all das als falsch herausstellen. Ich schicke ein dickes Bündel gesammelter Zeitungen zum Lesen auf dem Klo. Habe einige mit Aktualitäten aufgespart. »La Libertad« ist jetzt »Le Temps« – folglich sind alle meine Genossen wohlhabend. Habe gearbeitet wie der Teufel, bis es zu heiß wurde, 42°–46° im Schatten. Habe die Politik genau verfolgt und ein paar lustige Sachen gesehen.

Die meisten Stierausstellungen miserabel. Die gegenwärtige Republik ist zwar für die Stiere, aber die granaderos [Viehzüchter] haben die blöden Bullen so ziemlich ruiniert.

Wie geht's Dir denn? Wir könnten hier jetzt eine schöne Zeit haben. Die Kommunisten haben k e i n b i ß c h e n G e l d – und könnten auch keine besonders gute Figur machen. Abgesehen von Andalusien – das letztes Jahr eine arkansasmäßige Erntesaison hatte – sehr wenig Arbeitslose.

Chancen für eine marxistische Revolution gleich Null – könnten natürlich trotzdem Terror ausüben.

Wenn es zum Allerschlimmsten kommt, wird sich die Geschichte der 1. Republik wiederholen.

Pauline und Pat und Bumby geht es allen gut – nehme Bumby nach Pamplona mit. Hadley auch in Ordnung – bin nach Paris gefahren, um sie und Bumby zu besuchen.

Schreib mir, wenn Du irgend etwas brauchst.

Wir beide leben hier verdammt gut von 3,00 am Tag. Jetzt wäre die Zeit, alles mögliche zu kaufen, wenn irgendwer Geld hätte. Warst Du mal in Sierra de Gredos? Barco de Avila ist ein prächtiger Ort. Habe, als wir da waren, einen Wolf erlegt. An die Kirchentür ist eine Bärentatze genagelt – gute Forellen – der Fluß Tormes, der nach Salamanca fließt – wilde Ziegen. Essen besser als Botins – dieselben Gerichte – tolle große s a u b e r e Zimmer – keine cinchas [Wanzen] – verteufelt intelligent – alle Leute nett – das alte Banner Garibaldis aus der 1. Republik auf der Verbena von San Juan – alles für 8 Pesetas am Tag.

Du bist Spaniens großer Schriftsteller – wenn Du Dich einbürgern lassen würdest, könnte Katy an jedem Hof, den Du benennst, Frau Botschafterin werden. Sie denken hier alle, ich rede Unsinn, wenn ich behaupte, ich wäre Dein Freund. Niemand hat *Manhattan [Transfer]* weniger als 4mal gelesen. Trotz der erläuternden Einführung hält man Dich für einen alten Mann, etwa so alt wie Unamuno – wie sonst hättest Du die Zeit haben können, die Bajo fondos [Grundlagen] so genau kennenzulernen und so viel Erfahrung zu sammeln. Ich schwöre bei Gott, sie glauben, ich wäre einer von diesen Burschen, die behaupten, die Toreros zu kennen, wenn ich sage, wir seien alte Kumpel. Schick mir bitte ein in warmen Worten zugeeignetes Buch, sonst werde ich als Betrüger gelynchiado-t – sie haben sich ganz schön auf die Lyncherei verlegt.

Schreib mir alles Neue. Grüße an Katy von Pauline und mir. Immer Dein Hem. Der Arm krumm, aber benutzbar.

UVA

1 Massenversammlung von Pamplona: die antiklerikale Bewegung der Zweiten Republik (1931–1939) unterstützte die Wiederbelebung des Karlistentums, und die Karlisten folgten Franco im Bürgerkrieg.

An Ernst Rowohlt

Paris, Juni [?] 1931

Lieber Herr Rowohlt:

Würden Sie mir, bitte, u m g e h e n d eine Aufstellung der mir im Jahre 1929 gezahlten Gelder schicken – mit Zahlungsdaten. Das brauche ich für meine Einkommensteuer in den Vereinigten Staaten. Sie haben mir deswegen geschrieben. Ich brauche nur für die Gelder Steuer zu zahlen, die ich erhalten habe, während ich in den Vereinigten Staaten war, also während der Monate Januar, Februar, März. Schreiben Sie mir also, bitte, ob ich von Ihnen in diesen Monaten irgendwelche Gelder bekommen habe, und wofür, ob als Vorschuß und für welche Bücher. Für das Jahr 1929 auch, ob dieser Vorschuß von meinem nach Montana geschickten Scheck für 1930 abgezogen wurde.

Schreiben Sie mir auch, bitte, wie sich die verschiedenen Bücher verkaufen – ich habe keinen Bericht von Ihnen über *In einem andern Land* bekommen – auch nie ein Exemplar dieses Buches – noch eines von *Männer* – und auch keine Kritiken über das letzte Buch – und <u>auch kein Geld</u> dafür.

Mein neues Buch ist fast fertig.

Bitte, schreiben Sie mir an die oben im Brief angegebene Adresse: Guaranty Trust Company, Paris.

Ich hoffe, Sie sind gesund, glücklich und erfolgreich.

Mit den besten Wünschen
Ernest Hemingway

PH. RV

1932

AN JOHN DOS PASSOS

Lieber alter Dos:

Das Buch *[1919]* ist verflucht toll – 4mal so gut wie der *42.*
[Breitengrad] – und das war schon verdammt gut. Es ist durchweg hervorragend, und Du kannst so ungeheuer gut schreiben,
daß mich manchmal die Vorstellung heimsucht, daß Dir etwas
zustoßen könnte – wasche und schäle alles Obst, das Du ißt.

Jetzt beachte folgendes. Mach im 3. Band keine Fehler und
führe keine vollkommenen Charaktere ein – keine Stephen
Daedalusse – denk dran, es waren Bloom und Mrs. Bloom, die
Joyce retteten –, denn das wäre das einzige, was den Schmöker
hindern könnte, ein großes Stück Literatur zu werden. Wenn
Du einen edlen Kommunisten einführst, denk dran, daß der
Kerl wahrscheinlich masturbiert und mißtrauisch wie eine
Katze ist. Laß sie Menschen, Menschen, Menschen sein, laß sie
nicht zu Symbolen werden. Denk dran, die Rasse ist älter als
das ökonomische System – und daß der C. V. J. M. mal eine
edle Bewegung gewesen ist – genau wie die Methodistenkir-
che – die Lutherische Kirche – die Französische Revolution –
die Kommune – die Christliche Religion – alles schlecht geführt und von Menschen betrieben.

Maximilian in Mexiko war eine unwürdige Angelegenheit –
die 1. Spanische Republik eine würdige – Ergebnis dasselbe.
Schlechte Führung. Gute Führung führt zu Tyrannei.

Denk dran, daß unser Herr am Kreuz verblichen ist und nur
Erfolg gehabt hat, weil man ihn umgebracht hat. Bunny Wilson
hat vergessen, daß das Christentum als gewalttätiges antikapita-
listisches jüdisches System angefangen hat. Es ist die Führung,
die die Dinge kaputtmacht, und auch die Tatsache, daß alles

von Menschen getan wird – kein Gebilde, das größer ist als ein Dorf, kann gerecht funktionieren – was Du willst, ist Gerechtigkeit – das weißt Du ganz genau – und laß Dich von denen nicht in irgendeinen ökonomischen C. V. J. M. treiben.

Ich sollte Dir folgendes sagen – Gott, Du weißt das alles besser als ich. Aber Du sitzt dick in der Tinte, weil Du ziemlich starkem Druck ausgesetzt bist, was für Dich als Schriftsteller genauso schlimm ist wie die Whitneys. Als Schriftsteller, sage ich – nicht als Mensch – Du hast viel zuviel cojones, als daß jemand Dich beeinflussen könnte, aber denk dran: Schreiben ist das Härteste, was es gibt. Und zwar deswegen, weil jeder will, daß etwas oder jemand die Verantwortung übernimmt. Du kannst von all den jetzt schreibenden Kerlen am besten schreiben, und bist am meisten herumgekommen – Du schreibst immer besser. Versuch um Himmels willen nicht, Gutes zu tun. Zeig die Dinge weiter so, wie sie sind. Wenn Du sie so zeigen kannst, wie sie wirklich sind, kannst Du Gutes tun. Wenn Du aber versuchst, Gutes zu tun, wirst Du weder Gutes tun noch es zeigen. Das ist ja das Tolle an dem Buch, daß Du so vieles so genau triffst – durch das »Kamera-Auge« – die »Wochenschau« – die Porträts –, aber gerade weil Du es so genau triffst, mach es Dir mit dem Erzählen nicht zu leicht. Schreib es hin, als ob Du gar keine andere Wahl hättest – laß Dich nicht gehen.

Und verzeih mir diese ganze Kacke – ergibt wahrscheinlich gar keinen Sinn.

Ich werde fleißig an meinen Fahnen arbeiten und versuchen, die Scheiße rauszustreichen, wie Du sagst – es war verdammt nett von Dir, daß Du Dir so viel Mühe gemacht hast, mir das zu sagen.[1]

Es war herrlich, Dich und Stut [Katy Dos Passos] zu sehen. Pauline hat sich schrecklich gefühlt. Wir waren 18 Tage auf den Tortugas – 3 Nordweststürme direkt hintereinander. Trotzdem schöne Zeit.

Dein Scheck über 200 ist zurückgekommen – ich habe ihn eingelöst. Die Bank versucht wohl, Dich zur Strecke zu bringen. Schick bitte keinen mehr. Hätte ganz gern 200 Eier in Deine verdammt gute Schreiberei investiert. Habe *Nach dem Sturm* für viel Geld verkauft.[2]

Hier geht's allen gut. Wir haben eine Menge Post wegge-
schickt, einschließlich eines Luftpost-Schecks von Brandt und
Brandt, an die Ward Line – Vera Cruz. Werde diesen Brief an
Amexco – Mexiko DF – schicken, eingeschrieben und mit
Rückadresse – und einen Umschlag voller Briefe. Ich habe den
Brandts gedrahtet, daß ich den Scheck weitergeschickt hätte –
als Antwort auf ein Telegramm von ihnen, daß sie ihn schicken
würden.

Ich war wahnsinnig froh, daß Dir das Stierbuch gefallen hat.
Esther [Chambers] sagt, Jack Lawson zieht aus Hollywood in
den Osten, falls das Deine Pläne irgendwie beeinflußt. Wenn
Du hier durchkommen solltest, werden wir Schellfisch essen
und Tarpon jagen.

Kommt mir so vor, als ob es bei Canby [Chambers] reichlich
düster aussähe. Warum auch nicht?

Hier geht's allen gut. Wir haben einen 15 Fuß langen Säge-
fisch geschossen – einen 49 Pfd.-Königsdorsch gefangen – der
Golf ist voll von Seglerfischen. Ich wünschte, wir könnten auf
den Tortugas leben. Denk dran, in Deinem verdammten Buch
das Wetter zu erwähnen – Wetter ist sehr wichtig.

Grüße an Kate. Alle lassen herzlich grüßen. Gott, wäre ich
gern bei Euch, Leute.

Auf den Tortugas haben wir alle möglichen Sorten Hammel-
fische gefangen – sind auf eine Gruppe gestoßen, die dem
Boot wie Amberfische gefolgt ist – haben sie draußen bei East
Key in seichtem Wasser gefangen – bei völliger Windstille –
waren bis zu 16 Pfd. schwer – man konnte sie zum Köder
schwimmen sehen.

Die Fischverkäufer hatten alle eine gute Zeit.

Also bis dann–

Dein Buch ist verdammt gut – Du müßtest Dich sehr wohl
fühlen.

UVA   Hem

---

1 Dos Passos hatte EH eine kluge Kritik zu *Tod am Nachmittag* geschickt. Dieser Brief ist EHs Gegenleistung.
2 Erschienen in »Cosmopolitan« 92 (Mai 1932); EH erhielt dafür
2700 Dollar.

AN JOHN DOS PASSOS

Lieber Dos:

Ich habe Dir eingeschrieben ein paar gesammelte Briefe geschickt, c/o American Express Co. Mexiko DF, und einen langen Brief. Auf die literarischen Ratschläge in dem Brief kannst du furzen. Weiß Gott, Du bist der letzte, der in diesem Land (oder dieser Stadt) Ratschläge braucht. Aber wo ich mich darüber ausgelassen habe, daß Du in den 3. Band keinen zu edlen Charakter einführen solltest, glaub um Gottes willen nicht, ich hätte damit auf Ben Compton angespielt. Das ist für mich die beste Schilderung in dem Buch. Verdammt wunderbare feine Geschichte. Du brauchst keine Ratschläge.

Was ist mit dem Todesengel? Könnte der Todesengel nicht Ward Moorehouse oder eine von diesen Salonhuren besuchen?

Esther Andrews veranlaßte mich, Dir nach Mexiko DF zu schreiben, daß Jack [Howard] Lawson die Westküste verlassen hätte. Das wurde kurz darauf von Mrs. Chambers dementiert.

[Canby] Chambers selbst ist in ganz guter Verfassung. Ich erzähle ihm meine Theorie, daß seine Lähmung kompletter Schwindel ist und daß Du im Lohn der Kapitalisten stehst. Dos Passos, der Einsame Wolf der Wall Street.

Hör zu, Wolf, schreib uns, wie es Dir geht. Nach Deiner Postkarte muß es eine verflucht schöne Reise sein.

Esther fragt, warum sie nicht in irgendeinem Deiner Bücher sei. Ich sage ihr, ich wäre es auch nicht, daß ich aber als alter Oak Parker sehr glücklich darüber sei, daß Du Richard Ellsworth Savage aus der Heimat des alten Orange and Blue Footballteams hast stammen lassen.

Ich arbeite hart. Habe aus den Fahnen täglich eine Tonne Kacke rausgestrichen und um die Avocadobäume verteilt, die ins Riesenhafte gewachsen sind. Zweite Limonenernte. 3. Ernte Gilbeys. Schreibe ein feines Buch über Scott Fitzgerald, höchst merkwürdig. Sehr interessant und lehrreich. Werde mit einem Kamera-Auge einen Pferdearsch untersuchen und Dich in einer Wochenschau chinesisch singen lassen und jedem Kunden einen Drink heißen Kirsch überreichen.

Die Literatur muß auf die Füße gestellt werden, oder auf den, was sollen wir sagen, Leute, den –

Hier alles in Ordnung. Pauline hat ein gutes Kindermädchen gefunden. Fahren am Zwanzigsten an die kubanische Küste; wollen, wenn Vollmond ist, nachts rüberstechen, falls gutes Wetter ist – und zurückkommen, wenn kein Mond mehr ist. Bleiben zwei Wochen. [Marineminister Charles Francis] Adams schließt die Marinewerft vollständig – sollen nicht mal mehr Wachsoldaten da sein. Komm her und klau Kokosnüsse.

Schreib an die American Express Co. Mexiko DF und sieh Dir den großen schönen Stapel Post an, den Du bekommst.

Werde diesen Brief an Brandt Brandt und Brandt schicken. Brandt Brandt Brandt, die Van Dorens kommen. Heitere Isabel Patterson auf, Du kannst nicht kommen, und unter Bunny Wilson werden wir uns nie mehr in der Freiheit unserer alten Heimat Kentucky wiedersehen. Glenway Wescott, das ist kein Witz, gibt einen »Aufruf zum Handeln« heraus. Er meint, die Dinge stünden SCHLECHT. Soll im Mai erscheinen *[Fear and Trembling]*.

Es wäre nicht übel, wenn sich die Südwestliche Inselrepublik plötzlich von der Union abspalten würde. Ich habe schon das Kappen der Kabel, die Sprengung des Bahía-Honda-Viadukts, das Niederbrennen der Brücken, die Zerstörung sämtlicher Bojen und Leuchttürme und die Beschlagnahme von genügend Frachtschiffen organisiert, um die hungrige Bevölkerung ernähren zu können. Wir werden ein Freihafen sein, riesige Schnapsspeicher errichten und die REICHSTE INSEL DER WELT sein. Das PARIS DES SÜDWESTENS. Sully [J. B. Sullivan] baut in seiner Fuselbrennerei eine Guillotine auf. Ich arbeite an einem Projekt, die Nigger über Nacht wieder zu versklaven, und richte auf den Autofähren Unterkünfte für die dort arbeitenden Chinesen ein. Charles [Thompson] garantiert jedem Kameraden genug Seil, sich daran aufzuhängen.

Laß von Dir hören. Der Coup d'État ist für den Tag nach dem Abzug von Marine und Soldaten geplant. In der ersten Nacht massakrieren wir die Katholiken und die Juden. In der zweiten die Protestanten, die durch die Ereignisse der ersten Nacht in einem falschen Gefühl von Sicherheit gewiegt wurden. In der dritten Nacht schlachten wir die Freidenker, Atheisten, Kommunisten und die Mitglieder des Leuchtturmdienstes ab. Am vierten Tag suchen wir den Golf ab und kapern noch ein Schiff, um unsere treuen Nigger zu füttern. Am selben Abend erledigen wir ein paar Konterrevolutionäre, und wenn die Sache nicht richtig läuft, brennen wir die Stadt nieder. Der fünfte und sechste Tag sind frei, und die Parteimitglieder können sich amüsieren, wie es ihnen gefällt. Am Siebten Tag wählen wir Butstein [Katy] zur Göttin der Vernunft und befehlen Mac Leish, ein Episches Gedicht über die Bewegung zu verfassen. Später am selben Abend erschießen wir Macleish, da sein Gedicht sich als lausig erweist, und schicken nach Evan Shipman. Du siehst also, wie es sich abspielen wird. Eine einzige fröhliche lustige Runde, wo jeder geschäftig und glücklich ist. Nach Ablauf von zwölf Tagen erhöhen wir die Löhne, um Krawalle zu kriegen, und massakrieren dann die Gegner.

> Sag mir Bescheid, ob Du mitmachst.
> Grüße von Pauline,
> [Ernest Hemingway]

UVA

AN JOHN DOS PASSOS

Havanna, 30. Mai 1932

Lieber Dos:

Also, da hast Du was verpaßt, als Du diese Reise nicht machtest. Mann, ich wünschte, Du hättest es einrichten können. Habe 19 Marlin-Schwertfische gefangen und 3 Seglerfische (einer 8 Fuß 9 Zoll). Habe die ganze Küste mit Nahrung versorgt. Sogar in diesen Zeiten bringt es 10 Cent pro Pfund. Wir haben sie alle weggegeben – zerlegen sie und teilen sie aus, wenn wir reinkommen. Aber zum Teufel mit der Versorgung der Küste. Du solltest die Burschen mal kämpfen sehen, Dos. Springen mehr als Tarpon und sind schnell wie der Blitz – einer sprang 23mal. Mit einem hat Charles 2 Stunden und 5 Minuten gekämpft, und als er ihn mit dem Fischhaken reinziehen wollte, riß sich der Haken los. 3mal sind Fische 500 Yards an der Leine rausgeschwommen. Muß sie am Boot festgehakt jagen – springen unentwegt und wirbeln Wasser auf wie ein rasendes Motorboot bei Seegang. An einem Tag bissen 17 bei mir an – nie weniger als 3. Der größte, den wir bis jetzt gefangen haben, war etwas über 9 Fuß – heute 2 gefangen – Samstag 4 – haben einen 30 Pfd.-Delphin gefangen.[1]

Habe das Boot von Joe Grunts, dem Schmuggler – fahren die ganze Küste entlang, Mariel, Bahía Honda – überallhin. Es verbraucht bloß 5–10 Gallonen, wenn es den ganzen Tag läuft (120 Gal.-Tanks). Charles war hier – Bra auch – und auch Lorine ein Wochenende – Pauline war zweimal hier, erst eine Woche, dann zehn Tage. Kommt wieder. Sie hat 2 gefangen – einer davon wog 75 Pfd. und sprang 19mal. Die sind blitzschnell – springen auf der einen Seite des Boots, dann wird die Leine schlaff, und Du denkst, Du hast sie verloren, und dann springen sie wie der Teufel auf der anderen Seite. Kommen springend auf das Boot zu – springen 30 Fuß parallel zur Wasserlinie – steif wie ein Brett.

Auf den Fischerbooten hier haben sie welche bis zu 900 Pfund gefangen – Schwarze Marlin – Weiße – und Gestreifte – wir haben zwei Spinner dabei (auf jeder Seite einen), einer davon ist 2½ Fuß lang, den hat Bra gemacht – manchmal greifen sie die an und brechen sie ab, bevor man sie reinholen kann.

Und kein Schwein kommt mich hier besuchen – fühle mich einsam jetzt, mit Joe an der anderen Angel und einem verrückten, dem Nachtleben verfallenen Nigger am Steuer – schläft am Steuer ein – schläft ein, sobald er aufs Boot kommt. Verpraßt jede Nacht die Kohle, die er verdient, für sein Nachtleben.

In diesem Hotel – »Ambos Mundos« – kann man ein gutes sauberes Zimmer mit Bad bekommen, mit Ausblick auf Hafen und Kathedrale – man kann die ganze Hafeneinfahrt und das Meer für 2,00 Dollar überblicken – 2,50 für zwei Personen. Schreib Dir den Namen auf – »Pasajes« geschlossen – haben Pleite gemacht.

Bin das Buch 7mal durchgegangen und habe alle Stellen gestrichen, die Du beanstandet hast (mir schienen sie die besten zu sein, und der Teufel soll Dich holen, wenn sie das tatsächlich waren), habe 4½ Fahnen Philosophie und Schnickschnack gestrichen – habe das ganze letzte Kapitel gestrichen, außer den Abschnitt über Spanien – den Teil, in dem erklärt wird, warum es kein vollständiges Buch wäre, wenn es diese Dinge nicht enthielte. Das ist OK.

Habe die alte Dame und am Anfang des Buchs den Seitenhieb auf Waldo Franks Buch *[Virgin Spain]* dringelassen – alle anderen Anspielungen auf Frank gestrichen. Halte die Sache mit der alten Dame für OK – oder wenigstens für notwendig als würzende Beigabe.

Wünsche Dir Glück mit Deinem. Laß Dir Dein Vertrauen in diese verdammt tollen »Kamera-Augen« nicht von einem Blödmann wie [Malcolm] Cowley erschüttern. Erinnere Dich mal, wie diese Blödmänner in der Nase gebohrt haben, während wir alle auszogen, um uns diese dämliche Welt anzusehen. Erinnere Dich, was für entsetzliche Bedenken Du wegen *1919* gehabt hast, und wie ungeheuer verflucht gut es dann geworden ist.

Außerdem ist das alles scheißegal. Ich kann kein Kommunist sein, weil ich die Diktatur und, ich glaube, überhaupt jede Regierung hasse. Aber falls Du einer sein solltest, von mir aus gern. Ich kann, glaube ich, ü b e r h a u p t keine Regierung ausstehen. Bunnys Buch [*The American Jitters*, 1932] war ein a u s g e z e i c h n e t e r Bericht – ich wünschte, er hätte weiter Bericht erstattet und nicht seine Seele retten müssen. Sicher, die Welt ist in einem fürchterlichen Zustand. Aber wann war das mal anders? In jedem Gemeinwesen, das größer ist als ein Dorf, herrschen unmögliche Zustände. Wilson schreibt, er würde uns andere Schriftsteller schicken, die uns beibringen, was Patriotisches über irgendeine blöde Fabrik zu schreiben – (Er weiß, was gut ist für die Leute) – Den Teufel wird er. Mich würde er nirgendwo hinschicken.

Wenn es tatsächlich so wäre, würde ich ihn auf der Stelle umbringen – Teufel, was soll das, so zu reden – könnte hier vom Marlinfang leben – glaube ich wirklich. Vielleicht auch nicht. Aber zum Teufel – ich könnte sie immerhin springen sehen.

Grüße an Katy. Danke für die Geschenke. Die sind wahrscheinlich jetzt in K. W.

UVA   [Ernest Hemingway]

1 Das war der Anfang von EHs Marlinfischerei, die er bis an sein Lebensende betrieb.

AN PAUL ROMAINE

Piggott, Arkansas, 6. Juli 1932

Sehr geehrter Mr. Romaine:

Danke für die 15,00. Das Buch habe ich nicht erhalten [*Salmagundi*].¹ Sind Sie sicher, daß Sie es an Scribner's geschickt haben? Sie nehmen es dort normalerweise sehr genau mit dem Weiterschicken – aber ich war 65 Tage an der kubanischen Küste, und es könnte in Havanna festgehalten worden sein. Bei der Zollabfertigung erhielt ich die Mitteilung, daß auf der Post ein Paket für mich wäre, und ich füllte eine Karte aus, um es nachschicken zu lassen. Hoffe, daß es Ihr Buch sein wird und sicher durchkommt. Bedaure sehr, daß ich Ihre Briefe, die ich mit Vergnügen gelesen habe, nicht beantwortet habe. Aber ich selbst habe es aufgegeben, Briefe zu schreiben.

Was Ihre Hoffnung auf einen Linksruck usw. betrifft, so was hat für mich eine ganz bestimmte Bedeutung, nämlich, daß es nichts als Pferdescheiße ist. Ich laufe nicht den Moden in Politik, Literatur, Religion usw. hinterher. Wenn die Jungs in der Literatur nach links rucken, können Sie eine kleine Wette abschließen, daß der nächste Ruck nach rechts gehen wird, und ein paar von den feigen Affen werden in beide Richtungen rucken. Beim Schreiben gibt es kein links oder rechts. Es gibt nur gutes und schlechtes Schreiben.

Mit Dreiser ist das etwas anderes. Er ist ein alter Mann, und alte Männer versuchen auf die eine oder andere Weise, ihre Seele zu retten.

Dos Passos ruckt ganz und gar nicht. Er ist immer derselbe gewesen. Zur Hölle mit Euch Ruckern. E. Wilson ist ein ernster und ehrenhafter Bursche, der das Leben spät entdeckt hat. Natürlich ist er schockiert und möchte gern etwas dagegen tun.

Diese kleinen Fatzken, die noch nie eine Straßenschlacht gesehen haben, von einer Revolution ganz zu schweigen, sie schreiben und reden: wie kann man sich nur gleichgültig verhalten gegenüber solchen großen politischen usw. usw. Ich beziehe mich auf eine Gruppe, ich glaube, in Davenport, Iowa. Wissen Sie – diese Leute haben noch nicht einmal etwas von den Ereignissen gehört, die zu höllischer Wut, Haß, Empörung und eben jener Enttäuschung führten, die das bewirkte und hervorbrachte, was sie Gleichgültigkeit nennen.

Und jetzt wollen sie einem den Kommunismus zu schlucken geben, als ob das ein Altherrenverband des C. V. J. M. wäre, oder als ob wir alle Patrioten wären.

Ich bin kein dämlicher Patriot und werde weder nach links noch nach rechts rucken.

Würde eher mit dem Maschinengewehr auf Linke, Rechte oder Zentrumsleute schießen, auf sämtliche politischen Bastarde, die nicht für ihren Lebensunterhalt arbeiten – auf jeden, der von Politik oder Nichtstun lebt.

Und wenn wir je eine Revolution erlebten und ich nicht dabei hops gegangen wäre und noch eine Minute Zeit hätte, würde ich ganz bestimmt dafür sorgen, daß sämtliche Verleger von limitierten Ausgaben erschossen und alle ihre stinkigen schäbigen Seelen zur Behebung der Sanitex-Knappheit verteilt würden. Von allen dubiosen Geschäften ist das bestimmt das dubioseste. (Ich weiß, man muß leben, und mein Metier ist ein gutes, aber wenn man die Straße fegt, steht es einem nicht an, den Pferden Ratschläge zu geben.)

Und Sie wollten, daß der Linksruck eine bestimmte Bedeutung für mich hat. Na na na.

Immer Ihr

PH. PUL

Ernest Hemingway

1 Romaine hatte einen Nachdruck von William Faulkners Frühwerk *Salmagundi* herausgegeben.

AN PAUL ROMAINE

Nordquist Ranch, 9. August 1932

Sehr geehrter Mr. Romaine:

Wenn Sie schon viele Briefe von mir bekommen hätten, würden Sie sich über die Rage des einen, von dem Sie schreiben, nicht so wundern. Ich war wütend darüber, daß Sie, ein Parasit oder Marketender der Künste, mir im Brustton der Überzeugung zu verstehen geben, Sie hofften (ich habe den genauen Wortlaut vergessen), ich wäre beeinflußt oder hätte Kenntnis von dieser und jener politischen oder ökonomischen Bewegung usw.

Was mich wütend gemacht hat, war nicht, daß ich an einem besonders empfindlichen Nerv berührt wurde, einer wunden Stelle, oder einer Achillesferse, sondern dieser verfluchte anmaßende CVJMler-Ton Ihres politiko-literarischen Wohlwollens.

Ihre Vorstellung, daß ich rechts stünde, aber gern nach links wechseln würde, davon aber durch »Gründe, die wir beide kennen«, abgehalten werde, ist auch so ein anmaßender Unsinn.

Ich werde Ihnen meine politischen Überzeugungen nicht erläutern, da ich das nicht nötig habe und ich, wenn es veröffentlicht würde, ins Gefängnis kommen könnte; aber wenn sie nicht wesentlich linker sind als Ihre, die sehr nach sentimentalem Sozialismus riechen, werde ich sie weiter dorthin verschieben.

Zu meiner kindischen Abneigung, die Korrespondenz fortzusetzen, will ich Ihnen etwas sagen: Verleger limitierter Ausgaben haben die Gewohnheit, die Privatbriefe von Autoren zu verkaufen. Ich weiß das aus Erfahrung; aus schmutziger Erfahrung. Wenn Sie mir Ihre Aufrichtigkeit beweisen und mich nicht in dem Glauben lassen wollen, daß Sie Ihre Masche bloß in der Hoffnung abziehen, gut verkäufliche Briefe zu ergattern, dann werden Sie mir diese Briefe zurückschicken und, wenn sie Sie wirklich interessieren, nur Abschriften davon behalten.

Ich bezweifle, daß Sie das tun werden, aber wenn Sie es tun, werde ich die Korrespondenz gern so lange fortsetzen, wie Sie es ertragen können.

Die hinzukommenden Anzüglichkeiten schrecken mich nicht – noch deprimiert mich die Aussicht, vergessen zu werden, wenn ich nicht aufhöre, über »verlorene Generationen und Stiere« zu schreiben.

Ich habe innerhalb von sechs Wochen ein Buch über ein paar Trinker geschrieben, und darin, um die Überlegenheit der früheren hebräischen Schriftsteller über die späteren zu erweisen, Ecclesiastes versus G. Stein zitiert. Das ist gut sieben Jahre her. Seit damals habe ich mich nicht mehr mit dieser (nicht von mir) so genannten verlorenen Generation beschäftigt.

Was die Stiere betrifft – etwa zehn Jahre lang war der Stierkampf für mich Erholung und Unterhaltung, genau wie Ihnen irgend etwas anderes dazu dienen mag, falls Sie überhaupt das Bedürfnis haben, über etwas anderes als Ihre Arbeit nachzudenken. Ich habe ein Buch geschrieben, um das zu erklären und zu bewahren – auch etwas über Spanien, über das ich ein bißchen weiß, weil ich dort gelebt habe.

Ab und zu muß ich auch leben, und ich habe noch eine ganze Menge Dinge zu schreiben, und mein Kopf ist nicht blockiert mit verlorenen Generationen und Stieren.

Tun Sie mir bitte den großen Gefallen und begehen Sie nicht den typischen Fehler der amerikanischen Juden, zu glauben, wenn jemand Ihnen etwas erklärt, tue er es aus dem Gefühl heraus, er habe sich geirrt oder sei unterlegen. Ich weiß, was ich tue, und habe mich nie als ein »Nichtangepaßter« gefühlt. Ich könnte, auch ohne Vermögen, i n d i e s e n Z e i - t e n , meinen Lebensunterhalt auf mindestens drei andere Weisen verdienen, als durch den Verkauf dessen, was ich schreibe, und ich habe mich nie für etwas anderes gehalten als für einen Teil der Welt, in der ich lebe, und ich weiß, wie saumäßig diese Welt organisiert und geleitet wird.

Weder Wilder noch Dos Passos sind »gute Schriftsteller«. Wilder ist ein sehr unbedeutender Schriftsteller, der seine Grenzen kennt und der von den Kritikern viel zu hoch eingeschätzt und dann ebenso abschätzig behandelt worden ist.

Dos Passos ist oft ein ausgezeichneter Schriftsteller und hat sich mit jedem Buch, das er schreibt, in jeder Hinsicht gesteigert.

Dos und Wilder kommen beide aus derselben Klasse, und keiner von beiden repräsentiert diese Klasse – Wilder repräsentiert die »Bibliothek« – Zola und Hugo waren lausige Schriftsteller – aber Hugo war ein großer alter Mann. Haben Sie mal sein *Choses vues* gelesen? Flaubert ist ein großer Schriftsteller, aber er hat nur ein einziges großes Buch geschrieben – *Bovary* – ein ½ großes Buch, die *Lehrjahre*, ein verdammt lausiges Buch, *Bouvard und Pécuchet*.

Stendhal war ein großer Schriftsteller mit einem guten Buch – *Rot und Schwarz* – ein paar schöne Stellen in der *Kartause von Parma* (wunderbar), aber viel Mist, und der Rest Schund.

Also es macht mir anscheinend Spaß, Ihnen zu schreiben – oder vielleicht macht mir das Schreiben Spaß.

Die Adresse hier ist Cooke, Montana – ich habe nie ein Exemplar des Buches mit Faulkners frühem Stuß erhalten – auch nicht in dem Paket aus Havanna, das mir nachgeschickt worden ist. Ist es denn bestimmt abgeschickt worden? Da noch nie ein Kerl, der um Erlaubnis zum Nachdruck fragte und ein Exemplar des Buches versprochen hat, j e m a l s wirklich einen Band schickte, verzeihen Sie mir mein Mißtrauen.

Gerade sagt meine Frau, sie meine, das Faulkner-Pamphlet sei nach Key West gekommen. Also sind Sie vielleicht doch ein ehrlicher Mensch, und auch ein Arbeiter für die Menschlichkeit – in welchem Fall ich mir die notwendigen Entschuldigungen für das Absenden des Buchs gefallen lasse.

Immer Ihr
PH. PUL   Ernest Hemingway

An Robert M. Coates

Nordquist Ranch, 5. Oktober 1932

Lieber Bob:

Da sind keine Seitenhiebe auf Faulkner drin.[1] Überfliegen Sie es noch mal, dann werden Sie es sehen. Ihre Interpretationen, Meinungen und Urteile gehen mich natürlich nichts an, und von ihnen will ich auch gar nicht sprechen. Es ist nur eine Tatsachenfrage. Er wird einmal erwähnt, verdammt freundlich erwähnt. Es gab einen Seitenhieb auf Cocteau (der eine öffentliche Person und durchaus kritisierbar ist), und W. Frank, Eliot und [Aldous] Huxley wurden widerlegt.

Die Sache mit Eliot ist lange hin und her gegangen. Frank ist (am Schreibtisch) ein Trottel, wie bewundernswert er auch auf politischem Gebiet sein mag. Huxley ist ein schlauer Bursche, ein sehr schlauer Bursche.

Ich halte Sie eigentlich nicht für einen Kritiker – keine Verunglimpfung, ich meine, ich halte Sie für einen Schriftsteller –, sonst würde ich überhaupt nichts erklären. Allerdings sollten Bücher von denen beurteilt werden, die sie lesen – und nicht vom Autor.

Aber der Teufel soll mich holen, wenn ich irgendwelche verdrießlichen Sticheleien gegen Faulkner geschrieben habe, und zum Teufel mit Ihnen, daß Sie den Leuten so was erzählen.

So viele verdrießliche Sticheleien gegen Waldo Frank, wie Sie wollen (oder auch gegen Sie, wenn Sie das erwarten), oder gegen sonstwen, für den ich keine besondere Hochachtung habe. Aber Faulkner achte ich sehr, und ich wünsche ihm alles Glück. Das heißt nicht, daß ich mich nicht über ihn lustig machen würde. Es gibt nichts, worüber ich keine Witze reiße, wenn der Witz nur lustig genug ist (etwa wie: ich würde beim Schießen auf fliegende Vögel meine eigene Mutter abschießen, wenn sie in einer Gruppe mitflöge und einen guten kräftigen Flug hätte). Wenn Sie das nicht lustig gefunden haben, ist es mein Pech, vielleicht auch Ihres.

Immer
Ihr Freund
Ernest Hemingway

1 EHs Antwort auf Coates' Besprechung von *Tod am Nachmittag* im »New Yorker« 8 (1. Oktober 1932). EHs Brief wurde in der Ausgabe vom 5. November abgedruckt.

AN JOHN DOS PASSOS

Nordquist Ranch, 14. Oktober 1932

Lieber Dos:

Ich löse die 100 nicht eher ein, bis Du mir sagst, daß Du sie im Augenblick nicht brauchst. Ich danke Dir sehr, daß Du sie mir geschickt hast. Dieses Buch könnte vielleicht einen oder zwei Riesen über den Vorschuß hinaus einbringen. Zum Teufel, hoffentlich. Ich habe eine Geschichte veröffentlicht, für die ich auch noch Geld kriege.

Weiß Gott, ich habe mich über Deinen Brief gefreut. Wahrhaftig. War auf dem Rückweg nach Timber Creek – habe zwei stattliche Bullen erlegt – einer davon war ein Siebenender – einer ein gewaltiger Bär – ein Bursche von 8 Fuß – schoß einen Adler im Flug – da, wo wir Elche geschossen haben, ist uns ein Kojote in die Falle gegangen – 2 Elstern. Eine Woche lang jeden Tag Waldhühner. Das Land ist jetzt so voll von Wild, wie es leer war, als Du hier warst. Teufel, wärst Du doch hier. Habe an einem Tag 11 Rehe und einen Elchbullen gesehen. Charles [Thompson] hat auch einen Bullen erlegt, und 2 Rehböcke und einen kleinen Bären, aber mit schönem Pelz. Wir haben Fleisch für die Hochzeit von Ivan [Wallace] und Chub [Weaver] besorgt. Sind den ganzen Weg zur Timber Creek-Hütte durch einen Blizzard gefahren – habe Deinen verdammten Brief überflogen und nehme jetzt zum Warmhalten einen Schuß Red Lodge-Whiskey.

Habe keine Besprechungen gesehen, außer einem langatmigen Anschiß in der »Times« (von der »Times« s o l l t e man auch angeschissen werden) und einem herablassenden Schrieb heuchlerischer Intelligenz von Bob Coates im »New Yorker«.

Verdammt noch mal, aber es freut mich, daß es Dir gefällt. Falls Malcolm Cowley oder einer von diesen Neubekehrten es in der »New Republic« oder »Nation« oder »New Masses« im Namen ihres neu erstandenen Herrn verreißt (der wahrhaftig nichts mit den Stierkampfarenen Spaniens zu tun haben sollte oder zumindest, soweit ich weiß, nie darüber geschrieben hat), könntest Du diesen Brief schreiben. Weißt Du, ich werde die Besprechung nämlich spät oder nie zu Gesicht bekommen.

Es ist schon verdammt komisch, als m i r die Haare zu Berge standen wegen des Laufs der Welt, interessierten sich diese Typen kein bißchen dafür, sie verfolgten es nicht einmal. Sie waren alle in Europa und erregten sich über Tristan Tzara, während die gottverdammtesten Sachen passierten – und wenn man dann so richtig über etwas wütend ist oder wie ausgebrannt und einem schließlich die Lust vergeht, an irgend etwas anderem zu a r b e i t e n als an einem intelligenten politischen Attentat, dann kommen sie und sagen: »Siehst du denn nicht die Ungerechtigkeiten, die Großen Dinge, die geschehen. Warum schreibst du nicht darüber usw.«

Wenn man gesehen hat, wie Clemenceau (Père la Victoire – der Vater des Sieges – und Freund der poilus, der Frontsoldaten) die Kriegsversehrten von der Garde Republicaine über den Haufen reiten ließ, wie Rollstühle zerbarsten und die Straße übersät war mit beinlosen, armlosen Bastarden unter den Hufen der Pferde, Bastarden, die »wußten«, daß »er« seinen poilus nicht weh tun würde – Pferdescheiße –, und dann schreibt einem so ein Kerl, was halten Sie davon, daß der Präsident zu beschäftigt ist, um eine Schriftstellerdelegation zu empfangen, man denke, S c h r i f t s t e l l e r , etwas (das haben sie mir tatsächlich geschrieben), was in keinem europäischen Land vorkommen könnte. Ich habe ihnen geschrieben, wie schockiert ich über den Empfang unserer Schriftsteller gewesen sei! Sie hätten doch sicher die Garde Republicaine bei der Arbeit gesehen, und die Schupos? Wenn sie (die Schriftsteller) gegen jemand Widerstand leisten wollen, sollen sie ihn nicht mit Eingaben hofieren. Sondern ihn attackieren. Zum Teufel, wenn Jaurès nicht umgebracht worden wäre, hätte es in Frankreich todsicher eine Revolution gegeben – wozu sollte ein erfolgreicher Politiker Leute empfangen, die keine Macht, kein Geld und nichts zu verkaufen haben und eine wehrlose Gruppe repräsentieren. Na ja, wir sind ja alle Schriftsteller. Bunny Wilson ist verdammt gut. Sein Buch *[The Jitters]* war prima. Manchmal ist er langweilig, weil ihm wie jedem Bekehrten die notwendige Elastizität fehlt, aber er ist verdammt gut. Aber was ist mit den anderen Jungs, die nichts gegen das System einzuwenden hatten, solange es funktionierte. Haben die alle eine Erleuchtung gehabt wie der heilige Paulus, oder ist das die neueste und höchst notwendige Religion?

[Bemerkung am Rand:] Jaurès, Rosa Luxemburg, Karl Liebknecht, dann einer, anders als sie, aber verdammt gut, ein Bursche namens Rathenau, Stambolisky – so schnell, wie in Europa ein ehrbarer Mann hochkommt, wird er auch umgebracht, wenn es sein muß – und keiner hängt dafür.

Du und Bunny Wilson, Ihr seid die einzigen konsequenten Burschen unter all den Wortfritzen.

Ich vermute, ich bin Anarchist – aber es dauert noch eine Weile, bis ich das heraushabe. Jetzt scheißt man auf den alten Ferrer und auf Malatesta, aber in 20 Jahren werden ihre Namen ehrbarer klingen als der von Stalin. Hinter der U. S. Grant Administration steckt Italia. Ich glaube nicht und kann nicht an zuviel Regierung glauben – ganz gleich, wozu das letztlich gut ist. Zur Hölle mit der Kirche, wenn sie zum Staat wird, und zur Hölle mit dem Staat, wenn er zur Kirche wird. Außerdem ist es sehr gut möglich, daß das Niederreißen wichtiger ist als das Aufbauen.

Aber zum Teufel mit dieser Bartzupferei. Chub, Ivan, die Nordquists und der alte Charles lassen Dich herzlich grüßen.

Alles Liebe an Kate.

Herrgott, ich wünsche Dir Glück mit dem 3. Band. Laß Dir von einem Idioten wie Cowley nicht erzählen, das »Kamera-Auge« sei nicht toll. Wir brauchen unsere verfluchten Vergangenheiten nicht zu [unleserlich] – wir benutzen sie.

Bis dann, Dos . . .
Hem

Ranch, Cooke, Montana, 14. Okt. Fahren übermorgen nach Piggott, dann nach Key West.
UVA

Piggott, 7. Dezember 1932

Lieber Max:

Kommst Du mich am 15. Dezember in Memphis besuchen? Wir könnten eine Woche lang Enten schießen, vom Hausboot Walter Adams aus – liegt im Arkansas bei Watkins [Watson], Ark., vor Anker. Wenn Du keine ganze Woche bleiben kannst, bleib, solange Du kannst. Du brauchst nichts außer ein paar warmen Sachen mitzubringen. Alles andere habe ich; ich habe schon reserviert und für Dich im voraus bezahlt. Wir könnten über alles mögliche reden und hätten die schönste Entenjagd der Welt. Ich weiß, wieviel Spaß es Dir gemacht hat, die gold-farbenen zu schießen, und diese Enten sind hier so zahlreich, und sie kommen so oft zu den Lockvögeln, daß Du Dich prima amüsieren wirst.

Ich weiß natürlich, daß das Geschäft und Deine Familienange-legenheiten das verbieten, aber ich muß Dich unbedingt sehen, und Du mußt auch mal raus, und wir werden genauso eine Jagd haben wie unsere Großväter und Urgroßväter. Drahte mir bitte, daß Du kommst, denn es ist schon zu spät, noch jemand anders zu finden, und ich verliere 100 Dollar, wenn Du nicht kommst. Wollte auch noch Mike [Strater] dazuholen, aber der wollte nicht. Bitte komm, Max; und wenn das für Dich nicht die schönste Zeit wird, die Du je erlebt hast, werde ich Dich in einer Schubkarre nach N. Y. zurückfahren. Wir treffen uns am 15. in Memphis, fahren am 16. nach Watson – und fangen noch am selben Tag an zu jagen. Ich erwarte Dein Telegramm. Vom geschäftlichen usw. Standpunkt aus solltest Du es wirklich tun.

Du willst eine Entscheidung über den Erzählungsband tref-fen – wann – usw. *[Der Sieger geht leer aus]*.

Du mußt etwas über ein neues Buch erfahren, das ich in der Mache habe.[1] Du müßtest mir diesen Vertrag bringen – Du mußt mich davon überzeugen, wie hart Du daran arbeitest, meine Bücher zu verkaufen usw.

(Ich verspreche, nicht ein einziges dieser verdammten The-men zu erwähnen, wenn Du kommst, es sei denn, Du fängst davon an, weil Dir nichts anderes einfällt.)

Memphis ist von N. Y. aus leicht zu erreichen, und man kommt auch leicht wieder zurück – mit dem Zug, mit dem man praktisch direkt vom Boot aus zurückfahren kann.

Telegrafiere bitte. Ich habe 2300 Patronen, Du kannst also 1845 Enten verfehlen und doch noch Deinen eignen Rekord übertreffen.

Danke für Deinen Brief vom 3. Dez. Nein, diese Verzichterklärung habe ich nicht ernst gemeint. Danke für das von Compton Mackenzie – werd's lesen, wenn es kommt, und dann zurückschicken.

Wirst Du für folgende Erklärung so gut Du kannst Reklame machen? Du weißt, was ich von Reklame halte, aber ich möchte, daß Du diese Erklärung verbreitest:

Mr. Ernest Hemingway hat seine Verleger gebeten, die ihm kürzlich in einer Film-Reklame angedichtete romantische und falsche militärische und persönliche Karriere zu dementieren. Mr. H., der ein Romanschriftsteller ist, erklärt, daß er nur deswegen einen kurzen Teil der letzten Kriegsjahre in Italien verbracht hat, weil man dort bekanntermaßen der Gefahr, getötet zu werden, weniger stark ausgesetzt war als in Frankreich. Er fuhr, oder jedenfalls versuchte er das, einen Sanitätswagen, ließ sich nur auf unbedeutende Aktivitäten ein und hatte keinerlei Interesse an Heldentaten, gleich welcher Art. Jeder vernünftige Mensch weiß, daß kein Schriftsteller in der Lage ist, einen Mittelgewichtschampion k.o. zu schlagen, es sei denn, der Schriftsteller heißt zufällig Gene Tunney. Mr. H. weiß den Versuch der Reklameabteilung, ihn zu einer so strahlenden Persönlichkeit wie Floyd Gibbons oder Tom Mix' Pferd Tony zu machen, wohl zu schätzen, gleichwohl lehnt er dies ab und bittet die Verantwortlichen des Films, von seinem Privatleben abzulassen.

Pauline hatte gerade 3 der letzten Erzählungen abgeschrieben, da mußte sie nach St. Louis fahren. Werde die 3 schicken, und Du kannst Dir die raussuchen, die Du haben willst. Keine Verpflichtung, irgendeine zu nehmen, aber die 3 Geschichten sind hervorragend.[2]

Beste Grüße, immer – Ernest

Schreibst Du mir [Allen] Tates Adresse? Will ihm ein Buch schicken. Er ist ein verdammt netter Bursche. In Montana hatte ich keine Adressen bei mir – deshalb habe ich keine Bücher verschickt. Hast Du eins an O. Wister geschickt? Hätte ich wohl tun müssen. So was solltest Du eigentlich für mich übernehmen. Du weißt doch, wer normalerweise welche bekommt.

Wenn Du nicht kommst, verliere ich 100 Eier wegen nichts (auf einer n o c h   n i e d r i g e r e n   B a s i s kann ich Dich nicht anflehen).

Max, komm <u>bitte</u>.

Man hat mich gebeten, in Oxford (England) einen Vortrag zu halten. Willst Du den Namen des Colleges?

PUL

1 EHs Anspielung ist unklar. Das Buch, das auf *Der Sieger geht leer aus* folgen sollte, war *Die grünen Hügel Afrikas*, wofür er noch nicht genug Material hatte. Wahrscheinlich dachte er an *Haben und Nichthaben*.

2 Die letzten drei Erzählungen EHs, die in »Scribner's Magazine« erschienen, waren *Ein sauberes, gutbeleuchtetes Café*, *Huldigung an die Schweiz* und *Der Spieler, die Nonne und das Radio*.

1933

AN ARNOLD GINGRICH

Key West, 13. März 1933

Sehr geehrter Mr. Gingrich:

Danke für die drei Briefe. Beiliegend der eine, der aus St. Moritz zurückkam. Ich habe seitdem drei Erzählungen und über fünfzig Seiten an einem Roman geschrieben. Das Wetter war gut, es gab keine Krankheiten und Unfälle (klopfe auf Holz), und nicht mehr Sorgen als üblich, und so ist es sehr gut gelaufen. War aber nicht in der Lage, Briefe zu schreiben. Habe gestern eine lange Erzählung beendet, mache daher heute Pause und schreibe Ihnen.

Die [Walter] Winchell-Parodie hat mir nicht besonders gefallen. Zu wütend und zu mißgünstig. Man sollte schon ein besserer Schriftsteller sein als der, den man parodiert, und nicht bloß eine moralische Überlegenheit aufbauen. [Westbrook] Pegler ist zwar ein besserer Schriftsteller, aber als Zeitungsmann nicht 1% so gut wie Winchell. Winchell ist der größte Journalist aller Zeiten. Pegler schreibt sehr lustig über Sport. Aber solche Artikel sind leicht zu schreiben. Ich weiß, daß ich's könnte. Aber dieser verfluchte Winchell muß sechs Tage in der Woche funktionieren, und wenn er an seinen freien Tagen, die ganz offensichtlich Ruhetage sind, einen Haufen sentimentalen Quark über seine Familie reinsetzen will, soll er das von mir aus. Sehen Sie sich an, was er montags schreibt. Ich fand Peglers Sache weitaus geschmackloser als alles, was Winchell von seiner Frau und dem ihnen verbliebenen Kind bringt.

Zu Pound – ich glaube, ich habe fast jede Zeile, die er geschrieben hat, gelesen und halte immer noch die *Cantos* für das

Beste. Meinungssache. In den *Cantos* gibt es auch ein paar abgedroschene Witze und jede Menge Unsinn, aber sie stecken voll von einer so wunderbaren Poesie, die keiner besser schreiben kann.

Jetzt zu Ihrer geplanten Vierteljahreszeitschrift. Beim Verkauf meiner Sachen gehe ich auf zwei verschiedene Weisen vor. Wenn es um eine nichtkommerzielle Veröffentlichung geht, die im Interesse der Literatur erfolgt, sic, gebe ich die Sachen frei weg oder nehme nur einen symbolischen Betrag, eben so viel, wie der Mann sich leisten kann, und erhalte von ihm das Geld. Später entdecke ich dann häufig, daß der Vogel das MS verkauft hat, und auch den Brief, in dem ich ihn bat, es mir zurückzuschicken, da es sich um mein einziges MS handelt, und muß dann das betreffende Machwerk auseinanderreißen, um es als MS zu verwenden, wenn ich einen Band mit Erzählungen herausbringen will (was für ein Satz), jedenfalls, daß der ach so tugendreine Literatur-Liebhaber das MS irgendwohin für 10- bis hundertmal soviel verkauft hat, wie er mir für die Erzählung oder den Artikel bezahlt hat.

Die zweite Methode ist, daß ich die kommerziellen Zeitschriften stets den höchsten Preis zahlen lasse, den sie je irgendwem gezahlt haben. Das führt dazu, daß sie die Sachen lieben und bewundern, und erkennen, was für ein ausgezeichneter Schriftsteller man ist.

In den letzten zwölf Monaten war ich mehrere Male in der Situation, daß ich dringend 250 in bar gebraucht hätte. Dabei hätte ich ein Vielfaches davon für ein Stück, wie Sie es vorschlagen, bekommen können. Was Erzählungen angeht, einige kann ich nicht veröffentlichen, weil sie Ihre Zeitschrift ins Gefängnis bringen würden, beziehungsweise, ich will eine Geschichte wie die, die Sie erwähnen, nicht veröffentlichen, weil es nicht richtig ist. Außerdem bemühe ich mich immer, eine gewisse Anzahl von Werken für meinen Nachlaß zurückzuhalten, damit mein Begräbnis bezahlt werden kann usw., denn ich bin nirgendwo versichert, außer bei der Haftpflichtversicherung.

Wohin führt uns das also? O ja. Zu der Tatsache, daß 250 in der Tasche zwar ganz hübsch sind, aber keine Verhandlungsgrundlage.

Am 12. April fahre ich mit einem kleinen Boot zum Angeln nach Kuba, und zwar, falls ich zum Drehen eines Films nach Spanien fahre, für zwei Monate, falls nicht, für vier Monate, und dann nach Spanien. Wenn ich plötzlich pleite sein sollte und so dringend 250 Dollar brauche, daß ich schnell ein Stück aus dem Ärmel schütteln muß, werde ich Ihnen drahten, wenn's Ihnen recht ist. Aber rechnen Sie mit gar nichts. Zu Ihrer Information für den Fall, daß ich Ihnen doch drahte, ich habe noch nie einen Vorschuß auf etwas angenommen, ohne das Betreffende dann auch abgeliefert zu haben. Von Spanien gehe ich nach Tanganjika und dann zum Jagen nach Abessinien. Bin nächsten Januar oder Februar zurück.

Zu dem Band mit Erzählungen – ich habe 14 fertig. Werde noch eine schreiben.

Mit besten Empfehlungen, und vergeben Sie mir bitte, daß ich Ihnen nicht schneller geantwortet habe.

PH. PUL   Ernest Hemingway

AN ARNOLD GINGRICH

Key West, 3. April 1933

Sehr geehrter Mr. Gingrich:
Sie schreiben da einen sehr guten Brief.

Erst mal zu den voraussichtlichen Benefizien der Anzeigenkunden. Kragenweite 17½, bei Jacketts 44, aber 46 tut es auch, oder sogar besser. Schuhgröße elf. Hosen 34 mal 34. Glaube kaum, daß Sie viele Sachen dieser Dimension zum Fotografieren schicken. Falls Sie so was mal haben und es mir per Nachnahme schicken, verspreche ich, daß ich es auftragen werde.

Ich verehre Joyce nicht. Ich mag ihn sehr als Freund, und ich glaube, daß technisch niemand besser schreibt als er; ich habe viel von ihm gelernt, auch von Ezra, hauptsächlich in Gesprächen, und von G. Stein, die eine außerordentliche Frau gewesen ist, bis sie professionell patriotisch naiv wurde und jegliches Urteilsvermögen verlor und ihr die alten Wechseljahre sämtliche lesbischen Sinne verstopften. Bis dahin war sie ungeheuer klug. Dann begann sie, sich selbst ernster zu nehmen als ihre Arbeit, und weil sie schon immer so war, fing sie an, auch das ernst zu nehmen, statt es für etwas zu halten, was sie durch Zufall war. Dann verfiel sie auf die Idee, daß jeder, der in irgendeiner Hinsicht gut wäre, schwul sein müsse. Und alle, die es nicht zu sein schienen, verheimlichten es bloß. Noch schlimmer, sie verfiel auf die Idee, daß jeder, der schwul wäre, auch gut sein müßte. Habe viel von ihr gelernt, bevor sie durchgedreht ist. Vom alten Ford habe ich nichts gelernt, außer seine Fehler zu vermeiden. Obwohl er verdammt großzügig über meine Sachen geschrieben hat. Von Anderson habe ich gelernt, aber nicht sehr lange. Als Kind habe ich Ring Lardner imitiert, aber nichts von ihm gelernt. Von dem gibt's nichts zu lernen, weil er nichts weiß. Alles, was er hat, ist ein gutes falsches Ohr, und er ist herumgekommen. Der arme Kerl haßt tatsächlich alles außer Reinheit. Von D. H. Lawrence habe ich gelernt, wie man seine Empfindungen über die Landschaft ausdrückt. Was zum Teufel ist das hier – ein Bekenntnis, benedeteme padre porque ha aprendido[1].

Nichtkommerzielle Zeitschriften werden fast immer nur herausgegeben, weil die Herausgeber oder Herausgeberinnen Karriere machen wollen. Die einzige, die je einen Deut getaugt hat, war die »Little Review«. Auf lange Sicht erweisen sie sich allerdings meistens als gute Einrichtungen. Junge Leute wollen veröffentlicht werden, und das müssen sie auch, um ihre Sachen hinter sich lassen zu können.

Es ist heute viel zu irre heiß, um etwas zu schreiben, und eigentlich ist es jetzt sogar zu heiß, um einen Brief zu schreiben.

Doch ich muß weitermachen und das mit den Briefen für Ihre Vierteljahreszeitschrift zu Ende bringen.[2] Ich werde die vier schreiben. Den ersten aus Kuba. Den 2. aus Spanien. Den 3. und 4. aus Afrika. Falls es mit Afrika nicht klappen sollte, werde ich den 3. und 4. von irgendwo anders her schreiben. Werde bestimmt irgendwo sein, falls ich noch vorhanden bin. Sie schicken mir die ersten 250, wenn ich darum bitte, und so weiter. Wenn ich das Geld bekomme, werde ich es auch schreiben. Falls Sie genug Geld haben, können Sie mir auch den Vorschuß für jeweils zwei schicken, d. h. 500 auf einmal.

»Variety« irrt sich. »Vanity Fair« beschreibt die Situation mit [Lewis] Milestone etwas besser. Ich habe in N. Y. eine Menge Geld abgelehnt, um den Titel des letzten Buchs an den Film zu verkaufen. Traf Milestone zufällig, und wir sprachen darüber, in Spanien mit Laiendarstellern einen Film zu drehen. Könnte ein ausgezeichneter Film werden. Falls wir es in diesem Sommer machen, müßten wir im Juni dort sein. Ist schon fast zu spät. Kürzlich hat mir Milestone telegrafiert, er schreibe aus Hollywood, wie die Situation sei. Ich will den Film unbedingt drehen und brauche sein technisches Wissen. Wenn der Film erfolgreich ist, kann er genannt werden. Habe noch nie mit ihm gearbeitet und weiß nicht, wie wir zurechtkommen werden. Ich sehe den Film vor mir. Wir müssen an Geld herankommen, das riskiert, verlorenzugehen. Es muß alles in Spanien gedreht werden. Kein Hollywood. Keine Studios.

Nun zu dem, was Sie über Humor sagen. Diese Bastarde wollen nicht, daß man Witze macht, weil man damit ihre kritischen Kategorien durcheinanderbringt. Die meisten Leute werden die *Sturmfluten* nicht einmal lesen, aber Joyce und Ezra gefällt es, und jedem anderen auch, der irgendeine blasse Ahnung davon hat, was ich eigentlich will.

Dieser Brief besteht nur aus ich, mir, mein – aber Sie haben gesagt, das interessierte Sie. Capt. [Louis Henry] Cohn kündigte 350 Exemplare an, gesprochen hatte er von 200. Vom alten Papa angerufen, schrieb er den üblichen geknickten Brief, daß er mit 350 Exemplaren ein bißchen Geld hätte machen können, was er dringend brauche, und er brauche ja schon 250, um seine Auslagen zu decken, würde aber nichts gegen meinen Willen tun, aber wenn ich ihm telegrafierte, könnte er 250 drucken. Ich drahtete ihm mein O.K. für 300. Aber warum zum Teufel sagt er nicht gleich 350, statt das Ganze jetzt auf eine solche Basis zu stellen? Erwähnen Sie das aber ihm gegenüber auf keinen Fall, denn wenn ich ihn beleidigen wollte, würde ich das selber tun.

Gestern abend bekam ich von [Sidney] Franklin eine Karte aus London. Er muß jetzt auf dem Weg nach Spanien sein.

Eigentlich wollte ich heute arbeiten, aber es ist zu verdammt heiß gewesen. Das merkt man diesem Brief wohl auch an. Denke zur Zeit über einen Titel für einen Erzählungsband nach. Wenn man Zeit genug hat, findet man immer einen guten Titel. Das Dumme dabei ist, daß man immer sehr viele hat, die einem gut vorkommen, und daß es Zeit braucht, um zu entscheiden, welcher der richtige ist.

Viel Glück,

PH. PUL

Immer Ihr
Ernest Hemingway

1 Dies scheint eine Kombination von Italienisch und Spanisch zu sein und bedeutet: »Segne mich, Vater, denn ich habe gelernt.«

2 »Esquire« begann als Vierteljahreszeitschrift, erschien dann ab 1934 monatlich und veröffentlichte zwischen Herbst 1933 und Februar 1939 fünfundzwanzig Artikel und sechs Kurzgeschichten von EH.

AN JANET FLANNER[1]

Key West, 8. April 1933
Liebe Jan:
Dein Brief kam, als wir in Piggott waren, und ich fühlte mich sehr bewegt und schrieb Dir eine lange Antwort. Habe sie noch in derselben Nacht zerrissen, weil Dein Brief so verdammt schön war und ich keine guten Briefe schreiben kann. Seitdem habe ich ein schlechtes Gewissen, daß ich nicht geantwortet habe.

Der Ort in Griechenland war schön. Ich habe ihn in guter Erinnerung. Nur muß ich da die alte Noel-Murphy-Nervosität verspürt haben. Ich mag Noel, aber sie macht mich nervös, wie manche Leute Katzen.

Sag mal, warum kommst Du nicht nach Havanna? In drei Tagen werde ich auf einem Vierunddreißig-Fuß-Boot, das zum Fischen ausgerüstet ist, dort hinfahren. Voriges Jahr um diese Zeit haben wir an dieser Küste 65 Tage lang gefischt. Es ist herrlich dort. Der Golfstrom ist nahezu schwarz und fließt direkt an der Küste entlang. Die Marlin-Schwertfische ziehen

287

vorüber, schwimmen den Strom entlang wie Autos auf einem Highway. Man fährt mit dem Boot auf die Küste zu, blickt nach unten und sieht durch das klare Wasser den gekräuselten weißen Sand. Es sieht aus, als ob man gleich auf Grund liefe, und wenn man den Anker herunterläßt, reicht das Seil nicht mal bis zum Boden. Die Strände sind Meilen um Meilen lang, fester weißer Sand und zwanzig Meilen weit kein einziges Haus. Morgens fahren wir hinaus und angeln im Strom, schwimmen, und irgendwann am Abend kehren wir zurück. Manchmal schlafen wir auf dem Boot. Manchmal in der Stadt. Gutes Hotel mit Blick auf den Hafen, es heißt »Ambos Mundos«, gute saubere Zimmer, wo man arbeiten kann; für 2,00 Dollar pro Tag.

Pauline kommt zwei oder drei Wochen rüber und fährt dann wieder nach K. W. zurück, um nach den Kindern und dem Haus zu sehen. Das schönste Leben, das man sich vorstellen kann. Letztes Jahr haben wir 32 Schwertfische gefangen.

Wir werden bis Mitte Juni dort bleiben, dann gehe ich vielleicht nach Spanien, um einen Film zu drehen. Falls Spanien nichts wird, werde ich bis August in Kuba bleiben. Dann werden wir aber auf jeden Fall nach Spanien kommen; danach wird Pauline vielleicht in Frankreich bleiben oder nach K. W. zurückfahren, und ich werde nach Tanganjika und Abessinien reisen. Sie sagt, sie wolle nicht mit dorthin, aber vielleicht bekomme ich sie doch noch dazu. Jedenfalls sollten wir Dich in weniger als drei oder vier Monaten sehen.

Es hat mich sehr glücklich gemacht, daß Dir das [Stierkampf-] Buch so sehr gefallen hat. Ich kenne niemanden, von dem ich mir mehr gewünscht hätte, daß es ihm gefällt (und ich glaube, es hat keinem besonders gut gefallen). Habe einen Band mit Erzählungen fast fertig. Ein paar gute dabei. Verdammt heiß heute, und das ist ein miserabler Brief.

Wir haben hier ein schönes Haus, und den Kindern geht es gut. Wir besitzen auch vier Waschbären, ein Opossum, 18 Goldfische, drei Pfauen und einen Garten mit einem Feigenbaum und einer Linde. Sehr hübsch, wie Pauline es hergerichtet hat. Wir waren (und sind) ungeheuer glücklich. Eigentlich könnte ich für immer hierbleiben und mich wohl fühlen, den

Dingen beim Wachsen zusehen und unvorstellbar glücklich sein, aber ich bekomme Heimweh nach Spanien und will [nach Afrika], um die wilden Tiere zu sehen und ihre nächtlichen Geräusche zu hören. Ich habe einen schönen Ort, an den ich zurückkehren kann. Von Anfang Juli bis November haben wir in Wyoming und Montana eine gute Zeit verbracht. Gutes Jagdgebiet. Ich schieße gern mit der Büchse, und ich töte gern, und Afrika ist genau der Ort, wo man das tut. Außerdem möchte ich sehr müde werden, nichts mit meinem Kopf zu tun haben und die Tiere ungesehn beobachten.

Die [Jonathan] Cape-Ausgabe war mies. Ich habe ihm die Hölle heiß gemacht, aber das nützt nichts mehr. Immer noch besser, sich mit nur einem Verleger herumzuschlagen als mit einer ganzen Reihe. Sie sind unsere natürlichen Feinde.

Nancy [Cunard] mochte ich nie. Gertrude S. war ich sehr zugetan, und loyal war ich ihr gegenüber, weiß Gott, auch, bis sie mich ein dutzendmal vor den Kopf gestoßen hatte. Als ich sie das letzte Mal sah, erzählte sie mir, sie hätte von einem Vorfall gehört, irgendeine warme Geschichte, der einwandfrei beweise, daß ich total schwul sei. Ich sagte: Du kennst mich jetzt vier oder fünf Jahre, und dann glaubst Du das? Oh, sagte sie, das war sehr eindeutig. Wirklich sehr eindeutig. Sie wollte mir nicht sagen, was es war. Nur daß es vollkommen glaubwürdig und eindeutig wäre. Der arme alte Papa. Na, ich werd's wahrscheinlich in ihrer Autobiographie[2] lesen, über die Du was im »N. Yorker« geschrieben hast. Ich habe mich nie um ihre Bettgeschichten gekümmert, und ich hatte sie verdammt gern und sie mich auch. Aber als sie in die Wechseljahre kam, wurde sie entsetzlich patriotisch, was Sex betraf. Das erste Stadium war, daß niemand etwas taugte, der nicht so wäre. Das zweite, daß jeder, der so wäre, etwas taugte. Das dritte, daß jeder, der etwas taugte, so sein müßte. Patriotismus ist ein gräßliches Laster. Mabel Dodge ist eine fürchterliche Rivalin. Wettrennen der legendären Frauen Amerikas.

Ich nehme an, der einzige Ausweg ist, herauszufinden, welche Frauen Memoiren schreiben werden, und sie dann zu schwängern. Das Dumme daran ist nur, daß die Frauen, zu denen ich mich, sagen wir, hingezogen fühle, keine Memoiren schreiben. Es ist ein großer Fehler, sich mit einer legendären Frau zu Hause zu treffen. Irgendwie wird alles, was man tut, falsch ausgelegt. Zusatz-Maximen für einen Sohn – Triff dich nie mit einer legendären Frau, es sei denn im Freien, und dann bring deine eigenen Zeugen mit.

Zu guter Letzt hat noch nie jemand etwas von einer legendären Frau gehabt. Ich habe in meinem Leben keine nettere oder flatterhaftere legendäre Frau kennengelernt als Margaret Anderson – und was ist daraus geworden.[3] Der arme alte Papa war ein weißes Kaninchen mit rosa Augen, das seine rosa Kaninchenaugen voller Kummer umherschweifen ließ und sagte: Haben Sie Soundso gesehen? Und wo ist Soundso? Während irgendeine mysteriöse Frau, die ich ganz bestimmt nicht gefragt hatte, sich weigerte, mir ihre besten Jahre zu opfern. Wer zum Teufel war das? Und mein ganzes Interesse für die alte Stierkampfarena wäre erheuchelt (er schmiß bloß seine Kaninchenhinterbeine in die Luft). Bei Gott, ich habe damals ein ziemlich gutes Buch daraus erheuchelt.

Wenn Dir Boxen keinen Spaß machte und das alles nur Heuchelei wäre, wie lange würdest Du es dann weitermachen, nachdem Du ein paarmal zu Boden geschlagen worden wärest? Ich bin vor 18 Jahren zum erstenmal k.o. geschlagen worden. Letztes Jahr habe ich 105 Tage im Golfstrom verbracht. Der täuscht jetzt Interesse am Golfstrom vor, um seine anderen Hobbies zu verschleiern.

Bei Gott, irgendwann, wenn ich mal nichts anderes schreiben kann, werde ich meine Memoiren schreiben. Und die werden lustig und genau sein, und nicht darauf aus, irgendeinen Scheiß zu beweisen.

Hems große Versprechungen. Nein. Bei Gott, ich tu's. Ich wollte, wir könnten Dich sehen, Janet. Wie auch immer, wirst Du mir vergeben, daß ich so lange gezögert habe, Dir zu antworten, und mir schreiben, wenn Du diesen Brief bekommst? Ich werde sogar noch Neuigkeiten einfügen, um schneller einen Brief zu bekommen.

War in N. Y. Benchley hat eine neue Frau. Entsetzlich. Dotty [Parker], sehr hübsch. Mac Lain nicht da. [Donald Ogden] Stewart ist von der Westküste zurück und kauft jedem

Nerzmäntel und behauptet, Irving Thalberg sei das Genie der Epoche. Dos Passos pleite. Hofft, mit uns nach Spanien fahren zu können. Wen kennst Du sonst noch, den ich kenne? Phil Barry fett und blöd. Parky tot. Mac Gregor, der für Robert arbeitet, hatte einen Schlaganfall. Scott jetzt Kommunist (etwas zu spät). Kam nach N. Y. und erzählte Dos, er stünde mit Kommunisten in Baltimore in Verbindung. Und zwar telefonisch. Ich sagte Dos, jetzt wird er nach Baltimore zurückgehen und seinen Kommunisten erzählen, er wäre nach N. Y. gegangen und hätte mit Dos Passos Verbindung aufgenommen. Ich hoffe, ich stehe mit Dir in Verbindung, Miss Flanner.

Also Quantität hat dieser Brief jetzt ja, wenn auch kein bißchen Qualität.

Es war sehr lieb von Dir, mir zu schreiben, was Du wegen des Buches getan hast. Wenn es Dir jetzt nicht mehr gefällt, sei nicht verlegen. Das macht nichts. Es war sehr schön, daß es Dir, als Du schriebst, so sehr gefallen hat.

Ich habe nie ein Buch von Dir gelesen, Madam, aber Du gefällst mir sehr.

PUL   Hem

1 Janet Flanner (1892–1978), in Indianapolis geboren, lebte lange in Paris; fast 50 Jahre lang arbeitete sie unter dem Pseudonym Genêt als Auslandskorrespondentin für den »New Yorker«. In einem Brief an Carlos Baker vom 27. Dezember 1966 teilt sie mit, ihre lange Freundschaft mit EH habe in den frühen zwanziger Jahren in Paris begonnen.

2 *Autobiographie von Alice B. Toklas* (1933), worin EH Feigheit und andere Charakterschwächen vorgeworfen werden.

3 Margaret Anderson, von 1922 bis 1929 Mitherausgeberin der »Little Review«, griff EH in ihrer Autobiographie *My Thirty Years' War* (1930) satirisch an.

AN JOHN DOS PASSOS

Havanna, ca. 15. Mai 1933

Lieber Dos:

Bin verdammt froh, daß Du Dich erholst. Das ist ja eine fürchterliche Krankheit, hat mich richtig nervös gemacht. Habe sofort in Blacks Med. Wörterbuch nachgesehen und wäre nach Baltimore gekommen, wenn ich nicht gehört hätte, daß es Dir besser ginge. Hast Du etwa 106° [=41,1°C] Fieber gehabt?[1]

Beiliegend der verfluchte Riese [1000 Dollar]. Hör zu, dieser R ist inoffiziell. Onkel Gus hat mir etwas Kapital für die Afrikareise zur Verfügung gestellt. Ich habe ihn davon genommen. Es ist noch immer reichlich für die Fahrt nach Afrika und sogar für die Rückreise übrig. Ich konnte nicht mit Dir nach Coney Island fahren, von Afrika ganz zu schweigen, weil Du einfältiger Portugiese so eine dämliche Krankheit hattest, die die Hände anschwellen und das Gehirn austrocknen läßt. Kassier das also ein, bevor ich es in Pennies umwechsle und Dich öffentlich als Hypochonder beschimpfe – das wird Dich nicht davon abhalten, den Verlegern einzuheizen – noch von sonstwas – sondern Dir helfen, die Kurve zu kriegen – Du kannst ein paar Gläubiger bezahlen und ihre Verleih-Fähigkeit wiederherstellen. Ich hoffe zu Gott, ich war nicht zudringlich. Aber das mit Dir ist mir sehr nahegegangen. War nicht meine Absicht, wie [Don] Stewart einen Kumpel in Nerz zu hüllen.

Habe 2 verdammt tolle Marlin gefangen. Bissen an wie Knurrfische. Gestern 20 gesehen. Dienstag fahren wir nach Mariel Cabañas Bahía Honda.

Verdammt, ich wollte, Du und Katy – Ihr könntet herkommen – wenn Ihr im Juni kommt, könnt Ihr immer noch nach Pamplona – von hier per Schiff nach Vigo – besucht Santiago de Compostella – Mit dem Zug nach Coruña – Madrid – Pamplona. Kauft Euch in Vigo ein Kilometrico [Fahrscheinheft].

Ihr könnt Euch billig einen Wagen besorgen und von Vigo nach Santiago fahren – könnt auch nach Noya fahren – verbraucht die verdammten $, bevor sie wertlos sind.

Muß aufhören, damit das noch zur Luftpost kommt.

Was Du über Proust schreibst, ist sehr gut. Jedenfalls dürften wir nur noch einen Monat hier sein – versuche, einen Titel für den Erzählungsband zu finden – verdammt schwierig. Ich wollte, ich könnte sie Dir zeigen. Paar gute dabei.

Wenn der Mond schwindet, werde ich die Marlin in Ruhe lassen und noch was schreiben. Bei Vollmond gibt's jede Menge. Wenn der Mond abnimmt, wird der Strom dünner –

am Ende des abnehmenden Mondes sind alle Fische krank – wie die Frauen – wollen nicht essen – Frauen allerdings doch.

Ich lerne sehr viel. Manches davon ist wahr. Werd gesund, Dos. Grüße an Stut.

Pauline schreibt auch. Läßt herzlich grüßen.

UVA   Hem

1 Dos Passos lag in Baltimore mit Gelenkrheumatismus im Krankenhaus.

AN MAXWELL PERKINS

Paris, 16. November 1933

Lieber Max:

Danke für Deine beiden Kabel – von vor einer Woche und vor zwei Wochen, und für Deinen Brief vom 6. Nov. mit den Besprechungen [von *Der Sieger geht leer aus*]. Ich kabelte Dir gestern, weil ich die »N. Y. Times«, »Herald Tribune« und »Sat Review of Lit« gesehen hatte und sie alle voller Anzeigen für einen Erzählungsband von Dotty Parker waren, aber nichts von meinem Buch. Eine Anzeige war in der »Sunday Times« und eine, glaube ich, in der »Daily Times«, in der Woche, als das Buch erschien. Dann nichts. Überhaupt nichts mehr. Habe in der Nummer der »Sunday Times«, in der es besprochen wurde, keine Erwähnung des Buches gesehen. In der Woche darauf eine Anzeige in Deinem Herbstprogramm. Ich glaube, am Erscheinungstag war eine Anzeige in der »Herald Trib«. Die Reklame ist Deine Sache – nicht meine. Aber wenn ein Verleger ein Buch nicht für wichtig zu halten scheint und kein Getöse deswegen macht, richtet sich die Öffentlichkeit sehr schnell danach.

Einer der Gründe, warum ich (geschäftlich) immer zu Dir gehalten habe, war, daß Du nicht müde geworden bist, *Fiesta* durch diesen furchtbar langsamen Start durchzuboxen – und eines der Dinge, die mir weniger gefielen, war die Art, wie man *Tod am Nachmittag* nach einem phantastischen Start vollkommen kalt hat fallenlassen. Du weißt ja selbst.

Dies ist zufällig ein Buch, für das D u mal ein bißchen was unternehmen mußt. Schließlich schadet es niemandem, ab und zu mal Literatur zu verlegen. Zumal Ihr bei mir immer auf Eure Kosten gekommen seid.

In Deinem Brief erwähnst Du eine Rezension von Soskins, schickst sie aber nicht.

Außerdem habe ich noch keine Tantiemenabrechnung für August bekommen – und auch sonst keinen Kontoauszug, seit ich Dich in N. Y. gesehen habe. Ich hatte vielleicht im Frühjahr einen. Schick sie mir bitte.

Als dieser Vogel behauptete, ich nähere mich den mittleren Jahren, versuchte er damit nur, mich abzuschießen – das ist schon anderen nicht gelungen. Und auf so etwas hin hört die Werbeabteilung also auf, das Buch zu annoncieren. Ich brauche bloß über i r g e n d w e n zu schreiben – und schon wird automatisch behauptet, diese Person sei ich. Wenn ich über jemanden schreibe, der ganz unmöglich ich sein kann – wie in *Nach dem Sturm* –, dann sagt dieser unglückselige Überläufer zur Ökonomischen Religion, Mr. Chamberlain, das sei ungewöhnlich phantasievoll, phantasievoller als alles, was ich bis jetzt versucht hätte. Was für eine Scheiße.

Wann fangen die mittleren Jahre an? Diese Geschichte – *Wein aus Wyoming* – ist nichts als die genaue Wiedergabe dessen, was ich gehört und gesehen habe, als ich in Sheridan und Big Horn *In einem andern Land* zu Ende geschrieben habe. Wie alt war ich da? Es war 1928, und ich war gerade 30 [29] Jahre alt, als ich dort war. Doch dieser Vogel sagt, es handele von Leuten mittleren Alters, weil e r s e l b s t in mittlerem Alter ist. Mit 17 [18] bin ich zum erstenmal in den Krieg gezogen. (Dies zu Deiner Information.) Einige Geschichten schreibe ich genauso auf, wie sie passieren, z. B. *Wein aus Wyoming* – den Brief Nr. 1 *[Eine Leserin schreibt]*, *Ein Tag Warten*, und noch eine *[Nach dem Sturm]*, wortwörtlich, wie Bra es erlebt hat. *Die Mutter eines Schwulen; Spieler, Nonne, Radio; Nach dem Sturm* (Chamberlain fand das phantasievoller als die anderen); andere erfinde ich vollständig – *Die Killer, Hügel wie weiße Elefanten, Der Unbesiegte, Um eine Viertelmillion, Wetterumschwung, Eine einfache Frage*. Keiner kann sagen, welche ich mir vollständig ausdenke.

Der Witz ist der, ich w i l l, daß sie sich alle so anhören, als ob sie wirklich passiert sind. Und wenn mir das gelingt, sagen diese armseligen Dummköpfe, sie wären alle nichts als geschickte Reportagen.

Bei *In einem andern Land* habe ich jedes Wort und jeden Vorfall frei erfunden, bis auf vielleicht 3 oder 4 Details. Alle besseren Stellen sind erfunden. 95% von *Fiesta* war reine Phantasie. Ich habe da wirkliche Leute hereingebracht und ihre Handlungen gesteuert. Alles ausgedacht.

So ein Tropf wie [H. S.] Canby hält mich für einen Reporter – ich bin Reporter u n d i m a g i n i e r e n d e r S c h r i f t - s t e l l e r, und ich kann mir immer noch viel ausdenken, und solange ich lebe, wird es Geschichten geben, die ich so schreiben werde, w i e s i e p a s s i e r t s i n d. Außerdem bin ich zufällig 35 [34] Jahre alt, und die beiden letzten Geschichten, die ich in Havanna geschrieben habe, sind die besten des ganzen Buches – und diese 15 000-Wörter-Geschichte ist besser als diese beiden, meilenweit besser. Wenn Du Dir also von all den Leuten, die mich abservieren wollen, vormachen läßt, ich wäre erledigt – oder wenn Du zuläßt, daß die Geschäftsleitung mich als taube Nuß fallenläßt – wirst Du einen ziemlich beträchtlichen Fehler begehen, denn ich habe noch gar nicht mit Schreiben angefangen (werde Dir das nicht noch einmal sagen).

Einige meiner Erzählungen kann ich nicht mehr übertreffen – was Mr. Fadiman verlangt –, weil man bessere als diese einfach nicht schreiben kann – das kann keiner. Aber so ab und zu kann ich eine genauso gute schreiben – und ich kann i m - m e r bessere Geschichten schreiben als jeder andere. Aber man verlangt von mir b e s s e r e und solche, die so gut sind wie die besten, die j e g e s c h r i e b e n wurden. Verflucht noch mal, bessere kann es nicht geben. Von der einen, die sie jetzt als »klassisch« herauspicken, *Hügel wie weiße Elefanten*, hielt damals, als sie erschien, keiner was – nicht e i n verdammter Kritiker. Ich habe immer gewußt, wie gut sie ist, aber der Teufel soll mich holen, wenn es mir Spaß macht, sagen zu müssen, wie gut meine Sachen sind, nur um der Geschäftsleitung genug Zuversicht zu geben, Reklame dafür zu machen, nachdem sie eine ungünstige Kritik gelesen haben und denken, ich wäre erledigt.

Das tue ich also nicht. Nie wieder. Werde was anderes tun.

Würdest Du mir bitte, um Gottes willen, denn das ist <u>sehr wichtig</u>, eine Aufstellung schicken über alles Geld, das mir 1933 – in irgendeiner Form – gezahlt wurde, und den Leuten von der Einkommensteuer denselben Betrag oder die Summe angeben, wenn Du es ihnen meldest. Bitte schick mir das am ersten Januar oder wann immer Du weißt, was mir 1933 alles gezahlt wurde – auf jeden Fall s o s c h n e l l w i e m ö g l i c h. (Ich werde Dich dieses Jahr um nichts anderes mehr bitten.) Bitte schicke diese Aufstellung an die Guaranty Trust Co. of N. Y., 4 Place de la Concorde, Paris, und schreib in großen Buchstaben auf den Umschlag – Bitte Per Luftpost Weiterleiten. Sie werden es dann mit Imperial Airways nach Tanganjika weiterschicken, und ich werde meine Einkommensteuererklärung fertigmachen können.

Ich wollte eigentlich schon vor meiner Abreise eine Vorstellung davon haben, habe auch aus Spanien deswegen geschrieben, aber nichts gehört.

Das ist wohl alles.

Scheint es Dir irgendwie von Bedeutung, daß sie alle sagen, da seien 3 wirklich gute Erzählungen drin, und fast jeder sucht 3 andere heraus? Dieser Mr. Harry Hansen, der sie nicht versteht, hat *In einem andern Land* bei seinem Erscheinen auch nicht verstanden. Jetzt hält er es für einen bedeutenden Roman usw. Zum Teufel – wozu weitermachen. Wozu schreiben, wenn das so weitergeht? Weil ich muß.

Falls »Cosmopolitan« Dir diese lange Erzählung [*One Trip Across*, der erste Teil von *Haben und Nichthaben*] zurückschickt, b e h a l t e s i e b i t t e u n d w a r t e a u f m e i n e A n -
w e i s u n g e n.

Bis dann, Max. Ich hoffe, es geht Dir gut, und Du hast nicht zu viele Familiensorgen. Wir fahren nächsten Mittw. ab. Heute ist Freitag. Zu viel zu erledigen.

Immer Dein

Ernest

1934

AN F. SCOTT FITZGERALD

Key West, 28. Mai 1934

Lieber Scott:

Ich mochte es und mochte es nicht *[Zärtlich ist die Nacht]*. Es fing mit dieser herrlichen Beschreibung von Sara und Gerald an (verfluchter Mist, Dos hat es mitgenommen, deshalb kann ich nicht nachsehen. Wenn ich also irgendwas Falsches sage –). Dann fingst Du an, mit ihnen rumzualbern, sie von irgendwoher stammen zu lassen, wo sie nicht herstammen, und sie zu anderen Menschen zu machen, und das kannst Du nicht machen, Scott. Wenn Du wirkliche Leute nimmst und über sie schreibst, kannst Du ihnen nicht andere Eltern geben als die, die sie haben (ihre Eltern und ihre Erlebnisse haben sie schließlich geformt), und Du kannst sie nicht etwas tun lassen, was sie nicht tun würden. Du kannst Dich oder mich oder Pauline oder Hadley oder Sara oder Gerald nehmen, aber Du kannst sie nicht verändern, und Du kannst sie nur so handeln lassen, wie sie in Wirklichkeit handeln würden. Du kannst nicht aus jemand einen anderen machen. Erfindung ist etwas sehr Schönes, aber man kann nicht etwas erfinden, was tatsächlich nicht passieren würde.

Das ist es, was man von uns erwartet, wenn wir auf der Höhe sind – alles erfinden – aber so wahr erfinden, daß es später genauso passieren wird.

Verdammt noch mal, Du hast Dir mit der Vergangenheit und Zukunft von Leuten Freiheiten herausgenommen, und dabei sind keine Menschen herausgekommen, sondern verdammte, fabelhaft gefälschte Fallstudien. Du kannst besser schreiben als jeder andere, Du hast ein solch unglaublich großes Talent, daß

Du – zum Teufel damit. Scott, schreib um Gottes willen, und schreib die Wahrheit, egal, wen oder was Du damit verletzt, aber laß diese albernen Kompromisse. Du könntest zum Beispiel über Gerald und Sara ein wirklich gutes Buch schreiben, wenn Du genug über sie wüßtest, und sie würden es Dir nicht verübeln, höchstens vorübergehend, wenn es wahr wäre.

Es gab wunderbare Stellen, und kein anderer, keiner von den Jungs kann auch nur ein halb so gutes Buch schreiben wie eins, das von Dir nicht erscheint, aber in diesem hast Du zu schlimm geschwindelt. Und das hast Du nicht nötig.

Erstens habe ich immer behauptet, daß Du nicht denken kannst. Na schön, geben wir zu, Du kannst denken. Sagen wir aber mal, Du könntest nicht denken; Du solltest schreiben, erfinden, aus dem heraus, was Du weißt, und nicht das Vorleben der Leute verändern. Zweitens hast Du vor langer Zeit aufgehört zuzuhören, außer den Antworten auf Deine eigenen Fragen. Du hattest gutes Material drin, das gar nicht nötig war. So was trocknet einen Schriftsteller aus (wir trocknen alle aus. Das ist keine Beleidigung für Dich persönlich) – wenn er nicht zuhört. Da kommt alles her. Sehen, hören. Du siehst gut genug. Aber Du hörst nicht mehr zu.

Es ist viel besser, als ich jetzt sage. Aber es bleibt weit unter Deinen Fähigkeiten.

Du kannst Clausewitz im Feld und Ökonomie und Psychologie studieren, und nichts davon wird Dir auch nur das geringste nützen, wenn Du erst einmal schreibst. Eigentlich sind wir verdammt lausige Akrobaten, aber wir machen manchmal ein paar richtig tolle Sprünge, alter Freund, und es gibt all diese anderen Akrobaten, die nicht springen.

Schreib, um Gottes willen, und sorg Dich nicht darum, was die Jungs sagen werden, oder ob es ein Meisterwerk werden wird oder was. Ich schreibe eine Seite Meisterwerk auf einundneunzig Seiten Scheiße. Die Scheiße versuche ich in den Papierkorb zu werfen. Du glaubst, Du müßtest Kacke veröffentlichen, um Geld zum Leben und Lebenlassen zu verdienen. Na schön, aber wenn Du genug schreibst und so gut Du kannst, wirst Du dieselbe Menge Stoff für Meisterwerke haben (wie wir in Yale sagen). Du kannst einfach nicht gut genug denken, um Dich hinzusetzen und vorsätzlich ein Meisterwerk zu schreiben, und wenn Du [Gilbert] Seldes und diese anderen Typen, die Dich fast zugrunde gerichtet haben, loswerden könntest und Du so gut schreibst, wie Du kannst, und die Zuschauer schreien ließest, wenn es gut ist, und buh rufen ließest, wenn es schlecht ist, wäre alles in Ordnung.

Vergiß Deine persönliche Tragödie. Wir sind alle von Anfang an verflucht, und besonders Du mußt erst furchtbar verletzt werden, bevor Du ernsthaft schreiben kannst. Aber wenn Du diesen verdammten Schmerz fühlst, nutze ihn, und betrüge nicht damit. Sei damit so gewissenhaft wie ein Wissenschaftler – aber bilde Dir nicht ein, irgend etwas sei nur deshalb von Bedeutung, weil es Dir zustößt oder jemandem, der zu Dir gehört.

Also allmählich würde ich Dir keinen Vorwurf machen, wenn Du mir eins in die Schnauze hauen würdest. Herrgott, ist schon toll, anderen zu sagen, wie sie schreiben, leben, sterben sollen usw.

Ich würde Dich gerne sehen und nüchtern mit Dir darüber reden. In N. Y. warst Du so verdammt besoffen, daß nichts dabei rauskam. Sieh mal, alter Freund, Du bist kein tragischer Charakter. Und ich auch nicht. Wir sind bloß Schriftsteller, und wir sollten schreiben. Von allen Leuten auf der Welt warst Du derjenige, der bei der Arbeit Disziplin gebraucht hätte, und statt dessen heiratest Du jemand, der auf Deine Arbeit eifersüchtig ist, sich mit Dir messen will und Dich kaputtmacht. So einfach ist das freilich nicht; ich habe Zelda, als ich sie kennenlernte, für verrückt gehalten, und Du hast alles nur noch mehr kompliziert, weil Du sie liebtest und – natürlich bist Du ein Säufer. Aber Du bist auch kein größerer Säufer als Joyce, und überhaupt sind das die meisten Schriftsteller. Aber, Scott, gute Schriftsteller schaffen es immer wieder. Immer. Du bist jetzt zweimal so gut wie damals, wo Du meintest, so herrlich gewesen zu sein. Du weißt, daß ich damals nie soviel von *Gatsby* gehalten habe. Du kannst jetzt doppelt so gut schreiben wie jemals. Du brauchst nur wahrhaftig zu schreiben und Dich nicht darum zu kümmern, was daraus wird.

Mach weiter und schreib.

Jedenfalls mag ich Dich ungeheuer, und ich hätte gern ab und zu mal die Möglichkeit, mit Dir zu reden. Wir haben uns früher so gut unterhalten. Erinnerst Du Dich noch an diesen Burschen in Neuilly, zu dem wir rausgefahren sind, um ihn sterben zu sehen? Der war letzten Winter hier. Verdammt netter Bursche, dieser Canby Chambers. Dos habe ich oft gesehen. Es geht ihm ziemlich gut, voriges Jahr um diese Zeit war er sehr krank. Wie geht es Scotty und Zelda? Pauline läßt grüßen. Uns geht es allen gut. Sie fährt für ein paar Wochen mit Patrick nach Piggott. Bringt dann Bumby zurück. Wir haben ein gutes Boot. Komme ganz gut voran mit einer sehr langen Erzählung. Schwierig zu schreiben.

Immer Dein Freund
Ernest

Was ist mit *Fiesta* und dem Film? Besteht eine Chance?

Von den guten Stellen habe ich nichts gesagt. Du weißt, wie gut sie sind. Mit dem Erzählungsband *[Der Sieger geht leer aus]* hast Du recht. Ich hätte ihn gern zurückgehalten, um mehr dafür zu schreiben. Diese letzte, die ich im »Cosmopolitan« hatte – das wär's gewesen.

PUL

AN ARNOLD GINGRICH

Key West, 15. Juli 1934

Lieber Arnold:
Danke für den telegrafischen Vorschlag, aber die einzigen Burschen, die ich kannte, die wirklich gut waren und nie Geld verdient haben, sind alle im Krieg gefallen, Drogensüchtige, Säufer, Ezra und Joyce, und jetzt haben's alle geschafft, außer Ezra. Soll ich Ihnen etwa über Ezra schreiben? Inzwischen habe ich, gleich nachdem ich Ihnen schrieb, worüber ich schreiben würde, eine Sache geschrieben, die Dos und den anderen gefallen hat, während ich über die ersten beiden Seiten, als ich sie noch einmal las, nicht mehr lachen konnte. Habe

also diese Seiten umgeschrieben, jetzt gefällt es mir, und ich schicke es Ihnen mit diesem Brief. Sagen Sie Ihrer Sekretärin, sie soll mir keine mit Arnold unterzeichneten Briefe schreiben, während Sie nicht da sind. Sie soll mit ihrem Namen unterschreiben oder gar nicht.

Wie viele Sachen muß ich nach diesem noch schreiben, bevor ich bezahlt werde? Das einzige, worauf ich dieses Jahr stolz sein konnte – nachdem die Marlin-Saison in Kuba und die Wachtel-Saison in Arkansas Reinfälle waren –, war, daß ich regelmäßig verdammt gute oder sogar einmalige Sachen für Sie geschrieben habe, da ich Ihnen Texte und Geld schuldete, und zwar rechtzeitig oder ein bißchen vor der Zeit, je nachdem, wie dringend ich auch Kohle brauchte, oder wie leicht ich sie hätte kriegen können, wenn ich etwas anderes geschrieben hätte. Vielleicht gebe ich bloß an. Aber was ich jetzt brauche, ist eine sichere, ausreichende Menge Kohle, von irgendwoher, damit ich nach Afrika fahren kann. Ich scheiße nämlich wirklich, Mr. G., auf alles andere; ich will nur wieder nach Afrika, und das besonders an diesem Sonntagnachmittag. Aber morgens, mittags und abends auch nicht weniger, und zum Teufel mit allem anderen.

Soweit ich weiß, habe ich nur ein Leben zu leben, und ich habe hart gearbeitet und gute Geschichten, Stücke usw. geschrieben; und bei Gott, ich will es dort leben, wo ich es leben möchte; und an Amerika kann ich nichts Romantisches finden. Außerdem werde ich bald lange tot sein; aber ich besitze ja neben dem Schreiben zwei weitere gut entwickelte Talente. Zum Hochsee-Fischen, dort, wo es eine Strömung gibt und Fischzüge, und zum Schießen auf Ziele in unbekannten Entfernungen, bei denen die lebenswichtigen Stellen nicht markiert sind, aber die man natürlich kennen muß, um sie zu treffen; warum um Gottes willen soll ich nicht dorthin gehen, wo ich diese Talente anwenden kann, statt hier zu versauern und mit läppischen Seglerfischen herumzuspielen, die mir noch leid tun, wenn ich sie störe und fange, und ich ein ganzes Jahr lang meine Hand nicht mehr an ein Gewehr gelegt habe. Und warum nicht die Kinder dorthin mitnehmen, wo sie vielleicht sterben, oder auch Spaß haben können, als sie in dieser von Juden regierten F.E.R.A.-Imitation einer Stadt aufwachsen zu lassen. Amerika kümmert mich einen Dreck, kann's nicht ändern.

Na ja, guten Abend, Mr. G., und wenn Sie Amerika lieben, o. k., Kamerad, aber mich berührt es nicht, und es hat mich schon seit langem nicht berührt, und doch k a n n ich noch berührt werden. Das ist, als ob man versuchte, Sarah Bernhardt gut zu finden, nur weil sie einmal gut war. Zum Teufel damit, sag ich. Ich habe bessere Gegenden und bessere Leute gesehen (Spanien). Hier haben wir die Flora und die schönsten Bäume und so was alles, aber ich habe die Fauna lieber, ach zum Teufel.

Ihr
Ernest

PH. PUL

An Arnold Gingrich

Key West, 16. November 1934

Lieber Mr. G.:

Das ist bestimmt eine teuflische Krankheit, die Sie da haben. Ich habe sie in Blacks Medizinischem Wörterbuch nachgeschlagen und konnte mit dem, was da drinstand, nichts anfangen. Meinen Sie, daß es Ihnen helfen könnte, sich die Mandeln rausnehmen zu lassen? Ich glaubte hier immer, Sie verfügten über zuviel Energie, dabei haben Sie die ganze Zeit diese lausige Angio. Tut mir ungeheuer leid. Was werden Sie tun, wenn Sie wieder gesund sind – eine neue Zeitschrift starten? Und zwei Romane gleichzeitig schreiben? Vielleicht sollten wir eine Kommission bilden, um Sie zu studieren.

Danke für den eben eingetroffenen Brief, und daß Sie das Belmonte-Stück genommen haben. Ich werde Ziff [Lester Ziffren] kabeln. Ich bin sicher, daß der Preis in Ordnung sein wird. Glaube, Sie haben recht, was die Illustrationen betrifft. Ich habe nichts, was die zu *Tod am Nachmittag* übertreffen könnte, sonst hätte ich sie schon verwandt.

Habe heute vormittag das lange Buch [*Green Hills of Africa*

(Die grünen Hügel Afrikas)] beendet, 492 handschriftliche Seiten. Morgen fange ich eine Erzählung an. Möchte ganz gern eine belle époque ausnutzen, solange ich in einer bin.

Hier weht ein schöner Nordwind. Das richtige Wetter für die Football-Vorsaison. Werde versuchen, Ihnen das Manuskript auf jeden Fall zum Einundzwanzigsten zu schicken. Weiß noch nicht, wovon es handeln wird. Irgendwie möchte ich nicht gern über Gertrude schreiben, obwohl das eine vielversprechende Sache wäre. Neulich abend hörte sie sich im Radio so schauderhaft an, daß es mir vorkäme, als prügelte ich auf eine Attrappe oder ein Gespenst ein. Sie werden es nicht glauben, und ich kann es Ihnen jetzt auch nicht mehr beweisen, aber vor ihren Wechseljahren war sie eine ungeheuer liebenswerte Frau, und es schlägt mir auf die Verdauung, auf jemand zu schießen, der einmal mein Freund war, egal wie ekelhaft er später geworden ist. Übrigens besitze ich ein geladenes Gewehr, und die lebenswichtigen Stellen kenne ich auch, und, Freundschaft beiseite, es gibt einem ein verdammt gutes Gefühl der Überlegenheit, zu wissen, daß man jederzeit jeden abknallen kann, wenn man will, es aber doch nicht tut. Wie [Gilbert] Seldes: ich beunruhige ihn nun mit diesem Brief schon ziemlich lange, und ich werde ihm diese Beunruhigung auch nicht nehmen. Sagen Sie nichts davon, daß ich den noch mal erwähnt habe. Ich habe ihn zusammen mit meinen Papieren in Paris eingeschlossen, und ganz gleich, was aus seiner Karriere als Kritiker noch wird, dieser Brief wird ihn am Ende zur Schnecke machen. Ich habe sämtliche Fakten über Gertrude aufgeschrieben, so daß sie zur Verfügung stehen werden, falls mir etwas zustoßen sollte; aber ich habe keine Lust, die alte Hexe fertigzumachen, solange sie hier ist [auf USA-Reise] und sich prächtig amüsiert. Aber Ihr Titel dafür war gut.

In der Pierre Matisse Galerie im Fullar Bldg. in New York werden vom zwanzigsten November an für zwei Wochen die Radierungen eines meiner besten Freunde, Luis Quintanilla, ausgestellt sein. Die Radierungen sind einfach phantastisch, die feinsten Kaltnadelradierungen, die ich je von einem Lebenden gesehen habe. Quintanilla ist in Madrid im Gefängnis; ihm wird vorgeworfen, er sei Mitglied des Revolutionskomitees des

Oktoberaufstandes gewesen. Man will ihm sechzehn Jahre aufbrummen. Ich habe für den Katalog eine Einführung geschrieben, Dos ebenfalls. Ich habe den Abzug der Drucke bezahlt, und ich bezahle auch für die Ausstellung. Letzteres nur unter uns. Kennen Sie jemand, den Sie anheizen können, hinzugehen und es sich anzusehen? Die Sache ist keine Wohltätigkeitsveranstaltung, es soll also damit nicht einem Freund geholfen werden. Die Dinger sind einfach verdammt wunderbar. Wenn Sie zwanzig Eier übrig haben, sollten Sie sich eins kaufen. Das Geld geht ganz an Quintanilla, außer zwanzig Prozent an Pierre Matisse als Händler. Pierre ist begeistert davon und hält sie für phantastisch. Ich weiß das nur zu gut, aber da ich sein Freund bin, könnte ich für voreingenommen gehalten werden.

Das scheint alles zu sein. Ich hoffe, es geht Ihnen schon viel besser. Schicken Sie bitte den Scheck für die Belmonte-Sache an Lester Ziffren, Apartado 933, Madrid. Es war herrlich, all diese großen aufgedonnerten Anzeigen in der Dezember-Nummer zu sehen. Sagen Sie mir Bescheid, wenn wir anfangen, reich zu werden.

Immer Ihr
Ernest Hemingway

PH. PUL

1935

An Gerald und Sara Murphy

Key West, 19. März 1935

Liebe Sara, lieber Gerald:

Ihr wißt, wir können einfach nichts sagen oder schreiben.
Wenn Bumby sterben würde, wüßten wir, was Ihr empfinden
würdet, und es gäbe für Euch nichts zu sagen. Als Dos und ich
am Sonntag vom Golfstrom zurückkamen, schickten wir das
Telegramm. Gestern versuchte ich Euch zu schreiben, konnte
es aber nicht.

Für Baoth ist es nicht so schlimm, denn er hatte eine schöne
Zeit, immer, und er hat nur etwas getan, was wir alle einmal
tun müssen. Er hat es überwunden. Es war furchtbar, daß es so
lange dauern mußte, aber wenn man ihm die Schmerzen nehmen konnte – manchmal, wenn man sehr gern weiterleben
will, ist es doch ein Glück, sehr müde zu werden, bevor man
stirbt.

Daß er so jung sterben mußte [mit 16][1] – Bedenkt, daß er
eine sehr schöne Zeit gehabt hat und daß nichts dadurch besser wird, wenn man es tausendmal hat. Und daß es ihm erspart
geblieben ist, zu erfahren, wie die Welt wirklich ist.

Es ist E u e r Verlust: mehr als es einer für ihn ist; und es
ist etwas, wo Ihr, mit Recht, Tapferkeit beweisen könnt. Aber
ich kann hierbei nicht tapfer sein, und ich leide aus ganzem
Herzen mit Euch beiden.

Und doch – das ist völlig aufrichtig und mit kühlem Kopf
gesagt: ich weiß, daß jemand, der nach einer glücklichen Kindheit jung stirbt – und niemand hat seinen Kindern eine glück-
lichere Kindheit bereitet als Ihr –, einen großen Sieg errungen
hat. Wir alle haben unseren Tod durch eine Niederlage zu er-

warten, unsere Körper erschöpft, unsere Welt zerstört; aber wir müssen alle durch dieses Sterben hindurch, während er es überwunden hat, seine Welt war noch unverletzt und sein Tod nur ein Unglücksfall.

Seht Ihr, wir sind jetzt alle an einem Punkt unseres Lebens angekommen, an dem wir anfangen, Menschen unseres eigenen Alters zu verlieren. Baoth war in unserem Alter: nur sehr wenige Menschen sind wirklich je lebendig, und die, die es sind, sterben nie; es zählt nichts, daß sie nicht mehr da sind. Niemand, den man liebt, ist jemals tot.

Wir müssen damit jetzt zurechtkommen, Tag für Tag, und sehr darauf achten, daß wir einander nicht verletzen. Es ist so, als ob wir alle jetzt auf demselben Boot wären, einem noch immer guten Boot, das wir bestiegen haben, von dem wir jetzt aber wissen, daß es den Hafen nie erreichen wird. Es wird alle möglichen Arten von Wetter geben, mal gutes, mal schlechtes, und besonders, da wir jetzt wissen, daß wir niemals Land sichten werden, müssen wir das Boot sehr gut instand halten und sehr gut zueinander sein. Wir haben das Glück, daß wir gute Menschen auf dem Boot haben.

Unsere ganze Liebe Euch beiden und dem Herzog von Taxidermien [der Sohn Patrick Murphy] und an Honoria von den Pferden [Tochter] und dem alten Baoth.

TC. PUL   Ernest

·

1 Baoth, der älteste Sohn (1919–1935) der Murphys, war nach langer Krankheit an Tuberkulose gestorben.

An Iwan Kaschkin

Key West, 19. August 1935

Lieber Kashkeen:

Danke für die Übersendung des Buchs[1] und des Artikels aus »International Literature«. Beides kam heute, von [William] Saroyan weitergeleitet, hier an. Der Artikel wurde mir vor kurzem vom »Esquire« geschickt, und ich habe ihn gelesen.

Es ist angenehm, wenn man jemand hat, der weiß, worüber man schreibt. Das ist alles, worum ich mich sorge. Was ich selbst zu sein scheine, ist ohne Bedeutung. Da ist Kritik ein Witz. Die bourgeoisen Kritiker können ihren Arsch nicht von einem Loch im Boden unterscheiden, und mit den frisch bekehrten Kommunisten ist es wie mit allen frisch Bekehrten: sie sind so versessen darauf, orthodox zu sein, daß sie sich nur noch für die Schismen in ihren eigenen kritischen Einstellungen interessieren. Nichts davon hat etwas mit Literatur zu tun, die immer Literatur ist, wenn sie es ist, ganz gleich, wer sie schreibt und woran der Autor glaubt. Edmund Wilson ist unser bester Kritiker, aber er liest nichts mehr von dem, was neu herauskommt. Cowley ist aufrichtig, aber noch immer sehr von seiner Bekehrung beeindruckt. Auch er hört allmählich auf zu lesen. Alle anderen sind Karrieristen. Ich kenne nicht einen, den ich auf meiner Seite haben oder dem ich mich anvertrauen wollte, wenn wir je für etwas zu kämpfen hätten. Ich habe Mike Gold vergessen. Er ist auch aufrichtig.

Meistens geht die Kritik folgendermaßen vor sich. Sagen wir, Isidor Schneider schreibt einen Artikel über mich. Ich lese ihn, weil ich ein Profi bin und mir deshalb nichts aus Komplimenten mache. Sondern nur, um zu sehen, ob ich etwas lernen kann. Der Artikel ist völlig dumm, und ich lerne nichts. Das regt mich nicht auf, sondern langweilt mich nur. Dann schreibt eine Freundin von mir (Josephine Herbst) an Schneider, warum behaupten Sie dieses und jenes, was ist mit *In einem andern Land*, was ist mit dem, was Hem in *Tod am Nachmittag* sagt, usw. Schneider antwortet ihr, daß er nach *Fiesta*, das ihm antisemitisch vorgekommen sei, nichts mehr von mir gelesen habe. Doch er schreibt einen ernsthaften Artikel über meine Arbeit. Und liest meine letzten drei Bücher nicht. Was für ein Quatsch.

Ihr Artikel ist sehr interessant. Das einzige, was mich daran stört, ist, daß er damit endet, wie ich als Mr. Frazer in Billings, Montana, bin, mit dem rechten Arm so schlimm gebrochen, daß mein Handrücken hinten auf meiner Schulter hing.

Es dauerte fünf Monate, ihn wieder zu richten, und dann ist er gelähmt. Ich versuche mit der linken Hand zu schreiben, kann es aber nicht. Schließlich regeneriert sich der Speichen-muskel-Nerv, und nach fünf Monaten kann ich mein Handgelenk bewegen. Aber inzwischen ist man entmutigt. Ich erinnere mich an die qualvollen Grübeleien und an die Entmutigung, an die Leute im Krankenhaus und alles andere und schreibe die Erzählung *Der Spieler, die Nonne und das Radio*. Dann schreibe ich *Tod am Nachmittag*. Dann schreibe ich die anderen Erzählungen für das letzte Buch *[Der Sieger geht leer aus]*. Ich fahre nach Kuba, und dort gibt es einigen Ärger. Ich fahre nach Spanien und schreibe eine verdammt gute Erzählung über die Armut, die *One Trip Across* heißt, und die Sie vielleicht noch nicht gesehen haben. Zwischendurch schreibe ich diese Sachen für »Esquire«, um mich und meine Familie zu ernähren. »Esquire« weiß nie, was ich schreiben werde – sie bekommen es einen Tag, bevor sie in Druck gehen. Mal ist es sehr gut, mal weniger. Ich schreibe das immer an einem Tag, und ich versuche es interessant zu machen und die Wahrheit zu sagen. Nichts Prätentiöses. Wir fahren nach Afrika und verbringen da die schönste Zeit, die ich je erlebt habe. Bin jetzt mit einem Buch fertig *[Die grünen Hügel Afrikas]*; werde es Ihnen schicken. Vielleicht werden Sie es beschissen finden, vielleicht gefällt es Ihnen. Jedenfalls kann ich besser nicht schreiben. Falls es Ihnen gefällt und Sie etwas davon für Ihre Zeitschrift übersetzen wollen, können Sie das tun. Womöglich interessiert es Sie überhaupt nicht. Ich denke aber schon, und wenn nicht die Zeitschrift, dann vielleicht Sie.

Jeder versucht einen jetzt mit der Behauptung einzuschüchtern, wenn man nicht Kommunist werde oder einen marxistischen Standpunkt einnehme, wird man keine Freunde haben und allein sein. Anscheinend meint man, das Alleinsein sei etwas Schreckliches; oder daß man sich davor fürchten muß, keine Freunde zu haben. Mir wäre ein ehrlicher Feind lieber als die meisten Freunde, die ich bis jetzt hatte. Ich kann jetzt kein Kommunist werden, weil ich nur an eines glaube: an Freiheit. Als erstes würde ich mich um mich selbst kümmern und meine Arbeit machen. Dann würde ich mich um meine Familie kümmern. Dann würde ich meinem Nachbarn helfen. Aber um den Staat kümmere ich mich überhaupt nicht. Der Staat hat mir nie etwas anderes bedeutet als ungerechte Besteuerung. Ich habe ihn nie um etwas gebeten. Vielleicht haben Sie einen besseren Staat, aber um das zu glauben, müßte ich ihn sehen. Und auch dann wäre ich nicht sicher, da ich nicht Russisch spreche. Ich glaube an ein absolutes Minimum von Regierungsgewalt.

In welcher Zeit auch immer ich geboren worden wäre, ich hätte immer für mich sorgen können, falls man mich nicht umgebracht hätte. Ein Schriftsteller ist wie ein Zigeuner. Er schuldet keiner Regierung Gehorsam. Wenn er ein guter Schriftsteller ist, wird ihm die Regierung, unter der er lebt, nie gefallen. Seine Hand sollte sich gegen sie wenden, und ihre Hand wird immer gegen ihn sein. In dem Moment, in dem man eine Bürokratie gut genug kennt, wird man sie hassen. Denn sobald sie ein gewisses Ausmaß erreicht, muß sie ungerecht werden.

Ein Schriftsteller ist ein Außenseiter, wie ein Zigeuner. Klassenbewußtsein kann er nur haben, wenn sein Talent begrenzt ist. Wenn er genug Talent hat, ist er in allen Klassen zu Hause. Er nimmt von ihnen allen, und was er gibt, gehört jedem.

Warum sollte ein Schriftsteller Lohn erwarten, oder die Anerkennung irgendeiner Gruppe von Leuten oder irgendeines Staates? Der einzige Lohn ist, daß man seine Arbeit gut macht, und das ist für jeden Menschen Lohn genug. Es gibt für mich nichts Widerwärtigeres als jemand, der sich selbst als Kandidat für die Französische Akademie oder überhaupt eine Akademie aufstellt.

Wenn Sie jetzt denken, diese Einstellung führe zu Sterilität, und Individualität sei bloße menschliche Verschwendung, dann irren Sie sich, glaube ich. Quantität ist nicht der Maßstab für die Arbeit eines Menschen. Wenn man in eine Erzählung genauso viel Intensität und Sinn bringen kann wie in einen Roman, dann wird diese Erzählung so lange bestehen wie sie gut ist. Ein echtes Kunstwerk ist von unbeschränkter Dauer; egal, welche politische Meinung darin steckt.

Wenn man an etwas glaubt und immer daran arbeitet, so wie ich an die Bedeutung des Schreibens glaube, wird man nie davon enttäuscht, es sei denn, man ist ehrgeizig. Das einzige, was man haßt, ist die Kürze der Zeit, die wir haben, um zu leben und unsere Arbeit zu tun.

Ein Leben voller Tat ist für mich viel leichter als Schreiben. Meine Fähigkeiten zum Handeln sind größer als die zum Schreiben. Wenn ich handele, mache ich mir keine Sorgen. Wenn es schlimm genug kommt, beschwingt es einen geradezu, weil man eben nichts anderes tun kann als das, was man tut, und man dafür nicht verantwortlich ist. Aber Schreiben ist etwas, was man nie so gut machen kann, wie es gemacht werden k a n n. Es ist eine ständige Herausforderung und schwieriger als alles, was ich je getan habe – daher tue ich's. Und ich bin glücklich, wenn ich es gut mache.

Ich hoffe, das langweilt Sie nicht. Ich schreibe es Ihnen wegen der Sorgfalt und Genauigkeit, mit der Sie das, was ich schreibe, untersucht haben, so daß es Sie nun vielleicht interessiert, zu erfahren, was ich denke. Selbst wenn es Sie dazu bringt, mich für einen schlimmeren Scheißkerl zu halten, wenn Sie es lesen. Es ist mir völlig egal, ob irgendein amerikanischer Kritiker weiß, was ich denke, weil ich die alle nicht respektiere. Aber Sie respektiere ich, und Sie gefallen mir, weil Sie mir Glück gewünscht haben.

Hochachtungsvoll
Ernest Hemingway

PS Sehen Sie gelegentlich Malraux? Ich halte die *Conditio Humana* für das beste Buch, das ich in zehn Jahren gelesen habe. Wenn Sie ihn sehen sollten, möchte ich, daß Sie ihm das von mir ausrichten. Ich wollte ihm eigentlich schreiben, aber ich schreibe Französisch dermaßen fehlerhaft, daß ich mich schäme zu schreiben.

Ich erhielt ein von ihm, Gide und Rolland unterzeichnetes Kabel, das mir von London aus mit der Post nachgeschickt wurde, in dem sie mich zu einem Schriftstellerkongreß einluden. Das Kabel erreichte mich auf den Bahamas – zwei Wochen nach Beendigung des Kongresses. Wahrscheinlich halten sie mich für unhöflich, weil ich nicht geantwortet habe.

Dieses neue Buch erscheint im Oktober. Ich werde es Ihnen dann schicken. Über Key West, Florida, USA, bin ich ständig zu erreichen. Wenn wir mal weg sind, wird uns die Post nachgeschickt.

E. H.

PPS Trinken Sie nicht? Ich merke, Sie sprechen abschätzig von der Flasche. Ich trinke, seit ich fünfzehn bin, und nur wenige Dinge haben mir mehr Vergnügen bereitet. Wenn man den ganzen Tag hart mit dem Kopf arbeitet und weiß, daß man morgen wieder arbeiten muß, was – wenn nicht Whisky – kann einen da auf andere Gedanken bringen und sie mal auf einer anderen Ebene laufen lassen? Wenn man friert und durchnäßt ist, was sonst wärmt einen auf? Vor einer Attacke – was, außer Rum, gibt einem ein momentanes Wohlgefühl? Ich würde eher abends aufs Essen verzichten als auf Rotwein und Wasser. Die einzige Zeit, wo es nicht gut für einen ist, ist, wenn man schreibt oder wenn man kämpft. Das muß man nüchtern machen. Aber beim Schießen hilft es mir immer. Außerdem ist das moderne Leben oft eine mechanische Tyrannei, und Schnaps ist die einzige mechanische Entspannung. Sagen Sie mir Bescheid, wenn meine Bücher Geld einbringen; dann werde ich nach Moskau kommen, und wir werden jemand finden, der trinkt, und versaufen meine Tantiemen, um die mechanische Tyrannei zu beenden.

1 *Smert posle poludnja* (Tod am Nachmittag), herausgegeben und mit einem Vorwort versehen von Iwan Kaschkin (Moskau 1934). Das Vorwort erschien gesondert als Artikel in »Literaturny Kritik« 9 (September 1934). Der andere Artikel war vermutlich: *Ernest Hemingway: The Tragedy of Craftsmanship,* »International Literature« 5 (Mai 1935). Kaschkin (1899–1963) wurde nach Beendigung seines Studiums in Moskau (1924) Kritiker, Übersetzer und Lehrer. Er war mehr als jeder andere für den 1934 einsetzenden Ruhm EHs in der UdSSR verantwortlich. 1937 nannten 9 von 15 sowjetischen Schriftstellern EH als ihren nicht-russischen Lieblingsschriftsteller. EH schrieb den Namen stets Kashkeen, außer als er ihn in *Wem die Stunde schlägt* verwandte. Er empfand es amüsiert als politisches Kuriosum, daß Kaschkin rothaarig war.

Dieser Brief wurde abgedruckt in »Soviet Literature« 11 (November 1962), p. 160–163.

Key West, 7. September 1935

Lieber Max:

Ich habe mich über Deinen Brief gefreut und hätte schon früher geantwortet, wenn nicht dieser Hurrikan gewesen wäre, der an demselben Abend kam wie Dein Brief. Wir haben nur die Randzone abgekriegt. Um Mitternacht sollte er dasein, ich bin um zehn Uhr ins Bett gegangen, um womöglich noch ein paar Stunden schlafen zu können, nachdem ich das Boot, so gut es ging, abgesichert hatte. Ich hatte das Barometer auf einem Stuhl neben dem Bett und eine Taschenlampe, falls das Licht ausgehen sollte. Um Mitternacht war das Barometer auf 29.50 gefallen, und der Wind wurde sehr heftig und kam in gewaltigen Böen und riß Bäume um, Äste ab usw. Das Auto war weggeschwemmt worden, und ich ging zu Fuß zum Boot und paßte bis fünf Uhr morgens darauf auf, als der Wind schließlich nach Westen drehte und wir wußten, daß der Sturm nach Norden umsprang und abzog. Den ganzen folgenden Tag war der Wind noch zu stark, um nach draußen zu gehen, und es gab auch keine Verbindung mit den anderen Inseln. Telefon, Kabel und Telegraf – alles kaputt; und fürs Boot viel zu rauh. Am nächsten Tag fuhren wir rüber [nach Lower Matecumbe Key] und fanden die Insel in einem schrecklichen Zustand vor. Ich nehme an, Du hast davon in den Zeitungen gelesen, aber nichts kann einem eine Vorstellung von der Zerstörung vermitteln. 700 bis 1000 Tote. Viele bis heute noch nicht begraben. Die Bäume auf vierzig Meilen wie durch Feuer vollkommen entlaubt, das Land sieht aus wie ein verlassenes Flußbett. Nicht ein einziges Gebäude steht mehr. Über dreißig Meilen Eisenbahnschienen weggespült und weggeblasen. Wir waren die ersten, die nach Camp Five kamen, wo die altgedienten Arbeiter am Bau des Highway arbeiteten. Nur 8 von 187 überlebten. So viele Tote auf einmal habe ich seit Juni 1918 an der unteren Piave nicht mehr gesehen.

Die Altgedienten in diesen Lagern wurden praktisch ermordet. Die Florida East Coast hatte fast vierundzwanzig Stunden lang einen Zug bereitstehen, um sie von den Inseln abzuholen.

Es heißt, die Verantwortlichen hätten nach Washington gedrahtet, um Anweisungen zu bekommen. Washington drahtete
an die Wetterstation von Miami, und die soll geantwortet
haben, es bestünde keine Gefahr, und es wäre ein unnötiger
Aufwand. Der Zug fuhr erst los, als der Sturm einsetzte. Er
kam nicht einmal auf dreißig Meilen an die beiden unteren Lager heran. Die für die Notstandsarbeiter Verantwortlichen und
die Wetterstation können die Verantwortung unter sich auftei-
len.

Was ich weiß und was ich beschwören kann, ist das: während der Sturm auf Matecumbe seinen Höhepunkt erreicht
hatte und die meisten Leute schon tot waren, funkte die Station in Miami für die Inseln von Key Largo bis Key West eine
Sturmwarnung und für die Florida-Straße südlich von Key
West eine Hurrikanwarnung. Sie haben den Sturm völlig aus
den Augen verloren und nicht mal das bißchen Verstand aufgebracht, seinen Verlauf zu kalkulieren.

Die Fischersiedlung von Long Key ist völlig zerstört, ebenso
sämtliche Siedlungen auf Lower und Upper Matecumbe. Über
dreißig Meilen der Eisenbahnstrecke sind völlig weg, und
wahrscheinlich wird es nie mehr einen Zug nach Key West
geben. Der Highway ist nicht so schwer beschädigt wie die
Eisenbahn; die Reparatur dürfte aber sechs Monate dauern.
Die Eisenbahngesellschaft könnte den Bluff versuchen, zu
sagen, daß sie die Strecke wiederaufbaut, um der Reg. ihre
Wegerechte für den Highway anzudrehen. Jedenfalls wird
Key West für mindestens sechs Monate abgeschnitten sein,
wenn man vom Boots- und Flugverkehr von Miami aus einmal
absieht.

Das Flugzeug des Marineinfanteriecorps, das einen Teil der
Briefpost befördert, brachte soeben zwei Sätze Umbruchfah-
nen, die bis Seite 130 gehen. Soll ich die schon zurückschicken,
bevor der Rest kommt?

Um auf Deinen Brief zurückzukommen.

Aber zunächst einmal wünschte ich, ich hätte diesen dämlichen Affen hier gehabt, der seine Verleger zu Reklamezwek-
ken verbreiten ließ, daß er in Miami gewesen sei, weil er für
das Buch, an dem er schreibe, einen Hurrikan brauche, daß es

aber so aussehe, als ob er keinen erleben würde, und wie enttäuscht er darüber sei.

Max, Du kannst es Dir nicht vorstellen: zwei Frauen, nackt, vom Wasser hoch in die Bäume geschleudert, verschwollen und stinkend, ihre Brüste groß wie Ballons, Fliegen zwischen ihren Beinen. Dann stellst du fest, wo du dich befindest, und erkennst sie als die beiden sehr netten Mädchen, die drei Meilen von der Fähre eine Sandwichbude und eine Tankstelle betrieben haben. Wir haben neunundsechzig Leichen an Stellen gefunden, die für niemanden zugänglich gewesen waren. Indian Key ist vollkommen kahlgefegt, kein einziger Grashalm mehr da, und der hochgelegene Mittelpunkt war mit lebenden Muscheln, Krebsen und toten Muränen übersät, die vom Meer dorthin gespült worden waren. Der ganze Meeresgrund ist da rübergegangen. Ich hätte diesen miesen literarischen Bastard, der seinen Hurrikan braucht, nur zu gern dabeigehabt, um ihn mit der Nase ein bißchen da reinzustoßen. Harry Hopkins und Roosevelt, die diese armen Notstandsarbeiter da runtergeschickt haben, um sie loszuwerden, jetzt sind sie sie ja prima losgeworden. Jetzt sagen sie, keine der Leichen soll an Ort und Stelle verbrannt oder begraben werden, sie sollen alle in Arlington begraben werden; das würde bedeuten, etwas zu transportieren, was so verwest und aufgedunsen ist, daß es platzt, wenn man es hochhebt; verfault, eitrig, verwest, ekelhaft, völlig unmöglich einzubalsamieren – man müßte sie sechs, acht Meilen bis zum Boot transportieren, dann auf dem Boot noch einmal zehn bis zwanzig, ehe sie in Kisten kommen; und das Ganze stinkt buchstäblich zum Kotzen – unterwegs nach Arlington! Die meisten Proteste gegen das Verbrennen oder Begraben kamen von den Leichenbestattern in Miami, die 100 Dollar pro Toten bekommen. Einfache Kiefernkisten, Särge genannt, zu 50 Dollar das Stück. Man hätte sie gleich da, wo sie gefunden wurden, mit Kalk überstreuen, an Hand ihrer Erkennungsmarken und Papiere identifizieren und Kreuze aufstellen sollen. Später die Knochen ausgraben und verschiffen.

Joe Lowe, das Vorbild für den Säufer in meiner Erzählung *One Trip Across*, ist an der Anlegestelle der Fähre ertrunken.

Hatte gerade eine verdammt gute lange Erzählung fertig und

war an einer anderen, als diese Warnung am Samstagabend kam. Sie hatten den ganzen Sonntag und den ganzen Montag Zeit, die Arbeiter wegzuholen, und sie haben es nicht getan. Wenn sie nur halb soviel Vorkehrungen getroffen hätten wie wir für unser Boot, wäre nicht ein einziger gestorben.

Fühle mich zu miserabel jetzt zum Schreiben. Es regnet weiter, ich schlief auf dem an Land gezogenen Boot, hatte während dieser ganzen Sache nichts zu trinken, sollte mich also gut daran erinnern können; aber der Teufel soll mich holen, wenn ich das in meinem Roman verwende. Fünfmal sind wir mit Proviant für Überlebende zu verschiedenen Stellen gefahren, aber überall waren nur Tote, die damit nichts mehr anfangen konnten.

Hoffe, mit Peg ist alles in Ordnung. Ich möcht's fast wetten. Jedenfalls wirst Du Dir jetzt, wo sie zurück ist, keine Sorgen mehr machen müssen.

Ich bilde mir ein, daß Scott ein Liebesabenteuer helfen könnte, falls er noch was übrig hat, womit er lieben kann, und die Frau nicht so schrecklich ist, daß er sich allzusehr selbst betrügen muß.

Zu der Stein-Sache – ich habe nur versucht, vollkommen aufrichtig zu sein. Ihren Namen erwähne ich gar nicht – was beweist also, daß es sich um Gertrude handelt? Was soll ich denn für Hexe sagen? Fette Hexe? Schäbige Hexe? Alte Hexe? Lesbische Hexe? Mit welchem näher bestimmenden Adjektiv wäre das zu verbessern? Ich kenne kein Wort, mit dem ich Hexe ersetzen könnte. Hure bestimmt nicht. Wenn es jemals eine Hexe gegeben hat, dann war es diese Frau. Ich werde prüfen, ob ich es ändern kann. (Habe die Stelle gerade gefunden und überflogen, und ich sehe nicht, was diese Aufregung eigentlich soll.) Es sei denn, Du meinst, die Rezensenten könnten einen Rülpser darüber loslassen. Um Himmels willen, Max, siehst Du denn nicht, daß sie mich angreifen müssen, um an sich selber glauben zu können? Man kann nicht ständig beliebt sein, es sei denn, man macht daraus eine Karriere, wie Galsworthy usw. Ich werde diese Unbeliebtheit überleben, und mit einem weiteren guten Band Erzählungen (nur werden die voller Handlung sein müssen, damit sie sie verstehen) und einem guten Roman ist man wieder da, wo sie alle wieder angelaufen kommen und Scheiße fressen. Es ist mir scheißegal, ob ich beliebt bin oder nicht. Du weißt, ich habe mir nie was draus gemacht, als ich es war. Das einzige, was mich stört, ist, daß Deine Finanzabteilung mir nicht so vertrauen wird wie ich mir, und auch nicht einsehen wird, daß ich an einem langwierigen Projekt arbeite, statt zu versuchen, dauernd so beliebt zu sein wie Mr. Roosevelt. Außerdem brauche ich nun mal eine gewisse Menge Geld.

Na schön. Wenden wir uns noch mal dem Wort Hexe zu. Wäre Dir fettes Frauenzimmer lieber?

Das ließe sich machen. Ich ändere es in fettes Frauenzimmer oder nur Frauenzimmer. Das ist besser. Das wird sie noch mehr ärgern als Hexe; und Dir wird es gefallen, da nun mal eine Dame nicht Hexe genannt wird; außerdem wird es den Eindruck erwecken, daß mir ihre Lügen über mich wenig ausmachen; und jeder außer mir, der ich mich um Aufrichtigkeit bemühe, wird sich darüber freuen.

Also ich habe es jetzt verbessert. Es ist in Ordnung. Ich habe noch einiges hinzugefügt, was ich wirklich von ihr halte, und ihm das geringe Gewicht gegeben, das es verdient. Es ist jetzt in Ordnung. Mach Dir keine Sorgen.

Ich schicke das jetzt besser ab, denn niemand weiß, wann die Post abgeholt wird. Ich hoffe, Dein Heuschnupfen ist vorbei. Der letzte Ausläufer dieses Sturms, der sich nach Norden bewegt, könnte einen unechten frühen Herbst bewirken, der ihm endgültig den Garaus macht. Ich weiß zu schätzen, was Du über das Schreiben geschrieben hast. Beiliegend die neue Fassung der Passage über Stein; Du kannst sie also jetzt für den Umbruch neu setzen lassen. So ist es völlig in Ordnung, und die Betonung liegt auf der richtigen Stelle. Außerdem denke ich, daß das Ende des Kapitels so besser ist, und das Wort Hexe für eine Schriftstellerin ist vermieden [*Die grünen Hügel Afrikas*, »Jagd in der Erinnerung«].

Wenn Du diesen Brief bekommst, kannst Du 500 Dollar auf mein Konto bei der City Bank Farmers Branch 22 William Street einzahlen. Damit kommt dann, glaub ich, der Vorschuß auf 4800 Dollar.

Werde mich jetzt über den Rest der Fahnen hermachen, aber ich wollte Dir den revidierten Teil ohne Verzögerung zukommen lassen. Ich schicke das jetzt ab.

Viel Glück, Max.
Immer Dein
Ernest

An John Dos Passos

Key West, 17. Dezember 1935

Lieber Dos:

Wie geht es Dir und Katy, und wie läuft's so? Ich freue mich sehr, daß Du Sara [Murphy] besucht hast. Es tut mir leid, daß ich mich so über Eure Fahrt dorthin geäußert habe. Ich wußte, Du konntest und solltest zu dieser Zeit nicht mit dem Auto unterwegs sein, und bei diesem Wetter schon gar nicht. Und Katy hätte auch nicht fahren sollen, und ich habe versucht, es so aussehen zu lassen, als ob Ihr sowieso irgendwohin hättet fahren müssen (Warum zum Teufel solltest Du das wohl tun) und habe es schlecht ausgedrückt. Sara machte so einen betrübten Eindruck, daß niemand käme.

Eben erhielt ich einen Brief von [Antonio] Gattorno, in dem er sagt, daß er »die Doppelseite, die ich ihm in ›Esquire‹ versprochen hätte«, in der Jan.-Nummer haben möchte. Ich habe ihm versprochen, mein Bestes zu tun, um es mit Gingrich zu regeln. In N. Y. habe ich ihn verpaßt. Versuche, ihn zu dem Kampf von [Joe] Louis hierherzulocken. Habe von Dick Armstrong 2 Presseplätze. Oder meinst Du, Gattorno ist auf diesen Scheiß reingefallen, ich besäße jetzt Anteile an »Esquire«? Außerdem wollte er 100 oder 150 für seinen Kram. Fragt gar nicht, ob ich sie hätte. Soll's einfach schicken. Wahrscheinlich, ob ich sie habe oder nicht. Das Dumme ist bloß, daß ich sie nicht habe. Werde bis Anfang nächsten Jahres kein bißchen Kohle haben. Es wird beträchtliche Mühe kosten, Gattorno eine oder zwei Seiten im »Esquire« zu verschaffen, aber ich glaube, ich könnte das machen. Kann's aber nicht versprechen.

317

Und Kohle – wo sollte ich welche herkriegen? Meinen Vorschuß für drei »Esquires« habe ich in N. Y. ausgegeben. Den Vorschuß für mein Buch ebenfalls, und die Kritiker haben es verrissen. Wir haben für Weihnachten und bis Neujahr ungefähr 300 Dollar. Richtest Du Antonio bitte von mir aus, daß ich ihm vor dem ersten Jan. kein Geld geben kann, und daß das keine Ausrede ist, sondern ich wirklich pleite bin. Wenn ich es ihm sagte, würde er es nicht glauben. Nach dem Ersten werde ich ihm 100 Dollar besorgen und versuchen, Gingrich zu überreden, seine Sachen zu veröffentlichen. Hast Du sie Dir bei ihm mal angesehen? Ich muß noch vor dem 31. Dez. die Zinsen für dieses Afrika-Geld zahlen, 1116,83 Dollar. Habe dafür Kohle beschafft, aber davon bleiben nur knapp 300 übrig. Ich gebe meiner Familie zu Weihnachten immer Geld, und die haben es genauso dringend nötig wie Antonio, oder noch dringender; aber das kann ich ihm nicht klarmachen. Er hält mich für einen Jachtbesitzer millionario y aficionado a la literatura y los toros.

Könntest Du mir den Artikel von Bunny Wilson in der »N. R.« [New Republic][1] besorgen oder schicken? Sowohl Gingrich als auch Max haben mir davon geschrieben, und ich hab's noch nicht gelesen. Der Titel hört sich ziemlich finster an. Was war los – konnte er es nicht ertragen, daß irgendwem irgendwo meine Sachen gefallen? Muß ihm schrecklich vorgekommen sein, den ganzen weiten Weg nach Rußland zu machen und zu entdecken, daß denen meine Sachen gefallen, aber er wird es schon wieder hinkriegen, oder? Na ja, das lehrt mich, daß ich die Leute besuchen muß, wenn sie mich darum bitten. Habe in dieser Richtung in letzter Zeit viel gelernt. Wann, glaubst Du, wird Bill Smith ein Buch schreiben, in dem er mich angreift? Mit Sicherheit erwarte ich, von Quintanilla und Gattorno angeklagt zu werden. Gattorno behandele ich ja offensichtlich schäbig. Aber wo bin ich mit diesen Leuten zusammengetroffen, und worum habe ich sie gebeten? Immerhin hat Bunny Wilson einmal gut von mir gesprochen, also hat er das Recht, zu versuchen, mich aus dem Geschäft zu werfen. Aber ich weiß nicht, was er geschrieben hat. Diese Bastarde schreiben mir bloß davon.

Ohne Dich ist es hier ungeheuer trostlos. Zum Teufel, ich

wünschte, Du wärst hier. Das Wetter war herrlich; zwei Monate Tag und Nacht Nordwind. Zum Fischen war's zu schlammig. Habe zwei Erzählungen geschrieben; hatte gerade eine fertig und hielt meine nächsten drei Monate für gesichert – denn es war eine dieser ganz seltenen, die ich verkaufen kann –, als ich einen Brief, kein Telegramm, sondern einen B r i e f von Gingrich bekam, der fünf Tage unterwegs gewesen war und am 9. hier ankam, in dem er sagte, er müßte meinen Artikel am 12., statt wie vereinbart am 18. oder 21., in Chicago haben. Ich konnte nicht mitten in der Erzählung und erst recht nicht innerhalb eines Tages einen Artikel schreiben, also schickte ich ihm die Erzählung; und so fährt also mein verdammtes Kapital zum Teufel, und die Bastarde werden denken, irgendwas könne damit nicht stimmen, sonst hätte ich es ihnen nicht gegeben. Wärst Du doch hier, dann könnte ich mich bei Dir ausheulen. Warum zum Teufel konnten sie nicht d r a h t e n , als sie wußten, daß die Frist sich verkürzt hatte?

Bekam gerade einen höchst anmaßenden Brief von Scott; er erklärt mir sehr dogmatisch, wie schlecht mein Buch sei. Er hat es irgendwo gelesen; verdammt noch mal, das Buch ist g u t . Ich bin nicht die Spur patriotisch mit meinen Sachen, und ich kann gut von schlecht unterscheiden, und dieses Buch ist gut.

Wenn niemand sagen kann, wann ein Buch gut ist, warum zum Teufel soll man dann schreiben? Wenn irgendwer meine Familie versorgen würde – ach was, zum Teufel. Du kannst absolut sicher sein, daß das keiner tut! Am liebsten würde ich das Maschinengewehr nehmen und in die 21. ballern, oder in die Büros der »N. R.« oder wohin Du willst, und dem Scheißertum ein paar Märtyrer schenken und mich gleich als [Wort unleserlich; vielleicht tapa = Einband] dazu.

Nathaniel wartet schon, um den Brief mitzunehmen. Laß von Dir hören, ja? Und richte bitte meine Nachricht an Antonio aus. 100 nach dem ersten Jan. Fühle mich zu beschissen, um einen Brief auf spanisch zu versuchen.

Bis dann, Dos. Viel Glück; hoffe, Du fühlst Dich wohl. Pauline und den Kindern geht es gut.

Immer Dein
Hem

UVA

1 Wilsons *Letter to the Russians About Hemingway* (in »New Republic« 85 vom 11. Dezember 1935) greift *Die grünen Hügel Afrikas* scharf an, lobt Kaschkins Artikel über EH und tadelt EHs »läppische« Beiträge im »Esquire«.

1936

AN IWAN KASCHKIN

Key West, 12. Januar 1936

Lieber Kashkeen:

Ich habe mich über Ihren Brief sehr gefreut, und es hat mir
sehr leid getan, zu erfahren, daß Sie krank gewesen sind. Ich
hoffe, Sie sind jetzt wieder gesund. Was hatten Sie denn? Sie
haben Ihren Absender vergessen, und ich habe das ganze Zimmer nach Ihrem anderen Brief durchsucht und kann ihn nicht
finden. Schicke diesen daher nach N. Y. Ihren anderen Brief
habe ich nicht beantwortet, weil meiner bereits zu Ihnen unterwegs war; und da ich Ihnen darin erzählt hatte, woran ich
glaube und woran nicht, dachte ich, Sie würden nicht noch
mehr von mir hören wollen. So wie mein Großvater, der sich
nie wissentlich mit einem Demokraten an einen Tisch gesetzt
haben würde. Allerdings denke ich, Edmund Wilson ist meinem Großvater ähnlicher als Sie.

Ich lasse Ihnen von Scribner's die *Grünen Hügel* schicken.
Außerdem schreibe ich an Gingrich, daß er Ihnen die letzten
fünf »Esquires« schicken soll, in denen meine »läppischen Artikel« stehen, die Edmund Wilson so tüchtig kritisiert hat, ohne
sich damit zu belästigen, sie auch zu lesen. Mein Stück über
den Hurrikan in »New Masses« haben Sie vielleicht gelesen. In
»Esquire« stehen 3 Antikriegssachen, eins über das Schreiben,
eins über den Kampf Baer – Louis und eine Erzählung.

Wilson ist wirklich sehr komisch. Ich bin noch nicht mal sicher, ob er die *Grünen Hügel* wirklich gelesen hat. Ich vermute,
er hat bloß die Rezensionen gelesen. Mit jedem meiner Bücher
versuche ich, den Stall auszumisten und all die Idioten loszuwerden, denen ich oder meine Bücher nur aus einem Mißver-

ständnis heraus gefallen; und die N. Y. Kritiker hassen jetzt alles, was ich schreibe, heftig, wenn auch nicht sehr wirkungsvoll. Falls Sie Wilsons Artikel noch nicht gelesen haben (obwohl ich glaube, daß er an Sie gerichtet ist), lege ich das Exemplar bei, das Dos Passos mir geschickt hat.

In N. Y. habe ich Ilf und Petrow[1] getroffen [September 1935]. Wir haben an einem Abend ein wenig zusammen getrunken. Sie hatten einen Dolmetscher dabei, der alles verschlimmbesserte, was wir sagten. Schienen mir sehr intelligente Burschen zu sein, es tat mir leid, daß wir keine gemeinsame Sprache hatten. Ich fragte sie nach Ihnen, und sie behaupteten, Sie nicht zu kennen; aber sie wollten nach Sing-Sing fahren, und ich gab ihnen dafür eine Empfehlung an den Gefängnisdirektor mit, der in einer Radiosendung, die Reklame für ein Mundwasser macht, das von einem Onkel meiner Frau hergestellt und verkauft wird, Memoiren aus dem Todeshaus bringt. Sie sehen, was für ein wunderbares Land Amerika ist, und die beiden hoffentlich auch. Wir haben sie nach Key West eingeladen, aber ihre Reiseroute ging nur bis Florida, in Höhe von Jacksonville. Ich versprach ihnen, daß sie einen Nigger schießen könnten, oder falls sie moralische Skrupel hätten, würde ich es für sie tun, und einer von ihnen fragte, ob wir den Nigger grillen würden; er hat das Angebot also offenbar doch nicht ernst genommen. Oder ist er etwa ein Kannibale? Einer von ihnen sagte, ihm gefiele meine Erzählung *Huldigung an die Schweiz*. Ich erzählte ihm, daß in der Schweiz ein Mann ein Mädchen erst heiratete, wenn ihr alle Zähne gezogen sind und sie ein Gebiß hat, und zwar aus ökonomischen Gründen, da diese Ausgaben zu Lasten des Vaters der Braut gehen sollten; während meiner Erzählung, die den Dolmetscher, der intelligenter war als wir alle, eine Menge Arbeit kostete, bemerkte ich, daß entweder Ilf oder Petrow ein Gebiß trug, was die Geschichte von meiner Warte aus verpatzte. Aber der Dolmetscher war in der Übersetzung schon mittendrin. Weiß der Himmel, was er daraus gemacht hat.

Ich wünschte, Sie könnten hierherkommen. Das Wetter ist jetzt wundervoll, wie der schönste Frühlingstag, und draußen im Golfstrom ist es herrlich; aber da Dos in N. Y. ist, habe ich niemanden zum Reden.

Von den Schriftstellern, die Sie erwähnen, werde ich mir Scholochow besorgen. [Isaak] Babel kenne ich, seit seine ersten Erzählungen ins Französische übersetzt wurden und *Budjonnys Reiterarmee* herauskam. Ich mag seinen Stil sehr. Er hat wunderbares Material und schreibt sehr gut. Gorki bedeutet mir gar nichts. Aber Dos sagt, seine *Erinnerungen* seien sehr gut, und ich müßte sie lesen. Für meinen Geschmack ist sein erzählerisches Werk nicht besonders gut. Würde aber gern das andere lesen.

Ich sehe, Sie erwähnen *Three Stories and Ten Poems*, aber ich glaube nicht, daß ich ein Exemplar auftreiben kann. Es ist schon seit langem vergriffen, und als ich einmal eins kaufen wollte, wollte man 150 Dollar dafür von mir haben. Für etwas zu bezahlen, was ich umsonst geschrieben habe, käme mir vor, als ob eine Schlange ihren eigenen Schwanz auffrißt. Es befindet sich nur eine einzige Geschichte darin, die Sie wahrscheinlich noch nicht gelesen haben; sie heißt *Oben in Michigan*. Diese Geschichte ist nicht zur Veröffentlichung geeignet, sonst würde ich sie neu drucken lassen. Sie handelt von einem Schmied, der das Dienstmädchen des Hauses, in dem er wohnt, verführt. Sie ist Jungfrau, und es tut ihr sehr weh, aber sie weiß, daß es trotzdem wunderbar ist, und als sie den Schmerz endlich ein bißchen überwunden hat und nach etwas Zärtlichkeit oder so verlangt, ist er eingeschlafen. Die Geschichte ist sehr gut, und sie wurde von Morley Callaghan schon wiederholt in verkäuflichen Formulierungen geschrieben; ich könnte sie jedoch nie in einer Sammlung veröffentlichen, denn wenn das gestrichen würde, was sie sagte und was er tat, hätte die Veröffentlichung überhaupt keinen Sinn, und wenn man es drin ließe, würde der betreffende Verleger ins Gefängnis wandern. Aber Scribner's will alle meine Erzählungen in einem Band herausbringen, und vielleicht kann ich die dazu bringen, es mit hereinzunehmen.

Ich habe Dos Ihren Artikel gezeigt, und er gefiel ihm, nur meinte er, genau wie ich, daß ich mich doch gar nicht in einem so schlimmen Zustand befände. Wissen Sie, einige von uns haben ein komisches Leben geführt. Ich verdiene mir meinen Lebensunterhalt, seit ich fünfzehn [achtzehn] bin, und es gibt außer dem Schreiben noch einiges andere, was ich gut genug kann, um mich davon zu ernähren; daher leide ich persönlich nicht unter Verzweiflung. Wenn man leidet, dann für andere; nicht für sich selbst. Auf See sein, die Mühsal, einen sehr großen Fisch zu fangen, Kämpfen, Herumhuren, die Hochstimmung beim Trinken, ein Sturm, und das Vergnügen an der Gefahr – all das kann einem ein so gutes körperliches Gefühl und ein solches physisches Vergnügen bereiten, daß man sich fast schämt, so glücklich zu sein, während die meisten Menschen keine Freude haben. In dem Moment, wo ich ein, zwei Monate aufhöre zu schreiben und auf Reisen gehe, fühle ich mich animalisch glücklich. Aber wenn man schreibt und einem etwas so gelingt, wie man es haben will, ist man auch sehr glücklich – aber das ist etwas ganz anderes; obwohl einem das eine genauso wichtig ist wie das andere, wenn man weiß, wie kurz das Leben ist. In gewisser Weise ist es so, als ob man es bedauert, einen Sturm zu genießen, von dem andere Leute seekrank werden. Man bemitleidet sie; man versucht, es ihnen angenehm zu machen, und weiß doch, wie schlecht es ihnen geht; aber man selbst ist glücklich, abgesehen von ihrem Leid. Trotzdem braucht man über einen Sturm nicht immer nur vom Standpunkt eines Seekranken aus zu schreiben, auch wenn die meisten Leute seekrank werden. Allerdings, es ist sicher besser, selbst schon einmal seekrank gewesen zu sein, damit man weiß, wovon man spricht.

Ich weiß nicht, wie alt Sie sind oder wieviel Sie herumgekommen sind, aber denken Sie daran, wenn man andere Leute beurteilt, ist man auf der siegreichen Seite. Sie haben jetzt etwas, an das Sie glauben, aber wenn die Dinge so laufen, wie sie bisher immer gelaufen sind, könnte es sein, daß Sie einmal nicht mehr daran glauben. Nun, vielleicht habe ich Ihnen das schon mal geschrieben, aber das Risiko nehme ich auf mich. Sie schreiben wie ein Patriot, und das ist Ihr blinder Fleck. Ich habe schon eine Menge Patrioten gesehen, und sie alle sind gestorben, wie jeder andere auch, wenn es nur weh genug getan hat; und wenn sie erst einmal tot waren, war ihr Patriotismus nur noch für Legenden zu gebrauchen; er hat ihrer Prosa geschadet und sie schlechte Gedichte schreiben lassen. Wenn Sie ein großer Patriot werden wollen, d. h. loyal gegenüber jeder bestehenden Regierungsform (jedoch nicht einer, die die bestehende für eine bessere zerstören will), müssen Sie früh sterben, wenn Ihr Leben und Ihr Werk nicht in Verruf kommen sollen.

Ich wünschte, Sie wären hier. Können Sie sich nicht eine Reise hierher organisieren, so wie es Ilf und Petrow gemacht haben? Oder wollen die das gerade verhindern, wenn die beiden erklären, nichts von Ihnen gehört zu haben? Sie kennen meine Schriften besser als jeder andere, aber von mir selbst wissen Sie nichts. Ich habe einen ausgeprägten Stolz und hasse die Scheiße jetzt schon, die nach meinem Tod über mich und meine Sachen geschrieben werden wird (ich bin nicht so dumm, daß ich nicht wüßte, daß mein Werk mich überdauern wird), und obwohl Sie vielleicht ein Feind dessen sind, woran ich glaube, wäre mir eine Herabsetzung durch einen intelligenten Feind, der mich kennt, lieber als diese ganze geistlose, hirnverbrannte Scheiße, die in diesem Land produziert wird und sich Kritik nennt.

Das ist es ungefähr, was ich meine. Ich bin wirklich, und ich sage das in aller Bescheidenheit, sehr tapfer; das heißt tapfer genug, um es als eine nützliche Sache zu verkaufen – und das ist die verkäuflichste nützliche Sache, die es gibt. Ich war immer sehr froh darüber, aber im Krieg hatte ich, automatisch, oft genug Angst, um zu begreifen, was Furcht ist, und ihre Bedeutung für das Leben zu erkennen. Aber man kann nicht sagen, man sei mutig, weil jeder denken würde, man sei ein Lügner, und wenn man in etwas außerordentlich gut ist, äußert man sich darüber gewöhnlich in Bescheidenheit. Und so wird man durch die Gehässigkeit des einen oder die Unkenntnis des anderen als Feigling gelten, und da die Aussage falsch ist, wird alles zu Irreführung und Lüge. Ach was, zum Teufel, was soll's. Aber die Unsterblichkeit, an die ich glaube, ist die Unsterblichkeit dessen, was man schreibt, und wenn das Zeug Bestand hat, schreiben die Leute über einen; und wenn sie, wenn man tot ist, dieselbe Scheiße über einen schreiben, wie sie es getan haben, als man lebte, ist das sehr töricht. Das Ganze ist sowieso ungeheuerlich töricht, aber das Schreiben ist nicht töricht, und der Golfstrom auch nicht; und ich wünschte, Sie könnten morgen mit hinausfahren und ihn sehen. Werde morgen fischen gehen und am Tag darauf schreiben.

Jedenfalls viel Glück. Werde die Sachen schicken.

PH. PUL   [Ernest Hemingway]

1 Ilja Ilf (1897–1937) und Jewgeni Petrow (1903–1942), sowjetische Humoristen und Satiriker.

AN MAXWELL PERKINS

Cat Cay, Bahamas, 11. Juli 1936

Lieber Max:

Gingrich war hier, und ich habe ihm die 30000 Wörter gezeigt, die ich für den Key West-Havanna-Roman geschrieben habe, wovon *One Trip Across* und *The Tradesman's Return* Teile waren.[1] Ich hatte sie für den Erzählungsband bestimmt, und er hielt das anscheinend für verrückt. Ich habe mir die 30000 Wörter nicht ein einziges Mal angesehen, seit ich sie liegenließ, um den Erzählungsband fertigzumachen – jedenfalls habe ich beschlossen, weiterzumachen und das Buch jetzt, wenn wir nach Westen fahren, zu Ende zu schreiben – dadurch hat der Band nur 2 Erzählungen weniger – und Du wirst eine Menge andere bekommen, wenn Du die Erzählungen haben willst, und kannst sie dann nach diesem Buch herausbringen. Das Buch stellt die beiden Orte einander gegenüber – und zeigt ihre Wechselbeziehung –, es enthält auch das, was ich über den Mechanismus der Revolution weiß, und was sie mit den Leuten macht, die an ihr teilnehmen. Das Buch hat zwei Themen – den Verfall des Individuums – des Menschen Harry – der zuerst in *One Trip Across* auftritt – und dann wiedererscheint, während um ihn herum Key West kaputtgeht – und die Geschichte einer Schiffsladung Dynamit und aller Folgen, die sich daraus ergeben. Es steckt noch ungeheuer viel mehr darin, womit ich Dich jetzt nicht belasten will. Aber mit etwas Glück ist es ein gutes Buch. Gingrich war ganz aus dem Häuschen von dem, was er davon gelesen hat, und er wollte, daß ich ihm verspreche, die Erzählungen erst herauszubringen, wenn ich das fertig hätte – die letzten Sachen, die ich dafür noch brauchte, habe ich auf meiner letzten Fahrt nach drüben gesammelt – Habe auch den Hurrikan und die Veteranen drin.

Ich schulde Dir, wenn ich mich recht erinnere, 1100 Dollar Vorschuß für den Erzählungsband. Ich habe genug Erzählungen für ein Buch, allerdings nicht, wenn ich *One Trip Across* und *The Tradesman's Return* weglasse. Wenn Du willst, kann ich Dir die 1100 zurückzahlen – oder Du kannst sie für den nächsten Erzählungsband stehenlassen – oder für dieses neue Buch. Sag mir, was Dir lieber ist. Ich habe mit Gingrich vereinbart, daß ich für »Esquire« 6 Beiträge pro Jahr weniger schreibe, damit ich davon nicht behindert bin – werde für sechs genausoviel kriegen wie vorher für 12 – brauche sie aber nicht abzuliefern, wenn ich ihm vorher Bescheid sage und den Vorschuß zurückzahle, so daß ich also nicht g e z w u n g e n wäre, sie zu schreiben, wenn ich mit einer von den anderen Sachen beschäftigt bin. Hast Du *Schnee auf dem Kilimandscharo* und *Das kurze glückliche Leben des Francis Macomber* gelesen? Hätte Dir schon früher geschrieben, mußte aber das alles erst noch in Ordnung bringen. Ich stinke den N. Y.-Kritikern dermaßen, daß sie, wenn ich im Herbst einen Erzählungsband herausbringe, egal wie gut er ist, alle versuchen werden, ihn in Grund und Boden zu stampfen. Nun, ich werde ihnen im nächsten Frühjahr und auch im Herbst mit dem Roman und dem Erzählungsband Feuer aus der Doppelbüchse geben können, falls Du da mitmachst. In der Zwischenzeit werden meine Veröffentlichungen meinem Ruf nicht schaden. Ich will jetzt nur noch eins: in den Westen, mich ruhig in eine Hütte setzen und schreiben. Wir haben einen 514- und einen 610pfündigen Thunfisch gefangen. Bisher haben uns die Marlin reingelegt – wir verloren einen von 700 und einen von 1000 vom Haken – er hat ihn geradegebogen wie einen Bleistift! Na was soll's. Ich habe wahrhaftig noch einen anderen Beruf als die Marlinfischerei, und ich will unbedingt wieder an die Arbeit. Wir werden bis Okt. oder so im Westen bleiben. Dann zurück nach

K. W. und hart arbeiten, bevor diese drecksverfluchten Winterbesucher kommen.

Ich hoffe, ich habe Dich mit dem Erzählungsband nicht im Stich gelassen.

Schreib mir bitte nach K. W. Wir fahren hier am Donnerstag ab, falls wir anständiges Wetter erwischen. Hier weht seit drei Tagen eine steife Brise. Werde versuchen, diesen Brief heute noch in ein Flugzeug zu kriegen. Denk bitte nicht, ich wollte mich wegen des Erzählungsbandes rausreden; denn ich habe dafür bereits *Oben in Michigan, One Trip Across, Die Hauptstadt der Welt, Tradesman's Return, Das kurze glückliche Leben des Francis Macomber, Schnee auf dem Kilimandscharo* und außerdem noch neue Sachen ohne Titel. Aber wenn ich die 2 herausnehmen und dieses andere Buch zu Ende schreiben kann, habe ich – mit nur ein paar Erzählungen mehr – 2 Bücher statt einem, und eins davon wäre das, was diese Schwänze alle so gern haben – ein Roman.

Beste Grüße
Ernest

PUL

1 *Haben und Nichthaben.*

1937

An Harry Sylvester[1]

Key West, 5. Februar 1937

Lieber Harry:

Der Krieg in Spanien ist ein schlimmer Krieg, Harry, das Recht ist auf keiner Seite. Ich sorge mich nur um die Menschen und versuche ihre Leiden zu lindern, indem ich Ambulanzen und Krankenhäuser unterstütze. Die Aufständischen haben eine Menge guter italienischer Ambulanzwagen. Aber es ist nicht sehr katholisch oder christlich, die Verwundeten im Krankenhaus von Toledo mit Handgranaten umzubringen, oder das Arbeiterviertel in Madrid zu bombardieren, ohne militärischen Grund, nur um arme Leute umzubringen, deren Politik nur eine Politik der Verzweiflung ist. Ich weiß, man hat Priester und Bischöfe erschossen, aber warum war die Kirche auch politisch auf der Seite der Unterdrücker und nicht auf der des Volkes – oder warum war sie überhaupt politisch? Es ist nicht meine Sache, und ich mache sie auch nicht dazu, aber meine Sympathien sind immer bei den ausgebeuteten Arbeitern und nicht bei den im Ausland lebenden Grundbesitzern, auch wenn ich mit Grundbesitzern zusammen einen trinke und Tauben mit ihnen schieße. Ich würde ebensogern sie wie die Tauben abschießen.

Dos [Passos] kennt und versteht Dich nicht, und er respektiert auch Deinen Glauben nicht so wie ich. Das ist Unwissenheit. Es gibt keinen schlimmeren Snobismus als den Snobismus der Radikalen, und wenn Dos von dem besessen ist, ist er weder er selbst noch besonders spaßig. Aber er ist genau wie Du ein guter Kerl. Aber Du kannst nicht erwarten, daß alle Deine Freunde einander mögen. Ich kann zum Beispiel Dich und Dos und Jim Farrell mögen. Aber ich kann nicht erwarten, daß Ihr drei euch gegenseitig mögt. Noch nehme ich an, daß Ihr mich immer mögt.

Freut mich, daß mit dem Kind, mit Dir und Rita alles in Ordnung ist. Hier stürmt es seit 65 Tagen ununterbrochen. Zum Fischen zu rauh. Schlammig wie ein Faß Lauge. Wind immer aus Ost oder Südost. Heute der erste Nordwind. Wir haben vor, Ende dieses Monats nach Spanien abzuhauen.

Meine Augen sind jetzt zum Boxen beinahe zu schlecht. Bin nur noch für Kneipen- oder Straßenprügeleien zu gebrauchen, denke aber, daß ich dabei vielleicht noch lange mithalten kann, wenn ich meine Auftritte sorgfältig auswähle. Bin das ganze Fett los und wiege um zweihundert. Habe mich ziemlich gut und irgendwie glücklich gefühlt, als ich wußte, was ich zu tun hatte. Viel Glück, Harry. Wir hoffen, wir sehen Euch bald. Paß auf Dich auf, und kümmere Dich nicht um Politik oder Religion. Und wenn es geht, vermische die beiden n i e . Das in Rußland jetzt halte ich für einen ganz dreckigen Laden, aber ich kann überhaupt keine Regierungen ausstehen. Sinnlos, darüber zu reden.

HS   Bis dann

PH. PUL   Ernest

1 Amerikanischer Roman- und Kurzgeschichtenautor (geb. 1908). Er lernte EH in den dreißiger Jahren auf Key West kennen. EHs »Dein Glaube« bezieht sich auf Sylvesters Katholizismus. Später trat er aus der Kirche aus.

1938

AN JOHN DOS PASSOS

Lieber Dos:

Tut mir leid, daß ich Dir dieses Kabel vom Schiff geschickt habe. Als ich es abschickte, fand ich es lustig. Hinterher nur noch überheblich.

Ich möchte aber mit Dir über etwas sprechen, was mir sehr ernst ist. In Spanien wird immer noch ein Krieg ausgetragen zwischen dem Volk, auf dessen Seite Du einmal warst, und den Faschisten. Wenn Du Dich schon durch Deinen Kommunistenhaß dazu berechtigt fühlst, für Geld die Leute zu attackieren, die in diesem Krieg noch kämpfen, solltest Du, denke ich, wenigstens die Fakten richtig darstellen. In einem Artikel im »Red Book«, den ich gerade gelesen habe, erwähnst Du nicht den Namen [Gustavo] Durans, was nur korrekt und fair gewesen wäre. Aber Du glaubst, Walter erwähnen zu müssen, und nennst ihn einen russischen General. Du erweckst den Eindruck, daß dieser Krieg von den Kommunisten geführt wird, und Du sprichst von einem russischen General, den Du getroffen hast.

Das einzig Dumme daran ist, Dos, daß Walter Pole ist. So wie Lucasz Ungar, Petrov Bulgare, Hans Deutscher, Copic Jugoslawe und so weiter. Tut mir leid, Dos, aber Du hast überhaupt keine russischen Generale getroffen.[1] Ich kann nur einen Grund dafür sehen, daß Du für Geld die Seite attackierst, auf der Du doch anscheinend immer gestanden hast, und der ist, daß Du ein unwiderstehliches Verlangen danach hast, die Wahrheit zu sagen. Warum sagst Du dann nicht die Wahrheit? Die Sache ist die, daß Du die Wahrheit nicht in zehn Tagen oder drei Wochen herausfinden kannst, und dieser Krieg ist lange Zeit nicht von den Kommunisten geführt worden. Wenn die Leute eine Artikelserie von Dir lesen, die sechs Monate und länger läuft, merken sie gar nicht, wie kurz Du in Spanien gewesen bist und wie wenig Du gesehen hast. Deshalb habe ich dieses Kabel geschickt, aber ich hätte mich anständig ausdrücken sollen, und nicht so überheblich. Und dann Nin. Weißt Du, wo Nin jetzt ist? Das müßtest Du schon herausfinden, bevor Du über seinen Tod schreibst. Aber was soll's, zum Teufel. Es waren ein paar gute Russen in Spanien, aber die hast Du nicht getroffen, und jetzt sind sie nicht mehr da. Als [Herbert] Mathews und ich während des Sturmangriffs am fünften Tag der Kämpfe hinter drei Infanteriekompanien und einem Sprengtrupp nach Teruel kamen, hielten die Bewohner uns alle für Russen. Ich könnte Dir darüber ein paar komische Geschichten erzählen. Aber in dem ganzen Gefecht sah ich nur einen einzigen russischen Panzeroffizier und einen bulgarischen Offiziersausbilder von der 43. Brigade. Wir machten die Attacke mit Prietos Carabineros mit, das waren prächtige Kampftruppen, und sie standen politisch etwa so weit links wie Senator Carter Glass. Du weißt, nicht alle Leute sind Feiglinge, viele Leute werden kämpfen und ohne zu zögern sterben, um ihr Land vor einer ausländischen Invasion zu retten, und der Krieg ist weder von den Kommunisten noch von den Faschisten erfunden worden; und wenn Du ständig versuchst, es so hinzustellen, als ob der Krieg, den die Regierung gegen die faschistische italienische und die deutsche maurische Invasion führt, eine Sache der Kommunisten ist, die dem Willen der Leute aufgezwungen wird, ist das abscheulich erbärmlich. Wer hat unseren Bürgerkrieg geführt? In dem es keinerlei ausländische Invasion gegeben hat.

Ich bin jetzt sehr leicht anzugreifen, und wenn Du willst, kannst Du, statt direkt auf Spanien loszugehen, auch mich angreifen. Aber das wird Dir auf dem Weg, den Du gewählt hast, nicht helfen. Wenn jemand anfängt, in Geldangelegenheiten unehrlich zu werden, endet das gewöhnlich damit, daß er in allem unehrlich wird. Andererseits dürfte man von mir, da ich damit angefangen habe, in allem unehrlich zu sein, wohl

erwarten, daß ich damit ende, in Geldangelegenheiten unehrlich zu werden. Ich werde dem jedenfalls gelassen entgegense-
hen.

Damit ist der Brief also zu Ende. Falls Du je irgendwelches
Geld bekommst und mir etwas von dem, das Du mir schuldest,
zurückzahlen willst (nicht dieses Geld von Onkel Gus, als Du
krank warst. Ich meine andere, spätere, kleinere Beträge),
warum nicht mal dreißig Dollar schicken, wenn Du dreihundert oder zwanzig oder zehn oder irgendwas verdienst? Ich
habe jetzt sehr gute Verwendung dafür. Also ich werde den
Brief nicht abschicken, weil, ja warum? Weil wir alte Freunde
sind. Gute alte Freunde, weißt Du. Fallen einem für 25 Cent in
den Rücken. Jeder andere verlangt fünfzig.

Bis dann, Dos. Hoffe, Du bist immer glücklich. Nehme an,
Du wirst es immer sein. Muß ein prima Leben sein. War auch
mal glücklich. Werd's wieder sein. Gute alte Freunde. Immer
glücklich sein mit den guten alten Freunden. Hab solche, die
einem für 'nen Zehner in den Rücken fallen. Normaler Preis
zwei für fünfundzwanzig. Zwei für fünfundzwanzig, zum Teufel. Ehrlich, Jack Passos wird Dir für fünfzehn Cent dreimal in
den Rücken fallen und die Giovinezza gratis singen. Danke,
Kumpel. Mann, das tut gut. Noch 'n paar alte Freunde? Weg
mit ihm, Doc, der ist völlig zersäbelt. Sag der Sekretärin von
Deinem Herausgeber, sie soll Mr. Passos einen Scheck über
250 Dollar ausstellen. Danke schön, Mr. Passos, das war sehr
sehr sauber. Jederzeit willkommen hier. Für einen, der so
denkt wie Du, gibt's hier immer Arbeit.

Immer Dein

Hem

UVA

1 EH betont hier die internationale Herkunft vieler loyalistischer
Kommandeure und weist Dos Passos' Meinung zurück, einige Generäle seien Russen gewesen.

AN MAXWELL PERKINS

Key West, 12. Juli 1938

Lieber Max:

Ich habe die Antwort auf Deine Briefe aus zwei Gründen aufgeschoben. Erstens wegen des Theaterstücks. Der Produzent hatte die 25000 Dollar nicht flüssig, die am ersten Juli hinterlegt werden sollten, und es stand zur Debatte, die Option zu verlängern, um ihm Zeit zu gewähren, das Geld aufzutreiben usw. Dies unter uns, denn ich will nicht, daß etwas davon durchsickert, was ihn bei den Bemühungen stören könnte, das nötige Geld für die Produktion aufzutreiben. Andere Produzenten waren auch hinter dem Stück her, aber die Zeit drängt allmählich. Aber ob es nun produziert wird oder nicht, wir können mit der Veröffentlichung im Herbst rechnen. Die Fahnen habe ich nicht zurückgeschickt, da mir das nicht eilig erschien. Sag mir Bescheid, falls doch. Das Vorwort, das ich schreiben würde, falls Du eins haben willst, würde natürlich, je nachdem, ob das Stück aufgeführt wird oder nicht, verschieden ausfallen. Das kann ich jederzeit an einem oder höchstens zwei Tagen schreiben.

Jetzt zu den Erzählungen. Mit *Oben in Michigan* ist es anscheinend immer noch dasselbe wie früher. Ohne diese Redewendung ist die Geschichte sinnlos. Mit ihr haben die Leute, die immer nach etwas suchen, worauf sie sich stürzen können, genau das, was sie wollen.

Das Buch soll eine endgültige Sammlung aller Geschichten bis heute sein. Ohne *Oben in Michigan* ist es das nicht. Wenn die Erzählung gestrichen wird, verliert es jegliche Bedeutung.

Diese Geschichte nimmt in meinem Werk eine wichtige Stelle ein und hat viele Leute beeinflußt. Callaghan usw. Sie ist nicht schmutzig, sondern traurig. Damals habe ich noch nicht so gut geschrieben, besonders Dialoge. Ein großer Teil des Dialogs in dieser Geschichte ist sehr hölzern. Aber da an der Anlegestelle wurde sie auf einmal vollkommen echt, das ist der Clou der ganzen Geschichte, und für mich war es der Anfang all der Natürlichkeit, die ich dann hatte. (Habe die Geschichte eben noch mal gelesen), habe vorher nach der Erinnerung geschrieben.

Max, ich weiß nicht, was ich dazu sagen soll. Wenn Du sie streichst, hat das ganze Buch keinen Sinn.

Wenn Du es überhaupt nicht veröffentlichen willst – o. k. Aber wenn es veröffentlicht wird, meine ich, dann so, wie es jetzt ist.

Jetzt noch eine andere Idee. Warum nicht das Theaterstück als die erste Geschichte bringen? Danach die achtundvierzig anderen.

Nenn es *Die fünfte Kolonne und die ersten achtundvierzig Stories* von Ernest Hemingway.[1]

Du weißt, Strategie besteht darin, immer stark zu sein – und immer an der richtigen Stelle stark zu sein.

Geschlagen wird man, wenn man seine Kräfte verzettelt.

Mit zwei Büchern verzetteln wir uns arg. Es gibt keine letzte Geschichte, die zeigt, was ich seit den ersten 48 gelernt habe. Und das Stück allein wird jeder verreißen. Bring alles auf einmal, egal, ob sie sie verreißen werden oder was sonst passiert, ich werde es nicht bedauern, denn ich weiß, daß das die Arbeit ist, die ich getan habe, an der man sehen kann, was ich gelernt habe; und alle Vitalität von Dialog und Handlung steckt in dem Stück, und das entstand nach all dieser soliden Arbeit.

Es liest sich verdammt gut, weißt Du.

In diesem Fall könntest Du *Oben in Michigan* weglassen. Ich würde es eher weglassen als kürzen. Aber ich hielte es für eine Schande, es nicht zu veröffentlichen.

Max, ich möchte den Leuten in diesem Buch verdammt viel für ihr Geld bieten, aber ebensosehr möchte ich auch den ganzen Kram drin haben.

Ich könnte eine kurze Einführung schreiben, in der ich erklären würde, daß *Die fünfte Kolonne* die zuletzt geschriebene Sache ist. Darauf müßten die anderen neuen Erzählungen folgen und dann der Rest in chronologischer Reihenfolge. Würde das Buch dadurch zu dick? Ich hätte gern mal zur Abwechslung ein richtig dickes.

Was hältst Du von alldem?

Es war schade, daß Evan [Shipman] nicht das Geld auftreiben konnte, um es auf dieses Pferd zu setzen. Das Pferd, The Chief, hat natürlich gewonnen. Das zweite Kapitel ist, daß

Evan 100 Dollar bekam, um letzten Samstag auf Fighting Fox zu wetten. Er hat verloren, aber wenn Evan meinem Rat gefolgt wäre und auf Platz und Sieg gesetzt hätte, hätte ich nur 25 Dollar verloren. Habe noch nichts von ihm gehört. Wahrscheinlich in ein, zwei Tagen. Da jetzt die Trabersaison anfängt, b i t t e i c h D i c h, n i e m a n d e m m e h r G e l d f ü r i r g e n d w e l c h e P f e r d e w e t t e n z u g e b e n, e s s e i d e n n, D u b e k o m m s t e i n b e s t ä t i g e n d e s T e l e g r a m m v o n m i r. Trotzdem vielen Dank, daß Du Evan diese hundert gegeben hast.

Werde diesen Brief jetzt abschicken.

Ich lege die Geschichte bei, die ich »Ken« an dem Tag, als wir Amposta räumten, gekabelt habe.

Könnte eine Geschichte für das Buch sein, denke ich – *Alter Mann an der Brücke*. Was meinst Du?

Hoffe, bei Dir läuft alles ordentlich.

Beste Grüße
Ernest

Die Chancen stehen 3:1, daß das Stück in diesem Herbst n i c h t produziert wird.
PUL

---

1 Die neunundvierzigste Story war schließlich *Alter Mann an der Brücke*, zuerst erschienen in »Ken« (19. Mai 1938). Siehe auch den Schluß dieses Briefes.

AN MAXWELL PERKINS

Paris, 28. Oktober 1938

Lieber Max:

Ich hätte Dir schon längst schreiben sollen, wie sehr mir das mit dem alten Tom [Wolfe][1] leid getan hat. Aber ich wußte, daß Du das wüßtest, und es hat sowieso keinen Sinn, über Verluste zu reden. Das alles muß für Dich furchtbar gewesen sein. Das war ein guter Brief, den er Dir geschrieben hat. Jeder schreibt einem liebe Briefe, wenn er meint, er wird bald sterben. Du wirst wohl eine beträchtliche Sammlung zusammenbekommen. Ich hoffe, ich werde Dir in den nächsten fünfzig Jahren eine Menge davon schreiben.

Also, wir dachten, wir hätten mit diesem Buch etwas ziemlich Unschlagbares, nicht wahr? Aber diese Jungs sind nicht zu schlagen. Sie können sich zusammenrotten und es herunterspielen. Weißt Du, Max, ich glaube, ich werde immer noch dasein und ziemlich gut mithalten, wenn es eine ganz neue Generation von Kritikern gibt. Siehst Du, diese Jungs haben mich alle begraben, und es ist unangenehm und schwierig für sie, mich wie Lazarus wieder auferstehen zu sehen. Ich dachte immer, es müsse unangenehm sein, Lazarus um sich zu haben. Wie sagten sie doch gleich: »Herr, er stinkt schon« [Johannes 11, 39].

Das alles ist mir scheißegal, außer, wenn es meinem Auskommen in die Quere kommt. Als ich das Buch bekam und alle diese Geschichten sah, wußte ich, daß es sozusagen mit meinem Weiterleben gut bestellt wäre, falls ich morgen abkratzen sollte. Was übrigens – na ja, wir wollen keinen Unsinn reden oder schreiben.

Pauline schrieb, daß am Erscheinungstag des Buches kein Exemplar im Schaufenster zu sehen war. Ich bin aber sicher, da muß ein Irrtum vorliegen. Gibt es eigentlich einen Zusammenhang zwischen der Größe der Besprechungen und der Größe der Anzeigen? Ich verstehe schon, daß eine große Annonce k e i n e große Besprechung sichert. Aber eine kleine könnte doch auf die Größe der Besprechung einwirken. Muß ein ganz schöner Schwindel sein.

Ich meine, Du solltest bei der Werbung besonders darauf hinweisen, daß das Buch 185 Seiten bisher unveröffentlichten Materials enthält. Gib die Länge der neuen Erzählungen an. Erwähne, daß *Oben in Michigan* nur in einem Buch erhältlich ist, das jetzt 350 Dollar pro Stück kostet, und hebe den Umfang und die Zahl der Wörter in dem Buch hervor.

Dies scheinen mir nützliche Hinweise zu sein.

In dem Band sind genug neue Sachen, um daraus ein Buch zu machen, das um einiges länger ist als etwa [Steinbecks] *Von Mäusen und Menschen*.

Weise darauf hin. Ich glaube, bei diesen Besprechungen

wirst Du Reklame machen müssen, um es zu verkaufen. Aber
ich glaube wirklich, daß Du damit eine sehr gute Sache anbietest und daß es verkauft werden kann, wenn die starken Seiten
hervorgehoben werden.

Ich habe bis diesen Mittwoch geschuftet wie ein Wilder.
Dachte, vielleicht wäre das die letzte Chance, was Gutes zu
schreiben, und das habe ich getan. Zwei lange Erzählungen.
Eine war noch nicht ganz fertig, als der Krieg abgeblasen
wurde. Habe sie danach zu Ende geschrieben. In Anbetracht
dieses ganzen Chaos, der anhaltenden Demütigung und der
Orgie an Hinterlist und Verdorbenheit, gepaart mit meinem
Ärger über das verdammte Buch (erst nichts darüber zu hören,
und dann nur Schlechtes), war es eine harte Arbeit. Aber ich
habe zwei Kapitel für den Roman geschafft. Sieht so aus, als
käme ich bald wieder zurück. Bitte Pauline, sie soll Dir die Abschrift von einer der Erzählungen zeigen, die ich ihr geschickt
habe – *Der Abend vor der Schlacht*. Sie hat eine Länge von über
zehntausend Wörtern.

Werde heute wieder an dem Roman arbeiten. Schreiben ist
eine mühsame Angelegenheit, Max, aber es gibt nichts Besseres für einen.

Folgendes ist vertraulich. Mir wurde eine Kommandeur-
stelle bei einer Gruppe von Franzosen angeboten, die nach
Spanien geschickt werden sollte. Wäre schön gewesen. Aber
ich hatte diesen Vertrag mit Jack [John N.] Wheeler, und ich
hatte Pauline versprochen, nicht in den Krieg zu ziehen. Da
gab's also gewisse widerstreitende Verpflichtungen. Widerstreitende Verpflichtungen habe ich ganz schön satt, sie scheinen das zu sein, wovon ich den größten Vorrat habe.

Die napoleonische Geschichte habe ich noch nicht geschrieben. Werd's aber. Bevor ich nach Hause komme, werde ich
nächste Woche noch kurz nach Barcelona fahren. Max, ich bin
ein bißchen niedergeschlagen, werde also jetzt aufhören.

Denk daran, falls mir je etwas zustoßen sollte, ich halte von
Dir genausoviel wie Tom Wolfe, auch wenn ich es nicht so gut
ausdrücken kann.

Bis dann, Max.
Ernest

Kable mir den Verkauf, wenn Du diesen Brief erhältst: Garritus Paris.

PUL

1 Wolfe war am 15. September 1938 gestorben. Drei Jahre zuvor, nachdem er gelesen hatte, daß EH ihn in *Den grünen Hügeln Afrikas* erwähnt hatte, schrieb Wolfe an Perkins über »den Großen Großen ›He Man‹ und Kämpfer mit Worten, der nichts einstecken kann«.

1939

Key West, 6. Februar 1939

Liebe Mutter:

Die Frist, einen Brief nach Weihnachten zu schreiben, ist jetzt um einen Monat und sechs Tage überschritten. Daher ist dies bloß ein normaler Brief. Verzeih mir bitte, daß ich nicht gleich geschrieben habe, um mich für die schönen Schecks von Dir und Paulines Vater und für den prächtigen Morgenrock zu bedanken, den Jinny in Deinem Auftrag aus New York geschickt hat. Ich habe ihn wirklich dringend gebraucht, und es war schrecklich nett von Dir, ihn mir schicken zu lassen.

Die Reise nach N. Y. war ein alttestamentarischer Alptraum. Ich habe erst zwei Akte umgeschrieben und sie dann vollkommen neu geschrieben. Die Juden[1] hatten das Stück mit den Höhepunkten des dritten Aktes begonnen und so einen ziemlich aufregenden ersten Akt hinbekommen, wußten dann aber natürlich nicht weiter, und daher mußte ich zwei völlig neue Akte schreiben. Es sollte jetzt heißen: Die 4.95-Kolonne, verbilligt statt früher 5. Kolonne.

Das ist wirklich ein schlimmes Geschäft. Ehe man nicht im Theater Erfolg gehabt hat, meinen alle, daß man überhaupt nicht wisse, was man eigentlich tut. Und daß ein gutes Stück genauso sein sollte wie das letzte gute Stück, oder wie Teile einiger anderer Stücke, die ziemlich gut waren. Da es rund 50000 kostet, ein Stück aufzuführen, glaubt der jeweilige Geldgeber, das Stück müßte absolut narrensicher gemacht werden, um diese Investition zu sichern. Das heißt, es darf nichts Neues drin sein, und auch nichts, was nicht schon früher Geld eingebracht hat. Und da es kein Rezept gibt, wie ein erfolgreiches Stück hergestellt wird, sind die meisten Stücke, die sie auf die Bühne bringen, Reinfälle.

Heute morgen wachte ich mit dem Traum auf, daß eine Wermutfabrik ihnen die Finanzierung zugesagt hätte und daß das Stück jetzt »Cinzano Express« heißen sollte. Daß die ersten vier Szenen so bleiben könnten, aber die nächsten sollten wir umschreiben, um den richtigen Wermut-Aspekt reinzukriegen. Das war ein wahrer Traum. Ihr neuer Aspekt bestand darin, daß der letzte Teil des Stücks auf einer Insel spielen sollte und sie auf der Bühne eine echte Insel aufbauen wollten, auf der sie ihre eigenen exotischen Pflanzen züchten würden.

Ich wünschte, ich hätte nie etwas von einem Schauspiel gehört, sondern statt dessen einen Roman geschrieben. Vermutlich geht es vielen anderen Leuten genauso.

Patrick wurde gestern konfirmiert und war der Stolz der Gemeinde, da niemand außer ihm die Fragen des Bischofs beantworten konnte. Er ist im Katechismus ungeheuer beschlagen und würde, wie's gegenwärtig aussieht, einen ausgezeichneten Anwalt für die Heilige Rota Romana abgeben. Seit Gregory weiß, daß die Konfirmation fünf Dollar einbringt, kann er es kaum erwarten, mit dem Katechismusunterricht anzufangen. Ich erklärte ihm auch die Sache mit den Zinsen, als ich sie beide mitnahm, um Geld auf ihre Sparkonten einzuzahlen, worauf Giggy sagte: »Mann, ich wollte, ich wäre darauf gekommen, mir das auszudenken.«

Onkel Gus und Tante Louise haben hier einen schönen Besuch verbracht. Er fischte zwei Tage im Golf, aber das Wetter war schlecht: an beiden Tagen heftiger Nordwind, so daß er keine Seglerfische, sondern nur eine Menge Riffische gefangen hat. Ich bin durch einen Blizzard hierhergeflogen, sechs Stunden Verspätung. Onkel Gus war müde. Ich wünschte, er hätte lange genug bleiben können, um sich zu erholen.

Die Italiener haben neue Truppen, Artillerie und Flugzeuge ins Land gebracht, während die spanische Regierung alle ihre ausländischen Freiwilligen weggeschickt und dann die Grenze nach Frankreich geschlossen hat, damit sie nicht durch Chamberlain und Daladier Artillerie und Munition hereinbringen. Na ja, zwecklos, darüber zu reden. Aber wenn ich im »Sunday

Visitor« von den Greueltaten der Roten lese, von der Nieder-
tracht der spanischen »Kommunisten«-Regierung und der
Menschlichkeit General Francos, der den Krieg schon vor Monaten hätte beendet haben können, wenn er nicht befürchtet
hätte, der Zivilbevölkerung dadurch Schaden zuzufügen – und
das, nachdem ich gesehen habe, wie eine Stadt nach der andern in Grund und Boden gebombt worden ist, wie Einwohner
umgebracht, Flüchtlingskolonnen auf den Straßen bombardiert
und immer wieder mit Maschinengewehren beschossen wurden – ach, es ist zwecklos, darüber zu reden. Aber diese Art
von Lügen tötet etwas in einem ab. Man unternimmt jetzt
große Anstrengungen, um zu beweisen, daß Franco Guernica
nie bombardiert hätte. Es wäre einfach von den Roten in die
Luft gejagt worden. Harry Sylvester, der noch nie in seinem
Leben in Spanien war, hat es mir in einem langen Brief bewie-
sen. Nun, in Guernica war ich nicht. Aber ich war in Mora del
Ebro, Tortosa, Reus, Tarragona, Sagunto und vielen anderen
Städten, als Franco genau das tat, was er in Guernica getan zu
haben bestritten. Aber was soll das jetzt noch? Es gibt nur eins,
was man in einem Krieg zu tun hat, und das ist siegen. Wenn
man auf ein Dutzend verschiedene Weisen verraten und verkauft worden ist und verloren hat, soll man sich damit abfin-
den, wenn zusätzlich auch noch Lügen über einen verbreitet
werden. Die Briten waren die eigentlichen Schurken. Die
ganze Zeit. Von Anfang an.

Außerdem würden die Katalanen nie kämpfen. Sie haben in
dem ganzen Krieg nicht gekämpft. Vielleicht sind es einfach
zu liebe Leute, aber in Spanien haben wir einen Vers, der
übersetzt so lautet:

> Mein Gesicht ist schwarz,
> Meine Nase platt,
> Aber ich bin noch ein Mensch.
> Gott sei Dank, ich bin ein Neger
> Und k e i n Katalane.

Mutter, ich hätte dieses Thema nicht berühren sollen. Ich halte
es immer fern von mir, dachte aber, Paulines Vater würde sich

fragen, was ich wohl vom Lauf der Dinge hielte. Bin aber zu verbittert.

Die Lage ist die: die Grenze nach Frankreich ist seit letzten Mai für hereinkommendes Material geschlossen. Im Januar, als es zu spät war, haben sie sie geöffnet und ein bißchen hereingelassen. Zentralspanien wird mit Wasser versorgt werden müssen. Italien wird voraussichtlich auch eine Blockade verhängen. Durch die Luftblockade ist etwa die Hälfte des Nachschubs versenkt. Die Häfen von Valencia und Alicante werden jede Nacht bombardiert. Das ist freilich legitim.

Franco wird sechs bis acht Wochen brauchen, um eine großangelegte Offensive gegen Madrid oder Valencia zu starten. Wenn er schlau ist, wird er es mit Valencia versuchen.

Wenn er Valencia einnimmt, ist Zentralspanien verloren. Valencia ist das reichste Gebiet Spaniens und ernährt Madrid.

Die Italiener möchten wohl eine Offensive gegen Madrid sehen, um ihre Niederlage von Guadalajara [1937] wettzumachen, und es wäre möglich, daß sie an beiden Fronten gleichzeitig eine Offensive organisieren.

Mit den ihnen jetzt zur Verfügung stehenden Streitkräften und dem enormen Übergewicht an Artillerie können sie jetzt mit Sicherheit die Straße von Madrid nach Valencia blockieren und die Hauptstadt aushungern. In ganz Zentralspanien herrscht seit zwei Jahren Nahrungsmittelknappheit.

Meine besten spanischen Freunde sind jetzt dort, und daran zu denken macht einen ganz trübsinnig. Ich habe den ganzen Krieg hindurch in Spanien nachts gut und fest geschlafen, und ich habe im letzten Winter fünf Monate lang mindestens jeden zweiten Tag gehungert, richtig gehungert, aber mich nie wohler gefühlt. Daher halte ich das Gewissen für ein merkwürdiges Ding, das weder von einem Gefühl der Sicherheit noch von Lebensgefahr, noch vom Magen beherrscht wird.

In New York war ich im »Hollywood Restaurant« und habe mir gewünscht, Du wärst da und wir könnten wieder einmal zusammen essen. Ich hatte vor, nach Piggott rauszukommen und Euch zu besuchen und dann den Wagen zu nehmen und herzufahren. Aber bevor ich ankam, hatte man Otto [Bruce] schon losgeschickt.

Durch den Krieg und das ganze letzte Jahr entdecke ich erst jetzt, daß ich Steuern für rund 30 000 Dollar Einkommen zahlen muß. Habe die Sache den ganzen Tag durchgerechnet. Zum Glück brauche ich nichts für Gelder zu zahlen, die ich im Ausland verdient habe; da ich über sechs Monate drüben war, brauche ich für all das nichts zu zahlen. Sully [J. B. Sullivan] sagt: »Bei Gott, man kann über dich sagen, was man will. Aber bei Gott, du bist ein treusorgender Vater.« Werde also jetzt wieder fleißig an die Arbeit gehen müssen, um wenigstens diesen Ruf zu behalten.

Pauline geht es gut, sie sieht besser aus als je. Den Kindern geht es allen gut. Bumby war zum Dinner bei mir und blieb die Nacht in N. Y.; er ist gut in der Schule. Gregory und Patrick sind beide kräftig und noch gut in Form von der Reise in den Norden.

Alles Liebe Euch allen und nochmals Dank für die Geschenke.

Ernest

Meine Mutter kommt übermorgen für 2 Tage. Ich habe Jinny in N. Y. getroffen, und wir haben eine schöne Zeit zusammen verbracht. Sie arbeitet w i r k l i c h fleißig an ihrer Fotografiererei. Ich habe ihr die erste Warnung verpaßt, wegen ihrer Späße in Sachen Schnaps, und habe ihr gesagt, sie soll alles vernichten und jedem dringend abraten, Flaschen zu leeren. Es war ein guter Spaß, aber die Leute vom Finanzamt verstehen keinen Spaß.

PUL

1 Zu EHs späterer Auffassung zu diesem Thema siehe den Brief an Edmund Wilson vom 10. September 1951.

An Iwan Kaschkin

Key West, 23. März 1939[1]

Lieber Kashkeen:

Also ich freue mich ungeheuer, von Ihnen zu hören. Und nicht nur etwas zu hören, sondern zu wissen, daß die Übersetzung ins Russische von jemandem angefertigt wird, der, für meinen Geschmack, die beste und brauchbarste Kritik meiner Sachen geschrieben hat, die ich je gelesen habe, und der wahrscheinlich darüber mehr weiß als ich. Ich bin verdammt froh, daß Sie das weitermachen, und ich werde Scribner's anweisen, Ihnen, wie Sie vorschlagen, die Fahnen der Bücher zu schicken. Ferner autorisiere ich Sie hiermit, die Bearbeitung des Stückes *[Die fünfte Kolonne]* vorzunehmen.

Zu der Reihenfolge der Erzählungen in dem Buch. Scribner's wollte die drei neuen am Anfang haben, und da alle anderen in der Reihenfolge bleiben sollten, in der sie zuerst in Büchern erschienen sind, fand ich das O. K. Vielleicht wäre es besser gewesen, sie ans Ende zu stellen und alles chronologisch zu lassen. Ich glaube, es wäre klug von Ihnen, sie ans Ende zu setzen, und autorisiere Sie hiermit dazu.

Einige neue Erzählungen sind fertig. Ich schreibe jetzt einen Roman, von dem ich schon fünfzehntausend Wörter habe. Wünsch mir Glück, Kumpel. Außerdem erschien im »Cosmopolitan« eine Erzählung mit dem Titel *Nobody Ever Dies*. Sie haben einiges davon gestrichen, und bevor Sie die veröffentlichen, möchte ich Ihnen die Fassung schicken, in der ich sie veröffentlicht sehen will, wenn ich es als Buch herausbringe. Habe keine Abschrift, sonst würde ich sie Ihnen schikken.

Zu Ihrer Information: in den Erzählungen über den Krieg versuche ich, a l l e seine verschiedenen Aspekte zu zeigen, ich gehe das bedächtig und aufrichtig an und untersuche es auf mehrere Arten. Denken Sie also nie, daß eine einzelne Geschichte meinen Standpunkt darstellt, denn dazu ist die Sache viel zu kompliziert.

Wir wissen, daß der Krieg schlecht ist. Und doch ist es manchmal notwendig zu kämpfen. Trotzdem ist der Krieg schlecht, und jeder, der sagt, er wäre es nicht, ist ein Lügner. Aber es ist sehr kompliziert und schwierig, wahrheitsgemäß darüber zu schreiben. Um es, zum Beispiel, auf eine einfache persönliche Basis zu stellen – als ich als junger Mann im Krieg in Italien war, hatte ich große Angst. In Spanien hatte ich nach ein paar Wochen keine Angst und war sehr glücklich. Aber wenn ich die Angst anderer nicht verstehen oder ihre Existenz bestreiten würde, hielte ich das für schlechtes Schreiben. Ich verstehe die ganze Sache jetzt einfach besser. Bei einem Krieg, wenn er erst ausgebrochen ist, gibt es nur eins: man muß ihn gewinnen – und das haben wir nicht geschafft. Zum Teufel mit dem Krieg für eine Weile. Ich will schreiben.

Das Stück über die amerikanischen Toten[2], das Sie übersetzt haben, war für mich sehr schwer zu schreiben, weil ich etwas finden mußte, was ich wahrheitsgemäß über die Toten sagen konnte. Über Tote gibt es nicht viel zu sagen, außer daß sie tot sind. Ich wäre gern in der Lage, verständlich über beides zu schreiben, über Deserteure und Helden, Feiglinge und tapfere Männer, Verräter und solche, die nicht fähig sind zum Verrat. Wir haben über all solche Leute eine Menge gelernt.

Nun, jetzt ist alles vorbei, aber gerade Leute, die nichts dafür getan haben, die spanische Republik zu verteidigen, haben jetzt ein starkes Bedürfnis, uns, die wir versucht haben, etwas zu tun, zu attackieren, damit wir wie Narren aussehen und sie ihren eigenen Egoismus und ihre Feigheit rechtfertigen können. Und über uns, die wir gekämpft haben, so gut es ging, und zwar ohne Egoismus, und die wir verloren haben, sagen sie jetzt, wie dumm es gewesen sei, überhaupt gekämpft zu haben.

In Spanien war es sehr komisch, denn die Spanier, wenn sie einen nicht kannten, haben uns immer für Russen gehalten. Bei der Einnahme Teruels war ich den ganzen Tag bei den Sturmtruppen und ging am ersten Abend mit einem Sprengtrupp in die Stadt. Als die Zivilisten aus ihren Häusern kamen, fragten sie mich, was sie tun sollten, und ich sagte ihnen, sie sollten in den Häusern bleiben und unter keinen Umständen auf die Straße gehen, und ich erklärte ihnen, was für gute Menschen wir Roten wären; das war schon sehr komisch. Sie hielten mich alle für einen Russen, und als ich sagte, ich wäre Nordamerikaner, glaubten sie mir kein Wort. Beim Rückzug war es dasselbe. Die Katalanen zogen sich immer rechtzeitig vom Krieg zurück, sie waren aber stets sehr erfreut zu sehen, wenn wir, die Russen, uns in der falschen Richtung durch den Verkehr bewegten – das heißt in Richtung Front. Als die Katalanen viele Monate lang einen Frontabschnitt in Aragon hielten und nichts unternahmen, lag zwischen ihren Schützengräben und denen der Faschisten etwa ein Kilometer, und an der Straße, an der die Front verlief, hatten sie ein Hinweisschild angebracht: Frente Peligro. Gefahr. Front. Habe ein hübsches Foto davon gemacht.

Also Schluß mit dem Unsinn. Ich würde Sie gern sehen und in die UdSSR kommen. Aber ich muß jetzt schreiben. Solange Krieg ist, denkt man immer: vielleicht wirst du ja getötet, deshalb brauchst du dich um nichts mehr zu sorgen. Aber ich bin nicht getötet worden, also muß ich arbeiten. Und wie Sie wohl auch entdeckt haben, ist Leben schwieriger und komplizierter als Sterben, und Schreiben genauso schwer wie je.

Von mir aus würde ich auch umsonst schreiben, aber wenn einen niemand bezahlte, würde man verhungern. Ich könnte viel Geld verdienen, wenn ich nach Hollywood ginge oder Mist schriebe. Aber ich will auch weiterhin so gut und so ehrlich schreiben, wie ich kann, bis ich sterbe. Und ich hoffe, ich sterbe nie. Habe drüben in Kuba gearbeitet, wo ich Briefen, Telegrammen, Aufrufen usw. entkommen und richtig arbeiten konnte. Ist gut gegangen.

Bis dann, Kashkeen, und viel Glück. Ich weiß Ihre Sorgfalt und Integrität bei den Übersetzungen sehr zu schätzen. Grüßen Sie alle Genossen, die an den Sachen arbeiten, sehr herzlich von mir. Genosse ist ein Wort, über das ich jetzt beträchtlich viel mehr weiß als damals, als ich Ihnen zum erstenmal schrieb. Aber wissen Sie, was komisch ist? Das einzige, was man ganz und gar allein tun muß und wobei einem kein Lebender helfen kann, egal, wie sehr er es will (außer dadurch, daß er einen in Ruhe läßt), ist Schreiben. Sehr schwierige Sache, mein Junge. Müssen Sie mal versuchen ... (Scherz).

Hemingway

1 Abgedruckt in »Soviet Literature« 11 (1962).
2 *On the American Dead in Spain,* in »New Masses« 30 (14. Februar 1939).

Key West, 25. März 1939

Lieber Max:

Danke für den netten Brief und die Beilage von dem Vortrags-
agenten. Sei bitte sehr höflich zu ihm, aber das brauchen wir
doch noch nicht zu tun. Man sollte nie sagen, daß man etwas
nie täte, weil man es am Ende gewöhnlich doch tun muß. Aber
jetzt noch nicht. Sei aber freundlich zu ihm.

Wie hat sich das Buch verkauft? Wie hoch ist der Absatz
jetzt?

Ich rede nicht gern darüber, weil es Pech bringt, aber ich bin
beim Schreiben ungeheuer gut vorangekommen. War in Kuba,
um diese drei Erzählungen zu schreiben. Statt dessen habe ich
eine über den Krieg geschrieben, die Pauline für eine der besten hält, die ich je geschrieben habe; sie heißt *Hinter der Front.*
Dann fing ich eine andere an, zu der ich lange Zeit keine Lust
gehabt hatte, und nachdem ich regelmäßig jeden Tag daran gearbeitet hatte, entdeckte ich, daß ich fünfzehntausend Wörter
geschafft hatte, daß sie sehr aufregend war, und daß sie ein Roman war *[Wem die Stunde schlägt].* Schreibe daran weiter, bis er
fertig ist. Ich wünschte, ich könnte Dir das, was ich bis jetzt
habe, zeigen, weil ich sehr stolz darauf bin, aber das bringt
auch Pech. Genau wie darüber reden. Jedenfalls habe ich in
Kuba einen herrlichen Platz zum Arbeiten[1], ohne Telefon,
kann von niemandem belästigt werden; ich fange um 8.30 an
und arbeite ununterbrochen bis ungefähr zwei Uhr, jeden Tag.
So werde ich es weiter machen, bis er fertig ist. Ich habe viel
Geld aus Hollywood abgelehnt und auch anderes Geld, und
vielleicht werde ich Dich anzapfen müssen, um weitermachen
zu können. Wenn Du das kollateral sehen willst, kannst Du es
– aber jetzt brauchst Du es noch nicht. Das verspreche ich Dir.
Habe sehr langsam gearbeitet, jeden Tag noch einmal jedes
Wort von Anfang an gelesen. Ich hoffe, es wird ein guter Roman. Jedenfalls wird er so gut, wie ich ihn schreiben kann; bin
gut in Form, habe alle Sorgen beiseite geschoben und schreibe
so sorgfältig und gut, wie ich kann. Es ist 20mal besser als *Der
Abend vor der Schlacht,* was flach war. Dies ist abgerundet und

nach der Erinnerung geschrieben, während das andere erfunden ist.

Ich werde jetzt ortsfest bleiben und arbeiten, egal, was passiert. Nachdem die Franzosen die spanische Republik so behandelt haben, fühle ich mich nicht verpflichtet, für die Franzosen zu kämpfen, und überhaupt ist es für mich jetzt wichtiger zu schreiben, und das tue ich auch. Zum Teufel mit N. Y.-Besuchen. Ich habe herausgefunden, daß ich in irgendwelchen persönlichen Schwierigkeiten niemandem nütze, wenn ich nicht arbeite. Also arbeite ich, wo ich arbeiten kann, und nicht behelligt werde. Bumby ist über die Osterferien hier. Danach gehe ich zurück nach Kuba. Sieht also so aus, als ob wir einen Erzählungsband und einen Roman haben werden. Habe bis jetzt fünf neue Erzählungen: *Die Denunziation, Der Schmetterling und der Tank, Der Abend vor der Schlacht, Nobody Ever Dies, Landscape With Figures.* Und diese neue, Teufel, das macht dann sechs.

Bin auf 198 Pfund runter. Habe einen Platz, wo ich Tennis spielen und schwimmen kann, und bin glücklich und gesund, trotz dieser ständigen Leere in einem, des Gefühls, ausgeleert zu sein, wenn man jeden Tag konzentriert an einem langen Buch arbeitet. Wünsch mir Glück, Max. Ich finde, daß ich jetzt beim Schreiben eine Menge mehr weiß als früher, und ich glaube, vielleicht ist es das, was es am Ende einfacher macht, aber es ist immer noch ein sehr hartes Geschäft. Aber so, wie ich jetzt arbeite, fühle ich mich so glücklich und so gut wie damals, als es mit *In einem andern Land* so gut lief.

Bis dann, Max. Viele Grüße an Bill Webber, [Wallace] Meyer und Charlie [Scribner].

Ernest

Ich schicke Scotts *Zärtlich ist die Nacht*, das ich in Kuba vorgefunden habe. Es ist erstaunlich, wie h e r v o r r a g e n d vieles davon ist. Wenn er es besser integriert hätte, wäre es ein guter Roman geworden (ist es auch so), vieles darin ist besser als alles, was er je geschrieben hat. Wenn er doch nur weiterschriebe. Ist das wirklich ganz vorbei, oder wird er wieder schreiben? Wenn Du ihm schreibst, sag ihm, wie sehr ich ihn mag. (Ich hatte gegenüber Scott immer ein sehr dummes kindisches Überlegenheitsgefühl – wie ein robuster kleiner Junge, der über einen zarten, aber talentierten kleinen Jungen höhnisch herzieht.) Aber als ich diesen Roman las, war vieles darin zum Fürchten gut.

PUL

1 Hotel »Ambos Mundos«, Havanna. Wenige Wochen später entdeckte Martha Gellhorn, die ein Jahr später seine dritte Frau wurde, La Finca Vigía in San Francisco de Paula, zwölf Kilometer vom Zentrum Havannas entfernt; und kurze Zeit später zog EH mit ihr in dieses Haus um.

1940

Havanna, 24. Februar 1940

Lieber Charlie:

Es wird prima sein, Dich zu sehen, wann immer Du von Palm Beach die Nase voll hast.

Mach Dir um die Wörter keine Sorgen. Das mache ich seit 1921 so. Ich zähle sie immer, wenn ich abbreche und den ersten Whisky mit Soda trinke. Glaube, das habe ich mir beim Schreiben von Depeschen angewöhnt. Pflegte sie von manchen Orten aus abzuschicken, wo sie pro Wort eineinviertel Dollar kosten und man sie für diesen Preis ungeheuer interessant machen mußte oder gefeuert wurde. Das habe ich dann beibehalten, als ich anfing, Erzählungen usw. zu schreiben. Ich kenne nicht so viele Wörter wie etwa ein Bursche wie Tom Wolfe, und daher ist es für mich etwas Ungeheuerliches, mehr als fünfhundert davon an einem Tag zu schreiben. Am Ende der Woche zähle ich sie immer zusammen, so daß ich mir einbilden kann, auch wenn ich sonst ein ziemlicher Saukerl bin, ich hätte, sagen wir, diese Woche 3500 Wörter geschrieben. Es ist wunderbar, Schriftsteller zu sein. Du solltest es mal versuchen.

Ich habe schon immer gewußt, daß Max mit Frauen finstere Probleme hat, aber irgendwer sollte ihm mal sagen, daß man entschlossen mit ihnen umgehen muß. Er sollte sagen, sicher nehme er sie nach Havanna mit. Und dann in letzter Minute sagen, Schatz, die Lage hat sich so entwickelt, daß ich dich nicht mit nach Havanna nehmen kann. Nein, erklären kann ich das nicht. Es würde Probleme aufwerfen, die zu groß sind. Vertrau mir, Liebling, wie immer. Ich nehme das Flugzeug um 8.45.

Ich wünschte, er käme mal her. Ich sehe den Bastard überhaupt nicht mehr. Warum kann er sich für mich nicht so interessieren wie für Tom Wolfe? Ich lasse ihn auch überflüssige Stellen in meinen Sachen streichen, wenn er das will. Er kann meinen Nachlaß verwalten. Ich werde meine schlimmsten Schwestern mit Büchern zu ihm schicken. Ich werde alles für ihn tun, was Tom Wolfe getan hat, außer zu Harpers überwechseln.

Vielleicht will er mich nicht mehr besuchen kommen, weil ich ihm nie ein Buch widme. Nicht weil ich ihn nicht liebe, bewundere, achte und schätze, sondern weil immer, wenn einer seiner Autoren ihm ein Buch widmet, der Betreffende nachläßt und danach nicht mehr gut ist. Sag ihm das. Ich kann es mir nicht leisten, nachzulassen und nicht mehr gut zu sein, da so viele Leute von mir abhängen mit so vielen Haushalten und Wohnungen. Das einzige, was ich den Genies nachmachen kann, ist, mir nicht die Haare schneiden zu lassen. Aber am Ende muß ich mir doch immer wieder die Haare schneiden lassen.

Charlie, nichts hat mehr Zukunft. Ich hoffe, Du stimmst mir zu. Darum gefällt's mir im Krieg. Da besteht jeden Tag und jede Nacht die große Wahrscheinlichkeit, daß man getötet wird und nicht mehr schreiben muß. Um glücklich zu sein, muß ich schreiben, ob ich dafür bezahlt werde oder nicht. Aber es ist eine teuflische Krankheit, damit geboren zu werden. Mir macht es Spaß. Was noch schlimmer ist. Denn dadurch wird es von einer Krankheit zu einem Laster. Obendrein will ich es besser machen als jeder andere je zuvor, und dadurch wird es zur Manie. Eine Manie ist etwas Furchtbares. Ich hoffe, Du hast keine. Dies ist die einzige, die ich noch habe. Also ich versuche besser, jetzt etwas daraus zu machen, statt darüber zu reden.

Ich freue mich darauf, Dich zu sehen.

Beste Grüße
Ernest

O ja. Ich vergaß etwas. Ich habe eine Ambition. Keine Manie. Nur die Ambition, diesen Mistkerl von Max Eastman mit

einem Zwanzig-Penny-Bolzen mitten durch seinen Duweißt-
schonwas oben auf einen Zaunpfahl zu nageln und ihn dann
langsam nach hinten zu stoßen. Danach würde ich ihn mir vornehmen. Nein, ich glaube, ich sollte ihn eher an Maxens
Schreibtisch nageln und dort lassen. Alle paar Stunden käme
ich vielleicht mal vorbei und würde ihn ein bißchen schaukeln.
PUL

AN CHARLES SCRIBNER

La Finca Vigía, ca. 15. August 1940

Lieber Charley:

Vielen Dank für den Brief mit den Vorschlägen. Ich werde
diesbezüglich tun, was ich kann. Halte sie für sehr gut.

Danke auch für den Hinweis auf das Pferd. Ich werde also
eine Windgalle daraus machen. Oder schreiben die Leute dann
deswegen an »The Field«? Soweit ich weiß, ist eine Windgalle
nichts Schlimmes und kann leicht entfernt werden. Werde sie
an die Fessel setzen, wenn Dir und »The Field« das recht ist
und wenn es eine solche Stelle überhaupt gibt. Sag mir Bescheid deswegen, ja?

Ich wollte, daß das Tier sich unterhalb des Knies an einem
Stück Holz stößt und dort eine Schwellung bekommt, die aber
keine Folgen haben soll.

Ich dachte, das Kanonenbein ginge südlich vom Knie ab
und liefe bis zur Fessel oder zum Fesselbein usw. und sei
nördlich, wie Du so deutlich erklärt hast, mit dem Knie verbunden.

Ich habe noch nie ein Pferd gesehen, das ist alles nur vom
Hörensagen, aber ich werde irgendwann einmal versuchen,
mich einem zu nähern und zu sehen, ob ich solche geheimnis-
vollen Stellen finde wie die Hock [Flanke] (was ich immer für
einen minderwertigen Weißwein gehalten habe, wie ihn die
Engländer trinken) und den Oberschenkel, den ich jahrelang
für den Hintern gehalten habe.

Oder nimm den Widerrist. Darunter hatte ich mir immer etwas ganz Seltsames vorgestellt. Erzähl mir nicht, was es wirklich ist. Ich möchte, daß das Leben noch ein paar Geheimnisse behält.

Meine Erfahrungen mit Pferden beschränken sich auf die Verwendung von Pferdefleisch als Bärenköder. Darüber könnte ich etwas für »The Field« schreiben. Ich habe mehr alte, abgeklapperte, geliebte Pferde für die Bären erschossen – während ihre Besitzer, die es weder selbst tun noch mit ansehen konnten, knapp hundert Meter bergab warteten – als sämtliche Redakteure und Abonnenten von »The Field« zusammen. Wenn Du das nächste Mal an »The Field« schreibst, sag ihnen, der beste Bärenköder sei ein großes Pferd; das gibt eine Menge Fleisch, das das Überwintern nicht lohnt. Man sollte es an einer Stelle töten, wo es von der Sonne beschienen wird, damit es schnell angeht. Wenn man es im Schatten tötet oder wenn Regen darauf fällt, wird es leicht ranzig und geht überhaupt nicht an. Um das Angehen zu beschleunigen, kann man ein Feuer daneben machen. Der Geruch des verbrannten Haares und angesengten Fleisches wird vom Wind weit weggetragen, und der Bär nimmt ihn auf. Man muß aufpassen, daß man es nicht richtig anbrennt, weil es dann nicht angeht und weil sich dann auch die Raben, Elstern und Adler draufstürzen. Nun, der Grund, warum man es so schnell wie möglich angehen lassen sollte (das sind alles Fachausdrücke), ist, daß es anfangen soll zu riechen. Natürlich wird man sich immer gegen den Wind anpirschen, um kein Tier aufzuscheuchen, das vielleicht an ihm frißt, und damit man beurteilen kann, wie es riecht, während man sich anschleicht.

Dazu gäbe es noch mehr zu sagen, aber warum sollte ich solche unbezahlbaren Fakten über das letzte Stadium der Reitkunst umsonst schreiben?

Wenn Du dies erhältst, drahte mir, wie es mit dem Book-of-the-Month-Club steht. Ich muß das wissen, um meinen Lebensstandard danach festzusetzen.

Den Schutzumschlag schicke ich zurück. Er scheint o. k. zu sein, obwohl ich von so was keine Ahnung habe. Nur sollte die Brücke schlank, hochgeschwungen, aus Metall und freitragend sein, und nicht aus Stein. Wird gut da reinpassen. Sollte hoch, schlank und spinnenhaft aussehen. Die Sprengung der Steinbrücke auf dem Bild würde nichts hermachen. Wenn schon eine Brücke, dann muß sie so aussehen, als ob sie weit entfernt wäre und eine steile Schlucht überbrückte. Ich meine, sie sollte auf dem Bild, so wie sie ist, verkürzt gezeichnet werden, um den Eindruck einer Straße zu erwecken, die den fernen Berg hochführt.

Sag dies bitte dem Künstler mit genau diesen Worten.

Die Typographie sieht gut aus. Das Motiv wirkt sehr freundlich und fröhlich. Das einzig Falsche ist meiner Meinung nach die Brücke. Ich weiß, sie ist nur wenig symbolisch, und vielleicht soll sie noch nicht einmal das sein. Aber wenn überhaupt eine Brücke, dann muß es eine Stahlbrücke sein und keine hölzerne. Wenn er eine aus Metall, so wie sie im Buch beschrieben ist, nicht zeichnen kann, dann wollen wir die Brücke ganz weglassen. Aber warum sollte er es nicht können?

Wie wär's, wenn ich aus diesem Journalisten einen Briten machen würde, keinen Amerikaner?

Wenn auf einer Seite zu viele Obszönitäten stehen, werde ich ein paar Wörter austauschen. Einige, die Du vorschlägst, sind o.k. Vielleicht kann ich noch mehr finden.

Der Abschnitt mit dem Todesgeruch [Kapitel 19] scheint mir ein wesentlicher und wohlbegründeter Teil des Ganzen zu sein. Wie Du Dich erinnerst, liegt von Anfang an etwas sehr Finsteres über allem. Kashkeen, der sich umgebracht hat, Jordan, der vor derselben Notwendigkeit steht, das Problem der Vorahnungen, die, wie ich weiß, kein Schwindel sind, denn ich habe Leute herumgehen sehen, denen sie auf der Stirn geschrieben standen (das ist nicht wirklichkeitsfremd). Es besteht eine Ausgewogenheit zwischen Jordans Wirklichkeitssinn und gesundem Skeptizismus und diesem Zigeunerunfug, der nicht nur Unfug ist. Und um die Sache mit den Zigeunern glaubhaft zu machen und nicht als Schwindel erscheinen zu lassen, wie es damit ja immer geschieht, brauchte ich etwas vollkommen Naturalistisches, das etwas von dem in Madrid herrschenden Entsetzen wiedergibt.

Es ist nicht an den Haaren herbeigezogen. Ich habe nicht einfach jeden Scheiß, von dem ich weiß oder mal was gehört habe, reingebracht. Zum Beispiel nicht Pilars Mann (in Wirklichkeit Rafael el Gallo), der in seiner Hochzeitsnacht impotent war und öffentlich da im Bett lag (bei Zigeunern zählt es nur, wenn es in der Öffentlichkeit vollzogen wird oder wenn die Laken vorgezeigt werden), während die Zigeuner Zaubersprüche dazu hersagten und versuchten, ihn aufzurichten, und sie war entehrt, und er schluchzte.

Das habe ich weggelassen.

Weggelassen habe ich auch folgendes: ich war einmal in der Calle Carmen, und da habe ich einen Mann mit einer Aussätzigen aufs Zimmer gehen sehen, um es für einen Duro mit einer Aussätzigen zu treiben, deren Gesicht zu drei Vierteln weg war. Hinterher protestierte einer der Zigeuner, daß es nur Schwindel war und nicht echt gewesen sei, und darauf langte die Aussätzige nach unten, schnellte den Finger hoch und schleuderte ihm einen langen Streifen davon ins Gesicht.

Nein, Charley. Madrid ist stellenweise so verdammt grauenhaft wie kein anderer Ort auf der Welt. Goya hat noch nicht einmal die Hälfte davon gezeichnet. Ich brauche das, um das Buch zu einem Ganzen zu machen. Aber ich habe versucht, das zu erreichen, ohne etwas hereinzubringen, was man nicht veröffentlichen kann.

An irgendeiner Stelle sind eine Menge Selbstgespräche, die ich streichen werde. In N. Y. hatte ich das Original-MS nicht bei mir und konnte nicht nachsehen, wo die Stelle war, und ging deshalb hin und ließ alles setzen.

Wegen all der anderen Sachen werde ich tun, was ich kann.

Ich hoffe, ich erscheine Dir nicht stur wegen dieses Todesgeruch-Abschnitts, aber um zu erreichen, was ich erreichen wollte, brauche ich so etwas. Hinterher würde man die Wirkung, die es gehabt hat, vermissen, wenn es herausgenommen würde.

Zu Onan usw. – werd's mir überlegen, wenn es soweit ist. Fange am Montag an, daran zu arbeiten.

Dieses Buch ist ein Ganzes, nicht bloß ein Haufen Einzelteile. Nimmt man erst Teile raus, die dort zu einem bestimmten Zweck stehen, hat man plötzlich kein Ganzes mehr.

Ich lege eine Zeichnung bei, wie der Künstler diese Brücke

malen sollte. Ferner eine mögliche Verbesserung des Gebäudes. Ferner ein Bild aus diesem Land wegen der Anordnung der Glocken. Ferner ein Bild von einer Glocke.

Ich rede nie bei Schutzumschlägen herein, außer einmal, als man aus dem Stier eine Färse oder einen androgynen Ochsen gemacht hatte – was auch immer es war – und ich das richtigstellen mußte. Dasselbe Gefühl habe ich bei dieser Brücke. Sonst finde ich die Zeichnung gut, sie dürfte die Leute eher anlocken als vertreiben.

Etwas anderes – André Marty ist der Name einer wirklich lebenden Person [Kapitel 42]. Er ist wegen eines bevorstehenden Todesurteils von Frankreich nach Rußland geflohen. Er ist Mitglied des Zentralkomitees der Französischen Kommunistischen Partei. Er könnte unter keinen Umständen in die USA kommen. Nach Frankreich kann er nicht zurück, es sei denn, die Kommunisten kommen an die Macht. Kann er einen Prozeß anstrengen? Frag Deinen Anwalt. Er ist in Frankreich in einigen Büchern und zahlreichen Artikeln öffentlich des Mordes beschuldigt worden, bevor er außer Landes floh, und er hat keinen Prozeß angestrengt. Die Deputiertenkammer beschäftigte sich mit seinem Fall, und so floh er aus dem Land, als die kommunistische Partei verboten wurde.

Nick Guillen beschuldigte ihn in »Marianne« (einer großen französischen Wochenschrift) in mehreren Artikeln des Mordes; jedesmal nannte er die Leute, die Marty erschossen hatte. Derselben Sache beschuldigte er ihn in einem Buch, *Le Mercenaire*, aus dem Jahre 1938. Ich besitze ein Exemplar. Marty hat nichts gegen ihn unternommen. Er hatte diese Leute wirklich erschossen und kann daher keinen Prozeß anstrengen. Außerdem ist er vor der Justiz geflohen. Das Buch ist noch im Handel, oder war es jedenfalls im letzten Januar noch, als Martha mir eins in Brüssel kaufte, für das Exemplar, das ich Herbert Mathews gegeben hatte.

Der Journalist, von dem ich sprach, ein Mann namens Mitchell, repräsentiert einen bestimmten amerikanischen Journalisten. Würde es nicht alles in Ordnung bringen und keine Verleumdung bedeuten, wenn ich ihn einfach einen britischen Journalisten nennen würde? Ein solcher britischer Journalist existiert nicht, weder tot noch lebendig. Besagter Mitchell hingegen ist ein echter Gauner, aber immer noch in Umlauf. Er heißt natürlich nicht Mitchell oder so ähnlich. Ich könnte ihn entweder zu einem britischen oder einem dänischen Journalisten machen. Ich würde das ja alles streichen, aber es ist ein Teil von Karkovs Charakter, und außerdem zeigt es die notwendige Beziehung zwischen Karkov und Jordan, die wir haben müssen.

Zeig diesen Brief bitte Max; ich werde ihm zu seinen Punkten schreiben, sobald ich damit anfange.

Martha sagt, sie hätte an dem Ring gebissen und gesaugt, und er scheint festzusitzen. Schönes Wetter hier. Werde heute nachmittag fischen gehen.

Wie immer, die besten Grüße für Dich
Ernest

Drahte mir wegen Book-of-the-Month-Club. Ich vermute, sie werden es nicht nehmen. Bin sicher, nach dem, was er sagte, daß Whitney [Darrow] das Buch nicht gefällt. Aber ich bin auch sicher, daß ihm *Früchte des Zorns* [Steinbeck] oder *Sohn dieses Landes* [Wright] nicht gefallen hätten, ganz zu schweigen von den etwas besseren Büchern, wie *Die Brüder Karamasow* oder *Madame Bovary*. Damit will ich nicht sagen, daß es in diese Kategorie gehört. Ich meine nur, sie hätten ihm nicht gefallen. Trotzdem haben sie sich alle gut verkauft.

PUL

AN MAXWELL PERKINS

Sun Valley, Idaho, ca. 12. Oktober 1940

Lieber Max:

Bitte überweise nach Erhalt dieses Briefs von dem Book-of-the-Month-Geld 1500 Dollar auf mein Sonderkonto bei der First National Bank of Key West. Danke.

Diese Besprechung von Bob Sherwood hat mich sehr gefreut. Danke, daß Du sie geschickt hast. Zur Zeit finden ungeheure Geldverhandlungen über die Filmrechte statt; ich glaube, wir haben 100000 Dollar für das Buch abgelehnt und bekommen vielleicht 150000.[1] Wäre das nicht verdammt wunderbar? Ich habe so verflucht lange kein Geld gehabt und wüßte schon recht gut, was ich damit machen würde, selbst wenn die Regierung die Hälfte oder mehr davon einsacken sollte.

Habe Toms [Wolfes] Buch gelesen, und eine Menge von diesem Fox-Zeug fand ich zum Kotzen. Ich konnte die Stimme nicht erkennen, und was Bill Webber angeht, bei Gott, ich werde mal ein Porträt in 1000 Worten von Euch zwei Burschen schreiben, und Du wirst sehen, ob ich Dich nicht genauer treffe.[2] Ich fürchte, richtig gut war Tom nur bei der Beschreibung seiner Heimatstadt, da war er w u n d e r b a r u n d u n ü b e r t r e f f l i c h . Der Rest ist meist schwülstiges Journalesisch.

Ich habe alle dreißig Exemplare an die Leute geschickt, die dem Buch am meisten nützen dürften, und ich würde gern noch fünfunddreißig hierhergeschickt bekommen. Habe einen Jungen, der sie einpackt und zur Post bringt und die Adressen überprüft, daher war es einfacher, es gleich hier zu tun, als sie Dir zurückzuschicken. Schick mir also bitte gleich noch einmal fünfunddreißig Stück. Außerdem würde ich gern noch sechs für mich kaufen, um sie Freunden zu schenken, und auch zwei von *Fiesta*, die ich jemandem versprochen habe. Schreib mir auch bitte Scotts Adresse. Und die von John Peale Bishop.

Laß mir bitte ferner von Eurer Buchhandlung schicken:

The Ox-Bow Incident – von einem Mann namens [Walter Van Tilburg] Clark

Das neue Buch von Margery Allingham

New England, Indian Summer – Van Wyck Brooks

To the Finland Station – Edmund Wilson

The Hill Is Mine – Maurice Walsh

Audubon's America – Donald Peattie

Farewell My Loveley – Raymond Chandler

How To Play and Win at Poker (Doubleday Doran)[3]

Mit der Scheidung scheint jetzt alles o. k. Besitzaufteilung, Sorgerecht usw. sind geregelt. Wenn Paulines Anwalt bestätigt, daß alles nach den Gesetzen Floridas legal ist, und sie unterschreibt, brauche ich nur zu unterschreiben, und sie kriegt die Scheidung.[4]

Vielen Dank für die Bücher. Marty liest das Buch von Dawn [Powell], und das Judge-Buch [Knox] habe ich verliehen.[5] Werde Dir darüber schreiben, sobald ich sie gelesen habe.

Dorothy Parker und ihr Mann sind hergekommen; Gary Cooper und seine Frau sind auch hier, und wir haben hier also viel Gesellschaft; morgen fahren wir daher in das urwüchsige Gebiet an der mittleren Gabelung des Salmon-Flusses; obwohl ich die Leute wirklich sehr mag. Cooper ist ein feiner Mann; genauso ehrlich und offen und freundlich und unverdorben wie er aussieht. Wir verbringen eine gute Zeit zusammen. Er ist auch mit einem netten Mädchen verheiratet, das verteufelt gut Tennis spielt. Sie und ich können Mart und Cooper schlagen, und heute nachmittag werden wir sehen, ob Marty und ich die beiden Coopers schlagen können. Als ich in dieser Höhe anfing zu spielen, spielte ich zuerst sehr schlecht, aber jetzt geht's wieder gut. Cooper ist ein sehr, sehr guter Schütze, auch auf fliegende Vögel. Mit der Schrotflinte schieße ich ein bißchen besser als er, aber mit dem Gewehr nicht annähernd so gut, was wohl daran liegt, daß ich zu viele Jahre hindurch viel zuviel getrunken habe. Beim Tennis kann ich ihn schlagen. Wir werden uns ein paar Handschuhe besorgen und boxen. Er ist ein guter Kerl. Genauso nett wie Charles Thompson oder Sully [J. B. Sullivan] oder die anderen netten Kerle, die wir kennen.

Sag Charley, daß ich jetzt etwa eine Woche lang auf einem Pferd werde reiten müssen, aber ich werde, so oft es geht, absteigen und zu Fuß gehen und mich, wenn es bergauf geht, an den Schwanz des Pferdes hängen. Wenn ich dem Pferd dabei in den Arsch sehen muß, werde ich versuchen, mich an den Fachausdruck dafür zu erinnern. Ich glaube, man nennt das Kruppe, aber ich bin nicht sicher. Bob Miles, der für alle, die je mit der Paramount gearbeitet haben, alle diese üblen Pferdeszenen gedoubelt hat, schlug vor, er und ich sollten ein Bergabrennen reiten, über Land, das wir gemeinsam ausgewählt hätten, und ich habe zugestimmt, werde es aber nie tun. Er brauchte den seligen John Mytton, nicht den ehrbaren Ernie Hemingstein. Vielleicht will Charley herkommen und für mich reiten? Wenn Charley will, werde ich reiten. Wir bringen die Pferde mit einem Skilift nach oben. Ein Stück Pferd muß man noch ins Ziel bringen.

Bis dann, Max
Ich wollte, du kämst her
Ernest

PUL

1 Die Rechte für *Wem die Stunde schlägt* wurden im Januar 1941 für 100 000 Dollar an Paramount Pictures verkauft.

2 In Wolfes *Es führt kein Weg zurück* (1940) taucht ein Verleger namens Foxhall Edwards auf, der Maxwell Perkins nachgezeichnet ist.

3 Neben dieser Bücherliste steht in Perkins' Handschrift »abgeschickt«.

4 Die Scheidung von Pauline fand am 5. November 1940 statt.

5 Zwei Scribner's-Bücher aus dem Jahr 1940: Dawn Powell, *Angels on Toast*, und J. C. Knox, *The Judge Comes of Age*.

1941

Sun Valley, Idaho, 15. November 1941

Lieber Max:

Zunächst zum Geschäftlichen. Es ist o. k., Robert [Penn] Warren *Die Killer* neu abdrucken zu lassen. Ich stimme Dir zu, es
ist wichtig, daß es in die Schulbücher kommt, wie schwer es
für die armen Schüler auch sein mag. Immerhin ist es interessanter als *A Dog of Flanders* [Ouida] und das Zeug, das wir als
Kinder als Kurzgeschichten lesen mußten. Ich werde nie vergessen, wie angewidert ich war von de Maupassants *Das Stückchen Schnur* und *Die Halskette*. Aber ich nehme an, seine guten
Sachen konnten sie nicht in die Schulbücher aufnehmen.

Scotts Buch *[Der letzte Taikun]* habe ich ganz gelesen, und
ich weiß nicht, ob ich Dir sagen soll, was ich wirklich davon
halte. Es hat sehr schöne Stellen, aber das meiste davon ist von
einer Leblosigkeit, die man sich bei Scott nicht vorstellen
kann. Ich glaube, Bunny Wilson hat beim Erklären, Sortieren,
Ausstopfen und Zusammenstellen eine sehr löbliche Arbeit geleistet. Aber Du weißt, Scott hätte diesen gigantischen, absur-
den Entwurf nie zu Ende geführt. Den Abschnitt über Stahr
hielt ich durchweg für sehr gut. Man erkennt Irving Thalberg,
seinen Charme, sein Geschick, seinen Geschäftssinn und das
über ihm schwebende Todesurteil. Aber die Frauen sind reichlich albern. Scott hatte sich so weit von jeder Menschenkennt-
nis entfernt, daß sie sehr seltsam wirken. Er besaß noch die
Technik und Romantik, alles zu tun, aber lange Zeit war der
Staub weg vom Schmetterlingsflügel, wenn sich der Flügel
auch noch bewegte, bis der Schmetterling tot war.[1] Ich halte
Zärtlich ist die Nacht für das beste Buch, das er je geschrieben

hat, trotz des ganzen Wirrwarrs, wer nun darin Scott und Zelda und wer Sara und Gerald Murphy waren. Voriges Jahr habe ich es wieder einmal gelesen, und Scott hat damit alles, was ihm je an Tragödie zugestoßen ist, realisiert. Wunderbare Atmosphäre, zauberhafte Beschreibungen, und nichts von diesen unmöglichen dramatischen Tricks, die er sich für das letzte Buch ausgedacht hatte.

Scott starb innerlich mit dreißig, fünfunddreißig Jahren, seine schöpferischen Kräfte starben etwas später. Dieses letzte Buch wurde geschrieben lange nachdem seine schöpferische Kraft erloschen war, und er entdeckte gerade erst, worauf es eigentlich ankam.

Die Erzählungen habe ich überflogen, und ich meine, Bunny Wilson hat eine sehr schwache Auswahl getroffen. *The Rich Boy* ist, wenn man es liest, wirklich völlig albern. *Ein Diamant – so groß wie das Ritz* ist schlichtweg Schund. Wenn man in *The Rich Boy* von seinem allmählichen Verfall liest und auf einmal sieht, daß Scott das Alter von achtundzwanzig Jahren als Beginn dieses Alterns angibt, kann man kaum glauben, daß er so etwas schreiben konnte.

Ich bin froh, daß das Buch von J. Donald Adams in der »Sunday Times« so günstig besprochen wurde, mit einem so guten Bild von Scott. Ich meine, Scotty sollte sich darüber freuen, und es wird auch gut für sie sein, weil sie nie richtig gewußt hat, wie gut Scott war. Aber J. Donald Adams ist wirklich nicht sehr intelligent, und für jemanden, der Scott wirklich gut kannte und der dasselbe Gewerbe betreibt, hat das Buch jene Starrheit, die einzige Eigenschaft, an der man beim Schreiben nichts ändern kann, wie bei einer Scheibe Schinken, auf der sich Schimmel angesetzt hat. Man kann den Schimmel abkratzen, aber wenn er tief ins Fleisch eingedrungen ist, wird er trotz allem wie verschimmelter Schinken schmecken.

In Deinem Brief an Martha schriebst Du, daß Hollywood Scott nicht verwundet hätte. Ich denke mir, das stimmt vielleicht, denn man konnte ihn, schon lange bevor er dorthin ging, nicht mehr verwunden. In Frankreich starb das Herz in ihm, und bald danach kam er zurück, und dann starb nach und nach der Rest. Als ich das Buch las, war mir, als ob ich einen alten Baseballwerfer sähe, der keine Kraft mehr in den Armen hat und seine ganze Intelligenz aufbringt, um noch ein bißchen am Schlag zu bleiben, ehe man ihn aus dem Wurfmal wirft.

Ich weiß, Du bist beeindruckt von all dem Zeug über das Fliegen, da Du das nicht tust, und Scott hat es erst so spät getan, daß es ihn ebenfalls beeindruckte und er ihm so etwas von der alten Magie verlieh. Aber aus dem, was zwischen Männern und Frauen spielt, war die alte Magie verschwunden, und Scott hat nie wirklich genug vom Leben verstanden, um einen Roman zu schreiben, der ohne die Magie hätte lebendig werden können.

Das klingt entmutigend und kritisch, aber ich weiß, Du willst, daß ich Dir schreibe, was ich wirklich davon halte. Du hattest drei Kerle. Scott, Tom Wolfe und mich. Zwei davon sind bereits tot, und niemand kann sagen, was dem dritten zustoßen wird. Aber ich denke, es ist das Beste, scharfe Kritik zu üben, damit Du, wenn Du später mit den Neuen zu tun hast, aufrichtig mit ihnen reden kannst.

Ich weiß nicht, was es sonst noch zu schreiben gibt, außer daß wir diesen Herbst nicht nach New York kommen. Ich habe Martha versprochen, daß wir eine Reise machen, und wir hatten die Fahrt nach New York schon gestrichen, bevor ich die Nachricht von dieser Goldmedaillengeschichte erhielt.[2] Also werdet ihr, Du und die anderen Kerle vom Büro, die Honneurs machen müssen. Bedeutet das, daß sie später eine begrenzte Auflage des Buches herausbringen werden? Sinclair Lewis hat mir einen verdammt netten Brief geschrieben, und ich weiß die Ehre wahrhaftig zu schätzen, aber ich habe Martha nun einmal diese Reise versprochen.

Ich danke Dir sehr für die Übersendung dieses letzten Stapels Bücher. Sie sind alle gut. Wie läuft sonst alles? Was gibt's Neues über Marthas Buch *[The Heart of Another]*? Wir werden jedenfalls noch eine Woche hier sein, schreib also hierher. Es sind jetzt viele Leute vom Film hier. Robert Taylor ist so eine Art kleiner Miniaturmann. Alles an ihm würde fotografiert männlich und stattlich wirken, aber das durch die Linse vergrößerte reale Modell ist weder besonders amüsant noch beeindruckend. Seine Frau, Barbara Stanwyck, ist die Häßlichkeit selbst, trägt zum Essen Schmiere im Gesicht und ist sehr nett mit ihrem guten zähen Irenverstand. Cooper ist prächtig und ein guter Jagdbegleiter. Außerdem ist er geizig wie ein brünstiger Schweinearsch. Er hat viel zu hart gearbeitet und zu viele Filme gemacht und ist jetzt völlig erschöpft. Ich hoffe, vor und nach dem nächsten wird er sich mal ausruhen können. Es besteht eine Chance, daß er in The Bell Picture *[Wem die Stunde schlägt]* mitspielen wird.

Schickst Du mir bitte ein Exemplar von Evans Buch *Free For All*, das ich an Howard Hawks weiterleiten will. Er will einen Film über Pferderennen drehen, und ich sprach lange mit ihm über Evan [Shipman] und glaube, ich könnte Evan einen Job als technischer Berater für diesen Film besorgen, und vielleicht kann er auch am Szenario mitarbeiten. Hawks war sehr an ihm interessiert, und ich versprach, ihm ein Exemplar des Buches zu beschaffen. Hawks ist ein sehr intelligenter und sensibler Mann mit einem reizenden Mädchen.

Mehr weiß ich jetzt nicht zu schreiben. Entschuldige bitte den langen Brief, und wenn sich das über Scott abschätzig anhört, denk daran, daß ich weiß, wie gut er ist, und nur Wilsons Auswahl und das postume Werk kritisiert habe

Beste Grüße

PUL   Ernest

1 Das Schmetterlingsgleichnis erscheint wieder in *Paris – ein Fest fürs Leben*.

2 Der Limited Editions Club, mit Sinclair Lewis als Redaktionsvorsitzendem, verlieh die Goldmedaille an EH in einer Feier am 26. November, der EH nicht beiwohnte.

1943

La Finca Vigía, 4. April 1943

Lieber Archie:

Könntest Du herauskriegen (ich frage Dich, weil ich mich an den göttlichen Apparat erinnere, den Du besitzt, in den man einfach hineinspricht, und schon kommt alles Wissen direkt zu einem zurück), wann und auf welcher Wellenlänge unser alter Kumpel Ezra [Pound] sendet? Früher oder später wird er natürlich gerichtlich belangt werden müssen, und ich will ihn hören, damit ich weiß, was los ist, wenn eine solche Zeit kommen sollte. Ich meine, wir sollten beide soviel wie möglich darüber wissen, weil das eine pathologische Sache ist und wir vielleicht als Zeugen aufgerufen werden. Ich wünschte, ich könnte das mit Dir besprechen.

Warum kommst Du nicht mal her? Ich bin mal hier, mal draußen, aber wenn ich draußen wäre, würde ich für Dich hereinkommen, oder wir könnten uns anderswo treffen. Martha wird, wenn sie das Buch, an dem sie arbeitet, fertig hat, in die Kriege ziehen, und Du könntest Dich hier an diesem verdammt reizenden Ort schön ausruhen. Warum kommst Du nicht im Juli hierher? Ich könnte Dich zu einigen kuriosen Stellen führen, und Du hättest etwas Abwechslung. Ich verspreche, absolut nicht selbstgerecht, boshaft und biestig zu sein, wie in meiner großen Epoche 37/38, in der ich alle meine Freunde vergrätzt habe (ich vermisse sie wie der Teufel) (ganz zu schweigen von der biestigen Zeit um 1934, wo ich noch schlimmer war). Wie geht's meiner holden Ada und meiner schönen Mimi? Was macht Kenny? Bumby, Gemeiner John Hemingway, hofft, in den nächsten Wochen auf die Offiziersschule zu kommen. Er macht sich gut.

Was weißt Du von Sara und Gerald [Murphy]? Ich würde Sara schreiben, wenn ich ihre Adresse hätte.

Verzeih diesen blöden Brief. Bin gerade wieder zurück, und auf der letzten Reise mußte ich an diese Sache mit Ezra denken, und daß ich darüber Bescheid wissen sollte. Ich weiß, niemand hat mehr Zeit, aber wenn Du mal welche hast, schreibst Du dann?

Alles Liebe an Ada und Mimi – auch wenn sie glücklich verheiratet ist.

Pappy

An Archibald Mac Leish

La Finca Vigía, ca. 5. Mai 1943

Lieber Archie:

Als ich Deinen Brief von der Library [of Congress][1] erhielt, verschob ich die Antwort, weil Du sagtest, Du würdest mir von zu Hause schreiben. Heute bekam ich Deinen Brief vom 27. April, der mich sehr glücklich gemacht hat.

Schickst Du mir bitte die Fotokopien von Ezras Sendungen, die Du hast? Wann immer diese verdammte Sache zur Sprache kommt, wird man sich vermutlich an uns wenden bzw. sollte man sich an uns wenden, und ich meine, ich sollte darüber gründlich Bescheid wissen. Wenn Ezra noch ein bißchen Verstand hat, sollte er sich erschießen. Ich persönlich meine, er hätte sich irgendwann nach dem zwölften *Canto* erschießen sollen, vielleicht sogar noch früher. Er hat wahrhaftig mit sehr wenig Würde gelebt für einen Mann, der einer Regierung seine Loyalität nur deshalb erwiesen hat, weil er unter dieser Regierung ernst genommen wurde. Aber es ist ein absolut pathologischer Fall, und er sollte auf keiner anderen Basis bestraft werden.

Du alter Bastard. Wir denken wohl beide, wir müßten bald sterben oder so was, weil wir so versöhnlich werden. Ich war mehrere Jahre lang a b s c h e u l i c h . Zu abscheulich, als daß es jemand aushalten konnte. In der letzten Zeit bin ich ungefähr ein Jahr lang gut gewesen, aber ich sehe nie einen meiner alten Freunde, so daß niemand es würdigen kann. Das ist einer der Gründe, warum ich gerne möchte, daß Du kommst, damit Du siehst, wie gut, un-selbstgerecht, un-prahlerisch, un-protzerisch, fast un-unerträglich ich geworden bin. Sonst könnte ich noch sterben, und niemand wird das bemerken.

Mach Dir um Gottes willen keine Sorgen wegen des Krieges oder wegen Deiner und meiner Rolle in selbigem. Ich habe immer gedacht, daß ich vielleicht militärisch Karriere hätte machen können, aber ich ziehe es mit [Vincent] Jimmy Sheean, einem Colonel, vor, alles, was ich tue, in Ruhe und so gut wie möglich zu tun, und zwar ohne das Laub der Eiche, den guten alten fischfressenden Räuber oder die Sterne des Himmels auf der Schulter oder am Kragen. Ich habe tatsächlich ein Jahr lang hart gearbeitet und war nie glücklicher. Du kommst her, tankst ein bißchen Sonne und bekommst ein bißchen Abwechslung von Washington. Wenn Du in den nächsten zwei Monaten kommst, werde ich einen Flug für Dich arrangieren, wo immer wir auch gerade sein mögen, dann hast Du mal eine Abwechslung und Ruhe und kannst Dir diese verdammt wunderbare Insel ansehen.

Was ich nach diesem Sommer tun werde, weiß ich noch nicht. Ich denke, wir werden mindestens zehn Jahre mit dem Osten Krieg haben. Vielleicht könnte ich in China was nützen. Werde mir das überlegen müssen. Wenn Du herkämst, könnten wir über viele Dinge reden. Tatsächlich glaube ich, wir werden bis an unser Lebensende Krieg haben. Das hört sich vielleicht verrückt an, aber notfalls könnte ich es beweisen. Jedenfalls möchte ich noch einen Roman schreiben, denn ich habe noch zwei, drei Dinge herausgefunden, und für gewöhnlich hatte ich jeweils nur eine neue Sache pro Buch. Du weißt schon – Promiskuität ist keine Lösung 1927 [1926]; – eine Stelle, die Du mal zitiert hast – 1929; ein Mann allein hat keine verdammte usw. 1936; niemand ist eine Insel, ganz auf sich allein gestellt 1939; und jetzt weiß ich drei neue, glaube ich, obwohl ich mich oft irre, oder ist das falsch? Frag Donne, der weiß es. Papa konnte wahrscheinlich mit seinem Kopf noch nie gut denken, aber bei Gott, mit seinen Knochen denkt er gut. Vielleicht schreibe ich den Roman erst 1945. Schreib's mir ins Notizbuch. Meinst Du, die Library könnte mir ein Stipendium geben, damit ich in dem Jahr einen Roman schreiben kann? Oder werden Schriftsteller dann abgeschafft sein? 1942 habe ich 104 000 Dollar Einkommensteuer gezahlt, dieses und voriges Jahr habe ich kein Geld verdient, letzten Monat hatte ich auf einer Bank um 104,36 und auf einer anderen um 1732 überzogen, zahle 500 Dollar Alimente an eine Frau [Pauline], deren Vater 76 000 acres Land besitzt und deren Onkel [Gus] etwa 40 000 000 Dollar schwer ist. Irgendwas muß doch reichlich faul sein an unserem Finanzsystem, wenn es so etwas geben kann, aber ich sage nur viva la virgen und setze in der nächsten Bahn die Kegel auf, denn dieser alte Herr könnte ja Rip van Winkle sein, und wir wollen doch gern, daß es so aussieht, als ob sie in diesem Laden mitspielten. Chantechante chante pour Lydia Pinkham et sa grande amour pour l'humanité und eine Singer-Nähmaschine ins Heim jeder Unberührbaren. Aber nicht aus Bermingham, es sei denn aus Bermingham, Alabama. Wie der Soldat, den Marty belauschte, als eine große Radiosendung über die vier verschiedenen Freiheiten lief – sie war irgendwo in der Karibik, und niemand sagte während der Sendung ein Wort und auch danach erst nicht, und dann sagte jemand: »Nur Freiheit würde uns schon reichen.« Ich glaube, die Leute haben Worte allmählich satt und fangen an zu sehen, wie erfolglos die Worte den Zynismus verhüllen. Vielleicht muß ich eine Menge von Dir zu hören bekommen, ehe ich wieder klarsehe, aber ich habe Dir gesagt, mit meinen Knochen könnte ich immer gut denken, und meine Knochen denken zur Zeit heftig. Ich wünschte, Du könntest kommen und mir eine Menge erzählen, denn diese Knochendenkerei ne marche pas trop bien heute. Vielleicht liegt das daran, daß man mit den gebrochenen Knochen denkt und daß das Barometer nicht in Ordnung ist, aber es gibt eine Menge Dinge, die nicht mehr gut schmecken, die einmal gut geschmeckt haben.

Jedenfalls viele Grüße an Dich und Ada,

LC   Pappy

1 Mac Leish arbeitete von 1939 bis 1944 in der Library of Congress.

La Finca Vigía, 10. August 1943

Lieber Archie:

Danke für die Übersendung der [Foto-]Kopien von Ezras Ge-
zeter. Er ist offensichtlich verrückt. Ich glaube, man könnte beweisen, daß er schon seit den späteren *Cantos* verrückt gewesen
ist. Er hat Strafe und Ungnade verdient, aber was er wirklich
am meisten verdient, ist Spott. Man sollte ihn nicht hängen
und so einen Märtyrer aus ihm machen. Er hat eine lange Geschichte edler Taten und selbstloser Hilfe für andere Künstler
hinter sich, und er ist einer der größten lebenden Dichter. Man
kann unmöglich glauben, daß jemand bei klarem Verstand ein
derart abgeschmacktes, völlig idiotisches Gesabber von sich geben kann, wie er es da gesendet hat. Seine Freunde, die ihn
kannten und die beobachtet haben, wie sein Verstand und sein
Urteilsvermögen immer verschrobener wurden und schließlich
verfielen, sollten ihn verteidigen und auf dieser Basis rechtfertigen. Das wird zwar äußerst unpopulär, aber absolut notwendig sein. Ich habe seit zehn Jahren keinen Brief mehr mit ihm
gewechselt, und gesehen habe ich ihn zum letztenmal, als
Joyce mich bat, zu ihm zu kommen, um ihm Ezras Aufenthalt
in seinem Haus leichter zu machen. Damals war Ezra nur
leicht meschugge. Die Radiosendungen sind total hirnrissig.
Ich wünschte, wir könnten die ganze verdammte Angelegenheit besprechen. Aber Du kannst darauf zählen, daß ich alles
tun werde, was man als aufrichtiger Mann tun sollte.

Ich habe mir vor drei Wochen ziemliche Sorgen wegen
Kenny [Mac Leish] gemacht. Ist er in Ordnung? Grüße ihn
herzlich von mir.

Werde noch etwa zehn Tage hier sein, dann bin ich für
zwei, drei Monate weg. Wenn Du kommst, kannst Du im Haus
wohnen und Dich mal richtig ausruhen. Oder komm dorthin,
wo wir gerade sind; hättest einen Szenenwechsel und wärst
mal weg von der Routine.

Was Du auch tust, wenn Du Zeit hast, schreib mir bitte weiter. Ich habe das Gefühl, als hätte ich einen alten Freund von
den Toten wieder, unter denen leider jetzt die meisten alten

Freunde weilen. Was zum Teufel ist übrigens aus John Peale Bishop geworden? Er hatte eine so gute, uneigennützige Liebe zur Literatur und eine so gräßliche Frau.

Das Telegramm von Honorias [Murphys] Heirat fand ich vor, als ich hierher zurückkam. Wohin kann ich ihr schreiben? Weißt Du das? Wie lautet Saras Adresse?

Vielleicht kann ich Ende November nach N. Y. kommen. Ich möchte gern zwei Monate irgendwo außerhalb der Tropen verbringen und etwas schreiben, was ich gern schreiben würde. Habe jetzt seit etwa einem Jahr keine Zeile mehr geschrieben.

Besteht nicht irgendeine Möglichkeit, Leute in den Krieg zu schicken, nicht um Regierungspublikationen oder Propaganda zu schreiben, sondern nur, damit sie hinterher was Gutes zum Schreiben haben? Meinst Du, daß man mich hoch genug einschätzt, um einen solchen Auftrag zugewiesen zu bekommen, wenn ich hier mit der Arbeit fertig bin? Die Briten setzen sowohl Schriftsteller als auch Maler auf diese Weise ein. Wenn wir solche Leute nicht haben wollen, könnte ich vielleicht einen Job bei den Briten bekommen. Ich will kein Lt. Col. sein wie Jimmy Sheean, dem ich jedesmal vorher erklären mußte, welche Seite des Schlachtfeldes die richtige wäre, und im vergangenen Jahr habe ich die große Wonne und Untugend der Anonymität entdeckt, was eine schöne gute arrogante Untugend ist, aber mir kam der Gedanke, daß es nach Beendigung der Arbeit eine gute solide Sache wäre, etwas wie das oben Skizzierte zu tun. Was meinst Du? Vielleicht könnte ich als akkreditierter Korrespondent der Library of Congress arbeiten.

Schreib mir bitte ernsthaft darüber.

Bis dann, Archie. Grüße an die Kinder und Ada.

LC   Pappy

An Allen Tate

La Finca Vigía, 31. August 1943

Lieber Allen:

Danke für Deinen Brief vom 23. August. Ich bin froh, daß Archie Dir von meinem Brief geschrieben hat. Ich stehe absolut zu dem, was ich Archie [am 10. August] geschrieben habe. Sie dürfen den Kerl [Ezra Pound] weder hängen noch sonst irgendwie zum Märtyrer machen. Er gehört in die Klapsmühle; darauf hat er einen Anspruch. Man kann die Stellen in seinen *Cantos* raussuchen, in denen er anfängt, einen Anspruch darauf zu haben. Du mußt mal die Fotokopien der Radiosendungen dieses Idioten lesen, damit Du ganz genau weißt, was er gesagt hat. Es ist die reinste Fronarbeit, das alles durchzulesen, weil es völlig schwachsinniges Gesabber ist. Aber es ist notwendig, es ganz zu lesen, damit man weiß, was man wirklich von dem, was er gesagt hat, zu halten hat.

Andererseits haben wir, die wir wissen, wie er durchdrehte, wie er allmählich und stetig unzurechnungsfähig und idiotisch wurde, die wir aber auch wissen, was für ein großer, tiefer und guter Dichter und was für ein großzügiger, wirklich nobler Mensch er war, indem er alle, an die er glaubte, damals unterstützte, wie Elliot [T. S. Eliot], Joyce und viele, viele andere, bis hin zu dem wertlosen Dunning[1], ich meine, wir haben eine absolute und totale Verpflichtung, uns jedem Hängen zu widersetzen, selbst wenn wir alle mit dem Strick um den Hals aufs Schafott steigen müßten. Ich würde keinen Tag mehr leben wollen, wenn ich nicht für ihn eintreten würde, und die Zeit dafür ist j e t z t , und zwar ohne Presserummel, sondern nur dadurch, daß wir denen, die sie wissen müssen, die Tatsachen präsentieren.

Ich kann jetzt für mehrere Monate nicht raufkommen. Wenn Archie herkommen will, um das zu besprechen, oder wenn Du kommen willst, kann ich es immer so organisieren, daß wir uns treffen können, wo ich auch gerade bin, und ich würde mich, wie Du weißt, wirklich sehr freuen, Dich zu sehen.

Mir geht's etwa so wie immer. Wie Du so richtig sagst, liegt zwischen Fahrradrennen eine verteufelt lange Zeit, und zwischen allem anderen, einschließlich Literatur, liegt allmählich auch eine verteufelt lange Zeit. Ich finde es großartig, daß Du jetzt im Northeast Pavilion den Chair of Poetry[2] innehast. Ich könnte ein paar Witze darüber machen, aber die sind alle musikalisch oder zum Rotwerden, und ich bin sicher, daß Du sie alle längst kennst. Übrigens, wie ist eigentlich der Bürgerkrieg ausgegangen? Zu dieser Frage hat mich ein Freund inspiriert, Winston Guest, der kürzlich Renans *Leben Jesu* las – er glaubte, in diesen ernsten Zeiten etwas Spirituelles in sein Leben einfließen lassen zu müssen. Ich mußte ihn davor warnen, nicht das Ende aufzuschlagen, um nachzusehen, wie es ausginge. Im Vertrauen, es geht so aus, daß man Jesus im 34. ans Kreuz nagelt.

Laß mich wissen, wie alles weitergeht, und sag Archie, daß ich es ernst meine; denn es ist wirklich eine Art Test, ob wir alle Schweinehunde sind oder nicht (ob wir es geschehen lassen, meine ich, ohne rechtzeitig etwas zu unternehmen). Ich glaube, das sind wir nicht. Wir werden wohl alle in diesem Fall 3- oder 4mal in den guten alten sauren Apfel beißen müssen.[3]

Roger Casement wurde gehängt und Erskine Childers, glaube ich, auch. Beide waren an einem bewaffneten Aufstand gegen ihre Regierung beteiligt und zahlten die gesetzliche Schuld für einen solchen Aufstand. Pound hat genug verrückte Erklärungen verfaßt, geschrieben und gesendet, um in jedem zivilisierten Land eingesperrt zu werden. Als ich ihn 1933 zum letztenmal bei Joyce sah, war Joyce überzeugt, daß er da schon verrückt war, und er bat mich, als Pound bei ihm war, zu sich, weil er befürchtete, er könnte etwas Verrücktes anstellen. Er hatte damals bestimmt nicht alle Sinne beisammen und redete kompletten Stuß, Unsinn und Quatsch, so wie er 1923 klar geredet hatte. Ich fände es daher empörend, wenn wir, die wir seinen Abstieg zu lächerlichem Unsinn und Schwachsinn begleitet haben, diese Tatsache nicht bestätigen wurden, und wenn wir nicht auch erklären würden, was für ein großer und guter Dichter und großzügiger Freund er war, bevor er blöd wurde. Das ist eine historische Notwendigkeit. Ihn zu hängen wäre genauso kriminell, wie es war, Mrs. Suratt[4] zu hängen. Vermutlich wird dieser letzte Satz mich zum Henker bringen, aber was zum Teufel. Wie sagte noch der alte Knabe: Wenn das Verrat ist, macht das Beste daraus [Patrick Henry, 1765].

Beste Grüße.

PUL   Ernest

1 Ralph Cheever Dunning. Vgl. *Paris – ein Fest fürs Leben.*

2 Tate hatte 1943 bis 1944 den Lehrstuhl für Poesie an der Library of Congress inne.

3 Nachdem Pound zwischen Dezember 1941 und Juli 1943 125 Sendungen für Radio Rom gemacht hatte, wurde er am 26. Juli 1943 von einem großen Geschworenengericht in Washington, D. C., des Verrats angeklagt.

4 Mary Suratt wurde in Washington, D. C., als Mitverschwörerin beim Mord an Abraham Lincoln gehängt.

1944

La Finca Vigía, 25. Februar 1944

Lieber Max:

War froh über den Brief mit dem Ausschnitt über den edlen Scribner's-Autor, der den Vorschuß zurückgezahlt hat. Ich hoffe, das sollte keine Anspielung sein. Du wirst hoffentlich noch in diesem Monat alles von mir zurückbekommen, wenn diese Zahlung von Dunlop [Grosset und Dunlap] je eintrifft. Oder falls es nicht genug ist, um alles auf einmal zu zahlen, und die Steuern und auch noch etwas zum Leben übrig zu haben, werde ich es abstottern. Aber bedenke, daß das nicht wirklich Vorschüsse sind, sondern Darlehen auf Geld, das ich für vertraglich abgemachte Nachdrucke bekommen soll, und wenn sie auch nur geringe Zinsen bringen, sind sie doch als Sicherheit genauso gut wie Reg.-Anleihen. Sie gelten nicht für ein künftiges Buch, das ich erst schreiben muß, sondern für Nachdrucke eines Buches, das bereits geschrieben ist. Zumindest sehe ich das so. Soweit ich weiß, schulde ich, außer Scribner's, niemandem auf der Welt auch nur einen Cent, und schlimmstenfalls könntest Du Dich für alles an meinem Nachlaß schadlos halten, falls ich sterben sollte.

Ich wünschte, Du würdest all die Briefe von Scott für ein richtiges Buch aufsparen, statt Bunny Wilson sie in seinen üblichen hämischen Tröpfchen rauspinkeln zu lassen. Er hat mich nie um irgendwelche Briefe von Scott gebeten, und ich habe eine Menge; leider alle verpackt in Key West, aber zu jeder Zeit, die ich neben diesem Krieg noch erübrigen kann, zugänglich. Ich besitze Briefe aus der *Gatsby*-Periode, aus der gesamten Pariser Zeit und auch sonst alle. Sie handeln alle vom

Schreiben und zeigen Scotts große Kraft und die meisten seiner Schwächen. Ich würde vorschlagen, daß Du alle Deine Briefe aufsparst. Laß nicht zu, daß welche davon verwendet werden, bis wir ein gutes Buch über Scott und seine Briefe herausbringen können. Ich kenne ihn durch einige Zeitabschnitte hindurch besser als jeder andere und würde sehr gern einen langen, wahren, gerechten und ausführlichen (all dies meine ich in dem Maß, in dem jemand so etwas tun kann) Bericht über die Jahre, in denen ich ihn kannte, schreiben. Vielleicht wäre es besser zu warten und es für meine eigenen Memoiren[1] zu schreiben, aber meine Memoirenaussichten sind in den letzten Jahren so dürftig geworden, daß es vielleicht gut wäre, eine gute Sache über Scott zu schreiben, bevor ich zu versoffen bin, um mich zu erinnern. Ich würde vorschlagen, daß John Peale Bishop, der Scott viel besser als Wilson kannte, liebte und verstand, die Briefe herausgibt. John ist von nie wankender Gutartigkeit, unpersönlich und objektiv, während Wilson gewöhnlich die Tatsachen verdreht, um irgendeinen in der Vergangenheit geäußerten Irrtum in seinem kritischen Urteil oder ein Vorurteil, oder Mangel an Wissen und Gelehrsamkeit zu überdecken. Außerdem ist er extrem unehrlich, sowohl was Geld angeht als auch was seine Freunde und andere Schriftsteller angeht. Ich kenne keinen, der sich derart bemüht, ehrlich zu sein, und der weniger echte innere Ehrlichkeit in sich hat. Seine Kritik wirkt, als ob man zweitklassige Evangelien liest, die von jemand geschrieben sind, der auf Bewährung entlassen ist. Über all die Dinge, von denen man keine Ahnung hat, liest er sich höchst interessant. Über Dinge, über die man richtig Bescheid weiß, liest er sich dumm, ungenau, nicht informativ und anmaßend. Aber eben weil er so anmaßend ist, werden seine Ungenauigkeiten von all denen hingenommen, die noch weniger Ahnung haben als er. Er ist der große Schein-Aufrichtige, Schein-Künstler, scheingroße Kritiker unserer überaus traurigen Zeit, die, wenn jeder in dem, was er ist und was er schreibt, ehrlich wäre, überhaupt nicht traurig zu sein brauchte. Man kann den moralischen Verfall seiner Kritik, und parallel dazu den Niedergang von Dos Passos' Schreiben, an Hand ihrer beider wachsenden Unehrlichkeit in bezug auf

Geld und auf anderes verfolgen, vor allem auch auf ihr Beherrschtsein durch Frauen. Aber wir wollen bei unserer begrenzten Zeit nicht auf diesem Thema herumreiten. Jedenfalls steht oben mein Vorschlag, was Scotts Briefe betrifft. Wenn ich diesen Krieg hinter mir habe, werde ich mich wieder in Übung und Form bringen müssen, um zu schreiben, und bei dem Buch über Scott würde ich gerne helfen, um mich aufzuwärmen und in Schwung zu kommen.

Ich vermisse das Schreiben sehr, Max. Weißt Du, nicht so wie die Leute, die es als Hundeleben verunglimpft haben, ce métier de chien, wie Conrad und der alte Ford immer gejammert haben. Ich habe sehr gern geschrieben und war niemals glücklicher, als wenn ich es tat. Charlies [Scribners] Spott über mein tägliches Wörterzählen kam daher, daß er mich oder das Schreiben nicht besonders gut versteht und er auch nicht wissen konnte, wie glücklich man sich fühlt, wenn man genau 422 Wörter so geschrieben hat, wie man es vorhatte. Und Tage mit 1200 oder 2700 Wörtern haben mich glücklicher gemacht, als Du Dir vorstellen kannst. Seit ich herausfand, daß ich ein Tempo von 400 bis 600 ordentlich geschriebenen Wörtern besser durchhalten konnte, war ich mit dieser Zahl immer zufrieden. Aber wenn ich mal nur 320 hatte, fühlte ich mich auch gut.

Ich war auch sehr enttäuscht, daß ich Dich nicht gesehen habe. Aber die Dinge sind lange Zeit nicht so einfach gelaufen. Jetzt sieht es so aus, als ob ich in verhältnismäßig kurzer Zeit raufkommen könnte, aber da ich nie weiß, was ich tun werde, schreibe bitte weiterhin hierher.

Freut mich zu hören, daß Marthas Buch [Liana] so gut läuft. Die Besprechungen im ganzen Land, die ich gesehen habe, sind hervorragend. Die ersten Besprechungen aus N. Y., in der »Times«, »Herald Trib« usw., sind mir von Romeikes nicht geschickt worden. Tatsächlich keine Besprechungen aus N. Y.

Ich wünschte, Charlie Sweeny wäre hergekommen. Aber er liebte San Antonio schon immer, und dort sind auch mehr Leute, mit denen er sich streiten kann. Ich habe schon vor Jahren aufgegeben, mich mit ihm zu streiten.

Bis dann, Max. Ich hoffe, ich sehe Dich bald.² Schreib und schick mir die Post aber weiter hierher, so lange, bis ich drahte.

Beste Grüße an Charlie und Deine lokale Sippschaft

PUL   Ernest

1 Vgl. die drei Skizzen über Fitzgerald in *Paris – ein Fest fürs Leben.*
2 EH sah Perkins im Mai in New York, auf der ersten Etappe seiner Reise als Korrespondent für »Collier's« nach London. Der Flug über den Atlantik fand am 17. Mai statt.

AN MARY WELSH¹

Villebaudon und Hambye, Frankreich,
31. Juli und 1. August 1944

Kleine Freundin = Reizende Freundin:
Bekam den Brief, und er machte mich . . . sehr glücklich. Und herzlichen Dank dafür, daß Du die Erzählung weitergeleitet hast. Du warst sehr gut für mich und zu mir, und ich vermisse Dich sehr. Ich schäme mich, daß ich so wenig Adjektive weiß und sie sehr überbeanspruche. Teufel, kleine Freundin, ich wünschte, ich könnte mit Dir reden: vorzugsweise im Bett. Mehr als vorzugsweise, wie Du gut weißt. Es wird herrlich sein, wieder zurück zu sein. – Gerade kamen Leute aufs Feld, wo wir uns niedergelassen haben, und jetzt bomben sie sich den Berg hoch – Eine ganze Menge.

Sehr anstrengend zu schreiben. Seit ich Dich zuletzt gesehen habe, bin ich mit ein paar Air-Force-Kameraden herumgezogen und etwas geflogen (Nicht viel. Habe aber gut gesehen). Fuhr dann dorthin, wo ich hinsollte, und da war's verteufelt blöd, und es gab nichts zu tun. Fühlte mich viel zu einsam da und besorgte mir eine Erlaubnis, mich zu entfernen und mich einer Division anzuschließen², bei der ich nun bin, seit diese letzte Sache anfing. Wir hatten eine harte, schöne Zeit. Heute ist der 8. Tag, wo wir ununterbrochen angreifen. War mit sehr guten Kerlen zusammen. Sie haben es so viel schlechter als die

Flieger, daß mir klar wird, meine Leidenschaft für das Fliegen ist wohl nur eine andere Form von Faulheit oder so was. Jedenfalls war ich glücklich hier und hatte mal wieder eine gute Zeit bei der Infanterie. Bei den Panzern gefällt's mir nicht wegen des Staubs. Aber hier ist überall viel Staub, obwohl wir zeitweise in herrlichen Gegenden waren. Manches sehr schön, und wir sogar höher als die anderen. Toll.

Wir haben ein Motorrad mit Seitenwagen erbeutet und benutzen es jetzt zum Transport, und gest. haben wir einen großen Mercedes-Benz-Stabswagen erbeutet. Ich habe ihn eben zum Anstreichen zur Fahrbereitschaft gefahren. Habe Dir auch ein paar lustige kleine Souvenirs besorgt. Aber irgendwann werden wir mal mit dem Mercedes herumfahren. Es ist ein Kabriolett, es hat durch die Lenksäule und die Kabel eine Kugel abgekriegt, aber wir haben ihn wieder in Schwung gebracht und reparieren jetzt die Lenksäule. Die Division hat sehr viele D e u t s c h e getötet, und wir haben hervorragenden Cognac aus den Panzerfahrzeugen herausgeholt. Der General [R. O. Barton³] ist ein gebildeter, begabter und charmanter Mann und ein ausgezeichneter Soldat. Gerade eben, als er mich den Mercedes fahren sah, war er sehr gut aufgelegt und freundlich.

Gott, was bin ich für ein blöder Schreiber. Kleine Freundin, ich denke, das liegt vermutlich daran, daß ich müde bin. Manchmal sind wir ganze Tage und Nächte unterwegs. Das hier ist wirklich eine sehr gute Division, und ich versuche mich n ü t z l i c h z u m a c h e n und nicht lästig zu sein. Habe eine gute Geschichte, wenn ich sie schreiben kann, und ich werde sie schreiben. Sollte mich aber zunächst ausruhen. Werde sie schreiben, danach während der nächsten Etappe noch eine, und dann geht's zurück ins [Zimmer] 612 im Hotel [»Ritz«]. Scheußliche Vorstellung, wie diese Leute unser schönes Zimmer verdrecken.

Mary, ich kann Dir nicht gut schreiben, denn wie viele Leute lesen das vielleicht oder können es auf dem Weg zu Dir lesen, und das macht mich schüchtern, und es macht es so schwierig zu schreiben. Ich wünsche mir verdammt sehr, daß ich mit Dir reden könnte, und das werden wir schon recht bald tun können. Ich war sehr stolz auf Dich, daß Du die Lage so packend geschildert hast, und auf den feinen Brief, den sie Dir geschrieben haben. Hier habe ich auch schon feine Sachen über Dich gehört, und ich werde sie alle behalten und Dir erzählen. Ich vermisse Dich so, daß ich ganz leer bin, und um die Leere auszufüllen, stopfe ich sie Tag und Nacht mit Krieg voll. Aber das ist ein miserabler Ersatz; als ob man Worcestersauce trinkt statt was? Statt was? Statt glücklich zu sein, nehme ich an. Bin sehr glücklich, wenn ich Dich sehe. Ich veranstalte einen so guten Krieg, wie ich kann, und ich kenne mich in der Infanterie aus, erfahre aber v i e l Neues. Bin sehr glücklich an der Front, aber das ist nicht Lieben.

Aber man ist so beschäftigt und unbeständig und immer in Bewegung und müde, und man trifft Entscheidungen und schläft einen totenähnlichen Schlaf, wenn man das bei einer kämpfenden Division überhaupt kann, wo man wirklich kein anderes Leben mehr hat. Ich muß das jetzt hier tun und kann aus gewissen Gründen das Gebiet nicht verlassen, sonst wäre ich dort. Ich meine, sonst wäre ich bei Dir in London.[4]

Was für ein blöder Brief. Ich bin wirklich nicht blöd, und ich würde Dir die tollsten lustigsten Sachen erzählen, falls – nicht falls, sondern wenn ich Dich sehe. Wir sind furchtbar dreckig, stehen vor Tagesanbruch auf und schrubben uns ordentlich von oben bis unten und das Gesicht mit Seife und Waschlappen, tüchtig und intensiv, und wenn es dann hell ist und man in den Taschenspiegel blickt, sehen deine Augen immer noch aus wie bei einer versoffenen Nutte oder einer betrunkenen Debütantin, die ihre Wimperntusche verheult hat.

Kleine Freundin, ich liebe Dich sehr. Nachdem ich Dir bis zu dem Querstrich auf dieser Seite geschrieben hatte, habe ich mich einem Zug Infanterie zu einem weiteren Angriff angeschlossen. Du könntest das so gut schreiben, und ich schreibe nichts. Steck's einfach in die alte Wurstmaschine, aus der wir Dr. Swineless' Neue Perlen holen.

Mary, es gibt kein Vorsichtigsein in dieser Welt, die wir als unsere Erbschaft bekommen haben, unsere aluminiumschimmernde, schwarzweiß gestreifte, 800-Kilometer-pro-Stunde-Erbschaft, sondern immer nur denselben Staub, immer die gleiche Menge Dreck im Gesicht und – usw. Was ich meine, ist: Du sollst Deinen Verstand gebrauchen und keine Angst haben, aber vorsichtig sein. Du heißt toi. Dies hätte einen Sinn, wenn ich noch Licht zum Schreiben gehabt hätte.

Mary, jetzt ist es zu dunkel zum Schreiben geworden, schreibe daher morgen weiter – wir stehen bei Tagesanbruch auf, greifen an, den ganzen Tag, und ich werde schreiben, wenn ich zurück bin.

Kleine Freundin, ich werde heute nacht gut mit Dir schlafen und mich so glücklich fühlen, wie man nur kann, wenn man so weit von jemand weg ist, der so reizend ist wie Du. Bitte schreib an diese Adresse hier, ich werde es bekommen, sagen sie. Schreibe jetzt in völliger Dunkelheit, aber ich mach das ganz gut – (Prahlhans) – Du würdest vieles davon mögen. Vieles davon – oder etwas – ich schalte einfach mein Herz auf Empfangssperre . . .

Schreib bitte, denn ich vermisse Dich total – die Kopfschmerzen sind viel besser.

Nächster Tag – 1. Aug. – Es ist jetzt erst 5.15 (17.15) nachmittags, und ich habe daher genug Licht zum Schreiben, und von Jack Belden habe ich eine Adresse von »Time-Life«. Ich bin zu dem großen Haufen rübergegangen, bei dem ich sein sollte, und habe um Erlaubnis gebeten, bei der Division bleiben zu dürfen, solange noch Kämpfe stattfinden, und dann zu den anderen zu stoßen. Wir sind jetzt im wichtigsten Frontabschnitt, und ich will auf keinen Fall hier weg, denn die Zeit bedeutet nichts, und ich möchte beenden, was ich angefangen habe. Außerdem lerne ich sehr viel Neues über unsere Infanterie-Division, und ich will sie nicht in dieser kritischen Phase verlassen. Es ist eher eine interessante Phase als eine kritische.

Las das eben, und es klingt so rechtschaffen und langweilig, aber wenn wir zusammen sind, werde ich nur gute Witze machen, oder jedenfalls Witze, und nie rechtschaffen sein.

Ich weiß, wenn ich erst allein bin und eine Schreibmaschine habe, kann ich eine gute Erzählung schreiben, wenn das hier vorbei ist, und dazu werde ich für zwei, drei Tage an einen guten Ort fahren. Ich habe alle Notizen im Kopf. Ein paar kolossale Sachen – sollte ich nicht für »Collier's« verschwenden. Über diese letzte Woche könnte ich ein Buch schreiben . . .

Die besten Korrespondenten, die ich hier getroffen habe, sind (als Menschen) Ken Crawford und Bill Walton[5]. Ich kenne Bill Walton nicht gut, aber er war so glücklich, daß er bei der Luftlandeaktion d a b e i g e w e s e n war, daß das richtig schön und bewegend war. Außerdem war er freundlich und liebenswert. Ich wünschte, Du wärst hier, denn Du bist intelligent und tapfer, und obendrein wärst Du dann eben hier.

Frankreich macht jetzt Spaß. Ich meine, wir haben große Gebiete befreit, ohne Zerstörungen anzurichten, indem wir Infanterie, Air Force und Panzer intelligent eingesetzt haben.

Habe eine Möglichkeit, das hier morgen abzuschicken – verzeih den langen Brief – werde heute abend noch mehr schreiben. Viel Liebes von uns allen – bitte schreib an diese Adresse –

Dein Großer Freund
E. Hemingway
Kriegskorrespondent

PH. PUL

1 Mary Welsh wurde am 14. März 1946 EHs vierte Frau.

2 Vierte Infanterie-Division.

3 Kommandeur der Vierten Infanterie-Division. EH hatte ihn im Juli 1944 kennengelernt; er erscheint in EHs Artikel *Der Soldat und der General*, in *49 Depeschen*.

4 Zu dieser Zeit war die Liaison zwischen EH und Mary Welsh zwei Monate alt. Sie hatten sich Ende Mai in London kennengelernt, wo sie für »Time-Life«-»Fortune« arbeitete. Am 25. Mai erlitt EH nach einer durchzechten Nacht bei einem Autounfall eine schwere Gehirnerschütterung. In der London Clinic wurde er von seiner dritten Frau, Martha Gellhorn, besucht, die sich über seine Kriegssprahlereien aufregte. Er tröstete sich mit Mary, mit der er nach der Befreiung von Paris im »Ritz« wieder zusammentraf (siehe auch Mary Welsh: *Wie es war*).

5 Bill Walton, Korrespondent für »Time-Life«. Er war mit der 82. Luftlandeabteilung am 6. Juni in der Normandie gelandet. Seine Freundschaft mit EH währte durch die ganzen fünfziger Jahre.

St.-Pois und Mont-St.-Michel, Frankreich,
1. und 6. August 1944

Kleine Freundin:

Es macht Spaß, Dir zu schreiben. Gerade eben ging jemand zur Armee, deshalb brach ich den Brief, an dem ich schrieb, ab und schickte ihn mit, und jetzt, nachdem ich zu Abend gegessen und noch gutes Tageslicht habe, schreibe ich Dir noch etwas weiter. Es weht ein günstiger Wind, und der Tag war klar und schön, Sommer, aber nicht heiß, und wir werden einen guten Kampf haben. Zu meinen nackten Füßen frißt unser Hund. Wir haben ihn den Deutschen abgenommen, er ist klein und dumm, hat Schlappohren, und er (sie) knabbert am liebsten Füße, aber auch sonst alles, was mal eingedost war. Unterbreche, weil ich Poker spielen muß – Gott, die Zeiten, wo ich Poker gespielt habe, als ich lieber etwas anderes getan hätte – Besonders auf dem Schiff, wenn ich zu kaputt war, um aufzubleiben, und versuchte, möglichst schnell zu verlieren, um gehen zu können.

Ich denke, morgen werden wir einen guten Tag haben. Werde mit der ersten Angriffswelle am Morgen mitgehen und den ganzen Tag dabeibleiben, nehme ich an, falls ich dieselbe Einheit finden kann, mit der wir gestern angegriffen haben, denn das ist die beste Methode, etwas zu lernen: von Leuten, die man schon kennt. In diesem Zug ist ein Sergeant, der Spanisch spricht und ein guter Freund von mir ist, und wir leisten uns bei diesem mühseligen Vorangehen gegenseitig Gesellschaft.

Mary, ich hoffe, ich langweile Dich nicht mit solch blöden Briefen. In Wirklichkeit führen wir ein sehr lustiges und fröhliches Leben voller Toter, deutschen Beuteguts, mit viel Schießerei, viel Kampf, Hecken, kleinen Hügeln, staubigen Straßen, Schotterstraßen, grüner Landschaft, Weizenfeldern, toten Kühen, Pferden, noch mehr Hügeln, toten Pferden, Panzern, Klimperkästen, Kraftwagen, toten US-Burschen, manchmal essen wir überhaupt nicht, schlafen im Regen, auf dem Boden, in Scheunen, auf Karren, auf Feldbetten, auf dem Arsch, und sind

immer in Bewegung, in Bewegung – und ich würde nichts vermissen, wenn ich Dich nicht vermissen würde – an all diese
egoistischen affigen Primadonnen habe ich nicht mehr gedacht, seit wir diesen Angriff gestartet haben – Nicht ein einziges Mal – Ich denke auch nicht an die Kinder, da ich jetzt
weiß, daß ich sie lange Zeit nicht sehen werde; ich sehe nur
reizende Souvenirs für sie, feine technische deutsche Dinge,
die ihnen gefallen würden. Ich hebe sie auf und werfe sie am
nächsten Tag weg. Meist spreche ich Französisch und sage, wo
sie sind und ob sie schon weg sind oder nicht und wie es vorne
aussieht, manchmal nur ganz leise geflüstert.

Mary, schreib an diese Adresse, denn ich kann nicht in unsere Welt zurückkehren, bevor ich dies hier beendet habe, und
schreib und schreib den nächsten Brief. Wenn es in London
schlecht steht und Du dort bleiben mußt, werde auch ich so
lange dort bleiben, wie es schlecht steht und Du bleiben mußt.
Falls Du rüberkommen solltest, hier gibt es ein paar schöne
Orte, da wir sie unzerstört einnehmen.

Die einzige schlimme Vorstellung, die ich jetzt nachts habe,
ist, daß ich in London lande und Du bist woanders. Also halt
Kontakt und schreib.

Es wird jetzt dunkel, und die kleinen Maschinenpistolen
machen trrrrrut – Trrrrut – wie ein schnurrendes Kätzchen,
aber hart und metallisch.

5. oder 6. August – jedenfalls Sonntag [6.].
Wir sind jetzt für ein paar Tage von der Front weg, und daher
werde ich 4 oder 5 Tage mit Schreiben verbringen. Ich denke,
ich werde 4 kurze Berichte über die Infanterie-Division schreiben und an »Collier's« kabeln. Die können sie verwenden,
wenn sie wollen. Habe jetzt in den letzten 12 Tagen 11 Infante-
rieangriffe mitgemacht – Kenne die Kommandeure der Divi-
sionen, Regimenter, Bataillone und vieler Kompanien, und
auch viele Zugkommandeure und Kerle. Später werde ich alles
noch mehr und besser kennenlernen. Aber jetzt sollte ich lieber schreiben.

Es hat sich herausgestellt, daß ich mich, da ich Französisch
spreche und ein alter Soldat bin, sehr nützlich machen konnte;

der General [Barton] und ich sind gute Freunde, und wir liegen auf derselben Decke, wenn er am Ende eines Tages völlig erschöpft, verstaubt und unglaublich müde ist, und ich gebe ihm einen genauen Bericht, wie die Lage an all den Stellen, zu denen wir mit dem Motorrad fahren, tatsächlich ist. Als wir eben abzogen, schenkte er mir eine Flasche Bourbon und sagte: »Ernie, ich werde dich sehr vermissen. Persönlich und dienstlich.« Das war nett und genau das, was man auch bei der Air Force gesagt hatte.

Unsere ganze heitere Zukunft sah gestern für eine Weile finster aus, denn als ich vor der Infanterie war (er nennt uns seine irreguläre Kavallerie), wurde ich von einer Panzergranate umgeworfen und dann von einem Maschinengewehr von einem Panzer aus und von zwei Leuten mit Maschinenpistolen zu beiden Seiten der Straße beschossen. Ich mußte mich eine ganze Weile totstellen und konnte in etwa 10 Fuß Entfernung hinter der Hecke Deutsche reden hören. Sie sprachen sehr respektlos von Deinem großen Freund, den sie für tot hielten.

Später eroberten wir das Motorrad zurück und die ganze Ausrüstung, aber einige Teile waren arg zerschossen, und wir mußten es abschleppen. War ein deutsches Rad, hatte also jetzt 4mal den Besitzer gewechselt. Einige andere Ausrüstung hatte zum 5.mal gewechselt.

Ich wurde am Rücken verletzt und hatte Blut im Urin, aber heute nachmittag ist es viel besser, und ich fühle mich OK. Ich schlafe gut, und die schlimmsten Kopfschmerzen sind weg.

Werde nie mehr lästig sein und habe ein paar sehr seltsame und lustige Geschichten. Wurde wegen einer mäßig beeindruckenden Sache lobend erwähnt, aber das wird vermutlich nichts einbringen, auf Grund der Irregularität der Unternehmungen. Vielleicht aber doch. Als ich Dir das letzte Mal schrieb, hatten wir da schon die SS-Panzer-Leute gefangengenommen? Es gab darüber einen stark zensierten Bericht in »Stars and Stripes«. Ich habe ein kleines Eisernes Kreuz für Dich von einem Offizier (nur Unteroffizier). Habe aber einem richtigen (toten) Offizier die Embleme abgeschnitten. Sie hatten viel Material und wollten kämpfen.

Kleine Freundin, ich bin wahnsinnig müde, verzeih also diesen blöden Brief. Wenn Du jetzt hier wärst, in diesem alten Stammsitz von Henry Adams, wo ich mich verkriechen und 4–5 Tage schreiben werde, könnten wir eine herrliche Zeit haben. Ich vermisse Dich sehr.

Könntest Du ins [Hotel] »Dorchester« gehen und meine Post (falls welche da ist) in ein Päckchen packen (wenn es Dich interessiert, kannst Du sie vorher lesen) und sie an diese Adresse hier schicken und Teakle von der R.A.F. ausrichten, daß ich hier angebunden bin (durch die Umstände); wollen wir uns (Du und ich) nicht in Frankreich treffen? Ich will bei der [Vierten Infanterie-]Division bleiben und kämpfen, solange sie auch kämpfen. Aber wenn Du Dich nicht losmachen kannst und es in London schlecht aussieht, werde ich dorthin kommen, um Dich zu sehen. J'ai deux amours, toi et mon Division. Liebe Dich. Das andere ist Pflichtgefühl. Wenn es s c h l e c h t, wirklich s c h l e c h t dort aussieht, werde ich kommen, um Dich zu sehen.

Danach schreibe ich diesen Winter ein gutes Buch.

Kleine Freundin, schreib mir bitte. Wenn es irgend geht, schick mir Vitamin B1, wäre gut, das zu haben. Ich bin täglich 15–16 Stunden auf den Beinen und sollte wohl die unausgewogene Ernährung etwas ergänzen.

Und jetzt sage ich auf Wiedersehen und küsse Dich, Du gutartige Minensucherin.

PH. PUL   Dein Großer Freund

AN MARY WELSH

Paris, 27. August 1944

Kleine Freundin:

Eben bekam ich Deinen Brief. Der erste Brief, seit der »Time-Life«-Mensch den anderen von Dir brachte. War schon zweimal bei der Armee, um Briefe zu holen, waren aber keine da, und kam gerade ins »Ritz« und da war der Brief, und ich bin sehr glücklich.

Mary, wir haben sehr Merkwürdiges erlebt, seit ich Dir das

letzte Mal schrieb. Am Neunzehnten bekamen wir Kontakt zu einer Gruppe vom Maquis, die sich meinem Kommando unterstellte. Glaube, weil ich so alt und häßlich aussehe. Habe sie mit den Sachen eines Kavalleriespähtrupps eingekleidet, der vor Rambouillet gefallen war. Gab ihnen Waffen von der Div. Haben Rambouillet eingenommen und gehalten, nachdem unser Spähtrupp abgeschnitten war. Sind Patrouille gegangen und lieferten den Franzosen Informationen, wenn sie vorrückten. Sie haben so mit großem Erfolg operiert. Sind über die Étoile und Concorde in Paris einmarschiert. Habe die Einheit mehrmals ins Gefecht geführt. Sie waren sehr gut. Jetzt sehr müde. Zum Glück hatten wir beim Vormarsch Rambouillet–Paris einen offiziellen Kriegshistoriker[1] dabei. Sonst würde ja doch jeder denken, das wäre eine Lüge. Die meisten Einsätze waren harmlos, was das Kämpfen betrifft. Hätten aber schlimm sein können. Habe mich jetzt der Division wieder angeschlossen, muß aber morgen versuchen, den Artikel zu schreiben. Werde meine Leute dann unter den Befehl der Div. stellen. Ausgezeichnete Leute. Würden Dir gefallen. Aber eigenwillig. Deinen Freund Sam Boal habe ich mehrere Male gesehen. Prima Kerl.

Zweimal hatte ich große Angst, als wir diese Stadt hielten (sic) oder schützten oder einfach Kontakt hielten, das ist das richtige Wort, und wir 15 Kraut-Panzern nur 52 Fahrradfahrer entgegenzusetzen hatten. Einige unserer Patrouillenfahrten würden Dich mehr erschrecken als Grimms Märchen, selbst wenn es dabei keine Krauts gegeben hätte. Wir haben Panzern auf Fahrrädern nachgespürt. Würde gern hinterherziehen, muß aber wohl die Dinge ihren Lauf nehmen lassen.

Ich wünschte, ich könnte Dich sehen. Ich vermisse Dich sehr und würde gern im Bett liegen und Witze machen. Ich nehme an, ich darf nicht sagen, daß ich Dich liebe, weil ich Dich nicht kenne, aber ich vermisse Dich sehr und sehne mich nach Dir und nach niemandem sonst. Werde also doch sagen, daß ich Dich liebe, da wir uns schon seit langem nicht mehr vorschriftsmäßig verhalten und ich die Vorschriften irgendwo hinter Chartres weggeworfen habe.

Habe mich gut und ruhig verhalten, mußte ein paar disziplinarische Maßnahmen ergreifen, als es auf die Stadt losging, und die Kerle in alles einweisen, und am Tag des Einmarsches habe ich meine Schreibmaschine an Joe Driscoll verliehen, damit er seine Geschichte schreiben konnte, habe also keinen Vorteil daraus gezogen, als Korrespondent unter Korrespondenten, daß ich an Kampfhandlungen teilgenommen hatte. Habe bis jetzt noch nichts geschrieben, sollte und werde das aber morgen tun.

Habe das starke Gefühl, daß es mit meinem Glück zu Ende geht, aber ich werde versuchen, noch ein paarmal mitzuwürfeln. Bin an all den Plätzen in Paris gewesen, wo ich früher mal gewohnt habe, und alles ist in Ordnung. Aber es ist alles so unwahrscheinlich, daß man das Gefühl hat, man sei gestorben und das alles nur ein Traum. Ich wünschte sehr, Du wärst hier, da ich völlig abgekämpft bin und gerne etwas Liebliches und Berührbares hätte, oder sagt man Fühlbares, sowieso dasselbe, nicht etwas, Dich, bitte, vielen Dank.

Mary, schreib mir bitte wieder. Ich konnte in letzter Zeit nicht schreiben – zu beschäftigt. Bin sehr glücklich gewesen. Irgendwie jetzt nicht mehr, aber innerlich OK [Typoskript eingerissen] zufrieden, aber lieber würde ich Dich küssen und nicht irgendeinen verdammten Ort eingenommen haben. Ich hoffe, bald aus dem Frauenküßland herauszukommen in das Champagnerland, obwohl der hier in Strömen geflossen ist und die Frauen sehr hübsch sind.

Warum kommst Du nicht her? Soll ich [Charles] Wertenbaker fragen, oder wäre das nicht diskret? Ich kann hier jetzt nicht weg, aber ich kann Dir überall und wann immer Du kommst ein gutes Quartier besorgen.

Ich mag [Bill] Walton sehr.

PH. PUL   [Der Rest des Briefs fehlt]

1 Der »offizielle Kriegshistoriker« war Lieutenant Colonel S. L. A. Marshall.

Hemmeres, Deutschland,
13. September 1944

Meine liebste kleine Freundin:

Gestern kamen wir in das neue Indianerland, nach einem schönen wilden Tag des Jagens und Schießens, und ließen uns für die Nacht in einem verlassenen Bauernhaus nieder. Es war eine gespenstische Nacht, da wir fast allem weit voraus waren, aber wir hatten hervorragendes Essen, aus Hühnern, denen wir mit Pistolen die Köpfe abgeschossen hatten, und gaben dem Col. [Lanham] und einem Bataillonskommandeur ein Essen, und sie erledigten dafür alles auf dem Bauernhof, und wir versoffen alles, was wir hatten, um den Tag zu feiern. Es war ein schöner Tag, wir sind Panzerspuren durch den Wald gefolgt und haben sie schließlich aufgescheucht. Haben gesehen, wie die Artillerie sie erwischte, als sie auf die Straße flüchten mußten. Dieses Land besteht aus einer ununterbrochenen Reihe bewaldeter Hügel und welligem Boden, mit ein paar unbewachsenen Höhen, von denen aus man alles sehen kann, was sich bewegt. Man kommt auf eine Anhöhe und beherrscht die ganze Gegend. Dann arbeitet man sich zur nächsten Anhöhe vor, die den nächsten Landstrich beherrscht. Manchmal ist der Wald dicht wie zu Hause oder in Kanada, und es kommt einem genauso unwahrscheinlich vor, hier getötet zu werden, wie in Upper Michigan, und das gibt einem ein sehr zuversichtliches Gefühl, wie zu Hause.

Als wir herkamen, sind die Leute alle abgezogen, aber John [Décan] ging runter und trieb ein paar zusammen, zum Saubermachen und Kochen, und einen Mann zum Melken der Kühe, damit sie keine Schmerzen bekämen, und ich versorge die Katze und den schönen, netten, klugen, völlig verwirrten Hund, dem das Herz gebrochen ist, weil alle weg sind und alles Gewohnte verändert ist. Wenn wir uns verzogen haben, werden die Leute sicher wieder zurückkommen; jedenfalls wird der Ort sauber sein, und Hunde haben weder eine Nationalität noch eine Staatsbürgerschaft.

Ich habe Dich in der Nacht geliebt, als ich wach lag, und am frühen Morgen, als ich noch nicht ganz wach war und an Dich dachte und daran, wie liebenswert Du bist... und was für einen Spaß es macht, zu scherzen und beisammen zu sein. Pickle, ich vermisse Dich sehr. Ich liebe Dich, wie Du wohl weißt.

Wir haben hier eine ganze Menge kleiner Probleme, und immer auch ein paar große, aber ich hoffe, in zehn Tagen wieder bei Dir zu sein. Wirst Du mir schreiben, wenn Du diesen Brief bekommst?

Dies ist kein besonders guter Brief, aber ich wollte Dir schreiben. Ich weiß nicht, ob Du die anderen Briefe je erhalten hast oder ob Du noch in Paris bist. Aber es ist logisch, daß Du in Paris bist, da ja die ganze Belegschaft von »Life« mit vorrückt – genau wie ein Divisionshauptquartier, möchte ich meinen. Zur Stelle zu sein und gut gearbeitet zu haben und noch andere Dinge angefangen zu haben sollte von Vorteil sein.

Mary, liebste Geliebte, tut mir leid, daß ich so blöde bin. Wir hatten hier einen Brasilianer, den ich zur Pest der Pampas ernannt habe. Ich schreibe einen Brief wie mein Sohn Gigi. Alles kleine direkte Erklärungen wie Ich liebe Dich.

E. Hemingway, Kriegskorrespondent

13. September, nach dem Essen

Meine Geliebte:

Dies schreibe ich nur, um Dir zu sagen, wie sehr ich Dich liebe. Wir haben gegessen, und es gab nichts Alkoholisches zu trinken – die gestrige Feier hat uns trockengelegt, und wir haben noch keine neuen Alkoholzentren erobert. Heute nacht sind eine Menge Truppen hier in der Gegend, und ich kann schlafen, ohne Wache zu schieben (oder jemandes Geliebten aus dem Bett zu werfen). Stevie schreibt seinem Mädchen einen meisterhaften Brief, über amerikanische Frauen, die nicht zu würdigen wissen, was ein Soldat – ein zum Töten trainierter Mann – durchmacht und was er dafür erwartet – und er liest mir Auszüge daraus vor, und ich bin nur glücklich und schnurre wie ein altes Dschungeltier, weil ich Dich liebe und Du mich liebst. Ich hoffe, Du hast das ganz ernst gemeint, Pickle, denn ich bin gefangen wie eine Panzerkolonne in einem engen Hohlweg, in dem kein Fahrzeug wenden kann und zu dem es keine Parallelstraßen gibt. Ich bin mit Pferd,

Fuß und Kanonen gefangen – also paß gut auf Dich auf, für mich, für uns, und dann werden wir uns den besten Kampf liefern, den wir uns, oder überhaupt jemand sich liefern kann – für das, worüber wir gesprochen haben – und gegen Einsamkeit, Tod, Ungerechtigkeit, nichtverstehende Schwerfälligkeit (unser alter Feind), Verdrängungen, alle Ängste und viele andere verächtliche Dinge – und für Dich, wie Du aufrecht im Bett sitzt, lieblicher als jede Galionsfigur am schönsten, größten Schiff, das je unter Segeln fuhr oder im Wind krängte; und für Zärtlichkeit, Beständigkeit, für unsere Liebe und schöne Liebesnächte und -tage im Bett. Pickle, ich liebe Dich sehr und bin Dein Partner, Freund und Geliebter.

Heute nacht ist es nicht so kalt, aber der arme Hund ist so traurig. Ich versuche, ihm die Lage zu erklären, aber der Hund weiß, daß er das Vieh und die Schweine hüten sollte, und er liebt seinen Herrn. Er weiß, daß ich ein guter Mensch bin, aber seine ganze Welt ist kaputtgegangen, und er liegt draußen mit gebrochenem Herzen in der Scheune. Ich habe die Kühe gemolken, damit sie keine Schmerzen haben, und habe die Katze gefüttert. Aber mit dem Hund ist es sehr traurig. Hatte das ganze Haus saubergemacht (obwohl das nicht vorhalten wird) – aber ich wünschte, die Leute würden zurückkommen und sich um ihren Hund kümmern. Es ist verachtenswert und egoistisch von ihnen, einfach so wegzugehen, und sie verdienen einen so guten Hund gar nicht. Sie haben nur zwei Bücher – eins über die Waldtiere in Deutschland – ein hübsches Buch – und eins über die Olympischen Spiele 1936 in Berlin. Kein hübsches Buch, aber mit einigen schönen Bildern. Habe sie beide gelesen und den Brasilianer heute abend ins Gesicht hinein einen Narren und eine Zumutung geschimpft. Er ist wie ein kleines Kind, das in einem Rennauto fahren will und dann will, daß der Wagen mitten im Rennen anhält, damit es Pipi machen kann.

Liebste Mary . . . Bitte, liebe mich sehr und immer und kümmere Dich um mich, Kleine Freundin, so wie sich Kleine Freundinnen um Große Freunde kümmern – im siebten Himmel und strahlend und schön. O Mary, Liebling, ich liebe Dich sehr.

PH. PUL.

1945

La Finca Vigía, 23. Juli 1945

Lieber Max:

Ich fürchte, ich habe Dir seit dem letzten Unfall nicht geschrieben. Falls doch, kannst Du Dir diesen schenken. Hatte keine schlimmen Folgen für den Kopf. Die Wunde an der Stirn war tief, aber nichts gebrochen und keine Gehirnerschütterung. Das linke Knie ziemlich schwer verletzt (Gelenk-Hämoragie), falsch geschrieben, und das stört noch ein wenig (versteift sich). Brust jetzt ok. Vier Rippen hatten sich am Knorpel gelockert. Jetzt ok.

War der erste Regentag nach einer achtmonatigen Dürre, auf einem Hügel, wo man Lehm gefördert hatte, und die Straße war so schlüpfrig, als ob sie eingeseift gewesen wäre. Pech. Den Reportern usw. ließ ich vom Butler erzählen, es wäre nichts, und ich wäre fischen gegangen, um die Nachricht zu unterdrücken. Aber es war ziemlich schlimm. Die Stirnwunde stammte vom Rückspiegel, vom Metallrahmen, der den Knochen eindrückte, aber nicht durchbrach. Ich habe die Lenksäule mit meiner Brust verbogen. Es war mittags, und ich war stocknüchtern. Der vierte schlimme Zusammenstoß in einem Jahr. Zum Glück kamen nur zwei in die Presse.

Bumby war hier und ist wieder weg. Ist ein netter Junge. Hoffe, Du wirst ihn sehen. Er ist in der Gefangenschaft auf 160 Pfund abgemagert, ist aber jetzt wieder bei 185. Ist einmal geflohen. Er wurde schwer verwundet, aber an einer harmlosen Stelle. Man wollte ihm den rechten Arm amputieren, aber das hat er ihnen ausgeredet, und sie holten ihm einen Muskel aus dem Rücken, als Drainage. Er sagt, die einzige Wirkung sei, daß sein [Tennis-]Aufschlag dadurch lockerer geworden sei, der früher zu verkrampft war. Er muß jetzt wieder raus. Als er das erste Mal abgehauen ist, war er sechs Wochen hinter den deutschen Linien und hat dort Widerstand organisiert. Hat ein paar gute Kämpfe erlebt. Wurde anderthalb Monate später verwundet und gefangengenommen, als er mit der Dritten Inf.-Div. in den Vogesen war. Wir hatten alle eine herrliche Zeit zusammen, als er hier war. Den anderen Kindern geht's gut. Ich denke, Patrick wird ein guter Maler werden.

Max, veranlasse bitte Eure Buchhandlung, folgende Bücher zu verpacken und einzeln zu verschicken: *Haben und Nichthaben, Die grünen Hügel Afrikas, Gesammelte Kurzgeschichten* (die kleinste und zweckmäßigste Ausgabe der Modern Library), *Fiesta, In einem andern Land* (am besten die Modern-Library-Ausgabe wegen des Gewichts), ferner ein Exemplar von Dawn Powells *A Time To Be Born* und das *Viking Book of Poetry* (herausgegeben von Aldington); alles an Brigadier General Charles T. Lanham 015568, Headquarters 26th Infantry Division, APO 26, care Postmaster, New York City, N. Y.

Das ist Buck Lanham, mein Kamerad und Partner und ehemaliger Col. beim 22. Inf.-Reg., jetzt ein B. G., er sitzt den ganzen Sommer in Deutschland fest und ist sehr einsam. Er ist jetzt zweiter Divisionskommandeur bei der 26. Wir waren während der ganzen Tretmühle so eine Art Partner, in der Schnee-Eifel, im Hürtgenwald und bei der Verteidigung von Luxemburg, und wenn mir jemals etwas zustoßen sollte, könntest Du ihn Dir schnappen, um alle falschen Meinungen darüber, was wir alle in diesem letzten Krieg getan haben, richtigzustellen, die Leute wie Bunny [Wilson] usw. vielleicht gern in Umlauf bringen wollen.

Buck hält mich für einen viel besseren Kerl, als ich bin, aber seine Meinung, die zu meinen Gunsten ausschlägt, könnte als Gegengewicht zu Max Eastman und Bunny W. und solchen Typen angeführt werden, die nie gekämpft haben und uns daher unsere simplen, törichten Tugenden absprechen. (Dieses Thema langweilt mich.) Aber das letzte Jahr war ein hartes Jahr. Was wir daraus gelernt haben, wird sich vielleicht lange Zeit nicht zeigen. Sehr wenig davon wurde billig erkauft, und wirklich, Max, es ist vermutlich nicht gerade das, was der Dr. einem guten Schriftsteller von 45 [46] Jahren verschreiben würde, auch wenn es, wenn es richtig läuft, ein gutes, feines Mittel ist. Aber als ich mit Buck zusammen war, habe ich mehr gelernt als die ganze Zeit vorher und hoffe daher, wir werden einmal ein paar anständige Bücher daraus gewinnen. Werde mich sehr anstrengen.

Läßt Du mir bitte Bunnys Buch über Scott[1] schicken? Ich hab ein schlechtes Gefühl, daß ich nichts über Scott schreibe, wo ich ihn doch möglicherweise am besten von allen kannte. Aber man kann über ihn nichts Wahres schreiben, solange Zelda noch lebt, ebensowenig wie ich schreiben kann, solange meine verfluchte Mutter noch lesen kann. Als ich mich bei Georgie Wertenbakers P47-Einheit aufhielt, war da ein Mann namens Jonah oder so ähnlich (ein absurder Name), vielleicht noch nicht mal Jonah; der hat mir sämtliche Details über Scotts Ende mitgeteilt. Er war bei ihm, als er starb usw. Auch bei der schrecklichen Sache mit Sheilah [Graham]. Er hätte das Buch natürlich nie zu Ende geschrieben. Es war eher ein Entwurf, um damit Vorschüsse abzusahnen; eher das Modell eines Projektes als ein Buch. Deshalb beeindruckt die prächtige Schwülstigkeit alle Leute, die nicht um das Geheimnis wissen, wie Schriftsteller sind. Wie wir wissen, ist der Epiker gewöhnlich unaufrichtig. Und er hatte das Buch auf einen epischen Ton gestimmt, den unmöglich jemand ertragen konnte. Es war kein Zufall, daß die Rede von Gettysburg so kurz war. Die Gesetze der Prosaschreiberei sind so unwandelbar wie die des Flugs, der Mathematik und der Physik. Scott war praktisch völlig ungebildet. Er wußte nichts von diesen Gesetzen. Er machte alles falsch; und es kam richtig heraus. Aber die Geometrie holt einen immer ein. Ich finde immer, daß Du und ich ehrlich über Scott reden können, weil wir ihn beide geliebt und bewundert und verstanden haben. Wo andere Leute von ihm verwirrt wurden, sahen wir das Gute, die Schwächen und den großen Fehler, der immer da war. Die Feigheit, die Traumwelt, die kein spätes Symptom war (wie Bunny nach seinen Besprechungen anscheinend annimmt). Er träumte immer vom Football-Ruhm, vom Krieg (von dem er k e i n e A h n u n g hatte) (Die Bittere Wissenschaft), und wenn er im Verkehr die Fifth Avenue nicht überqueren konnte, dachte er: Womit ich jetzt also weiß, was für ein abgetakelter großer Feldläufer ich wäre.

Nächstes Mal werde ich schreiben, was gut an ihm war. Aber wir nehmen als selbstverständlich an, daß Menschen gut sein sollten. Und bei einem Pferd, einem Regiment, einem guten Schriftsteller suche ich danach, was nicht stimmt. Ich setze voraus, daß sie gut sind, sonst würde ich sie gar nicht untersuchen.

Verzeih den langen und dummen Brief. Die Dinge waren ein bißchen schwierig, sonst hätte ich schon früher geschrieben. Danke, daß Du das Geld eingezahlt hast. Wieviel Geld habe ich inzwischen? Ich denke über Charley Sweeny · und Waldo [Peirce] immer noch dasselbe, aber dieses letzte Jahr war irgendwie so schlimm, daß es mich einfach von denen, die nicht dabei waren, abgehackt hat. Es muß sehr bitter für den armen Charley sein, zu sehen, was Leahy Marschall Pétain antut. Ich mochte Pétain noch nie, weder als General noch als Mensch, noch als Politiker, und wenn man sich mit 86, von seinen ehemaligen Komplicen verraten, an etwas genau erinnern muß, ist das ein teuflisches Ende.

Du weißt, Eisenhower hat einen verteufelt guten Verstand und ist ein prächtiger Mann. Letzten Sommer und Herbst hat er viele Fehler gemacht, aber er ist ein guter Mann und ein ziemlich guter General. [Omar] Bradley halte ich für einen wesentlich besseren General, sicher genauso gut wie Sherman. Wenn Patton nicht ein so unmöglicher theatralischer Charakter und Erzlügner wäre, wäre er ein hervorragender General. Das wird noch lustig werden, die ganze Scheiße zu lesen, die nach diesem Krieg herauskommen wird, wenn sie alle ihre Memoiren veröffentlichen. Es wird lustig sein und auch wieder nicht lustig.

Nun ja, zum Teufel mit diesem Unsinn. Schick bitte die Bücher an Buck, Max, und schick mir das von Bunny; ich werde schreiben, wenn ich es erhalte. Viele Grüße, und ich hoffe, dieses Jahr ist's nicht so schlimm mit dem Heuschnupfen.

Ernest

PUL

1 *The Crack-Up, with Other Uncollected Pieces, Notebooks, and Unpublished Letters of F. Scott Fitzgerald,* herausgegeben von Edmund Wilson (New York 1945).

La Finca Vigía, 28. September 1945

Liebstes Pickle-Kätzchen:

Ich fahre heute mit dem Boot raus und schreibe dies daher sehr früh am Morgen, um Dir auf jeden Fall etwas schicken zu können. Es ist ein herrlicher kühler frischer Morgen, aber es sieht so aus, als ob es viel brisa geben würde. Buck[1] will nach Rincon (dem Makrelenriff), um zu versuchen, ein paar kleine Fische zu fangen. Hoffe daher, daß es nicht zu früh am Tag zu rauh wird. Jedenfalls wird es ein Ausflug sein, und wir könnten ja auch einen großen Fisch fangen; obwohl man das Dingi nicht allzugut schleppen kann.

Gest. nachm. hat es einen ordentlichen und heftigen, weder zu langen noch zu starken, sondern genau richtigen Schauer gegeben, und ich brenne darauf, nachzusehen, wieviel Wasser er gebracht hat. War eben unten am Teich, man kann in dem braunen Pfad, den der Guß hinterlassen hat, bereits das Gras sprießen sehen. Herrn und Frau Fisch habe ich nicht gesehen, und auch die Kinderchen nicht, obwohl das Wasser sehr klar war. Es ist vollkommen klar, und wenn der Grund nicht braun wäre, wäre es phänomenal. Werde Dir jetzt beim Schwimmen Gesellschaft leisten, da es mir wieder Spaß macht und es ein ungeheuer gutes Training und so einfach ist, wenn man mal drin ist. Tut mir leid, daß ich früher nicht gut darauf zu sprechen war.

Gestern beim Spezialschießen hat Buck enorm gut geschossen. Er hat noch nie eine Schrotflinte in der Hand gehabt und ist das Gegenteil eines Reflexkönigs. Aber er verstand alles, was man ihm sagte, wie und warum man was tun müsse, und dann tat er es. Er ist ein guter Schütze. Er hatte eine gute Zeit und war zufrieden.

Ich habe gut geschossen, und ich denke, mit einem Tag Übung hätte ich gewonnen. War aber bei den schnellen Vögeln eine Hundertstelsekunde zu langsam (die wurden als letzte gebracht), beobachtete sie immer genau diese Zeitspanne lang, ohne auf sie zu schießen, und wenn ich sie traf, zerstörte ich sie, so daß sie ausfielen. Verfehlte auf diese

Weise zwei von zwölf. Mungo Perez war beim Grand American Handicap in Vandalia, Ohio, zweiter von rund tausend Schützen geworden, und dieses Schießen war eine Hommage an Mungo. Das machte für Mungo ein Alibi erforderlich, falls er nicht in internationaler Form schießen sollte, und das wurde von einem leicht verstauchten Fuß geliefert, der mehr Humpelei hervorbrachte, als man je auf einem Schlachtfeld gesehen hat. Mungos Rückkehr auf den Zement war ein herzzerreißender Anblick.

Es hat sich eine ziemliche Brise erhoben, während ich dies schreibe; glaube daher nicht, daß aus dem Makrelenfischen sonderlich viel wird; aber vielleicht können sie etwas fangen, wenn sie mit Sardinen fischen.

Der Wind fängt jetzt an, kräftig zu blasen –

Sechs Minuten später:

Ich fing dies an, bevor die Post kam. Gestern abend bekam ich keine, wollte aber auf jeden Fall schreiben, weil ich Dir gest. so einen düsteren Brief geschrieben hatte, da ich nichts gehört hatte, und den Geschmack wollte ich Dir aus dem Mund nehmen.

Du hast so einen lieben Brief geschrieben, und ich bin so glücklich über all die Hauspläne und so glücklich, daß Dir die Sache gefallen hat. Ich wollte keine Lobeshymnen hören. Nur wissen, was mein Partner dachte. Ich habe es Pete [Mrs. Lanham] weder vorgelesen noch es sie lesen lassen. Ich dränge meine Sachen nicht auf. Vielleicht hätte ich es tun können, aber es ist mir nie in den Sinn gekommen.

Du weißt, von »Collier's« habe ich noch nichts gehört (und es ist mein Geld, das sie immer noch nicht zurückzahlen). Es ist nicht die Frage, daß ich erklären müßte, wie ich ihr Geld ausgegeben habe. Ich wünschte, ich würde wieder für sie arbeiten. Dann wüßte ich genau, wie ich es ihnen geben müßte. Ich bin nicht besonders rachsüchtig, aber dieser Bande würde ich's schon gerne zeigen.

Ich werde heute abend und morgen schreiben, und Du wirst noch genug Zeit haben, es vor Deiner Abreise zu bekommen, und hast dann auf der Fahrt was Neues zu lesen. Wunderbar mit dem Haus. Mit Vergnügen können Deine Freunde hier wohnen, wann immer Du willst. Falls ich mal fleißig arbeiten sollte oder so was, könntest Du sie unterhalten, bis ich mit der Arbeit für den Tag fertig bin.

Kinder zu haben ist bloß eine Sache der Einstellung. Als ich *In einem andern Land* schrieb, war die ganze Zeit Mousie [Patrick] unterwegs und wurde geboren, und danach fuhr ich in den Westen, um es zu Ende zu schreiben, und Pauline fuhr vom Krankenhaus zu ihrer Familie und folgte mir in den Westen, als das Baby reisen konnte. Wenn die Leute erst einmal anfangen, ihr Leben um das Baby kreisen zu lassen, geht alles zum Teufel, das Kind eingeschlossen. Die Hauptsache bei einem Kind ist, daß es ein gutes Kindermädchen hat und nicht verhätschelt wird. Ich werde oft unfreundlich und herzlos wirken, aber das muß ich. Es ist 13 Jahre her, daß Gigi geboren wurde, und einundzwanzig, seit Bum, aber ich glaube nicht, daß die grundsätzlichen Probleme sich sehr verändert haben. Ich hoffe, es ist kein Sakrileg, aber ein Baby ist oft das Dümmste, was es gibt, manchmal nur in den ersten paar Monaten, manchmal ein Jahr, und ich halte mich gern soviel wie möglich von ihnen fern. Wenn das also jemals passiert, denke nicht, daß ich unser Kind nicht liebe und bewundere. Nachdem Giggy geboren war, bin ich nach Afrika gegangen. Er wurde im Okt. geboren, ich ging im darauffolgenden Juli ins Ausland und kam erst im nächsten Jahr, im Mai oder Juni, zurück. Ungefähr im April (zehn Monate) sagte Pauline: »Ich denke, ich sollte mein Kind sehen.«[2]

Ich liebe sie, aber als ich mich ganz um Bumby kümmern mußte, habe ich gelernt, daß irgendein g u t e s Mädchen, das man anstellt, sich am Anfang besser um sie kümmern kann als ich, und es besteht kein Grund, daß Mann und Frau sich von der Plackerei kaputtmachen oder zur Trennung treiben lassen, und es ist sinnlos, sich von einem Baby überhaupt verrückt machen zu lassen. Ich schreibe das jetzt, damit Du nicht denkst, ich wäre gemein zu ihnen. Niemand verbringt mehr Zeit mit ihnen als ich, wenn sie erst einmal bereit dazu sind. Vielleicht lieben andere Leute ihre Kinder mehr, aber ich liebe unsere reichlich. Ich werde den kleinen Tom oder die kleine Brigit genauso oder mehr lieben.

Muß aufhören, Pickle, oder wir kriegen das nicht mehr weg. Verzeih den dürftigen und eiligen Brief. Freu mich darauf, daß Du nach Hause kommst, und darauf, Deinen Brief noch einmal zu lesen und gut zu beantworten. Good-bye, gesegnete Pickle. Wir stechen jetzt in See.

PH. PUL   Ich liebe Dich

1 General Charles T. Lanham und seine Frau waren am 22. September zu einem Besuch nach La Finca Vigía gekommen.

2 EH irrt sich in Gregorys Geburtsdatum (12. November 1931) und auch im Datum seiner Auslandsreise; 1932 hat er keine unternommen. Paulines Bemerkung fiel vermutlich 1933 oder 1934.

An Malcolm Cowley

La Finca Vigía,
17. Oktober und 14. November 1945

Lieber Cowley:

Es war ungeheuer gut, von Dir zu hören. Das Buch bekam ich ein paar Tage später, und die Einleitung gefiel mir sehr gut.[1] Verstehe jetzt, was Du mit dieser nächtlichen Sache meinst. Ich hoffe, ich werde beim Schreiben jetzt etwas Glück haben, um Dir ein paar gute neue Proben zu liefern, an die Du das alte Skalpell wieder ansetzen kannst.

Du weißt, es ist furchtbar schwer, über seine eigenen Sachen zu sprechen oder zu schreiben, denn wenn sie überhaupt etwas taugen, weiß man selbst, wie gut sie sind – aber wenn man es ausspricht, kommt man sich vor wie ein Idiot. Meine Kinder sind die einzigen Leute, mit denen ich über meine Sachen oder darüber, was ich immer angestrebt habe, rede. Sie kennen Dos, und sie hören gerne etwas über Scott and Jim Joyce und wie sich das alles wirklich verhalten hat, anstatt der allgemein anerkannten Version. Da besteht nun mal ein großer Unterschied. Sie fragen dann: »Papa, wie lautet die w a h r e g e n über den und den und dies und das?« G e n ist R. A. F.-Slang für Information, das bei der Einsatzbesprechung freigegebene Material. Die w a h r e g e n ist das, was sie wissen, einem aber nicht sagen. Die w a h r e g e n bekommt man nur sehr schwer.

Hatte keine Ahnung, daß wir so viel frühes Leben gemeinsam hatten. War doch ein feines Leben, oder? Tut mir sehr leid, zu hören, daß Du Sorgen mit Schwerhörigkeit hast. Aber wenn wir schon einen [Sinn] verlieren müssen, dann diesen. Ist aber nicht lustig, überhaupt einen zu verlieren.

Ich wußte gar nicht, daß es Faulkner so schlecht ging, und ich bin sehr froh, daß Du einen Portable [Sammelband] von ihm zusammenstellst. Er hat von allen das meiste Talent, und es fehlt ihm nur eine Art Bewußtheit, die er nicht hat. Wenn schon ein Volk nicht halb in Freiheit und halb in Sklaverei existieren kann, dann kann erst recht kein Mensch halb verhurt und halb aufrichtig schreiben. Sondern er wird absolut vollkommen aufrichtig schreiben und das immer weiter tun und nicht fähig sein, damit aufzuhören. Bei Gott, ich wünschte, er gehörte mir, so wie einem ein Pferd gehört, und ich könnte ihn trainieren wie ein Pferd und rennen lassen wie ein Pferd – nur, was das Schreiben betrifft. Wie schön er schreiben kann, so einfach und so kompliziert wie Herbst oder Frühling.

Ich werde versuchen, ihm zu schreiben und ihn aufzumuntern.

Wir müssen uns treffen und miteinander reden, wenn ich nach N. Y. komme. Weiß aber nicht, wann das sein wird. Ich arbeite jetzt ordentlich. Arbeite jeden Morgen; habe seit ein paar Monaten, weder nachts noch bevor ich mit der Arbeit fertig war, etwas getrunken. Das ist das Härteste, was man tun kann, wenn man aus einem Krieg zurückkommt. Man gewöhnt sich an den alten Drachentöter, und der kann ja auch praktisch alles in Ordnung bringen. Ich weiß noch, wie ich in Spanien immer zwei Schluck zu mir nehmen mußte, bevor ich die Landkarte auch nur ansehen konnte, aber nach diesen beiden Schlucken sah es dann gar nicht mehr so schlimm aus – selbst wenn es furchtbar war. Dann, wenn das vorbei ist, muß man es ganz und gar aus seinem Organismus herauskochen und nur noch soviel trinken, wie zur Entspannung nach der Arbeit nützlich ist, und sich nicht selbst belügen und betrügen, und das ist immer ein harter Prozeß.

Ich habe Evan [Shipman] über McGraw geschrieben, aber nichts von ihm gehört. Letztes Jahr hat er mir zwei verdammt gute Gedichte geschickt.

Also, Katherine Anne P[orter] konnte ich noch nie lesen. Ich kann das einfach nicht lesen. Kommt mir so entsetzlich langweilig vor. Nicht unecht wie diese Carson McCullers, sondern einfach unerträglich langweilig.

Wenn Kenneth Burke gut geschrieben hat, dann war ich zu ungebildet, um ihn zu verstehen. Würde ihn gern noch einmal lesen. Als Ihr Kerle anfingt zu schreiben, hatte ich gerade erst die High-School hinter mir, weißt Du. Italienisch konnte ich vom Krieg her, und ich machte damit weiter; Deutsch konnte ich auch ein wenig. Mit meiner Bildung fing es erst in Paris an, zur selben Zeit, in der ich lernte, zu schreiben (meist aus Büchern von Sylvia Beach, bis ich Französisch gelernt hatte), und später dann Spanisch. Ich studiere jedes Jahr weiter, lese weiter, und jedes Jahr studiere ich etwas Neues, um den Verstand weiterlernen zu lassen. Lernen macht verteufelten Spaß. Wüßte nicht, warum ich das nicht mein ganzes Leben lang tun sollte. Gibt ganz bestimmt eine Menge zu lernen.

14. November

Ist mir allerdings nicht sonderlich gelungen, diesen Brief abzuschicken!

Habe jeden Tag gearbeitet, ist gut gelaufen. Ist auch ein verdammt stumpfsinniges Leben. Aber es macht mehr Spaß als alles andere. Weißt Du noch, wie der alte [Ford Madox] Ford immer geschrieben hat, wie [Joseph] Conrad gelitten hätte, wenn er schrieb? Es sei ein métier du chien [ein Hundeberuf] usw. Leidest Du, wenn Du schreibst? Ich überhaupt nicht. Ich leide wie ein Schwein, wenn ich nicht schreibe, oder kurz davor, und hinterher fühle ich mich leer und abgeschlafft. Aber ich fühle mich nie so gut wie beim Schreiben.

Habe mir den *Portable Poe* schicken lassen, nachdem ich Deinen Brief bekommen hatte. Was hatte der für ein schrecklich verfluchtes Leben. Er hatte sogar noch mehr selbstverursachtes Pech als Scott. Wenn er in unserer Zeit geboren wäre, hätte er wahrscheinlich zu Oswald Moseleys [Mosleys] Bande gehört.

Sie hätten das Geld für die Zeitschrift aufgebracht, und es wäre die einzige gute faschistische Zeitschrift geworden. Ich freute mich darauf, Poe zu lesen. Dachte, es wäre gut, das diesen Winter zu tun. Und dann merkte ich, daß ich es alles, noch bevor ich nach Italien gegangen war, gelesen hatte, und ich erinnerte mich so deutlich daran, daß ich es nicht noch einmal lesen konnte. Hatte zwar alles vergessen, aber es war noch da – unversehrt. Er gleicht Evan scheinbar sehr. Allerdings hat er es natürlich zuerst gemacht. Weißt Du, daß Evan ein verteufelt guter Schriftsteller ist? Ich glaube, keiner merkt, wie gut er ist.

Schreibt Archie [Mac Leish] immer noch nichts anderes als Patriotisches? Ich habe ein paar furchtbar leblose Verse von ihm an einen Toten Soldaten in dieser Free-World-Anthologie gelesen. Ich habe immer gedacht, Allen Tate könnte die leblosesten Verse an Tote Soldaten schreiben, aber Archie ist da auch nicht schlecht.[2] Du mußt wissen, sein Bruder Kenny ist im letzten Krieg beim Flugeinsatz gefallen, und ich dachte immer, Archie meine, das sichere ihm so eine Art beherrschenden Einfluß auf alle Toten.

Was wird nun mit Pound geschehen? Hat er noch weiter im Radio gesprochen, nachdem wir in den Krieg eingetreten sind? Ich finde, man sollte ihm als Kollaborateur den Kopf rasieren. Jede andere Strafe wäre übertrieben. Er war ein großer Dichter und der großzügigste Freund und unterstützte die Leute, und er fühlte sich so geschmeichelt, daß er in Italien Respekt genoß und man sich dort nicht über ihn lustig machte, daß er den Faschismus restlos schluckte. (Niemand außer einem Idioten mit Ezras Charakter täte das, aber er tat's: einfach so, und dann machte er sich daran, das zu rechtfertigen.) 1933 hat Joyce (James) mir geschworen, daß Ezra verrückt wäre, und er bat mich zu kommen, um bei irgend etwas bei ihm zu sein, zu dem er Ezra eingeladen hatte, denn er sagte: »Ezra ist jetzt verrückt, und ich weiß nicht, was er anstellen wird.« Ich glaube, sein Denken war schon seit langem nicht normal. Die Sendungen von ihm, die ich gelesen habe, waren so albern und wahnsinnig, daß sie selbst, wenn sie komplett vorgeführt würden, seine beste Verteidigung wären.

Weißt Du, was sie mit ihm vorhaben? Das mit William

(Haw-Haw) Joyce war eine gefährliche Sache. Es wäre sehr böse, wenn man Ezra, der zwar ein Verräter war, aber ein alberner, verrückter und harmloser Verräter, in denselben Topf werfen würde.

JFK [Ernest]

1 *Hemingway*, Viking Portable Ed., hg. von Malcolm Cowley (New York 1944).

2 EH bringt hier Mac Leishs Gedicht *The Young Dead Soldiers* (in *Collected Poems*, Boston 1952) mit Tates *Ode to the Confederate Dead* (1928) in Verbindung.

1946

An Konstantin Simonow[1]

La Finca Vigía, 20. Juni 1946

Lieber Simonow:

... Gestern abend kam Ihr Buch. Heute lese ich es, und wenn ich fertig bin, werde ich Ihnen nach Moskau schreiben ...

Ich hätte es gleich lesen sollen, als es übersetzt worden war, aber da kam ich gerade aus dem Krieg zurück und konnte nichts darüber lesen. Wie gut auch immer. Ich bin sicher, Sie wissen, was ich meine. Nach dem ersten Krieg, an dem ich teilgenommen habe, konnte ich fast neun Jahre lang nicht darüber schreiben. Nach dem spanischen Krieg mußte ich sofort schreiben, weil ich wußte, daß der nächste Krieg sehr schnell kommen würde, und ich spürte, daß ich keine Zeit mehr hatte. Nach diesem letzten Krieg habe ich mir (dreimal) sehr schlimm den Kopf verletzt und hatte schreckliche Kopfschmerzen. Aber schließlich konnte ich doch wieder gut schreiben, aber mein Roman ist, nach 800 MS-Seiten, immer noch weit weg vom Krieg. Aber wenn ich ordentlich lebe, komme ich schon noch dahin. Kann hoffentlich sehr gut werden.

Den ganzen Krieg hindurch wollte ich gern bei der Armee der UdSSR sein und diesen herrlichen Kampf sehen, aber ich fühlte mich nicht berechtigt, dort als Kriegskorrespondent zu arbeiten, weil ich A kein Russisch spreche und B dachte, ich könnte nützlicher sein bei dem Versuch, die Krauts (so nennen wir die Deutschen) anderweitig zu vernichten. Ich war etwa zwei Jahre auf See, hatte eine schwierige Arbeit zu tun. Dann ging ich nach England und flog vor der Invasion als Korrespondent mit der R.A.F., begleitete die Invasion der Normandie und verbrachte die restliche Zeit bei der 4. Infanterie-Division. Die Zeit bei der R.A.F. war wunderbar, aber nutzlos. Bei der 4. Infanterie-Division und beim 22. Infanterie-Regiment versuchte ich mich nützlich zu machen, da ich Französisch konnte und das Land kannte und in der Lage war, mit den Maquisards Vorarbeit zu leisten. Das war ein gutes Leben, und es hätte Ihnen Spaß gemacht. Ich weiß noch, als wir vor der Armee in Paris eingezogen waren und die Armee uns dann eingeholt hatte, kam André Malraux mich besuchen und fragte, wie viele Leute ich kommandiert hätte. Ich sagte ihm, nie mehr als höchstens 200, und gewöhnlich zwischen 14 und 60. Er wäre sehr glücklich und erleichtert, denn er hätte 2000 Leute kommandiert, sagte er. Es hatte also nichts mit der Frage des literarischen Prestiges zu tun.

Dieser Sommer von der Normandie nach Deutschland war der glücklichste, den ich je erlebt habe, trotz des Krieges. Später in Deutschland, Schnee-Eifel, Hürtgenwald und die Rundstedt-Offensive, gab es erbitterte Kämpfe, und es war ziemlich kalt. Auch davor gab es üble Kämpfe, aber die Wiedereroberung von Frankreich und besonders von Paris gaben mir das beste Gefühl, das ich je gehabt habe. Seit meiner Jugend habe ich immer nur an Rückzügen, Hinhalteoffensiven, Rückzügen, Siegen ohne nachfolgende Reserven usw. teilgenommen, und ich hatte nie erfahren, wie man sich nach einem Sieg fühlt.

Jetzt habe ich seit Herbst 1945 hart gearbeitet, dauernd geschrieben, so daß die Wochen und Monate verflogen sind. Wir werden alle tot sein, ehe wir uns dessen bewußt werden.

Ich hoffe, Sie hatten eine gute Reise in Amerika und Kanada. Ich wünschte, ich hätte Russisch sprechen und mit Ihnen herumziehen können, denn es gibt da wirklich viele wunderbare Leute zu treffen und schöne Dinge zu tun. Aber nur wenige von diesen Leuten sprechen Russisch. Sie hätten unseren Colonel von der 22. Infanterie kennenlernen sollen (jetzt General Lanham), der mein bester Freund ist, und auch die Kommandeure des 1., 2. und 3. Bataillons (die, die noch leben) und viele Kompanie- und Zugführer und viele prächtige amerikanische Soldaten. Die 4. Infanterie-Division hatte vom Tag der

Normandie-Invasion bei Utah Beach bis zum Tag des Sieges 21205 Verluste, bei einer Truppenstärke von 14037 Mann. Mein ältester Sohn wurde der 3. Infanterie-Division zugeteilt, die sogar 33547 bei ihren 14037 hatte. Aber die waren vor der Landung in Südfrankreich in Sizilien und Italien gewesen. Er sprang als Fallschirmspringer vorher ab und wurde später sehr schwer verwundet und im Herbst in den Vogesen gefangengenommen. Er ist ein guter Junge, ein Captain, und er würde Ihnen gefallen. Er erzählte den Krauts (er ist sehr blond), er sei der Sohn eines österreichischen Skilehrers und sei nach Amerika gegangen, nachdem sein Vater von einer Lawine getötet worden sei. Als die Krauts schließlich herausfanden, wer er war, schickten sie ihn in ein Gefangenenlager. Aber am Ende wurde er befreit.

Es ist verdammt schade, daß Sie nicht hier herunterkommen konnten. Sind Ihre Gedichte oder das Journal ins Englische übersetzt? Ich würde das sehr gerne lesen. Ich weiß, wovon Sie sprechen. So wie Sie sagen, Sie wüßten, wovon ich spreche. Nach allem, was die Welt sich geleistet hat, sollten Schriftsteller in der Lage sein, einander zu verstehen. Es spielt sich so viel govno (wahrscheinlich falsch geschrieben) ab, und doch sind die Leute so gut und intelligent und haben gute Absichten und würden einander gut verstehen, wenn wir nur etwas Verständnis füreinander hätten, statt den wiederholten Vorführungen eines Churchill zu lauschen, der macht jetzt das, was er schon 1918/19 gemacht hat, um etwas zu bewahren, das heute nur durch Krieg bewahrt werden kann. Verzeihen Sie mir, wenn ich über Politik rede. Ich weiß, daß man mich immer für einen Narren hält, wenn ich das tue. Aber ich weiß, daß nichts zwischen der Freundschaft unserer Staaten steht . . .

In der UdSSR gibt es einen Jungen (jetzt wahrscheinlich ein alter Mann) namens Kashkeen. Rothaarig (wahrscheinlich grauhaarig). Er ist der beste Kritiker und Übersetzer, den ich je gehabt habe. Wenn er noch da ist, übermitteln Sie ihm bitte meine besten Empfehlungen. Ist *Wem die Stunde schlägt* jemals übersetzt worden? Ich habe mal eine Besprechung von [Ilja] Ehrenburg gelesen, aber sonst nie etwas davon gehört. Mit kleinen Veränderungen und Auslassungen gewisser Namen wäre es leicht zu veröffentlichen. Ich wünschte, Sie könnten es lesen. Es handelt nicht vom Krieg, so wie wir ihn in den letzten Jahren kennengelernt haben. Sondern von einem Krieg zwischen kleinen Hügeln; es ist in Ordnung, und da ist eine Stelle, wo wir die Faschisten umbringen, die würde Ihnen gefallen.

Viel Glück und gute Reise.

Ihr Freund
Ernest Hemingway

1 Konstantin Simonow (1915–1979), sowjetischer Dichter, Romancier und Dramatiker. Der Text dieses Briefs folgt »Soviet Literature« 11 (1962); er wurde dort offensichtlich mit einigen Auslassungen abgedruckt.

AN ERNST ROWOHLT[1]

La Finca Vigía, 18. Dezember 1946

Mein lieber Ernst:

Ich habe mich über Ihren Brief gefreut, der mich nach einiger Verzögerung in der Übersetzung erreichte, und ich war froh zu erfahren, daß es Ihnen gut geht und Sie wieder im Geschäft sind. Der Krieg war bestimmt die Hölle für Sie, und es freut mich, daß Sie nicht zu den zahlreichen Krauts gehörten, die wir in der Schnee-Eifel und im Hürtgenwald umgebracht haben. Glauben Sie nicht, dies sei die Sprache des grausamen Siegers, denn Ihr habt an diesen beiden Orten mit Sicherheit viel mehr von unseren Jungs umgebracht als wir von Euch. (Bin froh, daß wir uns nicht gegenseitig umgebracht haben.)

Schreiben Sie bitte für mich an Anne Marie Horschitz und sagen Sie ihr, daß ich mich darauf freue, daß sie meine Werke auch weiter übersetzt. Sie war die beste Übersetzerin, die ich je in irgendeiner Sprache gehabt habe.

Bleiben Sie bitte mit mir über meinen Anwalt Maurice J. Speiser, 630 Fifth Avenue, New York 20, N. Y., in Verbindung und teilen Sie mir die Konditionen mit und wann Ihrer

Ansicht nach wieder etwas auf deutsch veröffentlicht werden kann. Dann können wir über einen Abschluß sprechen. In der Zwischenzeit werde ich mit keinem anderen deutschen Verleger irgendwelche Abschlüsse machen, ohne zuerst mit Ihnen Verbindung aufzunehmen.

Aber versuchen Sie bitte, ein wenig Geld aufzutreiben, damit ich nicht wieder im »Kaiserhof« warten muß, während Sie ganz Berlin nach Geld absuchen.

Mit herzlichster Zuneigung
Ihr alter Gegen-Kamerad
Ernest Hemingway

T. C. PUL

1 Rowohlt war EHs deutscher Verleger. Dieser Brief ist in *Rowohlts Rotblonder Roman* (Hamburg 1947) erschienen.

1947

La Finca Vigía, 28. Juni 1947

Lieber Charlie:

Mach Dir um mich keine Sorgen, Junge. Du hast genug Ärger ohne das. Ich habe Dir nach meinem Kabel nicht geschrieben, weil – was zum Teufel kann man da sagen. Wir brauchen untereinander keine tränenreichen Worte über Max zu verlieren. Das Pech war, daß er sterben mußte.[1] Ich hatte mir nicht vorgestellt, daß er stirbt; nur gedacht, er würde vielleicht so verdammt taub werden, daß wir ihn auf diese Weise verlören. Jedenfalls habe ich seit langer Zeit versucht, ihn weniger zu belästigen und allen Spaß mit ihm zu haben, der möglich war. Wir hatten eine ungeheuer gute Zeit letztes Mal in New York, und war es nicht ein glücklicher Zufall, daß es so war und es nicht einen Haufen Probleme und Streitereien gegeben hat? Jedenfalls braucht er sich jetzt nicht mehr mit Tom Wolfes idiotischem Nachlaß herumzuschlagen oder Louises Geschäfte zu betreiben, und er braucht auch nicht mehr diese Schriftstellerinnen davon abzuhalten, Nester in seinem Hut zu bauen. Max hatte viel Spaß, jedenfalls weiß ich, daß wir zusammen viel Spaß hatten; aber daß er seine ganze Widerstandskraft dadurch aufbrauchte, daß er keine Pausen machte, um sich wiederaufzubauen, ist eine gute Lehre für uns; also überarbeite Dich jetzt bloß nicht, zumindest nicht, bis der junge Charlie richtig gut ins Geschäft hineingewachsen ist, ich will nämlich noch mindestens die nächsten zweiundzwanzig Jahre Dein vom Alkohol verwüstetes Gesicht sehen können, wenn ich in Euer Büro komme, damit ich das Gefühl haben kann, daß jemand in N. Y. einen noch schlimmeren Kater hat als ich.

Charlie, mach Dir um mich überhaupt keine Sorgen. Ich mochte diesen Mistkerl Darrow noch nie, aber der ist draußen. Wallace [Meyer] und ich mögen und verstehen uns sehr gut. Du und ich kommen verdammt gut aus. Viel besser, als die Leute wissen, und Du brauchst Dich nicht damit zu quälen, mir Briefe zu schreiben. Ich müßte ja auch arbeiten und versuchen, gut zu schreiben, wenn ich im Gefängnis säße oder wenn ich 20 Millionen Dollar hätte, oder wenn ich pleite wäre und an etwas anderem arbeiten müßte, um mich über Wasser zu halten, oder wenn ich sterben müßte, oder wenn ich wüßte, daß ich ewig leben würde. Also mach Dir um mich keine Sorgen. Ich werde keiner Versuchung erliegen, und ich schmeichle mir auch nicht mehr so leicht. Du hast genug Kohle, um mich einigermaßen zu unterstützen, sobald ich darum bitten muß, während ich dieses Buch schreibe, und ich werde mir so wenig wie möglich leihen und so gut wie möglich schreiben. Habe mir Wege ausgedacht, wie ich meine vorhandenen Erzählungen auf einer nicht prostituierenden Basis an den Film verkaufen könnte, um mich über Wasser zu halten, während ich, genau wie immer, ohne Rücksicht darauf schreibe, ob es verkäuflich ist, und nur auf der Grundlage, wie gut ich es schreiben kann. Zumindest habe ich daran gearbeitet, und wenn [Maurice] Speiser es nicht durch eine Überstrapazierung seiner Vermittlungskünste vereitelt, dürfte es noch in diesem Monat in Ordnung gehen. Wie auch immer es ausgeht, ich habe genug Kohle, um bis Sept. davon leben zu können. Und wenn der Abschluß mit Hellinger durchkommt, bin ich für die ganze Zeit, die ich für das Buch brauche, abgesichert, und noch darüber hinaus.

Falls es etwas nützen könnte, könntest Du verlauten lassen, daß Max, der mein bester und ältester Freund bei Scribner's war und ein großer, großer Editor, in meinen Sachen nie einen Abschnitt gestrichen hat und auch nie darum gebeten hat, einen zu ändern. Einer meiner besten und treuesten Freunde und klügsten Berater im Leben so gut wie im Schreiben ist tot. Aber Charles Scribner's Sons sind meine Verleger, und ich beabsichtige, für den Rest meines Lebens bei ihnen zu veröffentlichen.

Malcolm Cowley kann Dir sagen, was er und Max und ich und später er und Max über die Herausgabe einer dreibändigen Ausgabe von *In einem andern Land, Fiesta* und *Wem die Stunde schlägt* beschlossen haben, um die Beziehung zwischen diesen drei Büchern zu zeigen, mit Illustrationen und einer Einleitung von Cowley. Das könnte nach der Neuausgabe von *In einem andern Land* kommen, über die Du mit Max, wie Du sagst, gesprochen hast. Ich halte es für eine gute Politik, diese Bücher in unseren eigenen Ausgaben auf dem Markt zu halten, und wenn die drei zusammen mit Cowleys verbindenden Worten herauskämen, würde das gute Rezensionen garantieren. Könnte günstiger sein, mit allen drei zuzuschlagen, als sie stückweise hinzuwerfen.

Wenn die Jungs bloß Ben Siegal nicht abgeschoben hätten, dann könnten wir ihn damit betrauen, mir den Nobelpreis zu besorgen. Er hat mich einmal gefragt: »Ernie, warum bekommst du nie einen von diesen Preisen? Ich sehe doch, daß andere Schriftsteller Preise kriegen. Wo drückt der Schuh, Ernie? Da läßt sich bestimmt was deichseln.«

Werde Dich nicht mit noch mehr dergleichen belästigen, bei all der Arbeit, die Du am Hals hast. Wenn der junge Charlie sich in der Werbeabteilung gut macht, warum läßt Du ihn dann nicht für eine Weile dort, anstatt ihn herauszureißen?

Es war anstrengend hier mit Patrick und Mary, die beide so krank waren. Heute ist der 78. Tag bei Patrick. Mary ist nach Key West gefahren, um sich dort im Haus auszukurieren, Pauline kümmert sich um sie. Pauline war wunderbar. Kam rüber und half, wo sie nur konnte. Mary hatte fast drei Wochen jeden Tag 102 bis 104 Grad Fieber [=38,9°–40° C]. Ich behandelte sie mit sämtlichen Sulfonamiden, und dann gaben ihr die Ärzte 2 Millionen Einheiten Penicillin. Fing mit einer Grippe an, die sie sich vermutlich in Chicago geholt hat, als sie sich um ihren Vater kümmerte, der dort operiert worden war. Verwandelte sich dann in eine Gastroenteritis, mit so einem Tropenbazillus, den sie nicht isolieren konnten. Pauline hält Mary für ein wunderbares Mädchen, und sie sind gute Freunde geworden.

Wir mußten Patrick 45 Tage lang rektal ernähren. Jetzt ißt er ausgezeichnet, nimmt wieder zu und wird ganz schön kräftig und ist oft fast vier oder fünf Stunden hintereinander bei völlig klarem Verstand.

Vorletzte Nacht habe ich zum erstenmal seit mehreren Monaten in einem Bett geschlafen, und das war vielleicht bequem zum Schlafen. Es war ein herrliches Regenjahr und die Gegend ist sehr schön. Ich wünschte, ich könnte Dir Mangos und Avocados schicken. Grüße bitte Deine Frau von mir.

Wir haben hier echten Gordon's Gin für 50 Eier die Kiste und echten Noilly Prat, und wir haben eine Möglichkeit entdeckt, wie man im Tiefkühlschrank Eis in Tennisballröhren herstellen kann, das mit 15 Grad unter Null herauskommt, und wenn auch die Gläser noch gefroren sind, ergibt das den kältesten Martini der Welt. Gerade genug Wermut, um den Boden des Glases zu bedecken, eine ¾ Unze Gin und ganz frische spanische Cocktailzwiebeln, die ebenfalls 15 Grad unter Null haben, wenn sie ins Glas wandern.

Das war, wie gesagt, hart, aber es gibt bessere Wege, es auszuschwitzen, als den Kopf an die Klagemauer zu legen.

Hat Max die Einladung zu der Bronze-Star-Sache bekommen?[2] Gen. Lanham, mit dem ich von der Normandie an zusammen war, als er das 22. Inf.-Regt. kommandierte, hat gesagt, ich hätte es ablehnen sollen, was ich für unhöflich gehalten habe, und hätte durchblicken lassen sollen, daß ich etwas Besseres erwartet hätte, was ich für ziemlichen Quatsch halte. Im Krieg habe ich mich einmal beim Essen betrunken, weil ich den DSC [Distinguished Service Cross] erhalten sollte, aber dann wurde es von oben abgelehnt. Daher dachte ich, nimm diesen lieber, bevor er widerrufen wird.

> Bis dann, Charlie. Paß auf Dich auf.
> Alles Gute
> Ernest

Hast Du was von Martha gehört? Ich seit Weihnachten nichts mehr. Habe ein neues Hausmädchen namens Martha, und es macht ziemlichen Spaß, ihr Befehle zu geben. Stimmt, Marty war ein reizendes Mädchen. Ich wünschte nur, sie wäre nicht ganz so ehrgeizig und kriegsbesessen gewesen. Vermute, es wird für sie ohne Krieg ein wenig einsam sein.

PUL

1 Maxwell Perkins war am 17. Juni 1947 in Stanford, Connecticut, gestorben.

2 EH hatte am 13. Juli 1947 in der amerikanischen Botschaft in Havanna den Bronze-Star erhalten.

AN WILLIAM FAULKNER

La Finca Vigía, 23. Juli 1947

Lieber Bill:

Ich bin wirklich sehr froh, von Ihnen zu hören und mit Ihnen in Kontakt gekommen zu sein. Ihr Brief kam heute abend; und bitte, werfen Sie das ganze andere Zeug weg, das Mißverständnis, sonst muß ich zu Ihnen kommen, und wir trampeln beide darauf herum. Es besteht überhaupt keins. Ich war sauer, und Buck [Lanham] war sauer, und beide waren wir in dem Moment nicht mehr sauer, als wir den wahren Grund erfuhren.

Ich weiß, was Sie in bezug auf T. Wolfe und Dos meinen, und doch kann ich dem immer noch nicht zustimmen. Ich habe das Engagement bei Wolfe nie gespürt, außer bei den N.C.-Sachen. Dos habe ich immer gemocht und respektiert und immer gedacht, er sei ein zweitklassiger Schriftsteller, weil er kein Ohr hat. Ein zweitklassiger Boxer hat keine Linke, das ist dasselbe, was für einen Schriftsteller das Ohr ist, und daher wird er zusammengeschlagen, und das passierte Dos mit jedem Buch. Außerdem ist er ein schrecklicher Snob (weil er ein Bastard ist) (was ich begrüßen würde) und sehr bekümmert über sein Negerblut, während er unser bester Neger-Schriftsteller hätte sein können, wenn er einfach Neger gewesen wäre, wie wir es hoffentlich an seiner Stelle gewesen wären.

Sie haben etwas sehr Kühles von mir herausgesucht, um ein Gleichnis über die große Tat aufzustellen, die wir alle gern

413

vollbringen möchten. Es so zu schreiben, wie es wirklich war an irgendeinem wirklich guten Morgen – aber ich habe versucht, noch viel weiter zu kommen, wenn sie zum Beispiel fikken, als sie von der Kontaktaufnahme mit der anderen Gruppe an der Brücke zurückkommen, oder wenn diese Pilar ganz genau Bescheid weiß über alles; und wieder an der Stelle, wo sie über ihren Mann spricht, vorher, und über Valencia und den Spaß, den sie hatten (davon glaube ich, daß es standhält); wo sie über den Geruch des Todes redet (was kein Quatsch ist), und der ganze Abschnitt mit ihrem Mann, der im Stierkampfgeschäft gewesen war, und die Stelle, wo wir die Faschisten in dem Dorf umbringen. Langweilte Sie wahrscheinlich zu Tode, das noch einmal zu lesen, aber sozusagen als Bruder würde ich gern wissen, was Sie davon halten. Jedenfalls ist es so gut, wie ich nun mal schreiben kann, und ich habe alle mir zur Verfügung stehenden Möglichkeiten (denn ein Baseball-Werfer kann, wenn er Übung hat, ziemlich genau werfen) genutzt. (Und vermutlich versagt.)

Der Unterschied bei uns beiden ist der, daß ich seit meiner Kindheit ständig außer Landes (als Söldner oder Patriot) gelebt habe. Mein eigenes Land weg. Bäume abgeholzt. Nichts übrig außer Tankstellen, Parzellierungen, wo wir in der Prärie Schnepfen gejagt haben usw. Habe woanders ein gutes Land gefunden, die Sprache so gut gelernt wie Englisch und es auf dieselbe Weise verloren. Die meisten Leute wissen das nicht. Dos kam immer als Tourist zu uns. Ich habe mir immer meinen Lebensunterhalt verdient, meine Schulden bezahlt und war immer bereit zu kämpfen. Solange ich mich erinnern kann, war ich ein mieser DP, aber ich habe jedesmal gekämpft, bevor wir verloren haben (und dieses letzte Mal haben wir mit höchstem Einsatz gekämpft, und es war am einfachsten, und wir haben am schlimmsten verloren). Die Dinge standen noch nie schlechter als heute.

Sie sind ein besserer Schriftsteller als Fielding oder sonst einer von diesen Burschen, und das sollten Sie einfach wissen und weiterschreiben. Sie haben Sachen geschrieben, die mir leichter wieder einfallen als irgend etwas von den anderen, und ich bin nun wirklich nicht dämlich. Sie sollten nicht die

Scheiße über lebende Schriftsteller lesen. Sie sollten stets Ihr Bestes geben und gegen tote Schriftsteller anschreiben, deren Format (nicht Format: Kraft der Beschwörung) wir kennen, und sie einen nach dem anderen schlagen. Warum wollen Sie in Ihrem ersten Kampf gegen Dostojewski antreten? Schlagen Sie Turgenjew – was wir beide gründlich und für einige Zeit getan haben, die ich übrigens auch bei einem Blutdruck von 205 zu 115 ticken höre (gar nicht übel, nach dem, wie die Dinge gelaufen sind). Dann nehmen Sie sich de Maupassant vor (zäher Bursche, bis er die alte Syphilis bekam. Aber immer noch für drei Runden gefährlich). Dann versuchen Sie, Stendhal zu erwischen. (Tun Sie das, und wir werden alle glücklich sein.) Aber kämpfen Sie nicht mit den kläglichen pathologischen Typen unserer Zeit (wir wollen keine Namen nennen). Sie und ich, wir beide können Flaubert schlagen, der unser angesehenster und verehrtester Meister ist. Aber um das zu schaffen, muß man fähig sein, das Kommando über ein Bataillon anzunehmen, wenn es einem gegeben wird (wenn man ein großer Truppenkommandeur ist), es abzugeben, um Vizekommandeur eines Regiments zu werden (mit Idioten zu marschieren und nicht die Tuchfühlung zu verlieren), und dann fähig sein, ein Regiment zu übernehmen, auch wenn man verabscheut, es zu übernehmen, weil man da, wo man war, glücklich war (oder unglücklich war, aber nicht in einem Faß die Niagarafälle überqueren wollte) (Ich kann in dieser Hierarchie nicht höher steigen, weil ich keine weiteren Erfahrungen habe und Sie damit wahrscheinlich ohnehin zu Tode langweilen würde). Jedenfalls bin ich Ihr Bruder, falls Sie einen haben wollen, der schreibt, und ich würde gern mit Ihnen in Verbindung bleiben. Mein mittlerer Sohn (Pat) ist nun seit 4 Monaten sehr krank. Mußten ihn 45 Tage rektal ernähren. Jetzt ißt und schläft er ordentlich, ist aber noch nicht über den Berg. Verzeihen Sie bitte, wenn ich dummes Zeug schreibe. Dieser ist ein höchst begabter Junge. Der älteste sehr ... nett. Captain bei den Fallschirmjägern, 3mal verwundet usw. 6 Monate Gefangener. Als er zum erstenmal Kriegsgefangener wurde und noch erreichbar war, hatten wir einen Angriff vorbereitet, um ihn aus dem Loch herauszuholen, aber der wurde abgeblasen. Dieser Junge (der

kranke) ist ein guter Maler, bei einem Autounfall, sein jüngerer Bruder fuhr, wurde sein Schädel zertrümmert. Verzeihen
Sie den idiotischen Brief. Ich halte sehr viel von Ihnen. Würde
gerne weiter [Briefe] schreiben.

JFK   Ernest Hemingway

1948

Torcello, Italien, 20. November 1948

Liebste Kittner:

Habe schwer gearbeitet und Dich noch schwerer vermißt. Heute überhaupt keine Post. Ich habe Dir vorgestern geschrieben und heute einen Brief von Deiner Familie ans »Excelsior« in Florenz weitergeschickt. Jetzt schreibe ich Dir genau bei Sonnenuntergang. Hier war schönes Herbstwetter, seit Du abgefahren bist. Ich bin mit Emilio auf die Jagd gegangen und habe 25 kleine Vögel geschossen, und wir hätten auch zwei Enten kriegen können, als vier sehr tief über uns hinwegflitzten, aber da saßen wir gerade beim Essen. Hätten sie auch verfehlen können.

Habe alle meine Korrespondenz erledigt, bis auf den Brief an [Alfred] Rice[1]. Danach werde ich den Artikel schreiben.[2] Vielleicht schreibe ich auch erst den Artikel und dann an Rice, da ich noch nach Venedig muß, um die Vollmacht vom Notar beglaubigen zu lassen. Charley Ritz habe ich auch geschrieben.

Entweder morgen vormittag (Sonntag) oder Montag findet ein großes Entenschießen statt. Emilio wird mir heute abend Bescheid sagen. Ich hoffe, es ist am Montag, da mir noch die Schulter weh tut von dieser Schießerei steil von unten nach oben und wieder runter. Ich finde, für leichtes Schrot ist die Ladung ziemlich schwer. Kann damit jetzt wirklich rauf und runter schießen. Den Doppelschuß habe ich noch nicht gelernt.

Ich glaube, die Zeitschriften usw. sind durch den Hafenstreik aufgehalten worden. Es heißt, im New Yorker Hafen lägen über 50 000 Postsäcke. Aber Du liest ja auch die Zeitung, also werde ich Dir die Nachrichten nicht Kaltenbornen.

Deine letzten Bilder (der Turm usw.) sind hervorragend geworden. Bekam sie gestern abend.

Die chinesische Reg. benutzt offenbar amerikanische und britische Flugzeuge, um den Kommunisten die Hölle heiß zu machen. Glaube aber nicht, daß sie es stoppen können, so wie die Sache ins Rollen gekommen ist. Lies Steele in der »Herald Trib«. Ich kenne ihn (Du wahrscheinlich auch von der Zeitung her). Er ist ein erstklassiger, sorgfältiger Mann. Fand ich lustig, daß sie Rover Boy Bill Bullitt rübergeschickt haben, um Chiang zu unterstützen. Hoffe, er kriegt seinen Brief. Er wird etwa so lange wie Gig mit von der Partie sein.

Kein Wort mehr von Kinderchen.

Hoffe, Du hast was Gutes erfahren.

Ich habe versucht, bis Mitternacht oder ein Uhr wach zu bleiben und zu lesen.

Habe Dein Telegramm über den Regen auf dem Weg nach Bologna und das schöne Schloß von Ferrara verstümmelt erhalten. Wenn es das große da ist, kenne ich es. Hast Du in Bologna unsere Verrückten getroffen? Wie ist Florenz? Ich wette, selbst Du bist in den Uffizien müde geworden. Das war das Museum, das mich wirklich immer umgehauen hat. Ich dachte dann nur noch, zeigt mir noch eine gottverdammte Madonna, und dann seht mal, was passiert, Leute. Ist Fiesole kaputtgeschossen? Es war reizend, aber ein wenig affektiert. Siena wird Dir gefallen. Ich erwarte zu hören, daß Du nach Rom gefahren bist, weil das so nah war usw. Also tu's ruhig. Dafür ist ein Auto ja da. Sieh Dir was von den etruskischen Sachen an, wenn Du in Umbrien bist. Sie sind jetzt noch ein Geheimnis für mich. Um Orbetello herum ist es auch gut, falls Du in diese Richtung fahren solltest. Mit Ezra [Pound] bin ich durch das ganze Land gewandert und habe ihm erklärt, wie und warum Sigismundo Malatesta wo und aus welchen Gründen gekämpft hätte, und wie das alles gewesen wäre. Habe ihn wahrscheinlich sehr in die Irre geführt. Würde es jetzt gern besser machen.

Hatte ein paar Tage eine Stinkwut auf den alten Bill Smith. Wie kommt es eigentlich, daß Marty in ihrem Buch niemals Ausdrücke wie Stinkwut oder verpiß dich, sonst polier ich dir die Fresse benutzt? Sie muß wohl beabsichtigt haben, den Reichtum zu teilen, und hat das für mich übriggelassen.

Von hier keine Neuigkeiten. Mookys Fuß ist wieder ok. Aß heute draußen in der Sonne, und er hatte während des ganzen Essens seinen Kopf in meinem Schoß; Muscheln, Seezunge, einfacher weißer Reis. Bobby, der andere Hund, Crazys Bruder, kann Männchen machen und guten Tag und Freut mich Sie zu sehen sagen.

Hier lebt jetzt kein Mensch. Heute abend drei Pärchen zum Lunch; ein Typ, der entweder schwul war oder ein Filmstar oder beides, mit einer aufgetakelten Frau (Stoßstangen geradegebogen, schlechter Anstrich), eine Art Brusadelli-Typ mit passender Frau und ein Pärchen Belgier. Ich kann jetzt reisende Belgier von so weit her erkennen, wie ich sie riechen kann.

Viele Grüße an alle Deine Freunde. Liebe an mein Kätzchen. Fühl Dich wohl und sei lustig. Jetzt ist es dunkel, und das Schießen hat angefangen. Habe versucht mir vorzustellen, wie ein Belgier riecht (der nachkriegsreisende Belgier), glaube, es ist eine Mischung aus treulosem König, Zehenmarmelade, ungewaschenen Nabeln, alten Fahrradsätteln (verschwitzt), Pflastersteinen und überaus sicherer Währung mit einem Touch Lauchsuppe und Kochpastinak. Vive l'armée blanche.

Ich liebe Dich, liebste Kittner, und vermisse Dich sehr, sehr sehr sehr, sehr, sehr.

PH. PUL   Papa

1 Alfred Rice war der Nachfolger von Maurice Speiser, der am 7. August 1948 gestorben war; er blieb zu EHs Lebzeiten und auch später EHs Anwalt.

2 *The Great Blue River* für die Zeitschrift »Holiday« (Juli 1949).

AN ALFRED RICE

Venedig, 15. Dezember 1948

Lieber Alfred:
Habe Dir gestern ein sehr langes Kabel geschickt. Folgendes zur Ergänzung. Lege die Vollmacht und das Affidavit bei.

Bitte verzeih mir, wenn ich mal kurz angebunden bin. Mir läuft die Zeit davon, all das ist verdammt schlecht für meine Arbeit, und ich arbeite mit sehr hohem Blutdruck gegen die Zeit an und versuche, nicht allzuviel Dampf aufzustauen oder mir Sorgen zu machen. B e h a n d l e d i e s v e r t r a u l i c h . NUN VERNEHMEN SIE DIES (wie der Schwätzer an Bord zu sagen pflegte.)

Ich möchte auf keinen Fall, daß Du je etwas in bezug auf Steuerrückerstattungen[1] unternimmst, ohne Dich vorher mit mir zu besprechen und mir die Angelegenheit ausführlich darzustellen, so daß ich beurteilen kann, ob eine solche Unternehmung nicht nur legal, sondern redlich und ethisch ist und meinen persönlichen Maßstäben entspricht. Ich bin durch die Steuern zwar finanziell geschwächt, aber ich bin auf die Hilfe, die ich auf diese Weise meiner Regierung geleistet habe, genauso stolz wie auf jegliche Unterstützung, die ich auf dem Schlachtfeld geben konnte. Ich möchte nicht darüber meckern, daß ich finanziell getroffen werde, ebensowenig, wie ich darüber meckern würde, wenn ich physisch getroffen worden wäre. Ich brauche dringend Geld, aber nicht dringend genug, um etwas Unredliches, Schmutziges, Zweifelhaftes oder Smartes zu unternehmen, um es zu kriegen. Ich hoffe, daß das ganz klar ist.

Nun zu der Nichtansässigkeit. Hier einige Fakten über 1942-43-44, die Du vielleicht nicht weißt. 1942/3 habe ich Kuba nicht ein einziges Mal verlassen, außer um auf See die schwierigste Mission, die einem überhaupt übertragen werden kann, bei der Spionageabwehr und U-Boot-Bekämpfung zu erfüllen. Maury [Maurice Speiser] hat in meiner Akte eine Kopie oder das Original eines Briefes, den mir, als ich nach Europa abreiste, Spruille Braden, unser damaliger Botschafter in Kuba, geschrieben hat. Ich würde lieber jede Steuerschätzung zahlen, als daß dies an die Öffentlichkeit gerät. Aber Mr. Bradens Brief, der geschrieben wurde, als ich diese Arbeit einstellte, da keine U-Boote mehr durchkamen, spricht für sich selbst. Er würde mit Vergnügen jedem von der Behörde erzählen, was wir auf See getan haben und was uns das gekostet hat. Er würde außerdem sicher mit Vergnügen meinen Wohnsitz in

Havanna bestätigen. Das würde auch sicher Robert P. Joyce tun, Generalkonsul der USA, Adresse Außenministerium, Washington, D. C., der eben aus Triest zurückgekehrt ist, wo er politischer Berater der dortigen amerikanischen und britischen Heereshauptquartiere war. Alle derartigen Nachfragen sollten streng vertraulich durchgeführt werden und sich nur mit der Arbeit auf See befassen. Andernfalls würde ich das keine Woche überleben; also sagen wir keinen Monat.

1944 war ich auf See, bis die U-Boote abzogen: bin jedesmal in See gestochen, wenn eins in unserem Gebiet signalisiert wurde. Den Job bei »Collier's« habe ich als Sprungbrett angenommen, um eine nützliche Aufgabe in Europa zu bekommen. In NYCity war ich gerade lang genug, um meine Akkreditierung und Anweisungen zu erhalten, und dann flog mich die R.A.F. rüber, auf mein Versprechen hin, mit ihnen zu fliegen und über sie zu schreiben. In London wurde ich schwer verletzt und konnte eine Zeitlang nicht fliegen, daher erhielt ich die Erlaubnis, mit dem kleinen Navy-Landungsboot LCVP nach Omaha Beach mitzufahren. Ich habe nur fünf Artikel für »Collier's« geschrieben, und sie haben mir dafür weniger als die Hälfte meiner Auslagen gezahlt. Diese Artikel handelten davon, wie die siebente Angriffswelle am D-Tag die Küste erreichte, von den Tag- und Nachteinsätzen zum Abfangen der V-Raketen und der Bombardierung der Abschußbasen, vom Durchbruch der Infanterie in der Normandie, von unserer Einnahme Rambouillets und den Guerilla-Aktivitäten auf dem Weg nach Paris und schließlich von dem Angriff des 22. Infanterie-Regiments auf den Westwall am 13. Sept. »Collier's« verstümmelte mein Manuskript derart, daß ich nicht mehr weiterschreiben wollte, obwohl ich noch einen Artikel vorbereitet hatte, den ich nicht mehr abgeschickt habe, aber in mein Buch einfügen werde. Von Sept. bis Ende 1944 habe ich mich bei der 4. Inf.-Division so nützlich wie möglich gemacht und wie immer Material für mein Buch gesammelt. Wenn man bedenkt, daß ich die ersten beiden Monate auf See war (der Teil des Buches, den ich jetzt schreibe) und die letzten vier nichts für »Collier's« geschrieben habe, dann sind die für das Sammeln von Material anfallenden Kosten keineswegs übertrieben, zumal wenn man den Betrag kennt, der mir für die steuerpflichtigen Filmrechte an dem Buch angeboten worden ist.

Ich möchte, daß Du denjenigen, der die Rückerstattung für 1944 prüft, diesen Brief lesen läßt, damit er sich ein Bild machen kann. Mir ist der Bronze-Star verliehen worden, der höchste Plunder, den sie einem Zivilisten und irregulären Soldaten geben konnten, und ich bin für diverse lohnende Sachen vorgeschlagen worden, die mir nicht gegeben werden konnten, wegen meines irregulären Status und der Tatsache, daß sie damit die Genfer Konvention verletzen würden.

Im Laufe des Jahres 1944 habe ich mir außerdem meine Gesundheit ruiniert, hatte zwei schwere Kopfverletzungen und kam 1945 völlig abgebrannt nach Hause. Deshalb würde es mich ebenso schmerzen, wenn ich noch zuzahlen müßte für diese Tage auf See, die Stunden in der Luft, für mehr als hundert Tage im Gefecht, Normandie, Rattenjagd, Schnee-Eifel, Hürtgenwald, den Westwall-Kampf, an dem ich kaputt und krank mit 104 Grad Fieber [40° C] teilgenommen habe; ich trug damals eine mit Schafsfell gefütterte Jacke als Unterkleidung, damit der Schweiß aufgesaugt wird, und darüber noch eine. Nein. Jedes Jahr, aber nicht 1944. Der Hurrikan hat mir die Farm zusammengeblasen, als ich mich hinter dem Westwall aufhielt. Meine überlebenden Mangobäume, jetzt neu abgestützt, haben sich nie von diesem Hurrikan erholt.

Wenn sie mir irgendwelche Zuschüsse, die ich 1944 von meiner Reg. erhalten habe, gegen das anrechnen, was ich bereits gezahlt habe, werde ich mit Vergnügen alles zahlen, was sie für richtig halten. Ich hatte einen Reisepaß für den Flug nach London, aber ich habe 10 Dollar dafür gezahlt.

Zum Geschäft: ich werde nicht jedes Jahr Urheberrechte verkaufen, um Geld zurückzuzahlen, das ich mir zum Bezahlen von Steuern geliehen habe, und dann auch darauf noch Steuern zahlen. Das ist vorbei. Daß einmal etwas zu einem miserablen Preis verkauft wurde, als ich nach 1944 kopfverletzt war, ist noch lange kein Grund, etwas anderes zu einem miserablen Preis zu verkaufen. Und b i e t e nichts zum Verkauf a n . Schick etwaige Angebote nur an mich.

Für nur 25 Cent würde ich nicht mehr schreiben, wenn ich

Moneten zahlen soll für das, was ich 1944 getan habe; dann würde ich nur noch mit Leuten fischen gehen und so leben, daß ich mein Auskommen habe, und keiner würde mehr Geld verdienen; weder die Reg. noch die Agenten, noch sonst jemand, und ich könnte fischen und brauchte mir nicht beim Schreiben das Gehirn zu zermartern und wäre verdammt besser dran. Heute scheint mir das eine gute Idee zu sein.

Schließ keine Geschäfte über deutsche Übersetzungen ab. Die Umstände sind mir noch nicht danach. Mondadori und Einaudi haben Dir mitgeteilt, was sie mir gezahlt haben. Rechne das in Dollar um – ein Dollar gleich 640 Lire, dies ist der Wechselkurs hier auf dem freien Markt. So wird hier der Dollar gewechselt. Wenn dieses Geld steuerpflichtig ist, dann gib es natürlich an, und sag mir Bescheid, wenn Du Aufstellungen darüber brauchst, was mir Guaranty, Esquire, Chicago Bank, Cape gezahlt haben, dann kann ich ihnen kabeln, daß sie es Dir kabeln sollen.

Viele Grüße und frohe Weihnachten

JFK   Ernie

1 Der Internal Revenue Service prüfte EHs Einkommensteuerrückzahlung für 1944.

1949

AN CHARLES SCRIBNER

La Finca Vigía, 22. Juli 1949

Lieber Charlie:

Vielen Dank für den Brief mit dem Material über Billy Rose. Ich habe Mr. Rose geschrieben, daß man einem Trottel eine Menge durchgehen läßt, und einem kleinen Trottel noch mehr. Und wörtlich: »Aber wenn Sie noch einmal was von mir klauen, poliere ich Ihnen dermaßen die Fresse, daß Sie sich darin spiegeln können.« Ich glaube, Mr. Rose wird in der Lage sein, diese Sprache zu verstehen, die nicht die gleiche ist, wie wir sie im Pallazzo Mocenigo (falsch geschrieben) [Venedig] sprechen.

In dem Buchpaket, das hier aufgetaucht ist, war dieser Bericht über [S. A. Stauffers u. a.] *The American Soldier*, das in der Princeton Press erschienen ist (eine ausgezeichnete und eindrucksvolle Arbeit), und [W. Van T. Clarks] *The Track of The Cat* und [J. F. Dobies] *The Voice of The Coyote* sind halbtierisch vor Metaphysik, und Tierbücher. Viele andere bestellte Bücher fehlen noch; besonders MajGen [J. F. C.] Fuller (der Bastard) *The Second World War*. Ich brauche das.

Die Summe der Wörter beträgt für Mittw. 577, und gest. morgen, an meinem Geburtstag, 573 vor dem Frühstück. Gewicht genau 200. Zur Feier meines fünfzigsten Geburtstages (in welchem verdammten anderen Land, in dem man sein Leben damit verbracht hat, zu schreiben so gut man kann, würde man nicht wenigstens ein Telegramm von einem Amerikaner bekommen, wenn man trotz erheblicher Schwierigkeiten die Fünfzig geschafft hat) habe ich dreimal gebumst, im Klub genau zehn (sehr schnelle) Tauben abgeschossen, mit fünf

Freunden eine Kiste Piper Heidsick Brut getrunken und den ganzen Nachmittag den Ozean nach großen Fischen abgesucht. Waren keine da, obwohl die Strömung kräftig und das Wasser sehr dunkel war. War der erste Tag des Passats, der jetzt anscheinend kräftig eingesetzt hat, und manchmal tauchen die Fische nicht vor dem 2. oder 3. Tag auf. Habe für dieses Wochenende große Hoffnungen.

Ich glaube, der junge Charley macht einen Fehler, daß er keine von den alten Büchern als Türstopper genommen hat. Immerhin wurden sie ihm angeboten. Habe es etwas bedauert, daß sie abgelehnt wurden. Kann aber verstehen, daß sie ihm vielleicht nicht gefallen haben. Tatsächlich sind sie ziemlich gut, und er würde keinen Fehler begehen, wenn er ein paar signierte Exemplare hätte, falls wir Erstausgaben auftreiben könnten, für die ich [David] Randall[1] gern bezahlen würde. Das ist wie die Schlange, die ihren eigenen Schwanz auffrißt.

Ich denke, ich werde heute schreiben, da ich an einem Ort bin, wo ich mir die Landschaft ansehen kann, was ich lieber tue als alles andere.

Bekam herrliche Geburtstagsgeschenke: Juan Dunabeitia, der mit mir im Krieg auf See gedient hat, schmuggelte eine zweiundzwanziger Colt Match Target Pistole herein. Unser Priester schenkte mir zwei Flaschen Tequila. Unser Weinhändler die Kiste Heidsick Brut 41. [Otto] Bruce, der mal mein Diener, Chauffeur und Vertrauensmann war, kam mit einer schönen Marineuhr, einem Satz Signalflaggen und zwei Gummi-Eiseimern von Key West herüber. Mary schenkte mir eine feine silberne Flasche und ein Dutzend kleiner rührender Geschenke. Bekam ein Kabel von Cape und andere Kabel aus dem Ausland.

Muß aufhören und an die Arbeit gehen. Übrigens, der Grund, warum wir die Einladung von Jung-Charlies angeheirateter Verwandtschaft[2] nicht formell beantwortet haben, war der, daß sie an Mr. Ernest Hemingway adressiert war und nicht an Mr. und Mrs. Wenn solche Dinge als Formalität betrieben werden, ist es besser, diese Formen auch zu beachten. Ich habe es Mary nicht gezeigt. Ich verstehe natürlich die Verwirrung bei solchen Anlässen. Ich selbst bin kein förmlicher Charakter, aber wenn jemand es darauf anlegen will, weiß ich, wie es geht. Vier meiner Vorfahren haben an den Kreuzzügen teilgenommen (was ich Cowley nicht gesagt habe), und ich hatte eine Cheyenne-Ururgroßmutter (was ich Cowley nicht gesagt habe). Meine beiden Großväter haben den ganzen Bürgerkrieg hindurch mitgekämpft (niemand, der in Amerika Geld hat, hat einen Großvater, der gekämpft hat). Jack, mein ältester Sohn, mein jüngerer Bruder und ich haben alle im letzten Krieg gekämpft. Wir wurden alle verwundet, und wir erhielten alle diverse Auszeichnungen, ohne jedes Aufsehen. Ich würde zu gern vor ein Kongreß-Komitee geladen und befragt werden, ob ich subversiv sei. Würde zu dem Vorsitzenden sagen: »Du Arschloch, wann bist du in dieses Land gekommen, und wo waren deine Leute 1776–9, 1861–5, 1914–18 und 1941–45? Da haben wir nämlich alle unsere Gesundheit und unser Vermögen verloren. Und was hat dein erbärmlicher feiger Großvater in diesen Zeiten getan? Vermutlich hat er sich einen Ersatzmann gemietet und Geld gescheffelt.«

Ich bin sehr snobistisch, Charley. Versuche immer, es nicht zu sein, und hasse alle falschen Snobs. Aber der wahre Snobismus der kämpfenden Leute und der Spieler und der Leute, denen alles scheißegal ist, ist es, was »White's« so lustig macht und »Boodle's« so schlapp und beschissen, und all die anderen bloß zu schön gemachten Imitationen, wo die feinen Leute hingehen. Die feinen Leute sind immer diejenigen gewesen, denen alles schnurzegal gewesen ist. Das hat nichts damit zu tun, wo man zur Schule gegangen ist (die armen Schweine leiden und schwitzen das aus). Flaschen verkehren bei »White's«. Aber jeder weiß, daß es Flaschen sind, und sie werden geduldet, verächtlich behandelt oder ignoriert. Die wirklich feinen Leute sind fast ebenso zäh wie die wirklich guten Gangster. Aber das hat nichts mit Faschismus oder anderen simplen Lösungen zu tun. Man weiß sofort, ob ein Mann o. k. ist, wenn man ihn trifft, und zwar so genau, als ob man einen Geigerzähler auf ihn gerichtet hätte ...

Wenn Du noch mehr wissen willst, gebe ich Dir die »wahre gen«. Ich denke aber, das sind erst mal genug der destillierten Weisheiten zu meinem fünfzigsten Geburtstag. Es ist angenehm, sich wie fünfundzwanzig zu fühlen und seinen Verstand ein bißchen gelernt haben zu lassen; vielleicht.

Ich hoffe nur, daß ich gesund genug bin, um noch 30 Jahre durchzuhalten und gut zu schreiben, denn ich schwöre, der Verstand ist in Ordnung und ziemlich rücksichtslos (versucht immer, freundlich zu sein), und ich besitze eine beträchtliche Menge an Ortskenntnissen.

Du kannst dies beim Pendeln lesen. Vermutlich muß man wohl vom Land in die Stadt zur Arbeit fahren, und man kann sich daran gewöhnen. Aber es muß schrecklich sein. Ich weiß, ich würde die Unwürdigkeit der U-Bahn nicht hinnehmen können, nicht um alles Geld in der Welt.

Viel Glück, Junge, und bleib um Himmels willen da und sorg Dich nicht um mich. Bin immer noch sauer auf Max, daß er wie ein Trottel gestorben ist. Warum hat er sich zu Tode arbeiten müssen – mit dem Nachlaß der lieben Louise, Tom Wolfes Nachlaß, immer diesen Zug erwischen, nie den Hut abnehmen. Sein gottverdammter Hut allein hätte ihn umbringen können. Ich hoffe, man hat ihn mit ihm beerdigt.

Also Gott sei mit Dir, wie unsere Freunde sagen.

Dein altes Rennpferd
Exterminator

PS Habe ich Dir über Sinclair Lewis, den Autor, geschrieben? Wahrscheinlich. Er hat mit der Mutter seiner Ex-Mätresse Marcella Powers zusammengelebt. Die Mutter war sehr gepflegt und gut gewaschen und nannte ihn immer Mister Lewis. Sie hatten im »Gritti« die Königssuite. Er pflegte abends in die Bar hinunterzugehen und drei, vier doppelte Whisky zu trinken und dann zu schreiben. Manchmal schrieb er auch am Morgen. Aber meistens nachts. Die übrige Zeit pflegte er mit Mrs. Powers auszugehen und alles in Augenschein zu nehmen, was im Baedeker 3 Sterne hatte. Als ich in Padua im Krankenhaus war, schnappte er sich Mary für eine dreistündige Schimpfkanonade: »Ich liebe Ernest, ABER.« Das Problem war anscheinend, daß ich nicht jedes Jahr ein Buch schreibe, oder vielmehr veröffentliche. Das andere Problem war, daß ich ein

Snob sei (stimmt). Ein anderes, daß ich nie eine Zeile über seine Bücher geschrieben hätte, obwohl er die Gold Medal-Rede über mich gehalten hatte. (Wie zum Teufel konnte ich über seine Bücher schreiben. Das einzig Freundliche ist Schweigen.) Weitere Beschwerden: wie schwierig muß es für dich sein, armes Schätzchen, die Frau eines Genies sein zu müssen. (Wer hat sich jemals wie ein Genie aufgeführt? Ich bin ein Schriftsteller und Schütze und Fischer. Alle, die mit mir verheiratet sind, essen regelmäßig, werden gefickt, wenn sie es wünschen, und haben ein ziemlich interessantes Leben. Man kommt herum.) Weitere Beschwerden: Er muß ja schrecklich schwierig sein, Schätzchen. Du weißt, wie sehr ich mit dir fühle.

Mary machte dem ein Ende, indem sie ihm alle seine Drinks bezahlte. Ich sagte dem Barmixer, daß er ihm, wenn er noch mal auftauchen sollte, einen Schlaftrunk verpassen sollte, was er zu tun versprach. Der Oberkellner und ich haben als Kinder zusammen gekämpft. Er haßte ihn richtig. Sagte, er sei eine richtige Flasche, der meine, man könne sich Loyalität mit einem mickrigen Groschen kaufen, statt mit Verständnis, Rücksichtnahme, Takt und guten Manieren. Und dieser erbärmliche baedekerkuckende Bastard mit der Mutter seiner Frau (die ihn verlassen hat) beschmutzt Venedig mit seiner pockennarbigen Neugier und seinem Mangel an Verständnis.[3]

Wir sollten wie Lord Byron und [John] Murray Abschriften unserer Briefe aufbewahren. Ich könnte Dir ein paar lustige Sachen schreiben, wenn ich es mir nicht versagte. Jetzt wo ich weiß, daß das Copywrite bei mir bleibt, neige ich dazu, Dir so ziemlich jeden Scheiß zu schreiben. Und ich brauch noch nicht mal die Wörter zu zählen.

EH

Sämtliche bestellten Bücher sind mit der Post heute morgen angekommen. Brauche also nur noch die 3 Exemplare der Einleitung von Penn Warren zu den *In einem andern Land*-Bänden. Werde morgen eine weitere Bücherbestellung an Wilcox abschicken. Heute nachmittag kommt die Sekretärin hierher, und dann werd ich das diktieren.

PUL   EH

1 Randall leitete das Rare Book Department (Abteilung für seltene Bücher) in Scribner's Buchhandlung.

2 Charles Scribner junior hatte am 16. Juli 1949 Joan Sunderland geheiratet.

3 Diese Attacke auf Lewis wird in anderer Form in *Über den Fluß und in die Wälder* wiederholt.

AN KARDINAL FRANCIS SPELLMAN

La Finca Vigía, 28. Juli 1949

Mein verehrter Kardinal:

Auf jedem Bild, das ich von Ihnen sehe, strahlen Sie mehr heuchlerische Arroganz, Feistheit und Vermessenheit aus.

Ich muß mit allem Nachdruck sagen, daß Sie sich als Streikbrecher gegen katholische Arbeiter und als Kritiker von Mrs. Roosevelt[1] zu viel herausnehmen. Es ist nicht gut, wenn ein Kirchenfürst vermessen wird.

Ich weiß, daß Sie über die spanische Republik Lügen verbreitet haben, und ich weiß auch, warum. Ich weiß, von wem Sie Ihre Anweisungen erhalten und warum solche Anweisungen gegeben werden. Sie führen in den Vereinigten Staaten eine Minderheit, deren beitragzahlendes Mitglied ich einmal war, aber Sie führen sie mit Arroganz, Überheblichkeit und der Feistheit eines Kirchenfürsten.

In Europa heißt es, Sie würden der nächste, und der erste amerikanische Papst. Aber legen Sie dieses Vorhaben, bitte, ad acta, und hören Sie auf, so massiv darauf zu drängen. Solange ich am Leben bin, werden Sie es nicht werden.

Hochachtungsvoll
Ernest Hemingway

[Schreibmaschinen-Manuskript, von EH unterschrieben, aber möglicherweise nicht abgeschickt.]
JFK

Der Kardinal an Eleanor Roosevelt: »Ich werde mich nicht noch einmal öffentlich zu Ihnen bekennen.« Er beschuldigte sie antikatholischer Tendenzen (in der »New York Times« vom 23. Juli 1949). Sie wies die Beschuldigung in einem Brief, der am 28. Juli veröffentlicht wurde, zurück.

AN CHARLES SCRIBNER

La Finca Vigía, 27. August 1949

Lieber Charlie:

Danke für Deinen Brief mit den Anlagen. Würdest Du Deine Sekretärin bitten, dieser Frau von [der Zeitschrift] »McCall's« zu schreiben, daß ich meine Mutter unterstütze und daß ich ihr diese Unterstützung streichen werde, wenn sie eine Wiederholung i r g e n d e i n e s Interviews von sich gibt oder Beiträge zu irgendwelchen Artikeln über mich beisteuert?[1] Ich meine das völlig ernst.

Dies zu Deiner Information:

Meine Mutter ist sehr alt, ihr Gedächtnis ist mehr als getrübt, und sie neigt zu phantastischen Behauptungen. In letzter Zeit habe ich, da sie so alt ist, die Rolle des anhänglichen Sohnes gespielt, denn das gefällt ihr. Aber ich hasse sie, und sie haßt mich. Sie hat meinen Vater in den Selbstmord getrieben, und später einmal, als ich ihr schrieb, sie solle bestimmte wertlose Grundstücke verkaufen, weil die Steuern sie auffraßen, schrieb sie zurück: »Droh mir nie, daß ich dies oder das tun soll. Dein Vater hat das einmal versucht, als wir gerade geheiratet hatten, und das hatte er sein Leben lang zu bedauern.«

Ich antwortete: »Meine liebe Mutter, ich bin ein ganz anderer Mensch als mein Vater, und ich drohe niemandem. Ich kann Dir nur versprechen: Wenn ich sage, daß ich, wenn Du gewisse vernünftige Dinge nicht tust, zu Deinem Unterhalt nicht mehr beitragen werde, dann meine ich es auch so.« Danach hatten wir keinen Ärger mehr. Abgesehen davon, daß ich sie nicht mehr sehen will und daß sie weiß, daß sie nie hierherkommen kann.

Meine Sekretärin ist in Urlaub, und ich wäre dankbar, wenn Deine mir helfen und dieser Frau von »McCall's« mitteilen würde (die mir wie ein Raffzahn der übelsten Sorte vorkommt), daß es einen solchen Artikel nicht geben wird. Ich werde meiner Mutter noch gesondert schreiben und ihr ausdrücklich verbieten, dabei mitzuwirken.

Diese Frau von »McCall's« sollte mehr über Dr. Kinsey und seine Frau schreiben.

Könnte Deine Sekretärin bitte auch an den AP-Mann aus Jacksonville schreiben, daß ich ihn mit Vergnügen an jedem beliebigen Nachmittag nach fünf Uhr empfangen werde, wenn er zwei, drei Tage vorher anruft und einen Termin ausmacht. Aber nicht übers Wochenende, weil ich dann zum Fischen bin. Vormittags arbeite ich. Würde ihn sehr gern sehen, wüßte aber doch gern Bescheid, wann er auftaucht, da es im Oktober eine Menge Fische gibt und ich weder ihn noch mich in Verlegenheit bringen will.

Sagst Du bitte den Leuten von »Life«, daß wir ihnen wegen des Buches rechtzeitig Bescheid sagen und eng mit ihnen zusammenarbeiten wollen und daß ich die Art, wie sie sich in der Vergangenheit verhalten haben und ihre Anständigkeit gegenüber einem arbeitenden Schriftsteller sehr schätze. Sag ihnen bitte auch, daß ich es sehr bedaure, keine neuen Frauen zu haben, um die Geschichte mit etwas Sex zu pfeffern, aber Miss Mary, ihre ehemalige Angestellte, sei zu verdammt gut, als daß man sie verlassen könnte.

Ich weiß nicht, was wir sonst noch an Geschäften haben.

Wie kommt diese miese »McCall's«-Frau nur auf die Idee, daß sie über unsere Familie schreiben könnte! Einfach darüber schreiben, inwiefern ich mich von meinen weniger talentierten Brüdern und Schwestern unterscheide, von meiner Schwester Marcelline, dieser Hexe, von meiner reizenden Schwester Ura und meiner jüngeren Schwester Sunny (Spitznamen), die in der Schulmannschaft (der Jungen) mitspielt und wie ein Engel Harfe spielt? Oder von meiner Schwester Carol, die von einem sexuell Perversen überfallen, zu Boden geschlagen und vergewaltigt wurde, als sie zwölf Jahre alt war, oder von meinem jüngeren Bruder, der sich weigerte, eine Offiziersstelle anzunehmen, und als gemeiner Soldat beim 22. Inf.-Regt. diente und sehr beliebt war, und der später auf den Grand Cayman-Inseln Rennboote baute und jetzt in der Botschaft von Bogotá arbeitet? Welches Recht besitzt dieses Weibsbild auf dieses Wissen? Weiß sie denn nicht, daß die Leute ein Privatleben haben und Ehrgefühl und Geheimnisse und sich nicht von solchen Weibern abnagen lassen wie von Geiern? »McCall's« hat das also völlig ihr überlassen, ja? Die zieht da wild entschlossen los, mit hämmernden Absätzen ... ich möchte, daß Deine Sekretärin den ersten Absatz [dieses Briefes] wörtlich zitiert und den Inhalt des ganzen Briefes nachdrücklich wiedergibt. Glauben solche Weiber etwa, ich brauchte Publicity? Ich weiß, daß Du sie brauchst, und das halte ich auch aus, aber es macht soviel Spaß wie Katzenscheiße fressen.

Knall dieser Frau bitte derart eins vor die Birne, daß sie es sich zweimal überlegt, ehe sie noch einmal in die Hurenecke unserer Kneipe kommt. .

Jetzt bin ich wieder grob, dabei hatte ich mir gerade heute morgen vorgenommen, wirklich mal ernsthaft zu versuchen, das grobe Gerede aufzugeben und ein anständiger Gentleman zu werden.

Sag der Dame, sie soll einen Artikel für den »Woman's Home Companion« schreiben, über die Frage, ob Keuschheit noch modern ist, oder sie soll ein Interview mit Miss Martha machen, über ihre Kriegserfahrungen. Als der Kampf um den Westwall entschieden war, kam sie einmal, ehe sie wieder einrückte, kurz bei mir vorbei, und ich sagte, um nett und fröhlich zu sein: »Bug, du wirst mir allmählich unheimlich. Verdammt, du hast fast mehr vom Krieg gesehen als ich.«

»Ich habe mehr gesehen«, sagte sie und zählte auf, wo sie überall gewesen war, wie der Esel von Friedrich dem Großen.

»Wenn du Italien nicht mitrechnest«, sagte ich.

»Ach, wenn du d a s mitrechnen willst«, sagte sie hochmütig und begann Französisch zu reden vor meinem Colonel, er verstünde ja nichts, er sei ja nur Col. bei der Infanterie. Dabei war das der Bursche, der die Memoiren von De Caulaincourt übersetzt hatte, über Napoleons Rückzug in der großen Kälte ...

Und wie gefällt Ihnen das j e t z t , meine Herren?

Das war ein Ausdruck, den ich immer gern gehabt habe: Da, teilt sie euch, ihr Arschlöcher – wenn wir eine Panzerabwehrgranate abfeuerten, auf nette deutsche SS-Leute, die beschlossen hatten, nicht herauszukommen, obwohl sie vorschriftsmäßig dazu aufgefordert worden waren.

Einmal habe ich einen besonders frechen SS-Kraut umgelegt. Als ich ihm sagte, daß ich ihn töten würde, wenn er nicht seine Fluchtwegsignale rausrückte, sagte der Kerl doch: Du wirst mich nicht töten. Weil du Angst davor hast und weil du einer degenerierten Bastardrasse angehörst. Außerdem verstößt es gegen die Genfer Konvention.

Du irrst dich, Bruder, sagte ich zu ihm und schoß ihm dreimal schnell in den Bauch, und dann, als er in die Knie ging, schoß ich ihm in den Schädel, so daß ihm das Gehirn aus dem Mund kam, oder aus der Nase, glaube ich.

Der nächste SS-Mann, den ich verhörte, redete wie ein Wasserfall. Klar und mit intelligenter militärischer Darstellung ihrer Lage. Er nannte mich Herr Hauptmann, entschied dann, das wäre wohl nicht genug, und nannte mich Herr Oberst (ich trug keine Abzeichen). Ich hätte ihn noch bis zum General hochtreiben können. Aber wir hatten keine Zeit. Von da an konnten wir sie regelrecht jagen, weil wir genau wußten, was ihre hingemalten Kreidezeichen bedeuteten, und wer und wie viele sie waren.

Werde jetzt versuchen, wieder ein Christ zu sein.

In Christus Dein

PUL   Ernest

1 EH in einem Brief an seine Mutter vom 17. September 1949: »Scribner's hat mir mitgeteilt, daß sich eine Frau von der Zeitschrift ›McCall's‹, glaube ich, bei ihnen gemeldet hätte, weil sie mit Dir Verbindung aufnehmen will, um einen Artikel über meine Kindheit zu schreiben. Aus dieser Art Publicity mache ich mir nichts, und ich werde es nicht zulassen.«

La Finca Vigía, 6. und 7. September 1949

Lieber Charlie:

Frühmorgendlicher Tierbericht von der Finca:

Hunde sind Trumpf, aber Katzen sind die längste Farbe, die wir auf der Hand haben.

Habe Deinen Brief beim ersten Tageslicht noch einmal gelesen, und mir fiel ein, daß ich nichts über Buchklubs geschrieben hatte. Vielleicht ist es falsch, aber ich schlage vor, wir bieten niemandem etwas an und teilen mit keinem. (Vielleicht ist das falsch. Sag mir Bescheid.) Vielleicht sollten wir was mit der [Literary] Guild machen.

Ich würde bei diesem Pferd gern auf Sieg setzen. Und alles auf eine Karte setzen. Wenn wir nicht gewinnen, ist das auch ok, weil wir mit dem nächsten Buch einen sicheren Sieger haben und wir uns mit den Buchklubs ein bißchen Ruhe lassen können. Aber dieses Mal wollen wir versuchen, einen richtigen Treffer zu landen. Ich hoffe, es schockiert Dich nicht, daß ich diese Wettausdrücke benutze.

Wenn es den Kritikern nicht gefällt (und ich habe viele alte Feinde und Gegner aus dem Lumpenproletariat, die mich mit Vergnügen lahmlegen würden, nur klappt das nicht), ist das mehr oder weniger deren Problem, denn mit dem nächsten Buch werden wir sie wie mit einem Bulldozer überfahren. Ich hoffe, das klingt nicht anmaßend. Ich bin ein Mann ohne Ehrgeiz, außer dem, daß ich Weltmeister sein will; ich würde zwar nicht gegen Dr. Tolstoi zu einem 20-Runden-Kampf antreten, weil ich weiß, daß er mich zu Brei hauen würde, denn der Dr. hatte einen verdammt langen Arm und könnte ewig und noch länger kämpfen. Aber über sechs [Runden] würde ich es mit ihm aufnehmen, und er würde mich keinmal treffen, und ich würde ihn völlig fertigmachen und ihn vielleicht k. o. schlagen. Er ist leicht zu treffen. Aber Junge, Junge, wie e r treffen kann. Wenn ich noch lebe, wenn ich 60 bin, kann ich ihn schlagen. (VIELLEICHT)

Zu Deiner Information: ich habe angefangen zu versuchen, tote Schriftsteller zu schlagen, von denen ich weiß, wie gut sie waren. (Entschuldige den Jargon) Zuerst habe ich es bei Mr. Turgenjew versucht, und das war nicht allzu schwer. Dann bei Mr. Maupassant (das de gestehe ich ihm nicht zu), und es brauchte vier der besten Erzählungen, um ihn zu schlagen. Er ist geschlagen, und wenn er noch unter uns weilte, wüßte er das. Dann versuchte ich es bei einem anderen Burschen (dieses Angeben – oder diese Kraftmeierei – macht mich allmählich verlegen), und ich glaube, ich habe ein Unentschieden gegen ihn erreicht. Gegen diesen anderen Toten.

Mr. Henry James würde ich mit dem bloßen Daumen erledigen, sobald er das erste Mal nach mir grapscht, und ihm dann eins dorthin verpassen, wo er keine Eier hatte, und dann den Ringrichter bitten, den Kampf abzubrechen.

Es gibt ein paar Kerle, die niemand schlagen kann, wie Mr. Shakespeare (der Champion) und Mr. Anonymus. Wenn ich im Training wäre, würde ich aber mit Vergnügen jederzeit über zwanzig Runden gegen Mr. Cervantes antreten, in seiner eigenen Heimatstadt (Alcalá de Henares), und ihm die Knochen aus dem Leibe hauen. Obwohl Mr. C. sehr smart ist und schnell lernen würde und mich wahrscheinlich in einem Rückkampf schlagen würde. Um den d r i t t e n Kampf zu sehen, würden die Leute bezahlen. Viele Leute.

Aber diese miesen Brooklyn-Kerle sind so blöde, als a l l e r - e r s t e s gegen Mr. Tolstoi zu kämpfen und zu verkünden, sie hätten ihn geschlagen, bevor der Kampf überhaupt begonnen hat. Man sollte sie wegen Dummheit an den Eiern aufhängen, bis sie tot sind. Ich kann gut schreiben, und ich würde trotzdem nicht über die lange Distanz mit Mr. T. in den Ring steigen, es sei denn, meine Familie und ich hätten nichts zu essen.

Mit dem großen Buch hoffe ich Mr. Melville und Mr. Dostojewski zu schlagen – sie werden beide als ein Rennstall gebucht –, und ich werde ihnen jede Menge Dreck ins Gesicht schleudern, denn die Bahn ist nicht sehr schnell. Aber man kann nur ein paar wenige solcher Rennen machen. Dabei geht einem die Puste aus.

Ich weiß, das hört sich nach Angeberei an, aber Jesses, man muß schon Selbstvertrauen besitzen, um Champion zu werden, und das ist das einzige, was ich mir immer gewünscht habe. Und ich mußte erst ein halbes Jahrhundert alt werden, um zu erkennen, daß ich die Zügel noch nie freigelassen und das Pferd einfach habe laufen lassen. Jetzt wird es rennen, bis das Mistvieh sich etwas bricht oder stirbt.

Mit welcher frommen Regung ich Dich verlasse und an die Arbeit gehe.

Ernest

Später –
PS Am Freitag 1149. Sa-So habe ich geschwänzt und Briefe geschrieben. 6. Sept. 640.

EH

Habe das aus Versehen nicht abgeschickt.
PUL

AN MARLENE DIETRICH

La Finca Vigía, 26. September 1949

Meine liebste Marlene:
Bitte, gib uns nach hierher Nachricht, wo Du Ende Oktober sein wirst, damit wir uns treffen können. Wie geht's Dir, Tochter? Und wie geht sonst alles? Ich bin sehr eifersüchtig darauf, daß Du Großmutter bist und ich kein legaler Großvater bin. Aber ich habe Bumby gesagt, er soll sich in Harnisch werfen und versuchen, diesem Mißstand abzuhelfen.

Tochter, versuche bitte, von jetzt an Verbindung zu halten, da ich gerade ein Buch beende und denke, in rund drei Wochen fertig zu sein. Ich glaube, es wird Dir sehr gefallen. Werde Dir einen Durchschlag des Manuskripts geben, wenn Du willst. Du kommst darin vor, aber sonst niemand, denn es ist alles erfunden. So gut erfunden, wie ich es kann.

Marlene, Mary und ich haben Dich sehr gern und vermissen Dich ständig. Schreib bitte, auch wenn es eine corvée ist.

Meine Gesundheit ist etwa so gut, wie man es erwarten kann; eben wie bei einem überholten Jeep. Mary geht es gut, sie ist zu Besuch bei ihren Eltern in Chicago. Sie sind sehr alt und gebrechlich, und es ist gut, daß sie hingefahren ist, um sie zu sehen. Ich hoffe, die Leute vom Hotel [»St. Regis«] werden diesen Brief an Dich weiterleiten, und falls Du, wenn wir nach New York kommen, nicht mehr dort sein solltest, können wir uns in Europa treffen. Nach diesem Buch werde ich die Gedichte veröffentlichen, zusammen mit ein paar Erzählungen. Wir könnten sie noch einmal zusammen in der Bar im »Ritz« lesen.

Ich hoffe, es geht Dir gut, und es ist alles in Ordnung bei Dir und Deiner ganzen Familie. Es wird herrlich sein, sich wiederzusehen und miteinander reden zu können. Vielleicht kann ich morgens ein paar Flaschen Brut besorgen, und Du könntest mir beim Rasieren helfen. Alles Liebe, und wenn sie hier wäre, auch von Mary, für Dich.

Papa

PS Ich kenne eine Menge herrlicher Gerüchte. Einige davon sogar wahr. Ich verspreche, daß ich beim Essen keine Geschichten vom Fischen erzählen werde. Du versprichst, meine Durchschläge nicht diesem [Erich Maria] Remarque[1] zu geben.

JFK   E. H.

1 Marlene Dietrichs Artikel über EH, *The Most Fascinating Man I Know* (Der faszinierendste Mann, den ich kenne), in »This Week Magazine« (vom 13. Februar 1955) erwähnt EH und Remarque in zwei aufeinanderfolgenden Sätzen.

An Malcolm Cowley

La Finca Vigía, 11. Oktober 1949

Lieber Malcolm:

Ich hoffe, Du drehst nicht durch wegen dieses trag- [portable] oder trinkbaren [potable] Hemingway-Buches.[1] Ich stecke bis über beide Ohren in Arbeit und, bei Gott, ich kann dem nicht mehr Aufmerksamkeit widmen, als ich es getan habe. Es wäre schön, wenn ich sagen könnte: ich bin nicht scharf auf das Buch, aber das Traurige ist, d a ß ich scharf darauf bin. Ich werde dafür sorgen, daß Deine Arbeit nicht verlorengeht und Du korrekt und angemessen dafür entschädigt wirst. Dafür wird Charlie Scribner sorgen müssen, und ich muß vielleicht etwas Druck ausüben. Es ist nicht meine Sache, zwischen ihm und Mr. Viking zu vermitteln. Welcher Viking, von wo und wann?

Deine gegenwärtige Aufgabe scheint ziemlich schwierig zu sein, da Du mit Leuten zu tun hast, die nur ab und zu schreiben können. Du könntest Lionel Trilling, Saul Bellow, Truman Capote, Jean Stafford und ... Robert Lowry in einen Käfig stecken und sie hochwuchten, und Du würdest finden, daß Du nichts drin hast. Eudora Welty kann schreiben. Ich meine, mit der Diskussion der anderen verschwendest Du nur Deine Zeit, es sei denn, wir wollen darüber diskutieren, wer für Dallas, Texas, spielen soll. Die Texas League [Unterliga] ist sehr gut, wenn man in ihr spielt, aber es ist doch etwas ganz anderes als die Oberliga, wo man innerhalb der Grenzen des Möglichen absolut perfekt spielen muß, wenn man wirklich etwas leisten will. Das mag sehr dunkel klingen, aber das habe ich, glaube ich, von Mr. Casey Stengel gelernt, der gerade eine [Meisterschaft] gewonnen hat.

Nelson Algren ist wahrscheinlich der beste Schriftsteller unter 50 – um Deine Zahl zu nennen –, der heute schreibt. Er besitzt alles, was der schwächer werdende Faulkner je hatte, außer der Begabung für das Magische, und er läßt Mr. Thomas Wolfe, den aufgeblasenen Little Abner der Literatur, ungefähr so aussehen, wie Profis immer für ihn ausgesehen haben. Wenn Max Perkins Mr. Wolfe nicht eine halbe Million Wörter gestrichen hätte, wüßte jetzt jeder, wie er war, denn abgesehen von seinem ersten, guten Buch, *Schau heimwärts, Engel*, hatte er nie genug auf dem Kasten, um Billie Burke in ihrem 64. Lebensjahr zu schlagen, und die war nicht gerade ein Superschläger, sondern eigentlich nur ein Läufer.

Es wäre sehr nett, wenn Du mir *Witch-cult in Western Europe* von Margaret A. Murray, Oxford 1921, schicken könntest. Hatte noch nie viel Ahnung von Hexen und Engländern, obwohl hier in der Nachbarschaft einiges an Hexerei praktiziert wird, besonders in Guanabacoa. Wir alten Ex-Cheyennes glauben ja an so manches, aber wie mir ein Indianer mal sagte: »Früher mal gut, heut nicht gut.«

Grüße Muriel [Cowley] und Euren Sohn von uns. Gig wäre vorige Woche fast aus dem St. John's abgehauen, um hierherzukommen, weil man, wie er sagte, da doch nichts anderes täte als die 100 Bücher zu lesen, und warum müsse man sich die Professoren anhören, wenn man sie zu Hause lesen und sich nebenbei mit Jagen ein bißchen Geld verdienen könne? Aber ich habe ihm geraten, das Semester durchzustehen, vielleicht lerne er ja noch tolle Leute kennen.

Immer Dein
T. C. PUL   Ernest

1 Cowley hatte 1944 *The Viking Portable of Hemingway* (ein Hemingway-Lesebuch) herausgegeben, das im Oktober 1949 neu aufgelegt wurde.

1950

Venedig, 6. Januar 1950

Lieber Charlie:

Danke für den Brief und für Ned Calmers Buch [*The Strange Land*, 1950]. Das Buch fängt sehr gut an. Sagst Du mir bitte zu meiner Information, um welche Änderungen genau Du ihn darin gebeten hast. Das Buch von dem anderen Menschen ist bis jetzt noch nicht gekommen. Freue mich darauf.

Heute ist Freitag. Samstag werden wir schießen gehen. Hotch [A. E. Hotchner] soll am Montag mit dem getippten und korrigierten MS hier sein *[Über den Fluß und in die Wälder]*. Er wird wahrscheinlich sofort wieder zurückfahren. Ich werde Dir eine Kopie schicken, zu Deiner Beruhigung. Aber ich sehe keine Notwendigkeit, es sofort setzen zu lassen. Warum soll ich es nicht im MS umschreiben, und Du läßt es dann danach setzen? Dadurch würdest Du Geld sparen, und mir würde es die Chance geben, es in den Fahnen noch einmal zu sehen und alle meine Irrtümer dauerhaft zu machen.

Sag mir bitte die Termine, wann Du (1) das korrigierte MS brauchst, nach dem gesetzt werden soll, und (2) die korrigierten Fahnen.

Habe hier viel Spaß gehabt, wie immer. Die letzten zwei, drei Tage war ich auf dem Land. Nanyuki Franchetti, mit dem ich auf Jagd gehe, hat sich vorige Woche in Cortina [d'Ampezzo] beim Skilaufen das Bein gebrochen, aber vier Tage später hat er schon wieder geschossen und den Gipsverband gebrochen. Sehr guter Junge.

Bei ihm zu Hause haben wir nach dem Essen ein sehr interessantes Statuenschießen veranstaltet, mit Elefantenbüchsen.

Ich hatte noch nie auf Statuen geschossen, und es widerstrebte mir ein bißchen, mit einer 0.477 auf sie loszuballern, aber Nanyukis Mutter hatte dieses Schießen vorgeschlagen, da sie, wie sie sagte, diese Statuen nicht leiden konnte und meinte, sie sollten beseitigt werden. Mary schoß hervorragend mit den großen Gewehren und bekam noch nicht einmal eine wunde Schulter. Außerdem läutete sie ständig die Glocke über der Kapelle mit einer 0.22. Sie ist in dieser Stadt und in der ganzen Umgebung sehr beliebt, außer bei den Jüngsten, die sie als eine Art Hindernis ansehen, wie etwa Beecher's Brook.

Nanyukis Mutter erzählte mir eine Menge von Martha, sie sagte, sie habe hier sehr gut ausgesehen und habe zwei langweilige, aber großherzige Artikel geschrieben. Habe einen guten Überblick über alle meine früheren Frauen bekommen, die im Sommer alle in dieser Gegend gewesen sind. In Venedig hat eine ehemalige Ehefrau einen ähnlichen Status wie ein Favorit, der beim ersten Sprung gestürzt ist und sich den Hals gebrochen hat. Eine sehr zähe Stadt.

Ich habe auch Nachrichten von den Kindern. Gigi ist anscheinend, wie Nanyukis Mutter sagt, hier auf dem Land aufgetaucht und hat ganz einfach gesagt: »Ich bin Hemingway.« Sie sagte ihm, sie erkenne die knochige Statur wieder. Er hat anscheinend sehr gut geschossen. Habe nicht gefragt, ob sie ihn auch an Statuen getestet haben.

Ich fürchte, wir werden Dich in Europa verpassen, da wir entweder am dritten oder am zwölften März mit der »Ile de France« zurückfahren. Ich kann tatsächlich nicht mehr fliegen. Ist zu schlimm für meinen Kopf. Ich hätte das 44 nicht weitermachen sollen. Aber es gibt eine Menge Dinge, die ich 44 nicht hätte tun sollen, aber Gott sei Dank habe ich sie alle getan.

Gestern und vorgestern abend waren wir bei den Kechlers in der Nähe von Udine. Carlo Kechler hat seine Pferde verkauft oder will es gerade tun. Schlechte Zeiten für Leute, die Land besitzen, und keine Fabriken.

Wir waren zum Lunch bei Carlo, zusammen mit dem britischen Generalkommandeur von Triest. Sehr charmanter Mann mit einer netten Frau. Ich glaube, er heißt Arie, aber für die

Schreibweise kann ich nicht Garantieren. Ich schreibe Garantieren immer groß wie in Guaranty Trust.

Bei Kechlers wurde nicht auf Statuen geschossen. Carlo hat einen wirklich vorzüglichen Goya und einen mehr als guten Greco ausgegraben und seinen Alfa Romeo verkauft, um sie zu kaufen, was ihn, zusammen mit den Pferden, die er weggeben will, für den Augenblick einigermaßen absichert. Aber es sind gute Bilder. Er sollte sie verkaufen und einiges Geld damit machen können.

Die meisten Leute hier sind jetzt aus der Stadt und oben in Cortina. Schnee sehr gut.

Habe alles überprüft, was ich zur Verstärkung des Buches brauche. Werde das gut und solide und 100prozentig hinkriegen.

Über die MSS von Peter Viertel weiß ich überhaupt nichts. Werde mit ihm darüber sprechen, wenn ich ihn sehe; oder ihm schreiben. Er und Virginia sind mit Hotch von Nizza nach Paris abgereist. Wir sind alle zusammen nach hier gereist, wie ich Dir schrieb. War eine hübsche Reise.

In den hiesigen Kreisen ist man sehr darauf erpicht, daß ich nach Rom gehe, da dort anscheinend auch den übelsten Sündern haufenweise vergeben wird. Ich könnte dem Fegefeuer entgehen, scheint es, müßte allerdings wahrscheinlich einen kurzen Blick in die Hölle werfen. Ich gehe trotzdem nicht nach Rom. Ich habe meinen persönlichen Priester [Andres Untzain], der am zwölften hierherkommt. Der Oberkellner hier hat für uns eine gute Kneipe ausfindig gemacht, wo wir abends trinken und singen können. Ist schon ziemlich hart für ihn, sich im Abseits zu halten, wo er gerade die Wunder des 23/1-Schießens entdeckt hat, aber ein Priester muß nun mal, außer diesem Keuschheitsgelübde, ein paar Opfer bringen.

Viele Grüße
Ernest

PUL

La Finca Vigía, 22. April 1950

Lieber Mr. Mizener:

Freut mich ungeheuer, daß die Erlaubnis rechtzeitig da war. Die schöne Nita, meine Sekretärin, hat gute Arbeit geleistet, als ich weg war. Ein Wunder, daß ich überhaupt noch einen Freund habe. Da schreibt ein alter Knabe zu Weihnachten: Lieber Ernie, Du erinnerst Dich wahrscheinlich nicht mehr an mich, aber ich hatte damals diese oder jene Kompanie übernommen, als der und der fiel, und Du hast mir Deine Franzosen geliehen, damals bei dieser Sache mit dem KP [Kommandoposten].

Dann denkt sich Miss Nita: Kompaniekommandeur, was? Ich schätze, Papa wird sich nicht von einem belästigen lassen wollen, der nur eine Kompanie hatte und die Kompanie nur bekommen hat, weil ein anderer getötet wurde. Also beantwortet sie den Brief folgendermaßen: »Sehr geehrter Herr: Mr. Hemingway befindet sich auf einem kurzen Urlaub in Europa. Ihre Mitteilung wird ihm nach seiner Rückkehr vorgelegt werden. Ein Zeitpunkt für seine Rückkehr steht noch nicht fest.«

Dabei hätte ich den Brief noch am Tage des Erhalts beantwortet, egal, wo ich gewesen wäre und was ich zu tun gehabt hätte. Ein Buch fertigzuschreiben und die erste Fassung zu überarbeiten war auch nie das, was meinen Vorstellungen von einem Urlaub entsprach.

Ich werde Ihnen, was Scott betrifft, auf jeden Fall helfen, wenn Sie etwas brauchen sollten, was ich weiß und was Sie wissen müßten. Bis dahin dürfte ich mit dem Buch so ziemlich im reinen sein. Kriege jetzt die Fahnen. Aber ich möchte sie alle auf einmal haben, bevor ich anfange, denn ich leide jedesmal Todesqualen, wenn ich das Buch lese oder daran schreibe, und ich will nicht scheibchenweise sterben.

Der arme Scott – wie hätte er diesen Trubel um ihn jetzt genossen! Ich weiß noch, als wir einmal in N. Y. die Fifth Avenue entlangspazierten, sagte er: »Wenn ich doch nur wieder Football spielen könnte – bei alldem, was ich jetzt darüber weiß.«
Ich schlug vor, wir sollten die Fifth Avenue durch den flie-

ßenden Verkehr hindurch überqueren, denn er wollte gern Verteidiger spielen. (Das ist wirklich nicht schwierig für jemanden, der es kann.) Aber er sagte, ich sei verrückt.

Dann war da immer der Krieg. Er hatte das Glück, nie an einem Krieg teilgenommen zu haben. Das ist so ähnlich, als ob jemand todunglücklich ist, weil er das Erdbeben von San Francisco (den Brand) verpaßt hat.

Aber davon darf nichts zitiert werden. Ich versuche nur, einem Schriftstellerkollegen etwas von dem zu geben, was ich über einen anderen Schriftstellerkollegen, der nun tot ist, weiß oder zu wissen glaube. Ich würde nie etwas über ihn sagen oder schreiben, was ich ihm nicht auch ins Gesicht sagen würde. Ich habe wirklich nie etwas an ihm respektiert, mit Ausnahme seines herrlichen, goldenen, vergeudeten Talentes.

Wenn er nicht so viele schwülstige Träume und eine etwas solidere Bildung gehabt hätte, wäre es wahrscheinlich besser für ihn gewesen. Aber kaum hatte man ihn mal auf die Füße gestellt und er nahm seine Arbeit ernst, wurde Zelda eifersüchtig auf ihn und brachte ihn wieder aus dem Gleichgewicht.

Dann der Alkohol, den wir alle als Drachentöter benutzen, ohne den ich oft nicht hätte leben können; oder ohne den ich wenigstens keine Lust gehabt hätte zu leben – er war das reinste Gift für Scott, der ihn statt Nahrung zu sich nahm.

Und hier noch etwas, was Sie auch wissen sollten: er hat nie mit einem anderen Mädchen als Zelda geschlafen, bis Zelda offiziell verrückt wurde. Sie war schon während der ganzen Zeit, die ich sie kannte, verrückt, aber noch nicht irrenhausreif. Ich weiß noch, wie sie in Antibes einmal zu mir sagte: »Findest du nicht, daß Al Jolson größer ist als Jesus?« Ich sagte: »Nein«, was die einzige Antwort war, die mir in dem Moment einfiel.

Ein Junge namens Budd Schulberg, ein außerordentlich netter und sensibler und ehrlicher Junge, der aber weder Talent noch sonderlich viel Wahrnehmungsgabe besitzt, schreibt gerade an einer Art Lebensgeschichte von Scott. Ihre Arbeit sollte ein Korrektiv dazu sein. Er hat das Leben Primo Carneras beschrieben, in Romanform, aber voller seltsamer Entstellungen, weil er Angst vor Verleumdungsklagen hatte. Daraufhin sagte Carnera zu einem meiner Freunde: »Wäre Mr. Schulberg doch nur zu mir gekommen, ich hätte ihm eine Menge interessanterer Dinge erzählen können.«

Habe ich Ihnen geschrieben oder erzählt, wie Zelda Scott wirklich zugrunde gerichtet hat? Wahrscheinlich. Aber falls nicht, sie sagte ihm jedenfalls A: Daß er sie sexuell nie befriedigt hätte. B: Daß das daran liege, daß sein Geschlechtsorgan zu klein sei (ich schicke das mit der Post, deshalb wähle ich diese hochgestochenen Ausdrücke).

Er erzählte mir das beim Essen, und ich sagte ihm, er solle mit mir auf die Toilette kommen, und dann würde ich ihm mal sagen, was ich davon hielte. Seine Geschlechtsorgane waren völlig normal. Ich sagte es ihm (wir hatten übrigens bei »Michauds« in der Rue Jacob gegessen). (Er wollte dort essen, weil Joyce und ich dort zu essen pflegten.) Er wollte mir nicht glauben und sagte, daß sein Organ klein aussehe, wenn er es betrachte. Ich erklärte ihm, das liege daran, daß er es von oben betrachte und es daher verkürzt sehe. Nichts konnte ihn überzeugen. Sie sehen also, er war nicht dafür geschaffen, einen Schlag einzustecken.[1]

Er war romantisch, ehrgeizig und, Herrgott, der Himmel weiß, wie talentiert er war. Außerdem war er großzügig, aber nicht gütig. Er war ungebildet und weigerte sich, sich auf irgendeine Weise zu bilden. Er stellte über Football, sagen wir, und über den Krieg große Untersuchungen an, aber das war alles Mist. Er war ein charmanter, fröhlicher Geselle, wenn er nüchtern war, allerdings auch ein wenig nervtötend, weil er ständig zur Heldenanbetung neigte. Seine Helden waren Tommy Hitchcock, Gerald Murphy und ich. Vermutlich hatte er noch andere, von denen ich nichts weiß. Aber auf diese drei setzte er ganz bestimmt. Und vor allem war er völlig undiszipliniert, er warf sofort die Flinte ins Korn und lieh sich dann die Flinte eines anderen. Er war einer von der schwachen Sorte der Iren, kein zäher. Ich wünschte, er wäre hier, und ich könnte ihm diesen Brief zum Lesen geben, damit er nicht dächte, ich rede hinter seinem Rücken über ihn.

Viel Glück mit dem Buch
Ernest Hemingway

Ich bin glücklich, wenn Ihnen das, was Sie von dem Buch gesehen haben, gefällt. Ich hätte gern, daß es besser ist als Proust, falls Proust im Kriege gewesen wäre und gern gefickt hätte und verliebt gewesen wäre.

UMD   EH

1 Vgl. *Paris – ein Fest fürs Leben.*

AN SENATOR JOSEPH MCCARTHY

La Finca Vigía, 8. Mai 1950

Ehrenwerter Senator Joe McCarthy:
Sehr geehrter Senator:
Eine ganze Reihe von Leuten haben allmählich die Nase voll von Ihnen, und es ist durchaus möglich, daß Sie sich uns völlig entfremden. Wenn Sie bei dem Geschehen im Pazifik irgendwelche Glieder oder Ihren Kopf verloren hätten, würde natürlich jeder mit Ihnen fühlen. Aber viele Leute ödet das bloß an, denn sie haben gute Kämpfer gesehen, die damals was abgekriegt haben. Einige von uns haben sogar die Toten gesehen und sie gezählt und die Zahl der McCarthys ermittelt. Es waren ziemlich viele, aber Sie waren nicht darunter; und ich habe auch nie Gelegenheit gehabt, die Zahl Ihrer Wunden zu zählen und irgend etwas zu lesen, was ich mit dem vergleichen könnte, was Ihr Mundwerk, lies: Ihre Teufelszunge, oder doch lieber Mundwerk, von sich gibt.

Ich weiß, Sie waren bei einer feinen Truppe, und Sie müssen ziemlich schwer verwundet worden sein, aber, Senator, Sie langweilen manchen Steuerzahler zu Tode, und hiermit lade ich Sie ein, sich von alldem freizumachen. Sie können hierherkommen und umsonst kämpfen, ohne jedes Aufsehen, und zwar mit einem alten Kerl wie mir, der fünfzig Jahre alt ist und 209 wiegt und Sie für ein Arschloch hält, Senator, und Ihnen den Arsch wie noch nie in Ihrem Leben versohlen würde. Vielleicht wäre das gesund für Sie, sicher wäre es lehrreich.

Sie sind also stets willkommen, Junge, und falls Sie kneifen wollen, was ich vermute, suchen Sie Ihr Heil nicht in einer Vorladung, sondern kommen Sie auf meine Kosten her, und sollten Sie ein kleiner Sturmtruppler sein, können Sie sich mit einem von meinen Jungs schlagen und sich Ansehen verschaffen. Ich habe welche zwischen 152 und 186 Pfund. Sie können mit jedem davon kämpfen. Aber danach mit mir.

Viel Glück für den guten Teil Ihrer Untersuchungen, und falls wir den Teil der Uniform ausziehen können, den Sie anziehen, wenn Sie nach draußen gehen, um sich einen abzuwichsen. Sie würden einen hübschen Kampf bekommen, ohne Zeugen, und danach könnten Sie es allen erzählen.

Ihr
Ernest Hemingway

In Wirklichkeit glaube ich, Sie haben nicht einmal den Mumm, mit einem Karnickel zu kämpfen; geschweige denn mit einem Mann. Ich bin alt, aber ich würde Sie mit dem größten Vergnügen verprügeln. Oder zusehen, wie die Jungs Sie langsam und genüßlich fertigmachen.

Mit großem Respekt vor Ihrem Amt, Ihr
Ernest Hemingway

[Getippt und zweimal unterschrieben von EH, aber vermutlich nicht abgeschickt.]
JFK

An Robert Cantwell[1]

La Finca Vigía, 25. August 1950
Lieber Bob:
Es war seltsam, nach so langer Zeit wieder von Dir zu hören. Ich habe mir Sorgen um Dich gemacht und auf Bücher gewartet. Da gab's den Hawthorne, der mir sehr gefallen hat, aber nicht einen einzigen Roman. Auf Dich hatte ich in der ameri-

kanischen Prosaliteratur am meisten gesetzt, und ich wünschte bei Gott, Du würdest was schreiben.

Nun zu der gräßlichen Publicity: ich finde, das ist ganz einfach. In 50 Jahren passieren nun mal Unfälle. Ich habe auf einem Stanley fahren gelernt, bekomme aber jedes Jahr mein Zertifikat für sicheres Fahren und gewöhnlich eine Prämienkürzung. Bin mit T. Otto Bruce, aus Piggott Arkansas und Key West Florida, von Memphis in weniger als 18 Stunden nach Key West gefahren. Aber so was steht nie in den Zeitungen, weil es Privatsache ist. Überfahren wir aber ein Schwein und werden geschnappt, käme das sofort in die Zeitung. Es waren ungefähr 976 Meilen, die wir zurücklegen mußten.

So geht das. In Nachtklubs kommen die Leute auf dich zu und sagen: »So, Sie sind also Hemingway?« und knallen dir eine ohne weitere Erklärung. Oder sie betatschen dich, was einem als Mann nicht gefällt, oder sie fangen an, deine Frau oder irgendein Mädchen, das du kennst, zu betatschen; und wenn du sie ermahnst, sie warnst und ihnen dann eine kleben mußt, kommt das bestimmt in die Zeitung. Henry James war mit solchen Problemen nicht konfrontiert.

Kein Mensch kann ständig zu Hause bleiben, aber wenn er ausgeht und es passiert etwas, kommt es in die Zeitung. Nie steht in den Zeitungen, daß man mit dem ersten Sonnenstrahl aufwacht und zu arbeiten anfängt; oder daß man seinem Land dient, in jeder Weise, in der man ihm dienen soll; oder daß du selbst, dein Bruder und ein ältester Sohn im letzten Krieg verwundet und dekoriert wurden, oder daß deine Großväter beide im Bürgerkrieg gekämpft haben und verwundet wurden, oder daß man bei 22 verschiedenen Gelegenheiten verwundet wurde und einem beide Füße, beide Beine, beide Oberschenkel, beide Hände durchschossen wurden und man sechs schwere Kopfverletzungen durch Feindeinwirkung erhalten hat. Und auch nicht, daß es immer dein einziger Ehrgeiz gewesen war, der beste amerikanische Prosaschriftsteller zu sein und hart daran zu arbeiten und keinen zu foulen. Ich schlage Leute k.o., wenn ich kann, aber ich foule sie nicht, es sei denn, sie foulen mich zuerst. Dann allerdings werde ich sie foulen, bis sie nicht mehr wissen, wo ihnen der Kopf steht. Ich habe mich nie als Heiliger ausgegeben, Bob, und unsere Zeit ist ein bißchen rauher als das Mittelalter, und ich lebe jetzt seit einem halben Jahrhundert plus einem Jahr in dieser Zeit. Wahrscheinlich wird Senator McCarthy, Gott lasse seine Seele in der Hölle ruhen, bald beschließen, daß ich beseitigt werden sollte.

Lillian Ross gehört zur Redaktion des »New Yorker« und schreibt in deren Auftrag über Sidney Franklin. Ich fand, daß sie Franklin, den sie für erledigt hält und für nicht mehr in Form, nicht verstanden hat und nicht anerkennt, was er in seiner Jugend geleistet hat, als er sehr gut war. Sie schrieb mir über ihn und stellte eine Menge Fragen und tauchte Heiligabend in Ketchum, Idaho, auf. Später wollte sie dann über mich für den »New Yorker« schreiben. Sie gefällt mir so sehr oder so wenig, wie mir irgendeiner sonst gefällt, und alles, was sie oder sonstwer über mich schreibt, ob gut oder schlecht, ist ihr eigener Eindruck, und ich werde es weder bearbeiten noch korrigieren. Außer Zeitangaben und Ortsnamen. Lillians Artikel ist von meiner Seite her o. k., und Lillian auch. Sie hat Charley gefoult; aber er sollte lernen, seine Hände an der Bremse zu lassen.

Zu Agenten: ich verhandle direkt, weil ich keinem Schweinehund zehn Prozent für etwas geben will, was ich selbst besser tun kann.

Apropos – Zurückschlagen: Einmal lief ein Typ herum und sagte, er wolle mich erschießen, sobald ich ihm zu Gesicht käme. Ich schickte ihm einen eingeschriebenen Brief, in dem ich ihm sagte, wo er mich zu bestimmten Zeiten finden könne, um mich zu erschießen oder seine Behauptung zurückzunehmen. Er kreuzte nicht auf. Ich war vier Tage lang unbewaffnet zu den angegebenen Stunden am Treffpunkt, dann schickte ich ihm einen weiteren eingeschriebenen Brief, wartete einen Tag und reiste dann ab.

Solche Offensiven sind komisch und irgendwie infantil. Meist versuche ich (halt mich bitte nicht für eingebildet: ich bin nur ungeheuer stolz, und ich versuche, freundlich, christlich und gütig zu sein, was ich auch meistens schaffe, und wenn nicht, kommt's in die Zeitungen), gut zu sein und so gut zu schreiben, wie ich kann.

Ich weiß nichts über unsere Vorfahren, und ich romantisiere sie auch nicht so wie Bill Faulkner. Ich weiß allerdings von meinem Großvater, daß man von Grant, wenn man ihn wachrüttelte, jederzeit eine vernünftige Antwort bekommen konnte.

Kenne niemanden in NY, der irgendwas Neues über mich weiß oder mich kennt, außer Marlene Dietrich und George Brown, 225 West 52nd Street. Andere Freunde sind irgendwo verstreut. Ken Crawford von Deiner Zeitung kennt mich, wir waren zusammen beim Durchbruch,(Valhalla Express) und auf dem Weg von Rambouillet nach Paris, auf dem es ein kleines Feuergefecht bei Toussus-le-Noble gab.

Ich denke, er wird sich an mich erinnern. Ich erinnere mich gut an ihn. Er war groß und dunkel und schien etwas deprimiert zu sein, als ob das alles eine Sünde wäre, und jeder mochte ihn, und sie haben mir immer wieder gesagt, ich solle aufpassen, daß er nicht getötet würde. Er war großartig im Kampf, sehr tapfer, und niemand wollte, daß er getötet würde, genau wie bei einem Heiligen.

Momentane Tätigkeiten: ein Gedichtband über das Kämpfen und über Springreiten. Dreizehn Kurzgeschichten sind fertig. Und 165000 Wörter für einen langen Roman, der zu heiß ist zum Anfassen.

Folgendes zu Deiner persönlichen Information u n d n i e z u r V e r ö f f e n t l i c h u n g: Ich konnte lange Zeit nicht gut schreiben, weil ich diese fürchterlichen Kopfschmerzen hatte, als ich mir den Schädel gebrochen hatte. Sie hielten, von dem Moment an, wo sie mich aufweckten, gewöhnlich den ganzen Tag an. Wenn ich aufwachte, mußte ich immer Blut husten, von den kaputten Gefäßen; nur in den Bronchien. Juli 1944, St.-Poix. Die Kinder standen herum, und ich kotzte die Kanne voll und erklärte, das hätte nichts zu bedeuten, bei jedem, der Detonationen erlebt habe, sei das so usw. und man könne an der Farbe (venös, arteriell) erkennen, daß es nichts wäre. Dann kam es wieder und in der falschen Farbe. In der hellen roten.

Lassen wir das.

Das Buch ist wirklich sehr gut. Verreiß es wie der Teufel,

wenn es Dir nicht gefällt. Das ist Dein Recht und Deine Pflicht. Aber ich habe es 206mal gelesen, um es besser zu machen und alle Fehler und Ungerechtigkeiten rauszustreichen, und beim letzten Lesen hat es mir sehr gefallen, und es hat mein Scheißherz zum 206. Mal gebrochen. Das ist aber nur eine persönliche Reaktion und sollte als solche außer acht gelassen werden. Aber ich habe eine ganze Weile mit Lesen und Schreiben zugebracht und kann sehr wohl unterscheiden, was Mist ist und was nicht.

Ich denke, das deckt alle Punkte ab, Bob. Telegrafiere, wenn Du noch etwas wissen willst, ich werde Dir umgehend und aufrichtig antworten. Es ist lustig, daß Du denselben Namen hast wie mein armer verdammter Colonel, aber das freut mich sehr und macht mich stolz.

Ein ehemaliger Lieut. Gen. von der britischen Armee hat in Irland bereits eine Cantwell-Gesellschaft gegründet, als er das in der Zeitschrift gelesen hat. Er unterschreibt immer mit MCG (Mitglied der Cantwell-Gesellschaft), obwohl er auch andere Ehrenzeichen hat. Vielleicht können wir auch Mitglieder dieser Gesellschaft werden. Besonders, da Du ein rechtmäßiger Cantwell bist.

Also verreiß es, mach es fertig oder vernichte es, wenn Du meinst, daß Du es solltest, oder wenn Du es kannst. Ich möchte gern ein guter amerikanischer Schriftsteller sein; aber wenn sie nichts davon verstehen und nicht daran denken, daß man ebensogut ein John Mosby (falsch geschrieben) sein könnte oder so verzweifelt wie Jack Ketchum . . . Ist mir alles scheißegal.

Ich hoffe, bei Dir läuft alles gut. Nimm mit Ken Verbindung auf. Er war vielleicht zu sehr betrunken (mit gutem Grund), um sich an mich zu erinnern. Aber sag ihm, ich wäre der Typ, der ihn geholt hat, ob er wollte oder nicht, an einem seltsamen Tag im Juli, an dem selbst Jesus nicht auf dem Wasser hätte gehen können. Er wollte nicht zum Regiment zurückkommen. Zum 8. Infanterie-Regiment der Armee der Vereinigten Staaten. Gen. Raymond O. Barton, der die 4. Inf.-Div. der Armee der Vereinigten Staaten kommandierte, bat mich, hat mir nicht etwa befohlen, hinzufahren und Ken ausfindig zu machen und ihn zurückzubringen. Ein Panzer oder ein fahrbares Geschütz feuerte gerade ein letztes Panzersprenggeschoß ab, und es schlug durch die Mauer des Hauses, in dem sich der CP [Gefechtsstand] befand, und riß einem Stabsführer das Bein am Knie ab und durchschlug die hintere Mauer, genau über den Köpfen von zwei Meldern, die auf ihren Pritschen lagen. Das Bein lag auf dem Boden, und General Barton, der am Telefon war, veränderte nicht einmal seine Stimme, und ich ging los, um mit Ken Verbindung aufzunehmen, wie er mich gebeten hatte. Das Bein des Captains war versengt von dem Geschoß und blutete kaum. Er sah es nur komisch an. Ernie Pyle, der große Held des letzten Krieges, war draußen und heulte, weil unsere Bomber einige von unseren Leuten erwischt hatten. Er konnte trocken und naß heulen. Ich erzählte ihm, daß wir im vorigen Krieg immer so nahe beim Sperrfeuer bleiben mußten, daß wir mit dem Verlust von 20 Prozent unserer eigenen Soldaten rechnen mußten, wenn wir ein Objekt nehmen wollten. Er sagte, ich wäre herzlos. Ich sagte, geh doch rein und friß das Bein auf, du einfältiger sentimentaler Trottel, es muß noch auf dem Boden liegen. Und erzähl mir keine gedruckte Scheiße, denn ich fahre jetzt zum zweiten Bataillon rauf.

Dort war Ken nämlich. Aber wenigstens kannst Du daraus sehen, wie man zu so vielen Freunden kommt; falls das ein Problem war bei der Karriere. Ken war so tapfer, daß er vom Empire State Building gesprungen wäre. Aber Ernie Pyle war der von der Presse hochgejubelte Nationalheld ... Ich mag keine Männer, die angeben, wenn sie trinken; aber sie sind mir immer noch lieber als ein Mann, der heult, wenn er trinkt.

Nun, jetzt ist die Seite voll. Es gibt noch mehr zu sagen. Aber wozu? Findest Du nicht auch?

Ernest

Einer von den Katern hat die wichtigste Seite vollgepinkelt. Also schmeiß ich sie weg und schick Dir den Durchschlag.

Lieber Bob:
Bring bitte n i c h t s , ich wiederhole, nichts davon, wie oft ich getroffen worden bin oder wie oft auf mich geschossen wurde.

Ich habe sowohl Cape als auch Scribner gebeten, meinen Kriegsdienst nicht für die Reklame zu benutzen; es ist mir zuwider, es zu erwähnen, und es verletzt den Stolz, den ich deswegen empfinde. Ich will als Schriftsteller gelten, nicht als ein Mann, der an Kriegen teilgenommen hat; oder als einer, der sich in Kneipen prügelt; oder als Schütze; oder als Pferdewetter; oder als Trinker. Ich will nichts als ein Schriftsteller sein und als solcher beurteilt werden.

Viele Grüße
Ernest

Was bedeutete es schon, wenn man in einem malerischen kleinen Scheißhaus wohnte, umgeben von 300 schwachsinnigen Ziegen und seinem treuen Hund Black Dog? Die Frage ist: kann man schreiben?

OREGON EH

1 Cantwell (geb. 1908) hatte in den dreißiger Jahren als Romanschriftsteller begonnen; mit seinem Buch über Hawthorne (1948) hat er sich später auf die Biographie verlegt.

Dieser Brief wird mit freundlicher Genehmigung der Special Collections der University of Oregon Library abgedruckt.

An General Charles T. Lanham

La Finca Vigía, 11. September 1950

Lieber Buck:

Vom Buch sind 100 000 Exemplare verkauft worden, ohne daß irgendwelche Buchklubs daran beteiligt waren (ich habe mich dagegen gewehrt, es ihnen anzubieten, da ich auf diese Weise sechzig Cent pro Exemplar verdiene und bei den Buchklubs nur etwa 12½ Cent). Scribner's hat den Druck von weiteren 25 000 veranlaßt, nachdem er die Besprechungen gelesen hat, und eine weitere Wagenladung Papier bestellt. In England wurden vor Erscheinen 30 000 verkauft und weitere 30 ge-

453

druckt und Papier bestellt. So haben wir dieses Jahr jedenfalls was zu essen. Das Dumme ist, daß ich nicht viel Appetit habe. Aber vielleicht wird das besser.

Wir hatten sechs Hurrikane, und vielleicht fühle ich mich bei niedrigem Barometerstand niedergeschlagen. Am Erscheinungstag des Buches bekam ich diesen lausigen Schlag von »Time« und empfand nicht mehr dabei als bei einem ganz gewöhnlichen Gegenangriff. Es kam morgens mit der Post, und ich hinterließ eine Nachricht für Dunabeitia (Sindbad, der im Haus wohnte, während sein Schiff im Hafen lag), daß wir die erste Runde verloren hätten und daß ich in die Stadt ginge, um die »NY Times« und »Newsweek« zu besorgen, sobald sie mit der Luftpost kämen. Als sie dann da waren, sah ich, daß wir gewonnen hatten. Empfand immer noch nichts. Ein Junge aus Venedig [Gianfranco Ivancich], der im Little House einen Roman schreibt, kam – um mir zu zeigen, daß er zu mir hält – in die »Floridita«, als er von Sindbad gehört hatte, daß wir die erste Runde verloren hätten. Er ist der Bruder eines Mädchens, das ich von Venedig her kenne (eine Stadt, in der ich mein Herz verloren habe, und seitdem konnte ich das Mistding nicht wiederfinden). Wir aßen mit Leopoldina, der reizend aussehenden alten Hure, dann ging der Venezianer, um sein Mädchen zum Kino abzuholen, und ich setzte Leo bei ihrem Haus ab und fuhr nach Hause.

Mary hat oben in Gulfport, Miss., eine Wohnung für ihre Familie gesucht. Danach wird sie nach Chicago fahren, um sie dort hinzubringen. Sie werden alt, und die Chicagoer Winter sind ziemlich streng.

Ich werde die »Newsweek« schicken, wenn ich sie finden kann. Ich werde Dir auch alle anderen schicken, sofern sie vernünftig sind, und ich werde alle wirklich schlechten schicken. »Time« ist bis jetzt am schlimmsten. Aber ein Redakteur von ihnen kabelte mir eine Entschuldigung und sagte, daß ihnen allen die Antwort gefallen hätte, die ich auf ihre Fragen gegeben hatte. Außerdem habe ich nichts von der 4. Inf.-Div. gesagt. Das haben die da reingesetzt.

Die Buchbesprechung in der »Sunday Times«, und auch die in der »Herald Tribune«, stand auf der ersten Seite. John

O'Hara hat die Besprechung für die »Times« geschrieben. Er fing mit der Behauptung an, ich wäre der beste Schriftsteller seit Shakespeare, wodurch ich vermutlich eine Menge Freunde bekommen werde. Was für eine Behauptung. Alle guten Schriftsteller sind gut, und manche sind besser. Die guten sind alle auf ihre eigene Weise gut. Seit Dr. Shakespeare hat es mindestens ein Dutzend gegeben, die sehr gut waren. Außerdem konnte er das Buch nicht verstehen, da er nicht die Art Leute kennengelernt hat, die ich kennengelernt habe; und von seiner Art habe ich nicht viele kennengelernt. Aber was ich nun wirklich kenne, sind alle Arten von Kämpfern, Maler, Diplomaten, Diebe, Gangster, Politiker, Jockeys, Zureiter, Stierkämpfer, viele schöne Frauen, große Damen, die beau monde, die schicke internationale Sportklubwelt, Berufskiller, alle Arten von Spielern, Frau Chiang Kai-shek und ihre beiden Schwestern, die gute und die böse, fanatische Anarchisten, Sozialisten, Demokraten, Kommunisten und Monarchisten, und wenn man schon durch Umgang schuldig wird, so bekenne ich mich in den obigen Punkten schuldig. Dazu kommt noch ein ganzes Bataillon Barmixer und mindestens ein Infanteriezug Priester, und sowohl die BMs als auch die Priester haben mir Geld geliehen, und das habe ich zurückgezahlt. Außerdem kenne ich viele Fischer, Schützen, Baseballspieler, Football-spieler, Trainer, George Clemenceau, Mussolini, diese beiden g u t, und Exkönige, und mit 19 kannte ich Graf Greppi, der ein Zeitgenosse Metternichs war, und den Herzog von Brontë, der ein Nachkomme Nelsons war, beide über neunzig; die beiden versuchten mich zu erziehen und mir die guten Manieren beizubringen, die ein Gentleman haben sollte. (Ein paar Jahre später hopste ich in Bordellen rum, und am Tage schrieb ich.) Glaube daher wirklich, daß ich einen anderen Hintergrund habe als die Leute, die einen mit einer solchen Leichtigkeit beurteilen. Sie sehen mich immer nur als schlichten Sohn eines Landarztes, scheu und jetzt, seit Cowley, unbeholfen und mit schlechten Augen. Mein Bruder trägt schon seit seiner Kindheit eine Brille. Aber ich hatte die Augen meines Vaters und trug nie eine Brille, bis ich einunddreißig war; schlecht wurden sie erst, als Greb¹ mir beim Training einen Daumen hineinstieß, aber auch durch zu vieles Lesen auf dem Rücken bei schlechtem Licht oder bei verdammt fast keinem Licht in Hospitälern, und vom Lesen bei Kerzenlicht. Dann während dieser zwei Jahre die Sonne auf dem Wasser, 12 Stunden am Tag, oder sagen wir durchschnittlich neun; und dauernd das Fernglas vor den Augen, bis sie einem heraustreten, das tut ihnen auch nicht gut.

Na ja. Ist sowieso alles Pferdescheiße. Und dann diese Kacke, daß es solche Frauen, die ich in meinen Büchern darstelle, überhaupt nicht gibt. Glaubst Du das? Was sie meinen, ist, daß ihnen solche Frauen nie begegnet sind. Aber wo und wie hätten sie ihnen auch begegnen sollen?

Würden sie glauben, daß diese Kraut [Marlene Dietrich] vor gar nicht langer Zeit auf ein Bild geschrieben hat: Papa – ich schreibe dies auf ein Bild, damit Du es nicht so leicht verlierst. Ich liebe Dich bedingungslos. Das schließt aus, ärgerlich zu sein oder beleidigt usw. usw. Es schließt ein: Plein Pourvoir für Dich, was mich betrifft. Wie gefällt Ihnen das, meine Herren? (Unterschrift)

Werde versuchen, die »Newsweek« zu finden, falls sie nicht jemand geklaut hat.

Hab sie eben gefunden, werde also diesen Brief schließen.

Un abrazo de tu amigo,
Ernesto

PUL

---

1 Das Sehvermögen von EHs linkem Auge war von Geburt an schwach. Harry Greb hatte nichts damit zu tun.

1951

AN EDMUND WILSON

La Finca Vigía, 10. September 1951

Lieber Wilson:

Bitte verwenden Sie die drei Briefe, wenn sie Ihnen irgend etwas nützen, und nehmen Sie nichts von dem heraus, was gut von Ihnen oder Ihrer Kritik spricht. Sie können sicher sein, daß das aufrichtig war. Ich möchte nur, daß Sie zwei Dinge tun: ändern Sie »Juden« in »Leute aus New York«. Ich sprach da von Paul Rosenfeld und Waldo Frank, aber das war weder abschätzig noch antisemitisch gemeint, wie es sich heute anhören könnte.[1]

Das zweite ist: könnten Sie eine Anmerkung machen, daß dieser Halliburton, auf den ich da anspiele, der Autor von *Sam Slick the Clock-maker* ist (eine Art Verschnitt von Peregrine Pickle), und *nicht* Richard Halliburton, der verstorbene *Ladie's Home-Journal*-Abenteurer.[2]

Zu *The Wound and The Bow*: ich kann mich nicht mehr erinnern, warum Max [Perkins] mir gesagt hat, das wäre verleumderisch.[3] Aber er hat es gesagt. Es hat keinen Sinn, jetzt über die Geschichte der spanischen Republik zu diskutieren. Aber es war etwas, an das ich schon leidenschaftlich glaubte, lange bevor es eine Sache der amerikanischen Kommunisten wurde. Ich dachte, Sie verstünden das nicht, weil ich nur über Stierkämpfe schrieb, aber ich habe an die Republik geglaubt und kannte die Leute, die dafür seit Anfang der zwanziger Jahre gearbeitet haben. Vieles davon steht im letzten Kapitel von *Tod am Nachmittag*, das Ihnen nicht gefällt.[4] Aber vielleicht verstehen Sie es wirklich nicht, ebenso wie ich die Stelle über meine Wunde nicht verstehen kann. Ich habe es versucht. Aber es war keine von den Wunden, von denen ich weiß.

457

Aber jetzt, wo alle tot oder so gut wie tot sind, denke ich, wir sollten versuchen, unsere Mißverständnisse zu bereinigen und – neben dem Schlechten – das Gute in uns zu sehen, wenn da überhaupt etwas ist. Selbst wenn wir einen neutralen Charakter wie Dean [Christian] Gauss nehmen müßten, um das herauszufinden. Oder ist der tot?

Ich hoffe, das alles klingt nicht zu langweilig und fromm. Die Sache ist die, daß ich niemanden mehr habe, mit dem ich sprechen kann, und ich bin mit der Arbeit fertig, und der Tag ist zu Ende. Habe den ganzen Tag hart gearbeitet.

Bitte verwenden Sie die Briefe ganz so, wie Sie wollen.

Immer Ihr
Ernest Hemingway

YUL

1 Wilson wollte in *The Shores of Light* (New York 1952) drei Briefe abdrucken, die EH ihm 1923–1924 geschickt hatte. Die von EH erbetenen Änderungen hat er berücksichtigt.

2 Die Anspielung auf Halliburton wurde gestrichen.

3 *The Wound and the Bow* (New York 1941) enthält ein Kapitel über EH.

4 In Kapitel 20 von *Tod am Nachmittag* findet sich nur eine »politische« Passage.

Dieser und der folgende Brief an Edmund Wilson werden mit freundlicher Genehmigung der Beinecke Library, Yale University, abgedruckt.

An Edmund Wilson

La Finca Vigía, 22. September 1951

Lieber Wilson:

Danke für die Rezension des Buchs von Stein und für den Brief. Ich habe das Buch bestellt (beziehungsweise b e - s t e l l e es). Falls Sie jemals ausführlich über sie schreiben, wäre es vielleicht nützlich für Sie zu wissen, daß A. T. die tonangebende von den beiden war. Ich weiß das von vielen

Vorfällen über viele Jahre hinweg. Aber der eine, an den ich mich am deutlichsten erinnere, ist folgender: Gertrude hatte mir gesagt, ich könnte jederzeit zu ihr kommen und hätte, wie sie sagte, »freien Zutritt zu ihrem Haus«. Dies bedeutete, daß das Hausmädchen mich einlassen würde, auch wenn sie nicht da wären, und daß ich mich in das große Atelier setzen und mir die Bilder ansehen könnte und das Mädchen mir einen Drink bringen würde.

An dem Tag klingelte ich, das Hausmädchen ließ mich herein, brachte mich in den großen Raum und sagte, Mademoiselle Gertrude sei beschäftigt, aber sie wüßte, daß sie wollte, daß ich auf sie wartete. Sie seien beim Packen, da sie eine Reise machen wollten. Ich sagte, ich käme auf dem Rückweg noch einmal vorbei, denn ich war auf einem Spaziergang nach der Arbeit. Aber das Mädchen bestand darauf, daß ich wartete, da Mademoiselle Gertrude extra darum gebeten hätte, daß ich dabliebe, falls ich käme.

Das Hausmädchen ging weg, und ich stand da und betrachtete mir die Bilder, als ich plötzlich Gertrude mit lauter, ängstlicher Stimme rufen hörte: »Pussy! Bitte nicht, Pussy. Oh, sag bitte nicht, daß du das tust. Ich werde alles tun, wenn du es sein läßt. Bitte, Pussy. Bitte –«

Bei den nächsten Worten war ich schon aus der Tür und warf sie hinter mir zu. Ich wollte nicht noch mehr hören.[1]

Wenn Sie Interesse daran haben – und Sie scheinen der einzige zu sein, der etwas Vernünftiges über Gertrude zustande bringen kann –, kann ich Ihnen jederzeit noch mehr erzählen. Gertrude und ich sind wieder gute Freunde geworden, bevor sie starb. Sie wußte, daß ich wußte, daß die Bosheiten und einige, wenn nicht sogar alle Lügen in ihrem Buch *Autobiographie von A. T.* von Alice stammten. Alice hatte einen teuflischen Ehrgeiz und war fürchterlich eifersüchtig auf Gertrudes Freunde und Freundinnen. Gertrude war schrecklich faul, aber schließlich fand sie einen Schreibmodus, der es ihr ermöglichte, täglich zu schreiben und so das Gefühl zu haben, etwas zu leisten. Aber dann kam das Bedürfnis nach dieser Prosa, die manchmal nicht viel besser war als tägliches, automatisches, offiziell anerkanntes Schreiben. Nach den Wechseljahren machte sie eine lange Phase des Größenwahns durch, die schwer zu ertragen war, da sie mit ihrer patriotisch-homosexuellen Phase zusammenfiel. Sie verlor völlig ihr Urteilsvermögen über die Malerei und beurteilte Bilder nach den sexuellen Gewohnheiten derer, die sie gemalt hatten. Picasso und ich lachten immer darüber, aber wir waren uns stets darin einig, wie sehr wir sie mochten, ganz gleich, was sie tat. Aber Alice war sowohl ihr böser Geist wie ihre Busenfreundin.

Zu den ersten Besprechungen veröffentlichter Arbeiten: Soweit ich weiß, war Ihre im »Dial« die erste Besprechung meiner Sachen.[2]

Es tut mir leid, daß ich die Erlaubnis zum Abdruck dieser Briefe zurückziehen mußte – bis auf die Stellen, die sich mit Ihrer eigenen Arbeit beschäftigen. Das gäbe nur Ärger und Mißverständnisse in Kanada, wo ich gute Freunde hatte, die jetzt tot sind, und gute Freunde habe, die noch leben. Mir fiel auch wieder ein, wie sehr ich verschiedene Gegenden dieses Landes geliebt habe. Ich weiß auch noch, was mir nicht gefallen hat, aber das sollte ich beim Schreiben durch das ausgleichen, was mir gefällt. In einem Brief hat man nicht genug Zeit, gerecht zu sein.

Jetzt, wo wir in einer Zeit voller Gewalt, falscher Aussagen, Ungenauigkeiten, Verleumdungen und gewinnbringender Lügen leben, werde ich den Rest meines Lebens damit verbringen, zu versuchen, gerecht zu sein. Allerdings heißt das nicht, daß es nicht Leute gibt, die gerechterweise gehängt werden sollten.

Beste Grüße

Ernest Hemingway

YUL

---

1 EH hat diese Anekdote oft wiederholt und sie in *Paris – ein Fest fürs Leben* verwendet.

2 EH hatte zwei frühere Rezensionen vergessen.

La Finca Vigía, 5. Oktober 1951

Lieber Charlie:

Danke für Deinen Brief vom 3. Oktober, mit dem Du meinen stinkwütenden Brief von wann auch immer, als ich den schlimmen Hals hatte, und den Brief beantwortet hast, den ich am Tag darauf im Bett schrieb, in dem ich Dich darum bat, alles, was ich gesagt hatte, zu ignorieren. (Versuch mal, einen schlechteren Satz als diesen zu schreiben!)

Danke auch für Dein Kabel von heute betreffend Pauline und die Einzahlung der 750,00. Ich hatte Dir geschrieben, es wäre nicht nötig, das Geld einzuzahlen (ich lege diesen Brief bei). Aber der Fahrer hatte ihn noch nicht zur Post gebracht, während ich neben einem nicht funktionierenden Telefon stand, das die Gesellschaft ständig in Gang zu setzen versprach. Da Du es nun schon mal eingezahlt hast, laß es auf dem Kreditkonto stehen, das durch Tantiemen und künftige Einnahmen gesichert ist.

Ich werde versuchen, dieses Konto so wenig wie möglich anzugreifen. Da ich dieses Jahr nur sehr wenig steuerpflichtiges Einkommen habe – werde ich nächstes Jahr nicht viel für die Steuer brauchen. Wenn ich etwas an den Film oder ans Fernsehen verkaufe, habe ich genug Geld, um die Steuern zu bezahlen. Desgleichen, wenn ich den Besitz auf Key West verkaufe.

Die Nachrichten von Marys Vater sind alle gut. Aber so wird es bleiben, bis sie schlecht werden. Stell Dir vor, wie es wäre, wenn man ein Abkommen mit dem Geheimdienstchef der Christian Science hätte. Unser Sturm ist nach Norden gezogen und hat sich auf See vor Hatteras weiter ausgetobt. Hoffe, er bleibt draußen im Golfstrom.

Während schlimme Dinge geschahen und ich ohne Verbindung zur Außenwelt abwartete, habe ich – als Beschäftigungstherapie (Witz) – das Buch IV des Buches, das Du im MS gelesen hast (Der Teil: *Der alte Mann und das Meer*), Wort für Wort gezählt. Es waren g e n a u 26 531 Wörter. Meine frühere Zählung war an Hand einer unvollständigen Abschrift. Dies ist die

461

exakte Zählung des Teils desselben MS, das Du auch gelesen hast.

Das ist die Prosa, für die ich mein ganzes Leben lang gearbeitet habe: sie sollte sich leicht und einfach lesen lassen, kurz erscheinen und doch alle Dimensionen der sichtbaren Welt und der Welt des menschlichen Geistes haben. Es ist die beste Prosa, die ich heute schreiben kann.

Aber ich glaube, das dritte Buch wird Dir auch gefallen. Es ist das über die Verfolgung und Vernichtung der Mannschaft eines U-Bootes, wobei der Gefechtsauftrag lautete, sie zu Gefangenen zu machen, und alles Mögliche getan wurde, diesen Auftrag durchzuführen. Es besitzt dieselbe Qualität, wie Du sie vielleicht in Buch IV *(alter Mann)* bemerkt hast, das Du gelesen hast, aber die Handlung ist sehr schnell und der Dialog sehr genau.

Das zweite Buch könnte für jemanden, der mit James Jones groß geworden ist, zu rauh sein. Es beschäftigt sich mit dem Leben von Leuten, die mit einer nicht ganz legalen Mission auf See betraut sind (kurz vor und nach dieser Mission), und vom Tod des ältesten Sohns eines Mannes und seiner Begegnung mit der Mutter des Jungen. (Das dritte Buch handelt von der darauf folgenden Mission.)

Das erste Buch ist idyllisch, bis die Idylle durch Gewalt zerstört wird. Solange es idyllisch ist, wird es Dir vermutlich sehr gefallen. In den Büchern 1, 2 und 3 kommen dieselben Leute vor. Am Ende sind nur noch der alte Mann und der Junge übrig (= Buch 4).[1] Ich habe viele Titel dafür. Werde mich schon für einen entscheiden. (Drei sind gut.) Das vollständige Buch ist jetzt 182231 Wörter lang.

Das über Lee Samuels[2] war nett, denn er hat nicht dieselben Probleme wie Du; ich habe ihm hinreichende Sicherheiten gegeben, und Du brauchst Dir keine Sorgen zu machen oder Dich gedrängt zu fühlen, mich zu finanzieren, während ich dieses Buch schreibe und umschreibe.

Mary geht es sehr gut, sie läßt Dich grüßen.

Wir hatten an diesem fünften Oktober mal wieder einen Hitzerekord.

Heute morgen war es so heiß, daß das MS beim Arbeiten

völlig schweißdurchtränkt war. Habe trotzdem 40 Liegestütze gemacht, bin 10 Runden im Teich geschwommen, habe die Schecks zur Bezahlung meiner Rechnungen ausgestellt, an [Alfred] Rice geschrieben und gearbeitet, bis die Sendung anfing, und dann später am Nachmittag, als es kühler wurde.

Immer Dein
Ernest

Dies war ein hartes Jahr. Inhalt und Umriß des Buches sind vertraulich <u>und nur für Dich bestimmt.</u>   EH
PUL

1 Was EH hier Teil IV nennt, erschien als *Der alte Mann und das Meer* (1952). Die Teile I–III erschienen postum als *Inseln im Strom* (1970).

2 Hemingway-Sammler und Biograph: *A Hemingway Check List* (New York 1951).

An D. D. Paige

La Finca Vigía, 22. Oktober 1951
Sehr geehrter Mr. Paige:
Heute erhielt ich Ihren langen Brief vom 15. Oktober, und ich beeile mich, ihn zu beantworten.

Es scheint mir eine sehr mutige und edle Initiative von Gabriela Mistral zu sein, im Namen oder mit den Unterschriften aller Nobelpreisträger um eine Amnestie für Ezra zu ersuchen. Aber wie viele lebende Nobelpreisträger gibt es, und wie viele von ihnen würden unterschreiben?[1]

Man muß auch ein paar andere praktische Dinge bedenken: Das Wahljahr rückt näher, und ich bezweifle sehr, daß der Vorsitzende der Demokratischen Partei irgendeine Amnestie unterzeichnen würde, die von den Republikanern gegen ihn oder die Demokratische Partei verwendet werden könnte. Die Demokratische Regierung wird von verschiedenen Seiten beschuldigt, die Kommunisten zu begünstigen oder den Kommunisten Kontrolle über oder Einfluß auf die Gestaltung der Außenpolitik, besonders in China, gestattet zu haben. Wenn Ezra amnestiert wird, während andere, die wegen derselben Beschuldigungen, die man ihm zur Last legt, weiter im Gefängnis sitzen, dürfte das einen großen Stunk geben und der Regierung den Vorwurf einbringen, sie begünstige die Faschisten genauso wie die Kommunisten; mit anderen Worten: alle Arten von Totalitären. Da bin ich mir ganz sicher.

Bedenken Sie, daß Ezra, sobald er für geistig normal erklärt wird, wegen Verrats vor Gericht gestellt werden muß. Sie müssen immer daran denken, daß Pound, der große Dichter, den wir verehren, und Pound, der alte Freund, um den ich mich sehr sorge, vor dem Gesetz nicht der Pound der verräterischen Radiosendungen ist. Der Pound der verräterischen und antisemitischen Radiosendungen ist für verrückt erklärt worden. Dadurch wird er vor den Anklagen, die gegen ihn vorliegen, geschützt.

Wenn er für geistig normal erklärt würde, können Sie sicher sein, daß die Leute, die ihm seine antisemitischen Sendungen verübeln, die Offensive gegen ihn ergreifen werden. Dies ist eine Tatsache, die Sie im Auge behalten müssen. Eine andere ist die, daß keine Regierung riskieren wird, sich die jüdischen Stimmen entgehen zu lassen, indem sie Pound zu dieser Zeit freiläßt.

Wenn Gabriela Mistral die Nobelpreisträger zu einer Geste für die Amnestierung Ezras zusammenbringen will, ist das ihre Sache. Schaden kann Ezra das auf keinen Fall. Ich bezweifle aber, daß es ihm irgendeinen praktischen Nutzen bringen wird. Ich bin fest davon überzeugt, daß der Präsident es an das Justizministerium weiterleiten würde. Und es könnte gut sein, daß das Justizministerium Ezra mit Vergnügen für geistig normal erklären lassen würde, damit er angeklagt und verurteilt werden könnte. Andererseits könnten sie es auch für besser halten, daß der Fall Ezra so belassen wird, wie er jetzt ist.

Glauben Sie bitte nicht, ich sei Ezra gegenüber kaltherzig, wenn ich versuche, seine Situation so kühlen Kopfes wie möglich zu überdenken.

Auch dies ist zu bedenken: Pound ist amerikanischer Bürger. Ohne Reisepaß kann er nicht ins Ausland reisen. Nach Italien kann er nicht abgeschoben werden, da es nicht das Land seiner Geburt ist. Außerdem ist es noch sehr die Frage, ob Italien ihn aufnehmen würde. Die Stadt Rapallo, wo er sehr beliebt war, würde ihn bestimmt aufnehmen. Aber das Problem seiner Einreise nach Italien ist das Problem zwischen Regierungen.

Warum bietet ihm Gabriela Mistral nicht offiziell Asyl in ihrem eigenen Land an und garantiert, daß er sich weder im Radio noch schriftlich, noch sonstwie verräterisch äußern, sondern nur der Dichtung widmen wird? Das wäre etwas Brauchbares. Auf dieser Basis sehe ich eine Möglichkeit für seine Freilassung.

Ich fand [T. S.] Eliots Brief nicht zaghaft. Er erschien mir tadellos. Für La Mistral ist es einfacher, kühn und ohne Kenntnis der Stärke der Vorwürfe gegen Ezra anzugreifen, als für Eliot, der sie kennen dürfte. Es haben schon viele Leute mit großem Mut und wenig Verstand versucht, einen Gefangenen zu befreien, und dabei ist der Gefangene wegen ihres blinden Eifers draufgegangen.

Zum Beispiel: als mein Sohn Jack verwundet war und von den Deutschen in einem Kriegsgefangenenlager festgehalten wurde, befahl General George Patton einem Panzerbataillon, in Deutschland einzufallen, um seinen Schwiegersohn und andere Gefangene in eben diesem Lager zu befreien. Die Deutschen errichteten hinter den Panzern Straßensperren. Als die Panzer das Lager angriffen, wurde General Pattons Schwiegersohn bei dem Durcheinander von einem SS-Offizier erschossen. Jack und die anderen fuhren oben auf den Panzern hockend aus dem Lager und wurden schließlich alle entweder erschossen oder wieder gefangengenommen, und ich glaube, keiner der Panzer konnte zu den amerikanischen Linien zurückkehren. Patton hat immer gesagt, daß er dies mehr als alles andere in seinem Leben bedaure. Sämtliche Gefangenen wären rechtzeitig befreit worden, wenn er Geduld gehabt hätte.

Ich werde heute noch an Dorothy Pound schreiben und versuchen, ihr klarzumachen, was sie damit in Wirklichkeit ausrichten. Was [Olga] Rudge da macht, ist verhängnisvoll und vermutlich der Grund für einen großen Teil der Hysterie in diesem Fall.[2]

Verzeihen Sie mir bitte, daß ich Ihnen nicht ausführlicher schreibe. Ich beende soeben einen Roman; hatte zwei Todesfälle in der Familie und viele Probleme. Einen Brief wie diesen zu schreiben (mit dem an Dorothy) beansprucht einen ganzen Arbeitstag.

Mit allen guten Wünschen

PH. PUL   Ernest Hemingway.

1 Ezra Pound befand sich seit 21. Dezember 1945 im St. Elizabeth's Hospital for the Insane in Washington, D. C.

2 Olga Rudge war die Mutter von Pounds Tochter Mary. Sie hatte EH am 13. März 1950 geschrieben und ihn bedrängt, etwas für Pounds Freilassung zu unternehmen.

AN DOROTHY POUND

La Finca Vigía, 22. Oktober 1951

Liebe Dorothy:

Beiliegend ein Brief, den ich gerade an D. D. Paige in Rapallo geschrieben habe, als Antwort auf einen langen Brief von ihm, in dem er über ein Projekt der südamerikanischen Dichterin G. Mistral zur Befreiung Ezras schreibt. Ich nehme an, Du kennst die Einzelheiten dieses Projekts, und daß Eliot geraten hatte, sie sollten vorsichtig vorgehen usw. Ich setze voraus, daß Ezra mit Paige in Verbindung steht, denn Paige zitiert einen Brief von ihm bezüglich Eliot, in dem er ihn »zum 58. Mal« bat, er solle sich nicht mit Rechtsanwälten einlassen.

Mein Brief erklärt sich selbst, und ich finde ihn richtig. Vielleicht ist er das nicht, aber er ist so nüchtern, wie ich die Lage sehe.

Könntest Du mir etwas über Paige erzählen und mit welchem Recht er für und über Ezra spricht? Es scheint da einige Leute zu geben, die mit Ezras Prozessen und Mißgeschicken fast Karriere machen. Könntest Du mich wissen lassen, wer autorisiert ist, für ihn zu sprechen, und wer nicht?

Sagst Du mir bitte auch, wie es Dir geht und wie es Ezra geht, und was Deine wahren Pläne, Hoffnungen und Ziele sind? Nach dem, was ich gehört habe, und nach einem Brief, den ich von ihr bekam, als ich zuletzt in Paris war, ist Olga Rudge diejenige, die am unvernünftigsten und hysterischsten vorgeht und den meisten Ärger macht. Wenn wir diesen Prinzen der Wahrheit nicht mitrechnen: Bill [William Carlos] Williams.

Ich werde nie vergessen, wie er mir anvertraute, daß Ihr in Wirklichkeit nie ein Kind gehabt hättet. Es wäre alles nur ein von Ezra eingefädelter Schwindel gewesen, und Du hättest unter Deinen Kleidern ein Kissen getragen, um eine Schwangerschaft vorzutäuschen, und wärest dann verschwunden und hättest Ezra die Geburt eines Sohnes [Omar S.] verkünden lassen. Ich denke nur an die Taxifahrt zum Krankenhaus in Neuilly und wie Du schließlich sagtest, es wäre Zeit für mich zu gehen, danach hatte ich immer großes Vertrauen zu der Glaubwürdigkeit des guten Doktors.

Denk bitte nicht, mein Brief an Paige sei hart. Genauso sehe ich die Situation heute.

Es würde mir sehr helfen, wenn Du meine Fragen beantworten würdest, falls sie nicht indiskret sind, und wenn Du mir auch alles andere berichten würdest, von dem Du meinst, daß ich es wissen sollte.

Alles Liebe für Dich, und bestelle Ezra gute Wünsche, und gratuliere ihm von mir zu seinem Preis[1] und sag ihm, wie sehr ich bewundere, was er geschrieben hat, seit er in Schwierigkeiten steckt. Ich bin sicher, daß er sich mit ebensoviel Stil wie Roger Casement[2] hätte hängen lassen. Aber ich bin viel glücklicher, daß er statt dessen gute Gedichte schreibt.

PH. PUL   Hem

---

[1] Pound war 1949 der Bollingen-Preis für Dichtung für seine *Pisan Cantos* verliehen worden.

[2] Der irische Rebell Sir Roger (1864–1916), der von den Briten gehängt wurde.

La Finca Vigía, 9. Dezember 1951

Sehr geehrter Mr. Bledsoe:

Danke für Ihren Brief vom dritten Dezember, der wegen nicht ausreichender Frankierung zurückgeschickt wurde und daher erst heute morgen ankam.

Malcolm Cowleys Briefe an mich sind hier, aber ich bin zu beschäftigt, um sie heute morgen durchsehen zu können. Er muß Ihnen doch auf alle Fälle erzählt haben, was er mir geschrieben hat. Er ist mein Freund, und ich mag ihn. Was ich Charlie Scribner geschrieben habe, wissen Sie bereits.

Mr. Young[2] kenne ich nicht, obwohl ich ihm mein Beileid für jegliche Schwierigkeiten ausdrücke, die ich ihm vielleicht verursache oder verursacht habe.

Diese Schreibmaschine ist ganz schön angeschlagen von den 183251 Wörtern eines Romans, die ich auf ihr geschrieben habe. Verzeihen Sie ihr daher etwaige Fehler.

Ich glaube, wenn ich Sie oder Mr. Rinehart oder Mr. Young kennen würde, hätte es in dieser Sache überhaupt keine Probleme gegeben außer dem einen grundsätzlichen: Ich will nicht, daß über mein Leben oder Teile davon Bücher geschrieben werden, solange ich noch am Leben bin. Es mischen sich ohnehin schon viel zu viele Leute in das Leben eines Menschen.

Hätte ich rechtzeitig erfahren, daß Mr. Young eine kritische Studie über mein Werk schreibt, hätte ich ihm mit Vergnügen sämtliche Fakten mitgeteilt, die ihm nicht zugänglich waren. Es gibt eine ganze Menge Sachen, die nicht zugänglich sind, und einige davon könnten von Interesse sein.

Aber es ist zu verdammt viel über mein Privatleben geschrieben worden, und das habe ich satt. Es war sehr schlimm für mich, daß Malcolm Cowleys Artikel in »Life« erschienen ist. Aber das war nicht Malcolms Schuld, und alles, was er getan hat, geschah in guter Absicht. Glauben Sie aber bitte nicht, der »Life«-Artikel wäre autorisiert gewesen. Malcolm hatte mir erzählt, er hätte den Auftrag, ihn zu schreiben, und ich habe ihm daraufhin eine Liste von Leuten gegeben, die mich kannten oder unter denen ich gedient hatte, oder mit denen ich bei verschiedenen Gelegenheiten zusammen war, und er hat sich die Fakten von ihnen geholt. Ich hatte den Artikel nicht gesehen und auch nicht Teile davon, bis ich ihn in Italien in »Life« las.

Lillian Ross hat ein Porträt über mich geschrieben, das ich mit einigem Entsetzen in den Fahnen gelesen habe. Aber da sie eine gute Freundin von mir ist und ich wußte, daß sie nicht in böser Absicht schrieb, gestand ich ihr das Recht zu, mich so darzustellen, wenn sie es wünschte. Ich habe nicht geglaubt, daß ich wie ein Maskoki-Halbblut spreche, und auch nicht, daß es einen besonders brauchbaren Eindruck von jemandem vermittelt, der bei Tagesanbruch aufsteht und die meiste Zeit seines Lebens hart arbeitet beim Schreiben. Aber ich hatte gerade ein Buch beendet, und wenn man das geschafft hat, ist einem wirklich ein paar Wochen lang alles völlig Wurst. Daher hatte ich nichts dagegen, obwohl ich wußte, daß es mir schaden würde, genau wie der Artikel in »Life«. Es war kein Schaden beabsichtigt, aber viel Schaden angerichtet. Trotzdem mag ich Lillian immer noch.

Und was noch, Dr. Bledsoe? Ein Freund meiner Frau aus alten Londoner Zeitungstagen namens Sammy Boal fährt mit uns auf einem Schiff, und ich rede mit ihm, sorglos und gut gelaunt und ohne den nötigen Pomp des Schriftstellers, und dann stellt sich heraus, daß Sammy den Auftrag hat oder hatte, ein Porträt über mich zu schreiben.[5]

Herrlich. Er braucht auch Geld, wie es jeder bis jetzt gebraucht hat. Ich lese es mit dem inzwischen üblichen Entsetzen und weise ihn auf einen bestimmten Punkt hin: daß ein Mensch unmöglich eine solche Bemerkung machen kann, wie er sie mir da in den Mund legt. Ich berichtige diese eine Bemerkung, um ihm zu zeigen, wie Menschen tatsächlich reden, und diese Berichtigung gibt dem Artikel einen Touch schrecklicher Authentizität. Alles gut gemeint, aber in der Auswirkung sehr schlecht.

Ich bin ein sehr ernsthafter, aber kein feierlicher Schriftsteller, und wenn ich nicht schreibe, mache ich gern Witze. Aber jetzt habe ich endgültig die Nase voll.

Wenn ich also von Malcolm Cowley erfahre, daß Mr. Young ein Buch schreibt, in dem er beweist, daß meine sämtlichen Helden ich selber bin, kommt mir der Gedanke, daß ich ihm eigentlich so früh wie möglich davon abraten sollte, damit er nicht seine Zeit und seine Arbeit verschwendet. Das erklärt meinen ersten Brief an Cowley und die folgenden Briefe an Charlie Scribner.

Von jedem Schriftsteller steckt viel in seinen Arbeiten. Aber ganz so einfach ist es nun auch wieder nicht. Ich hätte Mr. Young zum Beispiel die ganze Entstehungsgeschichte von *Fiesta* erzählen können. Es ist aus einem persönlichen Erlebnis entstanden. Bei einer Verwundung bekam ich eine Infektion, weil kleine Teilchen des Wollstoffes in den Hodensack gedrungen waren. Dadurch lernte ich andere Jungens mit genital-urologischen Verletzungen kennen, und ich fragte mich, wie wohl das Leben eines Mannes aussehen würde, wenn er seinen Penis verloren hätte und seine Hoden und Samenleiter unversehrt geblieben wären. Ich hatte einen Jungen gekannt, dem das passiert war. Also nahm ich ihn und machte ihn zu einem Auslandskorrespondenten in Paris, und ich versuchte fiktiv herauszufinden, was für Probleme er haben würde, wenn er in ein Mädchen verliebt wäre, das ihn ebenfalls liebte, und sie könnten nichts ändern.

Solche Sachen hätte ich Mr. Young mit Vergnügen zur Kenntnis gebracht. Aber ich war nicht Jake Barnes. Meine eigene Wunde verheilte schnell und gut, und ich kam mit einer kurzen Katheter-Zeit davon. Ich denke, das hätte Mr. Young bei seiner Arbeit helfen können. Er hätte e s nicht zu veröffentlichen oder in einer Bio - graphie zu schreiben brauchen. Er hätte eben nur Informationen gehabt, die ihm auf andere Weise unzugänglich gewesen wären, aus denen er seine kritischen Schlüsse hätte ziehen können.

Das andere, was mir an der These, ich könne nur über mich selber schreiben, ungereimt vorkommt, ist: Wer ist dann Francis Macomber? Bin ich das? Ich weiß sehr genau, daß ich es nicht bin.

(Tut mir leid, daß dieser Brief an dieser Stelle unterbrochen werden mußte.)

Jetzt, da ich ihn noch einmal lese, sehe ich, daß wir wieder da sind, wo wir angefangen haben, nur daß ich versuche, Ihnen meine Haltung auf zwanglose und, wie ich hoffe, nicht unfreundliche Weise klarzumachen.

Es gibt da noch einiges andere: Wenn das Buch so wäre, daß es für mich nicht unangenehm ist, wie kommt es dann, daß ich von Ihnen nie etwas darüber gehört habe?

Wenn es, wie Sie schreiben, eine ernsthafte kritische Untersuchung meiner Schriften ist, warum enthält es dann »nur wenige kurze Passagen« mit Zitaten aus diesem Werk? Es kommt mir ziemlich wahrscheinlich vor, daß eine solche Methode, die Dinge aus ihrem Kontext herauszunehmen, nur dazu dienen könnte, eine These zu untermauern.

Ich werde Malcolm Cowley eine Abschrift hiervon schicken, um die Sache klarzustellen. Ich habe bestimmt nicht den Wunsch, ihn irgendwie in Verlegenheit zu bringen. Wenn ich sage, daß mir sein Porträt oder Artikel geschadet hat, meine ich damit, daß er meinem Privatleben übermäßige Publicity verliehen hat. Dieses Leben ist meine eigene Sache, und ich habe dreimal aus Freundschaft erlaubt, daß es gestört wird. Nun ist der Eindruck dreier verschiedener Freunde von meinem Privatleben so weit verbreitet worden, daß mein Werk eher vom Blickwinkel des Eindrucks dieser Freunde aus als vom Werk selbst kritisiert wird.

Sie werden meinen Widerstand dagegen verstehen, daß mein Privatleben College-Schülern als Untersuchungsobjekt präsentiert wird. Falls nicht, ich habe wenigstens versucht, es zu erklären.

Wenn Ihnen und Mr. Young gefällt, was ich schreibe, muß dieser ganze Streit langweilig und schmerzlich für Sie sein, und ich muß Ihnen sehr schwierig und ungehobelt vorkommen. Für mich ist es wirklich langweilig und schmerzlich. Aber glauben Sie mir bitte, daß ich mich nicht so verhalte, weil ich ungehobelt bin.

Beste Wünsche für Sie und für Mr. Young. Meine Haltung

bleibt dieselbe, wie ich sie in dem Brief an Charlie Scribner dargelegt haben; aber ich habe versucht, sie Ihnen zu verdeutlichen.

Nach dem Artikel im »New Yorker« habe ich beschlossen, daß ich nie mehr irgendwem ein Interview über irgend etwas gebe und daß ich mich von allen Orten fernhalte, wo ich vielleicht interviewt werden könnte. Wenn man nichts sagt, kann einen keiner falsch verstehen. Aber ich habe gelernt, daß ein Schriftsteller – für den akademischen Kritiker – keine Witze machen darf. Haben Sie das bemerkt? Ich glaube, in den alten Zeiten muß es viel lustiger zugegangen sein, als es noch mehr Schriftsteller und weniger Kritiker gab.

Wie die Dinge liegen, wird es vermutlich bald keine Schriftsteller mehr geben, sondern nur noch Kritiker. Dann können die Kritiker an die Küste gehen und so schreiben, wie es früher die Schriftsteller taten (und keiner überlebte). Dann geht der Film an den Schriften der Kritiker ein. Was wollen Sie wetten, daß Arthur Mizener zu unseren Lebzeiten kein Fernsehstar wird? Das einzige, was wir tun können, ist, ihm einen neuen Scott Fitzgerald zu besorgen. Aber sehen Sie? Dies ist die Art Witze, die ein Schriftsteller nicht machen sollte.

Beste Feriengrüße,

T. C. PUL   Ernest Hemingway

1 Ein Lektor bei Rinehart.

2 Philip Young, der gerade *Ernest Hemingway* (New York 1952) schrieb.

3 Sam Boal, *I Tell You True*, in »Park East« 10–11 (Dezember 1950 bis Januar 1951).

1952

La Finca Vigía, 21. Februar 1952

Lieber Wallace:

Danke für den Brief mit den Einzelheiten über Charlies Tod. Ich fand ihn vor, als wir gestern abend nach Hause kamen. Wie Du schreibst, gibt es nichts dazu zu sagen. Ich fühle mich ganz elend, daß ich weg war, außer Reichweite, als es passierte. Wir waren durch den Sturm unten an der Küste von allem abgeschnitten, als ich zuerst davon hörte, drei Tage nachdem Charlie beerdigt war. Ich habe von dort einen Brief an Vera in Far Hills geschickt und bin dann hierher zurückgekommen, sobald das Wetter es uns erlaubte. Ich hoffe, sie hat den Brief erhalten. Er mußte landeinwärts gebracht werden, um zur Post zu kommen.

Fast immer, wenn ich ihm schrieb, versuchte ich, ihn dazu zu bringen, daß er auf sich aufpaßte, und besonders versuchte ich, ihn davon abzuhalten, diese verdammte Heeresinspektionsreise zu machen, wo er so viel fliegen mußte. Aber es hat alles nichts genützt.

Wallace, Du weißt, es nützt nichts, sentimental zu werden. Ich werde also versuchen, es nicht zu sein. Aber ich bin froh, daß er schnell und so gut gestorben ist, wenn er denn sterben mußte. Es wäre schöner gewesen, wenn es im Schlaf passiert wäre, und ich hatte gehofft, daß es womöglich so war, bis ich von Dir hörte.

Die Vorstellung, nie mehr von ihm zu hören, ist ziemlich traurig. Ich habe ihm immer jede verdammte Kleinigkeit geschrieben, ohne jede Vorsicht und ohne auf Diskretion zu achten, und wir haben oft und ziemlich derb herumgewitzelt.

Auch er schrieb mir alles, was er dachte und fühlte. Er schrieb eine Menge Dinge, die er besser nicht hätte schreiben sollen, und ich werde sehr darauf achten, daß keiner seiner Briefe je in anderer Leute Hände fällt. Was er mit meinen persönlichen Briefen an ihn getan hat, weiß ich nicht. Aber ich meine, Du und die Familie sollten aufpassen, daß sie nie jemand in die Finger bekommt und daß sie nie von einem der Kritiker, die sich auf Privates stürzen, »konsultiert« werden; überhaupt nicht von Kritikern oder Biographen. Persönliche Briefe sind oft »verleumderisch«, immer indiskret, oft obszön, und viele von ihnen könnten großen Ärger verursachen. Wir beide haben uns immer geschrieben, wenn wir uns schlecht fühlten, und ich schrieb ihm, wenn ich glaubte, er fühlt sich schlecht, und ich könnte ihn vielleicht aufheitern.

Ich weiß, was Du über Max und Charlie sagen willst. Als Max starb, glaubte ich das nicht ertragen zu können. Wir haben einander so gut verstanden, daß es war, als ob ein Teil von mir selbst gestorben wäre. Aber es war nun einmal geschehen, und da war nichts zu machen, bis ich entdeckte, daß in bezug auf Charlie etwas zu machen war. Es war für ihn ungeheuer schwer, Max zu ersetzen, und das einzige, was ich tun konnte, um ihm Selbstvertrauen zu geben, war, ihm meine absolute Loyalität zu zeigen, fand ich. Wir waren schon lange befreundet gewesen (obwohl wir ziemlich zögernd Freundschaft geschlossen hatten), aber schließlich sind wir sehr enge Freunde geworden. Manchmal wurde ich ärgerlich, und er auch. Aber als er hierherkam und ich merkte, wie krank er schon zu einer Zeit gewesen war, in der ich ihn für unfähig gehalten hatte, wußte ich, daß ich ihn nie verletzen oder beunruhigen dürfte, wenn ich es vermeiden konnte. Bei Gott, ich wünschte, ich hätte etwas für ihn tun können. Aber was kann man tun, Wallace? Ich habe Charlie sehr gemocht und ihn verstanden und auch gewürdigt, hoffe ich, und mir ist hundeelend zumute, daß er tot ist.

Was geschieht nun? Wer wird was machen? Muß Charlie junior bei der Marine bleiben? Und für wie lange? Werde ich jetzt mit Dir in Verbindung bleiben? Falls ja, trag es mir bitte nicht nach, daß ich damals über die Fragerei nach Fossalta, Fornace und Monastir, das manchmal Monastier geschrieben war, verärgert war. Du weißt doch, Wallace, daß ich leicht gereizt bin, wenn ich Sachen gefragt werde, die ich längst überprüft habe. Das ist nie persönlich gemeint und ein Überbleibsel aus einem anderen Leben als dem der Literatur.

Was hältst Du von diesem Rinehart-Buch [Philip Youngs *Ernest Hemingway*], einschließlich der damit verbundenen Mystifikationen? Daß ich Charlie sagte, er solle erst einmal keine Genehmigungen erteilen, lag vor allem daran, daß Cowley mir schrieb, es sei ein Buch, in dem der Autor beweisen wolle, daß meine sämtlichen Protagonisten ich selber wären, und er hätte das Buch gelesen und zur umfassenden Revision zurückgeschickt. Dann schien um das Ganze irgendwie ein Geheimnis zu liegen, und es sah so aus, als sei es eine psychoanalytische Untersuchung über mich usw. Nie wurde offen oder deutlich über dieses Buch gesprochen, und erst jetzt (gestern abend) habe ich einen Brief des Verfassers erhalten. Ich wollte Charlie nicht mit der Korrespondenz belästigen. Ich will vermeiden, dem Buch dadurch Publicity oder Bedeutung zu verschaffen, daß ich den Anschein erwecke, es verzögert zu haben. Wenn keine Reklame dafür gemacht wird, bin ich sicher, daß es langweilig genug ist, um an seiner eigenen Gewichtslosigkeit einzugehen (obwohl, was diese Mystifizierung angeht, etwas Bösartiges daran sein mag). Aber aus Gründen, die ich Charlie mitgeteilt habe, bin ich dagegen, daß über das Privatleben lebender Schriftsteller geschrieben wird und sie psychoanalysiert werden, solange sie noch am Leben sind.

Kritik wird allmählich verwechselt mit einer Mischung aus F.B.I.-Anfängerarbeit, ein paar hingeworfenen Brocken von Freud und Jung und einer Art Schlüssellochjournalismus sowie der Wäschelistenschule. Mizener hat mit seinem Buch über Scott Geld gemacht und (der kleinen Scotty und allen ihren möglichen Sprößlingen) einige ziemlich gräßliche Dinge angetan, und jeder junge Englischprofessor sieht jetzt Gold in den schmutzigen Laken. Stell Dir vor, was die mit den befleckten Laken von vier legalen Betten des Verfassers dieses Briefes anstellen können, dann wirst Du sehen, warum ihre Zungen geifern (vielleicht ist das nicht das korrekte Wort. Falls nicht, ersetz es bitte).

Ich höre jetzt auf, Wallace, und belästige Dich nicht weiter. Ich wollte gerade zwei Monate Urlaub machen, oder einen Monat und einen Monat, bevor ich mich an die Revision des Buches mache. Aber nach sechs Tagen kam die Nachricht von Charlies Tod. Also zu Deiner Information: ich werde hier noch eine Woche, oder sagen wir zehn Tage, bleiben und versuchen, alles in Ordnung zu bringen, und mich dann erholen. Habe gut geschlafen nachts und mich erfrischt und wohl gefühlt, bis ich das von Charlie hörte. Blutdruck das letzte Mal 125 zu 60. Habe seit Italien kein Kardiogramm mehr machen lassen, damals waren sie alle überrascht, zu sehen, daß mein Herz hervorragend war. Ich habe nur zuviel Arbeit und zu viele Sorgen. Aber ich komme schnell wieder auf die Beine, wenn ich ein bißchen Pause mache. Wir sind jeden Abend um halb zehn ins Bett gegangen und um halb sieben mit der Sonne aufgewacht und fischten gewöhnlich vier, fünf Stunden und lasen dann und ließen es nachmittags langsam angehen.

Laß mich bitte wissen, was ich tun sollte. Und laß mich wissen, was mit Vera los ist, bitte.

Ich werde Charlie junior schreiben.

Alles Gute für Dich, und sei Dir bitte bewußt, daß ich Deinen Verlust und Deine Schwierigkeiten würdige. Schreib mir bitte immer offen über alles. Meine gegenwärtige Lage ist die, daß ich nach der schweren Arbeit und den Problemen des letzten Jahres noch etwas mehr erholsame Ruhe brauche, um wieder optimal arbeiten zu können. Meine Gesundheit ist mein wichtigstes Kapital, und ich will sie vernünftig verwalten.

PUL   Mit den besten Grüßen Ernest

An Harvey Breit[1]

La Finca Vigía, 24. Februar 1952

Lieber Harvey:

Ich war froh, Deinen Brief zu bekommen, denn weil ich nichts hörte, fürchtete ich, Du könntest darüber verstimmt sein, daß ich bei dem Burleskenprojekt keine Hilfe für Dich war. Freut mich, daß das nicht so ist.

Hör zu, Junge. Vitamine sind gut für Dich. Sie kosten Geld, aber sie sind es wert. Ich werde Dir von meinen eigenen Erfahrungen berichten. Versuch's wenigstens mal mit Combex, das ist eine Mischung der verschiedenen B1-Vitamine.

Wenn ich arbeite, arbeite ich so hart, daß ich mich fast zu Tode arbeite. Wenn ich nicht müde bin, weiß ich, daß ich nicht so hart gearbeitet habe, wie ich sollte. Aber ich versuche immer aufzuhören, wenn es gut läuft und ich weiß, wie es weitergehen wird. Auf diese Weise kann man ewig weitermachen.

Aber trotzdem, eines Tages, als ich *Wem die Stunde schlägt* schrieb, war ich so müde, daß ich kaum aus dem Bett kommen konnte. Dr. Kohly, unser Hausarzt hier, sagte mir, ich sollte zwei oder drei Tage im Bett bleiben und gut essen und aufhören, soviel eiskalten Tee zu trinken (wenn ich arbeite, trinke ich Tee wie ein Säufer Bier), und er verschrieb mir Combex. Und Afaxin (Vitamin A). Die Kombination war wie eine Spritze in den Arm. Ich wurde nicht mehr müde, wie hart ich auch arbeitete.

Später fand ich dann heraus, daß Vitamin B1 (Combex) sämtliche Wirkungen aufhebt, die das Trinken auf die Nerven haben kann. Es kann einem nicht schaden und kann einem ungeheuer helfen. Ich nehme jeden Morgen vier oder fünf Kapseln. Im Krieg habe ich sämtliche Jungens auf dem Schiff damit gefüttert, und wir nannten es das Kampfmoralvitamin.

Ich halte das nicht für eine Einmischung in die Natur. Du lebst in einer Großstadt und füllst Deine Lunge mit allem möglichen Dreck und Ruß und lebst unnatürlich und trinkst zur Entspannung, nicht zum Vergnügen, und all das macht Dich völlig fertig, und alles, was das neutralisiert, ist gut für Dich.

Als Paul De Kruif das letzte Mal hier war, hat er mir ein Zeug namens Vi-Syneral mitgebracht, das von der amerikanischen Vitamingesellschaft hergestellt wird. Es besteht aus zwei Kapseln: eine dunkle mit allen Vitaminen, die man braucht, und eine helle mit allen Mineralstoffen, die man braucht. Man nimmt pro Tag von jeder eine. Ich weiß, daß Dir auch die nicht schaden können, und sie könnten in Verbindung mit dem Vitamin B1 gut für Dich sein.

Und noch eins: falls Du völlig kaputt und erschöpft und trübsinnig bist, sehe ich nicht ein, warum Du nicht Methyltestosteron nehmen solltest. Du brauchst es nicht als Spritze in den Hintern zu nehmen. Und sie regen keineswegs den Geschlechtstrieb an. Paul hat mir erklärt, daß es gut für den Kopf und für den ganzen Organismus sei. Er hat es mir in Form des Präparates Metandren Linguets von der Firma CIBA Pharmazeutische Produkte, Summit, N.J., gegeben. Es sind kleine Tabletten, und ich soll täglich eine nehmen und unter der Zunge zergehen lassen. Tatsächlich vergesse ich monatelang, sie zu nehmen, und wenn ich dann anfange, mich niedergeschlagen oder müde oder beschissen zu fühlen, nehme ich sie wieder. Als Paul damals wollte, daß ich sie einnehme, erklärte ich ihm, daß ich kein Bedürfnis nach irgendeiner sexuellen Stimulation hätte und nichts einnehmen wollte, das mich in noch größere Schwierigkeiten stürzen würde, als ich sie sowieso schon hätte. Aber er erklärte, das wäre etwas, das einem den Kopf gut in Form halte und der Trübsinnigkeit, die jeder mal hat, entgegenwirke.

Ich versuche nicht, den Arzt ohne Zulassung zu spielen, und ich rate Dir nicht, überhaupt etwas zu nehmen. Aber ich dachte, ich sollte Dir von meinen eigenen Erfahrungen mit Vitaminen, besonders B1, erzählen, das ich regelmäßig benutze, seit Dr. Kohly es mir gab, als ich WDSS schrieb, und während des ganzen Kriegs. Ich weiß, daß es hilft, wenn man es nach einer Trinkerei nimmt, da Alkohol die Nerven angreift und Vitamin B1 in großen Dosen dem absolut entgegenwirkt. Man bringt heutzutage Leute mit Dt [Delirium tremens] durch Injektionen von B1 wieder auf die Beine.

Über Testosteron solltest Du einen Arzt befragen. Aber ich bin sicher, daß Vitamin B1 Dir nicht schaden kann.

Hoffe, das ist nicht nur langweilig für Dich. Aber ich finde den Gedanken schrecklich, daß Du Dich erschöpft, müde und überdrüssig fühlst, wenn es etwas so Einfaches und Unschädliches gibt, das diesen Zustand lindern kann.

Wir haben hier unten zwei verdammt gute Ärzte, und da ich

Dr. José Luis Herreras Ratschlägen gefolgt bin und nur die Medizin genommen habe, der er zugestimmt hat, und mein Gewicht unten gehalten habe, habe ich meinen Blutdruck von 225 zu 125 auf 135 zu 65 heruntergebracht. Ich habe großes Glück, daß er mich seit 1937 als medizinisches und chirurgisches Subjekt kennt – er war damals Stabsarzt bei der 12. Int. Brigade. Eines von den Dingen, die Ärzte irgendwann mal herausfinden, ist, daß alle Menschen verschieden sind. Das gilt besonders in bezug auf Alkohol. Er sagt, meine Alkoholtoleranz sei ungefähr zehnmal so groß wie die eines normalen Menschen; oder noch mehr. Aber ich solle das nicht mißbrauchen. Und meine Arbeitskraft auch nicht.

Ich habe mich jetzt seit langer Zeit mit dem Trinken zurückgehalten. Nicht, weil ich besoffen werde oder mich schlecht fühle. Sondern um alle Geistesschärfe aufzubringen, die ich kann. Aber ich erinnere mich, wie ich 1942 einmal in den Hafen einlief, weil das Wetter zu schlecht war, um draußen zu bleiben, und in der »Floridita« zufällig auf Guillermo, den berühmten baskischen Pelotaspieler, stieß. Es war etwa halb elf morgens; er hatte am Abend zuvor gespielt und verloren, und ich fühlte mich völlig kaputt. Im Lauf des Tages tranken wir jeder siebzehn doppelte geeiste Daiquiris, ohne die Bar zu verlassen, außer für gelegentliche Ausflüge zum Klo. Jeder Doppelte enthielt 4 Unzen Rum. Das macht 68 Unzen Rum. Aber es war kein Zucker in den Drinks, und wir hatten jeder zwei Steak-Sandwiches gegessen. Er ist schließlich gegangen, weil er noch zum Fronton mußte, um an diesem Abend als Schiedsrichter beim Jai-Alai zu fungieren. Ich trank noch einen Doppelten, ging nach Hause und las die ganze Nacht.

Nächsten Tag trafen wir uns mittags in der Bar und tranken ein paar geeiste Daiquiris. Wir fühlten uns beide gut, und keiner von uns war betrunken gewesen, und wir hatten auch nicht den Drang weiterzutrinken, und keiner von uns hatte einen Kater. Guillermo hat, seit er mit zwölf ein Wunderkind war, professionell Pelota gespielt. Er hat über 15 Jahre lang Kokain genommen und Marihuana geraucht und kann, und das tut er auch, jeden Tag, wenn er will, damit aufhören und monatelang hintereinander keine Drogen nehmen. Wenn er dann in schlechte Gesellschaft gerät, fängt er wieder damit an. Er ist jetzt fünfundvierzig; immer noch Berufssportler im schnellsten Ballspiel der Welt. Das soll einer verstehen.

Ich habe nie Drogen genommen oder Marihuana geraucht, daher weiß ich überhaupt nichts darüber. Aber hast Du jemals von Leuten gehört, die mit Drogen anfangen und aufhören konnten wie Guillermo und bei denen es sich kein bißchen auf die Reflexe ausgewirkt hat? Ich kannte eine ganze Menge Boxer, die Rauschgift genommen haben, aber die wurden alle früher oder später süchtig. Bei den Ballspielern war es das nächtliche Trinken; das einsame Trinken, um die Nervosität zu unterdrücken. Hat jemand schon mal darüber was geschrieben?

Harvey, bitte denk darüber nach, was ich Dir über die Vitamine geschrieben habe. Wenn ich das schon brauche, der ich die Natur eines Maultiers habe, dann, finde ich, solltest Du Dich nicht schämen, etwas zu nutzen, was uns zur Verfügung steht, zumal Du unter einer viel größeren Belastung und unter viel ungesünderen Bedingungen arbeitest als ich. Versuch bitte einmal dieses Bi COMBEX. Es wird hergestellt von Parke Davis, und ich weiß, daß es Dir nicht schaden kann, aber vielleicht fühlst Du Dich dadurch besser.

Ich habe keinen Sinn darin gesehen, daß [Edmund] Wilson und ich uns über so viele unserer toten Freunde streiten oder über andere Leute, die auf die eine oder andere pomphafte Weise zugrunde gegangen sind.

Mary und ich waren gerade dabei, einen richtigen Erholungsurlaub zu machen, bevor ich wieder mit dem Überarbeiten anfangen wollte. Aber da starb der arme Charlie Scribner, und ich mußte zurückkommen. Wir hatten eine wunderbare Zeit; gingen um 9 oder halb 10 ins Bett, schliefen gut, standen bei Tagesanbruch auf und fischten bis mittags in der Tin Kid, und nachmittags lasen wir dann oder faulenzten und lasen. Ich werde wieder rausfahren, sobald wir können. Mary hatte eine wunderbare Zeit, und wir fingen eine Bootsladung Fische, die den Tiefkühlschrank füllte und auch noch zur Bezahlung des Benzins und des Eises ausreichte. Eigentlich wollte ich nach Paris. Aber das hier ist gesünder. Dies ist das Jahr, in dem ich versuchen werde, gut zu sein: nichts Schlechtes über Leute zu reden, keinen Streit, keinen Ehebruch, kein usw. Aber um das Programm durchzuführen, werde ich oft auf See sein und einem Haufen Idioten, die ich kenne, aus dem Weg gehen müssen. Projekt Nummer eins ist, daß wir Dich wiederaufrichten müssen.

Schreib, ich bekomme es schon früher oder später. Wahrscheinlich werden wir nicht vor Ende nächster Woche hier abreisen. Ich würde noch mehr über Charlie Scribner schreiben, aber es hat keinen Zweck, Verluste zu erörtern.

HUL   Ernest

1 Harvey Breit (1913–1968), Schriftsteller, Dramatiker und Journalist.

An Wallace Meyer

La Finca Vigía, 4. und 7. März 1952

Lieber Wallace:

Vielen Dank für Deinen Brief. Du hättest mir die Situation und die Details, die ich über Charlies Tod wissen mußte, nicht deutlicher schildern können. Ich habe schon viele Briefe über den Tod von Leuten, über ihre Güte und Beliebtheit schreiben müssen. Aber für gewöhnlich muß man in einem solchen Brief so vorsichtig über die Art und Weise ihres Sterbens schreiben, daß er eigentlich wertlos ist. Ich danke Dir sehr für den Brief.

Ich schicke Dir mit diesem Brief ein unkorrigiertes Typoskript von *Der alte Mann und das Meer*. Ich will es erst korrigieren und versuchen, einen neuen Titel dafür zu finden, wenn ich die beiden Wochen des zweiten Teils des Enthaltsamkeitsurlaubs hinter mir habe, zu dem Mary und ich nächste Woche aufbrechen werden. Aber es ist schon so weit in Form, daß Du erkennen wirst, was Du davon zu halten hast. Laß es bitte von niemandem außerhalb des Büros lesen oder von sonst jemandem, der nicht Dein volles Vertrauen besitzt.

Es hat eine Länge von 26531 Wörtern. Es mag unmöglich sein, ein Buch dieser Länge zu veröffentlichen. Aber ich weiß, in der Geschichte der Verlegerei hat es Bücher dieser Länge gegeben, die sich außerordentlich gut und kontinuierlich verkaufen ließen. Ich will Dich nicht auf seine Tugenden und Differenziertheiten hinweisen. Ich weiß nur, daß es das Beste ist, was ich je in meinem Leben geschrieben habe, und daß es gute und gelungene Sachen kaputtmacht, wenn es mit ihnen zusammen gedruckt wird. Ich werde versuchen, noch besser zu schreiben, aber das wird hart sein. Denk bitte nicht, daß mir plötzlich die Überheblichkeit in den Kopf gestiegen ist. Ich bin ein professioneller Schriftsteller, und ich verstehe ein bißchen was von dieser Arbeit. Es ist keine Kurzgeschichte und auch keine Novelle. Ich würde lieber Deine Meinung darüber hören, als Dir lang und breit zu erklären, was ich davon halte.

Bis jetzt habe ich es nur Charlie und seiner Frau und verschiedenen meiner Freunde gezeigt, einschließlich des Knaben, der »Cosmopolitan« herausgibt. Es hatte auf sie alle eine sehr merkwürdige Wirkung. Es berührte sie alle stärker als alles, was ich je geschrieben habe. Welche Wirkung es während des Schreibens auf mich hatte, wirst Du Dir mehr oder weniger vorstellen können, wenn Du es gelesen hast. Es ist der Epilog zu meinem langen Buch. Aber es ist eine in sich geschlossene Einheit. Tatsächlich braucht das Buch, wenn es richtig fertig ist, gar keinen Epilog. Aber das kann immer so für sich wiederveröffentlicht werden; oder als Epilog zu allen meinen Schriften und zu dem, was ich gelernt habe, oder versucht habe zu lernen, während ich schrieb und zu leben versuchte. Das klingt so hochtrabend. Es wird ans Ende des Buches kommen, wo es hingehört.

Leland Hayward, der es gerade hier im Urlaub in Havanna gelesen hat, meint, daß es in einer Sondernummer von »Life« veröffentlicht werden könnte. Ich weiß nicht, ob das besser wäre als eine Veröffentlichung in einer Sondernummer des »New Yorker«. Natürlich könnte es sein, daß keiner von ihnen es haben will. Der Herausgeber von »Cosmopolitan« wollte es in einer Sondernummer bringen, aber sein Budget erlaubte ihm nur, 10000 Dollar dafür zu zahlen, und ich habe Charlie gesagt, daß das meiner Meinung nach keine angemessene Entschädigung für die Einbuße an Überraschung und Schock sei, die jemand erlebt, der in einem Buch darauf stößt.

Aber jetzt denke ich, es sollte als separates Buch erscheinen, in diesem Herbst, falls Dein Fahrplan das zuläßt. Der Preis könnte niedrig sein, und die Papierkosten wären nicht allzu hoch.

Du wirst wissen, was Du davon zu halten hast, wenn Du es gelesen hast. Taktisch gesehen, würde ich, wenn es jetzt veröffentlicht wird, die Kritiker loswerden, die behaupten, daß ich als Schriftsteller fertig bin. Es würde alle jene widerlegen, die behaupten, daß ich nur über mich und meine eigenen Erfahrungen schreiben kann. Langfristig würde uns das einen erheblichen strategischen Vorteil verschaffen. Diese Kriegsausdrücke sind äußerst langweilig. Allerdings auch nicht lästiger, als wenn man Generäle ständig in Footballausdrücken reden hört, übrigens ein Spiel, von dem ich immer dachte, daß man seiner sehr schnell überdrüssig werden könnte, auch wenn man es nicht spielt.

Ich bin es leid, überhaupt nichts zu veröffentlichen. Andere Schriftsteller bringen schmale Bücher heraus. Aber von mir erwartet man immer, daß ich mich zurücklege und mit *Krieg und Frieden* und *Schuld und Sühne* dazwischenfahre, sonst hält man mich für einen Tagedieb. Das ist für einen Schriftsteller sicher nicht gerade gut, und ich möchte wetten, daß es mehr zum Untergang des armen alten Scott beigetragen hat als alles andere, außer Zelda, ihm selbst und dem Suff. Ich weiß, daß Max mit einem wirklich guten und brauchbaren Buch von Scott glücklich gewesen wäre. Aber Scott hat versucht, ein besserer Schriftsteller zu sein, als er war, und er hat den Ball über die Haupttribüne geworfen (wohin ich auch diese Schreibmaschine werfen muß, wenn sie nicht überholt wird).

Ich würde das Buch gern jetzt veröffentlichen. Dann das Buch, an dem ich so verdammt hart gearbeitet habe, als nächstes, und dann so weiter. Dieses Buch kommt dann als Zugabe wieder mit dem anderen zusammen heraus. Das andere, lange, ist ein verteufelt gutes Buch, und dieses kommt danach als ein Millionen-Dollar-Postskriptum.

Praktisch gesehen, gab es Bücher, die nicht umfangreich waren, sich aber sehr gut verkauft haben (damit will ich keine Vergleiche anstellen, es ist nur technisch gemeint): Dickens' *Weihnachtslied, The Story of the Other Wise Man,* Mary Raymond

Shipman Andrews' Geschichte über die Gettysburg-Address (kann sein, daß ich hier Autoren und Figuren durcheinandergebracht habe), und *The Man Without a Country* [Hale].[1] Deine Forscher würden sicher noch mehr ausgraben und Dir die Zahlen nennen können.

Ich weiß, daß ich das Buch von Jones[2], das sich großartig verkaufte, nicht nur deshalb nicht mochte, weil es psychopathisch und überkandidelt war, sondern auch wegen seines Gewichts und seiner Länge. Es ist nun einmal eine Tatsache, daß die Zeiten sich ändern. Menschen nehmen vielleicht gern ein gutes, nicht übergewichtiges Buch in die Hand, in dem ein Mann zeigt, wozu ein Mensch fähig ist, und in dem er die Würde der menschlichen Seele beschreibt, ohne das Wort Seele in großen Lettern zu schreiben.

Ich hielt diesen Brief zurück, um ihn noch einmal zu überdenken und um zu sehen, ob Hayward immer noch so darüber denkt wie ursprünglich. Sie sind gestern abgereist, und er und seine Frau fanden es noch genauso stark wie nach der ersten Lektüre. Sie ist ein sehr intelligentes Mädchen, das ich schon seit Jahren kenne, und eine sehr strenge Kritikerin.

Hayward meinte, daß der Book-of-the-Month-Club es vielleicht in einer Auswahl zusammen mit einem umfangreicheren Buch bringen würde. Er will mit dem Herausgeber von »Life« essen gehen und das MS mit ihm durchsprechen, sagt er. Ich bat ihn zu warten, bis Scribner's es gelesen hätte. In Zeiten wie diesen möchte ich nicht, daß Ihr, Du oder Charlie junior, auch nur von fern den Eindruck habt, daß ich in irgendeiner Sache über jemandes Kopf hinweg handle. Ihr werdet natürlich die üblichen falschen Gerüchte hören, daß ich mit anderen Verlegern verhandelte usw. Es gibt keine Möglichkeit, diese Lügen zu unterbinden. Aber glaubt nie ein Wort über irgendeinen Schritt von mir, das ihr nicht von mir hört.

Charlie schrieb mir ein paarmal und fragte mich, ob ich es nicht in Fortsetzungen herausbringen wollte, er würde es auf jeden Fall bringen, wenn ich es wollte. Ich wies ihn mehrmals darauf hin, daß es ein Buch würde (so wie jeder der vier Teile des langen Buches über das Meer), aber ich wollte ihn nicht bedrängen oder damit belästigen.

Schick mir das MS zurück, nachdem Scribner's es gelesen hat, dann werde ich es überarbeiten, sobald ich von der Reise zurückkomme, die wir am Montag antreten, und es Hayward schicken. In einer Woche hole ich meine Post, und in zwei Wochen bin ich, glaube ich, sicher wieder zurück. Es wäre besser, es jetzt noch einmal zu lesen und es innerhalb einer bestimmten Frist in die endgültige Fassung zu bringen. Aber ich will es vollkommen unbefangen und frisch sehen, wenn ich mich daranmache. Charlies Tod hat mich wirklich fix und fertig gemacht. Erst so lange danach davon zu erfahren, nachdem es passiert war, machte den Schock noch schlimmer. Wenn man dabei ist und etwas tun kann, oder weiß, daß man nichts tun kann, akzeptiert man es eher auf Grund seiner Wirklichkeit. Ich weiß noch, daß ich mich vom Tod meines Vaters nicht beeindrucken ließ, bis ich die Korrektur von *In einem andern Land* beendet hatte. Erst dann tat er eigentlich seine Wirkung. Da schrieb ich noch einen Roman.[3] Aber ich schrieb ihn mit ausgebranntem, leerem Herzen, und ich bin froh, daß ich erfahren genug war, ihn nicht zu veröffentlichen.

Was Du da lesen wirst, habe ich etwa zwanzigmal gelesen, abgesehen davon, daß ich alles von Anfang an las, was ich am Tag schrieb. Ich bin sicher, daß ich nicht viel daran ändern würde, falls überhaupt etwas, außer Tippfehlern von Mary oder Rechtschreibungsfehlern von mir. Aber es könnte immer etwas geben, was ich besser machen könnte. Doch ich bin sicher, der Zustand des Manuskripts ist gut genug, so daß Du Dir ein Urteil darüber bilden kannst.

Ich werde jetzt aufhören, Wallace, da ich Euch einen Brief zu diesem Buch bei Rinehart schreiben muß. Was ist das alles für eine Zeitverschwendung! Wenn Du irgendwelche Stellungnahmen oder Ideen zu dem MS hast, die Deiner Meinung nach ein Kabel rechtfertigen: ich werde sämtliche Kabel oder Briefe, die bis zum 13. März hier eintreffen, am Abend des 14. erhalten. Ein Junge von hier wird sie mir an die Küste bringen.

Viel Glück, Wallace. Ich hoffe, ich beschere Dir einen Triumph, anstatt Dir Ärger und Sorgen zu bereiten.

PUL   Ernest

1 Es handelt sich bei den von EH aufgezählten Büchern, die er vermutlich alle in seiner Kindheit gelesen hat, um folgende: Mary Andrews, *The Perfect Tribute* (1906), Henry Van Dyke, *The Story of the Other Wise Man* (1896) und Edward Everett Hale, *The Man Without a Country* (1863).

2 James Jones, *Verdammt in alle Ewigkeit* (1951).

3 EH meint wahrscheinlich das »Jimmy Breen«-Buch *A New-Slain Knight*, das er zugunsten von *In einem andern Land* aufgegeben hat.

AN PHILIP YOUNG

La Finca Vigía, 6. März 1952

Sehr geehrter Mr. Young:

Wenn Sie mir Ihr Wort geben, daß dieses Buch keine als Kritik verkleidete Biographie ist und daß es keine psychoanalytische Untersuchung eines lebenden Schriftstellers ist, habe ich nichts dagegen, daß Sie aus meinen Büchern zitieren, falls Scribner's nichts dagegen hat.

Ich habe dem verstorbenen Mr. Charles Scribner und Mr. Bledsoe geschrieben, warum ich Biographien lebender Schriftsteller ablehne. Ich brauche das nicht noch einmal zu erklären.

Aber wissen Sie eigentlich, daß es für einen Schriftsteller, wenn er mitten in der Arbeit steckt, genauso schädigend sein kann, ihm zu erzählen, daß er an einer Neurose leide, als wenn man ihm erzählte, er hätte Krebs? Der Mann selbst kann sagen: »O Scheiße.« Aber so was schadet ihm bei allen seinen Lesern. Und ich habe Schriftsteller gekannt, die durch solche Behauptungen dermaßen Schaden genommen haben, daß sie nicht mehr schreiben konnten.

Ich bedaure es a u f r i c h t i g , daß sich Ihr Buch verzögert hat. Aber die erste Verzögerung kam von [Malcolm] Cowley, der, wie ich weiß, Revisionen empfohlen hat. Ich hatte von dem Buch noch nie etwas gehört, bis er mir davon schrieb.

Wenn Sie das Buch herausbringen, sollte es allerdings die notwendigen Zitate enthalten, um etwaige stichhaltige literaturkritische Theorien, die Sie vorbringen mögen, zu untermauern.

Aber mein Widerstand gegen die öffentliche Psychoanalyse lebender Menschen und meine Vorstellung von dem Schaden, den so etwas bei den Leuten anrichten kann, ist nicht nur eine persönliche Sache. Es ist eine grundsätzliche Angelegenheit.

Ich fand Ihren Aufsatz, den Sie mir freundlicherweise schickten, sehr interessant; allerdings war ich auch ziemlich schockiert, wie leichtfertig die drei Kritiker in ihrer Kritik mit streng medizinischen Fachausdrücken umgingen, obwohl sie, soweit ich weiß, medizinisch nicht qualifiziert sind und solche Urteile nicht einmal privat abgeben dürften. Das ist kein persönlicher Hieb und auch nicht der Versuch, grob oder gar smart zu erscheinen. Ich habe mich für den Aufsatz und für Ihre Schlüsse interessiert, aber ich war schockiert, mit welcher Verantwortungslosigkeit da einige Behauptungen in der Öffentlichkeit aufgestellt wurden.

Bringt uns dieser Brief einem Verständnis irgendwie näher? Ich bin absolut guten Willens beim Schreiben und voller Offenheit.

Mir scheint wirklich, es gibt genug tote Schriftsteller, mit denen man sich beschäftigen kann, man soll doch den lebenden erlauben, in Frieden zu arbeiten. Von meinem Standpunkt als Schriftsteller hatte ich bis jetzt nur Unruhe, Belästigung und ernste Unterbrechungen meiner Arbeit von diesem Buch. Unruhe durch Cowley, der mir unaufgefordert schrieb, daß er ausgedehnte Revisionen empfehle. Später, als ich ihn fragte, was zum Teufel das alles bedeuten solle, konnte er es mir aus ethischen Gründen nicht sagen. Noch später erfuhr ich dann, daß er seine Hände in Unschuld wasche; er wolle nichts mehr damit zu tun haben und zahle sein Honorar zurück. Nichts von alldem ist gut für jemanden, der versucht, seinen inneren Frieden zu bewahren und ordentlich zu arbeiten, und das trotz des Todes meines ersten Enkels in Berlin, wo mein Sohn als Capt. der Infanterie stationiert war; des Todes meiner Mutter; der ernsthaften Erkrankung meines Schwiegervaters an Krebs; des Todes meiner früheren Frau und Mutter von zwei meiner Kinder; des Selbstmordes eines Dienstmädchens im Haus (ein früherer Versuch) – ich hatte sie behalten und versucht, sie davon abzubringen; und dann des Todes meines letzten alten

Freundes in Afrika und schließlich des Todes meines sehr lieben Freundes und Verlegers Charlie Scribner – und das alles innerhalb eines Jahres. Diese ganze Zeit hindurch habe ich versucht, regelmäßig und gut zu arbeiten, und das Mysterium um Ihr Buch und jetzt in Detroit die Vorwürfe, ich sei neurotisch oder neurosisch, haben mir nur wenig geholfen.

Ich hoffe a u f r i c h t i g , daß Sie Glück haben. Hier bei mir waren die letzten 12 Monate rauh.

Mit den besten Wünschen
Ernest Hemingway

Es ist heiß heute, und der (d. h. mein) Unterarm schwitzt aufs Papier.

T. C. PUL

AN PHILIP YOUNG

La Finca Vigía, 27. Mai 1952

Sehr geehrter Mr. Young:
Sie werden mein Kabel von heute erhalten haben, und Sie haben auch meinen Brief an Sie über Ihren Detroiter Aufsatz und die Einwände, die ich dagegen und gegen das Projekt eines biographischen und psychoanalytischen Essays erhoben habe.

Ich habe meinen Standpunkt in dieser Angelegenheit prinzipiell bezogen, und ich habe Ihnen und Mr. Bledsoe das ausführlich erklärt. Er will ein Buch herausbringen, und Sie sagen, daß die Frage, ob Sie und Ihre Frau etwas zu essen haben, davon abhängt. Ich würde meine Haltung Mr. Bledsoe gegenüber ein für allemal aufrechterhalten. Aber ich bedaure es ungeheuer, daß Ihre Arbeit, für wie falsch ich sie auch halten mag, verzögert wird und Sie selbst enttäuscht werden und Ihr Lebensunterhalt gefährdet ist.

Ich hatte Ihnen in einem sechs Seiten langen Brief gesagt, warum ich glaubte, daß Sie das Buch nicht veröffentlichen sollten. Aber da ich Ihnen die Rechte gegeben hatte, die Zitate zu verwenden, konnte Sie das nur verwirren. Ich werde Scribner's schreiben, sie sollen Ihnen meinen Anteil von dem zahlen, was Mr. Bledsoe an Scribner's für die Rechte zum Zitieren zahlt, und ich wäre glücklich, wenn Sie mich ausführlicher zitieren würden, als Sie es getan haben, falls Sie sparsam mit Zitaten umgegangen sind, um die Kosten niedrig zu halten.

Auf diese Weise kann ich vielleicht ausgleichen, was meine sechswöchige Verzögerung der Beantwortung Ihres Briefes Sie gekostet hat.

Es tut mir sehr leid, Junge, wenn Sie finanziell in der Klemme stecken. Ich kann Ihnen 200 Dollar leihen, wenn Sie sie brauchen, und Sie können sich trotzdem frei fühlen, mich einen Schweinehund zu nennen, wenn Sie wollen. Wenn Sie pleite sind, können Sie nicht verklagt werden, und man kann auch nichts von Ihnen kassieren. Da wären dann die Verleger dran.

Hochachtungsvoll
Ernest Hemingway

PH. PUL

An Harvey Breit

La Finca Vigía, 21. Juni 1952

Lieber Harvey:

Tut mir leid, daß ich Dich gebeten habe, mir den verdammten Brief zurückzuschicken. Es war nur so, daß ich Dir einen zweiseitigen Brief geschrieben hatte, den ich nicht abschicken konnte, weil er zu vieles enthielt, was mir Tunero vertraulich mitgeteilt hatte, und dann schrieb ich diesen, und da hörte sich der Teil über Pamplona so angeberisch und selbstgerecht an. Ich wußte, daß Dir das nichts ausmachen würde und daß Du es verzeihen würdest. Aber ich hatte keine Zeit, noch einen Brief zu schreiben, und statt ihn zu zerreißen, sagte ich daher, Du solltest ihn zurückschicken. Ich hätte lieber schreiben sollen: zerreiß Du ihn. Bitte entschuldige.

Brennan [Gerald Brenan] hat noch zwei gute Bücher geschrieben; das eine ist ein unanfechtbares Buch über spanische

Literatur, und das andere handelt von einer Spanienreise, die er vor ein paar Jahren unternommen hat; er ist in Spanien herumgefahren und war in Granada, um zu sehen, wo Lorca begraben ist. Beide Bücher sind in der Sonntagsbeilage besprochen worden. Ich habe sie beide verliehen, habe also die Titel nicht. Aber Du kannst sie im Register nachschlagen. Sie sind letztes Jahr erschienen.

Hat Dir Wallace Meyer eigentlich schon die Fahnenabzüge geschickt? Ich will's hoffen.

Dies wird ein langweiliger Brief; ich habe nämlich zuviel Sonne auf den Schädel gekriegt, als ich mit dem Hintern auf einem Felsen saß, während Eisenstadt von »Life« Farbfotos von mir für ein Titelbild gemacht hat. Die Sonne ist hier genauso wie im Sudan (dieselbe Breite), und es ist Juni und 92 [= 33° C] im Schatten, und ich saß zwei oder drei Stunden lang ohne Kopfbedeckung da. Erst sagst du noch, daß dir das nicht guttut usw., und am Ende sagst du nur noch »O Scheiße« und machst weiter. Aber es hat mich völlig fertiggemacht. Gestern hat Eisenstadt selber fast einen Hitzschlag bekommen, als er seine Kappe vergessen hatte. Da begriff er, was Sonne hier bedeutet. Auf der »Pilar«[1] lege ich mir in den heißen Monaten immer eine Lage von zwei, drei gefalteten Papierhandtüchern auf den Kopf, und die Tennis-Augenblende hält sie fest, wenn ich oben auf der Schiffsbrücke am Steuer stehe. Wenn ich in der Sonne mit einem großen Fisch zu kämpfen habe, schütten sie mir von Zeit zu Zeit immer mal einen Eimer Salzwasser über den Kopf. Das hält ihn kühl. Aber im Juni in diesen Breiten ohne Hut auf einem Fleck in der Sonne sitzen – das ist nicht gut. Schon gar nicht, wenn man drei oder vier schwere Kopfverletzungen hinter sich hat.

Ich habe Lillian Ross' letzte Arbeit[2] vorgestern in einem Vorausexemplar gelesen, und ich fand, es läuft alles auf eine schöne und furchtbar traurige Geschichte hinaus. Ich denke, es ist eine bessere Geschichte als die meisten Romane. Es freut mich, daß ihr neuer Lektor mit dieser Sache einen Volltreffer gelandet hat. Er muß ein guter Lektor sein, denn er hat es von Anfang bis Ende genau geprüft, und Lillian schrieb mir, daß es ihm gefiele. Es hat mich geradezu verfolgt, weil sie so verdammt lange daran gearbeitet hat. Aber das war es auch wert. Von dieser Einladung weiß ich nichts. Ich habe sie in Ketchum, Ida., kennengelernt. Ich saß gerade auf dem Klo und hörte Patrick draußen mit einer Frau sprechen. Es war der Tag vor Weihnachten, und ich hatte keine Ahnung, wer zum Teufel das sein konnte. Da erklärte Patrick mir, es sei eine Dame, die er in San Francisco getroffen habe, sie wolle mit mir über eine Arbeit sprechen, die sie über Sidney Franklin schreibe, und er hätte gesagt, Papa würde sie natürlich mit Vergnügen empfangen, aber er hätte vergessen, mir zu sagen, daß sie käme. Wir bewohnten zwei Blockhütten, und ich hatte die Jungs, die im Krieg mit mir auf dem Schiff gewesen waren, über Weihnachten eingeladen und alle Kosten übernommen, und wir wollten das Geld ausgeben, das ich aus dem Vertrag mit Mark Hellinger bekommen sollte. Leider war Mark Hellinger ein paar Tage vorher gestorben, und ich hatte am Telefon gesagt, daß ich das Geld zurückgebe, da ich seine arme Witwe bedauerte, die, wie sich schließlich herausstellte, Millionen geerbt hat. Jedenfalls verbrachte Lillian ein schönes Weihnachtsfest bei uns, und die Jungs und [Juan] Dunabeitia und Roberto Herrera auch. Aber das Ganze war auf gewagte und unvollkommene Weise finanziert. Ich glaube, ihr gefiel unsere Fröhlichkeit und Sorglosigkeit, und dem versuchte sie im »New Yorker« zu huldigen. Die Leute erhielten den Eindruck, daß ich bloß ein Saufbold wäre. Aber ich bin sicher, daß sie glaubte, die Leute wüßten, daß ich ein ernsthafter Schriftsteller bin, und sie wollte nur mal zeigen, wie entspannt ich bin, wenn ich nicht arbeite.

Du weißt, es werden eine Menge Kritiken von Leuten geschrieben, die sehr akademisch sind und meinen, es sei ein Zeichen von Wertlosigkeit, wenn du Witze machst oder Unsinn redest oder gar den Hanswurst spielst. Ich würde Unsern Herrn nicht anpflaumen, wenn er am Kreuz hinge. Aber ich würde ein Witzchen mit ihm wagen, wenn ich ihn gerade dabei anträfe, wie er die Wechsler aus dem Tempel jagt.

Dies erinnert mich an mein Tagebuch, von dem ich Dir zwei Bruchstücke beilege. Du mußt sie zurückschicken, wenn es Dir nichts ausmacht. Aber wenn Du sie abschreiben willst und binden lassen willst, um sie Dir auf den Nachttisch zu legen, bitte sehr. Vielleicht würde Charlie [Poore] sie gern lesen, da er ein alter Freund Goyas ist. Der Grund, weshalb Du sie zurückschicken sollst, ist der, daß ich keine Abschrift davon besitze. Werde ab jetzt Abschriften anfertigen.

Ich höre wohl besser jetzt auf und schreibe noch ein bißchen an meinem Tagebuch.

Glaubst Du, daß ich vielleicht durch die Veröffentlichung meines Tagebuchs zu einem Homme de lettres werden könnte?

Das ist immer mein Ehrgeiz gewesen.

Dein in belle lettres
Ernest

Beiliegend *Ein Tagebuch*
Fragmente aus Ernst von Hemingsteins TAGEBUCH

Freitag. – Habe Valéry gesehen. Er sah sehr kränklich aus. Wir waren uns beide darüber einig, daß Joyces Augen angegriffen seien und daß Gide jetzt impotent sei. Fargue ist tot. Schade.

Samstag. – Die Scribners (Vater und Sohn) veröffentlichen mein *Fiesta*. Das ist eine Abhandlung über fundamentale Einsamkeit und die Unzulänglichkeit der Promiskuität. Perkins, Scribners Lektor, ist begeistert. Nicht so sehr vom moralischen Gehalt wie von dem, was er naiv den Dialog nennt. Ich muß untersuchen, wie ich das und auch die überlange Beschreibung der spanischen Landschaft streichen kann.

Montag. – Habe mit zwei jungen amerikanischen Schriftstellern bei »Lipps« gegessen. [Selden] Rodman und [William H.] Hale. Rodman gefiel mir. Hale ist ein wenig zuviel-versprechend.

Dienstag. – Trunken mit Joyce, aber eher im buchstäblichen als im übertragenen Sinn.

Mittwoch. – Habe erfahren, daß Fargue lebt und nicht tot ist. Großartig. Ein weiterer Bericht über Gide, diesmal von******. Äußerst deprimierend. Erfuhr, daß der junge Hale nicht der Sohn von Nathan Hale ist, wie ich angenommen hatte.

Donnerstag. – Habe angefangen, einen neuen Roman zu schreiben. Er soll *In einem andern Land* heißen und handelt vom Krieg an der italienischen Front, die ich nach dem Tod von Henry James als Junge einmal kurz besucht habe. Eine merkwürdige Koinzidenz. Einige Schwierigkeiten bei der Entscheidung, wie das Buch enden soll. Habe sie schließlich gelöst.

Freitag. – Habe der Kreuzigung unseres Herrn beigewohnt. Tintoretto war dabei. Er machte sich ausführliche Notizen und schien sehr bewegt. Habe mit Goya gespeist. Er behauptete, das ganze Spektakel sei ein Betrug. Er war reizbar wie immer, aber ein guter Gesellschafter. Er sagt, daß Joyce zuviel trinkt, und er bestätigte mehrere neue Anekdoten über Gide. Dem unglückseligen Gide wurde, scheint es, der Zugang zu der Kreuzigung verwehrt, wie man sich jetzt (offiziell) entschieden hat, sie zu nennen. Für den Abend bot mir Goya La Alba an. Wirklich reizend von ihm. Ein angenehmer Abend.

HUL   [Das Tagebuch geht noch vier Seiten lang weiter.]

1 EHs Kabinenkreuzer, den er 1934 gekauft hatte.

2 *Picture,* über die Entstehung des MGM-Films *Red Badge of Courage* von John Huston.

AN HARVEY BREIT

La Finca Vigía, 27. Juni 1952

Lieber Harvey:

Danke für die Übersendung des Faulkner-Zitats.[1] Er hat nicht vergessen, aus welchem Anlaß ich ihm das geschrieben habe. Er kennt ihn noch sehr gut. In einem seiner besoffenen Momente (hoffe ich) hatte er mich glattweg einen Feigling genannt.[2] Die »Trib« nahm das auf (der Vortrag wurde nachgedruckt), und ich schickte ihn dem Brig. Gen. C. T. Lanham, dem ehemaligen Kommandeur des 22. Infanterie-Regt. Wir waren 1944–5 eine lange Zeit zusammen, und ich bat ihn, an Faulkner zu schreiben. Wir erhielten beide von Faulkner Entschuldigungen; er schrieb, daß ich nicht den Mut hätte zu experimentieren oder beim Schreiben ein Risiko einzugehen usw. (Siehe dazu sein *Requiem für eine Nonne*, wie man etwas riskiert, wenn man rumblöd ist.) Keine Kritik an persönlichem Mut.

Ich schrieb daraufhin Faulkner einen freundlichen Brief, aus dem er jetzt so zitiert: »den Wölfen gleichen, die nur im Rudel Wölfe sind, allein aber bloß irgendwelche Hunde.«

Das soll einer begreifen.

OK, um mit dem Bericht fortzufahren. Er hat einmal gut von mir gesprochen, wie Du mir schreibst. Aber das war, bevor ihm der Nobelpreis verliehen wurde. Als ich las, daß er ihn bekommen hätte, schickte ich ihm ein Glückwunschkabel, wie ich es besser nicht schreiben konnte. Er hat sich nie dafür bedankt. Jahrelang hatte ich ihn in Europa aufgebaut. Immer wenn mich jemand fragte, wer der beste amerikanische Schriftsteller sei, nannte ich Faulkner. Jedesmal wenn jemand wollte, daß ich über mich spreche, sprach ich über ihn. Ich dachte, ihm würde übel mitgespielt, und ich tat alles, was ich konnte, um dafür zu sorgen, daß man ihn anders beurteilte. Ich habe den Leuten nie erzählt, er könnte keine neun Runden durchboxen, und auch nicht warum, noch habe ich ihnen erzählt, daß ich wußte, was an ihm schon immer nicht gestimmt hatte.

Also schreibt er Dir, als ob ich ihn um den Gefallen gebeten hätte, mich in Schutz zu nehmen. Mich, den Hund. Ich muß wohl ein trauriger Mistkerl sein. Er hat einen Vortrag gehalten, sehr schön. Ich wußte, daß er weder in seinen jetzigen noch in seinen künftigen Schriften je wieder an diese Rede heranreichen würde. Und ich wußte auch, daß ich ein besseres und ehrlicheres Buch schreiben könnte als seinen Vortrag, und zwar ohne Tricks und Rhetorik.

Harvey, an diesem Punkt fing ich an, sauer zu werden, und ich streiche daher den groben Teil. Die Sache ist die, daß Faulkner in eben dieser seltsamen Erklärung so tut, als ob ich ihn um Hilfe gebeten hätte (ich, ein Hund) und er so freundlich gewesen wäre zu sagen, ich bräuchte sie eigentlich gar nicht. Das ist verdammt nett von ihm.

Weißt Du, was mit Bill Faulkner passiert, ist dies: solange ich am Leben bin, muß er trinken, um sich darüber freuen zu können, daß er den Nobelpreis hat. Er begreift gar nicht, daß ich überhaupt keinen Respekt vor dieser Institution habe und mich wirklich für ihn gefreut habe, als er den Preis erhielt. Ich habe ihm gekabelt, daß ich mich aufrichtig darüber freute, und er hat nicht geantwortet. Jetzt kommt er mit diesen Wölfen und Hunden heraus und läßt sich herablassend darüber aus, wie er den Rest einschätzt, der, wie ich annehme, auch *Tod am Nachmittag* usw. einschließt.

Er schreibt dies, o h n e das Buch gelesen zu haben, das Du ihn gebeten hast zu rezensieren. Das Ganze läuft auf eine recht merkwürdige Behauptung hinaus. Vielleicht bin ich ja nur ein mürrischer, mimosenhafter Bastard. Ich weiß, daß ich das manchmal bin, und ich bedaure das. Aber warum konnte er nicht einfach sagen, er schreibe keine Rezensionen oder er sei dafür ungeeignet (wie ich es Dir bei dem Orwell-Buch gesagt habe)? Wozu diese merkwürdige Erklärung, als ob ich Verteidigung nötig hätte und n i c h t wirklich ein Hund wäre? Er hat sich im zweiten und dritten Absatz dieser Erklärung sogar noch wiederholt.

Du fragst mich, was ich von alldem halte. Folgendes: Ich will von Faulkners Erklärung kein Wort wissen. Wenn er gut ist, ist er ein guter Schriftsteller, und er könnte besser als alle anderen sein, wenn er wüßte, wie man ein Buch zu Ende schreibt, und nicht wie der Ehrenwerte Sugar Ray [Robinson] am Ende immer einen Hitzschlag bekäme. Es macht mir Spaß, ihn zu lesen, wenn er gut ist, aber ich finde es immer schrecklich, daß er nicht besser ist. Ich wünsche ihm Glück, und das braucht er auch, denn er hat den einen großen, unheilbaren Fehler: man kann ihn nicht zweimal lesen. Wenn man ihn zum zweiten Male liest, merkt man die ganze Zeit, wie er einen das erste Mal zum Narren gehalten hat. Wenn etwas wirklich gut geschrieben ist, weiß man nie, egal wie oft man es liest, wie es gemacht worden ist. Weil in allen großen Werken etwas Geheimnisvolles steckt, und dieses Geheimnis läßt sich nicht heraussezieren. Es bleibt bestehen und ist immer wirksam. Jedesmal, wenn man es liest, sieht oder lernt man etwas Neues. Man sieht nicht bloß den Mechanismus, mit dem man beim erstenmal übertölpelt wurde. Bill hatte einmal etwas davon. Aber das ist lange vorbei. Ein echter Schriftsteller sollte in der Lage sein, etwas zu schaffen, was man nicht mit einem einfachen Aussagesatz erklären kann.

Der Kritik-Unterricht ist aus.

Ich bin sehr, sehr glücklich, daß Alice [Breit] das Buch gefallen hat. Ich habe Dir geschrieben, wie glücklich ich war, daß es Dir gefallen hat. Ich hoffe, sie finden jemanden mit gutem Urteilsvermögen und ohne Vorurteile, dem das Buch gefällt, für eine Rezension. Aber wenn nicht, ist das nur Pech für das Buch und für mich.

Immer Dein
Ernest

PS Ich bin sicher zu hart gegen Faulkner. Aber ich bin ihm gegenüber nicht so hart wie mir selbst gegenüber. Am 21. Juli werde ich 53, und ich habe, solange ich mich erinnern kann, versucht, gut zu schreiben. Lieber als alles andere hätte ich dieses letzte Buch ohne Scheiß und ohne Kompromisse geschrieben, und ohne zu wissen, wie viele Leute es lesen werden. Um das zu fühlen, habe ich es nicht nötig zu trinken. Was ich jetzt will, ist, es vergessen und ein besseres schreiben.

Bitte sprich mit Faulkner über nichts hiervon. Ich will keinerlei Streit. Wenn er das Buch hätte rezensieren wollen, nachdem er es gelesen hätte, wäre das schön gewesen.[3] Aber Erklärungen abzugeben, o h n e es zu lesen, ist feige. Aber ich will keinen Streit oder Ärger mit ihm, und ich wünsche ihm Glück und hoffe, Anomatopeoio [Yoknapatawpha] County wird so lange bestehen wie das Meer. Ich würde mein »County« nicht gegen seins eintauschen. Aber er hat sich seins ausgesucht. Ich fühle mich beengt in jedem County. Aber er hat für seines verdammt gute Arbeit geleistet, und ich hoffe, daß es ihn für immer glücklich und zufrieden macht. Gestern habe ich einen 176pfünder gefangen und einen verdammten Burschen, lang und groß wie ein Sägeblock, herumschwimmen sehen. Er konnte sich nicht dazu durchringen, etwas fressen zu wollen. Fahre jetzt raus. Marys Leute sind schon wieder krank, und wir wollen noch einen Tag zusammen verbringen, bevor sie abreisen muß, um eine Weile bei ihnen zu bleiben. Tut mir leid, daß ich Faulkner erwähnt habe. Aber ich verspreche, daß ich das nicht getan hätte, wenn Du nicht davon angefangen hättest. Wir wollen ihn vergessen, es sei denn, er schreibt, wenn er das Buch liest.

HUL

1 Am 20. Juni 1952 schickte William Faulkner eine merkwürdige Erklärung an Breit, in der EH namentlich gelobt wurde. EH hat sie offensichtlich völlig mißverstanden. Der erste Abschnitt lautete: »Vor ein paar Jahren . . . sagte Hemingway, wir Schriftsteller sollten genauso zusammenhalten wie Ärzte und Rechtsanwälte und Wölfe. Ich halte das eher für witzig als für richtig oder notwendig, zumindest in Hemingways Fall, da die Sorte von Schriftstellern, denen nichts anderes übrigbleibt, als sich nolens volens zusammenzutun oder unterzugehen, den Wölfen gleicht, die nur im Rudel Wölfe sind, als einzelne aber bloß irgendein Hund.«

2 1947 hatte Faulkner Studenten gegenüber geäußert, EH mangele es an Mut, sich auf das unsichere Gebiet schriftstellerischer Experimente zu begeben. EH wandte sich an General Lanham, der seine persönliche Tapferkeit bezeugen sollte, was aber gar nicht in Frage stand. Faulkner entschuldigte sich.

3 Faulkner rezensierte *Der alte Mann und das Meer* in »Shenandoah« 3 (Herbst 1952); dort nannte er den Roman EHs »besten«.

AN HARVEY BREIT

La Finca Vigía, 29. Juni 1952

Lieber Harvey:

Ich habe Faulkners Erklärung heute morgen noch einmal gelesen, und sie verwirrt mich immer mehr. Erst versichert er Dir, daß ich wirklich kein Hund bin und daher gegen diesen Vorwurf nicht verteidigt zu werden brauchte. Dann, wenn das, was ich seit einem bestimmten Buch geschrieben habe, nichts taugt, beharrt er auf dem Standpunkt, daß ich mein Bestes versucht habe und die Sachen verbrannt hätte, wenn ich sie nicht für gut gehalten hätte.

Was soll das alles? Es hört sich wirklich so an, als ob er meint, er wäre gebeten worden, gut über etwas Wertloses von jemandem zu sprechen, der nicht mehr schreiben kann, und als ob er statt dessen eine noble Erklärung über den armen Kerl abgibt – so gut sein Gewissen es ihm erlaubt.

Nimm als erstes den Teil mit den Wölfen. Er hat mit Sicherheit noch nie einen wildlebenden Wolf gesehen, sonst wüßte er, daß er nichts mit einem Hund gemein hat. Niemand würde ihn je mit einem Hund verwechseln, und der Wolf weiß, daß er kein Hund ist, und er muß nicht in einem Rudel sein, um Würde und Selbstvertrauen zu haben. Er wird von allen gejagt. Alle sind gegen ihn, und er ist auf sich allein gestellt wie der Künstler auch. Meine Meinung ist, daß Wölfe sich nicht gegenseitig jagen sollten und es im wildlebenden Zustand auch nie tun würden. Die Stelle über Ärzte und Rechtsanwälte bedeutet, daß es dort ein secret professionnel gibt, und daß die guten einander helfen. Zigeuner stehlen nicht bei anderen Zigeunern. Sie bringen sich gegenseitig um. Aber sie rauben sich nicht gegenseitig aus.

Ihm ist einfach entgangen, was das alles bedeuten sollte. Er jagt Schwarzbären, weil ein Schwarzbär in diesem Landstrich ein seltsames und furchterregendes Tier ist. Ich halte es für eine Sünde, einen Schwarzbären zu töten, denn er ist ein feines Tier, das gern trinkt und gern tanzt und niemandem etwas zuleide tut und besser als jedes andere Tier versteht, wenn man mit ihm redet. Im Yellowstone Park werden sie manchmal verdorben und böse. Aber es sind die Touristen, die sie verderben. Als Junge habe ich genug von ihnen getötet, um zu erkennen, daß es eine Sünde ist. Es ist eine Sünde, und zwar nicht nur von meinem Standpunkt aus gesehen. Viele Jahre lang tötete ich nur dann Bären, wenn der Viehzüchterverband über irgendeinen Bären klagte, der Vieh riß. Dann tötete ich diesen Bären, damit sie nicht einen amtlichen Jäger losschickten, der dann gleich alle Bären getötet hätte. Normalerweise frißt ein Bär nur Vieh, das schon tot ist; er tötet es nicht. Grizzlybären töten bisweilen Vieh. Aber nicht der Schwarzbär, der Faulkners Vorstellung von einem Tier entspricht, das man töten muß. Er hat genausowenig je einen Grizzly gesehen wie einen alten Lobowolf. Hätte er das, dann hätte er niemals Wölfe mit Hunden verwechselt.

Selbst wenn er dieses Buch lesen würde, würde er es wahrscheinlich nicht verstehen, denn sein Fisch ist der Wels, und er würde vermutlich denken, daß kein großer amerikanischer Wels sich so verhalten würde; also ist es A) nicht wahr, und B), da es nicht vom County handelt, weder interessant noch wichtig.

Manchmal habe ich dieses County satt. Alles, was zu seiner Rechtfertigung genealogische Tafeln nötig hat, ist ein wenig wie James Branch Cabell. Außerdem, wenn man den längsten Satz der Welt braucht, um einem Buch Ruhm zu verschaffen, könnte man genausogut Bill Veek [Veeck] anheuern und Zwerge einstellen. Als Techniker würde ich sagen, dieser Satz war kein Satz. Er wurde aus vielen, vielen Sätzen hergestellt. Aber er machte einfach keinen Punkt, wenn er am Ende eines Satzes ankam. Mit richtiger Interpunktion wäre es viel besser gewesen. So, wie es war, war es verdammt gut, aber wie immer spürte ich den Mangel an Disziplin und an Charakter und den Säufermut des Maisschnapses. Wenn ich Faulkner lese, kann ich immer genau erkennen, wann er müde wird und unter Maiswhiskey weiterschreibt, genauso wie ich imstande war zu erkennen, wann Scott es nach *Zärtlich ist die Nacht* versuchte. Aber das ist etwas, was Schriftsteller meiner Meinung nach Außenstehenden nicht sagen sollten. Aber er hat nicht verstanden, daß Schriftsteller gegen Außenstehende zusammenhalten sollten. Das hat nichts mit Klüngel oder gegenseitigem Lob zu tun. Es hat etwas damit zu tun, daß man weiß, was mit einem Burschen nicht stimmt, und doch zu dem steht, was gut an ihm ist, und daß man Außenstehende nicht in secrets professionnels einweiht.

Vielleicht war es das, was er in dieser Erklärung versucht hat. Kompliziert wurde die Sache nur durch vieles andere. Was mich umgehauen hat, war, daß er der Mehrheit der Kritik glaubte und meinte, ich wäre erledigt, und daß er sich aufgerufen fühlte, mir zu helfen. Vielleicht, weil er den Nobelpreis erhalten hat. Jedenfalls war es eine ungeschickte Reaktion.

Also zum Teufel damit. Mary hat gestern einen Fisch gefangen, aber keinen großen. Kurz vor Sonnenuntergang stöberten wir nach einer schweren Bö noch ein Riesenvieh auf. Ich hatte einen Delphin als Köder, und der Marlin nahm ihn nur beim Kopf und zerschmetterte ihn. Er wollte ihn nicht fressen. Ich gab ihm die ganze Leine frei, damit er ihn ins Maul nehmen konnte, aber er zerschmetterte ihn nur. War vermutlich ein Männchen, das den Ozean aufräumte, bevor es mit seinem Weibchen laichte. Während der Wanderungszeit gibt es manchmal eine ganze Welle dieser Soldatenfische, die vor den laichenden Fischschwärmen herziehen und alles töten, was ihnen in die Quere kommt, sich aber nicht mit Fressen aufhalten. Man fängt sie nur durch Zufall. Aber dieser eine war größer als die Soldatenfische. Die Weibchen machen einfach das Maul auf und schlucken den Köder. Ich habe dieses Jahr drei große gesehen, aber sie haben nichts gefressen. Gewöhnlich liegt das daran, daß sie tief unten im Ozean schon gut gefuttert haben, bevor sie an die Oberfläche kommen.

Werde heute nachmittag mit großen Ködern rausfahren und es noch einmal mit einem großen versuchen. Wenn du pro Woche einen an den Haken bekommst, hast du genug Übung, um in guter Form zu bleiben. Wenn ich gut in Form war, habe ich beim Kampf mit einem Fisch zehn Pfund verloren, bevor ich ihn am Haken hatte. Eine gewaltige Anstrengung – von den Fußsohlen über die Beine, den Bauch, die Brust, bis zu den Armen und Schultern. Bei zwei großen Fischen pro Woche wird dein Bauch flach wie ein Brett. Drei pro Woche, und du hast die alten Waschbrettrillen drin. Manches Jahr haben wir nachmittags dreimal pro Woche ein paar Große gehabt, dann komme ich prächtig in Form und kann nachts schlafen und wache glücklich auf, wie früher als Kind. Ich verwende noch dieselbe Ausrüstung wie 1933. Nichts von dem modernen Zeug mit Gangschaltung und Windensystemen, mit denen jeder einen Fisch fangen kann. Diese neuen Sachen sind sehr hilfreich. Aber man kann seine Kraft nicht erproben. Ich werde sie verwenden, wenn ich älter werde. Manchmal hast du das Gefühl, du wirst schnell älter. Aber mit jedem Fisch, den du in der Saison fängst, fühlst du dich besser und in besserer Form. Habe in dieser Saison jetzt 14, Mary drei, und Taylor Williams, der mit uns bei ein paar Wettkämpfen geangelt hat, hat fünf.

Sind Deine Urlaubspläne irgendwie vorangekommen? Unsere Pläne für die Reise nach Europa sind völlig ungewiß. Es scheint, als ob Marys Vater wieder krank wird, und zur Zeit ist ihre Mutter krank. Roberto Herrera ging es sehr schlecht, er ist beinah gestorben, und ich hatte für ihn zu zahlen, und das hat bis jetzt fast so viel gekostet wie eine Rundreise erster Klasse auf der »Ile de France«. Ich muß das Geld zurückzahlen, das ich mir für die Einkommensteuer geliehen habe, und ich habe schon ein bißchen Geld für die diesjährige Einkommensteuer zurückgelegt. Da bleibt, bei den allgemeinen Unkosten hier, verdammt wenig übrig. Wenn das Buch in der Scribner-Ausgabe gut läuft, dann ist es mit uns ok. Vielleicht können wir im September rüberfahren, wenn ich sehe, wie das Buch läuft. Bin jetzt schon verdammt lange hier, und die Hitze schafft einen, wenn der Passat nicht weht.

Hoffe, Dir und der Familie geht es gut.

HUL   Ernest

An Charles A. Fenton

La Finca Vigía, 29. Juli 1952

Sehr geehrter Mr. Fenton:
Dank für Ihren Brief und für die Übersendung Ihres Artikels.

Ihr Artikel enthält viele Ungenauigkeiten. Zum Beispiel scheinen Sie voll und ganz auf diese Moise-Geschichte reingefallen zu sein. Wenn Lionel Moise glaubt oder behauptet, daß er entweder meine Art zu schreiben oder meinen Charakter, so wie er nun mal ist, beeinflußt hat, würde ich nie dagegen protestieren, wenn es ihm Spaß macht, das zu glauben. Aber wenn S i e das in einer ernsthaften und gelehrten Arbeit veröffentlichen, ist das etwas anderes.

Nach Ihrem Artikel scheint der Einfluß von Moise auf den Aussagen von Wesley Stout und Moise selbst zu beruhen. Nun, wenn ich von Moise unterrichtet oder beeinflußt worden wäre, würde ich das mit dem allergrößten Vergnügen bekennen. Ich habe Ihnen geschrieben, was für ein guter Vorgesetzter und Lehrer Pete Wellington gewesen ist, und ich habe

Ihnen auch von den Stilregeln beim »Star« und anderen Dingen geschrieben.

Aber zweierlei ist falsch daran, daß Moise mich schreiben gelehrt hat: A) Es stimmt nicht. B) Meine Beziehung zu Moise wird von Wesley Stout beschrieben.

Würde es Ihnen etwas ausmachen, nachzuprüfen, wie lange Wesley Stout in Kansas City war, während ich für den »Star« arbeitete? Ich erinnere mich, daß ich ihm einmal vorgestellt wurde. Er war nie mit mir befreundet oder näher mit mir bekannt, und ich glaube, obwohl das eine ungenaue Erinnerung sein kann, daß er während der meisten Zeit, die ich dort war, in Washington für den »Star« gearbeitet hat. Der Stout, für den ich beim »Star« arbeitete, war Ralph Stout, der Chefredakteur.

Beim »Star« gab es mindestens zehn Leute, mit denen ich enger befreundet war als mit Lionel Moise, die Sie aber nicht erwähnten in Ihrer Liste von Leuten, mit denen Sie wegen meiner Lehrjahre beim »Star« Kontakt aufgenommen haben. Schon da bekam ich ein ungutes Gefühl hinsichtlich dieses Projekts.

Ich kannte Moise nur flüchtig, und was mich an ihm am meisten beeindruckte, war seine Gewandtheit, sein ungeschultes Talent und seine enorme Vitalität, die, wenn er trank – und ich habe ihn nie nicht trinken gesehen –, in Gewalttätigkeit überging. Meines Wissens habe ich ihn nie ernsthaft über das Schreiben reden hören. Sein journalistischer Stil war, wie ich mich erinnere, zu dieser Zeit glänzend und rhetorisch, und was mich erstaunte, war die Leichtigkeit, mit der er das zustande brachte. Ich habe ihn sehr selten gesehen, da wir in verschiedenen Teilen der Stadt arbeiteten. Ich habe immer gut von ihm gesprochen und werde das auch immer tun. Aber ich war entsetzt darüber, wie er sein Talent vergeudete, und über seine Gewalttätigkeit.

Moise hat Sie davon überzeugt, daß er mir geholfen habe zu lernen, wie man schreibt, oder vielleicht tat er das auch nicht, und es ist nur Ihre eigene Schlußfolgerung. Ich glaube, Moise ist oder war nicht der Mann, der so etwas behaupten würde. Es war Wesley Stout, nicht Moise, der gesagt hat, ich sei Moises Gehilfe gewesen.

Ich war immer der Meinung, daß Lionel Moises moralische Grundsätze seine eigene Sache wären, und fand, daß er ein pittoresker, dynamischer, großmütiger, schwer trinkender und sich oft prügelnder Mann war, und ich habe immer bedauert, daß sein Talent nicht diszipliniert war und er es nicht in gute schriftstellerische Arbeit lenkte. Vielleicht hat er mal was Gutes geschrieben, das ich nie gelesen habe.

Ich glaube wirklich nicht, daß Ihr Vergleich richtig ist, wenn Sie sagen, er sei eine Mischung aus Richard Harding Davis und *The Front Page* gewesen. Ich habe immer gehört, Davis wäre ein großer Snob und ein erstklassiger Kriegskorrespondent. Moise war nie ein Snob, und ich glaube nicht, daß er je Kriegskorrespondent war. Ich habe ihn als eine Art Urgewalt in Erinnerung, als einen erfahrenen und äußerst gewandten Zeitungsmann, der seine Schwierigkeiten und seine Vergnügungen beim Trinken und bei Frauen fand. Jetzt wünschte ich, ich hätte ihn besser gekannt, und es würde mich interessieren zu erfahren, wie lange er während der Zeit, die ich dort war, beim »Star« gearbeitet hat.

Mr. Fenton, die Schwierigkeit bei einem Projekt wie dem Ihren ist, daß Sie unvermeidlicherweise nicht zu der wahren g e n vordringen können. Sie kriegen die g e n von Überlebenden. Über die Sache mit Moise zum Beispiel hätte Ihnen Carl Edgar, der ein wahrer und echter alter Freund von mir ist, nur vom Hörensagen berichten können. Denn ich glaube nicht, daß Carl ihn je getroffen hat. Er hat sehr wenige von den anderen Typen kennengelernt, mit denen ich zu tun hatte. Sie haben sich mit Kansas City beschäftigt und haben sie alle verpaßt. Wesley Stout gibt vertrauliche Erklärungen über Dinge heraus, von denen er keine Ahnung hat. Pete Wellington hat viel zu hart gearbeitet und war viel zu beschäftigt, als daß er sich an Einzelheiten von Dingen erinnern könnte, die vor fast fünfunddreißig Jahren passiert sind. Wie könnte man das von ihm erwarten? Er und ich waren nicht befreundet, als ich bei der Zeitung war. Er war mein direkter Boss, und ich respektierte, bewunderte und mochte ihn. Aber er hat keine Ahnung, was ich außerhalb des Büros tat, denn das interessierte ihn gar nicht. Die Arbeit unter Pete war wie der Dienst unter einem guten Offizier.

Hier ist ein Beispiel für die wahre g e n , an die Sie nicht herankommen. Carl Edgar ist immer verliebt gewesen in Kate Smith, die Bill Smiths Schwester war. Ich kenne Katey, solange ich denken kann, und Bill war viele Jahre lang mein bester Freund. Der Ehrenwerte John Dos Passos lernte Kate Smith in Key West kennen, ungefähr zu der Zeit, als ich *In einem andern Land* schrieb. Er hatte sie nie zuvor gesehen, und er war auch nie in Nord-Michigan gewesen. Aber er kommt nach Nord-Michigan und heiratet Katey und bringt sie schließlich um, als er in einen Lastwagen fährt. Die Windschutzscheibe schneidet ihr die Kehle durch, und der Ehrenwerte John verliert ein Auge. Es lagen viele Jahre zwischen der Zeit, als Dos Katey in Key West kennenlernte und als er in den Lastwagen fuhr. Ich dränge die wahre g e n auf ein Minimum zusammen. Dos hat in unserem Haus und von Katey viele Geschichten über Michigan gehört. 1951 bringt er einen Roman mit dem Titel *Chosen Country* heraus. Ein großer Teil davon handelt von Michigan, und ich bin darin eine der eher widerlichen Figuren [George Elbert Warner]. Er nimmt schlecht erinnerte Anekdoten, die er als Gast an unserem Tisch gehört hat, und bringt sie noch ein bißchen mehr durcheinander. Er nimmt die Episode, wo Bills Bruder Y. K., seine Frau und dieser schmackhafte Leckerbissen namens Donald Wright, mit dem Sie sich mal getroffen oder korrespondiert haben, in eine Art Mord südlich von Chicago verwickelt wurden, in einem Ort namens Palos Park. Irgendeine Frau, die in Y. K. verliebt war, hatte aus Versehen einen Gärtner erschossen, glaube ich [1924]. Ich lebte zu der Zeit mehrere Jahre in Europa und erinnere mich noch, daß ich entweder in einer französischen oder einer spanischen Zeitung davon gelesen habe. Dos läßt dann in dem Buch die widerliche Figur, die ich sein soll, Verrat an Kate, Y. K. und anderen begehen, indem er in einer Chicagoer Zeitung ein Foto veröffentlicht und einen Extrabericht schreibt, in dem er sie sonderbarer sexueller Riten beschuldigt. (Ich kann nicht hoffen, daß Sie dem noch folgen können.) Die wahre g e n ist natürlich, daß ich in Europa war und nichts von dem Fall wußte, abgesehen von dem, was ich in der Zeitung gelesen hatte. Aber das Bild, ein Foto, das Dos unter Kateys Bildern gefunden haben muß, zeigt Bill und mich und Carl Edgar, wie wir einen alten Freund von mir vom »Kansas City Star« nach dem Krieg begrüßen.

Dies ist ein Beispiel für die wahre g e n und das, was man Ihnen als Information gibt. Ich finde, Sie sollten das ganze Projekt fallenlassen. Ohne die Mitwirkung der betroffenen Person ist es unmöglich, zu irgendeiner Wahrheit zu gelangen. Aber diese Mitwirkung bedeutet fast genausoviel Mühe für einen Menschen, wie seine Autobiographie zu schreiben.

Es ist leicht, in eine so einleuchtende Falle wie diese Moise-Geschichte zu tappen, und für mich ist es schwierig, Briefe schreiben zu müssen, um zu versuchen, Sie von Fehlern abzuhalten. Wenn Sie sich an meine Lehrjahre beim »Toronto Star« und an die Pariser Zeit machen, ist es eine schier endlose Arbeit für mich, Sie vor ärgerlichen Mißverständnissen zu bewahren. Ich könnte viel leichter selbst über diese beiden Epochen schreiben (wie ich es immer vorgehabt habe).

Es wäre wichtig, daß ich über die Pariser Zeit schriebe, da niemand die Wahrheit darüber so genau kennt wie ich und da es eine interessante Zeit ist, die zu beschreiben wäre. Ich kannte Joyce sehr gut, er war ein guter Freund von mir. Ich habe F. M. Ford (Hueffer) gekannt, verdammt gut und lange. Stein und Pound habe ich gut gekannt, und Leo Stein war ebenso mein Freund wie Picasso, Braque, Masson und Miró. Ich kannte viele französische Schriftsteller sehr gut, und was ich über sie zu sagen hätte, könnte interessant sein, und ich würde dafür bezahlt werden, wenn ich es schriebe.

Ich bekomme durchschnittlich fünfzig Cent bis einen Dollar für jedes Wort, das ich schreibe, und ich schreibe Ihnen Briefe zwischen fünfhundert und fünfzehnhundert Wörtern Länge, und Sie bauen sie in ein Material ein, das Sie für 2½ Cent pro Wort verkaufen, mit einem Tantiemenabkommen bei über 100000 verkauften Exemplaren. Mr. Fenton, ich hoffe, Sie stimmen mir zu, daß das ökonomisch unsolide ist.

Ihr Brief und das MS kamen gestern morgen, aber ich habe die Antwort auf heute verschoben und meine eigene Arbeit getan. Durch die Zeit, die es mich gekostet hat, Ihnen, wie Sie baten, etwas über Ihr MS zu schreiben und Sie in der Moise-

Angelegenheit zu korrigieren, werde ich heute nicht mehr in der Lage sein, noch irgend etwas zu arbeiten. Vor wenigen Wochen habe ich Ihnen einen langen Brief geschrieben und Ihnen alles im Zusammenhang mit Oak Park erklärt, was Sie nie von irgendwem erfahren hätten, und auch warum nicht. Aber als ich Ihren wütenden Brief erhielt, habe ich den meinen nicht abgeschickt. Ich glaube immer noch, Sie sollten von diesem Projekt Abstand nehmen und es aufgeben oder aber es so organisieren, daß sowohl Sie als auch ich angemessen von dem Material und der Kritik, die ich beisteuern muß, wenn es kein Reinfall werden soll, profitieren können. Die Autobiographie eines jeden Menschen ist sein Eigentum. Er sollte die Wahl haben zu entscheiden, ob er sie schreiben will oder nicht. Aber er sollte sie bestimmt nicht stückchenweise in Briefen liefern, damit sie ein anderer benutzen kann. Wenn Sie sich Ihr MS noch einmal ansehen, werden Sie feststellen, daß das Zuverlässigste und Zutreffendste und das, was sich verifizieren und ausarbeiten läßt, aus meinen Briefen stammt.

Vielleicht wäre es einfacher, Ihnen zu sagen, machen Sie nur weiter und veröffentlichen Sie die Moise-Geschichte. Moise würde es gefallen, und darüber wäre ich glücklich. Aber es ist nicht wahr, und es würde Ihrem Ruf schaden, wenn ich bewiese, daß es nicht wahr ist, und es wäre schlecht für jeden, der es liest, um daraus Lehren zu ziehen, wie man schreibt.

Wenn ich Ihr MS lese ---

# # # # # # # # # # # # # # # # #

Ich habe soeben das MS noch einmal gelesen, und zum Teufel mit dem Versuch, es perfekt oder korrekt zu machen. Der Abschnitt über Moise wird Moise gefallen, und er muß inzwischen ein alter Mann sein. Ich würde ihm gern eine Freude machen, und ganz bestimmt würde ich Pete [Wellington] gern eine Freude machen. Ich denke, das Wesley Stout-Gehilfen-Zitat könnten Sie weglassen, ohne dem MS Schaden zuzufügen. Lassen Sie den Rest so, wenn Sie es nun mal so sehen. Es ist nur ein verblichener Schnappschuß mehr, verglichen mit dem, was wirklich an einem bestimmten Tag passierte. Ich gehe wieder an die Arbeit. Vielen Dank für die Auffrischung meiner

Erinnerung an Kansas City. Ich könnte jetzt über Kansas City eine gute Geschichte schreiben.

Sie haben meine Erlaubnis, die Zitate aus meinem Brief so zu drucken, wie sie in diesem Artikel erscheinen.

Ich glaube, das ist alles. Grüßen Sie Moise herzlich von mir, wenn Sie ihm schreiben, und sagen Sie ihm nichts von dem, was ich geschrieben habe, das seine Gefühle verletzen könnte. Es wird ihn sehr glücklich machen, das in *New World Writing* [1952] zu lesen, und ich finde, das ist ein ausgezeichnetes Projekt.

Das grundlegende Mißverständnis bei Ihrem Versuch ist die Tatsache, daß die meisten Leute sich an nichts genau erinnern können. Das war es doch wohl, worüber ich Ihnen etwas erzählen sollte? Das zweite Manko bei Ihrer Arbeit ist, daß in Amerika jetzt alles so verändert ist: Wo früher Prärie war, ist jetzt das Land aufgeteilt; ein kahler Hügel kann jetzt der grasbedeckte Hang vor einem Denkmal sein; manche Gebäude sind abgerissen und andere aufgebaut; grüne Wiesen und große Bäume sind verschwunden, dafür stehen Wohnblocks an ihrer Stelle; wo einmal Speakeasies waren, ist jetzt das Rockefeller Center; ein guter Mann ist tot, und für ihn spricht jetzt ein geschwätziger Narr – und keine Menge Mizener kann das wieder lebendig machen. Sie brauchen Ortskenntnisse, und Sie müssen den Hügel gesehen haben, bevor der Bulldozer drübergefahren ist. Sie müssen in dem Strom gefischt haben, bevor der Damm für das Bewässerungsprojekt gebaut wurde. Sie brauchen vieles, was Sie nicht haben, um so eine Sache ordentlich zu machen.

Ich hoffe, Sie bekommen es. Und ich hoffe, Sie werden über andere Leute arbeiten, gelehrt und anständig, wie Ihre Arbeit sonst angelegt ist.

Viele Grüße

PH. PUL

E. Hemingway

La Finca Vigía, 13. September 1952

Lieber Mr. Berenson:

Herzlichen Dank für den Brief, und daß Ihnen das Buch gefallen hat. Es tut mir leid, daß es so schlampig bei Ihnen angekommen ist, aber ich wußte nicht, wie ich es Ihnen anders schnell hätte schicken können. Wäre es von hier abgeschickt worden, wäre es wohl ein Weihnachtsgeschenk geworden.

Ich würde mich freuen, wenn ich das Buch über die Kriegsjahre auf englisch bekäme. Auf italienisch hat es mir gefallen, aber italienische Freunde, die bei uns zu Besuch waren, haben es mitgenommen, als sie abreisten. Es war das einzige Buch, das sie mitgenommen haben, ich meine, das ist ein Verlust für mich und ein Kompliment für Sie.

Ich habe Ihnen nicht mehr geschrieben, weil es ein schlimmes Jahr war, mit Todesfällen und allerlei Detailkram und Problemen. Mary und ich mögen Sie sehr, und ich wollte Sie nicht mit Einzelheiten belästigen. Mary geht es gut, und sie ist eine so gute ἄλοχοϛ [Gattin], wie Dr. Homer nur je eine gekannt hat. Aber Sie, als weiser alter Mann (mein einziges Lebensziel), müssen eine recht gute Vorstellung davon bekommen haben, als Sie sie getroffen haben.

Ist es o.k., über Moby Dick zu sprechen, als ob wir plauderten? Es schien mir immer zweierlei zu sein: Journalismus (guter) und bemühtes rhetorisches Epos. Ich fand, man könnte die See nicht einfach als bösartige Macht sehen, sondern schlicht als die See: la puta mar, die wir alle geliebt haben, und die uns mit Tripper und Syphilis geschlagen hat. Wir nennen sie immer la puta mar, und ich nehme an, daß man eine Hure nicht lieben kann, aber man kann sie sehr gern haben und gut kennen und weiter mit ihr herumziehen.

Dann gibt es da noch ein Geheimnis. Das Buch ist überhaupt nicht symbolisch. Das Meer ist das Meer. Der alte Mann ist ein alter Mann. Der Junge ist ein Junge, und der Fisch ist ein Fisch. Die Haie sind alle Haie, nicht besser und nicht schlechter. Der ganze Symbolismus, von dem die Leute reden, ist Scheiße. Was darüber hinausgeht, ist das, was man darüber hinaus sieht, wenn man Bescheid weiß. Ein Schriftsteller sollte zu viel wissen.

Seit ich zum erstenmal Bilder sah, habe ich versucht, von ihnen zu lernen. Maler sind, wie Sie wissen, bessere Menschen als Schriftsteller. Das ist Pech. Aber es ist wahr. Natürlich verkaufen sie den Inhalt ihrer Papierkörbe. Aber das wissen wir auch. Ihre Art zu urteilen ist die gleiche, wie ich sie für mich entwickelt hatte, ohne sie ausdrücken zu können, und als ich Sie dann las, fand ich, daß Sie sie vollkommen ausgedrückt hatten. Das klingt wahrscheinlich sehr impertinent. Aber glauben Sie mir bitte, daß ich das nicht bin.

Glauben Sie, es wäre unrecht, wenn ich Sie bäte, falls Sie es wollten, oder wünschten, oder täten, 2 oder 3 Sätze oder 1 Satz über dieses Buch zu schreiben, der von Scribner's zitiert werden könnte? Sie sind der einzige Kritiker, vor dem ich Respekt habe, und wenn Ihnen das Buch wirklich gefallen hat, würde das einige Leute hochgehen lassen, vor denen ich keinen Respekt habe. Aber bitte tun Sie es nicht und versuchen Sie, das Ganze zu vergessen, wenn Ihnen meine Bitte unschicklich vorkommt. Ich finde es ziemlich unschicklich, daß ich darum gebeten habe. Wir vergessen das wohl am besten. Aber in jedem Fall wissen Sie, daß ich es Ihnen nicht deshalb geschickt habe.

Wir hatten eine Woche lang Hurrikanwetter. Mary fährt wohl nächste Woche nach New York. Einer sollte etwas von dem Triumph mitbekommen, wenn wir Erfolg haben, oder zu haben scheinen, aber ich will jetzt nicht in die Stadt.

Wir haben immer noch eine herrliche Strömung im Golf, trotz der Wetterwechsel, und haben bisher 29 gute Fische gefangen. Jetzt sind sie alle sehr groß, und jeder ist prächtig und ungewöhnlich. Ich denke, es würde Ihnen sehr gefallen; wenn die riesigen Fische aus dem Wasser hochschnellen und wieder darin eintauchen, bewegt mich das noch genauso wie beim erstenmal, als ich es sah. Ich sage immer zu Mary, an dem Tag, an dem es mich nicht mehr glücklich macht, wenn ich einen fliegenden Fisch aus dem Wasser steigen sehe, höre ich mit dem Fischen auf.

Verzeihen Sie bitte, daß der Brief so lang geworden ist; vergessen Sie jegliche Bitte, und seien Sie sich bewußt, daß Sie

hier in Kuba zwei Leute haben, die Sie sehr mögen und hoffen, daß es Ihnen gut geht und Sie glücklich sind. Ich hoffe,
wir haben Glück und sehen Sie bald.

Immer Ihr
Ernest Hemingway

I TATTI

Dieser und alle folgenden Briefe an Bernard Berenson werden mit
freundlicher Genehmigung von Dr. Cecil Anrep abgedruckt.

An Bernard Berenson

La Finca Vigía, 2. Oktober 1952

Lieber Mr. B:

Ich danke Ihnen sehr für Ihre Zeilen über das Buch.[1] Ich kann
Ihnen nur dadurch für die viele Mühe, die Sie auf sich genommen haben, danken, daß ich versuchen werde, immer so zu
schreiben, daß Sie stolz darauf sein können, falls mir das gelingt.

Mary ist nach New York gefahren, um sich das Theater und
die Stadt anzusehen, und die kleinen Triumphe auszukosten,
die ich nicht mag und die mir nur ein schlechtes Gefühl verursachen. Spaß macht es, wenn man gerade ein Buch beendet hat
und weiß, daß es in Ordnung ist. Ich werde aufgeregt, wenn
eins herauskommt. Aber danach würde ich lieber über etwas
anderes nachdenken und sprechen.

Wir haben jetzt herrliches Wetter, und der Himmel ist fast
wie in Italien. Ich sollte jetzt eigentlich in Italien sein, aber ich
muß versuchen, mein Leben so zu leben, daß es das Leben kei-
nes anderen Menschen ruiniert. Aber gerade jetzt vermisse ich
Italien am meisten. Wenn Mary hier ist, dann liebe ich sie sehr
und vergesse alles andere. Aber wenn sie weg ist, werde ich
sehr einsam, und mir kommen viele Dinge in den Sinn, die ich
normalerweise fernhalten kann.

Ihr Buch [*Rumor and Reflection,* 1952] erhält sehr große Kritiken. Alle Rezensionen sind Scheiße. Aber ich schicke sie
Ihnen trotzdem per Luftpost, für den Fall, daß Sie sie noch

nicht gesehen haben sollten. Als Junge sagte mir jemand, daß wir im Laufe unseres Lebens eine ganze Tonne davon fressen müßten, und daß es daher besser wäre, sie schnell zu fressen und es hinter sich zu bringen. Also habe ich sie schnell aufgefressen, aber dann merkte ich, daß man von mir erwartete, daß ich sie mein ganzes Leben lang fresse. Nur manchmal bin ich ein bißchen widerborstig und sage: »Tut mir sehr leid, Gentlemen, aber ich habe heute keinen Hunger.« Eingefleischte oder patriotische Scheißefresser vergeben so ein abweichendes Verhalten nie.

Warum mußten wir zu so verschiedenen Zeitpunkten geboren werden? Wir hätten eine Menge Spaß haben können. Vielleicht kriegen wir den noch. Was Sie über das Buch geschrieben haben, macht mich glücklicher als alles andere darüber, außer es zu schreiben.

Hatten Sie schon mal das Gefühl, daß Sie zu allen Zeiten in vielen verschiedenen Ländern lebten? Oder ist das verrückt. Ich kann am Morgen die Pferde riechen, und ich weiß genau, wie sich die verschiedenen Arten von Rüstungen angefühlt haben, und wo man sich wundgescheuert hat, und ich weiß alles über den Tyburn Hill, und als ich zum erstenmal nach Mantua kam, war das, als ob ich abends nach einer Gehirnerschütterung nach Hause käme. Wenn ich ein bißchen verrückt bin, kann ich mich an die tollsten Sachen erinnern, und [Flauberts] *Salammbô* hat mich immer gelangweilt, weil ich mich daran erinnerte, wie es wirklich war. Aber es ist alles geschrieben worden, mit Ausnahme der Dinge, über die niemand geschrieben hat. Daher schreibe ich sie. Es hätte wohl Spaß gemacht, in alten Zeiten zu leben, als es noch bessere Kameradschaft gab, und zu schreiben, als alle aus dem Nichts anfingen.

Das Veröffentlichen von Büchern wirkt sich sehr schädlich auf das Schreiben aus. Es ist noch schlimmer als zuviel lieben. Denn wenn man zuviel Liebe macht, bekommt man wenigstens eine ungeheure clarté, die keinem anderen Licht gleichkommt. Ein sehr klares und reines Licht.

Ich muß aufhören und Sie nicht länger langweilen und die Zeitungsausschnitte abschicken. Bitte verzeihen Sie mir, daß ich Ihnen langweilige und stumpfsinnige Briefe schreibe.

Mary würde Sie grüßen, wenn sie hier wäre. Bitte seien Sie vorsichtig.

Ihr Freund
Ernest Hemingway

Das Buch auf englisch ist noch nicht gekommen.

EH

---

1 Berensons »Waschzettel« für *Der alte Mann und das Meer*: »Eine Idylle vom Meer als dem Meer, sowenig in der Art Byrons oder Melvilles wie Homer selbst, und mitgeteilt in einer Prosa, die so ruhig und unwiderstehlich ist wie Homers Poesie. Kein echter Künstler schreibt in Symbolen oder Allegorien – und Hemingway ist ein echter Künstler –, aber jedes echte Kunstwerk atmet Symbole und Allegorien aus. So auch dieses kurze, aber nicht kleine Meisterwerk.«

AN BERNARD BERENSON

La Finca Vigía, 14. Oktober 1952

Lieber Mr. B.:

Hier ist noch ein Zeitungsausschnitt. Dieser gefiel mir sehr gut. Es war der einzige wirklich vernünftige in der Wochen-end-Ausgabe der »Herald Tribune«, die Schriftstellern gewidmet war, die über sich selber schreiben. Voriges Jahr habe ich das auch gemacht, und so bin ich diesmal davongekommen.

Mary sonnt sich oben auf dem Turm, und zu meinen Füßen liegt mein schwarzer Hund, der einen Alptraum hat. Er träumt genauso viel wie ich, und manchmal wache ich nachts auf und höre, daß er schreckliche Träume hat. Wir haben hier jetzt eine Plage von bewaffneten Raubüberfällen, und er haßt bewaffnete Raubüberfälle mehr als alles andere. Wenn ich ein Geräusch höre und mit dem Gewehr aufstehen muß, stellt er sich immer fest schlafend. Tagsüber ist er recht tapfer, und er haßt Polizisten, Mitglieder der Heilsarmee und überhaupt jeden in Uniform. Aber nachts ist er sehr vorsichtig und sensibel. Manchmal steht er auch auf und macht mit mir die Runde. Aber ich weiß, was ihn das kostet, und ich mache ihm keinen Vorwurf, wenn er schläft.

Mary und ich haben vor ungefähr zwei Monaten auf ziemlich seltsame Weise Ihren Vetter kennengelernt. Es war in der »Floridita«-Bar, die wir besuchen, wenn wir vom Ozean zurückkommen. Mary war nett zu ihm, weil er ihr gesagt hatte, daß er Ihr Vetter sei. Ich hatte keine Möglichkeit, mit ihm zu sprechen, weil ich mich in einen Winkel der Bar zurückgezogen hatte, um Belästigungen aus dem Wege zu gehen. Aber ich weiß, daß ich nicht geglaubt habe, daß er Ihr Vetter ist, und gedacht habe, er lügt; denn er war so groß und kräftig und so absolut selbstsicher. Es gibt hier ein paar Leute, die ihn nicht mögen, und zwei oder drei von ihnen, Basken, die Pelota (Jai-Alai) spielen, hatten mich schon gegen ihn eingenommen, bevor ich ihn überhaupt kennengelernt habe. Aber ich werde nett zu ihm sein, wenn ich ihn das nächste Mal treffe. Obwohl er auf mich so selbstsicher wirkte, daß er weder Freunde braucht noch Leute, die ihn mögen. Aber Schwergewichte machen oft diesen Eindruck, ohne es zu beabsichtigen. Jedenfalls werde ich nett zu ihm sein. Mary ist bereits nett zu ihm gewesen, und ich möchte meinen, das bedeutet ihm mehr.

Ich glaube nicht, daß ich [Arthur] Koestler jemals begegnet bin, aber vielleicht habe ich ihn in London getroffen, als ich eine schwere Gehirnerschütterung hatte, und erinnere mich nicht mehr an ihn. *Sonnenfinsternis* war ein sehr gutes Buch. Die Autobiographie habe ich bestellt, aber sie ist nicht gekommen. Die amerikanische Ausgabe Ihres Buches ebenfalls nicht. Ich weiß noch, wie wir uns während des spanischen Bürgerkriegs alle sehr darum bemüht haben, Koestler vor der Erschießung zu bewahren, als er in Malaga gefangengenommen wurde, und später, ihn freizubekommen. Ich hatte jahrelang in Spanien gelebt und kannte Leute auf beiden Seiten, wie das in einem Bürgerkrieg immer ist, und ich tat für ihn, was ich konnte. Ich erinnere mich noch an einen Russen namens Michel Koltzov, den ich kannte und den ich unter dem Namen Karkow in ein Buch *[Wem die Stunde schlägt]* über diesen Krieg eingebaut habe. Er sagte zu mir: »Ernesto, warum bist du so ein verdammter Narr? Weißt du nicht, daß ein Mann, der sich einmal freiwillig gefangennehmen läßt, sich, wenn du ihn rettest, wieder gefangennehmen läßt, und, wenn du ihn rettest, wieder?«

Ich wußte es nicht, und vielleicht stimmt es nicht. Aber es ist interessant. Koltzov selbst ist natürlich in Sibirien gelandet, wenn er überhaupt noch lebt. Er wußte, daß ich kein Kommunist war und nie einer sein würde. Aber da er an mich als Schriftsteller glaubte, versuchte er mir zu zeigen, wie das alles lief, damit ich einen zuverlässigen Bericht darüber schreiben könnte. Das habe ich versucht, als ich das Buch schrieb. Aber ich fing erst mit dem Buch an, als die Republik den Krieg verloren hatte und er vorbei war, weil ich während des Kriegs nichts schreiben wollte, das der Republik hätte schaden können, an die ich glaubte und der ich, so gut ich konnte, zu dienen versuchte.

Ich hoffe, daß es Martha gut geht und sie glücklich ist. Ich höre, daß sie sehr verbittert von mir spricht. Aber das ist ganz natürlich. Ich würde nicht allzuviel davon glauben. Ich glaube, niemand bekommt einen sehr genauen und glaubwürdigen Bericht von einem der beiden Partner einer gescheiterten Ehe. Ich gebe ganz bestimmt keinen ab. Jeder, der ein hübsches und ehrgeiziges Mädchen mit der Himmelskönigin verwechselt, sollte als Narr bestraft werden. Von Ketzerei ganz zu schweigen.

Ich werde nie vergessen, wie Joyce einmal sagte: »Hemingway, Blasphemie ist keine Sünde. Ketzerei ist eine Sünde.«

Haben Sie Joyce gekannt? Mit seinen Bewunderern ist er furchtbar umgesprungen; wirklich unerträglich. Mit seinen Vergötterern noch schlimmer. Aber er war der beste Kamerad und Freund, den ich je gehabt habe. Ich weiß noch, wie er sich einmal ziemlich niedergeschlagen fühlte und mich fragte, ob ich seine Bücher nicht für zu provinziell hielte. Er sagte, das bedrücke ihn manchmal. Seine Frau sagte: »Ach, Jim könnte ein bißchen von dieser Löwenjagd vertragen.« Und Joyce sagte: »Wir müssen aber der Tatsache ins Auge sehen, daß ich den Löwen nicht sehen könnte.« Mrs. Joyce sagte: »Hemingway würde ihn dir beschreiben, Jim, und danach könntest du zu ihm hingehen und ihn anfassen und ihn beriechen. Das ist alles, was du brauchst.«

Bleiben Sie bitte gesund und schreiben Sie das Buch. Man braucht nur ein Wort hinter das andere zu setzen, und wenn

Sie erst einmal anfangen, schaffen Sie es immer. Schreiben Sie kein dummes Zeug über Ihr vergeudetes Leben. Gerade dadurch, daß Sie getan haben, was Sie tun mußten, haben Sie gelernt, was sich jetzt zu sagen lohnt. Romanschreiber sind bloß Superlügner, die, wenn sie genug wissen und geschult genug sind, ihre Lügen wahrer als die Wahrheit machen können. Wenn man gekämpft und gewürfelt und bei Hofe gedient hat und in den Krieg gezogen ist und sich in der Schiffahrt auskennt und Seemannserfahrung hat und die Unterwelt und die große Welt und die verschiedenen Länder und andere Dinge kennt, dann hat man genug Kenntnisse, um daraus Lügen zu machen. Das ist alles, was zu einem Romanschreiber gehört.

Ich würde gern einen Pakt mit Ihnen schließen. Sie fangen jetzt mit dem Buch an und schreiben täglich eine bestimmte Zeit daran, und ich schreibe währenddessen eine Geschichte, so gut ich kann, und nur für Sie, und so werden wir es weitermachen, bis wir beide fertig sind.

Mary und ich grüßen Sie. Ernest

Ich denke, der Pakt wäre ein gutes Kurzzeit-Programm. Kabeln Sie mir »Hand drauf« (nicht: »pfeif drauf«), und ich werde anfangen. Alles, was wir tun, wird gut sein. Wir müssen nur anfangen.

EH

Lieber B. B.:
Ich habe Ihnen das nicht geschickt, weil ich den Ausschnitt nicht finden konnte. Jetzt habe ich ihn. Aber der Brief kommt mir zum Abschicken zu anmaßend vor. Aber vielleicht vergeben Sie mir das. Ihr Buch ist endlich gekommen, und es gefällt mir sogar noch besser als auf italienisch. Das haben Sie gut gemacht, daß Sie es in einem Krieg geschrieben haben. Ich kann während eines Krieges nichts schreiben, außer Gedichten. In Madrid habe ich einmal ein Schauspiel geschrieben. Als ich es schrieb, schien es mir gut zu sein, aber vermutlich war es nichts wert. Ich habe gerade ein merkwürdiges britisches Buch in einem außerordentlich schlechten und doch wirkungsvollen Stil gelesen, und jetzt mache ich den wie ein dämliches lagarto

(Chamäleon konnte ich nicht buchstabieren) nach. Das kommt davon, wenn man vor dem Frühstück Romane liest. Vielleicht kann ich jetzt damit aufhören. Normalerweise lese ich morgens nie etwas, bevor ich schreibe, damit ich ohne Hilfe, ohne Beeinflussung versuchen muß, auf den alten Nagel zu beißen, und ohne daß mir jemand ein prächtiges Beispiel gibt oder hinter mir sitzt und mir über die Schulter sieht. In Madrid habe ich gelernt, vor dem Schreiben den Prado zu besuchen. Das war sehr gut und nicht schädlich oder pharmazeutisch wie das Lesen. Ich weiß, Sie betrifft das nicht, aber ein Junge, der keine gehörige Erziehung gehabt hat, kann im Prado eine ziemlich gute erhalten, wenn er jeden Vormittag hingeht und sich Zeit nimmt. Die Vielfalt und die bedeutenden und die wertlosen und die unbekannten Herrlichkeiten werden zu einem Bereich, der einen Ungebildeten anzieht und fesselt. Die Spanier haben einige ungeheuer gute Bilder gekauft, lange bevor Dr. [Sir Joseph] Duveen damit anfing, und sie müssen, als sie in Flandern zugange waren, einige sehr schöne gestohlen haben.

Ich weiß nur wenig über Gemäldediebstahl, aber der komischste Kerl, den ich kenne, war ein Flieger namens Whitey Dahl. Er war ein sehr guter Flieger, und eines Tages kam er zu mir und sagte: »Mister Ernest, ich möchte gerne, daß Sie mir Ihre Meinung sagen.«

»Mach ich«, sagte ich.

»Ist Van Dick ein guter Maler?« So sprach er den Namen aus.

»Ein sehr guter Maler, Whitey. Sehr geschätzt.«

»Was wäre ein guter Van Dick wert?«

»Das kann ich dir nicht genau sagen, Whitey. Das müßte ich klären. Aber er wäre jedenfalls eine beträchtliche Menge Geld wert.«

»Na, das freut mich aber wirklich«, sagte Whitey. »Es freut mich zu wissen, daß ich ein gutes Urteilsvermögen habe. Ich habe diesen alten Van Dick mitgenommen, als wir das erste Mal draußen in dem Schloß waren, und ich nehme ihn überallhin mit, und er hängt über meinem Bett. Ich liebe diesen alten Van Dick, und es freut mich wirklich, von Ihnen bestätigt zu bekommen, daß ich einen guten Geschmack habe.«

Es ist schade, daß Whitey nie mit Sir Joseph Verbindung aufgenommen hat. Whitey hat mir versprochen, daß er das Bild nach dem Krieg zurückgeben würde. Aber statt dessen wurde er angeschossen und gefangengenommen und in Salamanca zum Tode verurteilt. Er ist schließlich entkommen. Aber ich weiß nicht, wer das Bild jetzt hat. Mit den Bildern im Prado haben sie sich viel Mühe gegeben, keins wurde beschädigt. Ich bin immer sehr stolz darauf gewesen, wie die Republik sich um die Bilder gekümmert hat. Ich erinnere mich noch, wie eine Lastwagenkolonne mit den Bildern aus dem Prado auf der Straße von Valencia nach Barcelona vorbeizog, an dem Tag, als Francos Leute an der Straße durchbrachen und das Meer erreichten. Die Reste einer Kompanie unterstützten die Kolonne, die versuchte, auf der Straße durchzubrechen. Messerschmitts und Fiats kreisten ständig im Tiefflug um die Kolonne und griffen sie mit Bordwaffen an, und ich betete für die Bilder. Das war die schlimmste Zeit, die sie erlebt haben. Danach gingen sie direkt in die Schweiz und wurden später alle zurückgegeben. Ich vermute, es war falsch, das Risiko einzugehen, sie per Straße in Sicherheit zu bringen. Aber niemand wußte, was in Valencia passieren würde, und viele Leute wurden getötet, die man hätte retten können, als die Nachhut die Straße offenhielt, bis alle sicher draußen gewesen wären. Während der Bombardierung und Beschießung Madrids durch die Faschisten sagten die Leute, die nicht lesen und schreiben konnten: »Nimm Rücksicht auf alles, was du nicht verstehst. Es könnte ein Kunstwerk sein.«

Das scheint mir für jede Zeit grundsätzlich ein guter Ausspruch zu sein.

Wenn Sie dieser Brief allmählich schrecklich ermüdet, behandeln Sie ihn einfach wie ein schlechtes Buch und blättern Sie weiter.

Heute morgen kam Ihr Brief aus dem Hotel »Eden«, Rom.

Nein, man macht sich nichts aus Rezensionen. Aus Ihren habe ich mir etwas gemacht. Aber die anderen zu lesen ist nur ein Laster. Es ist sehr destruktiv, ein Buch zu veröffentlichen und dann die Besprechungen zu lesen. Wenn sie es nicht verstehen, wird man wütend; wenn sie es verstehen, liest man nur das, was man ohnehin schon weiß, und das nützt einem nichts. Es ist nicht ganz so schlimm, als wenn man Strega trinkt, aber ein bißchen so.

Ich weiß noch, wie im ersten Krieg ein britischer Tommy in Thiene [bei Schio] oder Maròstica oder sonst einem Ort hinter der Siete Communi in eine Bar kam und sagte: »Was ist das für'n verdammtes Zeug?« Man sagte ihm, das wäre Strega, und er sagte: »Gib mir eine Flasche davon. Hier hast du deine verdammten Liri.« Dann trank er die Flasche runter, als ob es Bier wäre, und starb auf der Stelle.

Für mich war es angesichts der sehr negativen Kritiken über das letzte Buch notwendig, zu beweisen, daß dieses Buch gut war. Das haben Sie getan. Und nun zum Teufel mit den Ratten, die auf das nicht sinkende Schiff zurückkehren. Die sind nie sehr willkommen. Nicht einmal bei der Schiffskatze. Ich habe Sie als Kompaß und Sextanten nötig gehabt. Wenn man mit seinem Kompaß und seinem Sextanten befreundet sein kann, ist das wunderbar. B. B., ich brauche viel Disziplin und Training, wie ein schwieriges, aber sehr gutes Pferd. Die verdammte Disziplin muß ich selber aufbringen, und meine Fehler muß ich auch selber machen. Aber ich werde Ihnen nie sagen können, was es mir bedeutet hat, daß Ihnen *Der alte Mann und das Meer* wirklich gefallen hat und daß Sie das darüber geschrieben haben. Was Sie sagten, habe ich gedacht, aber ich konnte es nie sagen, und es erst recht nicht so deutlich sagen. Jetzt ist es gesagt, und ich werde nie mehr irgendwem das Buch erklären müssen oder darüber sprechen.

Es war das Buch, das zu schreiben mich von allen am glücklichsten gemacht hat. Wenn Sie die anderen lesen, könnten die folgenden Einzelheiten ganz lustig für Sie sein. *Fiesta* habe ich an meinem Geburtstag in Valencia angefangen, weil ich noch nie einen vollständigen Roman geschrieben und jeder andere in meinem Alter das schon getan hatte, und ich schämte mich. Daher schrieb ich ihn in 6 Wochen. Ich schrieb ihn in Valencia, Madrid, San Sebastián, Hendaye und Paris. Zum Ende hin war es wie ein Fieber. Zum Ende hin sprintete ich wie bei einem Fahrradrennen, und ich wollte meine Geschwindigkeit nicht durch Liebemachen oder sonstwas einbüßen und schickte daher meine Frau mit zwei Freundinnen [Pauline und Virginia Pfeiffer] auf eine Reise an die Loire. Dann kam ich ins Ziel, und ich war ausgepumpt und einsam und sehnte mich dringend nach einem Mädchen. Und so lag ich mit einem nichtsnutzigen Mädchen im Bett, als meine Frau nach Hause kam, und mußte das Mädchen raus aufs Dach der Sägemühle bringen (da wurde Holz für Bilderrahmen zugeschnitten) und die Laken wechseln und runtergehen, um die Tür zum Hof zu öffnen. Alles war glücklich über die überraschende Rückkehr, außer dem Mädchen auf dem Dach der Sägemühle. Alle kleinen taktischen Probleme muß man vorausberechnen. Aber ich hatte zu schnell geschrieben, und die Erregung war nur in mir und fast nichts davon in dem Buch. Und so hurte ich mich in diesen schrecklichen, furchtbaren Zustand absoluter Hellsichtigkeit, der die Vorhölle der Ungläubigen ist, und dann fuhren wir runter nach Schruns in Vorarlberg und führten ein wunderbares, gesundes und glückliches Leben, und ich schrieb das Buch um. Dann schreibt man es noch mal um. Und dann hat man ein Buch. Während die ganze Zeit über alle möglichen fürchterlichen Dinge geschehen.

Der nächste Roman, *In einem andern Land*, war mehr accidentado. Es ist beinahe zu hart, sich daran zu erinnern. Ich hatte die erste Fassung geschrieben und war dabei, ihn umzuschreiben, als mein Vater sich erschoß und ich das Oberhaupt einer großen Familie mit vielen Problemen und Schulden wurde. Ich mußte das alles vollständig aus meinem Kopf verdrängen und nur an das Umschreiben denken und gleichzeitig mich penibel sämtlichen Problemen und Schulden widmen. Das ist das Training, das die Leute, die einem später im Leben begegnen, glauben macht, man hätte Spaß daran, rücksichtslos zu sein.

Ich höre jetzt besser auf, bevor ich auf die Begleitumstände der anderen Romane komme.

Genaue Pläne habe ich noch nicht. Mein mittlerer Sohn Patrick ist in Kenia. Er liebt Afrika, als ob Afrika ein Mädchen wäre. Bis jetzt hat sie ihn noch nicht mit Syphilis angesteckt, und ich weiß, ich habe sie genauso geliebt und tue das noch immer. Und mich hat sie ordentlich angesteckt. Afrika und das Meer sind die beiden entzückendsten Huren, die ich kenne.

Wenn wir Anfang des Jahres Geld haben sollten und ich niemandem etwas schulde, denke ich, sollten Mary und ich nach Afrika fahren. Habe hier jetzt zweieinhalb Jahre hart gearbeitet und sollte mal rauf in die Berge, und vielleicht könnte ich Patrick dort draußen ein bißchen helfen. Wir könnten versuchen, nach Italien zu kommen, und Sie auf dem Rückweg besuchen. Von mir dürften Sie enttäuscht sein, aber Sie würden Mary sehen, und wenn man aus Afrika kommt, gibt es immer etwas Neues, und ich könnte versuchen, das mitzubringen, wenn schon nichts anderes.

Dieser Brief ist wie ein Kino mit drei Vorstellungen. Basta [Es reicht].

Ihr Freund
Ernesto

I TATTI

AN EDMUND WILSON

La Finca Vigía, 8. November 1952

Lieber Edmund Wilson:

Vielen Dank, daß Sie mir das Buch *[The Shores of Light]* geschickt und etwas hineingeschrieben haben. Ich wollte Ihnen sehr gern *Der alte Mann und das Meer* schicken, aber da wir ein paar zivilisierte und freundliche Briefe gewechselt hatten, glaubte ich, Sie könnten auf den Gedanken kommen, ich schickte es Ihnen in der Hoffnung auf eine günstige Rezension. Wissen Sie, als ich das Buch schrieb, dachte ich an echte Haie und hatte nichts mit der Theorie im Sinn, sie stellten Kritiker dar. Ich weiß nicht, wer sich das ausgedacht hat. Ich habe mein ganzes Leben lang immer auf vernünftige, intelligente Kritik gehofft, denn Schreiben ist die einsamste aller Beschäftigungen. Aber davon habe ich wenig bekommen, außer von Kaschkin und von Ihnen. Mit manchen Ihrer Kritiken war ich überhaupt nicht einverstanden, und andere waren aufschlußreich und nützlich.

Es hat mich sehr glücklich gemacht, zu sehen, wie Ihr Journalismus als Prosa besteht, und ich habe das Buch bis drei Uhr morgens gelesen. Das war die mystische Stunde, die für Scott eine Heimsuchung war. Mir schien sie immer die beste Stunde der Nacht zu sein, wenn man sich erst einmal mit der Schlaflosigkeit abgefunden hatte und sich um seine Sünden keine Gedanken mehr machte. Jetzt habe ich noch etwa drei gute nächtliche Lesungen in Ihrem Buch vor mir, und die spare ich mir sorgfältig auf. Mit das Beste war, zu lesen, was Sie damals über die Dinge gedacht haben. Ihre Besprechung von Scotts Buch, dem frühen, war sehr treffend. Dos hat uns alle zum Narren gehalten, glaube ich. Aber sich selbst am meisten. Bei seinem letzten Buch, *Chosen Country* [1951], ist mir beim Lesen schlecht geworden. Meine einzige Hoffnung für ihn als Schriftsteller war, daß das eine Neufassung von etwas war, das die gute Katy für eine Frauenzeitschrift geschrieben hatte. Aber das ist keine sehr feine Hoffnung. Haben Sie je gesehen, daß der Besitz von Geld einen Mann so verdorben hat wie Dos? Als Eisenhower von den Demokraten sein steuerfreies Geld für sein Buch erhielt, wurde er Republikaner. Seine politische Entwicklung und die von Dos haben sehr seltsame Parallelen.

Es war komisch zu lesen, wie die Russen Sie Ihrer guten Bücher beraubt haben, und diese merkwürdige und lustige Geschichte. Ich kannte sie nur von Kaschkin, dem ich nie begegnet bin, der aber ausgezeichnete Briefe schrieb und, innerhalb seiner doktrinären Zwangsjacke, ein großartiger Kritiker war. Ich dachte damals, daß er besser wüßte, was ich wollte, als ich selber. Es war, als ob man als Baseball-Werfer einen ausgezeichneten Fänger hätte. Dann habe ich sie [die Russen] in Spanien kennengelernt, und Koltzov wollte anscheinend, daß ich die Wahrheit über die Verhältnisse erführe. Er ließ mich bei Gaylord's ein und aus gehen und verheimlichte mir nichts und ließ mich wissen, wie die Dinge wirklich waren. Sie waren nicht gut. Aber er wollte, daß ich erführe, wie die Dinge wirklich waren, ob sie nun gut waren oder nicht. Während Sie also diese scheußlichen und üblen Erfahrungen mit ihnen gemacht haben, habe ich sie von ihrer besten Seite kennengelernt. Ich habe beobachtet, wie Konjew sich ein bißchen von der Panzertaktik beigebracht hat, durch mehr oder – meist – weniger gelungene Versuche. Ich habe Walter an einer Brücke gesehen, ohne daß er etwas zum Sprengen bei sich hatte, und die Faschistenpanzer auf der anderen Seite dachten, sie wäre vermint, und vier von uns beobachteten sie. Und Walter machte unter diesen Umständen noch Witze. Lucasz ist gefallen. Heilbrun ist gefallen. Hans und ich sind unter reichlich schlimmen Umständen über einen Fluß, den Ebro, gerudert. Jetzt sind alle diese Leute tot. Aber das war keine stalinistische Erfahrung. Das waren Episoden bei der Verteidigung der spanischen Republik. Die Russen zogen im Oktober 1937 ab (das genaue Datum müßte ich nachsehen), sie verschwanden und gaben Spanien als ein für sie hoffnungsloses Problem auf. Aber sie beschlossen abzuziehen, nachdem der Angriff auf Fuentes de Ebro gescheitert war. Sie ließen ein paar Leute da, zogen aber ihr Truppenpotential ab.

Die ganze Geschichte dieses Krieges ist von Leuten geschrieben worden, die sich nicht um die Wahrheit kümmern, sondern nur ihre Theorien und Meinungen beweisen wollen.

In der »Times« habe ich einen guten Artikel über Sie von Harvey Breit gelesen.[1] Er schrieb etwas davon, daß Sie Spanisch lernen und spanische Literatur kennenlernen möchten. Oberflächlich ist die Sprache leicht zu lernen. Aber jedes Wort hat so viele Bedeutungen, daß sie gesprochen praktisch immer doppeldeutig ist. Zusätzlich zu den bekannten Bedeutungen eines Wortes gibt es viele geheime Bedeutungen, aus der Sprache der Diebe, Taschendiebe, Zuhälter und Huren usw. Das gibt es in allen Sprachen, und diese Geheimsprache ist meist sehr alt. Für den Anfang, meine ich, ist das beste Buch Gerald Brenans *The Literature of the Spanish People*, das bei der Cambridge Press erschienen ist. Es ist ein zuverlässiges Buch. Sein Buch *The Spanish Labrynth* (vermutlich falsch geschrieben) ist das beste politische Buch über Spanien, das ich kenne. Wenn Sie die Sprache wirklich lernen wollen, können Sie eine Menge überschlagen und gleich mit Quevedo anfangen. Es ist ein harter Brocken. Aber diese Mode, Lorca auswendig zu lernen, ist völliger Blödsinn. Seine Dichtung basiert auf andalusischer Musik. Wenn man die Dissonanzen dieser Musik nicht kennt oder kein Arabisch kann, ist sie fast bedeutungslos. (Wenn ich mal etwas falsch schreibe, glauben Sie bitte nicht, ich sei vollkommen ungebildet, wie Scott. Ich weiß immer, wann ich ein

Wort falsch schreibe. Aber wie könnte man einen handgetippten Brief zu Ende bekommen, wenn man mit einem Lexikon arbeitete? Ich benutze ein Lexikon, um die Rechtschreibung nachzuschlagen, wenn ich etwas Endgültiges schreibe. Manchmal ist auch das englische Lexikon falsch. In Sprachen, in die ich nicht hineingeboren wurde, akzeptiere ich es.)

Was die Sache mit Steins Homosexualität angeht, wünschte ich, Sie hätten Ihre Haltung beibehalten, anstatt sie abzuschwächen. Ich werde Ihnen alles Material darüber zur Verfügung stellen, das Sie brauchen, um die Haltung, die Sie in der Besprechung des frühen Buchs eingenommen hatten, zu stützen. Sie hat einmal drei Stunden auf mich eingeredet und mir erzählt, warum sie Lesbierin sei, welche Techniken es gebe, warum der Akt diejenigen, die ihn ausführten, nicht abstoße (zu dieser Zeit war sie gegen männliche Homosexualität, änderte aber später aus Patriotismus ihre Meinung) und warum er für die Teilnehmer nicht entwürdigend sei. Drei Stunden sind eine lange Zeit, wenn Gertrude einen bedrängt, und ich war von ihrer Theorie so begeistert, daß ich an diesem Abend ausgegangen bin und mit phantastischem Ergebnis eine Lesbierin gefickt habe; d. h., wir haben danach gut geschlafen. Dieses von G. S. erhaltene Wissen befähigte mich, *Wetterumschwung* zu schreiben, eine gute Geschichte, und glaubwürdig. Diese Unterhaltung, während der Toklas das Zimmer verließ, war auch einer der Gründe für ihre spätere Boshaftigkeit, die einmal in der Forderung gipfelte: »Entweder gibst du die Freundschaft mit Hemingstein auf oder mit mir.« Toklas war gewöhnlich ziemlich gemein zu Gertrude, aber Gertrudes Ego wuchs noch über das hinaus, was Andrew Marvell beschrieb,[2] und war schließlich alles, was sie brauchte. Aber ihre ganze Einstellung zum Leben und zum Schreiben änderte sich mit den Wechseljahren. Es war das Jahr ihrer Menopause, in dem sie mit allen ihren alten und guten Freunden gebrochen hat.

Dies nur zu Ihrer Information.

Ich danke Ihnen nochmals für das Buch und für die Widmung. Bleiben Sie gesund und schreiben Sie weiter.

YUL   Ihr Freund Ernest Hemingway

1 Ein Interview mit Wilson in der »New York Times Book Review«
vom 2. November 1952.

2 *To His Coy Mistress*, Zeilen 23-24: »And yonder all before us lie / De-
serts of vast eternity.« (Und vor uns liegen / Wüsten unbegrenzter
Ewigkeit.)

AN CHARLES SCRIBNER JR.

La Finca Vigía, 20. November 1952

Lieber Charlie:

Vielen Dank für das prächtig eingebundene und eingerichtete
Buch, das Du mir mit den Fotokopien der Presseausschnitte
und anderen Mitteilungen geschickt hast. Es ist sehr schön,
und Mary und ich sind begeistert davon. Sie wird einige von
den Briefen über das Buch in die Klarsichthüllen für lose Blätter stecken. Sie sind sehr hübsch und praktisch.

Wir hatten Schwierigkeiten, es aus der kubanischen Post-
und Zollbehörde zu holen, weil auf dem Päckchen stand:
»Wert 100 Dollar« und sie eine Konsulatsfaktura verlangten,
ohne die sie es nicht freigeben wollten. Einmal wollten sie es
schon zurückschicken. Aber am dritten Tag der Verhandlungen lenkten sie ein und gaben es ohne Gebühren frei. Ich hätte
den Zoll ja gern bezahlt, aber ohne ihre Konsulatsfaktura usw.
konnten sie ihren Papierkram nicht erledigen. Es hat sechs
Briefe und drei Besuche bei der Post- und Zollbehörde gekostet. Das war es aber auch wert.

Danke auch, daß Du zu Mary in N. Y. so freundlich warst.
Joan und Du, Ihr habt ihr sehr gefallen. Ich habe noch nicht alles über ihre Reise gehört. Aber sie hatte eine schöne Zeit.

Etwas von hier zu verschicken, sogar ein signiertes Buch, ist
immer noch eine Sache von Genehmigungen und Papierkram,
der noch von den Vorschriften aus Kriegszeiten übriggeblie-
ben ist. Daher hatte ich vor, die Ernest Walsh / Ethel Moor-
head-Briefe und das für sie signierte Buch über Lee Samuels
zurückzuschicken. Er kommt wegen seines Tabakhandels alle
zwei Wochen oder so her. Aber gerade heute fährt er ab, und

Mary wollte noch die Briefe lesen. Deshalb schicke ich alle bis auf vier, die ich ihm dann das nächste Mal mitgebe. Ich sehe keinen Grund, warum [David] Randall sie nicht an einen ernsthaften Sammler oder ein Museum verkaufen sollte. Wenn Du willst, können wir uns den Gewinn auf jede von Dir gewünschte Art teilen. Die Abteilung für seltene Bücher sollte nicht umsonst arbeiten.

Es ist desillusionierend zu sehen, daß Briefe, die man an Leute schrieb, deren Arbeit man machte (umsonst ihre Zeitschrift herausgab), während dieser Walsh an Tb erkrankt war, aufbewahrt und dann kaltschnäuzig für bares Geld verkauft werden. Ich war damals schwer mit dem Schreiben beschäftigt, und es war eine ungeheure Arbeit, ohne englische Korrektoren in einer französischen Druckerei eine Zeitschrift zu drucken und sich um jedes Detail zu kümmern, um den Druck, die Klischees usw. Als ich die dafür notwendige Zeit nicht mehr aufbringen konnte, ohne meine eigene Arbeit zu vernachlässigen, schlug ich jemanden vor, der ihnen den größten Teil der Arbeit für 1000 Francs im Monat machen würde. Bei wichtigen Dingen wollte ich ihnen weiterhin helfen. Die Vorstellung, Geld auszugeben, hat die Moorhead, wie ich später erfuhr, seit je schockiert, und mein Wunsch, meine eigene Arbeit fortsetzen zu können, wurde von Walsh als Verrat betrachtet. Er war schon ein sehr merkwürdiger Kauz.

Kennengelernt habe ich ihn eines Nachmittags in Ezra Pounds Atelier, wo ich war, um Ezra das Boxen beizubringen. Walsh war, glaube ich, gerade mit der »Aquitania« herübergekommen und hatte zwei Blondinen in Nerzmänteln bei sich. Sie wohnten alle im »Claridge's« [Hotel], und eine der Blondinen sagte mir im Vertrauen, Walsh sei der höchstbezahlte Dichter der Welt. Ich fragte, für wen er schreibe, und sie zeigte mir »Harriet Monroe's Poetry«, eine Zeitschrift für Dichtung, die in Chicago erschien. Sie zahlten damals für Gedichte zwischen 5 Dollar und 12 Dollar pro Seite.

»Mr. Walsh erhielt für diese Gedichte zweiundzwanzigtausendvierhundertundfünfzig Dollar«, erzählte mir die Blondine. »Finden Sie nicht, daß er göttlich ist?«

»Claridge's« hat ihn natürlich am Ende der Woche rausgeschmissen, wurde aber von dieser Moorhead aufgegabelt, die in mittlerem Alter war, zuverlässig und seriös schien und aus einer sehr anständigen Familie kam. Sie wollte eine Zeitschrift starten, eine literarische, und für die Mitwirkung daran zahlen. Außerdem wollten sie jedes Jahr einen Preis in Höhe von 2000 Dollar verleihen (wie der »Dial« jener Tage), für den besten veröffentlichten Beitrag. Bei drei verschiedenen intimen kleinen Essen erzählte sie mir, Jim Joyce und Ezra Pound, daß wir den Preis für das erste Jahr erhalten würden. Mir sagte sie, ich würde ihn im ersten Jahr erhalten, Pound im nächsten und Joyce im dritten. Den anderen sagte sie, Pound 1, Joyce 2, ich 3 und Joyce 1, Pound 2, ich 3.

Sie hatten kaum mit ihrer Zeitschrift angefangen, Versprechungen gemacht, ihre Beiträge bekommen, Verträge geschlossen usw., als Walsh einen Blutsturz bekam und die ganze Arbeit der Herausgabe der Zeitschrift in meinen Händen ließ. Er konnte in jeder Notlage einen Blutsturz vortäuschen. Ich glaube, anfangs saugte er an seinem Zahnfleisch, um Blut zu kriegen, und hustete es dann heraus. Aber schließlich konnte er auch von tiefer unten, aus den Bronchien, Blut hochhusten. Am Ende konnte er das reine scharlachrote Produkt hochhusten. Er sah so ähnlich aus wie die Bilder, die man von Stevie Crane sieht, und ich wußte, daß er sowohl ein Drückeberger als auch k r a n k war. Daß er unehrlich war, wußte ich von dem Vorfall mit den Blondinen. Aber er war eine Art Dichter, und er schien aufrichtig allen Schriftstellern zum Start verhelfen zu wollen, und außerdem hatte er zusammen mit der scheinbar soliden Moorhead Joyce, Pound und mir 2000 Dollar versprochen.[1]

Nun, um diese reizende histoire kurz zu machen, ich schrieb *Fiesta*, und er wollte es in Fortsetzungen in seiner Vierteljahreszeitschrift herausbringen, die in unregelmäßiger Folge erschien, als ich bereits einen Vertrag mit Scribner's hatte, die es im Herbst veröffentlichen wollten. Er hatte mir einen tollen Brief geschrieben, wie gut es wäre, und er hatte wirklich mit viel Verständnis die Dinge herausgefunden, die gut daran waren. Er hatte auch begriffen, worauf es mir ankam, und ich war froh. Aber ich erklärte ihm, daß ich es bei Scribner's herausbringen

würde, und daß es mir unmöglich wäre, es ihm als Fortsetzungs-
roman zu überlassen – 2000-Dollar-Preis ja oder nein. Und so
schrieb er nach dem Erscheinen eine Besprechung darüber,
mit dem Titel: *Das kitschigste Buch, das ich je gelesen habe.*

Später erzählte mir Joyce von den 2000 Dollar. Und dann
Pound. Niemand von uns hat die 2000 Dollar je bekommen.

Wahrscheinlich war das eine sehr wertvolle Erziehungshilfe,
aber ich legte es unter der Rubrik ab: Vertraue keinem irischen
Dichter und hüte dich vor blutspuckenden Charakteren. Aber
meine nächste liebliche Überraschung sollte von Gertrude Stein
kommen, die keine Irin war und nicht die Spur von Tb hatte.

Es war lustig, sich beim Lesen der Briefe an all das zu erinnern. Diejenigen, die ich aus dem Verkehr gezogen habe, ent-
hielten bloß persönliche Dinge oder Anspielungen, von denen
ich nicht will, daß sie in Umlauf kommen. Die übrigen erzählen, was damals geschah, und dieser Brief, und der, den ich an
Wallace [Meyer] geschrieben habe, sind der Schlüssel dazu.

Ich habe Wallace noch mal wegen des Verkaufs geschrieben,
da ich von dem David Dempsey-Artikel in der letzten »Sunday
Times« mit dem Titel *The Verdict* beunruhigt war.

Wenn Du sie gebrauchen kannst – ich besitze ein paar der
verrücktesten Briefe, die Du je gelesen hast. Zum Beispiel
einen von Aksel Wickfeld, der den Blue Marlin-Rekord hält.
Einen von einer Hausfrau aus Brooklyn. Einen von einer sehr
alten Dame. Und jede Menge Briefe von Kindern, aus denen
Du Dir welche auswählen kannst. Ferner von Kerlen aus der
Armee, usw. Wenn Du wolltest, könntest Du aus diesen Briefen ein verblüffendes Porträt zusammenstellen: einen Querschnitt durch die Ansichten der Amerikaner, oder der Amerikaner und Ausländer.

Sag mir bitte deswegen Bescheid. Ich will mich keineswegs
in Deine Pläne einmischen. Vielleicht geht alles glatt.

Immer Dein
Ernest

1 Vgl. *Der Mann, der vom Tode gezeichnet war* in *Paris – ein Fest fürs Leben.*

1953

La Finca Vigía, 23. Januar 1953

Lieber Charlie:

Danke für Deinen Brief vom 19. d. M.

Ich schrieb Wallace [Meyer], er solle dem ersten Teil zustimmen, das heißt also: Anfangen mit *Großer doppelherziger [Strom]; Sturmfluten des Frühlings* ganz, *Fiesta* ganz. Er meinte auch, es sollte ein Lesebuch sein und nicht ein Appetithäppchen, und er stimmte zu, den Hauptteil von *In einem andern Land* als Einheit zu bringen, also Kapitel XXXV wie auch XXXVI und XXXVII, und die ersten fünf Kapitel von *Haben und Nichthaben*.

Von Kürzungen irgendwelcher Geschichten hat er nichts erwähnt. Also wollen wir sie auch nicht kürzen. Wir sind schon immer auf Risiko gegangen. Warum jetzt nicht wieder.

Behalte die Gedichte als Geschenk, wenn Du sie willst. Ich vertraue Dir, und außerdem weiß ich dann, wo sie sind, falls sie dieses Haus hier mal niederbrennen oder es noch einmal ausgeraubt wird.

Ich kann Dir nicht sagen, wann genau *Großer doppelherziger Strom* geschrieben wurde, aber es war vor *Fiesta*, als wir noch in der Rue Notre-Dame-des-Champs über der Sägemühle wohnten. Ich schrieb es dort und morgens in der »Closerie des Lilas« und in einem anderen Café am Place St-Michel, wo ich niemanden kannte und gern zum Arbeiten hinging.

Ich nehme an, Du kennst es; aber es ist eine Geschichte über einen Jungen, der aus dem Krieg zurückgekehrt ist. Allerdings wird der Krieg nie erwähnt, soweit ich mich erinnern kann. Das könnte eins von den Dingen sein, die es so gut sein läßt.

Die erste Fassung von *Fiesta* schrieb ich innerhalb von sechs Wochen, ich fing an meinem Geburtstag, dem 21. Juli, in Valencia an, kurz vor der Feria, und schrieb während der ganzen Feria (6 Corridas) daran, und dann weiter in Madrid, San Sebastián, Hendaye, und wurde am 6. Sept. in Paris fertig. Ich konnte nicht zur Ruhe kommen und schrieb in der Woche vor dem Erntedankfest jenes Jahres *Die Sturmfluten des Frühlings.* Gleich danach fuhren wir nach Schruns (SCHRUNS) in VORARLBERG, um Ski zu fahren, und ich vor allem, um *Fiesta* umzuschreiben. Welches Jahr das war [1926], kannst Du bei Scribner's nachfragen. Ich verließ Schruns und fuhr mit dem MS von *Sturmfluten des Frühlings* nach N. Y., aber ich weiß nicht mehr, ob ich den fertig umgeschriebenen Teil von *Fiesta* mitgenommen habe oder nicht.

Jedenfalls hat Liveright *Die Sturmfluten* abgelehnt, und Scribner's hat sie angenommen. Ich hatte gehofft, daß er sie ablehnen würde, weil ich ihn nicht mochte und ihm nicht vertraute. Aber ich hatte es nicht geschrieben, damit es abgelehnt würde. Ich hatte es geschrieben, damit es veröffentlicht würde.

Du kannst über Scribner's herausfinden, wann sie es angenommen haben und wann sie es herausgebracht haben. In der Zwischenzeit fuhr ich mit dem Schiff zurück nach Europa, zusammen mit Bob Benchley und Dotty Parker, und von Paris aus fuhr ich nach Schruns zum Skifahren und um die Neufassung von *Fiesta* zu beenden. Ich weiß nicht mehr, ob Scribner's es im Herbst jenes [1926] oder des nächsten Jahres herausgebracht haben.

Aber ich erinnere mich, daß ich in jenem Mai [1926] nach Madrid gefahren bin und daß die Corridas von San Isidro am 15.–16.–17. abgesagt wurden und ich in meinem Zimmer in der Pension ALVAREZ in der Carretera San Jerónimo blieb und an einem Tag *Die Killer, Heute ist Freitag* und *Zehn Indianer* schrieb. Morgens, nachmittags und abends.

Nach der Corrida von ARANJUEZ am 30. MAI stieg ich in den Zug, um zu Hadley und Pauline zu fahren, die bei ihr in einem Haus in Juan-les-Pins wohnte, das Scott uns besorgt hatte.

In jenem Juli nahmen wir die Murphys, Pauline, glaube ich,

und Dos mit zu der Feria von St. Fermin in Pamplona. Hadley und ich fuhren weiter zur Feria in Valencia (wieder an meinem Geburtstag. Also muß ein Jahr vergangen sein. Ich arbeitete immer so hart und unter so großen Schwierigkeiten, daß ich gar nicht merkte, wie die Zeit verging), und dann, erinnere ich mich, habe ich in Antibes die Fahnen für *Fiesta* korrigiert; dort wohnten wir bei den Murphys. Scribner's wird wissen, wann das Buch erschienen ist.

Als nächstes Buch schrieb ich *Männer ohne Frauen*, aber ich schrieb die Geschichten in allen möglichen Orten, hauptsächlich in Paris. Ich wünschte, ich könnte Dir sagen, wo ich *Das Licht der Welt* geschrieben habe. Es muß entweder in Key West oder in Havanna gewesen sein. Wahrscheinlich war es in Key West. Ich weiß, daß ich dort *So, wie du niemals sein wirst* und *Eine Naturgeschichte der Toten* geschrieben habe.

Tod am Nachmittag habe ich in Key West, den Sommer über auf der Ranch bei Cooke City, Montana, in Havanna, Madrid, Hendaye und Key West geschrieben. Das dauerte etwa zwei Jahre. Ich erinnere mich, daß ich das Glossar in Hendaye geschrieben habe. Das war eine Hundearbeit. Der Briefwechsel mit Max wird zeigen, wann es fertig war, und Scribner's wird wissen, wann es erschienen ist.

In einem andern Land habe ich in Paris angefangen zu schreiben, dann weiter in Havanna, Key West, Piggott, Arkansas, Kansas City, Mo. (während des Parteikongresses, auf dem Hoover nominiert wurde), dann weiter in Sheridan, Wyoming, und ich beendete es in Big Horn, Wyoming. Kehrte dann nach Key West zurück. Mein Vater erschoß sich kurz vor Weihnachten jenes Jahres (das Hoover-Jahr), und ich war zu dieser Zeit mitten an der Neufassung. Du kannst durch Scribner's herausfinden, wann es in Fortsetzungen erschien und veröffentlicht wurde. Ich bin ziemlich sicher, daß ich den Rest in Paris umgeschrieben habe. Oder vielleicht waren das die Fahnen dort. Ich habe das letzte Kapitel über 40mal umgeschrieben, aber ich hoffe, daß es sich nicht so liest. Jetzt erinnere ich mich: ich bin sicher, daß die letzte Neufassung in Paris entstand. Ich hatte nämlich einen langen Brief von F. Scott Fitzgerald bekommen, in dem er unter anderem sagte, ich dürfte unter k e i n e n

Umständen Lt. Henry den Sergeanten erschießen lassen, und vorschlug, Frederick Henry sollte nach dem Tod Catherines in das Café gehen und zufällig eine Zeitung aufnehmen und lesen, daß Chateau Thierry von der Marine in Schach gehalten würde. Dadurch, sagte Scott, würde die amerikanische Öffentlichkeit das Buch besser verstehen. Ihm gefiel auch die Szene in dem alten Hotel »Cavour« in Mailand nicht, und er wollte noch an vielen anderen Stellen Änderungen, »damit es akzeptabler würde«. Nicht ein einziger Vorschlag war sinnvoll oder brauchbar. Er hat das MS kein einziges Mal gesehen, bevor es für die Veröffentlichung fertig war. (Das fällt unter die Rubrik: einsam sein, wenn Du verstehst, was ich meine.) Ich hatte schon lange vorher gelernt, ihm nichts zu zeigen. Werde Dir das eines Tages mal erzählen; zu lang, um es jetzt zu schreiben, wo ich versuche, Dir die g e n zu geben, die Du brauchst, wie Du sagst.

Wem die Stunde schlägt wurde hier geschrieben, dann in Sun Valley, Idaho, und dann wieder hier. Aus Scribner's Akten werden die Daten hervorgehen.

Wie Du weißt, war ich von Anfang 1942 bis Ende 1945 als Schriftsteller aus dem Geschäft, abgesehen von 6 Artikeln für »Collier's« und den Gedichten (in denen ich das zu komprimieren versuchte, von dem ich nicht wußte, ob ich je dazu käme, es zu schreiben).

Dann begann ich, oder besser: ich machte weiter mit dem langen Buch, unterbrach das aber mit *Über den Fluß*, als es so aussah, als ob ich das lange Buch nie würde zu Ende schreiben können. Jedenfalls haben mir die Ärzte das eingeredet. Ich fing in Cortina d'Ampezzo an, schrieb dann hier und beendete es auf dem Klo (für mich im Winter im »Ritz« der beste Ort zum Schreiben); um 5 Uhr morgens kann man die Toilettentür zumachen und hat es warm, während das Schlafzimmerfenster noch offenbleibt und kein Licht an ist, so daß Mary weiterschlafen kann.

Reicht Dir das auf die Frage, wo sie geschrieben wurden?

Weißt Du, Charlie, im ersten Krieg habe ich hauptsächlich zugehört, was die Kerle redeten; besonders im Krankenhaus und während der Genesung. Ihre Erlebnisse waren lebendiger als deine eigenen. Du schöpfst aus den eigenen und ihren. Man kennt das Land und auch das Wetter. Man hat eine Karte im Maßstab 1:50000 vom ganzen Frontverlauf oder von einem Frontabschnitt; oder eine von 1:5000, wenn man eine genauere bekommen kann. Dann schöpft man aus den Erfahrungen und dem Wissen anderer Leute und aus dem, was man selber weiß.

Und dann kommt so ein Scheißkerl daher und weist nach, daß man an diesem oder jenem Kampf gar nicht beteiligt war. Schön. Dr. Tolstoi war in Sewastopol. Aber nicht in Borodino. Er war zu der Zeit nicht im Geschäft. Aber er schöpfte aus dem Wissen, daß wir alle in irgendeinem verdammten Sewastopol waren.

Ich hoffe, einiges davon wird nützlich sein.

Es gibt keine Regel, wie man schreiben muß. Manchmal geht es leicht und wird vollkommen. Manchmal ist es, als ob man einen Felsen anbohrt und ihn dann mit Sprengladungen hochjagt.

Beste Grüße
Ernest

Mary läßt herzlich grüßen.

UMD

1 Poore von der »New York Times« sammelte Daten für Einführung und Anmerkungen zu seiner Ausgabe von *The Hemingway Reader* (New York 1953).

An Bernard Berenson

La Finca Vigía, 24. Januar 1953

Lieber Mr. B:

Lillian Ross schrieb mir gestern, daß Sie nicht von mir gehört hätten. Als ich Ihren letzten Brief erhielt, habe ich Ihnen einen langen Brief geschrieben. Also ist er entweder verlorengegangen, oder ich habe einen, den Sie geschickt haben, nicht erhalten. Ich lege einen Ausschnitt aus »Newsweck« von dieser Woche bei, über die Zustände bei der Post. Hier gibt es auch Schwierigkeiten.

Ich behalte nie Kopien von Briefen an Leute, denen ich vertraue, sonst würde ich Ihnen die vom letzten schicken.

Wie hat Ihnen Lillians Buch gefallen? Ich fand, es war eine sehr traurige Geschichte. Vom Witzemachen versteht sie nichts, außer dem bißchen, was ich ihr beigebracht habe. Aber ich fand ihre Detailbehandlung und ihr Gespür für das, was diese Leute gesagt haben, sehr gut. Sie ist ein merkwürdiges Mädchen, und ich mag sie sehr, und wir sind gute Freunde. Es ist, als ob man gut Freund mit einer Kreissäge sei. Aber so bin ich auch gewesen. Sie wird von einem richtigen Arbeitsteufel angetrieben. Und das ist bei mir auch so. Ich dachte zwar immer, es wäre nicht der Teufel, sondern mein Kurator oder Lehnsherr, dem zu dienen ich geschworen hatte und dem ich dienen werde bis an mein Ende. Das heißt nicht, daß ich meinen Herrn (das Schreiben) nicht für einen Scheißkerl halte, oder nicht über ihn lästere. Ich diene ihm nur so gut wie ich kann, und ich kann es immer besser. Mein Herr beeinflußt, ja ändert noch nicht einmal irgendeine Entscheidung, die ich treffe. Tatsächlich ist er tot, aber das habe ich niemandem erzählt, und ich diene ihm, als ob er noch lebendig wäre. Das ist wahrscheinlich dumm. Aber wir brauchen alle etwas Disziplin, und ich brauche mehr als die meisten. Bei mir sorgt das Schreiben für Disziplin. Frauen sorgen für die Disziplin im täglichen Leben.

Wie geht es Ihnen? Hört sich nach einem schlimmen Winter an. Meine Nachrichten kommen immer aus Venedig. Ich bin jetzt zwei Jahre nicht mehr dort gewesen, und das sind zwanzig Jahre zuviel. Heute ist ein trüber nasser Tag, und davon bekomme ich noch mehr Heimweh. Ich wünschte, es gäbe keine Vorschriften und ich könnte Ihnen einen Brief schicken, den ich von dort bekommen habe. Sie haben doch nie gedacht, *Über den Fluß* usw. wäre »erfunden«, wie die Kritiker behauptet haben, und daß es ein menschliches Wesen wie das Mädchen Renata nicht geben könnte, oder? Ich hoffe nicht.

Die Frauen der Kritiker sehen alle aus wie Mrs. Alger Hiss oder Mrs. Whitaker Chambers, und noch schlimmer. Vielleicht habe ich Ihnen das schon geschrieben.

Wie hat Ihnen der Briefwechsel zwischen Gide und Claudel

gefallen? Und Gides postume Gehässigkeit seiner Madeleine gegenüber?

Stirb und werde [Gide] war ein gutes Buch, und ein paar von den anderen auch. Aber ich habe ihm gegenüber immer so ein Gefühl wie manche dummen Leute gegenüber Katzen. Bei ihm hatte ich dasselbe Gefühl wie bei Alice Toklas. Gertrude habe ich immer gern gehabt, trotz allem, und sie mich auch, und das hat Alice mörderisch eifersüchtig gemacht. Auch Leo [Stein] mochte ich sehr gern. Mochten Sie ihn?

Sherwood Anderson war ein Banause. Unaufrichtig (nicht, daß er einfach etwas Unwahres erfand; die ganze Dichtung ist eine Form der Lüge), aber unaufrichtig in einer Weise, wie man es bei Bildern n i e sein könnte. Außerdem war er weichlich und irgendwie sentimental. Er besaß sehr schöne italienische Bastardaugen, und wenn Sie in Italien aufgewachsen wären (mit sehr schönen italienischen Augen), hätten Sie immer gewußt, wann er log. Gleich als ich ihn kennenlernte, dachte ich, der ist in seiner Entwicklung ein bißchen zurückgeblieben. So was wird Kulturminister in einer neugegründeten Minirepublik, wo es außer Charme keine Maßstäbe gibt. Sie wissen, wir schlechten Jungs, ich meine die rauh aufgewachsenen, vertrauen nie einem Mann mit südlichem Akzent oder schönen Augen.

Man kann einen Mann, der Menschen getötet hat (bewaffnet), daran erkennen, daß seine Augen gewöhnlich kein bißchen blinzeln. Die Augen eines Lügners blinzeln dauernd. Treffen Sie sich mal mit [André] Malraux. Langweilen Sie sich schon sehr? Sie können jederzeit aufhören und das Ganze wegwerfen.

Aber es hat mir so leid getan, daß Sie dachten, ich hätte nicht geschrieben.

Wenn Sie wollen, kann ich Ihnen über Malraux und fast jeden aus meiner Zeit ganz lustige Geschichten schreiben. Hier gibt es keine großen Neuigkeiten. Wir warten immer noch auf den Vertrag und auf die Realisierung des Filmprojekts (gut) *Der alte Mann und das Meer* und einige andere Dinge, bevor wir nach Afrika fahren. Mary geht es gut, und sie ist sehr glücklich. Es gab schon wieder einen bewaffneten Raubüberfall, aber diesmal habe ich sie gehört, und es gab eine große Schießerei im Dunkeln, und ich denke, es wird keinen Überfall mehr geben. Hoffe es jedenfalls.

Ich kann nicht schreiben, wenn Dinge und Entwicklungen in der Schwebe sind. Sobald die Filmsache unter Vertrag ist, werde ich versuchen, die Kampfaufnahmen zu machen – Haie und springende Fische – und dann nach dem Frühjahrsregen nach Afrika fahren.

Das letzte Buch verkauft sich gut und stetig. Ich hoffe, Ihnen geht es ebenso gut und stetig. Wir müssen jetzt erst mal diesen Winter durchstehen.

Mary läßt grüßen. Sie hat etwas über mich geschrieben, worin sie Sie zitiert hat (aus Ihrem vorletzten Buch), darüber, wie wir gerne wären. Sie würde es Ihnen gern schicken, wenn Ihnen nicht übel davon wird.

Ich muß mich höllisch anstrengen, um mit ihr so umgehen zu können wie Sie mit ihr. Aber ich sage ihr: Gib mir 35 Jahre Zeit.

Grüße aus Kuba

I TATTI

Ernest

An Bernard Berenson

La Finca Vigía, 17. Februar 1953

Lieber B. B.:

Für manches muß man wohl Noten geben. Ihr Brief vom 12. Febr. kam heute morgen und bereitete mir unentzifferbare Freude.

ICH KANN ESTILO MILITAR SCHREIBEN, falls der irgendwie lesbarer sein sollte, aber ich schreibe äußerst ungern auf der Schreibmaschine, besonders an Sie. Sie sind einer meiner wenigen Helden.

Biographien mit 53 sind Scheiße. Das wissen sie nicht. Man ist zu stolz, es ihnen zu sagen. Sie könnten es auch nicht verstehen.

Man (das bin ich) ist unwissend, man macht Fehler, will sie

vergessen, wenn man aus ihnen gelernt hat, und sie für sich behalten, oder arbeiten und Spaß haben. Sie wollen Wäschelisten und schmutzige Laken. Sie denken, vielleicht steckt das Geheimnis in den ausrangierten Unterhosen. Vielleicht ist das so. Pero tengo dudas (Aber das bezweifle ich). An gültigen Mythen ist das Wahre immer interessanter als der publizierte (journalistische) Mythos. Außer bei einer liebenden Frau.

[André] Malraux hat sich selber zum Affen gemacht. Hat sich sein Image durch eine zittrige Hand und ein Zucken in der linken Augenbraue geschaffen.

Wahres Beispiel: Drei Tage nach dem Einmarsch in Paris bereiteten wir (französische Irreguläre) uns darauf vor, an der Spitze der 4. Inf.-Division nach Norden zu rücken, um via Compiègne die Aisne bei la Fère zu überschreiten, St. Quentin einzunehmen, und dann seitlich in zwei Kolonnen vorzustoßen, um den deutschen Fluchtweg nach Aachen in die Zange zu nehmen. Wir lieferten ihnen vor St. Quentin zwei große Schlachten, und später mußte ich mich nach le Cateau durchschlagen, wo mich mein bester Freund und Col. (Lanham) von der 22. Infanterie mit den Worten empfing: »Häng dich auf, tapfrer Crillon. Wir haben wie die Schweine gekämpft, und du warst nicht dabei.«[1] Sie hatten uns bei Montrecies eine große Schlacht geliefert.

Nun, Mr. B. B., bevor wir zu dieser Jagd, Wegabschneiderei und Schlachterei aufbrachen, war ich mit meinen nichtsnutzigen Kerlen im Hotel »Ritz«, Paris, sie nahmen ihre Waffen auseinander und reinigten sie und verhandelten eifrig mit Leuten und schoben die ab, die in Paris zufrieden waren und nicht aus dem Stall wollten, um zu kämpfen – da erschien A. M. Er trug 5 Galons [goldene Tressen] – polierte Kavalleriestiefel – Orden usw. Ich trug eins der beiden Hemden, die ich besaß.

Ich sagte: »Bonjour, André«, er sagte:

»Bonjour, Ernest. Wie viele haben Sie kommandiert?«

Ich sagte: »Dix aux douze. Au plus deux cent.«

Er sagte: »Moi: deux mille.«

Ich sagte: »Wie schade, mein Colonel, daß wir nicht die Unterstützung Ihrer Truppe hatten, als wir diese kleine Stadt einnahmen (ein patelin [Dorf]).«

Dann arbeiteten wir weiter und ließen ihn herumstolzieren und rucken und zucken, bis er ging.

Einer meiner Typen rief mich ins Badezimmer und sagte: »Papa, on peut fusiller ce con? [Können wir diesen Blödmann nicht erschießen?]« (Ich kann nicht Französisch schreiben.)

Ich sagte: »Nein. Gib ihm was zu trinken, dann geht er von allein.«

Das ist die drittbeste Geschichte über Malraux, die ich kenne. Die beiden anderen sind noch besser, aber die handeln in Spanien. In Spanien hat er sich selbst übertroffen.

Geschichten über Gide gibt's ein Dutzend auf 'nen Groschen. Geschichten über Valéry sind alle nett. Geschichten über Joyce sind so gut wie Joyce. Sehr gut. Sehr seltsam. Fürchtet sich vor allem vor Gott und vor Blitz und Donner. Ich bin immer sehr froh, Junge, daß Sie nicht in der Kirche aufgewachsen sind.

Später, 11.45

Die Canastaspieler sind am Spielen. Wenn man kein Snob in puncto Karten ist, ist es vertretbar. Aber solange es noch ein gutes Buch zu lesen gibt oder einen Freund, dem man schreiben kann, werde ich es nicht spielen. Noch werde ich es je spielen. Bridge ist ein herrliches Spiel, wenn man in einer Skihütte in den Alpen eingeschneit ist und nichts zu lesen hat, aber Canasta ist das Spiel für Ehefrauen, die es nicht richtig besorgt bekommen, was wohl das Schicksal der Ehefrauen ist. Eine kranke Ehefrau zeugt von einem untauglichen Ehemann.

Aber eine canastaspielende Ehefrau zeugt von einem Ehemann, der weder mit dem Verstand noch mit sonstwas bei der Sache ist. Ich werde versuchen, bei der Sache zu bleiben.

Christopher La Farge ist Gast bei uns im Haus. Er sagt, er hätte Sie 1924 besucht, oder bei Ihnen vorgesprochen. Er ist ein echter Dichter und ein guter Vogelschütze.

Sie haben doch nicht etwa die Bücher über Hemingstein gelesen, den vorläufig nicht kanonisierten Heiligen der Literatur? Es gibt jetzt drei davon. Es ist ein Laster, sie zu lesen. Ich habe mich danach etwa eine Woche lang unrein gefühlt, aber das habe ich jetzt hinter mir.

Wir haben hier einen sehr schönen Winter. Immer wenn ich von schlechtem Wetter in Europa lese, oder wenn ich direkt etwas aus Venedig höre, wünschte ich, Sie wären hier. Gute Nacht und schlafen Sie gut, das ist so ziemlich das Beste, was wir kriegen können. Mir tun die armen Leute leid, die an ein anderes Leben glauben (San Ernesto El Profundo). Sollte es aber wirklich einen so miesen Trick geben, werden wir zusammensein und uns gut amüsieren. Sie klassifizieren, und ich gebe fortlaufende Kommentare, und wir bringen die Kreise durcheinander. Armer Dante. Vielleicht können wir ihm einen Job als Hausmeister besorgen. Schon wieder hat ein großer Mann Florenz verlassen. Sie kennen die köstliche alte Geschichte von dem Mann, der die Toten eingekleidet hat.

Viele Grüße aus Kuba

I TATTI   Ernest

1 Parodie auf Heinrich IV. an den Duke of Crillon nach Arques (Shakespeare, *Heinrich IV.*, 1., II, 2).

An Lillian Ross

La Finca Vigía, 20. Februar 1953

Liebe Lillian:

Besten Dank für Deinen Brief und für die Neuigkeiten über Mr. Faulkner, den Schriftsteller. Was macht er wieder in N. Y.? Ich dachte, er würde seine kleine alte Heimstatt in Mississippi nie verlassen.

Ich kann mit keiner wahren Information über Gott aushelfen, da ich nie auf gutem Fuß mit ihm stand; und ich auch nie ein schilfbrechender Gottsucher gewesen bin; und auch den Nobelpreis nicht bekommen habe. Das beste wäre, die Wahrheit über Gott von Mr. Faulkner zu erfahren.

Ich weiß von Gott genausoviel wie Du. Mir wurden keine Offenbarungen gewährt. Es ist gut möglich, daß Mr. Faulkner jeden Abend mit ihm zu Tische sitzt und daß die Gottheit ihn

538

tröstet, wenn er einen schlimmen Traum hat, und ihm den Mund wischt und ihm morgens hilft, sein Maisbrot oder seine Maisbreigrütze oder seinen Weizenfladen zu essen.

Ich hoffe, daß Mr. Faulkner sich nie vergißt und der Gottheit eins mit dem Maiskolben überzieht. Es ist schön zu wissen, daß er guten Geschmack und Urteilsvermögen hat, aber Du, als eine meiner ältesten Freundinnen, mußt immer daran denken, daß man nie einem Mann mit südlichem Akzent trauen darf, und auch nie einem Gottsucher, komme er von nördlich oder südlich der Macy-Dixie-Linie.

Du fragst, ob ich wüßte, was er meint. Was er meint, ist, daß er Angst vor dem Sterben hat und daß er sich auf die Seite mit den stärksten Bataillonen schlägt. Wir werden das hier auskämpfen, und wenn keine Reserven kommen, ist das natürlich verfaulkt.beschissen, und man wird auf diesem Hügel finden, was von der Hundemannschaft übrig ist.

Bitte zitiere nichts von dem, da es polemisch ist.

Lillian, ich kann nun mal nicht anders, ich halte Leute, die über Gott reden, als ob sie ihn persönlich kennten und von ihm »Das Wort« empfangen hätten usw., für Betrüger. Faulkner war immer schon ein ziemlicher Betrüger, aber Gott bringt er erst seit kurzem ins Spiel, wenn er die Leute betrügt.

Der alte Mann in der Geschichte wurde als Katholik auf Lanzarote, einer der Kanarischen Inseln, geboren. Aber er hat gewiß an etwas mehr als an die Kirche geglaubt, und ich glaube nicht, daß Mr. Faulkner das richtig versteht. Er redet wie ein Neubekehrter oder wie ein Mann, der Angst hat zu sterben. Da ich immer Witze mache, nimm das hier nicht ernst, und zitiere mich bitte mit keinem Wort. Ich werde weder jetzt noch jemals Erklärungen zu *Der alte Mann und das Meer* abgeben. Jeder kann das in diese Geschichte hereintragen, was er als Gepäck mitbringt. Aber es wird keine Erläuterungen geben.

Ich habe Mr. Faulkner nichts auszurichten, außer daß ich ihm die Gnade eines glücklichen Todes wünsche und hoffe, daß er nicht mehr weiterschreibt, nachdem er seine Begabung verloren hat. Richte ihm aber auch das nicht aus. Aber das wäre es, was ich ihm tatsächlich sagen würde.

Das Hemd ist schön. Ich danke Dir sehr, Lillian. Eines Tages werde ich Dir etwas Hübsches schenken. Alles, was ich Dir jetzt schenken kann, ist meine Liebe.

H. von H.

JFK   [Huck von Hemingstein]

AN BERNARD BERENSON

La Finca Vigía, 20.–22. März 1953

Lieber B. B.:

Vielen Dank, daß Sie mir etwas über [George] Santayana geschrieben haben. Ich glaube, jetzt verstehe ich es. Als ich das Buch zu Ende gelesen hatte, empfand ich etwas ganz anderes als bei dem Teil über den älteren Russell und seine Probleme. Ich habe nie jemanden beneidet, und es ist ein bißchen spät, damit anzufangen. Aber wenn Sie wollen, werde ich, als geistige Übung, Santayana beneiden.

Bitte kommen Sie wegen »Life« nicht durcheinander. Das ist nur eine Illustrierte. Ich mache dauernd Witze, und vieles davon ist Galgenhumor. Sie müssen wirklich wissen, daß, ganz gleich, wie dumm einer sich benimmt, um nicht mit Idioten streiten zu müssen, jeder Schriftsteller, den Sie überhaupt respektieren oder der Ihnen Vergnügen bereitet hat, ein bißchen denken kann.

Die Gewalt ist die Gewalt unserer Zeit. Sie ist mein Erbe, nicht das Ihre. Ich finde es furchtbar, daß Sie dieser Idiotie ausgesetzt waren. Sie stammen aus einer guten Zeit. Für mich hat jede Zeit eine gute Zeit zu sein, und wir machen aus jedem Tag etwas. Ich kann nicht schön schreiben, aber ich kann sehr genau schreiben (manchmal, hoffe ich), und die Genauigkeit führt zu einer Art Schönheit. (Nicht wie die Kamera.) Ich weiß, wie man eine Landschaft beschreibt, so daß man, wenn man will, in sie hineinwandern kann, und ich verstehe etwas von taktilen Werten, hoffe ich. Manchmal gelingt es mir, Menschen zu erschaffen, weil ich, als Schriftsteller, ein fast perfektes Gehör besitze. Das klingt nach Prahlerei, aber es ist nichts anderes, als wenn ich Ihnen etwas über ein Pferd erzählte, das ich Ihnen raten könnte zu kaufen, falls Sie ein Pferd kaufen wollten; was Sie nicht tun. Ich kaufe auch keins. Ich besitze eins, in guten und in schlechten Tagen. Caveat usw.

Sie sprechen vom Betrunkensein. Ich finde es wunderbar, daß Sie nie betrunken gewesen sind. Ich glaube, ich kann sagen, daß ich nie betrunken war, wenn ich irgendeine Verpflichtung hatte, und im sogenannten bürgerlichen Leben bin ich nie betrunken, außer wenn ich mich sehr langweile. Da ich sehr schüchtern bin, trinke ich manchmal, um mir die Leute erträglich zu machen. Aber ich wüßte nicht, warum die Weine, die Sie gern haben, so teuer sein sollten. Selbst wenn ich alles Geld der Welt besäße, würde ich Cahors mit Wasser trinken, und Tavel (ganz kalt), Valpollicello (falsch geschrieben), Ihr örtliches Erzeugnis, einmal die Woche; und ich könnte seitenlang weitermachen. Aber keiner davon ist teuer. Der einzige teure Wein, den ich trinke, ist guter Brut Champagner. Der und wirklich guter Kaviar sind die einzigen Dinge, die ich kenne, die kostspielig sind und die das, was sie kosten, wert sind. Ich rede von vergänglichen Dingen.

Halten Sie bitte nie jemanden, nur weil er einen schweren Körper hat, für schwerfällig. (Kein Lexikon zur Hand, und ich schreibe dies frühmorgens, bevor ich in den Golfstrom rausfahre, der der Arno der armen Leute ist.)

Eigentlich sollte ein Schriftsteller, wenn er ein Lexikon nötig hat, nicht schreiben. Er sollte das Lexikon mindestens dreimal von Anfang bis Ende durchgelesen haben, und es dann an jemanden verliehen haben, der es braucht. Es gibt nur bestimmte Wörter, die es wert sind, und Similes (man bringe mir mein Lexikon) sind wie schadhafte Munition (das primitivste, woran ich im Moment denken kann).

Am nächsten Morgen – 21. März, 06.30
[Paul] Claudel kam mir immer lächerlich vor. Als ich zum erstenmal in französischer Sprache veröffentlicht wurde, hielt er mich für einen großartigen Schriftsteller, und das beunruhigte mich, und ich dachte: »Irgendwas, was ich nicht sehe, stimmt mit den Sachen nicht. Wenn sie Claudel gefallen, muß daran

etwas nicht stimmen.« Gide hatte diese ungeheuer laszive protestantische Kälte; wie der Pastor von der Vierten Presbyterianischen Kirche, der vom Hausmeister dabei erwischt wurde, wie er sich hinter der Kirchenorgel mit kleinen Jungens beschäftigt. Er wird meistens vom Hausmeister ertappt. Von den Leuten, die ich kannte, als ich zwanzig bis Ende fünfundzwanzig in Paris war, mochte ich Fargue (vielleicht falsch geschrieben) am meisten (Leon Paul), Valéry Larbaud war dumm, aber freundlich und liebenswürdig; ein Mann namens St. Leger Leger gefiel mir, der irgendwie anders hieß, Perse, glaube ich, und im Außenministerium arbeitete und sehr gute Gedichte schrieb. Valéry war ein angenehmer Mensch. Wir waren recht gut befreundet, aber kurz bevor er starb, äußerte er den Wunsch, mich zu sehen, und Sylvia Beach und Adrienne Monnier wollten aus diesem Anlaß eine Party geben. Ich hätte wohl hingehen sollen. Aber ich war gekränkt, nehme ich an, daß er sich, als ich noch ein sehr ruhiger Junge war, dessen Namen niemand kannte, nicht an mich erinnerte. Damals hielten mich die meisten älteren Leute für einen Boxer, da ich morgens, bevor ich schrieb, immer in der Sportschule an der Rue Pontoise als Sparringspartner zu arbeiten hatte. Nachmittags ging ich dann in Sylvia Beachs Buchladen, um mir Bücher zu holen, und manchmal traf ich dort irgendwelche Leute.

Gewöhnlich hatte ich damals nicht genug Geld, um in ein Café zu gehen, außer in die »Closerie des Lilas« und ins »Sélect«, wo ich bei zwei Kellnern persönlichen Kredit besaß. Dem einen half ich in seinem Gemüsegarten vor der Ported'Orléans, und er gab mir dafür einen ganzen Whisky (ein schönes Wasserglas, bis oben hin voll Whisky), und ich nahm ein kleines Schlückchen und füllte es für den Rest des Abends immer mit Wasser nach. Er kam häufig in die Sportschule, um mir beim Boxen zuzusehen (wir trainierten sehr gute Schwergewichtler, und für zehn Francs pro Runde versuchten sie einen jeden Morgen k. o. zu schlagen. Man war höflich wie ein Diener, aber kämpfen mußte man schon. Nur nicht zu sehr, sonst mußte man die Strafe durch das Ego des Kämpfers einstecken). Mein Freund von dem Café wußte, daß ich Schriftsteller war, und er machte sich ständig Sorgen um mich. Niemand außer mir wußte, daß ich ein guter Schriftsteller war, und die einzigen Stellen, wo ich etwas veröffentlichen konnte, waren »Der Frankfurter Zeitung« und »Der Querschnitt«, und mit dem Geld war es sehr schwierig. Mein Freund von der »Closerie des Lilas« (wir lebten dort um die Ecke) machte sich ständig Sorgen, daß mein Gehirn beim Boxen Schaden nehmen könnte. Aber er hatte nie etwas von mir auf französisch gelesen, und, wie Sie wissen, wenn es nicht auf französisch ist, ist es nichts wert.

Dies entwickelt sich zu einer langen und komplizierten Geschichte, und ich werde Ihnen den Rest davon ersparen. Sie endet damit, daß ich ein guter Schriftsteller wurde; sogar auf französisch. In der Zwischenzeit schlug ich beim Training irgendeinen Schwergewichtler zu Boden, wenn ich mehr Kredit brauchte, und mein Freund, der es gesehen hatte, konnte Geld leihen, wenn ich es brauchte. Aber, B. B., wir alle haben verschiedene Leben, und es ist ziemlich unverschämt, jemanden einen Kraftmeier zu nennen. Wir alle sind Männer mit allen Fehlern, die Männer haben. Liebe ist, wie Sie sagen, keine Unzucht. Als Mary einmal befürchtete, daß ihr etwas Schreckliches zugestoßen sei, sagte ich ihr, sie solle sich nie Sorgen machen. Denn wenn wir zusammen schliefen, selbst wenn wir uns nur an den Füßen berührten, sei es dasselbe, als ob wir Liebe machten.

Wie Sie wissen: Wenn man jemanden wirklich liebt, ist es nur das Vergnügen des anderen, das einen glücklich macht.

Zu der Sache mit dem Kämpfen und Bluten usw. Sie müssen wissen, daß keiner von uns mit Absicht blutete. Ich habe das so oft erlebt. Man sieht die Farbe, und ob es hervorschießt oder nicht: An der Farbe erkennt man, ob es aus einer Arterie oder aus einer Vene kommt. Entsprechend handelt man, um es zu stoppen. Das ist weder geheimnisvoll noch romantisch. Es ist wie ein Betriebsunfall. Wenn ich sehe, daß es hellrot ist und in Stößen hervorschießt, sage ich »Scheiße«; das ist ein altes Wort, das schon [Pierre] Cambronne gebraucht hat, und es ist immer noch gültig. Diese Dinge haben mit Schreiben nichts zu tun. Ein Schriftsteller, der gerne schreibt, sollte weder erschossen werden, noch sollte zu oft auf ihn geschossen werden.

Wenn er verwundet wird, kümmert er sich um sich selber; aber er mißt dem Betriebsunfall keine mystische Bedeutung bei.

Sehen Sie, da ist das Problem, wie wir aufgewachsen sind. Wenn ich zu Ihrer Generation gehörte, hätten wir als Jungen die Freiheit gehabt, in Europa herumzuziehen wie man wollte, und alle Probleme wären selbstauferlegt gewesen. Wie bei Santayana. In meiner Generation wurden einem die Probleme von anderen auferlegt, und sie hießen Adamello, Riva, Pasubio, Siete Communi, (Altipiano de Asiago) Monte Grappa, Montello und Basso Piave. Ich liebte Bilder, sehr sogar, aber ich schaute sie mir auf Krücken an oder mit einem Gipsbein. Ich liebte die Italiener und hielt den Krieg für dumm, aber als wir von der Behandlung im Ospedale Maggiore (Padiglione Zonda) in Mailand kamen, schlugen uns die Säufer und das Lumpenproletariat zusammen und zerbrachen unsere Krücken und sagten abasso gli ufficialli (mailändisch), ich hoffe, ich hatte Verständnis dafür und für ihre Probleme und all das. Aber so was hatten wir uns nicht absichtlich eingehandelt. Wir müßten die Daten nachprüfen, aber ich glaube, ich wurde schwer verwundet, bevor Henry James den O. M. [Verdienstorden] für seine patriotischen Ergüsse erhielt. Einer meiner Großväter [Ernest Hall] hat immer zu mir gesagt, Patriotismus sei die letzte Zuflucht der Diebe und Schurken. Das hat er wahrscheinlich falsch von jemand anderem zitiert.[1] Aber er war ein ganz ausgezeichneter Mann und ist in unserem Bürgerkrieg schwer verwundet worden, und er gestattete nie, daß der Krieg in seiner Gegenwart erwähnt wurde. Mein anderer Großvater [Anson Hemingway] war ein Held, und als kleiner Junge ging ich mit ihm, um Annette Kellerman und *The Birth of a Nation* zu sehen und sämtliche Mitglieder der Großen Armee der Republik zu Grabe zu tragen. Er hielt bei der Beerdigung stets die Grabrede, und auf dem Nachhauseweg machten wir in irgendeinem Saloon halt, und er pflegte dann zu sagen: »Ern, glaub kein verdammtes Wort von dem, was ich heute über diesen Mistkerl gesagt habe. Ein lebendiger Mistkerl ist auch tot noch ein Mistkerl. Aber ich muß toujours le Scheißpolitesse draufhaben.«

Tut mir leid, daß ich Sie mit Mister angeredet habe. Wir reden jeden mit irgendeinem Titel an. Mary ist Miss Mary. In unserer Familie haben wir einen legendären Kauz, der als der Snicketeesnee bekannt ist. Wenn es mal schlecht steht, machen wir Lieder über ihn. Sie haben einen sehr gebrochenen Rhythmus, der so viele Wörter erlaubt, wie die Stimme unterbringen kann. Der Snicjketeesgny (polnische Schreibweise) soll Santayana etwas ähnlich sein (der Mann, den wir beneiden, außer daß er tot ist).

Eine typische Strophe:

> George Armstrong Custer
> Und die Siebte Kavallerie
> Haben nie so viele Indianer umgebracht
> Wie der Snicketeesnee.

Wenn Sie mit der Schlacht von Little Big Horn vertraut sind, werden Sie merken, daß das ironisch gemeint ist.

Eine andere Strophe, die mit Seiner Lordschaft zu tun hat, lautet:

> Jesus der Allmächtige und die Heilige Dreifaltigkeit, die
> Warn bloß Konvertiten
> Sagt der Snicketeesnee.

Eine weitere:

Laß ich weg, denn sie werden schlimmer. Gut sind sie bloß mit einer Melodie. Es ist die Melodie von *Doing What Comes Naturally.*

Wenn ich überhaupt auf etwas bestehe, dann auf diesem: Es gibt nichts Geheimnisvolles um Avila, wenn man aus Avila stammt. Ich habe die heilige Teresa nie kennengelernt, weil sie vor meiner Zeit gelebt hat. Wenn wir Zeitgenossen gewesen wären, wären wir bestimmt gute Freunde gewesen. Dasselbe gilt für Juan de la Cruz. Quevedo kenne ich besser als meinen Bruder. Santayana ist für mich eine andere Sache. Da er aus einer befestigten Stadt stammt, meint er, das mache einen Unterschied. Im Herzen macht das keinen Unterschied. Jeder, der mal in einer befestigten Stadt gelebt hat, weiß, wieviel Menschenscheiße da auf den Wällen und unter den Türmen liegt. Wir wissen, wer dafür gekämpft und wer geholfen hat, sie zu bauen, und wer nicht. Und wir lachen über den Sohn des Bodegabesitzers, wenn sein Denken verwirrt ist. Sie wissen: Was Spanien zugrunde gerichtet und was Spanien zu Spanien gemacht hat, war die Inquisition. Santayanas Familie ist ihnen entwischt, und er wurde ihr schön schreibender Apologet. Das ist sehr ungerecht, aber Sie müssen auch mit mir Geduld haben. Jeder liebt etwas, und ich liebe Spanien und ich kenne es, ein wenig, so wie Sie Bilder kennen.

Zum Sterben: Das müssen wir, aber es gibt keinen Grund, warum wir dem Bedeutung beimessen sollten.

Sie haben gute Arbeit geleistet und die Dinge nicht durcheinandergebracht. Wenn Ihnen das irgend etwas nützt: Zwei Leute hier lieben Sie sehr. Mary und ich.

Neulich hatten wir am Himmel die seltsame Nebeneinanderstellung von Venus, Jupiter, Mars und Merkur. Ich habe die Venus noch nie in meinem Leben so herrlich gesehen, und das wird auch so bald kein anderer. Und dann ziehen jetzt alle Zugvögel hier durch, und auf dem Haus hier nisten zehn Pärchen von Spottdrosseln. Einer spiele ich auf dem Grammophon Bach vor, und sie lernt es sehr gut. Im Teich haben wir eine völlig schwarze Eidechse, und ich habe gelernt, tonlos nach ihr zu pfeifen, so daß sie immer, wenn ich nach ihr rufe, zu mir kommt. Ich weiß nicht, welcher Zauber in dem Ruf steckt. Ich habe ihn von einem Mann gelernt, der ihn von jemand anderem gelernt hat. Man pfeift, ohne einen Ton von sich zu geben, aber die Eidechse hört es genau; es ist offenbar eine Parole. Ich habe verschiedene Melodien ausprobiert. Aber die Melodie ist unwichtig. Es liegt an der Frequenzmodulation. Mögen Sie lagartos? Ich mag sie sehr, wegen ihrer wunderbaren Geschwindigkeit und Eleganz. Es war merkwürdig zu erfahren, daß sie eine schwache Stelle haben und gerufen werden können wie Vögel oder Tiere.

Vielen Dank für das Vorwort, das soeben eingetroffen ist. Ich habe mir das Buch gekauft und hoffte, es wäre schon hier, damit wir es auf eine Fahrt die Küste entlang mitnehmen könnten, die Mary und ich übermorgen machen werden. Der

Junge [Harvey Breit], der das Besprechungsexemplar für die
»N. Y. Times« hatte, wollte es mir geben, aber ich habe es vorgezogen, es zu kaufen. Jedenfalls kann ich das Vorwort auf der
Reise lesen. (Habe es jetzt gelesen, und es gefällt mir sehr. Es
ist so klar, daß man es wahrscheinlich nicht verstehen wird.)
Wissen Sie, wenn wir so deutlich und einfach schreiben, wie
wir nur können, schreiben wir recht ähnlich. Ich hoffe, das
macht Sie nicht wütend. Es ist sehr respektvoll gemeint.

Heute ist Palmsonntag, 07.00. Ich habe eben diesen Brief gelesen, und ich habe noch nie so viele falsch geschriebene
Wörter gesehen, und die geäußerten Empfindungen hören
sich an wie gedruckte Wahlsprüche an der Wand im Analpha-
betenheim.

Die Kommunikation zwischen den Menschen ist nicht sehr
gut. Wenn ich Ihnen schreibe, dann nur, um Sie zu unterhalten, und weil ich einsam bin. Eins war gut; Santayana hat gesagt, daß er nie einen französischen Freund gehabt hat. Das
war eine fürchterliche Kritik. Stellen Sie sich ein Leben in
Frankreich ohne Freunde vor! Nicht einmal Robert Desnos
oder Jacques Prévert, keinen Arzt und keinen Hausmeister
oder die Frau des Hausmeisters oder irgendeine Hure oder
sonst jemand, bei dem man Kredit hätte, auch nicht Cricri du
Boisrouvray, die man geheiratet hätte, wenn man kein Narr gewesen wäre, und auch nicht Henriette, die, als das im Krieg
eigentlich unmöglich war, von Bordeaux kam, weil sie gehört
hatte, daß man in Paris sei, die man aber nicht gesehen hat,
weil man in den Norden gegangen war, und auch nicht all die
Leute, mit denen zusammen man in den verschiedenen Kriegen gekämpft hat.

»Écoute, Boursier. Il faut retirer.«

»Merde. Je me trouve très bien ici. Ma flanc gauche est pro-
tégée par une colline. J'ai le mitrailleuse bien placé. Je me
trouve énormément bien ici et je reste.«

Nie einen französischen Freund. Ich kann mir keinen weniger beneidenswerten Mangel vorstellen.

Beim Kampf um den Eingang zu Paris hatten wir ein feines
Lied. Es ging:

>Dix bis Avenue des Gobelins
Dix bis Avenue des Gobelins
Dix bis Avenue des Gobelins
Das ist wo Bumby wohnt.«

Dieses Lied hatten wir meinem ältesten Sohn zu singen beigebracht, als er ein kleiner Junge war, damit er immer wüßte, wo
er wohnt. Die Franzosen waren schlimme Jungs, Verrückte,
und sie hielten das für ein amerikanisches Kampflied. Red Pelkey, der sieben Jahre in der regulären Armee gedient und in
seinem ganzen Leben kein Wort Französisch gesprochen
hatte, bis wir in der Normandie landeten, sprach jetzt, seit er
Franzosen kommandierte, nur noch Französisch und hatte das
Englische vergessen. Er war der Meinung, sein Name sei Jim,
weil die Franzosen ihn Jim nannten. In Wirklichkeit hieß er
Archie, und er war mein Fahrer und ein gemeiner Soldat, kein
besonders guter. Ich glaube jedenfalls, er war ein echter Verrückter. Aber es hatte da vor Rambouillet einen Kampf gegeben, und wir hatten unsere Franzosen alle in die Kleider der
Toten gesteckt, und Pelkey war durch die geerbten Kleider Sergeant geworden und blieb monatelang Sergeant. Die Franzosen nannten Paris alle »Paname«. Das ist der Slangausdruck dafür, wenn man es liebt. Stammt wohl aus dem Slang der Teufelsinsel. Da wir damit rechneten, es einzunehmen und eine
geheimnisvolle Stelle namens Dix bis Avenue des Gobelins zu
erreichen, kam Pelkey irgendwie durcheinander, weil es ständig als Panama bezeichnet wurde. Sein Wortschatz mir gegenüber war jetzt darauf zusammengeschrumpft, zu sagen: »Oui,
Papa. Jenay pah vue, Papa. Eel son pahs encore arrivay, Papa.
Sa gazhe bien, Papa. Too lemond cohntent, papa, aber un peu
trow de tanks.«

Ich sagte dann: »Archie, kannst du wirklich nicht mehr englisch sprechen?«

Und er: »No, Papa. Too say jelly perdu. Toolemong parle
francay ay moi jay pense on francay.«

Ich: »Kannst du denn noch eine englische Landkarte lesen
und die Koordinaten verstehen?«

»Oui, Papa. Nayeh jamais purr sur moi. Dix bis Avenue des

Gobelins. Pah deh problemme. Ohn battre. May pah pour patrie. Patrie foutu.«

So ging das eine ganze Weile weiter, und Santayana hätte
vielleicht etwas daran auszusetzen gehabt. Aber Pelkey hatte
viele französische Freunde, und ich hatte auch ein paar, und
wir taten das, was man von uns erwartete. Manchmal hatte Pelkey geistige Probleme wie dieses: »Papa, tchay dee jamay fusil-
lay le john avahnt que papa inteeerogay. Bon?«

»C'est un ordre.«

»Merci, Papa. Ohn ah fussilay troe ohne raisons. Le boys
sohn trop enthusiasteeque. Eels ohnt voolu fussillay oon faim.«

»On fait ça jamais.«

»Merci, Papa. Say mon avee ossie. Jemmay foosillay day faim.
Respectay leh faim. May too say le patree footoo.«

»Das regeln wir schon.«

»Le boys dit jamais: Une fois foutu jamais le meme. Faim,
motociclette, jeep, toos con ah.«

»Faut pas être défaitiste, Pelkey.«

»Jamais défaitiste, Papa. Mais le boys mah expliquay.«

Sie haben Archie jetzt wohl mit Recht satt. Aber e r hatte
französische Freunde, und in der Nacht, bevor wir in Paris ein-
marschierten, war er wegen »Paname« sehr beunruhigt. Er
sagte: »Papa, jeh vais con toi. Tu sais. Ohn va attackay comme
toujours. Tulemond content. Dix bis Avenue des Gobelins.
Mais tu sais tray purr de john pour attackay la canal.«

Als wir einen Brückenkopf an der Porte-de-Saint-Cloud bildeten, brauchte er sich nicht mehr um den Kanal zu sorgen, und
Paname war Paris. Als die Irregulären aufgelöst wurden und man
Pelkey zur Fahrbereitschaft zurückschickte, war er verzweifelt
und sonderte sich ab und weinte dauernd wie einer, dem
das Herz gebrochen ist. Er arbeitete nicht mehr, gehorchte keinem Befehl, grüßte nicht und sagte nicht »Sir« – er tat überhaupt
nichts mehr. Der Divisionspsychiater wurde zu Rate gezogen,
aber das nützte überhaupt nichts. Archie sagte, seit er bei den
Irregulären gewesen sei, hätte sich sein Leben verändert, und
wenn er nicht bei Papa sein könne, wolle er sterben. Es gab
keine Strafe, die man ihm aufbrummen konnte, die ihn irgendwie
beeindruckt hätte. Also schickte man ihn wieder zu mir zurück.

Das alles fing an mit der Sache wegen »Life« und daß ich schlecht von Santayana gesprochen habe. Man sollte nie schlecht von jemandem sprechen. Aber wenn man ein Snob ist, wie kann man das vermeiden? Wissen Sie noch, was für ein dummer und eingebildeter Mensch Unamuno war? Aber er hatte oft recht. Ich pflegte stundenlang herumzusitzen und ihm zuzuhören und zu warten, daß er mal recht hatte. Mit Pascin hätte es mehr Spaß gemacht, und mit Joyce hat man sich immer gut unterhalten, weil er Gleichgestellten gegenüber nie eingebildet war. Pound habe ich sehr gemocht. Er hatte diesen großen Anspruch auf universelles Wissen, und er wurde unerträglich. Aber er wußte von den Dingen, von denen er etwas wußte, wirklich sehr viel, und er hatte ein warmes Herz, bis er verbittert wurde. Faschismus wird immer von enttäuschten Leuten betrieben. Mussolini kannte ich ziemlich gut. Wenn man einen bösen alten Mann wie Clemenceau gekannt hat, war Mussolini nicht sonderlich interessant. Und dann war es auch unmöglich, sich nicht daran zu erinnern, daß er im Krieg ein Feigling und als Journalist unehrlich war. So was wie Dongo verabscheue ich [dort wurde Mussolini von Partisanen ermordet]. Aber er hat gar kein so schlechtes Ende gefunden, wenn man seinen miesen Zynismus und seinen erwiesenen Haß auf die Italiener bedenkt. Er war nicht gerade ein bemerkenswerter Vertreter der Leute, die aus Forlì stammen. Niemand würde sich wünschen, in der Romagna zu leben. Aber es ist ein großer Vorzug, dort geboren zu sein. Ich stamme aus Barco de Ávila, Cooke City, Montana, Oak Park, Illinois, Key West, Florida, von hier, dem Veneto, Mantua, Madrid. Zu viele Orte. Aber man ist in allen zu Hause. Das hat seine Vorteile und seine Nachteile.

Morgen laufen wir um 04.00 aus dem Hafen aus. Heute nacht werden Mary und ich an Bord schlafen und dann für eine Woche oder zehn Tage an der Küste entlangfahren und nachts die Sterne betrachten und uns nicht über dumme Sachen den Kopf zerbrechen. Das Bett ist meine Heimat, und das Meer ist mein wahres Vaterland, und wir können die beiden miteinander verbinden, und ich werde versuchen, ein freundlicher und gütiger und hoffentlich guter Ehemann zu sein. Verzeihen Sie mir bitte diese langen dummen Briefe. Ich schreibe sie an Stelle von Geschichten, und sie sind ein Luxus, der mir Freude macht und Ihnen hoffentlich auch ein bißchen. Wenn nicht, kann ich jederzeit aufhören, Ihnen zu schreiben, und ich hätte vollstes Verständnis dafür, wenn Sie dessen überdrüssig sind. Sie können das vielleicht verstehen, weil Sie wie ich verschiedenes Blut haben. Als ich einmal draußen im Wind River-Reservat war, sprach mich ein alter Indianer an und sagte: »Du Indianer?« Ich sagte: »Sicher.« Er sagte: »Cheyenne?« Ich sagte: »Sicher.« Er sagte: »Vor langer Zeit gut. Jetzt nicht gut.«

Pues nada más; yo te quiero y soy a sus órdenes [Nun nichts mehr; ich grüße Sie und stehe zu Ihren Diensten].

Ernesto

1 Fehlerhaft zitiert nach James Boswell, *The Life of Samuel Johnson* (7. April 1775): »Patriotismus ist die letzte Zuflucht der Schurken.«

1954

An Harvey Breit

Bei Magadi, Kenia, 3. Januar 1954

Lieber Harvey:

Wie geht's Dir, Junge, und wie läuft alles? Wir sind hier an der Grenze zwischen Kenia und Tanganjika einquartiert. Ich bin jetzt ungefähr sieben Wochen in diesem Gebiet. Man hat mich zum Jagdaufseher ehrenhalber ernannt, und wegen des Notstandes [Aufstand der Mau-Mau] habe ich hier als Wildhüter gearbeitet. Es ist ein erstklassiges Leben. Tag und Nacht Probleme. Wie gestern, zum Beispiel. 21 Elefanten trafen auf ein Shamba [Dorf], das der Familie meiner Wakamba-Verlobten gehört. Sie wandern umher, und neun gehen mitten durch den Mais, der jetzt nach dem Regen fast 15 Fuß hoch steht. Aber wir glauben nicht, daß sie wirklich bösartig sind, denn sie gehen bloß durch und fressen dabei eine Schwade Mais weg. Eine Gruppe von sieben und eine von fünf gehen außen herum. Ich verfolge sie bis in die Berge und lasse dann Arab Minor, den Wildhüter, und noch einen Mann da, die sie verscheuchen sollen, falls sie diese Nacht zurückkommen. Ich kontrolliere die Büffelherde (82), und sie ist OK. Ich finde die Löwin, die am Tag vor Weihnachten Junge gekriegt hatte; sie ist OK. Sie hat einen Wasserbock aus einer 11köpfigen Herde getötet. Er war mein Freund, seit September, aber es sind noch sechs heranwachsende junge Böcke da, und einer davon wird die Herde schon übernehmen. Trotzdem tut er mir leid. Ich gehe schlafen, stehe in der Nacht auf und mache einen Spaziergang, mit meinem Speer. Studiere die verschiedenen Geräusche, auch die, die das Wild nachts von sich gibt. Ich gehe ohne Taschenlampe und ganz allein, in weichen Schuhen.

Morgens, um 5.30, gibt es Tee, und dann ziehen Mary und ich los; sie mit ihrem Gewehrträger Charo, der um die 80 sein muß und noch kleiner ist als sie, und ich mit meinem, der N'Gui heißt und der Sohn von M'Cola ist, der mein Gewehrträger war, als ich DGHA *[Die grünen Hügel Afrikas]* schrieb. N'Gui ist ein s e h r zäher Bursche – hat 7 Jahre bei der K.A.R. [King's African Rifles] gedient, Abessinien, Burma, usw. In Abessinien hat er ein bißchen Italienisch gelernt. Er und ich haben uns hier in dem Wakamba Shamba in 2 Mädchen verliebt. Es ist ein schönes Shamba an einem Flüßchen, mit immerhin 15 Acres Mais und bescheidenen Ernten, und unsere Mädchen sind Erbinnen, so was wie Brenda Frazier in alten Zeiten, nur schwarz und sehr schön. Sie bringen uns jeden Tag Geschenke; Zuckermais und selbstgemachtes Bier (sehr gut), und ich gab ihnen heute ein Pfund Schweineschmalz und die Lende eines Warzenschweins, das Mary geschossen hatte. Außerdem etwas Salz und ein Heft von »Life«. Gestern habe ich die Mutter und den Bruder und zwei Schwestern meines Mädchens getroffen. Ihr Vater ist nicht sonderlich bemerkenswert, obwohl er gut situiert ist. Ihre Mutter ist sehr nett, sie hat ein neues Baby. Mary hält sich einfach völlig da raus; sie ist verständnisvoll und verhält sich prächtig. Ich habe meine Verlobte kennengelernt, als sie [Mary] einmal nicht dabei war; wir hatten in einem fürchterlichen Nahkampf einen Leoparden getötet, und alle versammelten sich zum Feiern auf einer großen N'Goma, einer Art Epworth-Liga-Treffen, nur ein bißchen anders. Ich muß die Tiere töten, die ihr Vieh töten oder ihr Getreide zertrampeln. Solange ich das ordentlich mache, besitze ich eine gewisse Popularität. Die Tiere sind wahrhaftig keine Trottel, wenn sie anfangen zu plündern. Wirklich, Harvey, ich glaube, das wäre interessant für Dich. Es ist, als ob man jeden Tag als Schläger in der Profiliga spielen müßte. Schlagen geht auf die Arme, man könnte also gar nicht jeden Tag antreten, aber ich bin so eine Art Aushilfsschläger. Man kommt immer erst dran, wenn es nichts mehr nützt. Hab wieder angefangen, Tabak zu kauen, um Selbstvertrauen zu kriegen.

Das geht so. Man setzt sich hin, um zu schreiben, wie Flaubert, H. James (nicht Jesse) usw., und dann kommen zwei

Kerle mit Speeren und stehen lässig vor dem Zelt herum. Ich versuche zu schreiben, und Mary sagt: »Da sind zwei von deinen Freunden, die dich besuchen wollen. Ich weiß nicht, ob sie zur Familie deiner Freundin gehören oder ob sie ein Problem haben.« – »Sie müssen ein Problem haben«, sage ich. Haben sie auch. Sie leben 25 Meilen entfernt. Es sind keine jungen Krieger. (Junge Krieger haben sich alle dem Trinken ergeben.) Der Löwe ist in das Gehege eingedrungen und hat 2 Kühe getötet. Jetzt liegt er vor dem Gehege und frißt die eine der Kühe auf und knurrt. Es ist 25 Meilen von hier entfernt. ¾ des Weges ist mit dem Auto befahrbar. Also fährt man hin, besichtigt die Überreste der Kühe, stellt fest, wo die Wasserstelle ist, folgt dem Löwen (der Spur) hinaus in dieses verdammte Land. Und wiederholt dieses Unternehmen nach 3 oder 4 Tagen. Ich habe einmal am Kilimandscharo einen Löwen verfolgt, zusammen mit N'Gui und den anderen Jagdhunden, den ganzen Berg h i n u n t e r , und mußte dann (schwitzend) im Regen wieder raufsteigen.

Wiege jetzt 186. Wog lange Zeit ständig 190–192. Habe mir den Kopf abrasiert, weil meine Verlobte das gern hat. Sie fühlt gern all die Löcher in meinem Kopf und die Schwielen. Macht auch Spaß. Habe das vorher nie gewußt. Ich dachte, das wären eher Schandflecke. Aber hier nicht. Harvey, afrikanische Mädchen, jedenfalls Kamba und Massai, sind wirklich wunderbar, und der ganze Unsinn, daß sie einen nicht lieben könnten, ist gar nicht wahr. Sie sind bloß fröhlicher als die Mädchen zu Hause. Meine Freundin ist ohne jede Scham, selbst wenn sie ruht, ist ihr Gesichtsausdruck schamlos, aber durchaus liebevoll und zärtlich rauh. Ich höre besser auf, darüber zu schreiben, denn ich will richtig darüber schreiben und darf es auf keinen Fall verpatzen. Außerdem krieg ich davon sowieso einen zu schlimmen Ständer.

N'Gui meint, er sei etwa 30. Er hat fünf Frauen, und von dem Geld für diese Reise wird er wohl 2 weitere kaufen können. Vielleicht auch nur eine, die Schwester meiner Freundin. Vielleicht heiratet er auch meine Freundin, denn er und ich sind Brüder, also ist das OK. Aber meine Freundin will mit nach N. Y. und mir zusehen, wie ich all die Tiere töte, die in der Nummer über prähistorische Tiere in »Life« abgebildet sind. Sie glaubt, dort, wo ich lebe, gäbe es noch diese Brontosaurier und Pterodaktylen, die Mammuts, Säbelzahntiger, irischen Elche und Riesenfaultiere; schließlich hat sie ja die Bilder gesehen.

Nachts erzähle ich ihnen, wie wir George Armstrong Custer und die 7. Kavallerie umgebracht haben, und sie meinen, wir verschwendeten hier nur unsere Zeit und sollten sofort nach Amerika zurückkehren. Es ist ein prächtiges Land, Harvey.

Viele Grüße und frohes neues Jahr

HUL   Papa

An Harvey Breit

Shimoni, Kenia, 4. Februar 1954

Lieber Harvey:

Habe zwischen dem rechten Arm und dem Kopf eine Verbindung hergestellt, kann Dir also mit der Hand schreiben.[1] Falls ich das schon vorher getan habe, vergiß es bitte. Ich habe einen herrlichen Brief an [Adriana in] Venedig geschrieben, und als ich ihn vor dem Abschicken noch einmal las, merkte ich, daß er fast halb in Wakamba war.

Zu Deiner Information: die 2. Mühle [Flugzeug], die Bruch machte, war ein bißchen schlimm. Man sagt ja immer: »Mich kriegst du nie, du Mistvieh«, aber bei mir hat's die Nieren, oder vielleicht nur eine, die Leber, die Milz (was immer das ist) erwischt, jede Nacht ist mir die Hirnflüssigkeit ins Kissen gesickert, die Schädelplatte verbrannt usw. Außerdem (da sieht man, wohin einen eine schwere Gehirnerschütterung bringt) mußte ich in dem Feuer zwei Atemzüge machen, was bestimmt noch keinem gutgetan hat, außer natürlich Jeanne d'Arc, der Reinkarnation (anerkannt) von Gen. Charles de Gaulle. Bin außerdem auf dem linken Auge erblindet (war sowieso nie besonders gut).

Harvey, das war ein bißchen übler als die Sache mit dem Maiskolben von Nobelpreisträger FAULKNER.

Mary OK, aber etwas mit den Nerven runter. War sehr tapfer und liebenswert.

Eine Zeitlang sah es mehr oder weniger unsicher aus, aber jetzt hat es aufgehört, aus allen Öffnungen zu bluten, und ich habe ja immer erklärt, daß ich gewinnen würde. Aber es war schon komisch, Billy Rose zu lesen, dieses miese Krebsgeschwür, das Israel zu tragen hat. Wenn Du irgendwelche Puertorikaner kennst, grüße sie bitte von mir.

Harvey, Junge, die Dinge stehen momentan nicht gut. Ich hatte Gelegenheit, sie in meiner Todesstunde (2) zu durchdenken. Ich weiß nur eins genau: Wie man zum Gegenangriff antritt. Hab's geschafft.

Mach's gut, irgendwann würde ich Dich gern mal sehen. Würdest Du mir einen großen Gefallen tun und George Jean Nathan anrufen und ihn und Miss – – – von mir grüßen? Und wenn es Dir nicht zu lästig ist, ruf auch George Brown an – 225 West 57th Street – und bestelle ihm alles Liebe von Mary und Grüße von mir.

Immer Dein

HUL Papa Ernest

1 Die Hemingways haben am 22. und 23. Januar 1954 zwei Flugzeugabstürze in Uganda überlebt.

AN HARVEY BREIT

La Finca Vigía, 18. August 1954

Lieber Harvey:
Freut mich, daß Du den Urlaub so verbringst und ordentlich arbeitest.

Ich wüßte nicht, was daran falsch sein sollte, daß Du ein Stück über Scott schreibst. Er ist jetzt öffentliches Eigentum. Bei Mizener hat mir manches nicht gefallen. Worauf Du bei Budds [Schulberg] Roman achten mußt – so wie ich ihn in Erinnerung habe –, ist, daß es kein besonders guter Roman ist und die Frau nicht sehr überzeugend war. Ich würde mich nicht allzu eng an das Buch halten, wenn ich einer von Euch wäre. Halte Dich an Mizeners Buch, das ja historisch sein soll, und allgemein Bekanntes ist sicher genauso öffentliches Eigentum wie Scott.

Falls Dir das als grundsätzliche Information dienlich ist: Zu der Zeit, als ich Scott in Paris und an der Riviera kannte, hat er nie mit einer anderen Frau als Zelda geschlafen. Das ist die reine g e n.

Sie hat ihn zum erstenmal mit einem jungen französischen Marineoffizier betrogen.

Das war das erste, was Scott kaputtgemacht hat. Dann war sie lange Zeit verrückt (schyzophren; sieh nach, wie man das schreibt. Ich hab's falsch geschrieben, und bis zum Lexikon in Marys Zimmer ist es mir zu weit.), und niemand wußte es. Sie war auf Scotts Arbeit krankhaft eifersüchtig, und jedesmal, wenn er hart arbeitete, machte sie es ihm unmöglich. Das war nicht schwer, da er mehr als nur ein potentieller Säufer war. Gerettet hat ihn, daß er das Trinken nicht vertrug. Er konnte damals keinen Alkohol vertragen und kippte schon nach ein paar Drinks, die unsereinen normalerweise erst in Stimmung bringen, bewußtlos um. Es machte ihm auch Spaß, bewußtlos umzukippen, weil er dadurch in den Mittelpunkt der Aufmerksamkeit rückte. Ohne es zu wollen, stellte er sich ungeheuer gern zur Schau, und im Lauf der Zeit wurde er ein immer widerlicherer Trunkenbold. Budd kennt ihn von einer Reise und von Holywood (füg ein l ein), aber ich weiß nicht wie gut. Ich kannte ihn lange und habe ihn in allen möglichen Situationen erlebt, und ich war sein Held, ein Job, den Du jederzeit haben kannst.

In ihm vereinte sich die ganze Selbstgefälligkeit des Säufers mit der Selbsterniedrigung des irischen Säufers. Außerdem besaß er hervorragendes Talent, fast keine Bildung, und er verlor sein Selbstvertrauen, als Zelda ihm sagte, daß sein Penis kleiner wäre als bei einem normalen Mann, und daß er sie nie befriedigt hätte. Er vertraute mir dieses schreckliche Geheimnis in Michaud's Restaurant an, und ich bat ihn, mit aufs Klo zu kommen, wo ich mir genau betrachtete, wie er gebaut war. Er war völlig normal gebaut. Ich erklärte ihm, daß er sich seinen

Schwanz immer von oben ansieht, wodurch er kürzer erscheint. Er dachte, ich nähme seinen großen Kummer auf die leichte Schulter. Ich erklärte ihm, daß es der Erektionswinkel und die Fähigkeit, die Erektion zu halten, und einige andere grundsätzliche Dinge seien, wie etwa, an das Vergnügen des Partners zu denken, die einen Mann im Bett gut oder schlecht machen. Aber er hatte sich an dieser Ausrede für seine Niederlage festgeklammert und wollte sich nicht trösten lassen. Ich bot ihm an, ihn in den Louvre mitzunehmen und ihm zu zeigen, wie Leute früher gebaut waren, aber er ließ sich nicht aufheitern. Zelda hatte ihm das gesagt, also war es wahr. Zelda war zu dieser Zeit völlig verrückt.

Diese Sachen nützen Dir vielleicht nichts, vielleicht aber doch. Nachdem Scott ein richtig ekelhafter Säufer geworden war, führte er sich immer schlimmer auf. Ich pflegte mit ihm zum Essen auszugehen, und er beleidigte die Leute, und ich mußte es immer ausbügeln, damit er nicht zusammengeschlagen wurde. Er hat sich selbst in seinen besten Tagen nicht prügeln können, und es kam so weit, daß es ihm Spaß machte, Leute zu schlagen, was ich dann ausbaden mußte. Das Folgende ist nur eine kleine Probe davon, wie es in Paris war. Ich wohnte in der zweiten Etage eines Pavillons über einer Sägemühle. Mein Vermieter wohnte im Erdgeschoß. Als Scott uns einmal mit der kleinen Scotty besuchen kam, ließ er sie am Fuß der Treppe direkt vor der Tür des Vermieters auf den Boden Pipi machen. Es lief unter der Tür durch, und der Vermieter kam raus und sagte sehr freundlich zu Scott, daß unter der Treppe eine Toilette wäre. Er dachte, das Kind hätte eben plötzlich gemußt.

»Ich weiß, daß da eine ist, du Dreckskerl«, sagte Scott. »Und ich werde dich mit der Nase reinstecken.«

Es gab Hunderte von solchen Vorfällen. Aber als ich ihm sagte – nach einem schrecklichen Abend, wo ich, um etwas wirklich Fürchterliches, das Scott angerichtet hatte, auszubügeln, dem Portier des »Plaza« eine große Summe geben mußte –, daß ich nie mehr mit ihm ausgehen würde, es sei denn, er verspräche, sich Leuten gegenüber nicht mehr so scheußlich zu benehmen, oder es jedenfalls zu versuchen, brachte er es fertig, etwas darüber zu schreiben, daß er mit der Autorität eines Menschen spräche, der versagt hat, und ich mit der Autorität eines Menschen, der usw., und so konnten wir nie mehr zusammen an einem Tisch sitzen. Eine ziemlich selbstgefällige Version.

Zelda hat ihn wahrhaftig zugrunde gerichtet, denn jedesmal, wenn er sich gefangen hatte, brachte sie ihn wieder zum Saufen. Aber, Harvey, es schien, als ob er sich gern demütigen ließ, und natürlich demütigte er jeden, mit dem er zusammen war. Ich habe ihn Dinge tun sehen, die man kaum einem wirklich Verrückten hätte verzeihen können. Anfangs war er hinterher noch immer schrecklich zerknirscht. Später erinnerte er sich gar nicht mehr daran. Er war immer großzügig, und nüchtern konnte er verdammt nett sein.

Wenn diese g e n Dir nichts nützen oder verwirrend sind, schmeiß sie weg. Ich habe ihn während seiner Hollywood-Zeit nie gesehen, und das Stück handelt von einem Kerl aus j e - n e r Zeit. Also nützen Dir solche g e n wahrscheinlich nichts. Was ich hier schreibe, spielt in den sechs oder vielleicht auch zehn Jahren [ca. 1925–1935], nachdem er den *[Großen] Gatsby* geschrieben hatte. Falls irgend etwas in irgendeiner Hinsicht nicht in Dein Konzept über die Person, über die Du schreibst, paßt, vergiß es. Ich bin sicher, er muß in Hollywood ganz anders gewesen sein, und da hat ihn Budd schließlich gekannt.

Als ich ihn kennenlernte, sah er sehr gut aus, eigentlich zu hübsch, und bei jedem Drink veränderte sich sein Gesicht ein wenig, und nach vier Drinks spannte sich die Haut, und das Gesicht sah aus wie eine Totenmaske. Ich schätze, das könnte man in einem Schauspiel mit der Beleuchtung hinkriegen. Aber vielleicht war er nicht mehr so, als Budd ihn kannte. Wenn er Wein trank oder nur ein paar Apéritifs, war er nett.

Ich hoffe, Du hast Glück mit dem Stück und dem Buch.

Diesen Kampf zwischen [Ezzard] Charles und [Rocky] Marciano hätte ich gern gesehen. Im Moment habe ich für Kämpfe nichts übrig. Aber wenn ich mal wieder einen guten zu sehen bekomme, werde ich schon wieder Geschmack dran kriegen.

Muß jetzt noch einen Brief an Philip Percival schreiben, der in London sehr krank ist. Danach muß ich 440 schwimmen. Ist jetzt hier sehr heiß, und fast jeden Nachmittag regnet es in Strömen.

Habe eine Kurzgeschichte beendet und schon über zwanzig Seiten an der nächsten geschrieben. Glaube, das habe ich Dir schon geschrieben.

Wenn ich Dir irgendwie behilflich sein und Dir aus den zwanziger Jahren irgend etwas über Scott mitteilen kann, würde ich es gerne tun. Es ist nicht alles so verdrießlich, wie sich das in diesem Brief anhört. Manchmal war es lustig. Aber in Ordnung war es nie. Ich habe ihn damals besser gekannt als jeder andere, nehme ich an. Gerald und Sara Murphy (Gerald ist Direktor von Mark Cross) haben ihn sehr gut gekannt und ihn öfter gesehen als ich. Sie könnten Dir helfen. Archie Mac Leish ebenfalls. Ich glaube allerdings, daß sie Dir alle, nach dem, was Mizener getan hat, nur sehr zögernd dabei helfen würden. Mit Pauline hätte sich gut reden lassen. Aber sie ist tot.

Immer Dein

Hemmingstein

HUL

AN BERNARD BERENSON

La Finca Vigía, 24. September 1954

Lieber B. B.:

Es war schön, von Ihnen zu hören und zu erfahren, daß es Ihnen gut geht. Sie haben sehr recht, wenn Sie sagen, daß wir nie das erreichen, was wir uns vorgenommen haben. Manchmal glückt uns etwas, was wir dann merken, wenn wir es nach langer Zeit wieder lesen. Wenn es sehr gut ist, habe ich beim Lesen immer den Eindruck, als ob ich es von jemand anderem gestohlen hätte, und dann denke ich nach und erinnere mich daran, daß niemand etwas davon wissen konnte und daß es in Wirklichkeit niemals geschehen ist, ich es also erfunden haben muß, und das macht mich sehr glücklich. Man gibt sich immer Illusionen hin über das letzte, was man geschrieben hat, und so habe ich übertriebenes Vertrauen zu dem Buch *Der alte Mann*.

Jeden Tag, an dem ich daran schrieb, staunte ich, wie wunderbar es lief, und hoffte, daß ich am nächsten Tag in der Lage sein würde, genauso glaubhaft zu erfinden wie tags zuvor. Als ich fertig war, waren nur 3 oder 4 Korrekturen nötig, und ich dachte, etwas könnte damit nicht stimmen, aber jedesmal, wenn ich es las, hatte es auf mich als Leser – nicht als den, der es geschrieben hatte – dieselbe Wirkung wie vorher. Ich kann es noch immer nicht ohne große Bewegung lesen, und ich weiß, Sie glauben mir, daß dies nicht die Bewegung eines Menschen ist, der etwas bewundert, was er geschaffen hat, denn ich habe es mit großem inneren Abstand gelesen, als ob es von jemandem geschrieben worden wäre, der schon lange tot ist.

Wir sind alt genug, um zu versuchen, die Wahrheit zu sagen, und ich erzähle Ihnen das bloß als Kuriosität. Ein paar andere Sachen, die ich von A bis Z erfunden habe, wie etwa die Geschichte von Pablo und Pilar in *Wem die Stunde schlägt*, wo die beiden die Faschisten in dem Dorf umbringen, lese ich, wenn ich das zufällig tue, voller Erstaunen darüber, daß ich das so habe erfinden können. Sie wissen, daß es am schwierigsten ist, Romane, das heißt Prosa zu schreiben. Da hat man keinen Bezug, den guten alten wichtigen Bezug. Man hat ein weißes Blatt Papier, einen Bleistift und die Verpflichtung, die Dinge wahrer zu erfinden, als sie es in Wirklichkeit sind. Man muß etwas nicht Greifbares nehmen und es völlig greifbar machen, und es auch noch normal erscheinen lassen und so, daß es ein Teil der Erfahrungen desjenigen werden kann, der es liest. Offensichtlich ist das unmöglich, und deshalb wird es wahrscheinlich für so wertvoll gehalten, wenn es jemandem gelingt. Aber zum Gelingen kann man sich unmöglich vertraglich verpflichten, und auch nicht in Dienst nehmen lassen, ebensowenig wie sich als Alchimist zu verdingen.

Aber, B. B., ich meine, wir sollten das, von dem wir wissen, daß wir es gut gemacht haben, nicht zu pessimistisch beurteilen, denn wir haben einen Lohn verdient, und der einzige Lohn ist in uns selbst. Ich wäre sehr stolz – das ist eine Untertreibung –, wenn ich eine so gute hoja de servicio [Leistungsbilanz] hätte wie Sie. Das Unerreichbare ist etwas anderes. Die Berge sind alle erstiegen, die meisten Länder, die einen Besuch

wert sind, sind schon seit langem erforscht, und in altbekann-
ten Gegenden wie Afrika erfährt man, daß schon viele viele
Leute alles gesehen haben, lange bevor sie mit Missionsgel-
dern finanziert wurden und lange vor James Gordon Bennett
[amerikanischer Journalist].

Berühmtheit, Bewunderung, Lobhudelei, oder einfach in
Mode sein – das ist alles wertlos und außerordentlich schädlich, wenn man dafür anfällig ist. Sie müssen mir vergeben, daß
ich so tue, als seien wir gleich alt, aber bei mir sind lebenswich-
tige Organe zerstört worden, was normalerweise noch lange
hätte auf sich warten lassen. Und ich kenne auch die Unan-
nehmlichkeiten, die mit solchen Zerstörungen einhergehen;
unsere Lebenserwartung dürfte mehr oder weniger dieselbe
sein. Das gibt mir nicht das Recht zum tutearte [Duzen], denn
ich habe nur ein Gehirn von 55, aber in dem Wakamba-Stamm,
dem ich angehöre, ist man mit 55 ein Greis, und ist man erst
einmal ein Greis, wird man zwar von älteren Greisen überragt,
aber man wird geachtet als jemand, der ein gewisses Alter,
wenn nicht an Klugheit, so doch an Erfahrung erreicht hat.

Zur Zeit arbeite ich mit etwa der Hälfte der Leistungsfähig-
keit, die ich haben sollte, aber es geht ständig aufwärts, allerdings bedrückt es mich, da ich wetterfühlig bin wie ein anständiges Tier, wenn es regnerisch und schwül ist und sich der
Luftdruck dauernd verändert, wodurch sich auch der Druck
des Wirbels auf das Rückenmark ändert. Es sind nur noch
6 Wochen schlechten Wetters zu überstehen, und dann werden wir das Wetter haben, bei dem man gern schreibt und sich
nicht dazu zwingen muß. Ich bin ein so unkomplizierter
Schriftsteller, daß Tagestemperatur und Wetter in meinen Büchern praktisch genauso sind wie das Wetter draußen. Ein solches Wetter, wie wir es diesen Sommer gehabt haben, möchte
ich niemandem aufbürden, der liest, was ich schreibe, und daher arbeite ich in einem klimatisierten Zimmer, und das ist
eine genauso falsche Art zu arbeiten, als wenn man versuchte,
in der Druckkabine eines Flugzeugs zu schreiben. Man bringt
es fertig, etwas zu schreiben, aber es ist so unecht, als hätte
man es im Treibhaus in einer Kühlkammer geschrieben. Wahrscheinlich werde ich alles wegschmeißen, aber vielleicht kann

ich, wenn die Morgen wieder voller Leben sind, das Gerüst dessen, was ich geschrieben habe, verwenden und es mit den Gerüchen und den frühen Geräuschen der Vögel und all den wunderbaren Dingen dieser Finca anfüllen, die in den kühlen Monaten denen Afrikas sehr ähnlich sind.

Aber, B. B., mit Afrika ist nichts zu vergleichen, genau wie nichts mit der Jugend zu vergleichen ist oder damit, jemanden zu lieben, den man liebt, oder jeden Tag aufzuwachen, ohne zu wissen, was der Tag bringen wird, aber zu wissen, daß er etwas bringen wird. Hier ist es jetzt ziemlich langweilig, abgesehen von Belästigungen und den gelegentlichen Besuchen von Leuten, die man mag oder aus denen man sich etwas macht. Ich glaube, Sie haben es in Settignano besser, Sie haben es immer besser als ich, da Sie mehr Bücher besitzen. Gott sei Dank gibt es Bücher. Ich wünschte, wir könnten etwas dazu beitragen, daß Leute welche schrieben, die lesenswert wären. Mary würde Ihnen Grüße senden, aber sie nimmt gerade ein Sonnenbad. Aber ich denke, ich kann sie auch ausrichten, ohne sie zu fragen.

Unsere besten Grüße
Ernest

Ich habe dies einer neuen Sekretärin diktiert, die ich einarbeite. Jetzt, wo ich es noch einmal lese und ihre Tippfehler korrigiere (zu spät, um meine eigenen zu korrigieren), liest es sich dummerweise ein bißchen wie eine verdammte Rede.

I TATTI   E. H.

1955

La Finca Vigía, 27. Oktober 1955

Lieber Harvey:

Ich zolle Ezra gern meine Hochachtung, aber was ich wirklich gern täte, wäre, ihn endlich aus diesem verdammten St. Elizabeth's rauszuholen; man soll ihm einen Reisepaß geben und erlauben, nach Italien zurückzukehren, wo er verdientermaßen als Poet verehrt wird. Ich glaube, es war ein großer Fehler von ihm, daß er im Krieg weiter für dieses Schwein Mussolini Radiosendungen gemacht hat, nachdem wir gegen ihn kämpften. Aber ich glaube auch, daß er dafür voll und ganz bezahlt hat, und seine anhaltende Gefangenschaft ist eine grausame und unübliche Strafe.

Wenn [James] Laughlin Ezra helfen und nicht nur seine Gefangenschaft ausbeuten will, könnte er ein bißchen von seinem mit Stahl verdienten Geld und seiner Zeit aufbringen, um ihn freizubekommen.

Du kannst diesen Brief an Laughlin weiterschicken, und ich wäre dankbar, wenn Du eine Abschrift an Ezra im St. Elizabeth's Hospital, Washington, D. C., schicken würdest. Das wäre mir eine große Hilfe, Junge, denn ich bin bei dem Buch in der Lage eines Reiters, der ins Rutschen kommt (wie ein Reiter schlechter Pferde), und habe vergessen, hier ein Blatt Kohlepapier einzulegen. Jedenfalls wird Ezra sich darüber freuen, wenn Du es ihm schickst. Du kannst das Risiko auf Dich nehmen, denn Du leistest eine zu verdammt gute Arbeit, um gefeuert zu werden.

Beste Grüße an Pat.

Immer Dein
Hem.

Trenn es von dem Brief ab.

Ezra ist ein großer Dichter, der zu gewissen geistigen Verwirrungen neigt. Er sollte dafür nicht eingesperrt werden. Oder seine Haft müßte begrenzt sein, wie es bei Paul Verlaine der Fall war. (Ezras gelegentliche Verwirrungen und Bewußtseinsstörungen haben mit denen der armen Lillian nichts gemein.) Ich habe seine politischen Ansichten und seine törichte Art, sie zu vertreten, immer bedauert, habe ihn aber als Dichter und Kritiker respektiert und als großzügigen Freund und guten Kameraden geliebt. Seit dem Tag, an dem ich hörte, daß er in Schwierigkeiten steckte, habe ich alles getan, um ihm p r a k t i s c h zu helfen. Natürlich verabscheue ich das Vorgehen von Laughlin, »Old Ez« mit einer von Laughlin veröffentlichten Liste seiner erhältlichen Bücher zu huldigen.

Werde aufhören, bevor ich sauer werde.

HUL   EH

1956

La Finca Vigía, 9. März 1956

Lieber Coops:

Freue mich, von Dir zu hören, und beeile mich, auf meiner geschenkten schwedischen Schreibmaschine zu antworten, bevor ich in die Küche muß [ans Telefon], um mir anzuhören, wie jemand aus der Filmbranche etwas absagt oder ein Datum ändert.

Coops, das Filmgeschäft ist nichts für mich, ganz egal, wieviel Kohle uns das einbrächte – die könnten wir ohnehin nicht ausgeben, da uns der Umgang mit den Leuten, mit denen wir zu tun hätten, umbrächte. Wenn *Der alte Mann und das Meer* beendet ist, will ich nie mehr irgend etwas mit dem Film zu tun haben, so wahr mir Gott helfe. Gott groß geschrieben.

Du hast einen guten Kauf damit gemacht, Dir diese alte LEOPARD WOMAN für 'ne taube Nuß zu schnappen, es ist wahrscheinlich das erste Mal, daß jemand eine LEOPARD WOMAN für eine taube Nuß bekommen hat, seit die Briten in Südtanganjika ihr Erdnuß-Projekt in Gang gesetzt haben, aber wenn ich damit fertig bin, habe ich genug, und ich werde zu den Hängen des Kibo zurückkehren und mir den Geschmack von einer Menge Dinge aus dem Mund spülen.

Ich bin Dir ungeheuer dankbar, daß Du mir zu etwas Geld verhelfen willst, aber ich kann mir das notwendige kleine bißchen gut vorstellen, das ich ohne Double für sie tun soll, nämlich mit der Leopard Woman abzustürzen, mitten in den schneebedeckten Krater des Kilimandscharo (Kibo) hinein, und sie dann (persönlich) nach Abessinien zu schleppen, und niemand hilft mir mit dem gestohlenen Elfenbein außer Steward Granger, der verblutet.

Ich höre schon, wie sie mich bearbeiten: »Ernie, Junge, das bist du dem Film schuldig. Wir sind doch bloß ein glückliches Team, das zusammen auf den Erfolg zuarbeitet. Wir wissen, was sie (die LW) für dich bedeutet, aber unser Flugzeugabstürzer liegt mit Schwarzwasserfieber darnieder. Hier ist eine Urinprobe von ihm, Ernie. Sieht das nicht aus wie der Styx? Papa, wir wissen, du wirst es tun, damit unser Team Erfolg hat. Wir vertrauen dir. Du bist unsere einzige Hoffnung. Stürz bitte ab, Papa. Tut kein bißchen weh. Das hast du doch selbst gesagt, und im Schnee kann man nicht verbrennen. Wir haben neue Techniken, die das alles regeln. Wir kriegen sie von der Marine, falls die Marine sie hat und sie sie uns gibt. Das wird noch toller als Mister Roberts, und wir schießen alles ganz undeutlich, damit man nicht erkennen kann, wo du bist. Wie sollte dir das weh tun, Papa? Und außerdem liebst du die LEOPARD WOMAN doch. Du hast sie seit Jahren geliebt, und sie hat sich das ausgedacht, nur um dir zu Geld zu verhelfen. Los, Papa. Stürz mit ihr ab. Nur einen kleinen Übungsabsturz heute nachmittag, damit wir wissen, ob wir es in Cinerama, Todd PO oder 1/8000 drehen müssen. Komm, mach schon und stürz mit ihr ab, Papa, und sei nicht so empfindlich. Wir haben Dutzende von Flugzeugen in Reserve, und von dem neuen Gummiflugzeug wirst du begeistert sein. Man kann es aufblasen wie eine Luftmatratze . . .«

Coops, ich fürchte, Ihr solltet das besser ohne mich machen. Ich weiß, das bedeutet, daß ich nie zu Geld kommen werde, aber ich weiß auch, daß ich nicht in Filmen auftreten sollte, solange ich mit Büchern gutes Geld verdiene.

Also auf Kisuaheli HAPANA CHUI MANAMOUKI, oder Kein Leopard für den armen alten Papa.

Es war toll, Dich zu sehen, selbst mit diesen Geiern um Dich rum. Die Zeitungen haben verkündet, daß ich Dir ein Dutzend guayaberas [kubanische Hemden] geschenkt hätte. Ich schulde Dir also noch zwölf.

Woran ich zu beißen habe, ist folgendes: Wenn ich meinen Namen für einen Leopard Woman-Film hergäbe, würden alle sagen, ich sei am Ende, und damit hätten alle recht. Also keine Leopardenfrauen.

Beste Grüße von Mary und mir an Dich und Rocks und Maria.

Papa

PS Ich erzähle jetzt jedem, Du wärst 1902 geboren (bin bereit, 1904 daraus zu machen), und daß ich bei Deiner Entbindung geholfen hätte und achtzig Meilen durch den Schneesturm geritten bin, in jedem Jahr, das Du mir nennst, um die Geburt anzuzeigen. Als ich sechzehn Jahre später von ebendiesem Ritt zurückkam, fand ich Miss Mary in einer Schneeverwehung in der Nähe der Stelle, wo jetzt Walker, Minnesota, liegt, und beschloß, sie so schnell wie möglich zu meiner Kindbraut zu machen. Es gab geringfügige gesetzliche Schwierigkeiten, die uns nicht zueinander kommen ließen, während ich mir Miss Pauline vom Hals schaffen mußte, die ich zusammengekauert unter dem Präsidentenschreibtisch in Morgans Bank in der Wall Street gefunden hatte, und Miss Martha, die vorgestern als Frühgeburt in St. Luis Potosi (Missouri) zur Welt gekommen ist. Aber so was kommt alles von allein in Ordnung.

Alles Gute, Junge
(Papa)

JFK

An Harvey Breit

La Finca Vigía, 3. Juli 1956

Lieber Harvey:

Es war und ist wunderbar von Dir, daß Du uns Dein Haus zum Wohnen anbietest, aber, Junge, wenn Ihr dabei seid, ein Kind zu bekommen, solltet Ihr durch nichts gestört werden, und es wäre absolut unfair von uns, zu kommen oder Pat auch nur mit dem Gedanken daran zu belasten. Es scheint ein herrlicher Platz zu sein, und ich weiß, wie glücklich wir dort wären. Aber andererseits – ich male mir auch nicht aus, in den Himmel zu kommen . . .

Jedenfalls würden wir nicht vor Mitte August kommen. Ich wäre schrecklich gern mal ohne Interviews und Fotos in

NY, denn die gehen mir so auf die Nerven, daß es mir keinen Spaß mehr macht, überhaupt noch irgendwohin zu fahren. Es wäre herrlich, in Deinem Haus zu wohnen, und ich stelle es mir schön vor, aber ich würde lieber diese höllische Hotelprozedur durchmachen, als Euch auch nur im entferntesten zur Last zu fallen.

Lassen wir es also dabei, daß wir mit dem größten Vergnügen annehmen, aber nicht erscheinen werden, falls wir irgendwelche Probleme verursachen sollten, und sag Pat, daß wir, egal, was Ihr bei Lillian Ross gelesen habt, nicht zu den Leuten gehören, die wie Dylan Thomas einen Platz verwüsten.

Leute bei sich wohnen zu haben ist lustig. Die nettesten Hausgäste, die wir hatten, waren Kipper La Farge und Bill Walton. Sie blieben Wochen, oder Monate, und es kam uns vor wie Tage; immer fröhlich; nahmen immer Rücksicht auf die Arbeit und arbeiteten auch selbst, aßen und tranken und unterhielten sich gern. Gianfranco vom venezianischen Zweig der Familie kam einmal zu uns, bis er ein Zimmer gefunden hätte, und blieb dann drei Jahre. Er wohnte in dem Raum im zweiten Stock des Turms, wo die Taue aufbewahrt werden. Er schlief aus irgendeinem alten italienischen Grund lieber auf dem Boden als im Bett. Seit Winston Guest das Trinken aufgegeben hat, macht er mich ein bißchen nervös, aber früher, als er noch trank, und zwar auf die gute Art, lebte er oft wochen- und monatelang hier. Auch Tommy Shevlin ist ein guter Gast ...

Das Rhodes-Buch[1] würde ich begrüßen. Ihn selbst habe ich nie gekannt, aber das Land. Ich glaube, außer Jim Joyce und einem alten Schriftsteller aus Chicago namens Henry B. Fuller (*The Cliff-Dwellers* usw.) und einem Mann namens Edwin Balmer, der nur Schund schrieb und mir als junger Mensch geholfen hat, waren die einzigen Schriftsteller, die mir richtig gefallen haben, Dos, in seinen Anfangszeiten, als er noch aufrichtig war, Scott, wenn er nüchtern war (aber da war immer viel Mitleid dabei, als ob man einen Schmetterling oder eine Motte zum Freund hätte), Sholem Asch, in Briefen der alte Berenson, der liebe, gute, freundliche, verrückte Ezra, Archie Mac Leish, als er noch lustig und nicht vornehm war (niemals haben so wenige so sehr unter dem Tod so vieler anderer gelitten), du lieber Gott, das wird ja eine ganze Liste, und John Peale Bishop, der ein zerstreuter Herr war; und Owen Wister. Er war der selbstloseste und objektivste und liebenswürdigste. Als sich mein Vater erschoß und die Dinge überhaupt nicht gut standen und ich Treuhandgelder besorgen und meine dämliche Mutter zur Vernunft bringen mußte und ich das alles aus meinem Kopf verdrängte, um *In einem andern Land* umzuschreiben, als ob kein Flugzeug abgestürzt und niemand von dieser oder jener Straßenbahn überfahren worden wäre, schrieb er mir und schickte mir einen ganz gewaltigen Scheck und sagte, ich sollte mir keinerlei Geldsorgen machen, und er würde mich voll und ganz unterstützen, und, Harvey, von dem Buch hat er da überhaupt noch nichts gewußt, und das MS hatte ich ihm auch noch nicht gezeigt. Er hielt mich nur für einen guten Schriftsteller, und *Fiesta* hat ihm gefallen, und ich glaube, er hatte mich einmal auf einem Pferd reiten sehen oder so was Ähnliches.

Sherwood [Anderson] war eine vergnügte, aber verquälte Eiterbeule, er konnte sich vor deinen Augen in eine Frau verwandeln. Stein war eine nette Frau, bis sie in die Wechseljahre kam und sich für Schwule, und zwar nur für Schwule, entschied. Der junge Nelson [Algren] gefällt mir. Er ist ein rauher Bursche, aber er hat noch nicht gelernt, daß man, wenn man richtig böse ist, nicht aus dem Mundwinkel zu sprechen braucht, und daß man Poesie und Prosa nicht allein mit Alchimie zusammenfügt. Bei Faulkner graust's mir. Harvey, denk daran, Papas letzte Worte waren: Vertraue nie einem Mann mit südlichem Akzent. Sie könnten ein vernünftiges Englisch sprechen wie wir, wenn sie nicht so windig wären.[2]

Ich glaube, unser Präsident sucht sie nach dem Dienstalter aus – und das ist eine Ecke, in der er sich in der Literatur heimisch fühlen könnte. Harvey, das Folgende darfst Du nie jemandem erzählen. Vielleicht habe ich es Dir schon mal geschrieben. In der Zeit um den 6. Juni 1944 herum war ein Gen. in Miss Mary verliebt, der der Kopf der psychopathologischen Kriegführung war. Er brachte ihr das Schießen mit einer 45er Selbstladepistole bei, und natürlich kann keine Frau mit dieser speziellen Waffe irgend etwas treffen. Von dem Gen. weiß ich es nicht. Eben dieser Gen. erzählte ihr, er habe aus Liebe zu ihr das Kommando einer Division, die in Frankreich kämpfen sollte, aufgegeben. Ich habe ihr gesagt, daß jeder Mistkerl erschossen werden müßte, der wegen irgendeiner gottverdammten Frau, und das schließe auch Miss Mary ein, die Chance aufgebe, eine Division zu kommandieren. Nun, die Beziehungen zwischen mir und dem damals unbekannten General verschlechterten sich, oder jedenfalls gediehen sie nicht. Auch ein Admiral zeigte Interesse. Ich habe nie gefragt, was er aufgegeben hatte. Um also einer langen Geschichte die Pointe zu nehmen: Als ich von der Operation am 6. Juni an den Stränden von Fox Green und Easy Red zurückkehrte, fragte mich Miss Mary, was ich von »Dr. Eisenhowers Rede an alle« gehalten hätte; ich sagte ihr, das wäre die am wenigsten anfeuernde Scheiße gewesen, die ich jemals vor einem Angriff unprivilegierterweise gehört hätte. Später habe ich dann erfahren, daß Miss Mary diese epochemachende Predigt geschrieben hat, oder dabei geholfen hatte, sie zu schreiben. Du siehst also, daß die frühen Zeiten meines Werbens um Miss Mary nicht nur aus Abfahrtsrennen in Pulverschnee bestanden haben.

Ich nehme an, das ist mir eingefallen, weil ich dachte, wenn Nelson innerlich wirklich ein so harter Bursche ist, wie er meint, wie hat er dann Simone de [Beauvoir] usw. mehr als einen Abend widmen können? Kannst Du mir das erklären?

Wir wollen bitte Edmund Wilson nicht zum einzigen Kritiker oder Meisterkritiker machen. Es entwickeln sich immer wieder gute Jungens. Wichtig ist, daß man ihren Aufmarsch ab und zu durch einen Schreckschuß stören sollte.

Ich verstehe, was Du über die Fliegerei denkst. Wenn Dir diese Venezolaner leid getan haben, die da im Teich versoffen sind (Mir auch. Aber man sollte eben nicht so große Strecken über Wasser fliegen, was ungeheure Mengen Benzin kostet. Laß uns nicht darüber reden).[3] Was würdest Du denken, wenn irgendein Idiot 21000 Fuß über dem Grand Canyon mit Dir zusammenstößt, weil die Fluggesellschaften zu knickrig sind, um die Flugzeuge mit Radar auszustatten? Aber es ist immer noch ungefährlicher als der Highway und Le Mans und der Tag der Arbeit oder der 4. Juli, und ich würde sehr gern mal wieder mit

Roy Marsh in einer Cessna 180 fliegen. Ich wünschte, ich könnte gut genug schreiben, um über das Fliegen zu schreiben. Faulkner hat es in *Wendemarke* sehr gut getan. Aber man kann nicht etwas machen, was schon ein anderer getan hat, obwohl man es vielleicht getan hätte, wenn er es nicht getan hätte. Er muß einmal ziemlich begeistert davon gewesen sein. Ganz am Anfang hatte ich Angst davor. Die habe ich dann überwunden. Im ersten Krieg hatte ich dann wieder Angst davor und brauchte lange, um sie zu überwinden. Um 1933 hat es mich geradezu blödsinnig glücklich gemacht, und dann in China bin ich alle Angst endgültig losgeworden. Im letzten Krieg hatte ich mit Flugzeugen eine herrliche Zeit, und als ich dann von den vielen Gehirnerschütterungen 1943, 44, 45 anfing groggy zu werden, riet man mir, ich sollte mich so fern wie möglich von ihnen halten. Dann in Afrika mit Roy kam der ganze Reiz des Fliegens wieder zurück, und es war so ziemlich das, woraus ich mir am meisten machte. Jetzt habe ich bei Pan-Am noch einen Kredit stehen. Bares Geld würde ich mir von ihrer Fluggesellschaft nicht auszahlen lassen, aber in Flugzeit umgesetzt würde ich es annehmen. Das ist regelwidrig, aber sie haben die Kohle, und so will ich sie nun mal ausgeben. Aber es ist dumm, den Atlantik mit einem Flugzeug zu überqueren, wenn man auch mit einem Schiff fahren und sich amüsieren kann. Kein Flugzeug kann einen so schnell nach Frankreich bringen, als wenn man über die Laufplanke auf ein gutes französisches Schiff geht, wo man die meisten Leute, die dort arbeiten, kennt und man gutes Essen und Gymnastik und den Swimmingpool hat und sich mit Leuten, die man dreißig Jahre lang kennt, unterhalten kann. Ich habe mich auf französischen Linienschiffen besser amüsiert als sonstwo. Wirklich was ganz anderes als ein großes Flugzeug.

Ich erinnere mich noch daran, wie mich einmal auf einem Flug mit der TWA von Los Angeles nach N. Y. die Stewardess ziemlich argwöhnisch betrachtete, weil ich unrasiert war und aus einer flachen Halbliterflasche so eine Art chinesischen Wodka trank. Dann holte sie den Captain, damit er mich inspizierte, als ob ich eine Person aus einer Budd Schulberg-Geschichte über Scott Fitzgerald wäre. Was den schlimmsten

Eindruck auf sie gemacht hat, war, daß mein Kopf glattrasiert war.

»Na, du altes Miststück«, sagte der Capt. »Von wo kommst du denn geflogen?«

»Kunming«, sagte ich.

»Pottsmith gesehen?«

»Sind nach Hongkong geflogen.«

»Bist du mit Steve rübergekommen?«

»Ab Wake. Wir sind in Guam hängengeblieben. Mußten zweimal am Point of no return wieder zurück.«

»Einen von den anderen Freunden gesehen?«

»Bernt Balchen und Clyde Pangborn sind mit von Manila nach Honolulu geflogen.«

»Überführen sie immer noch PBYs?«

Ich sah nach der Stewardess und schenkte mir das.

»Sie haben sich in Honolulu mit ihren Frauen getroffen.«

»Möchtest du mit nach vorne kommen, Ernie?«

»Nein, Junge. Ich bin müde und werd ein bißchen schlafen.«

»Das ist Miss Soundso«, sagte der Captain. »Miss Soundso, dies wird Ihnen helfen, in Zukunft einen müden Mann von einem Säufer zu unterscheiden. Wenn du willst, daß sie dir irgendwas bringen soll, was du in dieses Zeug mixen willst, bitte Miss Soundso darum.«

Ich fürchte, ich ermüde Dich mit diesem Brief, Harvey, werde also aufhören. Grüße und viel Glück für Miss Pat. Miss Mary ist in der Stadt beim Zahnarzt. Ich muß jetzt mit Black Dog zum Teich. Er kann nicht mehr sehen und hören und sieht sehr krank aus. Aber ich wette 3 gegen 2, daß er Eisenhower überlebt.

HUL   Hem

---

1 *Bar Cross Man: Life and Personal Writings of Eugene Manlove Rhodes,* hg. von W. H. Hutchinson (New York 1956).

2 In einem Brief an einen Mr. Rider vom 29. Juli 1956 nannte EH Faulkner einen »nichtsnutzigen Mistkerl«, empfahl aber *Die Freistatt* und *Wendemarke* als »die lesbarsten« seiner Bücher und lobte auch *Der Bär.* Aber *Eine Legende* verglich er mit »Menschendung aus Chungking«.

AN EZRA POUND

La Finca Vigía, 19. Juli 1956

Lieber E.:

Da ich morgen siebenundfünfzig werde, hoffe ich, daß Du meine Nobelpreis-Medaille annehmen wirst, die noch durch gewisse Kanäle folgen wird.[1] Ich schicke sie nach dem alten chinesischen Grundsatz, den Du kennst: daß man etwas erst dann besitzt, wenn man es einem anderen geschenkt hat.

Ich schicke sie Dir auch, weil Du der größte lebende Dichter bist; eine unbedeutende Auszeichnung, aber Dir gebührt sie.

Sie geht auch an meinen alten Tennispartner, an den Mann, der Bel Esprit gründete,[2] und an den Mann, der mich freundlich gelehrt hat, dankbar zu sein, und versucht hat, mich zu lehren, gütig zu sein, als ich nichts als die omertà[3] besaß.

Ich könnte noch eine ganze Menge Gründe anführen, aber ich lasse es lieber und sende Dir und D[orothy] meine Grüße. Ich kann es nicht ertragen, daß Du im Gefängnis sitzt, während andere, die in England gegen ihr Land gearbeitet haben, freigelassen worden sind. Für Dich war das, was Du getan hast, keine Sünde, da Du daran geglaubt hast. Für mich war es eine schwere Sünde. Aber Du hast schon viele tausend Male dafür bezahlt.

Im Krieg hatte ich mit den abgehörten Sendungen zu tun, und manchmal, wenn ich Horchdienst hatte, hörte ich Dich. Sie gefielen mir überhaupt nicht, und manche gefielen mir noch weniger. Aber als klar wurde, daß wir gewinnen würden, schrieb ich an Allen Tate, daß wir alle entscheiden müßten, was zu tun wäre, wenn wir Euch besetzten. Ich habe Tate geschrieben, wenn Du gehängt werden solltest, würde ich auf das Schafott steigen und mich auch hängen lassen. Tate sagte, er würde dasselbe tun.

Na, schenken wir uns das, und die Politik ebenfalls, und nimm, wenn Du kannst, die Medaille und diesen Scheck [1000 Dollar] an, der so ziemlich der Rest von dem Nobelpreisgeld ist, das ich, wie ich gesagt habe, so intelligent wie möglich verwenden wollte.

Werde zu einer weniger feierlichen Gelegenheit mal einen weniger feierlichen Brief schreiben.

Falls Du den schwedischen Preis erhalten solltest, und das solltest Du, behalte meinen und verfüge über Deinen, wie Du es für richtig hältst.

Immer Dein

PH. PUL Hem

1 EH scheint jedoch seine Medaille dem Heiligtum der Virgen del Cobre in Kuba gestiftet zu haben. Seine Ansprache zu dieser Gelegenheit befindet sich auf einer Liste der Hemingway-Manuskripte [Philip Young/Charles W. Mann, *The Hemingway Manuscripts: An Inventory* (1969)].

2 Vgl. *Paris – ein Fest fürs Leben.*

3 Das Mafia-Gesetz des Schweigens: niemals Verrat üben.

1957

La Finca Vigía, 28. Juni 1957

Lieber Archie:

Vielen Dank für Deinen Brief.[1] Seit ich ihn bekommen habe, arbeite ich an dem Brief an [Robert] Frost. Mary tippt ihn heute vormittag, und ich werde ihn zusammen mit diesem abschicken.

Ich fürchte, er ist nicht so gut, wie er sein sollte, da ich versuchte habe, ihn einfach zu halten, und das Thema sehr kompliziert ist.

Alle Freunde Ezras sind mit dieser [John] Kasper-Sache angeschmiert worden. Aber es ist sein Größenwahn, der ihn für so gefährliche schmeichlerische Schurken wie Kasper empfänglich macht. Darum wollte ich auch, wie ich Dir kabelte, daß er verspricht, die Politik aus dem Spiel zu lassen. Aber das würde er zweifellos nicht, und ich würde jeden etwaigen Einfluß auf ihn verlieren, wenn ich es ihm nahelegte. Ihm würde es nichts ausmachen, den Märtyrer für all die Dinge zu spielen, die wir hassen; und das, glaube ich, sollte auf alle Fälle vermieden werden.

Wenn er zu seiner Tochter [in Italien] ziehen würde, wäre es gut. Ich habe von verschiedenen Leuten alle möglichen Geschichten über [Olga] Rudge gehört usw. Das ist alles nicht unsere Sache. Wir wollen seine Freilassung, damit er Gedichte schreiben und andere Künste ausüben kann. Ich persönlich meine, sein Jagdschein sollte dahingehend eingeschränkt werden, daß er weder über Politik schreiben noch sich ihr sonstwie widmen darf. Andernfalls werden seine Feinde ihn dazu bringen, verdammt törichtes Zeug zu äußern, wodurch er wieder in Schwierigkeiten geraten wird. Und das werden sie tun,

576

sobald er aus der Haft entlassen ist, um ihn in große Schwierigkeiten zu bringen. Er wäre geschützt vor dieser Hetzjagd nach Themen, die er nicht richtig beurteilen kann, wenn er sich verpflichtete, überhaupt nicht über Politik zu sprechen. Sonst sehe ich nichts als Ärger mit der Sorte Journalisten, die hinter ihm her sein werden, um ihn zu der Rolle des »antisemitischen, rassistischen verrückten Poeten« zu provozieren. Als erstes würde er wahrscheinlich zu der Mike Wallace-Show gehen wollen. So was sollte vermieden werden.

Vielleicht mache ich mir unnötige Sorgen. Sicher sollte Ezra freigelassen werden.[2] Aber die Bedingungen dieser Freilassung sollten so sein, daß er sich nicht dazu ermutigt fühlt oder provoziert wird, über Dinge zu sprechen, die er nicht vernünftig beurteilen kann, so daß er wieder geschnappt und eingelocht wird.

Ich wollte Dir das schreiben, bevor ich den Brief an Frost anfing. Aber dann dachte ich, damit geht nur Zeit verloren, und vielleicht sehe ich als Abstinenzler die Dinge zu schwarz, und wenn das in dem Brief stünde, würde vielleicht überhaupt nie etwas geschehen, sondern nur abgewartet und alles verschoben. Jedenfalls sind das meine Gedanken, was auch immer sie wert sein mögen.

An der Körperfront sind die letzten Untersuchungen nicht so ausgefallen, wie wir gehofft hatten; nachdem man mir den Konsum auf zwei Gläser leichten Rotweins pro Mittag- und Abendessen gekürzt hatte, war der Befund immer noch 2x positiv. Bin daher jetzt auf ein Glas Wein zum Abendessen runtergesetzt worden. Ich werde es wohl ganz aufgeben müssen, aber sie wollen mein Nervensystem auch nicht zu gewaltsam behandeln. Immerhin trinke ich seit meinem 17. Lebensjahr Wein zu den Mahlzeiten oder schon vorher. Wir wollen nicht davon sprechen. Macht einen reichlich nervös, und es ist sehr schwierig, mit Leuten zusammenzusein, die man nicht kennt. Würde lieber nicht darüber schreiben, und wenn es für mich schon ein langweiliges Leben ist, dann muß es noch langweiliger sein, davon zu lesen. Das Gute daran ist: Wenn ich es durchhalte und noch drei Monate keinen Wein trinke (habe am 4. Juli vier Monate lang kein einziges Mal richtig getrunken), dann kann ich wieder welchen trinken und ausprobieren, wieviel ich ohne Schaden trinken kann.

Ich halte mich gewissenhaft an die Diät und die Leibesübungen, wiege 206 und sehe recht gut aus. Ende nächster Woche fahre ich nach Key Sal, um mich durch die Entzugserscheinungen durchzukämpfen. Das Dumme ist: immer wenn es in meinem Leben mal richtig schlecht aussah, konnte ich etwas trinken, und gleich sah es besser aus. Wenn man nichts trinken kann, ist das anders. Ich habe nie gedacht, daß man mir den Wein wegnehmen könnte. Aber man kann. Immerhin werde ich in ungefähr zehn Stunden ein schönes gutes liebliches Glas Marqués de Riscal zum Abendessen trinken.

Ich hoffe, Dir und Ada und allen geht es gut. Mary läßt grüßen. Ich wünschte, wir alle hätten uns dieses Jahr einmal treffen können.

Grüße bitte Mr. Frost herzlich von mir und danke ihm. Es freut mich, daß er so viele Auszeichnungen erhalten hat und anscheinend recht glücklich darüber war. Ich selbst würde alle Auszeichnungen der Welt gegen zwei gute Flaschen Bordeaux täglich eintauschen und dafür, daß ich meinen Black Dog wiederhätte, jung und gesund, statt dessen liegt er unten am Teich neben dem Tennisplatz begraben.

Un abrazo

LC
Pappy

1 Mac Leish, Robert Frost, T. S. Eliot und EH versuchten Pounds Entlassung aus dem St. Elizabeth's Hospital in Washington, D. C., zu erreichen.

2 Pound hat EH am 26. April, 13. Juni, 15. Juli und am 13. und 20. September 1957 aus Washington geschrieben. Am 22. September schrieb Dorothy Pound an EH, um einen Bericht zu dementieren, nach dem Pound EH unehrlich genannt hatte. Pound selbst dementierte dies öffentlich im »London Times Literary Supplement« vom 6. Dezember 1957. Einfügung EHs nach dem sechsten Absatz dieses Briefes: »Vielleicht mache ich mir zu viele Sorgen darüber, aber ich kann mir schon so genau vorstellen, was die Journalisten anstellen würden. Wenn er sich doch nur einverstanden erklären würde, zu sagen: ›Ich werde nicht über Politik sprechen‹, und sich daran hielte, dann wäre alles in Ordnung.«

La Finca Vigía, 28. Juni 1957

Sehr geehrter Mr. Frost:

Folgendes ist, so einfach ich es ausdrücken kann, meine Reaktion auf die anhaltende Inhaftierung Ezra Pounds im St. Elizabeth's Hospital.

Pound ist jetzt, seit man ihn verhaftet hat, über zwölf Jahre eingesperrt wegen Hochverrats, den er begangen hat, als er unzurechnungsfähig war. Ich habe seine Taten nie als verräterisch angesehen und habe auch nie glauben können, daß er sie begangen hätte, wenn er bei gesundem Verstand gewesen wäre. Ich habe ihn trotzdem nie als gefährlichen Verräter betrachtet, und sein Einfluß war nicht größer als der eines Spinners. Eine Zeitlang habe ich medizinische Gutachter sagen hören, daß Pound nie vor Gericht gestellt werden könnte.

Wo liegt das Problem? Das Problem ist, daß Pound, wenn auch auf verschiedenen Gebieten inkompetent, immer noch unser größter Dichter und einer der größten Dichter der Welt ist. Er hat während der Haft Gedichte geschrieben, die in der ganzen Welt mit großem Beifall aufgenommen wurden und denen in seinem Heimatland die höchsten Auszeichnungen für Dichtung verliehen wurden. Und was geschieht?

Andere Länder, in die wir kulturelle Missionen entsenden, verstehen diese Situation nicht. Sie sehen, wie einer unserer größten lebenden Dichter mit internationalem Ruf immer noch in eine Anstalt eingesperrt ist, weil er für Dinge, die er im Krieg begangen hat, nicht vor Gericht gestellt werden kann, während viel bedeutendere bekannte Kriegsverbrecher ihre Strafen abgesessen haben und freigelassen wurden. Sie gewinnen den Eindruck, daß ein Land mit der Macht und Verantwortung der Vereinigten Staaten sich vor Pound fürchtet. Oder sie gewinnen den Eindruck, daß die Regierung der Vereinigten Staaten kein Mitleid und keine Gnade für Pound kennt und beabsichtigt, ihn in Arrest zu halten, bis er stirbt. Falls Pound nach elf Jahren Gefangenschaft im St. Elizabeth's sterben sollte, würde das in der ganzen zivilisierten Welt einen

Eindruck hinterlassen, den alle kulturellen Missionen und Programme nicht auslöschen könnten.

Mr. Frost, da Sie ein großer Dichter und ein ehrenhafter Mann sind, können Sie dem Justizministerium etwas über jene großen Dichter erzählen, die große Schwierigkeiten in ihrem politischen und privaten Leben hatten, deren Werk aber zum Ruhm ihrer Heimatländer weitergelebt hat. Dante hatte eine Menge Ärger. Byron ebenfalls, sein ganzes Leben lang. Verlaine hat gesessen. Baudelaire hatte Ärger, und ich habe nicht die Zeit, um all die Dichter nachzuschlagen, die bei Wirtshausorgien ums Leben gekommen sind. Würde Walt Whitman heute leben, hätte *Confidential* ihn sicher längst ins Gefängnis gebracht.

Niemand sagt, daß Dichter nicht genauso bestraft werden sollten wie andere Leute, aber große Dichter sind sehr selten, und man sollte ihnen ein gewisses Maß an Verständnis und Gnade entgegenbringen. Ezra Pound ist jetzt seit elf Jahren im St. Elizabeth's eingesperrt, und elf Jahre Haft sind eine lange Zeit, für einen Dichter wie für jeden anderen auch.

Wenn das Justizministerium die Anklage gegen Pound zurückziehen könnte und die medizinischen Sachverständigen ihn für tauglich hielten, entlassen zu werden, dann könnte seine Tochter, Mary de Rachewiltz, sich in Italien um ihn kümmern, das weiß ich. Ich würde mit Vergnügen fünfzehnhundert Dollar dazu beitragen, daß er sich bei seiner Tochter niederlassen kann.

Es könnte sein, daß das Justizministerium ein Zurückziehen der Anklage gegen Pound wegen seines Antisemitismus, seines Rassismus und seiner verrückten Ansichten und Kontakte für einen sehr unpopulären Schritt halten wird. Ich verabscheue Pounds politische Einstellung, seinen Antisemitismus und seinen Rassismus. Aber ich bin wirklich der Meinung, daß es unserem Land mehr Schaden zufügen würde, wenn Pound in Gefangenschaft sterben sollte, als wenn er freigelassen und zu seiner Tochter nach Italien geschickt würde, um dort zu leben. Er liebt Italien, und er hat dort große Dichtung geschrieben. Es lag daran, wie Italien ihn behandelt hat, wie es ihn als Dichter verehrte und respektierte – das hat ihm den Kopf verdreht und dazu gebracht, zu denken, die Regierung Mussolini, die ihn verehrte, wäre ebendeshalb eine gute Regierung.

Die ganze Angelegenheit ist äußerst kompliziert, und ich habe wahrscheinlich versucht, sie zu einfach darzustellen, aber ich wollte Ihnen, und durch Sie dem Justizminister, darlegen, was ich von diesem Fall halte.

A. Mac Leish wird Ihnen sagen, warum mein Arzt mich jetzt hier unten festhält. Ich werde hier für alle Fragen, die auftauchen sollten, zur Verfügung stehen. Sie können mir hierher in mein Haus geschickt werden oder über die Botschaft, und ich kann sie direkt oder über einen der Attachés der US-Botschaft hier beantworten.

Lassen Sie mich bitte wissen, ob ich Ihnen in irgendeiner Weise behilflich sein kann.

Hochachtungsvoll
Ernest Hemingway

T. C. PUL

1958

AN EZRA POUND

La Finca Vigía, 26. Juni 1958

Muy Querido Maestro Ex Lunacy:

An dem Tag [18. April 1958], an dem Du zu unserer großen Freude freigesprochen wurdest, habe ich Dir ein Kabel ins St. E's [St. Elizabeth's Hospital] geschickt, in dem ich versuchte, es Dir mitzuteilen und Dich nach einer Adresse zu fragen, an die ich das Beiliegende [ein Scheck über 1500 Dollar] schicken könnte, was ich dem Justizminister durch R. Frost in einem Brief für Deine Reisekosten nach Italien garantiert hatte. Dieser Brief ist am 28. Juni 1957 geschrieben worden.

Habe auf eine Antwort gewartet, aber da keine kam, habe ich gestern Mac Leish telegrafisch nach einer Adresse und dem Namen des Schiffes gefragt, mit dem Du fährst, da ich im Radio hörte, daß Du am ersten Juli abreist. Mac Leish hat mir soeben die Adresse gegeben, an die dies geht, und gesagt, Du fährst, soviel er wisse, Mitte Juli ab.

Von dem Tag an, als der Ehrenwerte [T. S.] Eliot, der bereitwillige Frost und ich selbst den Brief an den damaligen Justizminister unterschrieben hatten, hielt ich es für klüger, die Verbindung zu Dir abzubrechen, damit meine sorgfältig formulierten Ansichten, die auf Deine Freilassung zielten, nicht als Freundschaftsdienst, sondern eher als ein Dienst an der Nation interpretiert würden. Das hat vielleicht nichts genützt, aber ich habe meine Ansichten auf einer unbeugsamen und vehementen Linie gehalten, und immerhin bist Du draußen, und ich habe Dir an dem Tag, als das feststand, eine telegrafische abrazo geschickt.

Ich schicke Dir hier noch eine, und löse um Himmels willen

den Scheck ein. Während des P.-Harbor- bis A.-Bomben-Kriegs, an dem ich aktiv teilgenommen habe, habe ich A. Tate, dem Dichter, geschrieben, falls irgendwo die Forderung erhoben würde, Dich zu hängen, würde ich mit auf den Galgen steigen und klarmachen, daß ich mit Dir gehängt werden sollte. Er sagte, er würde dasselbe tun, aber später habe ich nichts mehr von ihm gehört, und vielleicht war das auch kein zweckmäßiges Vorhaben, wegen der Logistik. Aber innerhalb der Grenzen meines Verstandes und meiner Vernunft habe ich, so gut ich konnte, zu Dir gehalten und immer [zwei Wörter unleserlich].

Bitte, zähl auf mich, ich werde für Dich tun, was ich kann. Ich schäme mich so dafür, daß man Dich in dieser Weise festgehalten hat, und ich bin so stolz darauf, wie unversehrt und gut Du in den Fernsehbildern aussahst, die wir an dem Tag, als Du herauskamst, gesehen haben. Ich hoffe, Du hast eine schöne Reise und alles läuft ordentlich. Grüße an Dorothy.

Dein Freund
Hem

Ich schicke dies eingeschrieben, falls es Dir nachgeschickt werden muß. Saludos.

JFK   EH

AN ARCHIBALD MAC LEISH

Ketchum, Idaho, 15. Oktober 1958
Lieber Archie:
Ich habe mich schrecklich gefreut, hier einen Brief von Dir zu bekommen, aber es tut mir leid, daß in dem Interview [in der »Paris Review«] etwas verpfuscht wurde. Alles was ich tun konnte, war, die Fragen so zu beantworten, wie sie gestellt wurden. Bin sicher, daß Du es richtig gesagt hast und daß sie es falsch verstanden haben. Jeder versteht alles falsch.

Welche Schriftsteller ich kenne – damit waren ältere Schriftsteller gemeint, und Dich habe ich nie für einen älteren

Schriftsteller gehalten. Außerdem glaube ich, sie fragten nach der Zeit in der Rue de Cardinal-Lemoine – Place Contre-scarpe, als wir das erste Mal nach Paris kamen. Vielleicht habe ich Dich damals schon gekannt, aber ich glaube, das war erst, nachdem wir in Kanada waren und wieder zurückkamen und in der Rue de Notre-Dame-des-Champs 113 wohnten. Ich erin-nere mich ganz deutlich, wie ich zum erstenmal in die Rue du Bac gekommen bin und einen Korkenzieher geklaut habe, den ich aber zurückgegeben habe. Jedenfalls hat George [Plimpton] nach den ersten Tagen in Paris gefragt, und darüber habe ich auch gesprochen und geschrieben. Als wir zusammen herum-zogen, das war erst später, als ich G. Stein nicht mehr sehr oft sah und Ezra nach Rapallo gegangen war und Joyce seinen *Ulysses* beendet hatte und während der lustigen Zeit, bis er mit diesem undurchsichtigen Zeug anfing. Korrigiere mich, wenn ich mich irre, denn an die meisten wichtigen Dinge kann ich mich Wort für Wort erinnern, aber anderes habe ich automa-tisch vergessen.

Du Narr. Meinst Du etwa, ich hätte die Rue du Bac, Juan-les-Pins, Zaragoza, Chartres, dieses Haus von Peter Hamilton, in dem Du gewohnt hast, unsere Fahrräder, Ada und die Sechstagerennen, die Rue Froidevaux und Millionen Dinge, Gstaad vergessen – bitte mich nicht, sie alle aufzuzählen. Bas-sano und Ein Verfolgungsrennen. Wie viele bessere Artikel hat sie veröffentlicht als diese Abkanzelei – jetzt schreiben sie alle über diese Leute und den ganzen Kram.

Aber, Archie, in Sachen Vergangenheit bin ich ein bedächti-ger Schreiber, und ich kann Dich nicht anbringen, bevor ich Dich gekannt habe, aber ich habe Dich und auch Ada sehr ge-mocht und mag Euch noch immer.

Arme Sara und armer Gerald – laß uns nicht davon spre-chen. Sara mochte ich sehr, und Gerald konnte ich nie ausste-hen, hab's aber doch getan.

Was Ezra betrifft – da hast Du Dich prächtig verhalten, und jetzt ist es vorüber. Nun gut.

Als ich Dir damals [1954] schrieb, war ich in schlechter Ver-fassung. Es ist nicht einfach, 12 faule Eier zu essen oder ka-putte Eingeweide zu regenerieren usw. oder abzunehmen, wenn man sich nicht bewegen kann. Aber mit Disziplin geht alles (bis jetzt), und als ich George P[limpton] gesehen habe, war ich ziemlich gut in Form – Gewicht 206 – Blutdruck 150/68 – Befund schließlich fast negativ usw. Habe danach zehn Monate ununterbrochen gearbeitet – bin täglich 880 geschwommen und manchmal noch zusätzlich ein- oder zweimal 440 – kam auf 205 runter – Blutdruck 136/66 – Befund negativ – alle Lebertests O.K. Cholesterin fast normal. Hatte noch einen Monat an dem Buch[1] zu arbeiten; deshalb schlug Mary vor, daß wir hier wegfahren, da mich das Wetter in Kuba fertigmachte. (Sie auch.) Ich hatte die Arbeit seit Ende letzten Oktober kein einziges Mal unterbrochen. Also fuhren [Otto] Bruce aus Key West und ich von Key West aus über Chicago, wo wir Mary abholten, hierher. War schön, das Land im Herbst zu sehen. Bruce und seine Frau [Betty] fahren jetzt nach Key West zurück. Heute nachmittag werden wir losziehen und ein paar Enten für sie zum Mitnehmen schießen.

Tut mir leid wegen Dick Meyers [Richard E. Myers, Komponist] und der Beerdigung. Ich hoffe, Du hast eine gute Zeit, und ich wünsche Dir viel Glück mit *J. B.* [*Spiel um Job,* Schauspiel von Mac Leish, 1958]. Alles, was ich darüber gehört habe, klingt sehr gut. Ich habe keine Ahnung vom Theater. Das heißt, ich verstehe nichts davon. Es muß herrlich sein, wenn es einem gefällt, und ich hoffe, ich entdecke es nicht zu spät – wie das Fliegen.

Weiß nicht, was ich über das Unterrichten sagen soll. Ich tue es immer noch ziemlich oft, und es macht mir Spaß, aber ich werde nicht dafür bezahlt. Wenn Du dafür bezahlt wirst und es Dir gefällt, solltest Du es wohl besser weitermachen, wie man alles, was man wirklich mag, weitermacht, und außerdem werden die Bastarde aufmerksamer zuhören, wenn sie dafür zahlen müssen.

Mary geht es gut, aber sie hatte eine schlimme Virusinfektion (Grippe), die jetzt ihrem Kopf zu schaffen macht. Hier ist allerdings das beste Klima dafür.

Ich hoffe, Dir, Ada und den Kindern geht es gut.

Bumby arbeitet in San Francisco für Merrill, Lynch. Patrick (Mouse) hat ein eigenes Anwesen in Afrika und ist sehr erfolgreich als Weißer Jäger. Seine Adresse: Patrick Hemingway, Private Bag, Arusha, Tanganjika Territory. Man hält dort sehr viel von ihm, und er ist ein guter Jäger. Wenn Du jemanden kennst, der eine Safari plant, kann ich ihn aufrichtig empfehlen. Er kann jede Art von Safari leiten – zum Jagen oder zum Fotografieren.

. . . Gigi . . . ist jetzt im 3. vorklinischen Semester an der Universität von Miami, Florida, bzw. er war es, als ich im September von ihm hörte.

Ich hoffe, Ihr habt einen schönen Winter, Archie, und daß alles so läuft, wie Du es möchtest.

Wie immer alles Liebe
Pappy.

Es war so schön, Euch beide zu sehen, als Ihr mit den Cowles vorbeikamt. Mary läßt grüßen.

Meine liebsten Grüße an Ada
Pappy.

LC

1 Die Pariser Skizzen, die postum als *Paris – ein Fest fürs Leben* erschienen sind.

1959

An Patrick Hemingway

Málaga, Spanien, 5. August 1959

Lieber Mouse:

Tut mir schrecklich leid, daß ich Deinen guten Brief erst so spät beantworte, aber Du kennst ja Spanien, und diesmal war's eine sehr rauhe temporada. Als erstes muß ich Dir erzählen, daß wir den Mann aus Valencia getroffen haben, mit dem Du gejagt hast; er kam mit seiner Frau zu uns nach Madrid. Wenn nur die Hälfte von dem stimmt, was er sagt, wie wunderbar Du seist, wäre das schon eine tolle Sache, Dich mal irgendwann zu treffen. Ein anderer Typ namens Andres B. Zala pries Dich noch leidenschaftlicher, aber ich konnte nicht feststellen, ob er wirklich mit Dir gejagt hat oder nicht. Hoffe, er hat. Du hast in Spanien einen sehr guten Namen, und ich hielte es für eine gute Idee, wenn wir mal zusammen hier sein könnten. Auf jeden Fall hätten wir Spaß. Du könntest mir helfen, in der callejón Exemplare von *Wem die Stunde schlägt* zu signieren.

Antonio [Ordóñez] ist großartig, mutig, konsequent und unübertrefflich, sowohl mit der capa wie mit der muleta. Er tötet schnell, macht aber noch Fehler dabei, außer beim recibiendo[1]. Aber er tötet sie anständig, ohne viel Federlesens. Ich habe von Tag zu Tag mehr über Stiere und das ganze Geschäft gelernt, und es ist herrlich, wieder dabeizusein und die Möglichkeit zu haben, in ganz Spanien herumzureisen und immer wieder dieselben Straßen in den verschiedenen Jahreszeiten entlangzufahren. Dieser Ort[2], wo wir wohnen, ist wirklich wunderschön. Bill Davis ist ein alter Freund, den Du in Sun Valley kennengelernt hast; wir haben mal zusammen Eselhasen gejagt. Ich war auch in Deinem Ort an der Küste, auf dem

587

Hin- und Rückweg von Antonios Ranch, die nördlich von Tarifa und diesseits von Cádiz in Sichtweite von Chiclana liegt. Das ist eine Gegend, die ich noch gar nicht gekannt habe, und sie würde Dir sehr gefallen. Wir werden uns in einem Ort an der Küste in dieser Region namens Conil etwas Land kaufen. Da ist noch alles so wie in den alten Zeiten, bevor alles kaputtgemacht wurde. Prächtiger Strand, nette Leute, echt arabische Stadt und gute Fischer wie in Cojimar. Mit Antonio unterwegs zu sein ist genauso, wie mit Dir oder Bumby zusammenzusein, nur daß man ihn dauernd ausquetschen muß. Am 30. Mai hatte er einen bösen [Stier] erwischt und noch einen, der böse hätte sein können, aber die Oberschenkelarterie um einen Viertelzoll verfehlte, weil der Stoß vom Narbengewebe einer alten cornada abgefälscht wurde. Insgesamt hat er dreizehn cornadas, und nicht eine davon hat ihm Unglück gebracht. Manchmal wird er in der Nacht heimgesucht, wie wir alle, und schläft lieber tagsüber, was klug ist; aber er liebt seine Arbeit aufrichtig, und er liebt auch die Stiere. Wir haben eine Menge Spaß zusammen, richtigen Spaß, und er vertraut mir sehr, und ich hoffe, daß ich ihm nützlich bin. Er ist von einem Haufen nichtsnutziger Leute umgeben, einigen recht schlimmen, aber die meisten davon sieben wir aus. Wir haben auf dieser Reise wunderbare Leute getroffen, und ich hatte die beste Zeit, die ich je gehabt habe, und ich habe hervorragendes Material für einen neuen Anhang zu *Tod am Nachmittag*, was dadurch, wie Scribner's sagt, wie ein ganz neues Buch wirken wird. Ich lege ein paar Familienfotos bei.

Ich traf Tony, der, wie er sagte, für Dich gearbeitet hat und jetzt im Sudan anfängt. Er schien o. k. und hatte einen ganz guten Artikel über den Sudan in »Caza Pesca«. Er erzählte mir schlimme Neuigkeiten über Nashorn und Löwen, und gestern wurde das durch einen Brief von Philip Percival bestätigt. Bitte, informiere mich über alles Neue und sag mir Bescheid, inwiefern Dich das betrifft. Mouse, ich habe diesen Brief diktiert, weil wir gerade von zwei langen ferias zurück sind und ich wegen Antonios Verwundung noch einige zusätzliche Fahrten machen mußte und die Post sich so aufgestapelt hatte, wie Du es noch von früher kennst.

Ich hoffe, Du hattest eine gute Safari, und erzähl mir bitte von Deinen Plänen, wenn Du die Möglichkeit hast zu schreiben. Es muß doch noch ein Land geben, wo es bösartige Nashörner gibt, für deren Ausrottung Du eine Genehmigung erhalten kannst; es ist schon sehr traurig, wenn man an die Tausende denkt, die Jock Hunter für Ritchie umgebracht hat. Philip schrieb mir, ich würde bestimmt nie zurückkommen wollen, so wie die Dinge jetzt stehen, aber ich denke, wenn wir nicht auf der Linie der »Großen Fünf« wären, müßte es immer noch irgendwo ein Stück guten Landes geben, wo man hinfahren und jagen kann.

Grüße an Dich und Henny. Werde versuchen, ein andermal mehr Einzelheiten über Spanien zu schreiben. Habe noch nie so viele Störche gesehen wie in diesem Frühling. Mille fois merde.

PUL   Papa

1 »Recibir. den Stier von vorn töten, indem man ihn, nachdem er zum Angriff angesetzt hat, mit dem Degen erwartet, ohne die Füße zu bewegen ... Äußerst schwierige, gefährliche und aufregende Art, Stiere zu töten; in heutiger Zeit selten zu sehen ...« *(Tod am Nachmittag)*.

2 La Consula, ein großer Besitz zwischen Málaga und Torremolinos, wo die Hemingways von Mai bis Oktober 1959 Hausgäste von Nathan (Bill) und Annie Davis waren. Dort feierte EH am 21. Juli ausgiebig seinen 60. Geburtstag. EH und Davis, ein wohlhabender amerikanischer Expatriot, hatten sich seit 1940 gekannt.

1960

An Mary Hemingway

Madrid, 25. September 1960

Liebste Kittner:

Nachdem ich Dir von der Consula aus geschrieben hatte – am selben Tag, als Du den letzten Brief schriebst, den ich hier bekam –, sind wir nach Madrid gefahren[1] und haben diesen Alptraum von Telefoniererei mit Hotch [A. E. Hotchner] wegen der Filmsache wiederaufgenommen. Die Diplomaten und Korrespondenten von den Vereinten Nationen blockierten die Leitungen, und die Gespräche kamen manchmal erst 4 bis 6 Stunden nach der Anmeldung zustande, und Kabel, die normalerweise eine Stunde brauchen, brauchten 5 Stunden oder länger. Brieftelegramme bis zu 36–48 Stunden. Du mußt eine tolle Zeit gehabt haben, und das ließ, was an diesem Ende der Welt vorging, unwichtig und trivial erscheinen. Aber das war vielleicht eine Telefoniererei. Hotch hat es Dir wahrscheinlich erzählt. Einmal meldete ich morgens um 6, als ich aufwachte, ein Gespräch an und wartete bis abends 6 auf den Anruf, dann die ganze Nacht bis 4 Uhr morgens – ohne mich ausgezogen zu haben oder zu schlafen, um bloß nichts zu verpassen. Am nächsten Tag um 11 Uhr bin ich dann endlich durchgekommen. Sah unmöglich aus, nach Logroño zu kommen, ich schaffte es aber in weniger als 5 Stunden. War schließlich 44 Stunden hintereinander wach und konnte dann nicht einschlafen. Durch das, was wir in Logroño sahen (großartig), und das, was in Madrid mit Luis Miguel [Dominguín] passiert ist, habe ich einen passenden Schluß [für die »Life«-Artikel] gefunden; deshalb glaubte ich, nicht auch noch nach Nîmes fahren zu müssen – zwei zusätzliche Tage Fahrerei (plus 2½ zurück), und bloß eine französische Corrida – plus' Pariser Skandalblätter – plus mögliche Komplikationen durch Luis Miguel (der macht zur Zeit aus Reklamegründen allen möglichen Ärger); also bin ich hierher zurückgefahren, um diverse Dinge zu erledigen, besonders die Bilder für das Buch, plus sie alle noch mal zu überprüfen, plus anderes Material, das ich brauche, und um wegen der Verhandlungen mit Hotch hier zu sein (ferner wegen der Korrektur der »Life«-Bilder für »Life en Español«). Ich bin mir jetzt über das Buch im klaren, obwohl Luis Miguels Hin und Her es immer komplizierter macht. Er hat wirklich an einem Comeback gearbeitet, hatte aber in Madrid einen Mißerfolg – am selben Tag, als Antonio in Logroño so großartig war. Er [Antonio] hat mir in der callejón eine furchtbar lange und bewegende Widmungsrede gehalten, und danach ging er raus und riskierte sein Leben – schlimmer, als ich es je bei ihm gesehen habe –, er tötete ihn für mich, auf seine großartige neue Art. Erhaben und schön – ich werde nicht versuchen, es zu beschreiben, weil ich es nicht verlieren will. In seiner Widmungsrede sagte er, dies wäre der letzte Stier, den er dieses Jahr in Spanien tötete. Aber man bedrängt ihn sehr, am 12. Okt. in Puerto de Santa María gegen Luis Miguel anzutreten – um einen einträglichen Wettkampf zu veranstalten –, andernfalls könnte Miguel 6 töten, aber dafür würde ich nicht hierbleiben. Ich muß hier raus und zurück zu Dir und zu dem gesunden Leben in Ketchum und den Kopf klar kriegen, um gut schreiben zu können. Ich kann ja sagen, daß sie weitermachten und das taten, wie immer es ausgeht, daß ich aber nach Ketchum zurückmußte – ich sehe schon, wie ich das mache – in dem Artikel, meine ich. Aber die Bilder sind jetzt das Schwierige, und ich habe auch noch einiges andere zu erklären. Hoffe, Du hast Dich amüsiert. Hotch sagte, Du hättest sehr viel Spaß. Dein letzter Brief hat sich gut angehört. Wir können hier aus den Zeitungen nicht ersehen, was wirklich passiert. Ich habe einen Brief vom »Playboy« – eine gräßliche Zeitschrift – geöffnet; sie planen, meinen großen Fehler wieder neu aufzuwärmen. Adressiert war er an Dich – man bittet Dich, bei mir zu vermitteln. Ich sah bloß »Playboy« und habe ihn aus Versehen aufgemacht. Aber das ist etwas, wo ich [Alfred] Rice einspannen muß. In dieser letzten Post stecken verteufelt viele Probleme. Habe Hotch gekabelt, ich riefe ihn am Montag an, falls er bereit wäre – sonst am Dienstag. Heute vormittag war ich im Prado – alles durcheinander – der Holzboden wird durch Marmor ersetzt –, und die Bilder waren verstreut wie die Seiten eines zerrissenen Buches. Aber so herrlich wie immer, wenn man sie erst einmal gefunden hat. Licht perfekt. Ich liebe Dich, meine liebste Kitten, und sobald ich weiß, wann im Oktober (früh) ich von hier weg kann, werde ich kabeln. Ein Haufen Probleme, aber wir werden sie alle lösen. Kein Schlaf, trügerische Erinnerung usw. – schlimm – alles Trinken, außer ganz leichtem Rotwein, schadet mir. Noch eine Menge [Probleme], aber wir werden sie bewältigen, und ich werde gesund werden und gut schreiben. Hoffe, in N. Y. ist alles in Ordnung, und daß ich, wenn ich komme, ohne Presserummel reinkommen kann. Wäre nur zu gern mitten in diesem UN-Trubel[2] gekommen, als alle so aufgeregt waren. Das muß ja was gewesen sein. Entschuldige diesen so eiligen und so schlechten Brief. Voller Liebe und großer Hoffnungen auf einen glücklichen Herbst und all die anderen dort.

Dein großes Kitten

Hoffe, das Geschäft mit Hotch klappt. Viele Haken. Die Nick Adams-Story für den Film. Enthält aber zehn Geschichten – und ich weiß nicht, wieviel Erfahrung Hotch im Umgang mit Filmleuten hat. Habe Coops [Gary Cooper] gekabelt, warum ich nicht nach Frankreich kommen konnte. Hat [zwei Wörter unleserlich] je die Karten geschickt?

PH. PUL

1 EH war fast am Ende seiner unheilvollen Spanienreise, die von August bis Oktober 1960 dauerte. Er und Mary hatten die Finca am 25. Juli verlassen. Nach einer Woche in ihrer New Yorker Wohnung flog EH allein nach Madrid, um an den Erfolgen von Antonio Ordóñez teilzunehmen und um an Bildern für die Auszüge aus *The Dangerous Summer* zu arbeiten, die in »Life« erscheinen sollten. Mary Hemingway beschrieb diesen gefährlichen Herbst in *Wie es war* (1976) und fügte ausführliche Auszüge aus EHs Briefen aus dieser Zeit bei. Am 15. August befürchtete er einen »totalen physischen Nervenzusammen-

bruch durch mörderische Überarbeitung«, am 26. August beklagte er seinen »ausgebrannten Verstand – vom Körper ganz zu schweigen« und wiederkehrende Alpträume, trotz Einnahme von Doriden (3. September). Am 7. September schrieb er, daß er sich viel besser fühle, obwohl »immer noch nicht gut im Kopf«. Am 18. schrieb er: »Gott, was werde ich froh sein, wenn ich aus diesem ganzen Chaos raus bin und wieder bei Dir in Ketchum und ich die Chance habe, daß es mir gut geht und ich ordentliche Arbeit leisten kann, an die ich glauben kann und die ich gerne mache«, und er fügte hinzu, er habe »die Nase voll von diesem ganzen [Stierkampf-]Rummel«. Am 23. September schrieb er: »Ich wünschte, Du wärst hier, um für mich zu sorgen und mir zu helfen und mich vor dem Zusammenbruch zu bewahren. Fühle mich schrecklich, und ich werde mich jetzt einfach ruhig hinlegen und versuchen, auszuruhen.« Am 8. Oktober kam er in New York an, äußerlich heiter, innerlich ein Tumult von Ängsten, Verdächtigungen und fixen Ideen. *Wie es war* berichtet über sein folgendes Verhalten in New York und Ketchum. Es war nicht der »glückliche Herbst«, den er sich erhofft hatte, sondern etwas ganz anderes. Am 30. November ging er ins St. Mary's Hospital von der Mayo-Klinik in Rochester, Minnesota, um sich medizinisch und psychiatrisch behandeln zu lassen. Er trug sich als George Saviers ein, um Publicity zu vermeiden. Sechs Wochen und drei Tage war er dort, bevor seine Anwesenheit entdeckt und verkündet wurde.

2 Die lebhafte 15. Sitzung der UN hatte am 1. September begonnen. Sie wurde berühmt durch Reden von Eisenhower und Castro (viereinhalb Stunden) und durch Chrustschows Schuh-Szene.

1961

An George A. Plimpton

Rochester, Minnesota, 17. Januar 1961

Lieber George:

Ich danke Dir sehr für den Brief über [Norman] Mailer und seinen letzten offenen Abend. Ich habe durch das letzte Buch gemerkt – erinnere Dich an das, was wir zusammen kauften, diese Art Abfallsammlung seiner Reportagen, Berichtigungen und Geschwafel, von gelegentlicher Brillanz durchblitzt *[Reklame für mich selber]* –, wie gut es war, daß ich nicht zu der Party gegangen bin, obwohl es heißt, daß man sich alles mal ansehen sollte.

Der Castro-Artikel war ebenfalls sehr interessant, und ich danke Dir, daß Du ihn geschickt hast. Schade, daß er das nicht loswerden konnte. »Ich würde nicht kandidieren, wenn ich nominiert wäre. Ich würde nicht dienen, wenn ich gewählt wäre.« Vielleicht zitiere ich nicht richtig, aber Du hast einen verdammt guten Brief über ihn geschrieben, und ich kann sehen, warum er Dich interessieren würde.

Hotch hat mir das Buch [Plimptons *Out of My League*, 1961] in Fahnenabzügen gebracht, darüber zu schreiben ist schwieriger. Ein großer Teil davon ist prachtvoll, und das, obwohl Du dadurch behindert warst, daß Du nicht die normale Sprache gebrauchen konntest, sondern Schimpfwörter nehmen mußtest. Aber ein großer Teil ist glänzend. Das Buch scheint zu ermüden, so wie einen die Qual ermüdet, diesen Schlägern zuwerfen zu müssen, während sie sich einen Wurf nach ihrem Geschmack aussuchen können. Es war bestimmt eine fürchterliche Sache, und Du läßt das alles deutlich werden, und die Müdigkeit des Schlusses und die Eintönigkeit, die es ausdrückt, sind hervorragend. Aber für ein Buch hatte ich mir wenigstens noch den Moore-Kampf erhofft, aber andererseits verlange ich immer zuviel von meinen Freunden, und von Dir mehr als von jedem anderen. Vielleicht hat es ja Erfolg, und ich irre mich. Hoffe ich jedenfalls. Wenn ein Zitat von mir etwas nützen sollte, kann ich mir ein gutes ausdenken. Schreib nach Ketchum und sag mir rechtzeitig Bescheid.

Zu Peter Matthiessen und seiner Reise nach B.E.A. [Britisch Ost-Afrika]: Er kann an meinen Sohn Patrick schreiben – P.O. Box 504, Arusha, Tanganjika, Ost-Afrika – und ihm den Zweck seiner Reise mitteilen, und dann abwarten, was Patrick für Vorschläge hat. Peter könnte Patrick ein Exemplar seines Buches [*Wildlife in America*, 1960] schicken, ihm die Umstände schildern und sagen, daß ich ihn gebeten hätte, an Patrick zu schreiben. Möglicherweise ist Patrick gerade auf einer Safari, aber ich bin sicher, daß er antwortet, sobald er zurück ist. Ich habe ihm gestern in ziemlicher Eile geschrieben und leider vergessen zu erwähnen, daß Peter kommen will. Aber wenn er sagt, ich hätte ihm geraten zu schreiben, ist es genau dasselbe, als wenn ich ihm geschrieben hätte. Um Zeit zu sparen, könnte er sein Buch und denselben Brief auch an Denis Zaphiro schicken, c/o Game Department, Kadjiado, Kenia, B.E.A., und seine Lage schildern und ihm sagen, ich hätte ihn gebeten, ihm zu schreiben. Ich muß Denis noch einen Brief schreiben und werde Peters Reise darin erwähnen. Ich kann nicht versprechen, daß irgend etwas dabei herauskommt, aber es ist das Beste, was ich jetzt in der Eile tun kann.

Ich kann mich an die Adressen anderer Leute, mit denen ich ihn in Verbindung bringen könnte, nicht erinnern, da ich mein Adreßbuch nicht hier habe, aber auf jeden Fall sollte er mit den Autoren [Bernhard und Michael Grzimek] eines Buches namens *Serengeti darf nicht sterben* Kontakt aufnehmen, die eine Tierzählung in der Serengeti-Ebene durchgeführt haben und die skandalöse Verwüstung durch das Vieh der Massai und die Wilderer in diesem Gebiet beschreiben. Ich bin sicher, daß Den ihn mit den richtigen Leuten in Verbindung bringen kann, aber er wird wohl einiges Geld ausgeben müssen, und da alle sehr beschäftigt sind und Kenia wegen der Wahlen zerrissen ist, wäre es der sicherste Weg für ihn, wenn er sich mit der Gruppe vom Naturgeschichtsmuseum zusammentäte und dann die anderen Hinweise nutzte, die ich gegeben habe. Das Hauptproblem dort ist der Benzinpreis, und die Beförderung ist sehr teuer. Das Safari-Geschäft ist ein einziger Rummel, aber wenn er erst einmal in Nairobi ist, kann er gute Kontakte knüpfen. Sowohl mit dem Wildtier-Dept. als auch mit dem Direktor der Nationalparks. Es gibt auch eine große Gruppe dort, die die Rettet-die-Serengeti-Bewegung unterstützt, und das Buch wird ihm die notwendigen Informationen vermitteln.

Entschuldige, daß das alles so spät kommt, aber ich kam Ende November mit einem Blutdruck von 250/125 hierher. Man glaubt, das ganze Blutdruckproblem könnte in Grenzen gehalten werden, wenn ich mein Gewicht bei 175 Pfund hielte. Da ich Schriftsteller bin, was eine gewisse Menge Stillstehens verlangt, wenn schon nicht Stillsitzens, kann ich dieses Gewicht nur unter großen Schwierigkeiten halten. Archie Moore macht das, aber Du weißt, wie er in den Zeiten zwischen dem Training aufschwemmt. Ich darf nicht ein bißchen stärker werden, und das wird sehr hart sein, aber ich werde es ernsthaft versuchen.

Ich schreibe dies in Eile, entschuldige es also bitte, und laß mich wissen, was ich Brauchbares für Dich tun kann, wenn Du nach Ketchum schreibst. Das Hauptproblem ist jetzt, wieder an die Arbeit zu gehen und einen Ort zu finden, wo ich das tun kann, ohne gestört zu werden.

Mary geht es gut, sie läßt herzlich grüßen; und laß Dich bitte nicht von dem beirren, was ich über das Buch geschrieben habe, denn es ist verdammt gut, und ich wünschte nur, es gäbe noch mehr davon.

Beste Grüße
Papa

Diese Qual, ohne Schiedsrichter zu schlagen und mit kaputtem Arm, ist immer noch ein Alptraum für mich, denn ich kenne den Wert des nichtsnutzigen Balls. Diesen Teil hast Du wunderschön hingekriegt.

PH. PUL

AN FREDERICK G. SAVIERS[1]

Lieber Fritz:

Es hat mir furchtbar leid getan, heute morgen aus einem Brief
Deines Vaters zu erfahren, daß Du noch ein paar Tage in Den-
ver im Bett liegenbleiben mußt, und ich schicke diesen Brief
schnell ab, um Dir zu sagen, wie sehr ich hoffe, daß es Dir bald
besser geht.

Hier in Rochester ist es sehr heiß und schwül gewesen, aber
in den letzten beiden Tagen wurde es kühl und schön, und
nachts konnte man wunderbar schlafen. Das Land hier ist
schön, und ich hatte die Möglichkeit, etwas von der herrlichen
Landschaft am Mississippi zu sehen, dort, wo man in alten
Holzfällerzeiten die Baumstämme runtertrieb, und die Pfade,
auf denen die Pioniere nach Norden kamen. Ich sah im Fluß
ein paar gute Barsche springen. Ich wußte bisher überhaupt
nichts über den oberen Mississippi; es ist wirklich ein herrliches Land, und im Herbst gibt es dort eine Menge Fasane
und Enten.

Aber nicht so viele wie in Idaho, und ich hoffe, wir werden
beide bald wieder dort sein und zusammen über unsere Kran-
kenhauserfahrungen Witze machen.

Alles Gute für Dich, alter Hase, von Deinem guten Freund,
der Dich sehr vermißt

(Mister) Papa

Grüße an die ganze Familie. Ich fühle mich gut und sehr gut
gelaunt über die Dinge im allgemeinen und hoffe, Euch alle
bald zu sehen.

PH. PUL   Papa

---

1 Fritz, der neunjährige Sohn von Dr. George Saviers aus Sun Valley,
lag mit einem Herzleiden im Krankenhaus. Er starb am 11. März 1967.

Nachtrag

Hemingway, von seinen Ärzten für gesund genug befunden, um ihn aus dem St. Mary's Hospital zu entlassen, starb weniger als drei Wochen nachdem er den Brief an Fritz Saviers geschrieben hatte – durch eigene Hand. Er verließ Rochester am 26. Juni zusammen mit seiner Frau Mary in einem Mietwagen, der von seinem alten Freund George Brown aus New York gefahren wurde. Am Freitag, dem 30. Juni, kamen sie in Ketchum an. Am nächsten Morgen fuhr Brown Hemingway zur Mollie Scott Clinic in Sun Valley, wo Hemingway mit Dr. George Saviers zusammentraf, der am späten Nachmittag Fritz für einen kurzen Besuch zu Hemingway brachte. Am Samstagabend aßen die Hemingways und Brown im »Christiania Restaurant« in Ketchum und begaben sich danach früh zur Ruhe. Am Sonntagmorgen stand Hemingway vor sieben Uhr auf, schloß den Vorratsraum im Keller auf, nahm ein doppelläufiges Gewehr aus dem Ständer, trug es nach oben ins Foyer, schob zwei Patronen hinein, stellte den Gewehrkolben auf den Boden, preßte seine Stirn gegen die beiden Mündungen und schoß sich die ganze Schädeldecke weg. Man schrieb den 2. Juli 1961. Die Beerdigung in Ketchum fand am 5. Juli statt. Bis dahin hatte sich die Nachricht von seinem Tod über die ganze Welt verbreitet.

Der Herausgeber

Personenregister

Kursive Ziffern verweisen auf die Briefempfänger
Ziffern in Klammern verweisen auf die Fußnoten

Adam, Walter 279
Adams, Charles Francis 266
Adams, E. C. L. 213, (214)
Adams, Henry 386
Adams, J. Donald 363
Adams, J. J. 89
Aiken, Conrad 171, 213
Aldington, Richard 138, 393
Algabeno 88
Algren, Nelson 438, 570, 571
Algy 70
Allen, Hervey 146
Allingham, Margery 359
Ames, Beatrice 141
Anastaisie, Louis 78
Anders, Glenn 249
Anderson, Elizabeth Prall 113, 114, (114)
Anderson, Margaret 86, 290, (291)
Anderson, Maxwell (100)
Anderson, Sherwood *41*, (42), *44*, (46), 70, 72, 73, 75, 79, 85, 90, 108, *113*, (114), 117, 118, 121, 124, 130, 131, 143, *150*, *155*, *161*, 200, 285, 534, 570
Anderson, Tennessee *41*, (42), 46, (46)
Andrews, Esther 265
Andrews, Mary 483, (486)
Antheil, George 83, (84), 138
Arab Minor 552
Arlen, Michael 168, 169, 178, 256

Armstrong, Richard (Dick) 317
Arnold, Matthew 56
Asch, Scholem 569
Asquith, Herbert Henry 82

Babel, Isaak 323
Bach, Johann Sebastian 546
Baer, Max 321
Baker, Carlos (104), (124), (249), (291)
Baker-Eddy, Mary (239)
Balchen, Bernt 573
Balmer, Edwin 569
Balzac, Honoré de 83, 123
Barnes, Djuna 135
Barney, Natalie 91, (93)
Barry, Griffin 46
Barry, Philip 291
Barthou, Louis 70
Barton, Ralph 117, 118, 132
Barton, Raymond O. 379, 385, 451, 452
Bates, Robert W. 59, (65)
Baudelaire, Charles 580
Baum, Richard T. (Pinard) 62, (65)
Beach, Sylvia (43), (46), 50, 401, 542
Beatty, David 122
Beauvoir, Simone de 571
Beerbohm, Mary 168
Beerbohm, Max 67
Belden, Jack 381
Belloc, Hilaire 167, 168

Bellow, Saul 438
Belmonte, Juan 102
Benchley, Robert 117, 197, 290, 291, 529
Benét, Stephen Vincent 212
Benet, William (Bill) Rose 168, 169
Bennet, James Gordon 562
Bercovici, Konrad 147
Berenson, Bernard *508*, *510*, (*512*), *512*, *532*, *535*, *540*, *560*, 569
Bernhardt, Sarah 302
Bird, Sally 48, 85, 89
Bird, William (Bill) 48, (66), 66, 83, 88, 89, 98, 125
Bishop, John Peale 223, 256, 359, 371, 376, 570
Bishop, Mrs. 223
Bledsoe, Thomas *468*, 486, 488, 489
Bloomshield 167
Boal, Samuel 469, (472)
Bodenheim, Maxwell 194
Boisrouvray, Cricri de 547
Boni & Liveright 76, 104, 106, 107, 203
Boswell, James (551)
Boulton, Dick 103
Boyd, Thomas 119, 146, (221)
Boyle, K. 135
Bra s. Saunders, Eddie
Braden, Spruille 420
Bradley, Omar 395
Bradley, William A. 130
Brandt und Brandt 264, 266
Braque, Georges 505
Breaker, Helen 202, 203, 205
Breit, Alice 496
Breit, Harvey *476*, (481), *489*, *493*, (*497*), *497*, *547*, *552*, *555*, *556*, *564*, *568*
Breit, Patricia 564, 568, 569, 573
Brenan, Gerald 489, 522

Brickell, Herschel 148
Bridges, Robert 110, 158, 212
Bristol 53
Bromfield, Louis 117, 130, 132, 142, 147, 177, 188, 189, 195, 228, 231
Brontë, Herzog von 445
Brooks, Van Wyck 79, (80), 84, (154), 359
Broun, Heywood 178
Brown, George 450, 556
Bruce, Betty 585
Bruce, Otto 343, 425, 448, 585
Brumbeck, Theodore (Brummy) 40
Bryher (d. i. Mrs. Robert McAlmon)
Bullitt, William 418
Bunting, Basil 82, (84)
Burke, Billie 438
Burke, Kenneth 401
Burman 57
Butcher, Fanny 185, 192, 195
Byron, Georges Gordon Lord 56, 153, 428, (512), 580

Cabell, James Branch 499
Callaghan, Morley 136, 205, 213, 215, 232, 233, 237, 244, 246, 254, 323, 334
Calmer, Edgar (Ned) 440
Cambronne, Pierre 221, 543
Canby, Henry Seidel 295
Cantwell, Robert *447*, (453)
Cape, Jonathan 141, 145, 174, 179, 188, 199, 289, 423, 425, 453
Capote, Truman 438
Carnera, Primo 444
Carnevali, Emanuel 137, 140
Carpentier, Georges 60, 64, 105
Casement, Roger 373, 467, (467)
Castro, Fidel (593), 594
Cather, Willa 76

600

Caulaincourt, Armand A. L. 432
Cervantes, Miguel de 435
Chamberlain, John 294
Chamberlain, Neville 341
Chambers, Canby 264, 265, 300
Chambers, Esther 264, 265
Chambers, Mrs. Whitaker 533
Chandler, Raymond 359
Chaplin, Charles 98
Charles, Ezzard 559
Charles, Mrs. Joseph William (36)
Charo 553
Chiang Kai-shek (Tschiang Kai-schek) 418, 455
Childers, Erskine 373
Chrustschow, Nikita (593)
Church, Ralph 155
Churchill, Winston 406
Clark, Gregory 70
Clark, Walter van T. 359, 424
Clarke, Herbert 138
Claudel, Paul 533, 541
Clausewitz, Karl von 298
Clemenceau, Georges 277, 455, 550
Coates, Robert M. 274, (275), 276
Cocteau, Jean 158, 275
Cohn, Louis Henry 286
Coleman, Emily H. 203
Collins, Seward 147
Collins, Wilkie 124
Colum, Mary 75, 76
Colum, Padraic 50
Conrad, Joseph 377, 401
Coolidge, Calvin 97
Cooper, Gary 360, 365, 566, 592
Cooper, Maria 568
Cooper, Veronica (Rocky) 360, 568
Copic 331
Covarrubias, Miguel 132
Cowles, Jack 586

Cowley, Malcolm (80), 269, 276, 307, 399, (403), 411, 426, 437, (439), 455, 468, 470, 471, 475, 486, 487
Cowley, Muriel 439
Crane, Stephen 177, 526
Crawford, Ken 382, 450, 451, 452
Crosby, Harry 234, (235)
Cummings, Edward Estlin 76, 84, 105, 231
Cunard, Nancy 56, 168, 289
Curtis Brown 141, 145
Custer, George A. 545, 555

Dahl, Harold (Whitey) 516, 517
Dakin, E. F. (239)
Daladier, Edouard 341
D'Annunzio, Gabriele 84, (84)
Dante, Alighieri 538, 580
Darantière 66
Darrow, Whitney 358, 410
Davidson, Jo 102
Davis, Annie (589)
Davis, Nathan (Bill, Negro) 587, (589)
Davis, Richard Harding 503
Décan, Jean 389
Dempsey, David 527
Desnos, Robert 547
Dickens, Charles 135, 483
Dietrich, Marlene 436, (437), 450, 456
Dilworth, James (Jim) 33
Dobie, J. Frank 424
Dodge, Mabel 289
Dombeta 110
Dominguín, Luis Miguel 590, 591
Don Carlos 258
Don Jaime 258
Donne, John 368
Doolittle, Hilda (H. D.) 97, 134

Doran, George H. 101, 117
Doren, Carl van 266
Doren, Mark van 266
Dorman-Smith, Eric Edward
(Chink) 47, 49, 52, 59, 60,
(66), 82, 84, (84), 89, 92,
141–143, (144)
Dos Passos, John 67, 89, 94, 97,
108, (111), 113, 120, (121), 122, 143,
147, 150, 197, 208, 212, *217*, *222*,
(224), 226, 228, 231, 237, 250, 252,
258, *262*, (264), *265*, *267*, 270, 273,
274, *276*, 291, *291*, (293), 300, 304,
305, *317*, 322, 323, 329, 330, *331*, 376,
399, 413, 414, 504, 521, 530, 569
Dos Passos, Katharine (Katy)
(36), 222, 223, (224), 228, 260, 263,
264, 267, 270, 278, 292, 317, 504,
521
Dostojewski, Fjodor 127, 415, 435
Doughty, Charles Montague 107
Douglas, Clifford Hugh 55, (55)
Dreiser, Theodore 144, 252, 270
Dreyfus, Alfred 159
Driscoll, Joe 388
Dunabeitia, Juan (Sinsky, Sind-
bad) 425, 454, 491
Dunning, Ralph Cheever 372,
(374)
Durán, Gustavo 331
Duveen, Sir Joseph 516, 517
Dyck, Anthonis van 516

Eastman, Max 352, 393
Edgar, Carl 36, (36), 503–505
Edward Prince of Wales 70
Ehrenburg, Ilja 406
Einaudi 423
Eisenhower, Dwight D. 395, 521,
571, 573, (593)
Eisenstadt, Alfred 490
El Greco 63, 442

Eliot, T. S. 50, 75, 91, 92, (93),
110, 134, 275, 372, 465, 466, (578),
582
Ellmann, Richard (171)
Emilio 417
Empey, Arthur Guy 146

Fadiman, Clifton 295
Fargue, Leon Paul 492, 542
Farrar, John 119, (121)
Farrell, James T. 330
Faulkner, William (271), 274, 275,
400, *413*, 438, 450, 493–496,
(497), 499, 538, 539, 555, 570, 572,
(573)
Feder, Walter J. 62
Fenton, Charles A. *501*
Ferrer Guardia, Francisco 278
Field, Marshall 184
Fielding, Henry 116, 124, 195, 196,
414
Fitzgerald, F. Scott *114*, (115), 116,
118, 122, *125*, *129*, *141*, (144), 145,
147, *148*, 152–154, 157, *158*, 170, 174,
176, *177*, (177), (180), *187*, *194*, 204,
207, 209, *210*, 213, 214, *214*, *215*,
(215), (216), 220, 223, *224*, 227, *229*,
232, 235, 236, 237, 245, *256*, 265,
291, *297*, 315, 319, 349, 350, 359,
362, 363–365, 375, 376, (378), 394,
399, 401, 443–445, 472, 475, 483,
499, 520, 522, 529, 530, 531,
556–560, 569, 572
Fitzgerald, Frances S. (Scotty)
128, 129, 180, 189, 190, 197, 216,
226, 229, 300, 363, 475, 558
Fitzgerald, Zelda 114, 115, 118, 120,
126, 127, 129, 132, 150, 159, 180, 189,
190, 197, 214, *214*, 216, 226, 229,
256, 257, 299, 300, 363, 394, 444,
445, 483, 557–559
Flanner, Janet *287*, (291)

Flaubert, Gustave 67, 274, 415, 511, 553

Flechtheim, Alfred 110, (111)

Fleischmann, Leon 132

Ford, Ford Madox 50, 53, (81), 82, 83, 85–87, 89, (90), 90–92, 93–95, 96, 97, (98), 148, 285, 377, 401, 505,

Ford, Julie 85

Ford, Stella 85, 86

Foster, J. 53

Fortuna 148

Franchetti, Nanyuki 440

Franco, Francisco (260), 342, 343, 517

Franco, Ramon 258

Frank, Waldo 269, 275, 457

Franklin, Benjamin 83

Franklin, Sidney 257, 286, 449, 491

Frazier, Brenda 553

Freud, Sigmund 475

Friedrich der Große 432

Friend, Krebs 68, (68), 91, 92, (93), 93, 94, 96, 97

Friend, Mrs. 94, 96, 97

Frise, Jimmy 69, (71)

Frost, Robert 576, 577, (578), 579, 582

Fuller, Henry B. 569

Fuller, J. F. C. 424

Galantière, Lewis 41, (43), 44, 50, 74, 85

Gallo, Rafael el 102, 356

Galsworthy, John 196, 315

Gangwisch 52

García Lorca, Federico 522

Garibaldi, Guiseppe 259

Garland, Hamlin 85

Gattorno, Antonio 317, 318

Gauguin, Paul 85

Gaulle Charles de 555

Gauss, Christian 458

Gellhorn, Martha s. Hemingway, Martha Gellhorn

Gibbons, Floyd 280

Gide, André 310, 492, 533, 534, 537, 542

Gide, Madelaine 534

Gingrich, Arnold 282, 284, 300, 302, 317–319, 321, 326, 327

Glass, Carter 332

Gobar 68

Gogh, Vincent van 85

Gold, Mike 307

Goll, Yvan 201

Gorki, Maxim 323

Gould, Nat 124

Goya, Francisco 63, 356, 442, 492, 493

Graham, Sheilah 394

Granger, Stewart 566

Grant, Ulysses S. 450

Greb, Harry 455, (456)

Greppi, Emanuele Graf 455

Griffith, D. W. 76

Gris, Juan 92, 95, 101, 110

Grosset und Dunlap 245, 375

Grunts, Joe (d. i. Joe Russell) 268

Grzimek, Bernhard und Michael 595

Guest, Winston 373, 569

Guillen, Nicholas 357

Guillermo 479, 480

Guthrie, Pat 189, 197

Hale, Edward Everett 484, (486)

Hale, Nathan 492

Hale, William H. 492

Haliburton, Thomas Chandler 457

Hall, Ernest (EHs Großvater) 544

Hall, Leicester (EHs Onkel) 33
Halliburton, Richard 457, (458)
Hamilton, Peter 584
Hamsun, Knut 119
Hancock, Benjamin Tyley (EHs
    Großonkel) 190
Händel, Georg Friedrich 247
Hans (d. i. Hans Kahle) 331, 522
Hansen, Harry 296
Harcourt, Alfred 130, 131
Harcourt Brace (88)
Harper 352
Harris, Frank 50
Hartley, Marsden 74
Hawks, Howard 365
Hawthorne, Nathaniel 447, (453)
Hayward, Leland 482, 484, 485
Heap, Jane 91, 92, (93), 93, 97, 112
Hearst 196
Hecht, Ben 151, 194
Heeney, Tom 212
Heilbrun, Werner 522
Heinemann 179
Held, John 132
Hellinger, Mark 410, 491
Hellnick, Morty 234
Helmles 40
Hemingway, Adelaide (Großmut-
    ter) 34, 37
Hemingway, Alfred Tyler (On-
    kel) 33
Hemingway, Anson T. (Großva-
    ter) 33, 37, 544
Hemingway, Arabella White
    (Tante) 35
Hemingway, Carol (Schwester)
    49, 431
Hemingway, Clarence E. (Vater)
    49, 103, 190
Hemingway, Elizabeth Hadley
    Richardson (Ehefrau; Bones,
    Binney, Hash, Wicky) 41, (43),

44, 45, 47, 48, 49, 51, 54, 55,
(55), 57, 58, 59–65, (65), 66, 69,
71, 73, 79, 81–84, 85, 86, 88, 90,
92, 93, 95, 98, 99, 102, 104, 110,
113, 119, 121, 124, 125–129, 132, 137,
140, 141, 143, 148, 150–152, 156,
159, (160), 164, 165, 171, 179, 180,
185, 188, 190–192, 196, 202, 297,
529
Hemingway, George (Onkel) 33,
    218
Hemingway, Grace (Tante) 33,
    37
Hemingway, Grace Hall (Mut-
    ter) 35, 49, 121, 184, 218
Hemingway, Gregory (Sohn;
    Gigi) 341, 344, 390, 398, (399),
    418, 439, 586
Hemingway, Henrietta Broyles
    (Patricks Ehefrau; Henny) 589
Hemingway, John Hadley Nica-
    nor (Sohn, Bumby, Jack) 71,
    (84), 88, 91, 92, 95, 97, 98, (98),
    101, 102, 104, 119, 124, 126, 128,
    129, 133, 138, 141, 143, 149, 174, 175,
    180, (180), 185, 188, 190, 191, 193,
    196, (216), 219, 225, 248, 259, 300,
    305, 344, 349, 366, 392, 398, 426,
    436, 465, 585, 588
Hemingway, Leicester (Bruder)
    193
Hemingway, Madelaine (Schwe-
    ster; Sunny) 49, 193, 219, 431
Hemingway, Marcelline (Schwe-
    ster) 218, 431
Hemingway, Martha Gellhorn
    (Ehefrau; Marty) (350), 357,
    358, 360, 363, 364, 366, 369, 377,
    (382), 412, 418, 432, 441, 514, 568
Hemingway, Mary Welsh (Ehe-
    frau) 378, (382), 383, 386, 389,
    396, 411, 417, 425, 427, 428, 431,

436, 437, 440, 454, 461, 462, 480, 481, 485, 496, 499–501, 508, 509, 510, 512, 513, 515, 520, 524, 525, 531, 532, 534, 535, 543, 545, 546, 550, 553, 554, 556, 557, 563, 568, 570, 571, 573, 576, 578, 585, *590*, (592), 596

Hemingway, Patrick (Sohn; Mouse) 211, 219, 225, 248, 259, 341, 344, 393, 398, 411, 412, 415, 491, 519, 520, 585, 586, *587*, 595

Hemingway, Pauline Pfeiffer (Ehefrau) 118, 129, 143, (152), *162*, 172, 174, 175, *181*, 189, 191, 195, 196, 198, 199, *206*, 215, (215), 217, 218, 219, 222, 224, 225, 228, 229, 232, 233, 237, 242, 246, 247, (249), 251, 252, 255, (255), 259, 260, 263, 266, 267, 268, 280, 288, 293, 297, 300, 319, 337, 338, 344, 348, 359, (361), 369, 398, (399), 411, 461, 519, 529, 560, 568

Hemingway, Ursula (Schwester; Ura) 431

Hemingway, Willoughby (Onkel) 186, (187)

Henriette 547

Henry, Barklie M. 94

Henry, Patrick 373

Herbst, Josephine 307

Hergesheimer, Joseph 168

Herman, Pete 45

Herrera, José Luis 491

Herrera, Roberto 491, 501

Hickok, Guy 125, 202, *251*

Hickok, Mary 255

Hindenburg, Paul von 110

Hiss, Mrs. Alger 533

Hitchcock, Thomas 445

Homer 231, 508, (512)

Hoover, Herbert 530

Hopkins, Harry 314

Horne, William D. *58*, (65)

Horschitz, Annemarie 250, 407

Hotchner, Aaron Edward 440, 442, 590–592, 594

House, Edward M. 125

Howells, William Dean 85, 137

Hudson, W. H. 86

Hugo, Victor 274

Hunter, Jock 589

Huston, John (493)

Hutchinson, W. H. (573)

Huxley, Aldous 231, 275

Ilf, Ilja 322, 325, (326)

Ivancich, Adriana 555

Ivancich, Gianfranco 454, 569

James, Henry 153, 154, (154), 168, 435, 448, 493, 544, 553

James, Will 248, (249)

Jaurès, Jean 277, 278

Jeanne d'Arc 139, 555

Jeffries, Jim 86, 105

Jellicoe, John 122

Jenkins, Howell G. 65

Johnson, Herbert S. *58*, 59, (65)

Johnson, Walter 136

Johnston, Dossie 102, (102)

Jolas, Eugene 161

Jolson, Al 444

Jones, James 462, 484, (486)

Josephson, Matthew (80)

Joyce, Giorgio 82, 89

Joyce, James 44, 50, 81, 82, 83, 89, 135, 170, (171), (201), *201*, 210, 231, 262, 284, 286, 299, 300, 370, 372, 373, 399, 402, 445, 492, 505, 514, 526, 527, 537, 550, 569, 584

Joyce, Nora 514

Joyce, Robert P. 421

Joyce, William (Lord Haw-haw) 403

Jung, Carl Gustav 475
Juvenal, de 251

Kaschkin, Iwan (Kashkeen) *306*,
  (311), (320), *321, 344*, 406, 520
Kasper, John 576
Kauffman, Mrs. George 109
Keats, John 140, 153
Kechler, Carlo Graf 441, 442
Kellerman, Annette 544
Kenner, Hugh (55)
Ketchum, Jack 451
Kinsey, Alfred 431
Kipling, Rudyard 195, 209
Knopf, Alfred 102, 130
Knister 135
Knox, J. C. 360, (361)
Koestler, Arthur 513
Kohly, Carlos (Cucu) 477, 478
Koltzov, Michel (Michail Kol-
  zow) 513, 514, 521
Komroff, Manuel 111, 169
Konjew 521
Kreymborg, Alfred (80)
Kruif, Paul de 477, 478
Kumae 71

La Farge, Christopher (Kip) 537,
  569
Landi, Elissa 249
Lanham, Charles Trueman
  (Buck) 389, 393, 394, 395, 396,
  (399), 405, 412, 413, *413*, 493,
  (497), 536
Lanham, Mrs. Charles T. (Mary,
  Pete) 397
Larbaud, Valéry 542
Lardner, Ring 90, 99, 117, 142,
  143, 149, 285
Laughlin, James 564, 565
Lawrence, D. H. 200, 285
Lawson, John Howard 264, 265

Leahy, W. J. 395
Leblanc, Georgette 86
Leonard, Benny 45
Leopoldina 454
Lerroux, García A. 258
Leticia 51
Le Verrier 45
Lewis, J. H. 53
Lewis, Sinclair 119, 188, 248,
  (249), 250, 251, 252, 364, (365),
  427, (429)
Lewis, Wyndham *199*, (200)
Liebknecht, Karl 278
Linati 135
Lincoln, Abraham 147, (374)
Lindsley, Lorna 189, 197
Liveright, Horace 87, 88, (88),
  102, *105*, (106), 108, *111*, 113, *116*,
  129–133, 141, 145, 529
Lloyd George, David 71, 72
Lloyd George, Megan 72
Loeb, Harold (80), *115*, (116),
  189
Long, Ray 213
Loos, Anita (144)
Lorimer, George Horace 158,
  210, 214
Louis, Joe 317, 321
Lowe, Joe 314
Lowry, Robert 438
Love, W. L. (150)
Loy, Mina 74, 75
Lucasz (d. i. Maté Zalka) 331, 522
Luckner, Felix Graf von 205
Ludendorff, Erich F. 118
Luxemburg, Rosa 278

Mac Gregor (McGregor) 291
Mackenzie, Compton 212, 280
Mac Leish, Ada 121, 124, 199, 248,
  249, (249), 366, 367, 369, 371, 578,
  584, 585

Mac Leish, Archibald (Archie) *121*, (124), 127, 142, 171, 174, 181, 189, 190, 197, *197*, (199), 201, 235, 238, 239, *245*, (249), 267, *366*, *367*, (369), *370*, 371–373, 402, (403), 560, 569, *576*, (578), 581, 582, *583*

Mac Leish, Kenneth 199, 366, 370, 402

Mac Leish, Mimi 199, 249, 366, 367

Maëra (Manuel Garcia) 68, 89

Mailer, Norman 594

Malatesta, Sigismondo 278, 418

Malraux, André 310, 405, 534, 536, 537

Mann, Charles W. (575)

Mann, Thomas 119, 124, 252

Marciano, Rocky 559

Marcus Aurelius 96

Mark Twain 135, 137

Marlowe, Christopher 241

Marryat, Frederick 124, 128

Marsh, Roy 572

Marshall, S. L. A. (388)

Marty, André 357

Marvell, Andrew 139, 523

Mason, Frank 51, 52, (53)

Masson, André 72, 95, 505

Matisse, Pierre 303, 304

Mathews, Herbert 332, 357

Matthiessen, Peter 595

Mathilda (d. i. Mathilde Braun) 101, 102

Maugham, W. Somerset 188

Maupassant, Guy de 83, 123, 362, 415, 435

Maximilian Kaiser von Mexiko 262

Mayer, Ed 85

McAlmon, Robert (66), *66*, 74, 75, 82, 86, 89, 97, 114, 127, 135, 137–139, 231, 232, 237, 254

McAlmon,Mrs. RobertBryher 97

McCarthy, Joseph *446*, 449

McClure, John 54, 85

M'Cola 553

McCormack, Mrs. Cox 87

McCullers, Carson 401

McGraw 401

Melville, Herman 435, (512)

Mencken, H. L. 76, 109, 119, 148, 188

Mérimée, Prosper 145, 146

Metternich, Klemens Fürst von 455

Meyer, Herr 250

Meyer, Wallace 349, 410, *473*, *481*, 490, 527, 528

Miles, Robert (Bob) 360

Milestone, Lewis 286

Millay, Edna St. Vincent 46, (46)

Miró, Joan 505

Mistral, Gabriela 463–465, 466

Mix, Tom 280

Mizener, Arthur *443*, 472, 475, 507, 556, 557

Moise, Lionel C. 501–507

Mondadori, Arnoldo 423

Monnier, Adrienne 542

Monroe, Harriet *49*, 136

Moore, Archie 595, 596

Moore, Marianne 79, 134, 135

Moorhead, Ethel 101, 134, 135, 140, 524–526

Morgan, J. P. 82, 568

Mosby, John Singleton 451

Mosley, Oswald 401

Moss, Arthur (51)

Mowrer, Edgar A. 240, (242)

Mumm 122, 128

Murphy, Baoth 305, 306, (306)

Murphy, Gerald 119, 127, 143, 147, 174, 189, 190, 197, 213, 224, 225,

228, 297, 298, *305*, 363, 367, 445, 529, 530, 560, 584

Murphy, Honoria 306, 371

Murphy, Noel 148, 287

Murphy, Patrick 225, 228, 306

Murphy, Sara 224, 225, 228, 297, 298, *305*, 317, 363, 367, 371, 560, 584

Murray, John 428

Murray, Margaret A. 438

Mussolini, Benito 54, 55, 60, 245, 455, 550, 564, 581

Myers, Richard E. 585

Mytton, John 361

Napoleon 432

Nathan, George Jean 556

Nathaniel 319

Nelson, Horatio Viscount 455

Nelson, Paul 142, 149

Newburn, Arthur (Art) 40

N'Gui 553, 554

Nita (d. i. Juanita Jensen) 443

Nordquist, Lawrence 278, (245)

Nordquist, Olive 278, (245)

Northcliffe, A. C. W. Harmsworth Viscount 54, (55)

Northrup 197

O'Brien, Edward J. 76

O'Hara, John 455

O'Neil, Barbara 52, 83

O'Neil, David 49, 52, (53), 55, 56, 82, (84), 86, 89

O'Neil, George (53), 83, 89

O'Neil, Rose 56

Ordóñez, Antonio 587, 588, 591, (592)

Orwell, George 495

Ouida (Marie Louise de la Ramée) 362

Paige, D. D. *463*, 466, 467

Pangborn, Clyde 573

Parker, Dorothy (Dotty) 147, 290, 293, 360, 529

Parky 291

Pascin, Jules 109, 550

Pastor, Vicente 110

Patterson, Isabel 266

Patton, George 395, 465

Peaslee, Reverend 36

Peattie, Donald C. 359

Pegler, Westbrook 282

Peirce, Ivy 201

Peirce, Waldo 208, 217, 236, 237, 239, 395

Pelkey, Archie (Red) 548, 549

Pentecost, John (Jack, Jock, The Ghee, Pock) 65

Percival, Philip 559, 589

Perez, Mungo 397

Perkins, Louise 409, 427

Perkins, Maxwell *107*, (108), 130−132, 142, *144*, 147, 149, *152*, *156*, 158, *167*, 173, *175*, 179, 188, 194, 196, *202*, *207*, (210), 210, 212, *213*, 216, *219*, 226, 228, 231, 232, *235*, 242, 257, *279*, *293*, *312*, 318, *326*, *334*, *336*, (339), *348*, 351, 353, *358*, (361), *362*, *375*, (378), *392*, 409−412, (413), 427, 438, 457, 474, 483, 492, 530

Pétain, Henri Philippe 395

Petrov 331

Petrow, Jewgeni 322, 325, (326)

Pfeiffer, Gustavus Adolphus (Onkel Gus) 174, 218, 292, 333, 341, 369

Pfeiffer, Louise 341

Pfeiffer, Mary (Mrs. Paul) 340

Pfeiffer, Pauline s. Hemingway, Pauline Pfeiffer

Pfeiffer, Virginia (Jin) 162, 164, 166, (166), 181, 182, 199, 340, 344, 519

608

Phelan, Mrs. Percival (Mab) 52, (53)
Phelan, Janet 52
Phelps, William Lyon 169, 252
Picasso, Pablo 109, 110, 460, 505
Pierce, Mrs. s. Peirce, Ivy
Pinkham, Lydia 369
Plimpton George 584, 585, *594*
Poe, Edgar Allan 402
Poore, Charles 492, *528*, (532)
Porter, Katherine Anne 401
Pound, Dorothy 55, 57, 70, 71, 79, 83, 87, 90, 465, 466, *466*, 574, (578), 583
Pound, Ezra (43), 44, 45, (46), 49, *54*, *55*, (55), 58, 61, (65), *68*, *69*, (69), *78*, *81*, (84), *84*, *88*, 97, 136, 138, 231, 248, 251, 282, 284, 286, 300, 366, 367, 370, 372, 373, (374), 402, 403, 418, 464–466, (466), 467, (467), 505, 525–527, 550, 564, 565, 569, *574*, 577, (578), 579, 580, *582*, 584
Pound, Mary (466)
Pound, Omar S. 467
Powell, Dawn 360, (361)
Powers, Chard (129)
Powers, Marcella 427
Prévert, Jacques 547
Prévost, Jean 233
Primo de Rivera, Miguel 254
Proust, Marcel 292, 446
Pyle, Ernie 452

Quevedo, Francisco Gomez de 522, 545
Quinn, John 80, (81), 91
Quintanilla, Luis 303, 304, 318

Rachewiltz, Mary de 580
Radiguet, Raymond 135
Randall, David 425, (429), 525

Raney, Mr. 70
Rascoe, Burton 73, 74, 75, 89
Rathenau, Walther 278
Ray, Man 92
Remarque, Erich Maria 220, 228, 437, (437)
Renan, Ernest 373
Reynolds, Paul 159, 176, 179, 253
Rhodes, Eugene Manlove 569
Rice, Alfred 417, (419), *419*, 463, 591
Richardson, Elizabeth Hadley s. Hemingway, Elizabeth Hadley
Richardson, Samuel 116
Rider (573)
Rinehart, S. 468, (472), 475, 485
Ritz, Charles 417
Robinson, Sugar Ray 495
Rodman, Selden 492
Rohrbach, Marie 86
Rolland, Romain 310
Romaine, Paul *270*, (271), *272*
Romeike, Henry 377
Roosevelt, Eleanor 429, (430)
Roosevelt, Franklin D. 314, 316
Roosevelt, Theodore 139
Rose, Billy 424, 556
Rosenfeld, Paul 457
Ross, Lillian 449, 469, 490, 491, 532, 533, *538*, 565, 569
Roth, Samuel 169, 170, (171)
Rothermere, Lady 92
Rouse, Robert (Bobby) 65
Rousseau 141
Rowohlt, Ernst *240*, (242), *249*, *260*, *407*, (408)
Rudge, Olga 465, (466), 467, 576
Rundstedt, Gerd von 405
Russell, Bertrand 540
Russell, C. W. 248

Saint-John Perse 542

Samuels, Lee 462, 524
Sanford, Sterling 218
Saroyan, William 306
Santayana, George 540, 544 bis
   546, 549, 550
Saunders, Eddie (Bra) 268, 294
Saviers, Frederick G. (Fritz) *597*,
   (597)
Saviers, George (597)
Schneider, Isidor 134, (166), 307
Scholochow, Michail 323
Schulberg, Budd 444, 445, 556,
   557, 559, 572
Scribner, Charles 131, 132, 349, *351*,
   353, 360, 361, 377, 378, *409*, *424*,
   430, *434*, 438, *440*, 449, 453, *461*,
   468, 470, 472, 473–476, 480,
   481–485, 486, 488, 492
Scribner, Charles jr. 409, 411, 425,
   (429), 474, 476, 484, *524*
Scribner, Joan Sunderland (429),
   524
Scribner, Vera 473, 476
Scribner's 107, (108), 131, 141, 142,
   147, 157, 158, 160, 161, 168, 173, 178,
   179, 186, 188, 202, 231, 238, (239),
   243, (245), 248, 270, 321, 323, 345,
   375, 410, (429), (433), 453, 484, 485,
   489, 501, 509, 526, 529–531, 588
Seldes, George 85
Seldes, Gilbert 79, (80), 147, 148,
   207, 225, 226, 299, 303
Service, Robert W. 209
Shakespeare, William 149, 220,
   238, 435, 455
Sheean, Vincent (Jimmy) 368, 371
Shelley, Percy Bysshe 140
Sherman, William T. 37, 395
Sherwood, Robert (Bob) 358
Shevlin, Thomas 569
Shipman, Evan 267, 335, 336, 365,
   401, 402

Siegal, Ben 411
Siki, Battling 60, 64
Simmons, Isabel (Izzy) 52
Simmons, Zalmon G. (Simmie)
   63, (65)
Simones 95
Simonow, Konstantin *404*, (407)
Simpson, Kenneth 170
Smith, Chard Powers (68)
Smith, Katharine Foster s. Dos
   Passos, Katharine
Smith, T. R. 105
Smith, William B. (Bill, Boid)
   36, (36), 233, 318, 418, 504, 505
Smith, Yeremya Kenley (Y. K.)
   (42), 504
Soskins 294
Speiser, Maurice 407, 410, (419),
   420
Spellman, Francis *429*
Stafford, Jean 438
Stalin, Josef 278
Stallings, Lawrence (100), 122, 250,
   253
Stambolisky, Alexander 278
Stanwyck, Barbara 365
Stauffer, S. A. 424
Stearns, Harold 87, (88), 102, 120,
   125, 126, 147, 148
Steed, Wickham 79
Steele 418
Steffens, Lincoln 53, (53), 84, 85,
   90, 92
Stein, Gertrude (43), 44, 46, (46),
   46, 50, 53, *57*, (66), 68, *71*, 74,
   76, *80*, (81), (84), *87*, *90*, *93*, *95*,
   (98), *101*, 113, 114, 151, 176, 210,
   229–231, 273, 284, 289, 303, 315,
   316, 458, 459, 505, 523, 527, 534,
   570, 584
Stein, Leo 505, 534
Steinbeck, John 337, 358

Sten, Herr 124
Stendhal (M. H. Beyle) 83, 274, 415
Stengel, Casey 438
Stevenson, Marcus O. (Stevie) 390
Stevenson, Robert Louis 160
Stewart, Beatrice Ames 141
Stewart, Donald Ogden (Don) 89, 97, 99, 101, 102, 108, 110, (111), 117, 131, 132, 141, 147, 177, 188, 197, 212, 223, 290, 292
Stigler, W. W. 204
Stout, Ralph 502
Stout, Wesley 501–503, 506
Strater, Henry (Mike) 56, 58, 61, (65), 67, 70, 78, (80), 82, 237, 246, 279
Sullivan, J. B. 266, 344, 360
Suratt, Mary 373, (374)
Sweeny, Charles 377, 395
Swinburne, Algernon Charles 140
Sylvester, Harry 329, (330), 342
Sylvester, Rita 330

Tabeshaw, Billy 103
Tarkington, Booth 142
Tate, Allen 237, 243, 281, 371, (374), 402, (403), 574, 583
Taylor, Robert 364
Teakle 386
Teresa von Avila 545
Thalberg, Irving 291, 362
Thayer, Elaine 84
Thayer, Scofield 44, 45, (80), 84
Thomas, Dylan 569
Thomas, Lowell (205)
Thomason, John W. 142, 146
Thompson, Charles 266, 267, 268, 276, 278, 360
Thompson, Lorine 268

Tintoretto (Jacopo Robusti) 493
Titus, Edward 199
Toklas, Alice B. 46, 71, 88, 90, 93, 95, 101, 458–460, 523, 534
Tolstoi, Leo 123, 434, 435, 532
Trelawny, E. J. 156
Trilling, Lionel 438
Trollope, Anthony 124
Tschechow, Anton 123
Tunero, Kid (E. Mustelier) 489
Tunney, James Joseph (Gene) 280
Turgenjew, Iwan 119, 123, 124, 415, 435
Twysden, Duff 168, 189, 197
Tzara, Tristan 87, 277

Unamuno, Miguel de 550
Untzain, Don Andres 442

Valéry, Paul 492, 537
Vallee, Rudy 247, (249)
Vallombrosa, Ruth G. 224
Van Dyke, Henry 252, (486)
Veeck, Bill 499
Velasquez, Diego 63
Verlaine, Paul 565
Viertel, Peter 442
Viertel, Virginia 442
Villon, François 41

Wales, Hank 125
Wallace, Ivan 276, 278
Wallace, Mike 577
Walpole, Hugh 238
Walsh, Ernest 50, 101, 134, 142, 143, 160, 524–526
Walsh, Maurice 359
Walter (d. i. Karol Swierczewski) 331, 521, 522
Walton, William 382, (382), 388, 569
Ward, Thomas H. (Mike) 177, 213

Warren, Robert Penn 362, 428

Weaver, Leland Stanford (Chub) 276, 278

Weber, William 349, 359

Wedderkop, Hans von 101

Wellington, C. G. (Pete) 501, 503, 506

Welsh, Mary s. Hemingway, Mary Welsh

Welty, Eudora 438

Wertenbaker, Charles 388

Wertenbaker, George 394

Wescott, Glenway 266

West, V. Sackville 238

Wharton, Edith 147

Wheeler, John N. 338

Whitman, Walt 580

Whitney, Barbara 94

Whitney, Jock 223, 263

Wickfeld, Aksel 527

Wilder, Thornton 273, 274

Williams, Taylor 500

Williams, William Carlos 74, 75, 86, 134, 136, 467

Wilson, Edmund (Bunny) 73, (74), 75, 98, (100), 176, 243, 244, 257, 262, 266, 269, 270, 277, 278, 307, 318, (320), 321, 322, (344), 359, 362, 363, 365, 375, 376, 393–395, (395), 457, (458), 458, 480, 520, (524), 571

Wilson, Mrs. 99

Wilson, Woodrow 139

Winchell, Walter 282

Wister, Owen 237, (239), 281, 570

Wolfe, Thomas 336, 338, (339), 351, 352, 359, 364, 409, 413, 427, 438

Woods, A. H. 250, 253

Wornall, Shorty 69

Wright, Donald 504

Wright, Richard 358

Wylie, Elinor W. Rose Benét 212

Yeats, William Butler 56, 136, 252

Young, Brigham 119

Young, Philip 468, 470, 471, (472), 475, 486, 488, (575)

Zala, Andres B. 587

Zaphiro, Denis 595

Ziffren, Lester 302, 304

Zola, Émile 274

Zweig, Arnold 220

Inhalt

Einführung 7
Zu dieser Ausgabe 26

1917
An Anson T. Hemingway (6. 8. 1917) 33

1918
An Grace Hall Hemingway (16. 1. 1918) 35
An seine Familie (18. 8. 1918) 37

1921
An Sherwood und Tennessee Anderson (ca. 23. 12. 1921) . . 41

1922
An Sherwood Anderson (9. 3. 1922) 44
An Gertrude Stein und Alice B. Toklas (11. 6. 1922) 46
An seine Familie (25. 8. 1922) 48
An Harriet Monroe (16. 11. 1922) 49
An Hadley Hemingway (28. 11. 1922) 51

1923
An Ezra Pound (23. 1. 1923) 54
An Ezra Pound (29. 1. 1923) 55
An Gertrude Stein (18. 2. 1923) 57
An William D. Horne (17.–18. 7. 1923) 58
An Robert McAlmon (5. 8. 1923) 66
An Ezra Pound (ca. 5. 8. 1923) 68
An Ezra Pound (ca. 6. 9. 1923) 69
An Gertrude Stein und Alice B. Toklas (11. 10. 1923) 71
An Edmund Wilson (11. 11. 1923) 73
An Edmund Wilson (25. 11. 1923) 75

1924

An Ezra Pound (10. 2. 1924) 78
An Gertrude Stein (17. 2. 1924) 80
An Ezra Pound (17. 3. 1924) 81
An Ezra Pound (ca. 2. 5. 1924) 84
An Gertrude Stein (ca. 15. 5. 1924) 87
An Ezra Pound (19. 7. 1924) 88
An Gertrude Stein und Alice B. Toklas (9. 8. 1924) 90
An Gertrude Stein und Alice B. Toklas (14. 9. 1924) 93
An Gertrude Stein und Alice B. Toklas (10. 10. 1924) 95
An Edmund Wilson (18. 10. 1924) 98

1925

An Gertrude Stein und Alice B. Toklas (20. 1. 1925) 101
An Dr. C. E. Hemingway (20. 3. 1925) 103
An Horace Liveright (31. 3. 1925) 105
An Maxwell Perkins (15. 4. 1925) 107
An John Dos Passos (22. 4. 1925) 108
An Horace Liveright (22. 5. 1925) 111
An Sherwood Anderson (23. 5. 1925) 113
An F. Scott Fitzgerald (1. 7. 1925) 114
An Harold Loeb (12. 7. 1925) 115
An Horace Liveright (7. 12. 1925) 116
An F. Scott Fitzgerald (15. 12. 1925) 118
An Archibald Mac Leish (20. 12. 1925) 121
An F. Scott Fitzgerald (ca. 24. 12. 1925) 125
An F. Scott Fitzgerald (31. 12. 1925/1. 1. 1926) 129

1926

An Ernest Walsh (2. 1. 1926) 134
An F. Scott Fitzgerald (ca. 20. 4. 1926) 141
An Maxwell Perkins (24. 4. 1926) 144
An F. Scott Fitzgerald (4. 5. 1926) 147
An F. Scott Fitzgerald (ca. 20. 5. 1926) 148
An Sherwood Anderson (21. 5. 1926) 150
An Maxwell Perkins (5. 6. 1926) 152
An Sherwood Anderson (1. 7. 1926) 155

An Maxwell Perkins (24. 7. 1926) 156
An F. Scott Fitzgerald (ca. 7. 9. 1926) 158
An Sherwood Anderson (ca. 7. 9. 1926) 161
An Pauline Pfeiffer (12. 11. 1926) 162
An Maxwell Perkins (16. 11. 1926) 167
An Hadley Hemingway (18. 11. 1926) 171
An Maxwell Perkins (19. 11. 1926) 175
An F. Scott Fitzgerald (ca. 24. 11. 1926) 177
An Pauline Pfeiffer (3. 12. 1926) 181

1927

An Grace Hall Hemingway (5. 2. 1927) 184
An F. Scott Fitzgerald (31. 3. 1927) 187
An Dr. C. E. Hemingway (14. 9. 1927) 190
An F. Scott Fitzgerald (ca. 15. 9. 1927) 194
An Archibald Mac Leish (8. 10. 1927) 197
An Wyndham Lewis (24. 10. 1927) 199

1928

An James Joyce (30. 1. 1928) 201
An Maxwell Perkins (17. 3. 1928) 202
An Pauline Hemingway (ca. 28. 3. 1928) 206
An Maxwell Perkins (21. 4. 1928) 207
An F. Scott Fitzgerald (ca. 9. 10. 1928) 210
An Maxwell Perkins (11. 10. 1928) 213
An F. Scott und Zelda Fitzgerald (ca. 18. 11. 1928) 214
An F. Scott Fitzgerald (ca. 9. 12. 1928) 215

1929

An John Dos Passos (9. 2. 1929) 217
An Grace Hall Hemingway (11. 3. 1929) 218
An Maxwell Perkins (7. 6. 1929) 219
An John Dos Passos (4. 9. 1929) 222
An F. Scott Fitzgerald (4. 9. 1929) 224
An F. Scott Fitzgerald (13. 9. 1929) 227
An F. Scott Fitzgerald (ca. 24. oder 31. 10. 1929) 229
An F. Scott Fitzgerald (12. 12. 1929) 232
An Maxwell Perkins (15. 12. 1929) 235

1930

An Ernst Rowohlt (18. 2. 1930) 240
An Maxwell Perkins (12. 8. 1930) 242
An Archibald Mac Leish (22. 11. 1930) 245
An Ernst Rowohlt (30. 11. 1930) 249
An Guy Hickok (5. 12. 1930) 251

1931

An F. Scott Fitzgerald (12. 4. 1931) 256
An John Dos Passos (26. 6. 1931) 258
An Ernst Rowohlt (Juni [?] 1931) 260

1932

An John Dos Passos (26. 3. 1932) 262
An John Dos Passos (ca. 12. 4. 1932) 265
An John Dos Passos (30. 5. 1932) 267
An Paul Romaine (6. 7. 1932) 270
An Paul Romaine (9. 8. 1932) 272
An Robert M. Coates (5. 10. 1932) 274
An John Dos Passos (14. 10. 1932) 276
An Maxwell Perkins (7. 12. 1932) 279

1933

An Arnold Gingrich (13. 3. 1933) 282
An Arnold Gingrich (3. 4. 1933) 284
An Janet Flanner (8. 4. 1933) 287
An John Dos Passos (ca. 15. 5. 1933) 291
An Maxwell Perkins (16. 11. 1933) 293

1934

An F. Scott Fitzgerald (28. 5. 1934) 297
An Arnold Gingrich (15. 7. 1934) 300
An Arnold Gingrich (16. 11. 1934) 302

1935

An Gerald und Sara Murphy (19. 3. 1935) 305
An Iwan Kaschkin (19. 8. 1935) 306

An Maxwell Perkins (7. 9. 1935) 312
An John Dos Passos (17. 12. 1935) 317

1936

An Iwan Kaschkin (12. 1. 1936) 321
An Maxwell Perkins (11. 7. 1936) 326

1937

An Harry Sylvester (5. 2. 1937) 329

1938

An John Dos Passos (ca. 26. 3. 1938) 331
An Maxwell Perkins (12. 7. 1938) 334
An Maxwell Perkins (28. 10. 1938) 336

1939

An Mrs. Paul Pfeiffer (6. 2. 1939) 340
An Iwan Kaschkin (23. 3. 1939) 344
An Maxwell Perkins (25. 3. 1939) 348

1940

An Charles Scribner (24. 2. 1940) 351
An Charles Scribner (ca. 15. 8. 1940) 353
An Maxwell Perkins (ca. 12. 10. 1940) 358

1941

An Maxwell Perkins (15. 11. 1941) 362

1943

An Archibald Mac Leish (4. 4. 1943) 366
An Archibald Mac Leish (ca. 5. 5. 1943) 367
An Archibald Mac Leish (10. 8. 1943) 370
An Allen Tate (31. 8. 1943) 371

1944

An Maxwell Perkins (25. 2. 1944) 375
An Mary Welsh (31. 7. und 1. 8. 1944) 378
An Mary Welsh (1. 8. und 6. 8. 1944) 383

An Mary Welsh (27. 8. 1944) 386
An Mary Welsh (13. 9. 1944) 389

1945

An Maxwell Perkins (23. 7. 1945) 392
An Mary Welsh (28. 9. 1945) 396
An Malcolm Cowley (17. 10. und 14. 11. 1945) 399

1946

An Konstantin Simonow (20. 6. 1946) 404
An Ernst Rowohlt (18. 12. 1946) 407

1947

An Charles Scribner (28. 6. 1947) 409
An William Faulkner (23. 7. 1947) 413

1948

An Mary Hemingway (20. 11. 1948) 417
An Alfred Rice (15. 12. 1948) 419

1949

An Charles Scribner (22. 7. 1949) 424
An Kardinal Francis Spellman (28. 7. 1949) 429
An Charles Scribner (27. 8. 1949) 430
An Charles Scribner (6. 9. und 7. 9. 1949) 434
An Marlene Dietrich (26. 9. 1949) 436
An Malcolm Cowley (11. 10. 1949) 437

1950

An Charles Scribner (6. 1. 1950) 440
An Arthur Mizener (22. 4. 1950) 443
An Senator Joseph McCarthy (8. 5. 1950) 446
An Robert Cantwell (25. 8. 1950) 447
An General Charles T. Lanham (11. 9. 1950) 453

1951

An Edmund Wilson (10. 9. 1951) 457
An Edmund Wilson (22. 9. 1951) 458

An Charles Scribner (5. 10. 1951) 461
An D. D. Paige (22. 10. 1951) 463
An Dorothy Pound (22. 10. 1951) 466
An Thomas Bledsoe (9. 12. 1951) 468

1952

An Wallace Meyer (21. 2. 1952) 473
An Harvey Breit (24. 2. 1952) 476
An Wallace Meyer (4. 3. und 7. 3. 1952) . . . . : 481
An Philip Young (6. 3. 1952) 486
An Philip Young (27. 5. 1952) 488
An Harvey Breit (21. 6. 1952) 489
An Harvey Breit (27. 6. 1952) 493
An Harvey Breit (29. 6. 1952) 497
An Charles A. Fenton (29. 7. 1952) 501
An Bernard Berenson (13. 9. 1952) 508
An Bernard Berenson (2. 10. 1952) 510
An Bernard Berenson (14. 10. 1952) 512
An Edmund Wilson (8. 11. 1952) 520
An Charles Scribner jr. (20. 11. 1952) 524

1953

An Charles Poore (23. 1. 1953) 528
An Bernard Berenson (24. 1. 1953) 532
An Bernard Berenson (17. 2. 1953) 535
An Lillian Ross (20. 2. 1953) 538
An Bernard Berenson (20.–22. 3. 1953) 540

1954

An Harvey Breit (3. 1. 1954) 552
An Harvey Breit (4. 2. 1954) 555
An Harvey Breit (18. 8. 1954) 556
An Bernard Berenson (24. 9. 1954) 560

1955

An Harvey Breit (27. 10. 1955) 564

1956

An Gary Cooper (9. 3. 1956) 566
An Harvey Breit (3. 7. 1956) 568
An Ezra Pound (19. 7. 1956) 574

1957

An Archibald Mac Leish (28. 6. 1957) 576
An Robert Frost (28. 6. 1957) 579

1958

An Ezra Pound (26. 6. 1958) 582
An Archibald Mac Leish (15. 10. 1958) 583

1959

An Patrick Hemingway (5. 8. 1959) 587

1960

An Mary Hemingway (25. 9. 1960) 590

1961

An George A. Plimpton (17. 1. 1961) 594
An Frederick G. Saviers (15. 6. 1961) 597

Nachtrag 598
Personenregister 599